Assessment Center

Christof Obermann

Assessment Center

Entwicklung, Durchführung, Trends
Mit originalen AC-Übungen

5., vollständig überarbeitete und erweiterte Auflage

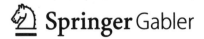

Springer Gabler

Christof Obermann
Obermann Consulting GmbH
Köln, Deutschland

ISBN 978-3-8349-3340-9   ISBN 978-3-8349-3813-8   (eBook)
DOI 10.1007/978-3-8349-3813-8

Die Deutsche Nationalbibliothek verzeichnet diese Publikation in der Deutschen Nationalbibliografie;
detaillierte bibliografische Daten sind im Internet über http://dnb.d-nb.de abrufbar.

Springer Gabler
© Springer Fachmedien Wiesbaden 1992, 2002, 2006, 2009, 2013

Lektorat: Ulrike M. Vetter

Gedruckt auf säurefreiem und chlorfrei gebleichtem Papier

Springer Gabler ist eine Marke von Springer DE. Springer DE ist Teil der Fachverlagsgruppe
Springer Science+Business Media
www.springer-gabler.de

Vorwort

Es sind 20 Jahre zwischen der ersten und der fünften überarbeiteten Ausgabe dieses Buches zum Thema Assessment Center (AC) vergangen. Was hat sich seitdem getan? Das AC hat seit den Ursprüngen im deutschen Militär und dem ersten Einsatz in der Wirtschaft 1956 bei AT & T mittlerweile seinen 50. Geburtstag gefeiert.

Global hat das AC einen Sprung in der Anwendung genommen, in Regionen der Erde, an die man aus deutschsprachiger Perspektive kaum denken würde. Auch in den deutschsprachigen Ländern selbst ist die Methode etabliert. Von den DAX 30-Unternehmen setzen bis auf drei Ausnahmen alle AC ein. Die Mehrheit davon sagt, mit steigender Einsatzhäufigkeit.

Die fünfte Auflage enthält wiederum ein Update zu den wichtigen Neuerungen und Studien seit dem Erscheinen der Vorauflage:

- Neues Konzept der „trait activation theory" als konzeptionelle Grundlage für die Entwicklung von AC-Aufgaben
- Neuer Ansatz der situativen Tests
- Neue Benchmarking-Studie 2012 der Anwendungspraxis in deutschsprachigen Unternehmen – welche Aufgaben werden verwendet? Wie lange dauert typischerweise das AC? Welche Trends gibt es zu den Vorgängerbefragungen
- Details zum Rollenprofil und den genauen Aufgaben des AC-Moderators
- Das Interview ist im multimodalen Modell des AC ein wichtiger Baustein worauf kommt es hier an?

Die Anwendung des AC hat sich in den letzten Jahren immer weiter ausgebreitet. Für die Qualität und den Ruf der Methodik gilt dies nicht immer. Damit es dabei bleibt, was der US-Professor George Thornton als die „grand opera of psychometrics" ausdrückt, ist einiges zu tun: valide und vielfältige Aufgaben, Beobachtertrainings nach modernem Zuschnitt, gut strukturierte Beobachtungssysteme – um drei Aspekte zu benennen. Gute Besetzungsentscheidungen und Impulse für die Entwicklung von Mitarbeiternachwuchs lohnen den Aufwand.

Meiner Kollegin Dr. Cornelia Tanzer schulde ich herzlichen Dank für die inhaltliche Mitarbeit, den Kollegen Laura Görres, Jan-Niklas Becker und Sara Shekoomand für die tatkräftige Unterstützung in der Erstellung der Abbildungen und bei der Korrektur.

Januar 2013   Prof. Dr. Christof Obermann
                                                       www.obermann-consulting.de
                                                       info@obermann-consulting.de
                                                       Agrippinawerft 10

Inhaltsverzeichnis

Einführung

1.1 Begriff und Idee des Assessment Centers

„Auf dem Schreibtisch liegen überall verstreut Briefe, Telefonnotizen und ein Terminkalender. Gerade hat ein wichtiger Kunde angerufen und sich über die schleppende Auftragsabwicklung beschwert, auf dem Stapel liegen noch drei wichtige Vorlagen, und in einer halben Stunde geht es in die Zentrale zur Teilnahme an der Abteilungsleiter-Sitzung." Dies ist ein Ausschnitt aus einem Postkorb, einer klassischen Assessment Center-Übung, mit der die Arbeitsorganisation und das Entscheidungsverhalten beobachtet werden.

Das Assessment Center (AC) ist eine Zusammenstellung solcher Aufgaben zu einer ein- oder mehrtägigen Arbeitsprobe. Die AC-Teilnehmer[1] durchlaufen unterschiedliche Aufgaben und Übungen, die Herausforderungen beinhalten, welche für die spätere Zielposition charakteristisch sind. Beispiele für AC-Übungen sind Postkorb-Bearbeitung, Rollenübungen, Fallbeispiele, Gruppendiskussionen und Vorträge (Abb. 1.1).

Mithilfe des AC können Stärken und Schwächen (Entwicklungspotenziale) – bezogen auf bestimmte Anforderungs- und Aufgabenprofile – eingeschätzt oder die Bewährung für zukünftige berufliche Aufgaben, etwa beim Einstieg in Führungspositionen, prognostiziert werden. Eingesetzt wird das AC sowohl als Instrument der Personalauswahl als auch zur Förderung von bereits in der Organisation tätigen Mitarbeitern.

Im Vordergrund des AC steht die Beurteilung überfachlicher Fähigkeiten, z. B. Kommunikationsfähigkeiten oder analytisches Denken. Daher wird das AC häufig für Führungs- und Führungsnachwuchskräfte eingesetzt sowie für Mitarbeiter, bei denen kommunikative und überfachliche Anforderungen besonders wichtig sind – etwa

---

[1] Aus Gründen der Einfachheit wird im Folgenden ausschließlich die männliche Form verwendet; es sind aber stets beide Geschlechter gemeint, wenn es nicht um spezifische Einzelpersonen geht.

C. Obermann, *Assessment Center*, DOI: 10.1007/978-3-8349-3813-8_1,
© Springer Fachmedien Wiesbaden 2013

Ein Assessment Center ist

- ein ein-bis dreitägiges Seminar
- mit acht bis zwölf Mitarbeitern oder Bewerbern,
- die von Führungskräften und Personalfachleuten
- in Rollenübungen und Fallstudien
- beobachtet und beurteilt werden.
- Diese Rollenübungen und Fallstudien
- sind charakteristisch für
- bestehende oder zukünftige
- Arbeitssituationen und Aufgabenfelder.

Abb. 1.1 Definition Assessment Center

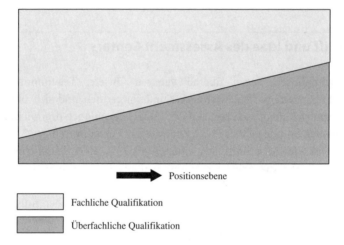

Positionsebene

Fachliche Qualifikation

Überfachliche Qualifikation

Abb. 1.2 Überfachliche Kompetenzen

Vertriebsmitarbeiter. Abbildung 1.2 veranschaulicht die mit der Führungshierarchie wachsende Bedeutung der so genannten überfachlichen Fähigkeiten für den Berufserfolg. Demgegenüber nimmt die Bedeutung von Fachwissen relativ – nicht zwingend absolut – ab.

Prinzip der Simulation

Eine Kernidee des AC besteht darin, mit dem Mitarbeiter oder Bewerber nicht nur darüber zu sprechen, wie er/sie in einer bestimmten Situation vorgehen würde (sogenannte situative Fragen im Interview), sondern ihn/sie zu bitten, das Vorgehen im Rahmen einer kurzen Arbeitsprobe tatsächlich zu zeigen. In der Simulation wird das an Verhalten gefordert, was später auch vom Mitarbeiter oder der Führungskraft erwartet wird (vgl. Abb. 1.3). Dabei wird die Idee verfolgt, dass mit größerer inhaltlicher Nähe der AC-Aufgabe zur späteren Zielaufgabe das spätere Arbeitsverhalten vorhergesagt werden kann.

Manager-Rolle	➡	Beurteilungs-Bausteine
Vorgesetzte	➡	Mitarbeitergespräch
Verkäufer	➡	Verkaufs-Rollenspiel
Verhandler	➡	Abteilungsleiter-Konferenz
Entscheider	➡	Computer-Simulation
Administrator	➡	Postkorb-Übung
Analysator	➡	Unternehmensanalyse
Mitarbeiter	➡	Zielabstimmungs-Gespräch
Erfinder	➡	Entwicklungs-Aufgabe
Moderator	➡	Konflikt-Diskussion

Abb. 1.3 Manager-Rollen und AC-Bausteine

Prinzip der Anforderungsorientierung

Die Zielpositionen werden daraufhin untersucht, aus welchen einzelnen Aufgaben sich diese zusammensetzen und welche Verhaltensweisen oder Eigenschaften bei diesen Aufgaben mehr oder weniger erfolgversprechend sind. Die so ermittelten Aufgaben werden im AC in Simulationen umgesetzt, die als erfolgversprechend ermittelten Verhaltensweisen bilden dabei den Beobachtungskatalog. Ein AC ohne Bezug zu einem Anforderungsprofil ist sinnlos.

Prinzip der Methodenvielfalt

Im AC werden unterschiedliche Methoden und Verfahren zusammengestellt und miteinander kombiniert: Simulationen, Interviews, Fragebögen oder Testverfahren. Jede der Methoden hat Vor- und Nachteile und ist behaftet mit Messfehlern. Wenn jedoch unterschiedliche Methoden zu ähnlichen Aussagen zur Eignung oder zum Potenzial führen, dann ist diese Einschätzung zuverlässiger, als wenn sie nur auf einer Methode basiert. Daher kommt auch der Begriff des „Center" – als Kombination vieler Methoden. Die im AC verwendeten Aufgaben sollen in ihrer Vielfalt und Gesamtheit Gewähr dafür leisten, dass die in der Anforderungsanalyse ermittelten Kriterien tatsächlich beobachtet werden können. Um die Beurteilung abzusichern, gilt das Prinzip, dass das einzelne Anforderungskriterium in unterschiedlichen Einzelübungen des AC mehrfach und unabhängig voneinander beobachtet werden muss.

Prinzip der Mehrfachbeobachtung

Im betrieblichen Umfeld werden Mitarbeiter entweder nur von einer Person eingeschätzt (z. B. Vorgesetzter) oder von mehreren Personen, dann jedoch in unterschiedlichen Beobachtungssituationen (der „Chef-Chef" oder Kollegen). Damit wird die

Gültigkeit der Einschätzung sehr von der subjektiven Blickhaltung beeinflusst. Im AC hingegen gilt die Mehrfachbeobachtung. Günstig ist eine Vielfalt der unterschiedlichen Blickwinkel: Führungskräfte, die die Zielanforderungen am besten selbst kennen; Personalprofis, die in Interview- und Einschätzungsprozessen erfahren sind; Psychologen und AC-Profis, die über eine große Erfahrungsbandbreite der Einschätzung verfügen.

Die Beobachter werden in einem Training auf ihre Rolle vorbereitet und beobachten auf der Basis schriftlicher, vorher festgelegter Kriterien. Diese sind für die unterschiedlichen Teilnehmer gleich. Je verhaltensnäher diese Kriterien formuliert sind, desto zuverlässiger und genauer sind die Prognosen. Nach jeder Übung werden die Beobachtungen zu den einzelnen Kriterien unter den Beurteilern ausgetauscht und diskutiert.

Prinzip der Transparenz

Die Anforderungskriterien und Übungen werden den einzelnen Teilnehmern offen gelegt. Auf diese Weise sind Vorgehen, Prozess und Ergebnisse des AC nachvollziehbar. Am Ende des AC erhalten die Teilnehmer durch die Beobachter eine Rückmeldung zu Stärken und Schwächen – relativ zu einem konkreten Anforderungsprofil. Auf diese Weise kann der Mitarbeiter an erkannten Schwächen arbeiten. Der Bewerber hat die Möglichkeit, besser zu beurteilen, ob sein Arbeitsstil und seine Fähigkeiten tatsächlich gut zu der Position bzw. zu dem Unternehmen passen. Durch die Transparenz ist die Akzeptanz des Verfahrens im Vergleich zu anderen eignungsdiagnostischen Methoden – wie dem Interview oder verschiedenen Testverfahren – sehr hoch.

1.2   Anwendungsgebiete des AC

1.2.1   Anwendungen in der Personalauswahl

Die Rekrutierung von Mitarbeitern, seien es nun Führungskräfte oder beispielsweise auch Trainees – häufig potenzielle Führungsnachwuchskräfte –, beinhaltet sowohl hohe monetäre wie auch nicht-monetäre Investitionen. Fehler in der Besetzung von Führungspositionen kosten viel Geld. Wenn man Gehalt, Anwerbungs-, Einarbeitungs- und Entlassungskosten addiert, entstehen hier schnell große Summen.

Doch Fehlentscheidungen schmerzen nicht nur finanziell, sondern mehr noch durch die Unruhe und Verunsicherung unter den Mitarbeitern, wenn sich herauskristallisiert, dass ein neu gewonnener Entscheidungsträger nicht zur Unternehmenskultur passt. Bei Fehlentscheidungen in der Trainee-Auswahl sind zusätzlich die hohen Ausbildungskosten zu berücksichtigen. Bei Sachinvestitionen von vergleichbarer Bedeutung wird in der Planungsphase viel an Mühe und Zeit investiert. Der nach wie vor am weitesten verbreitete Prüfungsschritt bei der Investition in neue Mitarbeiter als wertvollste Ressource ist das Interview. Viele Unternehmen haben aber aufgrund von Fehlentscheidungen die Grenzen des Interviews erkannt:

In der Bewerbersituation haben wir es alle mehr oder weniger gut gelernt, uns zu „verkaufen". Wer beschreibt seinen Führungsstil heute etwa nicht als kooperativ? Welche Bedeutung diese Bezeichnung aber für den Einzelnen besitzt, bleibt oft ungewiss. In der Gesprächsform des Interviews lassen sich zwar gut die fachlichen Kompetenzen überprüfen. Die erfolgsentscheidenden, überfachlichen Eigenschaften wie die Teamfähigkeit, das strategische Denken, das Verhalten in Krisensituationen oder die Motivationsfähigkeit von Menschen lassen sich jedoch nur schwer und mit Risiken greifbar machen.

Mit dem Assessment Center steht ein Instrument zur Verfügung, mit dessen Hilfe die Investition in das Human-Kapital die heute bestmögliche Absicherung erfährt. Durch das AC wird dem Human-Kapital so die elementare Bedeutung beigemessen, die dieses für das Unternehmen tatsächlich besitzt.

Die Durchführung von AC bietet gegenüber allen alternativen Instrumenten den Vorteil der höheren Treffsicherheit. Das Kennenlernen eines Bewerbers in einer ein- oder mehrtägigen Arbeitsprobe stellt eine völlig andere, sowohl in der Tiefe als auch in der Breite her optimierte Beurteilungsbasis für Schlüsselpositionen dar. Hier ergeben sich Einblicke in den individuellen Arbeitsstil und die Art, Gespräche zu führen, wie dies durch Interviews nicht möglich ist: In Fallstudien und bei computergestützten Unternehmensplanspielen wird sichtbar, wie das Entscheidungsverhalten oder das strategische Denken ausgeprägt ist. In Gruppenarbeiten kann das Teamverhalten beobachtet werden und in Rollenübungen die Motivationsfähigkeit gegenüber Mitarbeitern.

Das AC eignet sich sowohl zur Unterstützung bei der Auswahl externer Bewerber als auch bei internen Beförderungen/Versetzungen. Bei der Auswahl von Bewerbern ist der Einsatz eines AC immer dann sinnvoll, wenn die überfachlichen Eigenschaften eine wesentliche Rolle für den Berufserfolg spielen. Dabei ist das AC keineswegs auf die Beurteilung von Führungsnachwuchs- oder Führungskräften beschränkt: Einen großen

Assessment Center - Varianten	Zielsetzung	Typische Bezeichnung in der Praxis
Assessment Center (AC)	Auswahl- oder Aufstiegsentscheidung	Auswahltag, Auswahlverfahren, Potenzialanalyse
Development Center (DC)	Personalentwicklung während des Verfahrens oder im Anschluss	Entwicklungs-AC, Potenzial-AC, Orientierungsworkshop, Personalentwicklungsseminar
Einzel-Assessment Center (EAC)	Auswahl- oder Aufstiegsentscheidung für Mittel- oder Top-Management	Auswahltag, Einzelpotenzialanalyse, Potenzialanalysecheck
Management - Potenzialanalyse	Identifikation von Stärken und Entwicklungsfeldern bei Führungskräften	Führungskräfte -DC, Entwicklungs -AC
Management -Audit	Standortbestimmung einer ganzen Managementebene	Standortbestimmung, Nachfolgeplanung, Führungskräfteentwicklung
Development -Audit	Differenziertes und umfassendes Feedback für Führungskräfte	Personalentwicklungsaudit, Personalentwicklungswork shop

Abb. 1.4 Übersicht von Assessment Center-Varianten

Nutzen für die Treffsicherheit von Personalentscheidungen erbringt das AC beispielsweise genauso bei der Auswahl von Vertriebsmitarbeitern oder Assistenzkräfte, bei
denen ebenfalls die überfachlichen Anforderungen wichtig sind (Abb. 1.4).

Auswahl von Trainees/Hochschulabsolventen

Am häufigsten werden AC für die Auswahl von Hochschulabsolventen/Trainees verwendet: Unternehmen investieren im Rahmen von Trainee-Programmen hohe Summen
in Führungsnachwuchskräfte; wenn auch nur einzelne Mitarbeiter nach einem aufwendigen Trainee-Programm Fragezeichen in Bezug auf ihr Potenzial aufwerfen oder sich
aus eigener Entscheidung frühzeitig von dem Unternehmen trennen, ist das schmerzlich
und teuer. Zeugnisnoten der immer zahlreicheren Hochschulenabschlüsse liefern jedoch
wenig Aufschluss über die, bei dieser Zielgruppe im Vordergrund stehenden kommunikativen und überfachlichen Anforderungen.

Hinzu kommt, dass ein Trainee-AC ein wichtiges Instrument des Personalmarketings
geworden ist: Hier präsentiert sich das Unternehmen – wie die Bewerber im AC – in
einer Art Arbeitsprobe gegenüber den Kunden auf dem Arbeitsmarkt, den Bewerbern.
Die Art und Weise, wie sich das Unternehmen darstellt und mit den Bewerbern umgeht,
wird einzelne Nachwuchskräfte in unterschiedlicher Art und Weise ansprechen. Schon
die Durchführung des AC selber, das intensivere Kennenlernen einzelner Führungskräfte
und die Möglichkeit eines individuellen Feedbacks stellen einen Startvorteil gegenüber
solchen Unternehmen dar, die lediglich Auswahlinterviews durchführen (Abb. 1.5).

Interne Auswahl

Für die interne Auswahl von Mitarbeitern eignet sich das AC immer, wenn in der
Zielposition neue Anforderungen relevant werden und die Beurteilung der Leistung in
der momentanen Position somit wenig weiterhilft, insbesondere bei der Beförderung in
die erste Führungsebene. Hier eignet sich die momentane Leistungseinschätzung – etwa

1. Tag	10.00 - 11.00	Einführung, Erwartungsanalyse
	11.00 - 13.00	4 x Selbstpräsentation der Bewerber
	13.00 - 14.00	Mittagspause
	14.30 - 16.00	4 x Einzelarbeiten
		Lösung von Unternehmensfällen
		parallel: Computerplanspiel „Strategisches Denken"
	16.00 - 18.00	Führerlose Gruppendiskussion

2. Tag	08.30 - 11.00	4 x Rollenübungen „Kritikgespräch"
	11.00 - 13.00	4 x Interview Postkorb-Bearbeitung
	13.00 - 14.00	Mittagspause
	14.00 - 16.30	4 x standardisierte Interviews
	16.30 - 18.00	4 x Rückmeldegespräche

Abb. 1.5 2-Tages-AC zur Trainee-Auswahl einer Universalbank

„guter Verkäufer" – nicht zur Vorhersage, wenn die neue Aufgabe – etwa Verkaufsleiter – ganz anders aussieht.

Zur Auswahl zwischen bereits arrivierten Führungskräften eignen sich dagegen besser die sogenannten Einzel-Assessments (vgl. Kap. 4.1). Sie sind in der Durchführung flexibler, weil weniger Personen koordiniert werden müssen und nicht mehrere Mitarbeiter optisch gegeneinander antreten.

Auswahl von gewerblichen Mitarbeitern

Seit Mitte der 90er-Jahre hat das AC auch erhebliche Verbreitung bei Nicht-Führungskräften, etwa im gewerblichen Bereich, gefunden. Der Hintergrund hierfür liegt darin, dass durch neue Formen der Arbeitsgestaltung monotone Handgriffe verringert wurden und überfachliche Eignungen in den Vordergrund gerückt sind: Teamfähigkeit, Lernfähigkeit oder Flexibilität. Diese Kriterien lassen sich am besten durch AC-Übungen bewerten. So wurden bei dem Neubau von Automobilfabriken in England oder den neuen Bundesländern AC Verfahren für viele Tausend Teilnehmer eingesetzt. Eine typische Übung ist die Reparatur von Werkstücken aufgrund eines Lehrvideos oder die Simulation einer Teamaufgabe (Abb. 1.6).

1.2.2 Anwendungen in der Personalentwicklung

Das zweite Einsatzfeld für AC ist die Personalentwicklung. Hier ergibt sich eine ganze Reihe von Anwendungsmöglichkeiten. Alle basieren jedoch auf dem Vorteil des AC: intensives Feedback zu Stärken und Lernfeldern in Bezug auf ein Anforderungsprofil. Einen wertvollen Nebeneffekt beobachten wir immer wieder in der Beteiligung der Führungskräfte: Die Beobachtung von fünf oder sechs Führungs-Rollenübungen einzelner Teilnehmer hintereinander erleben die Beobachter auch als Bereicherung für die eigene Führungsarbeit. Sie lernen zudem in ihrer Beobachterrolle zum ersten Mal die Bedeutung der Personalarbeit persönlich kennen. Damit steigt durch das Verfahren auch die Akzeptanz der Personalabteilung.

1. Tag	15.00 - 16.00	Einführung, Erwartungsanalyse
	16.00 - 17.30	4 x Kurzfälle „Einwandbehandlung"
	17.30 - 18.30	Fragebogen zum Verkäuferverhalten

2. Tag	08.30 - 11.00	4 x Rollenübungen „Verkaufsgespräch"
	11.00 - 13.00	4 x Interview zu Postkorb für Automobilverkäufer
	13.00 - 14.00	Mittagspause
	14.00 - 16.00	4 x standardisierte Interviews
	16.30 - 18.00	4 x Rückmeldegespräche

Abb. 1.6 1,5-Tages-AC zur Auswahl von Verkäufern bei einem Automobil-Produzenten

AC zur Analyse des Entwicklungsbedarfs

Viele Großunternehmen verfügen heute über ein umfangreiches Trainingsprogramm mit den unterschiedlichsten inhaltlichen Schwerpunkten im fachlichen Sektor und Verhaltensbereich. Früher war das teure Gießkannenprinzip verbreitet: Die Trainingsmaßnahmen verteilen sich auf die Mitarbeiter nach Zufallsprinzipien. Die von den Mitarbeitern entsprechend ihrem Selbstbild wahrgenommenen Schwächen oder ihre grundsätzlich positiven oder negativen Einstellungen gegenüber Fortbildungen bestimmten die gewählte Trainingsmaßnahme.

Eine Alternative zu dieser angebotsorientierten Form der Personalentwicklung besteht in einer stärker bedarfs- oder positionsbezogenen Vorgehensweise. Durch ein vorgeschaltetes AC werden zunächst positionsbezogen die Stärken und Schwächen der Mitarbeiter herausgearbeitet. Abhängig von den Entwicklungszielen der Mitarbeiter und dem Bedarf des Unternehmens werden dann individuelle Weiterbildungspläne erarbeitet, die auf den Stärken des Mitarbeiters aufbauen und, bezogen auf die Positionsziele, Schwächen abbauen helfen. Durch die spezifische Kenntnis der Schwächen des Mitarbeiters können Personalentwicklungs-Maßnahmen viel konkreter geplant und durchgeführt werden. Einem Trend aus den USA folgend verfügen viele Unternehmen über Kompetenzmodelle, in denen mit einem einheitlichen Raster die notwendigen Kompetenzen und deren Ausprägungsgrade für alle Jobs beschrieben werden. Dass AC hilft, den Ist-Zustand der Mitarbeiter bezogen auf das Kompetenzmodell zu erkennen.

AC zur Potenzialanalyse

Die häufigste Anwendung des AC bei deutschen Unternehmen in der internen Anwendung liegt bei der Potenzialanalyse. Ihre Zielsetzung besteht darin, insbesondere Nachwuchskräfte im Hinblick auf ihr Potenzial für weiterführende Aufgaben zu identifizieren. Im Vordergrund steht in der Regel die Frage, ob die Mitarbeiter eher das Potenzial für eine Fach- oder für eine Führungslaufbahn besitzen. Dabei geht es meistens weniger um die Besetzung konkreter Positionen als darum, grundsätzlich solche Mitarbeiter aus dem Hause erkennen zu können, die für weiterführende Aufgaben infrage kommen. Hinter dieser Strategie verbirgt sich der Gedanke, lieber eigenen Mitarbeitern viele Entwicklungschancen zu eröffnen, als sich auf die teure und risikoreiche Suche auf dem Arbeitsmarkt zu begeben. Diese Entwicklung wird insbesondere auch durch den enger werdenden Arbeitsmarkt für Fach- und Führungspositionen gefördert. Das AC bietet zusätzlich den Vorteil, die individuellen Schwächen aufzuzeigen, die vor der Besetzung der konkreten Positionen noch behoben werden müssen (Abb. 1.7).

AC als Eingangsstufe für Führungspositionen

Dies ist eine häufige Anwendung speziell bei größeren Unternehmen. Dabei wird das Absolvieren des AC als eine generelle Voraussetzung für die Beförderung in bestimmte Ebenen verstanden, meist in die Eingangsstufe als Gruppen- oder Teamleiter. Bei

1. Tag	10.00 - 11.30	Einführung, Erwartungsanalyse
	11.30 - 13.00	Gruppenübung „Erfolgsfaktoren"
	13.00 - 14.00	Mittagspause
	14.00 - 16.30	4 x Rollenübung „Mitarbeitergespräch"
	16.30 - 18.00	Reflexionsphase zur Mitarbeiterführung
2. Tag	08.30 - 11.00	4 x Interview Postkorb-Übung
		parallel: computergestütztes Unternehmensplanspiel
	11.00 - 12.30	Kurzpräsentation „Schadensfälle"
	12.30 - 13.30	Mittagspause
	13.30 - 15.00	4 x Fact-Finding „Abteilungsproblem"
	15.00 - 17.30	4 x Rollenübungen „Verhandlungsgespräch"
	17.30 - 18.00	Blitzlicht, Stimmungsbarometer
3. Tag	08.30 - 15.00	Ganztägiges, komplexes Unternehmensplanspiel mit - Gruppendiskussion - Lösung von Unternehmensfällen in Einzelarbeit - Beantwortung von Telefonaten - Überzeugungsgespräch
	15.00 - 17.30	Ausführliche Rückmeldegespräche
	17.30 - 18.00	Abschlussrunde, Manöverkritik durch Teilnehmer

Abb. 1.7 3-Tages-AC zur Potenzialanalyse in einem Versicherungsunternehmen

größeren Unternehmen stellt dies einen einheitlichen Standard für die Qualität der Führungskräfte dar, mit dem Bereichsegoismen und spezielle Abteilungskulturen ausgeglichen werden. Die Unternehmen bieten in der Regel die Möglichkeit für die durchgefallenen Teilnehmer, das AC nach Absolvieren von Entwicklungsmaßnahmen oder nach einem bestimmten Zeitraum zu wiederholen.

AC als Personalaudit

Dies ist eine relativ neue Anwendung des AC seit Mitte der 90er-Jahre. Dabei geht es darum, komplette Ebenen von Mitarbeitern gleichzeitig zu beurteilen. Zielgruppen sind in der Regel die Managementebenen; Anlässe sind meistens die Übernahme des Unternehmens oder Restrukturierungen. Die Unternehmen haben in solchen Situationen den Bedarf, sich in standardisierter Form einen kompletten Überblick über das vorhandene Management-Potenzial zu verschaffen. Damit sollen Manager mit relativ geringer Leistungsfähigkeit genauso wie Top-Performer identifiziert werden. Gleichzeitig soll erkannt werden, in welchen qualitativen Anforderungsbereichen generell Defizite in der Mannschaft bestehen. Indem alle Führungskräfte an einem Verfahren mit bestimmten Inhalten teilnehmen, findet gleichzeitig auch eine Intervention im System des Unternehmens statt. Dies geschieht etwa, wenn das AC für alle Teilnehmer eine Übung enthält, in der eine Mitarbeitergruppe von der Notwendigkeit bestimmter Änderungen überzeugt werden muss.

AC als Development Center

Hierbei geht es im Unterschied zu den anderen Anwendungen nicht um das Sammeln von diagnostischen Informationen, die dann in spätere interne Beförderungsentscheidungen einfließen. Beim Development Center ist das AC, Selbstzweck in dem Sinne, dass eine bestimmte Mitarbeitergruppe, z. B. Nachwuchskräfte, in einem internen Seminar durch das Absolvieren von Fallstudien und Rollenspielen intensives Feedback erhält und sich in ihren überfachlichen Kompetenzen direkt weiterentwickelt. Typische Elemente sind daher Reflexionsphasen, Wiederholungsübungen oder das Feedback von Kollegen zusätzlich zu trainierten Beobachtern.

1.3   FAQ zum Thema AC

Im Folgenden sind die aus unserer Beratungserfahrung häufigsten Fragen und Einwände zum AC als Argumentationshilfe für die Praxis der AC-Einführung zusammengestellt.

Einwand: In unserem Unternehmen wollen wir keine Gewinner und Verlierer von AC haben! (bei Potenzialanalyse-AC)

Antwort: Der Einwand ist prinzipiell richtig. Wenn das AC eingesetzt wird, um potenziellen Führungsnachwuchs intern zu rekrutieren, gibt es zwangsläufig Verlierer bei den Personen, die sich – im Gegensatz zur Wahrnehmung durch das Unternehmen – als potenzielle Führungskräfte sehen. Solche Gewinner und Verlierer gibt es jedoch auch, wenn nach anderen Methoden verfahren wird. Das AC bietet allerdings die Möglichkeit, den nicht akzeptierten Bewerbern die Entscheidung nachvollziehbar zu machen. Diese erfahren im Idealfall, an welchen Kompetenzen sie arbeiten müssen, um dann zu einem späteren Zeitpunkt das Anforderungsprofil zu erfüllen.

Im AC merken die Teilnehmer etwa in anspruchsvollen Rollenspielen auch eher selbst, wo ihre Grenzen liegen. Schon viele Teilnehmer haben nach dem AC erleichtert festgestellt, dass sie sowieso keinen Ehrgeiz in Richtung Führung hatten, ihre eigenen Chefs sie jedoch gedrängt hätten.

Einwand: Auch im Interview können die wesentlichen Dinge erkannt werden, das AC ist als Verfahren viel zu aufwendig!

Antwort: Wenn man beispielhaft die Entwicklung und Durchführung eines AC mit € 30.000 ansetzt, so beträgt dies bei zwölf Teilnehmern umgerechnet auf den Einzelnen rund € 2.500. Geht man jedoch davon aus, dass das AC hilft, auch nur eine Fehlentscheidung mehr als bei der Verwendung von Interviews zu vermeiden, so hat sich der Aufwand schon rentiert, zumal die zeitlichen Kosten für ein AC die eines Interviews ohnehin kaum übersteigen: Werden sonst üblicherweise zwei Interview-Runden à zwei Stunden mit einem bis zwei Gesprächspartnern eingesetzt (insgesamt vier bis acht Stunden), so liegt der Zeiteinsatz je Teilnehmer bei einem zweitägigen AC mit zwölf Bewerbern und vier Beobachtern aus dem Unternehmen auch nicht höher (insgesamt fünf bis sechs Stunden).

Beim Vergleich Interview contra AC sollte vorher geprüft werden, bei welchen Zielgruppen oder Einsatzzwecken der Zusatznutzen des AC am höchsten ist. Dieser ist besonders hoch, wenn die Bewerber bisher noch nicht in der Zielposition tätig waren oder es für das Unternehmen wichtig ist, anhand einer systematischen Darstellung den abgelehnten Bewerbern die Entscheidung nachvollziehbar zu vermitteln.

Einwand: Beim AC gewinnt der beste Schauspieler!

Antwort: Im AC besteht grundsätzlich die Gefahr, dass die Teilnehmer Hypothesen darüber entwickeln, welches Verhalten wohl erwünscht ist, und sich hieran ausrichten. Dieser Effekt konnte auch in empirischen Untersuchungen nachgewiesen werden. Auch zeigt sich, dass die AC-Teilnehmer mit den richtigen Hypothesen besser abschneiden als andere. Eine Lösung dieses Problems besteht darin, dass die Anforderungskriterien in den jeweiligen Übungen für alle transparent gemacht werden.

Eine weitere Maßnahme betrifft die Art der Übungsgestaltung. Bei sehr einfachen Übungskonzeptionen (z. B. Gruppendiskussion) haben es die Teilnehmer einfacher, aus ihrem Verhaltensspektrum das zu zeigen, wovon sie glauben, dass es die Beobachter sehen wollen. Die Alternative dazu sind anspruchsvolle Themen, in denen es den Teilnehmern kaum gelingen kann, sich neben der inhaltlichen Argumentation oder Behandlung von überraschenden Einwänden auch noch darauf zu konzentrieren, sich anders als in der Praxis zu verhalten. Erschwert wird ein solches „Schauspielern" ferner durch Mehrfachbeobachtungen und die schlichte Länge des AC. Aus den Axiomen der klassischen Testtheorie folgt, dass die Wahrscheinlichkeit von Fehleinschätzungen mit der Länge der Testung sinkt. Anders formuliert: In einem AC über einen Zeitraum von zwei oder mehr Tagen und mit sehr unterschiedlichen Übungen ist es schwierig, konsistent einen ganz fremden, vermutlich erwünschten Verhaltensstil zu präsentieren. Wenn dies doch der Fall sein sollte, dann verfügt der Teilnehmer eben über diese Kompetenzen.

Einwand: Wenn Bewerber/Mitarbeiter schon einmal an einem AC teilgenommen haben, sind sie im Vorteil!

Antwort: Wissenschaftlich lassen sich Vorteile durch den reinen Besuch eines AC nicht nachweisen.

Ein Vorsprung durch das bloße Vorwissen um den organisatorischen Ablauf des AC muss dadurch abgebaut werden, dass zu Beginn des AC auch nicht erfahrene Teilnehmer intensiv über die einzelnen Übungen und die verwendeten Beurteilungskriterien informiert werden. Zudem gehen viele Unternehmen dazu über, zu Beginn des AC eine Trockenübung ohne Bewertung durchzuführen.

Falls allerdings Teilnehmer von den Hinweisen im Rückmeldegespräch nach früheren AC profitieren, so ist dies ein positiv zu wertender Vorsprung, da er mit einer tatsächlichen Steigerung von Verhaltenskompetenzen einhergeht. Auch wenn ein einzelner Teilnehmer über häufige AC-Erfahrung verfügt, so ist noch nicht gesagt, dass sein Verhalten im neuen Unternehmen oder in der neuen Position erwünscht und bezogen auf die Unternehmenskultur stimmig ist.

1.4   Geschichtliche Entwicklung

1.4.1   Vorläufer und Ursprünge der Assessment Center-Methodik

Deutsche Vorläufer des Assessment Centers

Die ersten Vorläufer diagnostischer Methoden finden sich bereits in der Antike. Das erste AC-ähnliche Verfahren stammt wohl von Pepys (1677) (vgl. Heitmeyer und Thom 1985, S. 6f.), der es zum Zweck der Offiziersauswahl in England entwickelte. Dieser Ansatz wurde jedoch erst zu Beginn des 20. Jahrhunderts systematisch wieder aufgenommen. Ausgangspunkt war dabei die von Münsterberg initiierte „Psychotechnik", die ihren Höhepunkt in den 20er-Jahren des 19. Jahrhunderts hatte. Hier wurde eine Vielzahl von Apparaten entwickelt, um die menschliche Anpassungsleistung für verschiedene Berufe zu messen. Zur Zeit des Ersten Weltkriegs ging dann auch die deutsche Reichswehr bei der Personenauswahl so vor, dass sie isolierte „seelische Einzelfähigkeiten" maß und darauf basierend eine Aussage über die Eignung einer Person traf. Gebräuchlich waren damals psychologische Testverfahren zur Auswahl von Kraftfahrern, Piloten und Funkern, z. B. zur Geschwindigkeit beim Bordfunken.

Vorläufer des heutigen AC finden sich erstmals ab 1926/27 in der Weimarer Republik zur Offiziersauswahl der Reichswehr. Eng verbunden mit der Entwicklung des AC-Gedankens sind die Namen Rieffert und Simoneit. Bereits 1920 gründete Rieffert im Auftrag des Reichswehrministeriums ein psychologisches Forschungszentrum an der Universität Berlin. Simoneit trat 1927 als Heerespsychologe in die Reichswehr ein. Ab 1930 leitete er die zentrale Prüfstelle für Offiziersanwärter, dem Psychologischen Laboratorium beim Reichswehr- und Reichskriegsministerium, Rieffert war wohl in der Gestaltung der Kontakte zu den Entscheidern weniger geschickt. 1935 wurde er Leiter des psychologischen Instituts an der Humboldt-Universität in Berlin und fiel kurz darauf in Ungnade, weil er seine SPD-Mitgliedschaft verheimlicht hatte.

Die Hauptaufgabe der Heerespsychologie bestand in der Verbesserung der Auswahlmethoden für Offiziersanwärter. Dies war die Geburtsstunde des AC-Vorläufers.

Riefferts und Simoneits erklärtes Anliegen war es, im Rahmen dieser Tätigkeit „praktische Menschenkenntnis zu objektivieren. Dabei muss beobachtet werden, welche Methoden im praktischen Leben angewandt werden und welche Gedankenreihen zu praktisch brauchbaren Menschen-Erkenntnissen führen. Diese Methoden und Gedankenreihen werden in das helle Licht des klareren wissenschaftlichen Bewusstseins gerückt, miteinander kombiniert und zu einem auf die Totalität des zu untersuchenden Menschen gerichteten systematischen Verfahren vereinigt" (Simoneit 1933, S. 43). Dabei lehnte sich Rieffert an die Überzeugungen der Ganzheits- und Gestaltpsychologen an, allen voran Kurt Lewin. Er betonte also die Notwendigkeit, den Menschen als Ganzheit zu betrachten, die mehr ist als die Summe ihrer einzelnen Teile. Seine Position, die man auch als „charakterologischen" oder „organischen" Ansatz kennzeichnen könnte und die er bereits 1922 formulierte, fasste sein Nachfolger im Amt, Simoneit, 1933 folgendermaßen zusammen: „Eine isolierte Messung und Bewertung einzelner, durch Berufsanalyse bestimmter seelischer Fähigkeiten ist zwecklos; erst die Lagerung der isoliert gedachten seelischen Fähigkeiten innerhalb der seelischen Gesamtveranlagung lässt Schlüsse auf zukünftige Verhaltensweisen zu; daher ist die Ablösung des psychotechnischen durch das charakterologische Arbeitsprinzip notwendig, dabei Psychotechnik als Leistungsmaßmethode, Charakterologie als Lehre von der gesamten seelisch-körperlichen Veranlagung einschließlich der Werteinstellungen verstanden" (Simoneit 1933, S. 44).

Simoneit war beeinflusst durch die Psychologen Ludwig Klages und Philipp Lersch aus den 20er- und 30er-Jahren des 19. Jahrhunderts (Highhouse 2002). Klages unterschied zwischen der Anpassungsstrategie des Geistes und der Ausdrucksaktivität der Seele. Dieser Konflikt zwischen der Kontrolle des Geistes und dem Gefühlsausdruck käme speziell beim Handschreiben zutage, bei der die Person ihre Energie, Aggressivität, Angst, Ehrgeiz etc. unbewusst kontrollieren müsse. Lersch arbeitet an den Gesichtsausdrücken und deren Bedeutung. Dies führte dann später zum Begriff der Ausdrucksanalyse als einem methodischen Baustein der Heerespsychologie (Highhouse 2002). Zu den weiteren Methoden gehörte auch ein biografisches Interview.

Simoneit (ebd., S. 44) beschrieb die grundlegenden Prinzipien wissenschaftlicher Auswahlverfahren, die in vielen Aspekten dem entsprechen, was wir heute als ein modernes AC empfinden:

- „Der Aufbau eines innerlich zusammenhängenden und immer auf die Erfassung der Totalität des Prüflings gerichteten Systems von Prüfstationen"
- „die Beteiligung mehrerer, zum Teil unabhängig voneinander wirkender Prüfer"
- „die Ausschaltung von Untersuchungsbefunden, die nur auf einzelnen und nicht auf allen Prüfstationen und nur von einzelnen und nicht von allen Prüfern anerkannt werden können" (also nur Einschluss von Ergebnissen, die konsistent waren)
- „die scharfe Trennung von Symptom und Merkmal bei der Beschreibung … subjektive Einfühlungserlebnisse einzelner Prüfer können also nicht zur Aufweisung von Symptomen führen"
- „das Interesse des Staates dominiert in kritischen Fällen über dem Interesse des Individuums"
- „immer aber bleibt während der Untersuchung der Prüfling der dem Prüfer gleichwertige Gemeinschaftspartner, dem wärmstes Wohlwollen gilt"
- „Diese methodischen Grundsätze werden nun in einer Untersuchungspraxis angewandt, die gänzlich dem Leben abgelauscht worden ist".

1926 führte Rieffert bereits das „Rundgespräch" als einen Baustein des Offizier-Auswahl-Verfahrens ein, später vom Nachfolger Simoneit als „Schlusskolloquium" bezeichnet. Damit war die bis heute gebräuchliche Gruppendiskussion geboten. Bereits 1927 wurde die Teilnahme an dieser ersten Form eines AC zwingend für alle Offiziersanwärter vorgeschrieben.

Simoneit zählt die folgenden Verfahren auf, die im Rahmen des Auswahlverfahrens der Wehrmacht zum Einsatz kamen (vgl. Simoneit 1933, S. 46–57). Dies mutet in seiner Vielfalt einem heutigen multimodalen AC sehr ähnlich an:

- Lebenslaufanalyse: Hier wurde die Reaktion der (jugendlichen) Offiziersbewerber auf biografische Ereignisse wie Reisen oder die Begegnung mit beeindruckenden Persönlichkeiten festgehalten. Simoneit betonte, dass „jede mystische oder astrologische Ausdeutung … zu unterlassen sei" (ebd., S. 46).
- Ausdrucksanalyse: Dieser Bereich ist am weitesten entfernt von unserer heutigen Methodik. Hierzu gehörte die Analyse der Mimik und der Sprechform, wie Wortwahl, Satzgestaltung und Gliederung der Vortragsform. „Dabei sind die Bewegungsformen, die Ausschlagrichtung, Ausschlagkraft … die Sicherheit und Klarheit ihres Zuges… wichtige Beobachtungselemente". Vertrauter in Bezug auf die heutige Forderung nach Trennung von Befunddarstellung und Interpretation wird dazu folgende Aussage: „Während im außerwissenschaftlichen Erleben dieser Eindruck unbewusst entsteht… versucht das wissenschaftliche Studium das Zustandekommen dieses Eindrucks… frei zu machen von den Einflüssen… aus der Individualität des Psychologen."
- Geistesanalyse: Dieser Bereich umfasste eine Intelligenzprüfung, z. B. Begriffe bilden, Urteilen, Schließen, aber auch Aufmerksamkeits- und Gedächtnisprüfung. Methoden waren u. a. Rechenaufgaben, Tests und Aufsätze über technische Filme. Dabei betont Simoneit, dass es nicht nur um die Feststellung eines Intelligenzgrades geht, sondern um eine Würdigung der Denkleistungen der Gesamtpersönlichkeit. Er betont dazu, „…. dass eine annähernd vollständige und zuverlässige Auswertung nur in der Unterhaltung mit Prüfling selbst erfolgen kann".
- Handlungsanalyse: Messziel war hier u. a. die Frage, wie stark der Wille und die innere Kraft seien. Methoden waren zunächst – die zu dieser Zeit verbreiteten – psychotechnischen Reaktionsprüfungen an Apparaten. Deren Bedeutung hat Simoneit relativiert, weil es sich um eine Momentaufnahme handelte. Weiterer Baustein war eine „Befehlsreihe" von 45 min. Dabei hatte der Prüfling „hierbei zwar Befehle auszuführen, jedoch bleibt die Gestaltung der Ausführung in weitgehendem Maße seine Sache".
- Führerprobe: Hier war die Anforderung, Aufgaben mit fremden unterstellten Soldaten zu lösen: „Da außerdem Menschen andere Menschen nur beeinflussen können, wenn sie sich selbst voll und frei geben, erhält die charakterologische Prüfung hier ihren Höhepunkt". Im Sinne der heutigen Methodik könnte man diese Aufgabe als Rollenübung mit mehreren Rollenspielern einordnen.
- Schlusskolloquium: Hier geht es um das Verhalten der Prüflinge zueinander: „…werden sie mithilfe eines Unterhaltungsstoffs, der den Prüflingen geläufig ist, der auch verschiedene Stellungnahmen der verschiedenen Prüflinge wahrscheinlich macht, zu Stellungnahmen für- und gegeneinander veranlasst. Die methodische Aufgabe des Prüfers liegt darin, die Unterhaltung anzuregen, sie dann aber so schnell wie möglich den Prüflingen alleine zu überlassen". So war dieses Schlusskolloquium die heutige Gruppendiskussion.

Offenbar kam es den Prüfern jedoch auf die atmosphärische Qualität an: „Diese Kampfstimmung darf aber nicht das Letzte bleiben im Erleben des Prüflings; daher schalten sich die Prüfer am Schluss noch einmal ein, schaffen Kameradschaftsstimmung und Harmonie und geben den Prüflingen bei der Entlassung das Bewusstsein, dass sie nicht nur eine Prüfung, sondern auch etwas Eigenartiges und Großes erlebt haben, indem sie nicht nur Beobachtungsobjekt, sondern auch liebevoll zu achtende Menschen waren" (Simoneit 1933, S. 57).

Der Ablauf eines solchen Auswahlverfahrens der Wehrmacht gestaltete sich dabei so, dass zwei Prüfungsgruppen mit je vier Teilnehmern über drei Tage von Beobachtern beurteilt wurden. „Das Auswahlgremium bestand aus ständigen Mitgliedern der Prüfstelle, dem Prüfstellen-Kommandeur als Vorsitzenden, mehreren Psychologen, zwei aus der Truppe dazu kommandierten Offizieren sowie einem Sanitätsoffizier (Psychiater). Das Auswahlverfahren dauerte drei Tage, die Offiziersanwärter waren in den Prüfstationen oder in der Nähe untergebracht. In dieser Zeit hatten die Truppenoffiziere die Aufgabe, die Teilnehmer außerhalb der Prüfungen zu betreuen. So konnte zusammen mit dem Prüfverfahren ein umfassendes Bild vom Probanden entstehen und beurteilt werden" (Domsch und Jochum 1989, S. 5). Das abschließende Ergebnis wurde – wie auch heute üblich – im Rahmen einer Beurteilerkonferenz gebildet, wobei allerdings der Prüfstellen-Kommandeur den Ausschlag gab. Ohne weitere Details wurde den Kandidaten später das Ergebnis durch das Heerespersonalamt mitgeteilt.

Im Höhepunkt wurden 1936 etwa 40.000 Kandidaten in 15 Zentren der Heerespsychologie begutachtet. Allerdings kam es im Jahre 1942 zur Abschaffung der deutschen Wehrmachtspsychologie. Möglicherweise steht dies im Zusammenhang damit, dass die Söhne vieler prominenter Nationalsozialisten durch die deutsche Wehrmachtspsychologie als untauglich für die Offizierslaufbahn befunden wurden. Unter den prominenten Kandidaten waren der Neffe von Hermann Göring und der Sohn des Generalfeldmarschalls Keitel (Flik 1998, S. 89f.). Flik – wie Simoneit zumindest zu diesem Zeitpunkt noch kein NSDAP-Mitglied –, der die Gutachten überprüfte und Obergutachten anfertigte, bestätigte die nur bedingte Eignung zur Offizierslaufbahn. Er schreibt: „Wenige Wochen nach diesen Beurteilungen des Neffen des obersten Führers der Luftwaffe sowie des Sohnes des obersten Führers des Heeres wurden Luftwaffen- und Heerespsychologie aufgelöst." (Flik 1998, S. 90f.). Der genaue Grund der Auflösung ist bis heute jedoch unklar, in der Marine lief das Auswahlverfahren auch nach 1942 weiter.

Außerhalb der militärischen Rolle verfasste Simoneit 1941 die erste Diplomprüfungsordnung für Psychologen in Deutschland und war nach dem Krieg Mitgründer des BDP, des Berufsverbandes deutscher Psychologen.

Eine Gegenüberstellung der Bausteine heutiger AC und des Verfahrens der Wehrmachtpsychologie findet sich in Abb. 1.8. Dabei zeigt sich bei der Grundstruktur des damaligen Ansatzes und der heutigen Auffassung von AC doch eine überraschende Ähnlichkeit.

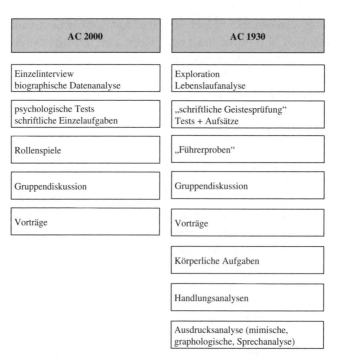

Abb. 1.8 Vergleich des AC heute und bei der Wehrmacht. *Quelle* Dirks (1982, S. 50)

US-Amerikanische Vorläufer

Neben der deutschen Heerespsychologie gab es Vorläufer und Ideengeber in den USA. Ein Name ist Murray, der in den 30er-Jahren Direktor der psychologischen Klinik in Harvard war. Murray entwickelte beispielsweise den projektiven Test zur Leistungsmotivation (TAT) und fertigte u. a. 1943 für den damaligen US-Geheimdienst ein psychologisches Gutachten über Hitler an. In der Schweiz traf Murray auch C. G. Jung. Murray stand im Gegensatz zu Jung, der die Messung von einzelnen Persönlichkeitseigenschaften erforschte, für einen ganzheitlichen Ansatz. Seine Beiträge für das Assessment Center sind vielfältig: die Idee der Aufgabensimulation, das strukturierte Vorgehen in der Beurteilung von Kandidaten und der Ansatz des Mehraugenprinzips. Durch seinen Mediziner-Hintergrund war er es gewohnt, Patientenfälle im Rahmen der kollegialen Beratung mit anderen zu diskutieren. Möglicherweise ist er daher der Autor der „Beobachterkonferenz" und des klinisch-qualitativen Vorgehens in der Bewertung von Kandidaten (Highhouse 2011).

Ein weiterer Ideengeber war Moreno, der Begründer des Psychodramas und damit der Methode des „Rollentauschs" als psychologischer Intervention. Dies war wiederum die Grundlage für die Methode Rollenspiel.

Die Geburtsstunde des Assessment Centers außerhalb der wirtschaftlichen Anwendung war in den USA im Zusammenhang mit der Auswahl von potenziellen

Geheimdienstagenten. Hier ging es jedoch zunächst um Agenten für Europa und Südostasien. Der Ausgangspunkt war der Überfall der japanischen Armee auf Pearl Harbour. „Ein spezielles Gepräge gab dem OSS-Auswahlverfahren die Besonderheit der Kandidaten und ihrer Aufgaben. Die Teilnehmer mussten aus geheimdienstlichen Gründen ihre wahre Identität vor und während des Selektionsverfahrens geheim halten. Die dreieinhalb Prüfungstage dienten sowohl der Festigung der neuen Agentenidentität wie der Auswahl der Teilnehmer" (MacKinnon 1977, S. 15; zitiert nach Domsch und Jochum 1989, S. 11). Unter der Leitung von Donovan entstand dazu 1942 das „Office of Strategic Services" (OSS), das ab 1943 in Washington („Station S") beheimatet war und der Vorläufer des CIA war. Maßgeblichen Einfluss auf die Arbeit der OSS nahmen zahlreiche Psychologen aus der Wissenschaft. Insbesondere Murray beendete seine Tätigkeit in Harvard und arbeitete bei dem OSS. Ihm wird auch die Einführung des Terminus „Assessment Center" zugeschrieben.

Als Bausteine kamen im AC des OSS standardisierte Tests, projektive Verfahren, Einzel- und Gruppenaufgaben (teilweise mit Rollenvorgaben), ein biografischer, ein soziometrischer und ein Gesundheits-Fragebogen zum Einsatz sowie die Simulation einer Belastungssituation. Dabei wies dieses frühe AC bereits alle wichtigen Charakteristika eines heutigen AC auf: „die Anforderungsanalyse, das Ermitteln kritischer Determinanten von Erfolg und Misserfolg, die Entwicklung einer spezifischen Beurteilungsskala für jedes entscheidende Charakteristikum, den Entwurf von Maßen für diese Charakteristika und den Einsatz von Beobachtern zur Beurteilung der Kandidaten im Hinblick auf die spezielle Position" (Jaffee und Cohen 1980, S. 351; Übersetzung C. O.).

Gegenüber den Vorläufern der deutschen Heerespsychologie, kam im Assessment des OSS auch erstmals die Methode des Rollenspiels zum Einsatz. Ein Anwendungsbeispiel war ein Rollenspiel, in dem zwei Kandidaten gegeneinander antreten (nach Highhouse 2011). Kandidat eins möchte Mitglied eines exklusiven Clubs in der Stadt werden, Kandidat zwei ist der Clubbesitzer, der Gerüchte gehört hat, dass der erste Kandidat in anderen Clubs ausgeschlossen wurde.

Bekannt wurde das AC des OSS mit der Buchveröffentlichung „Assessment of Men" im Jahr 1948. Bezeichnenderweise trägt das Buch keine Namen einzelner Autoren, Herausgeber ist das Team des OSS („OSS Assessment Staff"). Das Buch beschreibt im Detail die angewendete Auswahlmethodik und dürfte das erste Werk zum AC sein, wobei der Begriff „Center" hier noch nicht verwendet wurde.

Die Geburt des Assessment Centers

Anfang der 50er des letzten Jahrhunderts las ein gewisser Dough Bray das Buch „Assessment of Men" und war sofort begeistert von der Idee und wollte diese auf die Wirtschaft übertragen. Dies sollte allerdings noch etwas dauern. Er bekam von der damals staatlichen „American Telephone and Telegraph Company" (AT & T) im Jahr 1956 den Auftrag zu einer wissenschaftlichen Untersuchung über die Inhalte von Management-Karrieren. AT & T war zu dieser Zeit das größte Unternehmen weltweit. Die Zielsetzung des Auftrags war es, die Karrierewege von Managern zu verfolgen. Es war von Interesse zu analysieren, wie sich Fertigkeiten und Kompetenzen über die Zeit entwickeln würden. Dazu wurde von ihm ein dreieinhalbtägiges Programm zusammengestellt, das noch nicht den Namen „Assessment Center" trug und auch nicht das Ziel von Selektion oder Potenzialanalyse hatte. Im Unterschied zu den heutigen AC enthielt dieses Programm eine Vielzahl von Aufgaben, so sollten die Teilnehmer etwa Essays verfassen oder projektive Tests bearbeiten. Bray konzipierte in diesem Zusammenhang den ersten Postkorb und die erste Gruppendiskussion im Kontext eines Wirtschaftsunternehmens. Dieses Programm hatte einen reinen Forschungscharakter. Trotz des späteren Drucks durch das Management von AT & T sind daher die individuellen Ergebnisse bis heute weder den Teilnehmern, noch deren Vorgesetzten oder dem damaligen Auftraggeber bekannt. Nachdem AT & T jedoch Gefallen an der Methodik fand, wurde Dough Bray gebeten, diese Methode auch auf die interne Potenzialanalyse von zukünftigen Managern zu übertragen. Dies war dann 1958 die Geburtsstunde des Assessment Center. Die Witwe des 2006 verstorbenen Dough Bray, Ann Howard, ist noch immer in der AC-Forschung tätig. 1968 gründete Bray dann neben seiner Tätigkeit bei AT & T ein Beratungsunternehmen und verhalf der Methodik dann zur späteren Popularität.

1.4.2 Verbreitung der AC

Ursprünge des AC in Deutschland
In Deutschland wurde das von Rieffert entwickelte Verfahren ab 1942 nur noch im Bereich der Marine weiter eingesetzt.

Erst 1957 entschloss sich die deutsche Bundeswehr erneut zur Verwendung von AC als Auswahlinstrument für Offiziersanwärter. „In der Bundeswehr werden gegenwärtig nach diesem Vorbild die Offiziersanwärter zentral beim Personalstammamt der Bundeswehr in Köln ausgewählt" (Domsch und Jochum 1989, S. 7).

Ende 1969 gelang dann der AC-Durchbruch im Bereich von Unternehmen: Simpfendörfer und McNamara führten das erste AC bei IBM in Deutschland durch. Etwa zur gleichen Zeit boten internationale Beratungsfirmen erstmals AC „amerikanischen Zuschnitts" an.

Mitte der 70er-Jahre war es vor allen Dingen Körschgen, der sich in Publikationen und öffentlichen Seminaren mit dem Thema AC auseinandersetzte. 1981 erschien von Wolfgang Jeserich das Buch „Mitarbeiter auswählen und fördern", das im deutschsprachigen Raum erheblich zur ursprünglichen Verbreitung der Methode beigetragen hat.

1977 war das Interesse an diesem „neuartigen" Verfahren schließlich so gewachsen, dass sich mehrere deutsche Wirtschaftsunternehmen zum „Arbeitskreis Assessment Center, Führungskräfte-Auswahl und -Entwicklung" zusammenschlossen. Der regionale Schwerpunkt war zunächst das Rheinland (u. a. die Unternehmen Agfa, Bayer, Gothaer, Kaufhof). Zwei Jahre später fanden sich die Interessierten zum ersten deutschen Assessment Center-Kongress zusammen. Zu den Initiatoren gehörte auch Wolfgang Jeserich. Der Arbeitskreis AC e.V. ist mittlerweile mehr als 35 Jahre alt. Der

Gedanken- und Erfahrungsaustausch wird seitdem alle vier bis sechs Jahre wiederholt, der achte derartige Kongress fand 2012 in Potsdam statt.

Ein vergleichbarer Arbeitskreis hat sich mittlerweile auch in der Schweiz etabliert.

Aktuelle Verbreitung der Methodik in Deutschland

Untersuchungen zur Verbreitung der AC-Methodik unterliegen wie bei anderen Fragestellungen dem Problem selektiver Stichproben. Wer an einer Umfrage zum Thema AC teilnimmt, wird deren Anwendungsstand im Zweifel befürworten, wer dem skeptisch gegenübersteht, wird die Methode als veraltet darstellen. So wurde Anfang des Jahrhunderts eine große Studie vom Arbeitskreis Assessment Center e.V. initiiert und von der TU Berlin durchgeführt (Arbeitskreis AC 2001; Krause et al. 2001). In dieser Studie wurden 1.560 Unternehmen angeschrieben, davon haben 281 geantwortet. 2008 wurde vom Arbeitskreis AC e.V. eine Befragung (Obermann und Höft 2008) vorgelegt, in der eine Vollerhebung einer bestimmten Zielgruppe angestrebt wurde. Dazu wurde als Standard die Liste der im DAX 100 vertretenen Unternehmen angewendet. Mit dieser Vergleichsliste aus 100 Unternehmen unterschiedlicher Größe war es eher möglich, einen objektiven Maßstab für den Anwendungsstand und mögliche Trends zu erhalten. Ergebnis dieser Studie war, dass der Anwendungsstand der sehr mitarbeiterstarken Konzerne (mehr als 20.000 Mitarbeiter) dabei mit etwa 90 % gegenüber der Vorgängerbefragung aus dem Jahr 2001 in etwa konstant geblieben ist (Obermann et al. 2008). Verändert hat sich jedoch die Durchdringung bei den kleineren Unternehmen. Firmen mit bis zu 500 Beschäftigten haben die Methode 2001 noch zu 19,5 % angewendet. Diese Ziffer ist auf 55,8 % gestiegen. In einer aktuelleren Umfrage aus 2012 (Obermann und Höft 2012) gelang es dem Arbeitskreis AC e.V. eine Vollerhebung bei den DAX 30-Unternehmen zu realisieren. Die Erkenntnis dieser Erhebung ist, dass 27 der 100 großen Unternehmen die Methodik anwenden, darunter etwa Unternehmen wie Bayer, Daimler, Deutsche Telekom, Lufthansa oder Volkswagen (Abb. 1.9).

Die Unternehmen wurden weiterhin danach befragt, inwieweit sie den Stand der Anwendung als zu- oder abnehmend betrachten. Die Unternehmen geben zu 55 % an, dass der Umfang der Anwendung steigt bzw. zu 34 % als gleichbleibend erachtet wird. Eine Auswertung der Anwenderbranchen lässt keine Bevorzugung der Methodik durch einzelne Branchen erkennen.

Zum allgemeinen Anwendungsstand lässt sich für Deutschland festhalten, dass nahezu alle Großunternehmen die Methodik anwenden und die Einsatzhäufigkeit bei mittelgroßen Unternehmen seit Beginn des Jahrhunderts stark zugenommen hat.

Allerdings verwendet mittlerweile nur noch die Minderzahl der Firmen den Begriff „Assessment Center" im betrieblichen Umfeld. Mehr als 44 % der Unternehmen legen viel Kreativität in die Bezeichnungen. Dabei lässt sich über den Zeitraum der Befragungen von 2001 bis 2012 ein starker Trend zur individuellen Bezeichnung der Verfahren erkennen. Wurde 2001 noch vermehrt die Ursprungsbezeichnung „Assessment Center" verwendet, so war 2007 der Begriff Development Center verbreitet, während sich ab 2012 der Anteil von firmenspezifischen Bezeichnungen mehr als verzehnfacht hat. Beispiele für

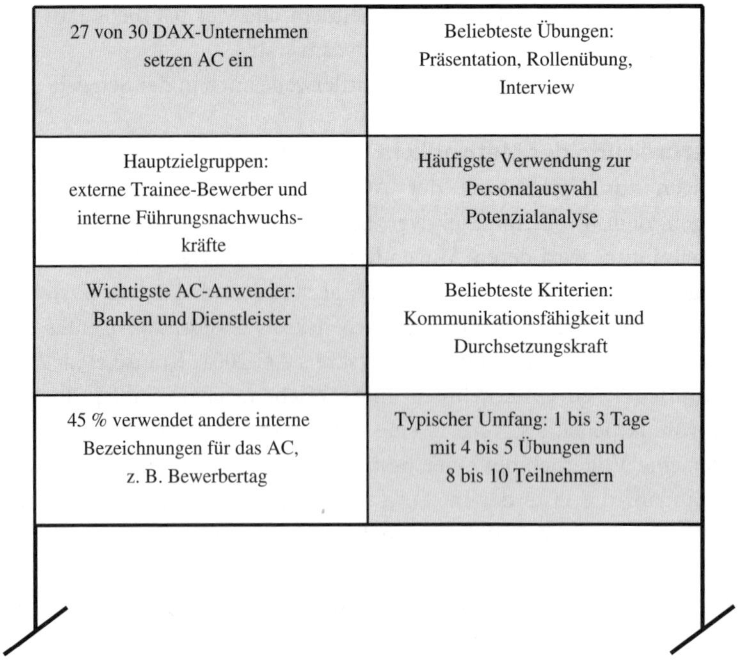

27 von 30 DAX-Unternehmen setzen AC ein	Beliebteste Übungen: Präsentation, Rollenübung, Interview
Hauptzielgruppen: externe Trainee-Bewerber und interne Führungsnachwuchs-kräfte	Häufigste Verwendung zur Personalauswahl Potenzialanalyse
Wichtigste AC-Anwender: Banken und Dienstleister	Beliebteste Kriterien: Kommunikationsfähigkeit und Durchsetzungskraft
45 % verwendet andere interne Bezeichnungen für das AC, z. B. Bewerbertag	Typischer Umfang: 1 bis 3 Tage mit 4 bis 5 Übungen und 8 bis 10 Teilnehmern

Abb. 1.9 Umfrage: Stand der AC-Anwendungen in Deutschland. *Quelle* Obermann et al. (2012)

diese individuelle Benennung sind: Career Day, Potenzialvalidierungsverfahren, Speed-up, Kompetenzprofiling, Potenzialfeedbackverfahren, Leadership Dialoge, AC Strike Career Programm oder Leadership Quality Gate (Abb. 1.10).

Rund 83 % der Unternehmen wenden AC sowohl für externe Bewerber wie auch für interne Mitarbeiter an. Im Vergleich zu 2007 hat dabei der Anteil der Verfahren nur für interne Mitarbeiter deutlich von 26 % auf 8,3 % abgenommen. Wenn man die konkreten Verfahren vergleicht, sind 47 % der AC-Verfahren für die Personalauswahl (mit dem Schwerpunkt externe Bewerber), 36 % zur Potenzialanalyse (Schwerpunkt, aber nicht ausschließlich interne Mitarbeiter) sowie 16 % Entwicklungs-AC (Abb. 1.11). Die Anzahl der Anwendungsfälle je Unternehmen hat zwischen 2007 und 2012 zugenommen, so geben 61 % der Firmen an, dass sie mehr als 15 Durchläufe im Jahr haben (Abb. 1.12).

Kommunikation, Durchsetzungsfähigkeit und Analysefähigkeit sind die Kriterien, die die meisten Unternehmen im AC sehen möchten. Für diese im Fokus stehenden Anforderungskriterien zeigt sich über die Zeitdauer der Befragungen aus den Jahren 2001, 2007 und 2012 eine hohe Konstanz.

Ein typisches AC besteht aus Präsentation, Rollenübung, Interview, Fallstudie, Gruppendiskussion, Persönlichkeitstest und Postkorb. Im Übungseinsatz gibt es jedoch deutliche Änderungen gegenüber der Vorgängerbefragung aus dem Jahr 2007.

Name	Prozent 2012	Prozent 2007	Prozent 2001
Assessment Center	23,1	30	57,4
Development Center	6,7	10	4,1
Auswahltag oder -verfahren	3,8	8	2,5
Potenzialanalyse	2,9	6	2,5
Entwicklungs-AC	4,8	4	0,8
Bewerberauswahltag oder -verfahren	0	3	0,8
Potenzial-AC	0	3	0,8
Förder-AC	1,9	2	0,8
Personalentwicklungsseminar	6,7	1	24,6
Potenzialworkshop	0	1	0
Einzel-AC	5,8	1	0
FK-C	0	1	0
Potenzialtag	0	1	0
Qualifikationsworkshop	0	1	1,6
Sonstige Namen (jeweils einmalig genannt)	44,2	29	4,1
Gesamt	100	100	100
Anzahl	104	189	122

Abb. 1.10 Wie heißt das AC firmenintern? *Quelle* Obermann et al. (2012)

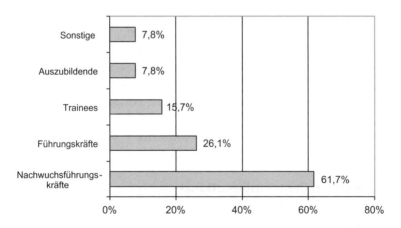

Abb. 1.11 Zielgruppen von AC in deutschen Unternehmen. *Quelle* Obermann et al. (2012)

Der Trend zum vermehrten Einsatz von Tests und Fragebögen zu kogniti-ven Kriterien zur Persönlichkeit hält weiter an. Noch 2001 haben lediglich 19 % der Organisationen solche Tests in ihre AC aufgenommen, 2007 waren es 31 % und nun-mehr schon 40 %. Vermehrt setzen deutschsprachige Organisationen die Methode des Interviews in ihrem AC ein. Die Forderung nach der Multimodalität des AC,

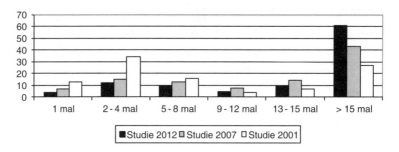

Abb. 1.12 Häufigkeit des jährlichen Einsatzes von AC. *Quelle* Obermann et al. (2012)

also der Kombination vielfältiger Methoden, findet offensichtlich mehr und mehr Berücksichtigung in der Anwendungspraxis.

Gegenüber 2007 werden weniger AC eigenständig entwickelt, sondern es wird vermehrt eine unternehmensspezifische Anpassung vorgenommen.

Der Einfluss von Externen in der Beobachterrolle ist noch einmal gegenüber der vorherigen Befragung 2007 angestiegen. Der Trend zum Outsourcing setzt sich somit weiter fort. Allerdings sind die meisten Beobachter immer noch Führungskräfte der Linie (80 %) und Mitarbeiter der Personalabteilung (70 %). Der überwiegende Teil der Unternehmen führt zwar Beobachtertrainings durch, hier zeichnet sich aber ein leichter Rückgang ab.

Das Feedback im AC ist ein Standard in den Unternehmen. In fast allen Verfahren erhalten die Teilnehmer Feedback. In der aktuellen Befragung der deutschsprachigen Organisationen ergibt sich 2012, gegenüber den Vorgängerjahren, der Trend, dass das Feedback weniger häufig unmittelbar nach dem Verfahren gegeben wird, sondern zeitversetzt – z. B. erst bis zu einer Woche danach. In Kombination wird neben mündlichem Feedback auch vermehrt ein schriftlicher Bericht ausgehändigt. Das Feedback ist in der Hälfte der beschriebenen AC nicht länger als 15 bis 30 min. Schon wie in 2007 ist ein starker Trend zu kürzeren Feedbackzeiten zu beobachten.

1.4.3   Assessment Center international

Großbritannien
Während des Zweiten Weltkriegs verbreitete sich die AC-Methode über Großbritannien in die USA, nach Kanada und Australien sowie in weitere Länder des Commonwealth, den Mittleren Osten und Indien. Nachdem an der Royal Air Force-Offiziersschule in Edinburgh mit der AC-Methode experimentiert wurde, übernahm 1942 die gesamte britische Armee das neue Verfahren zur Offiziersauswahl. Die „War Office Selection Boards" (WOSB), so die Bezeichnung des Vorgehens in Großbritannien, lehnten sich stark an das Vorgehen der deutschen Reichswehr an. Das Beobachtergremium

des WOSB bestand aus einem Präsidenten, einem Psychiater, Ausbildungsoffizieren
und einem Psychologen. Der Psychiater führte Interviews durch, um zu einer
Charaktereinschätzung zu kommen. Die Offiziere führten Simulationen durch und der
Psychologe sollte ursprünglich lediglich projektive und Intelligenztests durchführen,
diese Aufgabe erweiterte sich im Laufe der Zeit (Highhouse 2002).

Morris (1949, S. 224) lieferte erste Validitätsbelege für die WOSB (Übereinstimmung
der Ergebnisse mit dem Truppenurteil zu 76 %). „Nach dem Krieg wurden die von
den WOSB begonnenen Validitätsstudien im zivilen Bereich durch die Civil Service
Selection Boards fortgesetzt, die mithilfe dieses Auswahlverfahrens Mitarbeiter für den
Öffentlichen Dienst auswählten" (Domsch und Jochum 1989, S. 9). In der Durchführung
erster Studien zur prädiktiven Validität (vgl. Kap. 3.2.3) sowie der Entwicklung einer
besseren sozial-psychologischen Definition von Führung und dem Einsatz verbesser-
ter Gruppensimulationen sehen Thornton und Byham (1982) den spezifischen Beitrag
Großbritanniens zur AC-Entwicklung. „Insgesamt lässt sich zum britischen Verfahren
sagen, dass es eine Weiterentwicklung der deutschen Methode darstellte. Situative Tests
nahmen einen breiteren Raum ein, sie waren ähnlich subjektiv, profitierten aber von einer
vorhandenen Führertheorie" (Domsch und Jochum 1989, S. 9). Eine spätere Studie zur
Verbreitung von AC in Großbritannien haben Shackleton und Newll (1991) zusammengestellt, wobei hier die Aussagen von 73 Unternehmen eingeflossen sind. Die Autoren
berichten von einer Verdreifachung der AC-Anwendung seit Mitte der 80er-Jahre.

Heute dürfte Großbritannien das Land mit der weitesten AC-Verbreitung sein. Die
Gründe liegen in dem frühen historischen Start mit der Methode sowie der sprachlichen
Nähe zu den USA. Die deutlichsten methodischen Unterschiede liegen in dem weitaus
höheren Einsatz von Testverfahren, sowohl im Persönlichkeits- als auch im kognitiven Bereich. Ein AC in Großbritannien wird auch immer aus Testverfahren bestehen.
Die Gründe für den intensiveren Einsatz liegen in der unterschiedlichen Infrastruktur
im Vergleich zu Deutschland. Während in Deutschland die Anwendung von psychologischen Tests durch den Vertrieb ausschließlich über Psychologen weitestgehend
eine Geheimwissenschaft blieb, ist die Entwicklung in Großbritannien anders gewesen.
Verschiedene Beratungsunternehmen haben in der Schulung und Zertifizierung sowie
der Anwendung von Tests eine sehr viel breitere Öffentlichkeit und einen entsprechenden Markt entwickelt.

Die Reife der britischen AC-Szene zeigt sich an einer Vielzahl von speziellen Normen
und Standards für den AC-Bereich, herausgegeben durch die British Psychological
Society (2003). So liegen Qualitätsnormen nicht nur für den AC-Einsatz allgemein, sondern etwa speziell für Online-Assessments und andere Spezialformen vor.

Weitere europäische Länder

Trotz eines gemeinsamen Marktes und einer gemeinsamen Währung gibt es in der
Verbreitung der Methoden zur Personalauswahl und -entwicklung noch deutliche
Unterschiede in den einzelnen europäischen Ländern. Einen hohen Einfluss auf die

Verbreitung von AC besitzt auch die in den verschiedenen Ländern sehr unterschiedlich ausgeprägte Grundakzeptanz von Beurteilungsfragen oder psychologisch orientierten Verfahren bei Kandidaten im Managementbereich. In Finnland etwa, wo das AC sehr verbreitet ist, sehen Manager in einem AC in offener Form die Chance einer Stärken-/Schwächen-Rückmeldung, während Deutschlands Führungskräfte insbesondere auf die klassischen Gruppen-Assessments und Fragebogenverfahren mit Skepsis reagieren. Diese divergierenden Ansichten sind zum Teil auf die länderspezifisch sehr unterschiedlichen Traditionen einzelner diagnostischer Verfahren zurückzuführen. In Frankreich beispielsweise muss sich ein zukünftiger Direktor in aller Regel der Prozedur einer grafologischen Untersuchung unterziehen, was in Deutschland kaum vorstellbar ist. Insgesamt gilt für die Verbreitung des AC, dass in kleineren, industrialisierten Ländern Europas – etwa den Niederlanden und den nordeuropäischen Ländern – das AC eine hohe Akzeptanz erfährt. Gerade in diesen Ländern ist aufgrund der sehr hohen Verbreitung der englischen Sprache – schon durch nicht-synchronisierte Fernsehfilme – der Zugang zur englischsprachigen, wissenschaftlichen Literatur zum Thema AC sehr viel einfacher. Die AC-Studie von 2001 (Arbeitskreis AC 2001) zeigt auch eine höhere Verbreitung von AC in der Schweiz gegenüber Deutschland.

In Bezug auf Frankreich gibt es eine Vergleichsstudie von Shackleton und Newll (1991) zu 73 britischen und 52 französischen Unternehmen. Diese zeigt eine sehr viel stärkere Verbreitung in Großbritannien als in Frankreich.

Die Globalisierung und der AC-Einsatz haben auch ehemalige Ostblockländer wie Russland oder Kasachstan erfasst. Simomenko (2011) weist auf kulturelle Spezifika hin, die eine Adaption der Methodik erfordern. So gehe die russische Mentalität, die eine erhöhte Risikoorientierung und Entscheidungsfreude mit sich bringt, auf Kosten einer genauen Problemerkundung. So würden Kandidaten in Fact-Finding-Aufgaben regelmäßig komplett darauf verzichten, ein Analyseinterview durchzuführen, sondern direkt zu Vorschlägen und Entscheidungen kommen (ebd., S. 434). Daher ist in solchen Fallstudien eine andere Erwartungshaltung anzulegen. Eine weitere Besonderheit sei die höhere Bedeutung von persönlichen Beziehungen gegenüber staatlicher oder sonstiger Regulation, was sich darin zeigt, dass kein Urheberrecht bei Testverfahren oder zirkulierenden AC-Materialien beachtet wird .

USA, Kanada, Südamerika

In den USA verlief die Entwicklung des AC deutlich rascher und intensiver als hier in Deutschland. Nach dem Zweiten Weltkrieg schlugen einige Psychologen des Office of Strategic Services (OSS) die Universitätslaufbahn ein und setzten sich von der wissenschaftlichen Seite her mit der AC-Methodik auseinander. Gleichzeitig bildeten sich Gruppen von Wirtschafts- bzw. Industriepsychologen in der Praxis zum gegenseitigen Erfahrungsaustausch. 1958 wurde das AC-Verfahren erstmals zu nicht-wissenschaftlichen Zwecken bei Michigan Bell, einem Tochterunternehmen der AT & T, eingesetzt. Das so genannte „Bell System" war zu dieser Zeit ein sehr großes Gebilde mit einer Million Mitarbeitern. Unter der Leitung von Bray entstanden hier die ersten

AC außerhalb des militärischen Bereichs in der Wirtschaft. Bekannt wurden dort die Management Progress Studies (MPS), bei denen die Entwicklung von Managern beobachtet wurde. Nach der ursprünglichen Erhebung von 1956 fand acht Jahre später im Rahmen einer Längsschnittuntersuchung eine Untersuchung der Karriereverläufe bei den gleichen Personen statt und nach zwanzig Jahren ein weiteres Mal. Bei AT & T gingen über die Jahre hinweg über 100.000 Personen durch diverse AC-Verfahren.

Der Einsatz von AC in der Industrie und öffentlichen Verwaltung umfasste Ende 1969 allerdings erst zwölf Organisationen. Im gleichen Jahre fand der erste AC-Kongress statt, zu dem allerdings bereits 100 Interessenten kamen. Die zunehmende Institutionalisierung der Methode AC in den USA zeigt sich auch in der Publikation einer AC-spezifischen Zeitschrift, dem „Journal of Assessment-Center Technology" (erschienen in den Jahren 1979–1984, dann wieder eingestellt), der Gründung der „Society of Assessment Systems Practitioners" und dem jährlich stattfindenden „International Congress on Assessment Centers" (37. Kongress, Frühjahr 2013). 1975 wurde die erste Version spezieller „Standards and Ethical Considerations for Assessment-Center Operations" vorgenommen, die letzte Version 2009.

In der wissenschaftlichen Auseinandersetzung mit dem AC hatte vor allem eine Untersuchung grundlegende Bedeutung: die „Management Progress Study" (MPS) der „American Telephone and Telegraph Company" (AT & T). Bray startete diese Untersuchung 1956. Er verfolgte 266 Angestellte des Unternehmens, zu ca. 50 % College-Absolventen, über mehrere Jahrzehnte in ihrer Entwicklung innerhalb der AT & T. Die generellen Fragen, denen er dabei auf den Grund gehen wollte, lauteten: „Welche bedeutenden Veränderungen finden statt, während sich Personen in einem großen Wirtschaftsunternehmen entwickeln? Welche zu erwartenden Veränderungen treten nicht ein? Was steckt hinter diesen Veränderungen und dieser Stabilität?" (Bray 1982, S. 182; Übersetzung C. O.). Die untersuchten Personen nahmen im Laufe der Jahre mehrfach an AC teil und wurden zudem befragt. Das Besondere an der MPS ist die wiederholte Verwendung eines AC bei denselben Personen in großen Zeitabständen (Längsschnittdesign). Bei der Auswertung der Ergebnisse zeigte sich, dass der Erfolg eines Mitarbeiters bei AT & T in hohem Maße vorhersagbar ist. Besonders gut lässt dieser Erfolg sich anhand der im AC erhobenen administrativen und Führungsfähigkeiten vorhersagen, etwas weniger gut aufgrund der geistigen Fähigkeiten, der Stabilität der Leistung und der Arbeitsmotivation. Wie unabhängig eine Person von anderen ist, lässt kaum Schlüsse auf ihren zukünftigen Erfolg zu. Zusammenfassend stellt Bray fest: „Es sieht so aus, als ob motivationale Aspekte der Persönlichkeit, insbesondere Führungsmotivation und Aufstiegsehrgeiz, von beachtlicher Bedeutung für den Erfolg in Management-Positionen sind. Persönlichkeitszüge sind für den Erfolg weniger wichtig, aber entscheidend für die Reaktion, die jemand auf Erfolg oder ausbleibenden Erfolg zeigt" (Bray 1982, S. 187; Übersetzung C. O.). Welche Persönlichkeitszüge dabei eher von Vorteil sind, stellt Bray folgendermaßen dar: „[…] die viel versprechenden Manager sind diejenigen, die führen und vorankommen wollen, Abhängigkeit von anderen zurückweisen und selbstsicher, optimistisch, energisch und arbeitsorientiert sind" (Bray 1982, S. 186; Übersetzung C. O.).

Zur aktuellen Anwendungspraxis des AC in den USA liegen einige Studien vor (älter: Spychalski et al. 1997; Kudisch und Rotolo 1998; aktueller: Eurich et al. 2009; Krause 2011). Auch wenn keine empirischen Zahlen speziell zum Anteil der AC-Anwender relativ zu alleren Unternehmen vorliegen, dürfte der Verbreitungsgrad von AC in den USA relativ deutlich höher sein. Diese Schlussfolgerung ergibt sich aus der Existenz großer Consulting-Unternehmen, die es vergleichbar in Europa nicht gibt, auch solchen, die AC speziell für einzelne Branchen einsetzen, z. B. AC nur für die Pharmabranche (Purdy 2011).

Ein wesentlicher Faktor für die Verbreitung von AC in den USA besteht in einem wichtigen kulturell-juristischen Spezifikum. Aufgrund drakonischer Sanktionen fürchten amerikanische Unternehmen, sich dem Vorwurf auszusetzen, bei Besetzungs- oder Beförderungsentscheidungen Frauen, Farbige oder andere im Management unterrepräsentierte Gruppen zu benachteiligen. Ein Beispiel für einen solchen Vorwurf und dessen juristische Konsequenzen bildet der Fall Duke Power. Dieses Energieunternehmen wurde verurteilt, weil es Hochschulabsolventen auf der Basis eines kognitiven Tests und der Diplomnote im Studium einstellte. Das Gericht argumentierte damals, dass weiße Personen drei Mal häufiger einen Hochschulabschluss haben als farbige Personen. Vom Gericht ebenfalls abgelehnt wurde der kognitive Test, weil das Unternehmen dessen Validität nicht nachweisen konnte und dass das Testergebnis irgendetwas mit dem Berufserfolg zu tun habe. Seitdem hat sich ein ganzer Berufszweig entwickelt, der Firmen bei solchen Klagen juristisch berät. Im Jahr 1997 gab es 6.200 derartiger Gerichtsprozesse. Wenn die Unternehmen nur normale Job-Interviews durchführen, haben sie schon „fast automatisch verloren" (Zitat des amerikanischen Spezialisten für solche Klagen, Jim Sharf, auf dem AC-Kongress 2002). Durch den Einsatz eines entsprechend dokumentierten AC kann das Unternehmen nachweisen, dass die Auswahl nicht willkürlich erfolgt ist. Dabei wird von den Gerichten auch anerkannt, wenn nicht das einzelne Unternehmen eine Validitätsstudie durchführt, sondern von den Testautoren der Zusammenhang zum Joberfolg für eine vergleichbare Zielgruppe nachgewiesen wurde. Dies hat mittlerweile dazu geführt, dass bei 40 % aller Einstellungen in irgendeiner Form ein kognitiver Test verwendet wird.

Ein weiterer Unterschied besteht in der sehr viel weitergehenden Verbreitung von AC in den USA für den öffentlichen Bereich. AC-Verfahren etwa in den Bereichen Feuerwehr, Polizei oder Gemeindeverwaltung sind verbreiteter als in der Industrie. Im Unterschied hierzu haben in Deutschland erst in den letzten Jahren speziell große Stadtverwaltungen das Thema AC entdeckt (Abb. 1.13).

Unterschiede bestehen auch in der inhaltlichen Gestaltung von AC. Sowohl in Deutschland wie in den USA ist die Gruppenübung die beliebteste Methode. In Deutschland wäre das typische Set von Übungen Gruppendiskussion, Rollenspiel und Präsentation, in den USA hingegen neben der Gruppendiskussion der Postkorb und ein Testverfahren (Abb. 1.14).

Einen weiteren Unterschied zeigt der Vergleich der beiden AC-Studien: Während in deutschsprachigen Ländern fast immer Linienvorgesetzte als Beobachter an AC teilnehmen, ist dies in den USA weniger selbstverständlich. Lediglich in 49 % der AC sind die

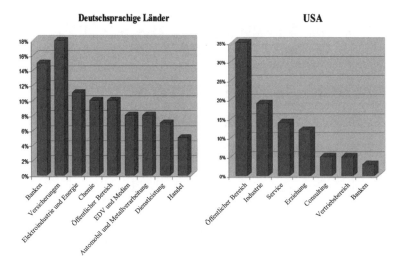

Abb. 1.13 Brachenvergleich deutschsprachige Länder vs. USA. *Quelle* Arbeitskreis AC (2001) und Spychalski et al. (1997)

■ Größere Verbreitung insgesamt
■ Hohe Bedeutung der Klagesicherheit
■ Schwerpunkt im öffentlichen Dienst
■ Mehr kognitive Testverfahren
■ Beteiligung von Führungskräften eher als Ausnahme
■ Großer Markt für Consultants
■ AC mit Videoaufzeichnung - gänzlich ohne Beobachter

Abb. 1.14 Unterschiede des AC-Einsatzes in den USA

Beobachter hier Linienvorgesetzte (Spychalski et al. 1997). Dies führt sogar dahin, dass AC komplett ohne Beobachter durchgeführt, aber videografiert werden. In der Studie von Kudisch und Rotolo (1998) geben 42 % der befragten Unternehmen an, dass die AC-Übungen per Video aufgezeichnet werden. Teilweise bieten Consulting-Unternehmen den Service an, die Teilnehmer auf der Basis der Videoaufnahmen an einem zentralen Ort zu bewerten. Ryan et al. (1995) zeigen in einer Vergleichsstudie, dass es bezüglich der Beobachtungsgenauigkeit keine Unterschiede gibt, ob die Beobachtung auf der Basis von Aufzeichnungen oder live erfolgt. Dieses Vorgehen wäre in Deutschland (eher) undenkbar.

Gründe sind die weiteren Entfernungen in den USA und die sehr viel höheren Kosten, wenn über viele Flugstunden Führungskräfte und AC-Teilnehmer etwa aus einer Außendienstorganisation eingeflogen werden müssen. Den Hauptgrund für diese Praxis sehen wir allerdings wiederum in dem Bemühen der Unternehmen, ihre Auswahl- und Beförderungsentscheidungen möglichst objektiv zu treffen. Davon profitieren Beratungsunternehmen, wenn die komplette AC-Durchführung mit der Bewertung über

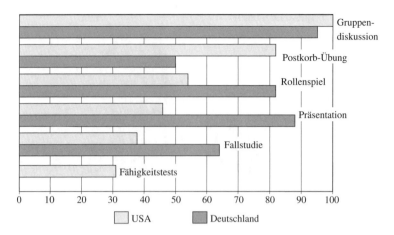

Abb. 1.15 AC-Übungen im Vergleich deutschsprachiger Länder vs. USA. *Quelle* Arbeitskreis AC (2001) und Spychalski et al. (1997)

Video outgesourct wird. Eine Folge daraus ist auch, dass der Markt für AC-Consultants in den USA deutlich größer ist als in Deutschland oder Europa (vgl. Abb. 1.15).

In der Studie von Eurich et al. (2009) zeigt sich auch, dass in den USA im Vergleich zu anderen Regionen die klassische Gruppendiskussion deutlich weniger im Einsatz ist.

Speziell für Brasilien zeigen Betti und Monobe (2011) vier Fallbeispiele für den Einsatz von AC mit großen Teilnehmerzahlen.

Afrika

Speziell in Südafrika hat sich bedingt durch den politischen Wandel und das Bedürfnis nach objektiven Auswahlmethoden die AC-Methodik sehr rasch ausgebreitet. Mittlerweile ist Südafrika einer der weltweit engagiertesten Anwender der Methodik. Im Hinblick auf Verfahrenslänge, verwendete Aufgaben und Dimensionen entspricht die AC-Praxis im Wesentlichen den anderen Regionen. In einer Vergleichsstudie (Krause 2011) wurde die Anwendungspraxis bei 43 Organisationen in Südafrika untersucht. Unterschiede dort bestehen darin, dass Aufgabentypen wie Fallstudie oder Fact-Finding seltener eingesetzt werden und im Unterschied zu West-Europa oder USA das Feedback an die Teilnehmer unmittelbar nach dem Verfahren weniger üblich ist. Allerdings unterliegen diese vergleichenden Aussagen immer jeweils einer methodischen Stichproben-Problematik: Sind die Unterschiede auf Südafrika oder auf die Art der befragten Unternehmen zurückzuführen?

In Südafrika finden jährliche Kongresse von AC-Anwendern statt – in Umfang und Regelmäßigkeit mit keinem europäischen Land vergleichbar. Darüber hinaus gibt es für Südafrika eigene Qualitätsrichtlinien für das AC (Assessment Centre Study Group 2007).

Speziell über den Einsatz des AC in Ostafrika (Kenia, Uganda, Tansania) berichten Manji und Dunford (2011). In den Ländern kam es in den 90er-Jahren aufgrund einer Wirtschaftsliberalisierung zu einem erhöhten Managementbedarf im

Telekommunikationsbereich und bei Banken. Gleichzeitig wuchs massiv die Anzahl an privaten Universitäten und dementsprechend auch die Anzahl von Hochschulabsolventen. Beide Effekte zusammen führten zu einem Bedarf an hochwertigen Auswahlinstrumenten. So berichten die Autoren von AC der Kenya Commercial Bank, mit denen Management Trainees eingestellt wurden.

Aus europäischer Perspektive gilt es, die einzelnen Kulturen zu differenzieren. So berichten die Autoren (ebd., S. 409), dass Kandidaten aus Kenia und Tansania nicht gemeinsam an einem AC teilnehmen können, da in Tansania im Unterschied zum Nachbarland eine eher egalitäre, konfliktvermeidende Kultur vorherrscht.

China

Die stürmische wirtschaftliche Entwicklung in China hat auch das AC populär gemacht. Nach der Befragung einer lokalen Beratung von 2010 unter 1.315 Organisationen nutzen immerhin 17 % die AC-Methodik (Liang und Liu 2011). Wie in anderen Bereichen von Technik und Kultur hat auch China eine sehr alte Tradition von standardisierten Auswahlverfahren für Beamte, die bis in das sechste Jahrhundert vor Christus zurückreicht.

Im aktuellen China gibt es eine höhere Bandbreite von wirtschaftlichen Organisationen als bei uns (multinationale Konzerne, Staatsbetriebe, private chinesische Konzerne und den öffentlichen Sektor – bestimmt durch die kommunistische Partei). Daher gibt es auch eine größere Vielfalt im AC-Einsatz. Zielgruppen und eingesetzte AC-Aufgaben sind insgesamt jedoch mit dem Westen vergleichbar (ebd., S. 417).

Kulturelle Unterschiede haben jedoch Auswirkungen auf das Design einzelner AC-Aufgaben oder die Beobachtungskriterien. So ist die chinesische Geschäftskultur etwa durch eine höhere Machtdistanz und mehr Harmonie innerhalb des Beziehungsnetzwerks geprägt. Daher kann in einem Rollenspiel nicht erwartet werden, dass offen Kritik angesprochen wird. Ferner ist bei der Rollenspielerauswahl auf das Alter derjenigen zu achten, die den „Chef" spielen. Ein kurzes Feedback direkt im Anschluss an das AC steht im Widerspruch zum Konzept der Harmonie und ist eher unüblich. Schließlich ist der wichtigere Qualitätsnachweis der der standardisierten Durchführung. Die Idee von prognostischer Validität und dem Nachweis von Treffsicherheit der Vorhersagen sei eher weniger wichtig (ebd., S. 424).

Japan

In der zweiten Ausgabe dieses Buchs von 2002 hieß es noch, dass der AC-Einsatz speziell in Japan gering sei. Bis dahin gab es eher vereinzelte Erfahrungen bei großen Konzernen. So berichtet Tapernoux (1986, S. 300): „Die Bilanz nach sechs Jahren Anwendung bei Matsushita Electric ist positiv. Wir glauben, dass diese originelle und vor allem motivierende Art, Bewertungen durchzuführen, in Zukunft gute Chancen hat, falls sie zu Zwecken der persönlichen Entwicklung eingesetzt wird".

In den 80er-Jahren hatte das japanische AC einen speziellen Zuschnitt. Kultureller Hintergrund zu diesem Zeitpunkt war der geringere Individualismus und die lebenslange Bindung zumindest an große Arbeitgeber: „Große japanische Unternehmen betrachten die Solidarität ihrer Angestellten als eine der größten Stärken. Demzufolge vermeiden sie jede Rückmeldung, die einen Angestellten aus der Gruppe heraushebt. Positives Feedback wird als peinlich empfunden; sowohl Manager als auch ihre Angestellten mögen kein negatives Feedback" (Taylor und Frank 1988, S. 56; Übersetzung C. O.). Im Gespräch mit japanischen Unternehmen zum Thema AC komme es zudem häufig zu Kommunikationsproblemen, da Japaner unter dem Begriff Assessment etwas ganz anderes verstehen. Assessment Center bezeichnen nämlich dort übliche – in Buchhandlungen als Formular erhältliche – Bewertungskriterien für bestehende Mitarbeiter. Das typische AC war daher bis zu dieser Zeit eher ein Development Center i. S. einer Trainingsmaßnahme. Üblich waren hier durchaus 20 bis 40 Teilnehmer, die wechselnd als Beobachter oder Teilnehmer z. B. bei der Bearbeitung einer Postkorb-Aufgabe oder einer Gruppenübung agierten.

Dabei gab es dann viele verschiedene Untergruppen und es fanden parallele Gruppendiskussionen statt. Alle sollten voneinander lernen und durch den Vergleich mit anderen sollten sie sich besser verstehen, so der Gedanke von Canon. In diesem AC gab es durchaus Einzelübungen – ein Rollenspiel und eine Postkorb-Übung. Auch wenn die Begriffe gleich sind, war auch hier der japanische Weg anders. So wurde etwa die individuelle Postkorb-Bearbeitung per Video aufgezeichnet und dann das Vorgehen allen anderen Teilnehmern gezeigt, getreu dem Motto: „Voneinander lernen, keinen herausstellen!".

In den letzten Jahren hat sich am AC-Einsatz jedoch einiges geändert, so dass von einer mindestens so intensiven Verbreitung wie in Europa auszugehen ist. Neun von zehn an der Börse notierten Firmen in Japan führen auf die eine oder andere Art AC durch. Der Startpunkt ist durchaus vergleichbar mit Deutschland: Tochterunternehmen von US-Firmen wie IBM waren die ersten Anwender.

Seit Ende der 90er-Jahre hat sich die spezielle japanische Form des DC mehr und mehr dem westlichen Standard angenähert (Hirose 2011). Der Individualismus in der japanischen Kultur hat zugenommen, das Prinzip der lebenslangen Beschäftigung gilt nicht mehr überall. Die Wirtschaftskrise in Folge des Erdbebens 2011 hatte ebenfalls Auswirkungen. So sind Potenzialanalyse-AC für internen Führungsnachwuchs wie Auswahl-AC für externe Manager inzwischen genauso üblich wie das klassische DC.

Weitere Länder Asiens

In zahlreichen weiteren Ländern Asiens gibt es mittlerweile eine Verbreitung der Methodik. In Ländern mit angelsächsischem Einfluss gibt es dabei häufig eine Tradition von AC-Verfahren aus der Offiziersauswahl, wobei die Methodik dann ihren Weg in die Wirtschaft gefunden hat. In Indien gibt es seit 1942 sogenannte Services Selection Boards (SSBs) für die Offiziersauswahl. Sawardekar und Khandekar (2011) beschreiben, dass das Vorgehen einen so großen Umfang hat und so standardisiert sei, dass es z. B. 36 Offiziere gäbe, die ausschließlich die Interviews in dem Prozess durchführen und 72 „Group Testing Officers", deren ausschließliche Aufgabe es sei, Gruppenübungen zu beobachten. Eine ähnliche Tradition in der Offiziersauswahl und der anschließenden Übertragung auf die Wirtschaft gibt es in Singapur (Nosworthy und Ng 2011).

In bestimmten Ländern war die Deregulierung der Wirtschaft Treiber für die AC-Anwendung (Indien, China). Ein politischer Hintergrund liegt in Indonesien vor. Seit der Abdankung des korrupten Diktators Suharto 1998 hat es einen großen Schub in Richtung AC-Anwendung gegeben. Der größte Berater vor Ort beschäftigt nicht weniger als 60 Consultants, die nichts anderes als AC anbieten. Vergleichbares gibt es in Deutschland kaum. Ähnlich dem deutschen Arbeitskreis AC e.V. ist unter der Moderation des amerikanischen Professors Thornton 2002 ein „Code of Conduct" entstanden, eine Liste von Qualitätsstandards. Aufgrund der großen Anzahl von Beratern in diesem Feld wurde mittlerweile eine Vereinigung der AC-Anbieter gegründet.

Methodik im internationalen Vergleich

Zum Vergleich der in einzelnen Ländern geübten AC-Praxis lagen bisher Einzelfallstudien oder regionale Befragungen vor, die schwer zu vergleichen sind. Seit den 2010er-Jahren hat sich dies geändert. Das AC wird global eingesetzt und es gibt erste empirische Befragungen zur vergleichenden Anwendungspraxis in unterschiedlichen Regionen der Welt (Povah 2011, Krause 2011).

Ein Treiber dafür ist, dass Beratungsfirmen mit ihren Kunden mitgehen und eine mehr und mehr globale Präsenz entwickeln. Einzelne Organisationen führen in mehreren Ländern oder Sprachen gleichartige Verfahren durch. So hat die Europäische Union seit 2010 ein AC für die Verwaltung. In dem AC werden täglich 40 Bewerber bewertet. Die Bewerber müssen das AC in ihrer Nicht-Muttersprache durchführen. Dafür gibt es drei Alternativen: Englisch, Französisch und Deutsch (Vanderveken und Lehkonen 2011).

Neben der einfacheren Zugänglichkeit von Tests und Aufgaben über das Internet gibt es internationale Kongressaktivitäten, z. B. den mittlerweile 37. internationalen AC-Kongress 2013 in Südafrika. Für die Länder Deutschland, USA, Großbritannien, Schweiz, Südafrika und Indonesien liegen Qualitätsempfehlungen für die AC-Durchführung vor, die teilweise Bezug aufeinander nehmen.

Die vorliegenden empirischen Vergleichsstudien zur Anwendungspraxis sind methodisch mit Vorsicht zu interpretieren. Vermeintliche kulturelle Unterschiede im AC-Einsatz sind auch einfach mit Unterschieden in den jeweiligen Stichproben zu erklären (z. B. andere Gewichtung von Branchen).

Eine Untersuchung mit weitestgehender internationaler Abdeckung stellt die Studie von Povah (2011) dar. Hier nahmen 443 Teilnehmer in 43 Ländern aus fünf Kontinenten teil. Die Studie zeigt in vielen Aspekten ähnliche Anwendungsformen des AC. So setzen weltweit eher größere als kleinere Organisationen AC ein. In allen Regionen ist die Beobachtercrew aus einer Kombination von Führungskräften, Mitarbeitern der Personalabteilung und externen Beratern zusammengesetzt. Analog der Anwendungspraxis in deutschsprachigen Ländern ist das Einsatzziel gleich verteilt auf die Zielsetzungen Auswahl, Potenzialanalyse und Entwicklung. In Europa gibt es insgesamt einen größeren Schwerpunkt auf Auswahl.

Befragt wurden die 443 AC-Anwender ebenfalls nach den jeweils beobachteten Kompetenzen. Hier gibt es einige Übereinstimmungen, so ist das Kriterium „Leadership" in den meisten Regionen an Nummer eins, es gibt jedoch auch Unterschiede. So ist die Kompetenz „Problem Analysis" in den USA nur auf Rangplatz 15, während in anderen Regionen diese Kompetenz in den Top fünf ist (ebd., S. 334). In Asien hingegen ist das Kriterium „Interpersonal Sensitivity" auffällig weniger wichtiger; über die Gründe kann nur spekuliert werden, möglicherweise ist dieser Aspekt so selbstverständlich, dass er kaum differenziert und daher selten explizit bewertet wird.

Ähnlichkeiten im globalen Einsatz gibt es auch im Hinblick auf die eingesetzten Methoden und Aufgabentypen: Rollenspiele, mündliche Diskussionen, Fallstudien, Planungsaufgaben und Interviews sind vergleichbar verbreitet. Auch setzt die Mehrzahl der Organisationen im globalen Vergleich kognitive Tests sowie Persönlichkeitsfragebögen ein. Lediglich in den USA ist die klassische Methode der Gruppendiskussion weniger verbreitet.

Entwicklung eines unternehmensspezifischen AC

2

2.1 Festlegung der Zielsetzung

Die gesamten Teilschritte bei der Entwicklung und Einführung eines unternehmens-spezifischen AC sind in der Abb. 2.1 beschrieben. Die fortlaufenden Nummern in der Grafik verweisen jeweils auf die Kapitelnummern.

Der erste Schritt besteht in der Festlegung der Zielsetzung. Das AC ist eine Methode, die für ganz unterschiedliche Zielsetzungen verwendet werden kann. Problematisch ist dabei für die unternehmensinterne Kommunikation die Verwischung von Zielsetzungen. Zu trennen ist zunächst die unternehmensinterne und -externe Einsatzmöglichkeit: So sollten bestehende Mitarbeiter nicht an den Verfahren teilnehmen, die für externe Bewerber gedacht sind, auch wenn Zielposition und Inhalte des AC möglicherweise identisch sind.

Im deutschsprachigen Bereich geben 84,3 % der befragten Unternehmen an, dass sie AC sowohl für organisationsinterne Teilnehmer wie Bewerber einsetzen, 8,3 % ausschließlich für interne Teilnehmer und 7,4 % für ausschließlich externe Bewerber (Obermann et al. 2012). Damit ist der Anteil für Verfahren ausschließlich für interne Teilnehmer deutlich zurückgegangen. In der Vorgängererhebung 2007 hatten noch 25,7 % der Verfahren diese Zielsetzung. Dies ist mitunter darauf zurückzuführen, dass der Anteil der Verfahren für beide Zielgruppen – interne und externe Teilnehmer – von 62 % deutlich auf 84,3 % gestiegen ist. Wenn man zwischen den drei Anwendungsformen Auswahl/Potenzialanalyse/Entwicklungsmaßnahme unterscheidet, so setzt die Mehrzahl der deutschsprachigen Unternehmen das AC für die Personalauswahl (46,7 %) ein, die Potenzialanalyse wird mit 35,8 % angegeben. Als Entwicklungsmaßnahme setzen 15,8 % der Unternehmen die Verfahren ein (1,7 % keine Angabe).

Weniger einfach ist die eindeutige Festlegung von Zielsetzungen für interne Mitarbeitergruppen (vgl. Abb. 2.2). Es besteht die Vermutung, dass sich die Verantwortlichen nicht immer selbst genau über die Zielsetzung im Klaren sind. Möglich ist, dass z. B. Teilnehmer zu einem Orientierungsworkshop eingeladen werden,

C. Obermann, *Assessment Center*, DOI: 10.1007/978-3-8349-3813-8_2, © Springer Fachmedien Wiesbaden 2013

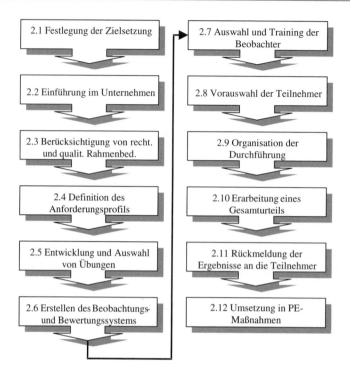

Abb. 2.1 Einzelschritte in der Entwicklung eines AC

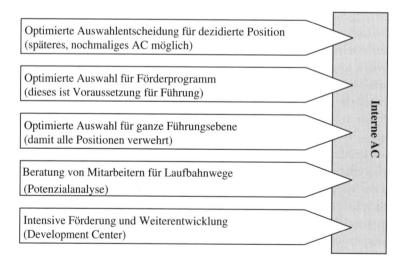

Abb. 2.2 Mögliche Zielsetzungen für interne AC

die Beobachter erschrocken über einzelne Ergebnisse sind und dann werden aus den Ergebnissen informell dennoch Auswahlentscheidungen abgeleitet, ohne dass dies den Mitarbeitern bewusst ist. Viele Firmen haben durch solche diffusen Zielsetzungen bei Mitarbeitern die Glaubwürdigkeit im Hinblick auf AC verloren.

Dabei wird meist nicht klar ausgesprochen, ob es sich bei dem Verfahren um ein reines Development Center (DC, vgl. Kap. 4.2) handelt, bei dem die Ergebnisse und Rückmeldungen allein den Teilnehmern zugedacht werden, oder ob die Ergebnisse in irgendeiner Form in Besetzungs- und Beurteilungsfragen einfließen. Ein reines DC ist im Vergleich zu anderen Trainings- und Entwicklungsverfahren ein sehr aufwendiges Instrument. Daher haben viele Unternehmen ein nachvollziehbares Interesse, ein AC einzusetzen, um daraus additive Informationen für die Eignung einzelner Kandidaten für Führungspositionen zu gewinnen.

Es existieren sehr verschiedene, mögliche Zielsetzungen, die genau voneinander abzugrenzen sind: Soll sich das AC auf eine dezidierte Führungsposition beziehen, wird meist ein Einzel-Assessment (EAC) heran gezogen. Diese Zielsetzung hätte zur Konsequenz, dass sich die Mitarbeiter auf Basis der Ergebnisse des EAC für weitere Stellen bewerben könnten, bei denen auch ein AC eingesetzt wird, wenn auch mit anderen Inhalten. Das Vorgehen entschärft die Gewinner-/Verliererproblematik erheblich: Wenn ein Mitarbeiter durch ein AC durchgefallen ist, dann bedeutet dies kein grundsätzliches Aus. Die Deutsche Telekom geht beispielsweise in dieser Form vor. Der Nachteil in dieser Vorgehensweise liegt darin, dass die positionsspezifischen Einzel-AC in Vorbereitung und Durchführung erheblich aufwendiger sind. Die alternative Vorgehensweise dazu besteht darin, ein AC als Eingangsvoraussetzung für eine ganze Ebene zu definieren (z. B. Teamleiter oder Abteilungsleiter), wie dies bei einigen deutschen Großunternehmen geschieht. Wenn der Mitarbeiter sich für die nächste Hierarchieebene interessiert, ist dann gegebenenfalls erneut ein anderes Verfahren zu bestehen. Der Vorteil dieser Vorgehensweise besteht darin, dass unternehmensweit ein identischer Standard als Eingangsvoraussetzung für Führungsebenen eingehalten werden kann. Abhängig von der Methode der Vorauswahl spielt dabei das AC nicht die alleinige Rolle, da zuvor die Vorgesetzten oder andere Personen ihre Beobachtungen aus der betrieblichen Praxis mit eingebracht haben. Der Nachteil dieses Vorgehens besteht darin, dass ganz unterschiedliche Zielgruppen ein inhaltlich identisches Verfahren durchlaufen. Eine abgefederte Variante bei einzelnen Unternehmen besteht darin, dass das AC die Eingangsvoraussetzung für ein Nachwuchs- oder Förderprogramm darstellt. Dieses Förderprogramm ist dann die eigentliche Voraussetzung für Führungspositionen auf einer bestimmten Ebene. Dadurch wird der Zusammenhang zwischen AC und Positionsentscheidung nicht ganz so deutlich, ist aber dennoch vorhanden. Den schwächeren AC-Teilnehmern wird dann im Unterschied zu den erfolgreichen Kandidaten ein individuelles Förderprogramm nahe gelegt. Dadurch mag der Gesichtsverlust für diese Mitarbeiter geringer sein.

In der AC-Praxis sind sehr häufig auch Verfahren zur Potenzialanalyse zu finden, die nicht formal an Auswahlentscheidungen für eine Position oder Positionsebene geknüpft sind. Dennoch erhält der Teilnehmer ein Feedback zum Potenzial für verschiedene Tätigkeitsbereiche oder Ebenen, meist Führungskraft Ja/Nein. Die betreffenden Unternehmen setzen bei dem Verfahren der Potenzialanalyse auf die Selbsteinsicht der Mitarbeiter. Indem die AC-Teilnehmer erleben, wie schwierig die Bewältigung etwa von anspruchsvollen Führungsgesprächen im AC ist, und durch das Beobachterfeedback realisieren die Teilnehmer von sich aus, dass eine Führungslaufbahn für sie (noch) nicht infrage kommt. Wenn das AC inhaltlich gut gestaltet ist (viele Reflexionsphasen, realistische

Fallbeispiele), dann gelingt dies auch bei der Mehrzahl der AC-Teilnehmer. Wenn diese Zielsetzung Potenzialanalyse für das AC gewählt wird, dann muss dies allerdings auch eingehalten werden: Die AC-Ergebnisse dürfen nicht in formale Beurteilungen einfließen, bei späteren Positionsentscheidungen sollte nicht auf ein vorhergehendes AC-Ergebnis verwiesen werden. Geschieht dies dennoch, verliert das Unternehmen bzw. die veranstaltende Einheit ihre Glaubwürdigkeit. Der Nachteil dieses Vorgehens der Potenzialanalyse ist zugleich ein Vorteil: Da die Ergebnisse keine unmittelbare Relevanz für Besetzungsentscheidungen haben, ist der Druck für die Teilnehmer etwas geringer. Andererseits ist es ökonomisch fragwürdig, warum solch aufwendig erhobene Daten mit hohem Nutzen für das Unternehmen nicht auch formal in Besetzungsentscheidungen einfließen sollen. Statt das AC offen als Auswahlkriterium darzustellen, wird es häufig gegenüber Mitarbeitern als Potenzialanalyse verkauft, wobei indirekt die Ergebnisse dennoch in Besetzungsentscheidungen einfließen. So fordern dann etwa Unternehmen die Mitarbeiter auf, die Berichte zu positiven AC-Ergebnissen in die interne Bewerbung zu legen. Wer dies nicht tut, signalisiert damit ein schlechtes AC. Eine weitere Unsitte besteht darin, im AC zur Potenzialanalyse die Empfehlung im Hinblick auf verschiedene Karrierewege zu versprechen (etwa Führung, Projektleitung, Fachlaufbahn). Dieses Versprechen kann jedoch nur eingehalten werden, wenn im AC zwischen diesen Laufbahntypen auch diagnostisch unterschieden werden kann. Dazu bedarf es spezieller Übungen, die beispielsweise die Eignung für eine Fachlaufbahn abbilden und anderer für die Führungslaufbahn. Dies geschieht jedoch meist nicht; vielmehr fallen alle Teilnehmer, denen nicht das Potenzial für eine Führungslaufbahn bescheinigt werden kann, in die Kategorie Fachlaufbahn. Solche Unsitten in der Kommunikation der Zielsetzungen sind der Grund für den teilweise schlechten Ruf von AC.

Sehr viel klarer ist die Zielsetzung eines Development Centers (DC, vgl. Kap. 4.2). Das DC ist eine Variationsform des AC, bei dem nicht die Auswahl, Beurteilung und Potenzialanalyse im Vordergrund steht, sondern die unmittelbare Förderung und Entwicklung der Mitarbeiter innerhalb des Verfahrens. Beim DC handelt es sich damit mehr um eine Trainings- und Entwicklungsmaßnahme mit Elementen des AC. Mit dem DC ist die Zielsetzung verbunden, eine spezielle Gruppe von Mitarbeitern durch intensives Feedback und eigenes Erleben in anspruchsvollen Fallbeispielen und Rollenspielen zu fordern und zu fördern. Eine Potenzialanalyse im Sinne etwa einer Empfehlung für eine Führungslaufbahn ist nicht Inhalt eines DCs. An einem DC sollten daher keine Beobachter teilnehmen, die es den Kandidaten erschweren, sich zu öffnen.

2.2   Einführung des AC

2.2.1   Systemische Wirkung des AC

Das AC ist nun seit über 30 Jahren eine Tradition in vielen deutschen Unternehmen. Dabei lag der Fokus einseitig auf den Fragen: Was ist die passende Methode? Wie können wir die Validität sicherstellen? Dabei wurde übersehen, dass die Einführung und

Verwendung von AC eine Auswirkung auf das System Unternehmen besitzen. Die Tatsache der Realisierung des AC sendet Botschaften an die Organisation und löst „Unruhe" aus. Im Rückblick auf die vergangenen Jahre erscheint als naiv, dass sich diese Dynamik in der Organisation häufig entwickelte, ohne dass ihre Richtung intentional gesteuert wurde. Das AC ist ein zielsicheres Instrument: Wenn das AC bestimmte handwerkliche Kriterien insbesondere in der Qualität des Übungsmaterials berücksichtigt, ist es möglich, innerhalb von zwei oder drei Tagen in sehr klarer Form Stärken und Schwächen von Mitarbeitern im Unternehmen herauszuarbeiten. Dies kann von großem Nutzen für die Organisation sein; in gleicher Form kann diese Schärfe jedoch auch viel zerstören.

Diese Unruhe, die das AC in die Dynamik der Organisation hineinbringt, bezieht sich etwa auf die mittlere Führungsebene, welche die Vorgesetzten der Teilnehmer und meistens auch die Beobachter stellt. So gehörten bisher Besetzungsentscheidungen in den Machtbereich des Linienvorgesetzten, und auch in größeren Unternehmen teilen noch viele die Auffassung, Personal könne jeder machen. Das mit Checklisten, Rollenübungen, Anforderungskriterien etc. kompliziert anmutende AC greift massiv in diesen Verantwortungsrahmen ein.

Ein naiver Umgang mit dieser Organisationsdynamik kann etwa bedeuten, dass die Personalabteilung fröhlich ein AC durchführt, der Teilnehmer am nächsten Tag in sein Büro kommt und als Erstes vom Chef mit den Worten empfangen wird „Na, wie war es denn?". Der Chef, der sich nicht eingebunden fühlt, quittiert die Beschreibung des Mitarbeiters mit „Das ist doch Quatsch, ich kenne Sie viel besser, und jetzt lassen Sie sich einmal sagen, wie Sie wirklich sind...". Damit sind die aufwendige Mühe der Personalabteilung und das teure AC mit einem Halbsatz des Vorgesetzten weggewischt. Im Zweifel hat die Aussage des Vorgesetzten, mit dem der Mitarbeiter täglich zusammen arbeitet, ein viel höheres Gewicht. Wenn daher in bestimmten Unternehmensbereichen Verhaltensänderungen stattfinden sollen, z. B. in Richtung von mehr Teamarbeit oder Unternehmertum, dann ist zu überlegen, wie die Vorgesetzten in den Prozess der AC-Durchführung einzubeziehen sind.

Vieles von der Unruhe, die mit der AC-Durchführung einhergeht, kann durchaus beabsichtigt sein und ist möglicherweise von höherem Nutzen als die Identifizierung von Nachwuchskandidaten. Abbildung 2.3 zeigt einige hypothetische Aspekte dieser Unruhe auf verschiedene Organisationsmitglieder. So kann das Klagen über mögliche Verlierer beim AC gerade eine gewünschte Botschaft an die heimliche Mehrheit der Leistungsträger sein: „Leistung und Erfolg wird betont!" Die Gefährdung der Positionsmacht durch den Eingriff eines zentralen AC und der daraus erwachsene Widerstand von Führungskräften kann ebenso eine sehr gesunde Unruhe sein: „Das Verstecken von Potenzialträgern geht nicht mehr." - „Jetzt soll jeder Bereich einmal zeigen, welche Führungskräfte er hervorgebracht hat." In jedem Fall verschiebt ein AC, dessen Potenzialempfehlungen auch in Besetzungsentscheidungen umgesetzt werden, das Machtgewicht von mittleren Führungskräften in Richtung Personalabteilung. Die alte Organisation wehrt sich häufig dadurch, dass das AC noch hingenommen wird, die Ergebnisse dann jedoch bis zu den eigentlichen Besetzungsentscheidungen verwässert

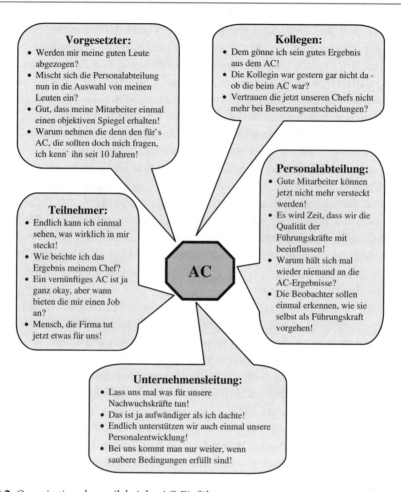

Abb. 2.3 Organisationsdynamik bei der AC-Einführung

werden. Hier sollte sich die Einheit, die das AC einführen will, von vornherein klar über ihre Zielsetzung werden. Wenn das AC nämlich eine unverbindliche Potenzialanalyse ist, dann will bei der entscheidenden Stellenbesetzung ein Jahr später niemand mehr etwas vom AC wissen. Im Extremfall erfährt die Personaleinheit im Nachhinein von der – anders lautenden – Entscheidung. Neben der inhaltlichen Zielsetzung für das AC sollte man daher reflektieren, welche Botschaft mit dem AC an die Organisation gesendet werden (vgl. Abb. 2.4) und was die beabsichtige Wirkung auf die Mitglieder der Organisation sein soll (vgl. Abb. 2.3).

Wenn die intendierte Wirkung auf die Organisation in der Botschaft liegen soll: „Wir tun jetzt etwas für die jungen Leute mit Potenzial!", dann sind Inhalte und Durchführung des AC zwar wichtig, aber genauso das „Drumherum" und dessen Kommunikation innerhalb des Unternehmens: Was geschieht mit den Teilnehmern, die

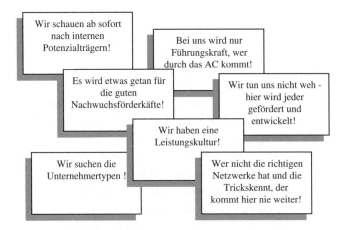

Abb. 2.4 Botschaften des AC an die Organisation

■ Fehlendes Wissen um die Bedeutung von AC, entsprechende Gerüchte, Nutzen nicht transparent
■ Furcht von Linien-Managern, indirekt selber bewertet zu werden: „Muss ich als alter Hase auch nochmal auf den Leistungsprüfstand?"
■ Zu aufwendig, dauert zu lange, „hält mich vom Schreibtisch weg"
■ „Die wenigen guten Bewerber werden verschreckt, wenn sie den Begriff ‚AC' hören."
■ Zu lange Zeitdauer von der Stellenanzeige bis zum AC, Bewerber springen wieder ab
■ Verdacht, dass sich die Personalabteilung profilieren möchte, eigene Kompetenzen dadurch ohne Notwendigkeit eingeschränkt werden
■ Persönliche, bewährte Auswahlkriterien fallen unter den Tisch („Bekomme ich noch meinen Wunschkandidaten durch?")
■ Furcht vor der Reaktion des Betriebsrats und davor, das Einverständnis für die Einführung mit anderen Zugeständnissen erkaufen zu „müssen"

Abb. 2.5 Mögliche Widerstände im Unternehmen gegenüber AC

gute Ergebnisse haben? Wie wird das Urteil der Vorgesetzten einbezogen? Was haben die Vorgesetzten vom AC?

Um dieses Organisationsziel zu erreichen, sind auch „quick wins" einzuplanen, etwa die schnelle Beförderung von Teilnehmern auf dem „fast track", also z. B. unter Umgehung einer Führungsebene: Alle sollen sehen: Hier geschieht etwas! (Abb. 2.5).

2.2.2   Wer ist Kunde des AC?

Eine Frage der Organisationsdynamik ist auch: Wer ist der Kunde des AC? Häufig ist in Unternehmen immer noch die sozialromantische Ausprägung vorhanden: „Unsere Kunden sind alle Mitarbeiter!", oder: „Wir fördern und helfen allen!" Doch Kunden sind

Leistungsbezieher, und der Leistungsbezieher bezahlt für die erhaltene Leistung. Daher können Mitarbeiter kaum Kunden des AC sein.

Ist der Vorgesetzte oder der Unternehmensbereich Kunde des AC? Im Falle einer Auswahlveranstaltung wird dies häufig so sein, etwa wenn ein Einzelfall für einen oder zwei Bewerber auf eine bestimmte Abteilung hin maßgeschneidert wird. Dann würde es auch Sinn machen, die Rechnung für das AC an den Bereich zu senden.

Nach dem Kundenbegriff muss ein Kunde auch die Möglichkeit haben, „Nein" zu einem bestimmten Leistungsanbieter zu sagen, diesen zu wechseln oder ganz auf die Leistung zu verzichten. Dies würde jedoch kaum im Sinne der AC-Organisatoren sein. Aus unserer Sicht ist der Kunde des AC mit wenigen Ausnahmen die Unternehmens- oder Bereichsleitung. Der einzelne Vorgesetzte hat schließlich an dem AC für seine Mitarbeiter nicht zwangsläufig ein eigenes Interesse, er weiß – zumindest subjektiv – selbst, wer „gut" ist und wer nicht. Das Unternehmen ist der Kunde des AC: Auch wenn viele andere Nutzen aus dem AC ziehen (die Mitarbeiter erhalten Feedback; die Vorgesetzten werden durch die Beobachtung geschult) gilt es im Auge zu behalten, wie im Unternehmen durch das AC Wertschöpfung entsteht.

2.2.3   Organisatorische Voraussetzungen

Die Einführung eines AC ist kein Selbstzweck. Die Zielsetzung besteht in der Optimierung der Personalauswahl oder der Personalentwicklung. Dies erfordert, dass es die entsprechenden personellen und organisatorischen Rahmenbedingungen gibt, was allerdings oft missachtet wird.

Zunächst muss natürlich der quantitative Personalbestand vorhanden sein, um überhaupt etwa ein Trainee-AC sinnvoll zu implementieren (eine Alternative dazu sind Einzel-Assessments). Häufig wird jedoch ein aufwendiges Auswahl-AC und ein attraktives Trainee-Programm konzipiert, das bei den jungen Nachwuchskräften Erwartungen weckt, die nicht eingelöst werden können, weil in der Personalabteilung etwa die personellen Ressourcen nicht vorhanden sind, um den Führungsnachwuchs adäquat zu betreuen. Beim Nachwuchs entstehen so Frustrationen, weil er in den Abteilungen nur zuschauen und nichts bewegen kann oder schließlich die Betreuer in den Fachabteilungen nicht auf ihre didaktische Aufgabe vorbereitet wurden. Eine entsprechend hohe Fluktuation ist das Resultat. Ähnliches gilt für AC, die als Seminare zur persönlichen Standortbestimmung oder zur Bildungsbedarfsanalyse konzipiert sind. Hier ist es eine elementare Anforderung, vor dem ersten AC die notwendige Infrastruktur zu schaffen, um Frustrationen und Enttäuschungen vorzubeugen: Die Vorgesetzten müssen vorbereitet sein, um für die betroffenen Mitarbeiter als Ansprechpartner für die AC-Ergebnisse zur Verfügung zu stehen. In der Personalabteilung bedarf es ebenfalls der Zeit zur Vorbereitung, um Nachgespräche führen zu können, wobei es jedoch am wichtigsten ist, abhängig von den individuellen Ergebnissen ein adäquates Seminarprogramm anbieten zu können. Dieses muss stehen, bevor das erste AC läuft. Hier wird die Personalabteilung deutlich an dem Anspruch gemessen werden, den sie selbst mit der Ankündigung der AC-Seminare setzt. Notwendig ist nicht immer ein umfassendes und teures Seminarprogramm. Hilfestellung bieten oft genauso gezielte Literaturhinweise, Checklisten zur Selbststeuerung der Teilnehmer und insbesondere die Anleitung für die jeweiligen Vorgesetzten, wie diese den Teilnehmern Hilfen für die Umsetzung der Ergebnisse in die tägliche Arbeit geben können. Interessanterweise erfordern erfahrungsgemäß gerade ehrgeizige Mitarbeiter, die in den Seminaren sehr gut abgeschnitten haben, die größte Mühe, da sie Ansprüche an Führungspositionen formulieren, auch wenn zuvor der direkte Zusammenhang von AC-Ergebnissen und Besetzungsentscheidungen explizit ausgeschlossen wurde.

So ist die Ausgestaltung des AC nicht nur auf die Ressourcen der Personalabteilung abzustellen; eine weitere Rahmenbedingung stellt die Erfahrung der Linienvorgesetzten mit Weiterbildungs- oder Personalentwicklungs-Instrumenten und die hier vorhandene entsprechende Aufnahmebereitschaft dar. Besteht eher eine distanzierte Skepsis, ergibt es wenig Sinn, ein kompliziertes und aus der Sicht der Gesprächspartner zu aufwendiges Verfahren einzusetzen, beispielsweise mit zweitägigem Beobachtertraining oder mehrtägigem AC. Bei solchen Rahmenbedingungen gibt es genügend Alternativen zum AC: So kann die Personalabteilung zunächst etwa mit einem Interview-Training starten und hierdurch den Nutzen eines zeitlichen Investments in solche Instrumente plastisch machen. Im Rahmen eines solchen Trainings könnten die Linienvorgesetzten etwa mit so genannten situativen Interviews vertraut gemacht werden, also die Befragung des Kandidaten zu der Bewältigung von zukünftig möglichen, kritischen Berufssituationen (vgl. Latham et al. 1980). Eine weitere Alternative besteht im daran anknüpfenden Schritt von Aufgabensimulationen in der Art, dass einfach in herkömmliche Interviews einzelne AC-Beurteilungsbausteine – etwa eine Rollenübung oder ein Postkorb – integriert werden.

2.2.4 Arbeitsschritte der AC-Einführung

Ausgangspunkte für die Einführung des AC ist zunächst der interne Kunde, in der Regel die Unternehmens- bzw. Bereichsleitung. Für diese ist ein Konzept zu erstellen, bei dem folgende Fragen zumindest implizit zu klären sind:

- Was ist die angestrebte Wertschöpfung durch das Verfahren?
- Worin soll die genaue Zielsetzung bestehen, worin nicht (vgl. Beispiele Kap. 2.1)?
- Welche Botschaften sind mit der AC-Einführung beabsichtigt, welche nicht (vgl. Abb. 2.4)?

Hintergrundmaterial des Entscheiderkonzepts sollten Aussagen bezüglich der Kosten-/Nutzen-Relation sein, etwa Informationen zur Validität des Verfahrens im Vergleich zu Alternativen (Informationen hierzu in Kap. 3.3 und Abb. 2.8). Relevant für Entscheider sind auch Informationen zum Benchmarking – Umfang und Namen anderer AC-Anwender (Informationen hierzu in Kap. 1.2). In dieser Phase werden häufig externe Berater hinzugezogen, weil dem externen Propheten mehr Gehör geschenkt wird als dem internen (Abb. 2.6).

Auswahl-AC:
- Verbesserte Treffsicherheit der Personalentscheidung, insbesondere wenn überfachliche Eigenschaften wichtig sind
- Beurteilungsbereiche werden sichtbar, die in Gesprächen nur sehr schwer oder mit Risiko zu beurteilen sind (etwa Führungsverhalten, Arbeitsorganisation und analytisches Denken)
- „Blender" lassen sich leichter erkennen, „Langsamstarter" haben bessere Chancen
- „Zwölf Augen sehen mehr als zwei"
- Verminderte Fluktuationskosten
- Förderung des Firmenimage: auch abgelehnte Bewerber sind zufrieden (Transparenz, Atmosphäre, Rückmeldung)
- Schulung der Beurteiler
- Entscheidungen werden transparenter und tragbarer (auch gegenüber internen „Konkurrenten")
- Viele Denkanstöße für die Beurteiler, Verbesserung der Beurteilungs- und Beobachtungsfähigkeiten im Alltag und bei klassischen Bewerber-Interviews
- Verbesserte Zusammenarbeit Personalabteilung/Linie
- Hinweise für eine gezieltere Einarbeitung der Teilnehmer

Potenzialanalyse-AC:
- Erkennen bisher nicht „genutzter" Potenziale
- Informationen mit Qualität lassen sich außerhalb von AC nur zeit-und kostenaufwendig erheben
- Langfristige Sicherung einer Reserve hochwertiger Führungsnachwuchskräfte
- Hohe Transparenz über die Defizitstruktur eines Mitarbeiters (im direkten Vergleich mit anderen Mitarbeitern)
- Direkter Vergleich mehrerer Mitarbeiter in identischen Arbeitssituationen

Bildungsbedarfs-AC:
- Beobachter (Führungskräfte und Personalbereich) erhalten guten Überblick über
- vorhandenes Potenzial
- Vermeidung des „Gießkanneneffektes": Bei Bildungsinvestitionen nehmen Mitarbeiter nur solche Trainings wahr, die dem Bedarf entsprechen
- Effizienz bisheriger Bildungsmaßnahmen kann überprüft werden
- Gezielte Ableitung von Entwicklungsmaßnahmen (Training, Positionswechsel)
- Gestalten von Unternehmenskultur: Der einzelne Mitarbeiter und seine Individualität werden in den Mittelpunkt gerückt

Abb. 2.6 Nutzen des AC für das Unternehmen

Erfolgskritisch in der AC-Einführung ist der Einbezug von Entscheidungsträgern in den Entwicklungsprozess. Werden im Unternehmen informell als wichtig angesehene Bereichsleiter oder Geschäftsführer inhaltlich eingebunden und auch in den ersten Verfahren als Beobachter eingesetzt, so helfen diese später, über ihre persönlichen AC-Erfahrungen positiv zu berichten. Fehler an dieser Stelle sind etwa, wenn Personaleinheit und/oder Beratungsunternehmen eine Insellösung produzieren und die Organisation nicht angemessen abholen. Wenn bereits in der Vorbereitung und beim ersten AC die gewichtigen Führungspersönlichkeiten eingebunden werden, so setzt dies für spätere Verfahren den Standard. Noch Jahre später wird dies den Einfluss haben, ob es als Ehre oder als lästig empfunden wird, als Beobachter eingeladen zu werden. Ein weiterer Arbeitsschritt ist die konsequente Information der Organisation und entsprechender Gremien. Hier gilt es, die

Auswahl-AC:
- Geringes Risiko, eine falsche Position anzutreten
- Rückmeldung über Stärken/Schwächen
- Gezielte eigene Weiterbildung möglich
- Bessere Chance, erworbene Fähigkeiten in berufsnahen Situationen zu demonstrieren
- Vorinformation über Zielposition durch Aufgabensimulation und Bewertungskriterien
- Direkter Bezug zwischen Verhalten und Ergebnissen wird deutlich
- Vergleichsmöglichkeit unter Mitbewerbern
- Ergebnis steht direkt nach AC fest, unangenehme Wartezeit entfällt

Potenzialanalyse-AC:
- Rückmeldung über Stärken und Schwächen in Bezug auf Anforderungen höher qualifizierter Arbeitsplätze
- Im AC werden Alltagssituationen der Führungskraft erlebt und mit eigenen Vorstellungen verglichen
- Objektive Beurteilung der Potenziale für unterschiedliche Positionen/Laufbahnen
- Beförderungen werden gerechter erlebt (mehrere Beurteiler, Praxis-Situationen, transparente Kriterien)

Bildungsbedarfsanalyse-AC:
- Im AC werden Maßnahmen und Wege aufgezeigt, wie vorhandene Schwächen abgebaut und Stärken besser genutzt werden können
- Anschließende Trainings-/Entwicklungsmaßnahmen sind erfolgreicher, da direkter Bezug zu eigenen Schwächen erkennbar wird

Abb. 2.7 Nutzen des AC für die Teilnehmer

Organisationsdynamik bei der Einführung in die selbst gewünschte Richtung zu beeinflussen und nicht Opfer der Gerüchteküche zu werden (Abb. 2.7).

Der Erfahrung nach Erfahrung ist es sehr schwierig, neuen Beobachtern und Führungskräften verbal Idee und Ablauf des AC deutlich zu machen. Aus frühen Tagen des AC und der ein oder anderen unsachgemäßen Anwendung, die dann journalistisch ausgenommen wird (Beispiel „Satanische Spiele", Profil Nr. 41/1990), hält sich hartnäckig das Gerücht, das AC sei eine Art Seelen-Striptease, Stress-Interview und psychologische Blackbox. Hier wirkt auch noch die „Geheimnisethik" (Wottawa 1990) um psychologische Testverfahren nach. Andererseits sind nahezu alle Führungskräfte, die erstmals als Beobachter aufgetreten sind, begeistert von der Methode. Daher empfiehlt sich ein schrittweises Vorgehen bei der erstmaligen Einführung.

Vor grundsätzlichen Beschlüssen oder einer aufreibenden Betriebsvereinbarung ist daher zu empfehlen, eine Pilotveranstaltung durchzuführen. Dies beschränkt die Überzeugungsarbeit zunächst auf einen Bereich, von dem angenommen wird, dass die Einführung einfacher abläuft als in anderen. Auswahlkriterien für solche Abteilungen bilden hier – neben in unterschiedlichen Maßen vorhandenen persönlichen Kontakten – die Aufgeschlossenheit und Innovationsfreudigkeit des Abteilung-/Bereichsleiters, der Grad der möglichen Nutzenerfüllung für die Abteilung (etwa im Vertrieb höher als in der

Anwerbungskosten:

- Stellenanzeige/ Personalberater
- Bewerbergespräche
- Sachkosten (Reisekosten Bewerber, Eignungsdiagnosen)
- Umzugskosten

Einarbeitungskosten:

- Direkte Personalkosten (durch nur teilweises Erreichen des vollen Leistungsumfanges im Vergleich zum „richtigen Bewerber")
- Ausbildung und Schulung (etwa Trainee-Programm)
- Indirekte Personalkosten (durch Zeit des Vorgesetzten, der Kollegen und Betreuer)

Überbrückungskosten:

- Geringere Produktivität bis Nachfolger gefunden
- Unsicherheiten bei Kunden, Mitarbeitern und Kollegen

Entlassungskosten:

- Abfindung
- Personal- und Sachkosten für den Entlassungsvorgang

Abb. 2.8 Kosten von personellen Fehleinschätzungen

- ☑ Eindeutige Zielsetzung - keine Mogelpackung
- ☑ Welche Botschaften soll das AC an die Organisation senden?
- ☑ Einbezug von Machtpromotoren
- ☑ Keine Insellösung von Personalberatern und / oder Beratern
- ☑ Vor dem AC Schritte danach vorbereiten (Feedback, Training, Mentoring,...)
- ☑ Schrittweise vorgehen - Pilotverfahren besser als der große Wurf
- ☑ Formale Professionalität (Verhaltensanker, Zeitplan, Orthographie)

Abb. 2.9 Erfolgsfaktoren für die Einführung von Assessment Centern

Entwicklung) und die Kapazitätsreserven bei der betroffenen Abteilung, die notwendig sind, um Führungskräfte in den Prozess der Anforderungsanalyse oder des Beobachtertrainings einzubinden.

Neben einem Pilot-Gruppen-AC zur Potenzialanalyse besteht die Möglichkeit, wenige Einzel-AC speziell mit externen Bewerbern durchzuführen. Somit kann die Organisation Erfahrungen mit der Methode machen, ohne dass nach innen bereits ein aufwendiger Kommunikationsprozess notwendig ist. Ein wichtiger, aber häufig missachteter Schritt schließt sich an: die breite Information aller, auch nicht beteiligter Führungskräfte und Mitarbeiter im Unternehmen. Denn schnell ranken sich, insbesondere bei AC zur Bildungsbedarfsanalyse, Gerüchte um die Bedeutung des Verfahrens, welche die Mitarbeiter und Führungskräfte mit einer skeptischen Voreinstellung auf das AC zugehen lassen. Am besten wirkt die positive informelle Information über begeisterte Teilnehmer und Beobachter im Pilotverfahren (Abb. 2.9).

2.3   Berücksichtigung von rechtlichen und ethischen Rahmenbedingungen

Die Beobachtung und Beurteilung von Arbeitnehmern oder Bewerbern im Rahmen eines AC stellt einen deutlichen Eingriff in die Persönlichkeitssphäre des Einzelnen dar. Dies ist insbesondere dann der Fall, wenn die Beobachtungen schriftlich dokumentiert werden, Dritte hierin Einblick haben und die Beurteilungen Einfluss auf Auswahl- oder Platzierungsentscheidungen haben. Hier greifen unterschiedliche gesetzliche Regelungen, die dem weitestgehenden Schutz der Persönlichkeitssphäre des Einzelnen dienen. Das Betriebsverfassungsgesetz sichert die Mitbestimmung der Arbeitnehmervertreter. Einzelne entsprechende gesetzliche Regelungen sind weiter unten aufgeführt und werden dann auf die einzelnen Phasen bei der Entwicklung eines AC umgesetzt. Die Aufführung der juristischen Rahmendaten kann jedoch keine Vollständigkeit beanspruchen, zumal das Thema AC juristisch bisher nur ansatzweise aufgearbeitet wurde.

Aus Sicht der Arbeitnehmervertretung besprechen Breisig und Schulze (1998) ausführlich das rechtliche Umfeld von AC, speziell unter Gesichtspunkten der Mitbestimmung. Sie liefern auch ein Beispiel für eine Betriebsvereinbarung zum AC. Eine aktuellere juristische Einordnung des AC liefert Stubbe (2006).

Den unterschiedlichen juristischen Überlegungen ist vorab eindeutig gegenüberzustellen, dass schon aus unternehmensbezogenem Interesse heraus kein AC die definierten Ziele erfüllen wird, das nicht die Akzeptanz der Teilnehmer findet und in das der Betriebs-/Personalrat nicht eingebunden ist.

Teilnehmer an AC, insbesondere Bewerber in Auswahlsituationen, besitzen in aller Regel nicht den Einblick in die juristischen Regelungen, auch hinsichtlich der verfassungsrechtlichen Achtung ihrer Persönlichkeit im AC. Dies macht es erforderlich, eine für Außenstehende und durchführende Firmen gleichermaßen eindeutige Sprachregelung – ethische Standards – in der Anwendung von AC zu definieren. Ein Vorschlag hierzu wird in enger Anlehnung an die „Grundsätze zur Anwendung psychologischer Eignungsuntersuchungen in Wirtschaft und Verwaltung" vom Berufsverband Deutscher Psychologen (1988) unterbreitet.

2.3.1   Rechtliche Grundlagen

Relevante Stellen für die rechtliche Untersuchung der AC-Methode in der betrieblichen Praxis als Auswahl- oder Personalentwicklungsinstrument enthalten im Einzelnen: Grundgesetz, BGB, StGB, StPO, Betriebsverfassungsgesetz sowie standesrechtliche Regelungen bei der Mitwirkung von Psychologen.

Aus dem Art. 1 Abs. 1 GG folgt, dass es jedermann untersagt ist, in die Intimsphäre einer Persönlichkeit einzugreifen. Nach Klein (1982, S. 2) besteht die Möglichkeit, dass durch eine psychologische Erhebung von Informationen bezüglich der Eignung für eine bestimmte Tätigkeit in die „psychische Integrität des Arbeitnehmers" eingegriffen wird. Dieses Rechtsgut ist durch Art. 2 Abs. 1 und Abs. 2 GG geschützt. Das informationelle Selbstbestimmungsrecht ist Bestandteil des allgemeinen Persönlichkeitsrechts. Es besagt, dass „der einzelne Staatsbürger die eigenständige Befugnis besitzt, Inhalt und Umfang zu bestimmen, was an Daten – an Dritte – gelangt" (Gaul 1990, S. 37). Durch das soge- nannte Volkszählungsurteil vom 15.12.1983 (NJW 1984, S. 419) ist dieses Recht wesent- lich enger gefasst. Wottawa und Thierau (1990, S. 154) stellen klar: „Das Eindringen in den persönlichkeitsrechtlichen Bereich ist immer dann unproblematisch, wenn es durch die freie Selbstbestimmung des Probanden ermöglicht wird".

Neben dem Schutz des Einzelnen in seinem Persönlichkeitsrecht kommt dem Betriebs-/ Personalrat aufgrund des Betriebsverfassungsgesetzes (BetrVG) /Bundesperso- nalvertretungsgesetzes (BPersVG) besondere Bedeutung zu.

Aus dem § 94 BetrVG ergibt sich, dass dem Betriebsrat bei der Erstellung von Personalfragebögen und Beurteilungsgrundsätzen ein Mitbestimmungsrecht zukommt. „Mitbestimmungspflichtig ist daher jede Aufstellung von Regeln, Richtlinien oder Systemen zur fachlichen und persönlichen Beurteilung neu einzustellender Bewerber und bereits beschäftigter Mitarbeiter" (Meisel 1984, S. 94). „Durch die Absolvierung von Übungen und Simulationen beantworten die Kandidat/innen indirekt Fragen, die Aufschlüsse über ihre Person […] zulassen. Da die Beobachter mittels formalisierter Erhebungsbögen ihre Ergebnisse […] auswerten, hat das AC den Charakter einer formu- larmäßigen Zusammenstellung von Fragen" (Breisig und Schulze 1998, S. 156). In § 94 BetrVG, Abs. 2 geht es um sogenannte Beurteilungsgrundsätze. Auch hier kann man AC als einen Beurteilungsgrundsatz interpretieren. Breisig und Schulze betonen, dass es in dem Paragraph um die *Aufstellung* von Beurteilungsgrundsätzen geht. Daraus leiten sie eine Mitbestimmungspflicht des Betriebsrats auch schon in der Konzeptionsphase ab. Dies betrifft sowohl externe Bewerber wie Mitarbeiter. Das Gesetz erfordert eine aus- drückliche Zustimmung des Betriebsrats, Schweigen ist keine Zustimmung. Allerdings hat der Betriebsrat nicht die Möglichkeit, die Einführung grundsätzlich zu blockie- ren (ebd., S. 161). Kommt zwischen Arbeitgeber und Betriebsrat keine Einigung über die inhaltliche Gestaltung von Beurteilungsgrundsätzen zustande, so muss die Einigungsstelle entscheiden.

§ 95 BetrVG verstärkt dieses Mitbestimmungsrecht bei Auswahlrichtlinien. Nach Löwisch (1985) handelt es sich hierbei um Regelungen, die ohne Ansehen konkre- ter Arbeitnehmer abstrakt für den Betrieb oder bestimmte Arbeitsplätze gelten sollen. In Betrieben mit über Tausend Arbeitnehmern kann der Betriebsrat die Aufstellung solcher Auswahlrichtlinien verlangen. Mitbestimmungsfrei ist allerdings das bloße Aufstellen eines Anforderungsprofils, ohne konkrete Auswahl. Auch muss es sich um eine Auswahlrichtlinie, also für viele Auswahlentscheidungen und nicht nur eine han- deln. Das ist bereits der Fall, wenn festgelegt wird, für bestimmte Positionen AC durch- zuführen und für andere nicht (Breisig und Schulze 1998).

Die Aufgaben des Betriebsrates werden von einigen Autoren, etwa Schneider und Wohlgemuth, aber noch weiter gehend gesehen: Sie halten es für die Pflicht des

Betriebsrates, „darauf zu achten, dass nach sachlichen Gesichtspunkten festgelegt wird, in welchem Verhältnis und in welcher Rangfolge die einzelnen Gesichtspunkte bei der Durchführung personeller Einzelmaßnahmen bewertet werden sollen" (Schneider und Wohlgemuth 1987). Auch ein Mitbestimmungsrecht bezüglich des Stellenwertes psychologischer Untersuchungsergebnisse im Vergleich zu den übrigen Auswahlverfahren sehen u. a. Schneider und Wohlgemuth (1987) im § 95 Abs. 2 BetrVG, ebenso wie die Festlegung, unter welchen Umständen ein Arbeitnehmer ein psychologisches Verfahren zur Eignungsfeststellung ablehnen kann, ohne Nachteile zu erleiden.

Die Mehrzahl interner AC haben als Zielsetzung die Standortbestimmung und Entwicklung ohne direkten Bezug zu Auswahlentscheidungen. Hier ist die Frage des Mitbestimmungsrechts nicht ganz so klar. Man könnte ein solches AC als berufliche Bildungsmaßnahme nach § 98 ansehen. Hier hat der Betriebsrat ein Mitbestimmungsrecht, soweit mit dem AC Teilnehmer für bestimmte Bildungsmaßnahmen ausgewählt werden sollen (Breisig und Schulze 1998).

Rechtliche Grundlagen für betriebliche Auswahl- und Beurteilung der einzelnen Phasen bei der AC-Entwicklung

Grundgesetz (GG)
Art. 1 Abs. 1:

„Die Würde des Menschen ist unantastbar. Sie zu achten und zu schützen ist Verpflichtung aller staatlichen Gewalt."

Art. 2 Abs. 1 (Informationelles Selbstbestimmungsrecht):

„Jeder hat das Recht auf die freie Entfaltung seiner Persönlichkeit, soweit er nicht die Rechte anderer verletzt und nicht gegen die verfassungsmäßige Ordnung oder das Sittengesetz verstößt."

Bürgerliches Gesetzbuch (BGB)
§ 123 BGB (Anfechtbarkeit wegen Täuschung oder Drohung)

„(1) Wer zur Abgabe einer Willenserklärung durch arglistige Täuschung oder widerrechtlich durch Drohung bestimmt worden ist, kann die Erklärung anfechten.

(2) Hat ein Dritter die Täuschung verübt, so ist eine Erklärung, die einem anderen gegenüber abzugeben war, nur dann anfechtbar, wenn dieser die Täuschung kannte oder kennen musste. Soweit ein anderer als derjenige, welchem gegenüber die Erklärung abzugeben war, aus der Erklärung unmittelbar ein Recht erworben hat, ist die Erklärung ihm gegenüber anfechtbar, wenn er die Täuschung kannte oder kennen musste."

§ 134 BGB (Gesetzliches Verbot)

„Ein Rechtsgeschäft, das gegen ein gesetzliches Verbot verstößt, ist nichtig, wenn sich nicht aus dem Gesetz ein anderes ergibt." (d. h. Testverfahren müssen mit der geltenden Rechtsordnung und den verfassungsrechtlichen Maßstäben zum Schutz der Würde des Menschen vereinbar sein)

§ 138 BGB (Sittenwidriges Rechtsgeschäft; Wucher)

„(1) Ein Rechtsgeschäft, das gegen die guten Sitten verstößt, ist nichtig.

(2) Nichtig ist insbesondere ein Rechtsgeschäft, durch das jemand unter Ausbeutung der Zwangslage, der Unerfahrenheit, des Mangels an Urteilsvermögen oder der erheblichen Willensschwäche eines anderen sich oder einem Dritten für eine Leistung Vermögensvorteile versprechen oder gewähren lässt, die in einem auffälligen Missverhältnis zu der Leistung stehen." (d. h., Einwilligung wurde gegen Verstoß der guten Sitten abgegeben, etwa Druck auf Bewerber durch Infragestellung der weiteren Beschäftigung)

§ 183 BGB (Widerruflichkeit der Einwilligung)

„Die vorherige Zustimmung (Einwilligung) ist bis zur Vornahme des Rechtsgeschäfts widerruflich, soweit nicht aus dem ihrer Erteilung zugrunde liegenden Rechtsverhältnisses sich ein anderes ergibt. Der Widerruf kann sowohl dem einen als dem anderen Teile gegenüber erklärt werden." (d. h., Einwilligungserklärung gegenüber Untersuchung durch Diplom-Psychologen ist widerruflich)

Betriebsverfassungsgesetz (BetrVG)

§ 94: Personalfragebogen, Beurteilungsgrundsätze.

„(1) Personalfragebogen bedürfen der Zustimmung des Betriebsrates. […]

(2) Absatz 1 gilt entsprechend […] für die Aufstellung allgemeiner Beurteilungsgrundsätze."

§ 95: Auswahlrichtlinien.

„(1) Richtlinien über die personelle Auswahl bei Einstellungen, Versetzungen, Umgruppierungen und Kündigungen bedürfen der Zustimmung des Betriebsrats […]"

Vorauswahl der Teilnehmer

Hier gilt zunächst für den einzelnen Mitarbeiter der Gleichbehandlungsgrundsatz. Daher muss bei AC mit internen Teilnehmern transparent sein, nach welchen Regeln der einzelne Mitarbeiter in das AC kommt.

Bezüglich § 94 BetrVG kann der Betriebsrat argumentieren, dass dies ein Element von Beurteilungsgrundsätzen sei, woraus sich ein Mitbestimmungsrecht ergibt.

Anforderungsanalyse

Die Mitbestimmungsrechte des Betriebsrates nach § 95 BetrVG betreffen Regeln zur Auswahl von Mitarbeitern. Nach Schönfeld und Gennen beziehen sich die klassischen Anforderungsanalysen jedoch auf Arbeitsplätze, das heißt auf die Anforderungen, die fachlich und persönlich an den einzelnen Arbeitsplatz gebunden sind. „Es unterliegt allein der Organisationsgewalt des Arbeitgebers festzulegen, welche Funktion innerhalb des Betriebes der Inhaber einer bestimmten Stelle zu erfüllen hat und welche Anforderungen er an den Inhaber einer bestimmten Stelle oder den Bewerber für eine bestimmte Position stellen will" (Schönfeld und Gennen 1989, S. 544). Auch nach Gaul (1990, S. 134) unterliegt die Erstellung des Anforderungsprofils der unternehmerischen Gestaltungsfreiheit des Arbeitgebers, ein Mitbestimmungsrecht kommt dem Betriebsrat dabei nicht zu. Allerdings weisen Schönfeld und Gennen darauf hin, dass Anforderungsprofile als ein Teil der Personalbedarfsplanung anzusehen sind und hierüber der Betriebsrat nach BetrVG § 92 Abs. 1 zu unterrichten ist.

Konstruktion der Übungen

Die Rechte der Arbeitnehmervertretung bei der Entwicklung eines AC hängen davon ab, welche rechtliche Kategorie (etwa „Personalfragebogen" oder „Auswahlrichtlinie") angewendet wird. Hier kommen alle juristischen Autoren – wenn auch auf unterschiedlichen Wegen – übereinstimmend zu der klaren Aussage, dass zumindest AC, die Auswahl- oder Platzierungsentscheidungen beeinflussen, der Zustimmung des Betriebsrates bedürfen. Durch die Zusammenstellung von Fähigkeiten, Eigenschaften und Kenntnissen gewinnt das AC den Charakter eines Personalfragebogens, der gemäß § 94 Abs. 1 BetrVG zustimmungspflichtig ist. Da in einem AC bestimmte Leistungen und Verhaltensweisen nach einheitlichen Kriterien beurteilt werden, fallen AC zudem in die Kategorie der Beurteilungsgrundsätze, die ebenfalls nach § 94 Abs. 2 BetrVG der Zustimmung des Betriebsrates bedürfen. Unabhängig von den AC-Ergebnissen verbleibt dem Arbeitgeber allerdings ein Ermessensspielraum bei den endgültigen Entscheidungen (vgl. Gaul 1990, S. 141).

Das Zustimmungsrecht des Betriebsrates bezieht sich jedoch nur auf den Inhalt, nicht darauf, ob Personalfragebögen oder Beurteilungsgrundsätze aufgestellt werden oder nicht (Löwisch 1985, Anm. 3 zu § 94 BetrVG). Aus dem allgemeinen Persönlichkeitsrecht gemäß § 823 BGB ergibt sich in Bezug auf die Inhalte, dass nur solche Verfahren zur Auswahl und Beurteilung von Mitarbeitern eingesetzt werden dürfen, die eine offensichtliche Relevanz für die zu besetzende Position besitzen (Klein 1982, S. 150).

Durchführung eines AC zur Personalauswahl

Die AC-Methode wird angewandt in Verfahren zur Personalauswahl und in Seminaren, die der Weiterbildung in Bezug auf überfachliche Kompetenzen dienen. Zwischen diesen beiden Polen gibt es zahlreiche Varianten.

Nach Schönfeld und Gennen (1989, S. 545) „bedeutet die abstrakte Entscheidung, sich prinzipiell auch des Mittels des AC beim Auswahlprocedere zu bedienen, das Aufstellen von Grundsätzen, die festlegen, welche Voraussetzungen bei Durchführung von personellen Einzelmaßnahmen vorliegen müssen – insofern erfüllt ein AC die Kriterien, die an Auswahlrichtlinien gestellt werden". Für solche Auswahlrichtlinien ergibt sich aus § 95 ein Mitbestimmungsrecht des Betriebsrates. In Betrieben mit mehr als Tausend Arbeitnehmern kann der Betriebsrat die Aufstellung solcher Auswahlrichtlinien von sich aus erzwingen.

Insgesamt ist festzuhalten, dass sowohl für die klassischen Trainee-Auswahl-AC als auch bei Verfahren zur internen Auswahl ein grundsätzliches Zustimmungsrecht des Betriebsrates besteht. Nach Gaul (1990, S. 131) sind im öffentlichen Dienst für den Personalrat in hohem Maße inhaltsgleiche Einflussrechte geltend zu machen (Bundespersonalvertretungsgesetz § 68, § 76). Gaul (1990, S. 130) weist ferner darauf hin, dass „das BetrVG dem Betriebsrat die Berechtigung bietet, die zum Schutz der Arbeitnehmer geltenden Vorschriften, zu denen auch das Datenschutzrecht gehört, in ihrer arbeitgeberseitigen Anwendung zu überprüfen".

Anders verhält es sich mit AC, die der Weiterbildung dienen, in denen die persönliche Beratung des einzelnen Arbeitnehmers im Vordergrund steht, also keine Beurteilungen stattfinden, die eine Relevanz für Auswahl- oder Platzierungsentscheidungen besitzen.

Zwar kann nach Schönfeld und Gennen (1989) in der Verwendung eines AC nicht ein Element betrieblicher Berufsbildung gesehen werden, weswegen die Mitbestimmungsrechte des Betriebsrates zu Berufsbildungsmaßnahmen laut § 96ff. BetrVG nicht angewendet werden können. Die Grenzen zwischen AC zur Weiterbildung, Potenzialanalyse und internen Auswahl sind häufig allerdings fließend, sodass die rechtliche Beurteilung in diesem Fall interpretationsfähig ist.

Zusammenfassend ergeben sich jedoch aus dem BetrVG umfassende Mitbestimmungsrechte des Betriebsrates.

Die notwendige Einwilligung zu eignungsdiagnostischen Verfahren

Voraussetzung für die Durchführung von AC, die vom Charakter her als psychologische Eignungsuntersuchung konzipiert sind, also der Vorbereitung von Auswahl- oder Platzierungsentscheidungen dienen, bildet für den einzelnen Teilnehmer eine Einwilligung im Sinne des § 183 BGB. Dabei wird unterschieden zwischen der mündlichen, schriftlichen und so genannten konkludenten Form der Einwilligung, bei der „der Adressat dieses Handelns den Eindruck gewinnt und gewinnen darf, damit eine bestimmte Willensrichtung erklärt zu sehen" (Gaul 1990, S. 62). Wenn ein Bewerber etwa eine Einladung zu einem AC erhält und hierin über Zielsetzung und Bestandteile aufgeklärt wird, so wird das tatsächliche Erscheinen zu dem Seminar als konkludente Einwilligung zum AC verstanden.

Auswahlseminare mit Bewerbern oder Mitarbeitern, in denen die Teilnehmer im Vorhinein nicht ausführlich über Zielsetzungen und Inhalte informiert werden, verstoßen somit nicht nur in grober Weise gegen Werte der Offenheit und Partnerschaftlichkeit. Hier liegt auch ein rechtlich relevanter Verstoß vor, sodass die Einwilligung wegen Vortäuschung falscher Tatsachen nach § 123 BGB angefochten werden kann. Solche Einwilligungserklärungen werden zudem nichtig, wenn sie unter Verstoß gegen die „guten Sitten" erlangt wurden, indem zum Beispiel Mitarbeitern in diesem Zusammenhang mit dem Infragestellen ihrer Fortbeschäftigung gedroht wird (vgl. Dingerkus 1990, S. 19). Einwilligungserklärungen können auch widerrufen werden, allerdings nur bis zum Beginn des Seminars (Gaul 1990, S. 54). Gaul empfiehlt sogar schriftliche Einverständniserklärungen aufgrund der größeren Rechtssicherheit und -klarheit. Inhaltlich muss die Einwilligungserklärung die Art der Untersuchungsverfahren, den die Untersuchung leitenden – in der Regel – Psychologen und die Stellen bzw. Personen umfassen, die von den Ergebnissen in Kenntnis gesetzt werden (vgl. Gaul 1990, S. 71ff.).

Einsicht in die Ergebnisse

Wird das AC als eignungsdiagnostische Untersuchung durchgeführt, so liegt hier ein Vertragsverhältnis zwischen dem Arbeitgeber und dem Diplompsychologen vor. Deshalb kann der Bewerber/Arbeitnehmer selbst nicht die Herausgabe der Ergebnisse verlangen, es sei denn, es wurde Entsprechendes mit dem Arbeitgeber vereinbart. Nicht nur die Werte der Offenheit und Transparenz zeigen in eine andere Richtung, nach Gaul

(1990) weist hierauf ebenfalls die Rechtsentwicklung hin; auch die standesrechtlichen Grundsätze des Psychologenverbandes (BDP) empfehlen zumindest den Einblick des „Untersuchten" in die Ergebnisse.

So wie sich für den Betriebsrat kein Recht auf Mitwirkung oder Teilnahme ergibt, so hat er auch keinen Rechtsanspruch darauf, in die individuellen Beurteilungsunterlagen des Mitarbeiters Einblick zu nehmen (vgl. Hanel 1987). Dem Betriebsrat kommt somit die Funktion zu, das AC als Verfahren kennenzulernen und zu prüfen, nicht jedoch an der konkreten Anwendung im Einzelfall teilzuhaben. Der verfassungsrechtliche Schutz des Einzelnen ist in jedem Fall höher zu werten als das Kontrollrecht des Betriebsrates zu dem Verfahren in Bezug auf die gesetzlichen Bestimmungen nach § 80 BetrVG (vgl. Gaul 1990, S. 167).

Aufbewahrung der Unterlagen
Eine spezielle Aufbewahrungspflicht des Arbeitgebers für die Unterlagen und Ergebnisse besteht nicht. Es steht im Ermessen des Arbeitgebers, den Inhalt der Personalakte zuzufügen und damit die für die Unterlagen aus dem AC nach eigenem Ermessen aus-zuwählen und zu bestimmen. Persönliche Daten dürfen andererseits nur so lange auf-bewahrt werden, wie dies von ihrer Zweckbestimmung her erforderlich erscheint, was bei einem abgelehnten Bewerber oder nach Ausscheiden des Mitarbeiters nicht mehr der Fall ist. Bei einem eingestellten Bewerber können die Unterlagen vom Arbeitgeber jedoch später wieder von Nutzen sein. Dieser muss sie dann jedoch zum Bestandteil der Personalakte machen, die nach § 83 BetrVG für den Arbeitnehmer eingesehen werden kann (vgl. Gaul 1990). Insofern werden die Ergebnisse über diesen Umweg doch offen gelegt. Eine Verpflichtung zur Vernichtung der Unterlagen entfällt lediglich, wenn zwi-schen Arbeitgeber und Bewerber ausdrücklich vereinbart wurde, dass die Daten zu wis-senschaftlichen Zwecken (Evaluation) aufbewahrt werden.

2.3.2   „Adverse impact" in den USA

Eine sehr hohe Sensibilität gibt es seit Anfang der 70er-Jahre gegen alle Arten von Diskriminierung auch im Arbeitsbereich. Der erste Fall war das Energieunternehmen Duke Power. Dieses Energieunternehmen wurde verurteilt, weil es Hochschulabsolventen auf der Basis eines kognitiven Tests und der Diplomnote im Studium einstellte. Das Gericht argumentierte damals, dass weiße Personen drei Mal häufiger einen Hochschulabschluss haben als farbige Personen. Vom Gericht ebenfalls abgelehnt wurde der kognitive Test, weil das Unternehmen dessen Validität nicht nachweisen konnte und dass das Testergebnis irgendetwas mit dem Berufserfolg zu tun habe.

Seitdem hat sich ein ganzer Berufszweig entwickelt, der Firmen bei solchen Klagen juristisch berät. Eine Klage für verprellte Bewerber lohnt sich. So gibt es jährlich 80.000 Klagen von Mitarbeitern und Bewerbern, die sich diskriminiert fühlen. Und dabei geht es um enorme Summen. Die Gerichte entschädigten die Kläger in den Jahren 1988

bis 1995 im Schnitt mit einem Betrag von 400.000 $. So wurde z. B. General Motors verurteilt, einem älteren Mitarbeiter eine Entschädigung zu zahlen, weil dieser nachweisen
konnte, dass in dem ABC-Beurteilungssystem des Unternehmens überdurchschnittlich
viele ältere Mitarbeiter mit der Note C beurteilt wurden. Ein großer Teil der Klagen
bezieht sich auf die Diskriminierung im Zusammenhang mit Interviews, hier gab es im
Jahr 1997 6.200 Gerichtsprozesse (Angaben jeweils Sharf 2002).

Die juristische Diskussion in den USA läuft unter dem Begriff „adverse impact".
Darunter wird verstanden, dass es für eine Minderheit eine substantiell benachteiligende andere Selektionsrate bei Einstellungen oder Beförderungen gibt. Dabei wird die
„80 %-Regel" angewendet. Beispielsweise sind bei 100 Bewerbern 80 weiße und 20 asiatische Bewerber. Wenn von den 80 weißen Bewerbern 40 eingestellt werden und von den
asiatischen fünf Bewerber, so ist die Selektionsquote einmal 40 % und bei den asiatischen
Bewerbern nur 25 %. In diesem Fall ist die Selektionsquote der Minderheitengruppe
mehr als 80 % unterhalb der Selektionsquote der Referenzgruppe. Es würde sich
in dem Beispiel also um einen Fall von „adverse impact" handeln. In der juristischen Auseinandersetzung werden dann sogar statistische Tests angewendet, die die
Verteilung der Daten berücksichtigen. Dabei ist „adverse impact" generell nicht gesetzeswidrig, sondern nur dann, wenn der Arbeitgeber nicht nachweisen kann, dass sich die
Benachteiligung aus den Jobanforderungen ergibt. Sehr häufig sind die Klagen im öffentlichen Bereich. So wäre es aufgrund dieser Überlegungen nicht diskriminierend, wenn
ein Rollstuhlfahrer als Feuerwehrbewerber ausgeschlossen wird, weil es offensichtlich
zu seinem Job gehört, eine Leiter hochzuklettern. Bei einem Test, bei dem die Bewerber
einen schweren Sack eine Leiter hinaufschleppen, könnte es einen „adverse impact"
gegen Bewerberinnen geben. Hier müsste dann der Arbeitgeber nachweisen, dass ein solches Gewicht tatsächlich relevant für die Tätigkeit ist.

Wenn die Unternehmen in den USA lediglich unstrukturierte Job-Interviews durchführen, haben sie schon fast automatisch verloren. Die Unternehmen stehen schon deswegen automatisch im Verdacht, da sie kaum nachweisen können, dass alle Bewerber
konsistent behandelt werden. Bei solchen Diskriminierungsklagen, die vor eine Jury
gehen, liegt dann auch die Erfolgswahrscheinlichkeit einer Klage bei 44 %.

Der Druck auf die Unternehmen bei Einstellungen und Beförderungen konsistent zu entscheiden und den Zusammenhang der Methoden mit dem Berufserfolg
nachzuweisen, hat zu einer klaren Renaissance von Testverfahren und AC geführt.
Dabei wird von den Gerichten auch anerkannt, wenn nicht das einzelne Unternehmen
eine Validitätsstudie durchführt, sondern für eine vergleichbare Zielgruppe der
Zusammenhang zum Joberfolg von den Testautoren nachgewiesen wurde. Durch diesen
massiven Einsatz gab es im Vergleich zu 6.200 Klagen gegen Interviews nur 200 Klagen
gegen die Testverwendung.

Die Firmen in den USA investieren auch große Summen, um ihre Mitarbeiter im Thema
Gleichbehandlung zu schulen. So berichtet der Personalleiter des Unterhaltungskonzerns
Caesars Palace auf dem AC-Kongress 2004, dass in dem betreffenden Jahr gerade über
10.000 Mitarbeiter durch eine halbtätige Schulung gegangen seien.

2.3.3 Neue deutsche Gesetzgebung zur Gleichbehandlung

Im Jahr 2006 wurde nach langjährigen Anläufen das Allgemeine Gleichbehandlungsgesetz verabschiedet. Die Wirtschaft hatte zunächst eine ablehnende Haltung. Bisher gibt es nur wenige Fälle, in denen Bewerber oder Mitarbeiter geklagt haben.

Zu den extremen Klagesummen wie in den USA wird es in Deutschland wohl nicht kommen. Wie die Strafbewehrung und die Umkehr der Beweislast dann im Einzelfall aussehen werden, lässt sich jetzt noch nicht absehen.

Für die Vorbereitung von AC-Verfahren sind dennoch schon jetzt einige direkte Konsequenzen zu ziehen. Ein formaler Aspekt besteht darin, dass in den Unterlagen beide Geschlechter abgedeckt sind. Mit Kriterien wie Höchst- oder Mindestalter macht sich ein Unternehmen direkt angreifbar.

Die Unternehmen werden auch nachweisen müssen, ob die zu schützenden Minderheiten in den Auswahlverfahren unterschiedlich abschneiden und ob dies auf sachliche Gründe oder die Benachteiligung zurückzuführen ist. Problematisch dürfte insbesondere eine Benachteiligung nach Alter sein.

Generell dürften Unternehmen, die Personalauswahl und Potenzialförderung mit strukturierten Methoden wie dem AC durchführen, auf der sicheren Seite liegen. So ist die hohe Verbreitung des AC-Einsatzes in den USA sicherlich auch auf die rechtliche Situation zurückzuführen (Abb. 2.10).

Allerdings hat die neue Gesetzgebung auf die AC-Organisation ebenfalls Konsequenzen:

- Die Anforderungen an die Strukturierung sind höher (Beobachtungssystem, Regel für die Entscheidungsfindung), um im Streitfall nachweisen zu können, dass die Entscheidungen ohne Ansehen der Person nach einer Systematik ablaufen

§1 AGG
Ziel des Gesetzes ist es, Benachteiligungen aus Gründen der Rasse oder wegen der ethnischen Herkunft, des Geschlechts, der Religion oder Weltanschauung, einer Behinderung, des Alters oder der sexuellen Identität zu verhindern oder zu beseitigen.

§12 Maßnahmen und Pflichten des Arbeitgebers
(2) Der Arbeitgeber soll in geeigneter Art und Weise, insbesondere im Rahmen der beruflichen Aus- und Weiterbildung, auf Unzulässigkeit solcher Benachteiligungen hinweisen und darauf einwirken, dass diese unterbleiben...

§15 Entschädigung und Schadensersatz
(2) Wegen Schadens ... kann der oder die Beschäftigte eine angemessene Entschädigung in Geld verlangen. Die Entschädigung darf bei einer Nichteinstellung drei Monatsgehälter nicht übersteigen, wenn der oder die Beschäftigte auch bei benachteiligungsfreier Auswahl nicht eingestellt worden wäre.
(4) Ein Anspruch ... muss innerhalb einer Frist von drei Monaten schriftlich geltend gemacht werden...

§22 Beweislast
Wenn im Streitfall die eine Partei Tatsachen glaubhaft macht, die eine Benachteiligung wegen eines in §1 genannten Grundes vermuten lassen, trägt die andere Partei die Beweislast dafür, dass andere als in §1 genannte, sachliche Gründe für die unterschiedliche Behandlung wegen eines in §1 genannten Grundes nach Maßgabe dieses Gesetzes zulässig ist.

Abb. 2.10 Auszüge aus dem Allgemeinen Gleichbehandlungsgesetz (AGG)

- Das Unternehmen muss in der Lage sein darzustellen, dass die verwendeten Methoden auch in Zusammenhang mit sachlichen Kriterien des Berufserfolgs stehen – dies führt dazu, die eigenen Verfahren regelmäßig zu evaluieren

2.4 Definition Anforderungsprofil

2.4.1 Notwendigkeit der Anforderungsanalyse

Person und Situation

Grundsätzlich macht eine Anforderungsanalyse dort Sinn, wo es überhaupt gewichtige Unterschiede darin gibt, wie Personen in unterschiedlicher Form Anforderungen erfüllen und damit zu einer höheren Leistungsausbringung kommen.

Dies führt zu der häufig übersehenen Tatsache, dass zwei Aspekte Gegenstand der Anforderungsanalyse sein müssen:

- Welche Anforderungen kommen auf den Stelleninhaber zu? (Situativer Ansatz)
- Mit welchen Kompetenzen/Eigenschaften/Verhaltensweisen ist diesen Anforderungen optimalerweise zu begegnen? (Personaler Ansatz)

In der späteren Konzeption des AC werden die situativen Anforderungen an die Position in den Inhalten der jeweiligen Simulationen/Aufgaben umgesetzt, die Kompetenzen werden hingegen in den Beobachtungs- und Anforderungskriterien realisiert (Abb. 2.11).

Die Genauigkeit der Prognosen über den Berufserfolg oder der Identifizierung der ‚richtigen' Nachwuchskraft wird durch die Sorgfalt der Anforderungsanalyse bestimmt: Die späteren Beurteilungen in den einzelnen Aufgaben des AC können nicht genauer sein als die vorherigen Definitionen. Wenn schon bei den Überlegungen zu den Anforderungen einer gegebenen Position nicht klar ist, was die einzelne Aufgabe wirklich ausmacht und wie genau der erfolgreiche Stelleninhaber vorgehen sollte, so kann dies in der späteren Umsetzung der Anforderungen innerhalb der einzelnen AC-Bausteine auch nicht deutlicher werden. Auch bei einem noch so detaillierten und mit Aufwand konstruierten AC wird die Güte der Aussagen daher nie höher sein können als die Genauigkeit, mit der eine Anforderungsanalyse durchgeführt wurde.

Gefahren bei Verzicht auf eine Anforderungsanalyse

Die Rechtfertigung für das relativ aufwendige AC bezieht das Instrument aus den Validitätskoeffizienten für Kriterien des Berufserfolgs. Allerdings variieren die ermittelten Kennwerte (vgl. Kap. 3.3.3) erheblich, insbesondere wenn man über Konfidenzintervalle die wahren Werte ermittelt. So sind strukturierte Interviews oder geeignete Fragebogenverfahren teilweise valider als schlechte AC (Schmidt und Hunter 1998). Ein Qualitätskriterium für die Güte von AC ist die Analyse der Anforderungen.

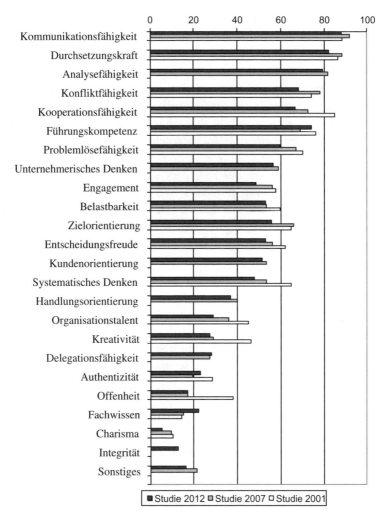

Abb. 2.11 Welche Beobachtungsmerkmale kommen in einem AC am häufigsten zum Einsatz? *Quelle* Obermann et al. (2012)

In unserer AC-Praxis entstammt ein häufiges Gegenargument zu Anforderungsanalysen einem vermeintlich pragmatischen Vorgehen nach dem Motto: „Sie wissen
doch ohnehin, worauf es bei uns ankommt". Wer gegenüber dieser Forderung einknickt,
erkennt dies später an der schalen Standardqualität der AC-Inhalte. Leider orientieren diese sich dann weniger an den Anforderungen als an dem, was ökonomisch im
AC am einfach-sten zu konstruieren ist. Die Orientierung des AC am Machbaren und
nicht an der Anforderungsanalyse führt dann später auch zu einer eingeschränkten
Validität des AC und damit zu Fehlaussagen. Eine Gefahr, die der von unterlassenen
Anforderungsanalysen vergleichbar ist, besteht darin, dass die Weltbilder von externen

Beratern, den internen AC-Konstrukteuren oder im Extremfall den Autoren fremdeinge-kaufter Übungen indirekt das Anforderungsprofil abbilden.

Dies ist dann etwa erkennbar an der einseitigen Ausrichtung von AC auf das bei Personalleuten beliebte Thema der Sozialkompetenz (Gruppenübungen, Rollenspiele) unter Vernachlässigung von unternehmerischer Kompetenz oder der Bewertung der Eigenmotivation der Bewerber/Teilnehmer. Auch hier kostet die Unterschlagung einer Anforderungsanalyse im Sinne von Fehlaussagen letztlich Geld, wenn etwa die übrigen Kompetenzen von AC-Teilnehmern (etwa unternehmerische Kompetenz) gar nicht erst im AC betrachtet werden.

Allerdings gilt es kritisch anzumerken, dass der Nutzen der häufig eingeforder-ten Anforderungsanalysen kaum empirisch nachgewiesen wurde. Eine Ausnahme bildet dazu die Studie von Birk und Kersting (2005). Bei 310 Personen wurde die Qualität von anforderungsanalytischen Urteilen bei der Bewertung eines bestimm-ten Berufsbilds zwischen vier Gruppen verglichen: Laien, Stelleninhaber, Vorgesetzte und Berufseignungsdiagnostiker. Für alle Gruppen gilt zunächst, dass die Urteile in Zusammenhang mit der (unabhängig) erhobenen sozialen Erwünschtheit der jeweiligen Merkmale standen.

In einer weiteren Phase wurden die Dimensionen einer Testbatterie so gewichtet, dass sie den Ergebnissen der Anforderungsanalyse der vier Gruppen entsprach. Insgesamt zeigte sich keine Überlegenheit der Stelleninhaber und Vorgesetzten gegenüber den Laien, wohl aber ein leichter Vorteil der Berufseignungsdiagnostiker.

2.4.2 Personale Eigenschaften von Führungserfolg

In der Nachkriegszeit war die Theorie des *„great man"* en vogue: Der Führende unter-scheidet sich von den Geführten durch seine besondere Führungspersönlichkeit. Dieser Ideologie wurde in den 70er-Jahren entgegengesetzt, dass dies eine Argumentation gewesen sei, um den Herrschaftsanspruch zu legitimieren und andere von der berech-tigten Teilnahme an der Macht auszuschließen. Die Gegenideologie bestand darin, dass alle wesentlichen Verhaltensweisen erlernbar und durch die Gestaltung der sozi-alen Bedingungen beeinflussbar seien. Heute ist der Trend bei einem Sowohl-als-auch. Die unten vorgestellten Untersuchungen der letzten Jahre sprechen jedoch eine klare Sprache für die Wirkung von übergreifenden, stabilen Persönlichkeitsfaktoren für Berufs- und Führungserfolg. Dabei zeigt sich eine Vielfalt ganz unterschiedlicher Konzepte als valide in der Prognose von Erfolg: „everything works: traits, behaviour, charisma [...]" (Judge 2005). In der AC-Szene sind diese Erkenntnisse bisher nur teil-weise angekommen. So wurde beim Arbeitskreis AC e.V. erst mit der letzten Fassung der Qualitätskriterien von 2004 das Verbot von kognitiven Testverfahren abgeschafft, obwohl die Erkenntnislage schon vorher mehr als erdrückend war. Dagegen werden in der betrieblichen Praxis häufig in oberflächlicher Form Anforderungsanalysen zur immer gleichen Fragestellung nach den Kriterien für Führungserfolg mit dem Ergebnis nichts

Hohe Intelligenz	Fähigkeit, rasch und korrekt kognitive Leistungen zu vollbringen; analytische und Problemlösefähigkeiten
Hohe Führungsmotivation	Führen wollen, Machtanspruch besitzen, Einfluss ausüben wollen, Dominanz
Ausgeprägtes Selbstbewusstsein	Glaube an sich und das Bewusstsein, dass Erfolg von einem selbst beeinflusst wird und Misserfolge eher auf externe Faktoren zurückzuführen sind
Sozialkompetenzen	Tendenz zu sozial erwünschtem Verhalten; Fähigkeit in sozialen Situationen erfolgreich zu wirken: Überzeugungskraft, Konfliktfähigkeit, Empathie, Durchsetzung
Selbstdarstellungs-fähigkeit	Sozial flexibel, in verschiedenen Situationen unterschiedlich auftreten können; die jeweiligen Anforderungen erahnen und sich darauf einstellen
Geringer Neurotizimus	Emotional stabil, wenig depressiv, leicht verärgert, ängstlich
Hohe Extraversion	Gesprächig, gesellig sein, auf andere leicht zugehen können, auch dominant und bestimmt auftreten
Gewissenhaftigkeit	Verlässlich, genau, sorgfältig und verantwortungsvoll sein; Leistungsbereitschaft und Ausdauer zeigen
Offenheit für Erfahrungen	Intellektuell interessiert sein, originell, vielseitig, aufgeschlossen, kreativ und einfallsreich

Abb. 2.12 Grundlage für das AC: Eigenschaften von Führungserfolg

sagender Anforderungsbegriffe durchgeführt. Dieses betriebliche Vorgehen wird dann ad absurdum geführt, wenn über ein paar Interviews in quantitativen Anforderungsprofilen eine Genauigkeit vorgegaukelt wird, gleichzeitig jedoch die nunmehr vielfältigen und stabilen Ergebnisse von Führungserfolg nicht zur Kenntnis genommen werden (Abb. 2.12).

Intelligenz

Persönlichkeiten mit höherer Intelligenz und stärker ausgeprägten Persönlichkeitseigenschaften finden sich mit höherer Wahrscheinlichkeit unter erfolgreichen Führungskräften. In der großen Metaanalyse von Schmidt und Hunter (1998) stellen die kognitiven Leistungen den mit Abstand besten Prädiktor ($r = .51$) für den Berufserfolg von Managern dar. In der Metaanalyse von Arthur et al. (2003) wurden im Gegensatz zu Schmidt und Hunter die Validitäten nicht für das AC insgesamt, sondern nach Dimensionen zusammengestellt. Dabei erweist sich „problem solving" als der Faktor mit dem höchsten Gewicht in der Regression auf Führungserfolg. In einer Längsschnittstudie von Junge et al. (1999), in welcher der berufliche Erfolg der Teilnehmer über viele Jahre verfolgt wurde, ist die allgemeine Intelligenz mit $r = .53$ der bedeutsamste Prädiktor für langjährigen Berufserfolg. Salgado et al. (2003) bestätigen diese Aussagen für europäische Validitätsstudien von kognitiven Testverfahren. Die Validitäten steigen wohl mit zunehmender Berufskomplexität (Kramer und Blickle 2005).

Konsequenzen für das AC

In der Erhebung des Arbeitskreises AC e.V. (2001) zu den in deutschsprachigen Unternehmen verwendeten Anforderungsdimensionen taucht die Problemlösefähigkeit erst an sechster Stelle auf – nach verschiedenen Kriterien im Bereich der Sozialkompetenz. Daher ist zu vermuten, dass hierzulande die hohe Bedeutung von Intelligenz und Problemlösefähigkeiten immer noch wenig in das AC Einzug gehalten hat. Die Konsequenz für das AC ist daher der Einbezug von Übungen wie Fallstudie, Fact-Finding, Postkorb sowie kognitive Leistungstests, die zur Zielgruppe passen (vgl. Kap. 2.5.11). In der Nachfolgeuntersuchung von 2007 (Obermann et al. 2008) steigt allerdings das erstmals erhobene Kriterium „Analysefähigkeit" direkt auf den dritten Platz der Rangliste auf. In 2012 nimmt die Analysefähigkeit den gleichen Rangplatz ein, wobei ihre Anwendungshäufigkeit gegenüber 2007 weiter gestiegen ist.

Führungsmotivation

In einer groß angelegten Studie haben Mayerhofer et al. (2005) Daten über die Persönlichkeitsmerkmale, Herkunft, Karriereaspirationen und Karriereverläufe von 1.200 Absolventen verschiedener Generationen der Wirtschaftsuniversität erhoben. Als einer der Hauptfaktoren erweist sich die Führungsmotivation, also der Wille und das Bedürfnis, Einfluss auf Andere nehmen zu wollen. Von den Persönlichkeiten mit hoher Führungsmotivation sind 65 % bezogen auf die Kriterien Gehalt und unterstellte Mitarbeiter erfolgreich, während dies nur bei 21 % der Personen mit geringer Führungsmotivation der Fall ist.

In der Metaanalyse zu AC (Arthur et al. 2003) korreliert der Faktor „Drive" als Durchschnitt über verschiedene Einzel-Validitätsstudien mit Berufserfolg.

Der Motivationsfragebogen OCM (Obermann 2005) wurde verschiedenen beruflichen Zielgruppen in unterschiedlicher Hierarchie vorgelegt. Dabei haben Manager im Mittel eine höhere Macht- und Führungsmotivation als Trainees, Führungsnachwuchs und gewerbliche Führungskräfte (Abb. 2.13).

Konsequenzen für das AC

Die Führungsmotivation zeigt sich – nur indirekt – in einem Teilaspekt in Gruppendiskussionen und Rollenübungen, allerdings in einer zeitlich beschränkten sozialen Interaktion. Das langfristige Bestreben, Einfluss ausüben zu wollen, wird in AC hingegen regelmäßig zu wenig erhoben. Im Vordergrund steht einseitig der Aspekt der Sozialkompetenz.

Instrumente zur Erhebung der Führungsmotivation sind entsprechende psychometrische Fragebögen (vgl. Kap. 2.5.11) und die Durchführung von Interviews, die sich mit den beruflichen und Lebensmotiven der Teilnehmer und Bewerber auseinandersetzen.

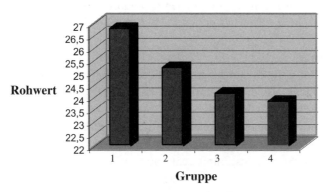

Machtmotivation

1= Management 2= Führungsnachwuchs 3= Gewerbliche Führungskräfte 4= Trainees

Abb. 2.13 Machtmotiv bei unterschiedlichen Berufsgruppen. *Quelle* Obermann (2012)

Selbstdarstellungsfähigkeit

Die Forschung zur (eher geringen) Konstruktvalidität (vgl. Kap. 3.3.1) hat ergeben, dass Teilnehmer in AC, welche die jeweiligen Anforderungen der AC-Übungen von sich aus erkennen können, im Gesamtergebnis besser abschneiden (Kleinmann 1993, 1997). Diese Fähigkeit variierte dabei nicht von Übung zu Übung, sondern blieb situationsübergreifend stabil. Daher handelt es sich um eine zwischen Personen differenzierende Eigenschaft, die jeweiligen Erwartungen intuitiv zu spüren und sich erfolgreich darauf einstellen zu können. Diese Fähigkeit korreliert jedoch nicht mit Intelligenz und ist auch unabhängig von anderen Persönlichkeitsfaktoren (Preckel und Schüpbach 2005).

Dies ist jedoch nicht nur ein AC-internes Phänomen. In der verhaltenswissenschaftlichen Studie von Mayerhofer et al. (2005) wurde die „Bürotaktik" von Hochschulabsolventen mit deren Karriereerfolg in Zusammenhang gesetzt: Dabei realisieren die als „Beziehungsarbeiter" und „Selbstinszenierer" klassifizierten Teilnehmer der Studien innerhalb der ersten zehn Berufsjahre einen durchschnittlichen Einkommenszuwachs von 4.960 €, solche, die diese Taktiken nicht anwenden, lediglich 3.540 €. Gleichzeitig erzielt im Durchschnitt der ersten zehn Berufsjahre die Gruppe der „Selbstinszenierer" 6,4 unterstellte Mitarbeiter, die der Nicht-Taktierer lediglich 2,7 Mitarbeiter.

Konsequenzen für das AC

Im AC geht es bei den Teilnehmern sehr stark um die Fähigkeit, die relevanten Anforderungen zu erkennen, sich darauf einzustellen und sich positiv darzustellen. Die Untersuchungen zur Selbstdarstellungskompetenz zeigen, dass diese Fähigkeit im hohen Maße mit dem AC-Erfolg korreliert. Daher besteht nicht die Notwendigkeit für zusätzliche Übungen.

Speziell bei Auswahlveranstaltungen sollte jedoch darauf verzichtet werden, die jeweilige Erwartungshaltung in den Übungen allzu transparent zu machen (vgl. Kap. 3.3.1):

Damit würden die Teilnehmer mit hohen und niedrigen Ausprägungen in der Erkennensfähigkeit der richtigen Anforderungen sowie ihrer Selbstdarstellung nivelliert werden.

Selbstbewusstsein

Die psychologische Kategorie des umgangssprachlichen Selbstbewusstseins ist die internale Kontrollüberzeugung, also die Annahme, man habe die Dinge selbst unter Kontrolle und dass Erfolge selbst beeinflussbar sind.

Wer an sich glaubt und eigene Erfolge eher auf sich als auf Umweltfaktoren zurückführt, ist erfolgreicher. In einer Längsschnittstudie wurden 2000 Hochschulabsolventen (Abele-Brehm et al. 2005) über insgesamt acht Jahre in ihrer beruflichen Entwicklung nach dem Examen verfolgt und befragt. Die Frage war die nach den Determinanten für erfolgreiche oder weniger erfolgreiche Berufsverläufe (u. a. Gehalt, Leitungsfunktion). Selbst nach acht Jahren konnten noch signifikante Korrelationen zu ursprünglich erhobenen Variablen festgestellt werden: Bedeutsam sind insbesondere ein instrumentelles Selbstkonzept und das Vorhandensein von karrierebezogenen Zielen.

In der Studie von deutschen Kleinunternehmern (Göbel und Frese 1999) korrelieren verschiedene Persönlichkeitsmerkmale mit einem Erfolgsindex aus u. a. Unternehmenswachstum, Einkommen, Zufriedenheit des Unternehmens. Die Prädiktoren für unternehmerischen Erfolg haben alle mit Selbstbewusstsein zu tun: Handlungsorientierung nach Misserfolgserlebnissen, internale Kontrollüberzeugung, Optimismus und Selbstwirksamkeit. Die Selbstwirksamkeit hat exemplarisch einen Zusammenhang von $r = .41$ zum Erfolgsindex: Personen, die an sich und ihren Erfolg glauben, sind danach bessere Unternehmer.

Die Relevanz der internalen Kontrollüberzeugung wurde auch in einer fünfjährigen Längsschnittstudie bei Kleinunternehmern von Zempel (1999) bestätigt.

Konsequenzen für das AC

Selbstbewusstsein und Kontrollüberzeugungen sind in der AC-Performance indirekt in allen Übungen sichtbar: Wer an sich und seinen Einfluss glaubt, dürfte sich in AC-Übungen auch mehr engagieren. Explizit kann das Kriterium über psychometrische Fragebögen erhoben werden (vgl. Kap. 2.5.11).

Sozialkompetenzen

Dies ist der klassische Kern von AC: Kommunikation, Führung, Konfliktstärke, Überzeugungskraft, Empathie u.v.m. Das AC hat sich bezogen auf viele Kriterien und in zahlreichen Berufsgruppen als valide erwiesen (vgl. Kap. 3.3.3).

Relativ neuer ist die Metaanalyse von AC-Dimensionen zur Kriteriumsvalidität (Arthur et al. 2003). Die zahlreichen in den einzelnen AC verwendeten Dimensionen wurden in sechs Meta-Dimensionen zusammengefasst: Die dem Bereich der Sozialkompetenz zuordnenbaren Meta-Dimensionen Berücksichtigung von Anderen, Kommunikation und Beeinflussung korrelieren im Durchschnitt der berücksichtigten Validitätsstudien zwischen .26 und .30 mit den Kriterien von Führungs- und Berufserfolg.

Konsequenzen für das AC

Es bleibt dabei: Für die Erfassung der Sozialkompetenzen ist ein gut konstruiertes AC sehr geeignet, und dabei sind die Übungsklassiker Gruppenübung, Präsentation und Rollenspiel.

Im Sinne der Multimodalität wäre darauf zu achten, die Sozialkompetenzen über eine Vielfalt unterschiedlicher Übungstypen und Settings zu erfassen. Contraindiziert wäre etwa ein AC mit drei unterschiedlichen Gruppenübungen.

Emotionale Stabilität

Dies ist der Gegenpol des tradierten Persönlichkeitsfaktors „Neurotizismus": Wer wenig verärgert, depressiv und übel gelaunt ist, der ist erfolgreicher.

In der Studie von Judge et al. (1999) wurden in einer Längsschnittstudie berufliche Karrieren verfolgt. Dabei lagen zwischen Prädiktor- und Erfolgsmessung 30 bis 40 (!) Jahre. Als Erfolgsindex wurde ein Index aus u. a. Höhe des Jahreseinkommens und dem beruflichen Status entwickelt. Dabei erweisen sich die „Big Five"-Kriterien der Persönlichkeit als erfolgsrelevant. Unter den „Big Five"-Kriterien ist die emotionale Stabilität der zweitwichtigste Prädiktor für Berufserfolg. Die „Big Five"-Persönlichkeitskriterien insgesamt klären 75 % der Varianz der Persönlichkeit auf (Judge 2005).

Konsequenzen für das AC

Hier gilt wie bei anderen Persönlichkeitseigenschaften, dass die emotionale Stabilität indirekt in der gesamten AC-Leistung beinhaltet ist. Separat kann das Kriterium über Persönlichkeitsfragebögen erfasst werden.

Extraversion

Die Metaanalyse von Schmidt und Hunter (1998) stellt das Kriterium der Extraversion speziell bei Verkäufern und Managern als sehr starken Prädiktor für den Berufserfolg dar; bei Fachspezialisten ist die Dimension kein Prädiktor für Berufserfolg.

Das Kriterium Extraversion enthält mehrere Teilaspekte. Der Subaspekt der Dominanz hat zumindest eine konzeptionelle Nähe zur Führungsmotivation. In der Studie von deutschen Kleinunternehmern haben Göbel und Frese (1999) die Beziehung zwischen Personenmerkmalen und einem Erfolgsindikator (u. a. Unternehmenswachstum, Einkommen, Zufriedenheit des Unternehmens) untersucht. Von den 29 Persönlichkeitsvariablen ist das Dominanzbedürfnis mit einer Korrelation von r = .39 einer der besten Prädiktoren für den unternehmerischen Erfolg.

Konsequenzen für das AC

Die Extraversion wird zwar selten mit diesem Label erfasst, jedoch dürften die klassischen AC-Dimensionen Kommunikation, Überzeugungskraft und Durchsetzung

Merkmal	Status als Leader ja/nein		Führungseffizienz	
	k	p	k	p
Neurotizismus	30	–.24	18	–.22
Extraversion	37	.33	23	.24
Offenheit	20	.24	17	.24
Soziabilität	23	.05	19	.21
Gewissenhaftigkeit	17	.33	18	.16

k = Anzahl Korrelationen; ρ = geschätzte korrigierte Korrelation

Abb. 2.14 Vorhersage von Führung durch Big Five Persönlichkeitskriterien. *Quelle* Judge et al. (2002)

konzeptionell sehr verwandt sein. Gerade der Subaspekt der Dominanz ist sehr gut in Rollen- und Gruppenübungen beobachtbar (Abb. 2.14).

Gewissenhaftigkeit

In der Studie von Judge et al. (1999) wurden in einer Längsschnittstudie berufliche Karrieren verfolgt. Dabei lagen zwischen Prädiktor- und Erfolgsmessung 30 bis 40 (!) Jahre. Als Erfolgsindex wurde ein Index aus u. a. Höhe des Jahreseinkommens und dem beruflichen Status entwickelt. Dabei erweisen sich die „Big Five"-Kriterien der Persönlichkeit als erfolgsrelevant. Unter den „Big Five"-Kriterien ist die Gewissenhaftigkeit der stärkste Prädiktor für Berufserfolg.

In der Metaanalyse von Schmidt und Hunter (1998) stellt das Kriterium der Gewissenhaftigkeit sowohl bei Verkäufer, Managern wie Facharbeitern gegenüber den übrigen „Big-Five"-Persönlichkeitskriterien ebenfalls den stärksten Prädiktor dar.

Wie bei den übrigen Dimensionen des Big-Five Modells stellt die Gewissenhaftigkeit eine Sammlung von zahlreichen Sub-Dimensionen dar. Dudley et al. (2006) konnten nachweisen, dass die prädiktive Validität von Gewissenhaftigkeit noch erhöht wird, wenn in die Untersuchung nur die Studien einbezogen werden, in denen die Dimensionen konzeptionell sehr nahe am Konstrukt Gewissenhaftigkeit liegen.

Robertson et al. (2000) zeigen bei einer Untersuchung an Managern, dass mit zunehmender Ausprägung von Gewissenhaftigkeit eine Neigung zu stark organisiertem, auf die Details achtendem Arbeitsverhalten zu erwarten sei. Das Merkmal dürfte damit in unterschiedlichen Situationen eine verschiedene Bedeutung haben.

Konsequenzen für das AC

Das Kriterium fließt ein in Übungen, in denen es auf die genaue und sorgfältige Bearbeitung von Aufgabenstellungen ankommt; dies ist im AC der Postkorb. Explizit kann das Kriterium mit Persönlichkeitsfragebögen erhoben werden. Ein wichtiger

Sub-Aspekt der Gewissenhaftigkeit ist auch die Leistungsorientierung und das aus-dauernde Verhalten. Dies wird im Interview gut über Beispiele aus der beruflichen Lebensgeschichte messbar.

Offenheit für Erfahrungen

In der Metaanalyse von Schmidt und Hunter (1998) stellt die Offenheit für Erfahrungen mit einer korrigierten mittleren Validität von $r = .08$ speziell bei Managern einen Prädiktor für den Berufserfolg dar. Bei den übrigen Berufskategorien (u. a. Spezialisten, Verkäufer) ist dies nicht relevant. In der Längsschnittstudie über beruflichen Erfolg von Judge et al. (1999) erweist sich die Offenheit für Erfahrungen als drittwichtigs-ter Prädiktor der „Big Five"-Kriterien für beruflichen Erfolg. Das nach 30 bis 40 Jahren erhobene Kriterium war u. a. der beruflich erreichte Status (von 7 = CEO bis 1 = unge-lernter Arbeiter). Noch nach dieser langen Zeitspanne erweisen sich Persönlichkeiten mit hoher Offenheit für Erfahrungen als beruflich erfolgreicher.

Konsequenzen für das AC

Das Kriterium ist ein vielschichtiges Konstrukt, die Subaspekte der intellektuellen Offenheit und der Kreativität dürften in klassische Analyseaufgaben des AC einfließen: Fact-Finding, Fallstudie, Postkorb. Als separates Merkmal kann das Kriterium gut im Interview, aber auch über Persönlichkeitsfragebögen erhoben werden.

Was keine Voraussetzungen von Führungserfolg sind

Das „Big Five"-Kriterium der sozialen Verträglichkeit und Freundlichkeit erweist sich als regelmäßig am schlechtesten in der Vorhersage von Führungserfolg. In der Längsschnitt-Studie von Judge et al. (1999) zeigt sich dazu kein Zusammenhang. Offenbar kann man auch als unfreundlicher und unbequemer Mensch genauso gut ‚nach oben' kommen. Bei Schmid-Roedermund (1999) ergibt sich bei der Untersuchung von Kleinunternehmern/Geschäftsführern sogar eine signifikant negative Korrelation von $r = -.31$ für die Beziehung von Freundlichkeit/Verträglichkeit und dem Umsatz pro Kopf der Belegschaft: Offenbar sind gelegentlich ungehaltene und sozial unangepasste Kleinunternehmer erfolgreicher. Eine weitere Bestätigung ist die dimensionsorien-tierte Metaanalyse zur Validität von AC von Arthur et al. (2003). Die Meta-Dimension „consideration/awarness of others", die Einzeldimensionen wie Teamfähigkeit oder Einfühlung beinhaltet, hat einen signifikanten zusätzlichen Beitrag in der Vorhersage von Berufserfolg, wenn andere Kriterien wie Problemlösen bereits regressionsanalytisch berücksichtigt werden.

In der Ohio-Schule der 50er-Jahre wurden die Varianten des Führungsverhaltens in die beiden Dimensionen „consideration" (Mitarbeiterorientierung) und „initiating struc-ture" (Aufgabenorientierung) kategorisiert. Diese Begrifflichkeit hat stark in die Praxis von Führungstrainings Einzug gehalten und findet sich auch in Kategorien von AC-Dimensionen wieder. Die generelle Überlegenheit der Aufgabenorientierung hat jedoch keine empirische Bestätigung (Judge 2005) gefunden. Die beiden Kategorien sind wohl so vielschichtig, dass sie

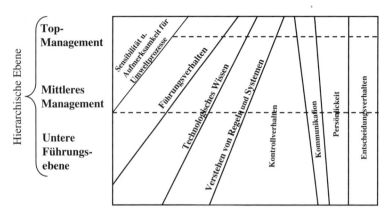

Komponenten von Führungstätigkeiten

Abb. 2.15 Anforderungen an Führungskräfte auf verschiedenen Management-Ebenen

in der Vorhersage von Führungs- und Berufserfolg nur bezogen auf einzelne Kriterien (z. B. Arbeitszufriedenheit der Mitarbeiter, Gehaltswachstum etc.) valide sind.

Führungskräfte vs. Spitzenmanager vs. Unternehmer

In den genannten Untersuchungen werden Führungskräfte aller Ebenen zusammengefasst. Es ist davon auszugehen, dass unternehmerisch tätige Manager auf der ersten Führungsebene noch einmal anderen Anforderungen genügen müssen (Abb. 2.15). Auf der Basis eines Fragebogenverfahrens zeigt Müller (2004), dass bei Spitzenmanagern insbesondere unternehmerisch relevante Eignungsmerkmale stärker ausgeprägt sind als bei Führungskräften mittlerer und unterer Hierarchieebenen. In einer Untersuchung wurden mit dem Fragebogen 45 Spitzenführungskräfte traditioneller Branchen mit 47 Top-Managern im Bereich New Economy verglichen.

Dabei zeigte sich, dass sich beide Gruppen in der Mehrzahl von Eignungstypen unterschieden, wobei die Manager aus der New Economy durchgängig mehr unternehmerisches Potenzial hatten.

In einer neueren Metaanalyse (Zhao und Seibert 2006) gehen die Autoren den Unterschieden speziell zwischen angestellten Managern und Unternehmern nach. Unternehmer sind in den Big-Five Dimensionen (bei geringen Effektstärken) Gewissenhaftigkeit und Offenheit für Erfahrungen stärker ausgeprägt. Auf der anderen Seite sind sie weniger neurotisch. Keine Unterschiede wurden bei der Extraversion gefunden. Allerdings sind Unternehmer noch weniger sozial verträglich.

Unterscheidung von Managing und Leadership

In der amerikanischen Führungsliteratur wird deutlich zwischen „managing" und „leading" unterschieden. Als Beispiel beschreiben Kouzes und Posner (2007) die fünf Methoden eines erfolgreichen Leaders: Challenge the process (search for opportunities, experiment and take risks), Inspire a shared vision (envision the future, enlist others), Model the way (set the example, plan small wins), Encourage the heart (recognize in individual contribution, celebrate accomplishments) und Enable others to act (foster collaboration, strengthen others). Schwerpunkte liegen hier weniger in der Organisation eines Unternehmens, sondern stärker in Dingen wie visionär zu denken, Vorbild sein, Prozesse zu hinterfragen, Anerkennung zu geben und die Zusammenarbeit zu fördern. Einer der seltenen Studien speziell bei CEOs stellen Reynold und Teeter (2006) vor. Ziel der Studie war es, Faktoren für „high-performing" CEOs zu identifizieren, die unabhängig von deren finanziellen Ergebnissen sind. Im Rahmen der Studie wurden im Vorfeld Unternehmen identifiziert, die Höchstleistungen erbringen. Kriterien dafür waren Umsatzsteigerung, Umsatzrendite und Kapitalrendite. Die Unternehmen stammten aus zwölf verschiedenen Ländern, aus unterschiedlichen Branchen und die Größe variierte von ca. 500 Mitarbeitern bis zu ca. 6.500 Mitarbeitern). Nach intensiver Literaturrecherche wurden die Leistung der CEOs auf folgenden Faktoren eingestuft: Strategy & Execution, Change & Innovation, Talent Management, Culture & Values und Social Contribution. Die Ergebnisse der Studie besagen, dass CEOs mit Höchstleistungen eine hohe Ausprägung in Strategy & Execution sowie in Talent Management erzielen. Etwas niedrigere Ausprägungen ergeben sich bei den sozialen und kulturellen Faktoren. Dabei variierten die Faktoren abhängig von der Unternehmensgröße und der Kultur der Länder. Erfolglosigkeit wird durch Arroganz, Selbstgefälligkeit und „Isolierung von der Front" verursacht.

2.4.3 Methoden der Anforderungsanalyse

Im Folgenden werden unterschiedliche Methoden der Anforderungsanalyse vorgestellt. Abbildung 2.16 gibt einen Überblick über die vorgestellten Verfahren und deren Vor- und Nachteile. Bei der Expertenbefragung (2.4.3.1), der Critical-Incident- (2.4.3.2) und Repetory-Grid-Methode (2.4.3.3) handelt es sich um qualitative, primär vergangenheitsorientierte Vorgehensweisen. Dabei ist die Critical-Incident-Methode trotz ihres Alters in der Praxis sehr beliebt.

Eine zweite Gruppe von Methoden ist die Anwendung von Fragebögen zur Anforderungsanalyse. In der einen Variante (2.4.3.4) werden generische und positionsunabhängige Fragebögen zur Analyse von neuen Jobs genutzt, im anderen Fall wird für die jeweilige Anforderungserhebung unternehmensspezifisch ein solcher Fragebogen erstellt, mit dem Anforderungen empirisch erhoben werden (2.4.3.5).

Der dritte Block von Profilen geht von dem personalistischen Ansatz von Anforderungen weg und betrachtet mehr die situativen und zukünftigen Herausforderungen, die im AC abgebildet werden sollen. Dies sind die Situative Anforderungsanalyse (2.4.3.6), der Top-down-Ansatz (2.4.3.7) sowie die Szenario-Technik (2.4.3.8).

Schließlich wird als letzte Methode die Verwendung von Kompetenzmodellen zur Anforderungsanalyse vorgestellt, die sich gerade in der Unternehmenspraxis als sehr beliebt erweist (2.4.3.9).

Methode	Vorteile	Nachteile	Kapitel
Experten-befragung	+ Geringer Aufwand + Geeignet, wenn es nur Experten gibt (z. B. aktueller Stelleninhaber)	- Prozess hin zu einem formalen Anforderungsprofil nicht transparent - Zu sehr Bottom-up, an bisherigen Stelleninhaber orientiert	2.4.3.1
Critical Incidents Technique	+ Geringer Aufwand (Interviews mit Experten oder Workshop) + Das am häufigsten verwendete Verfahren + Auch Berücksichtigung der situativen Rahmenbedingungen – nicht Sammeln von Eigenschaftslisten + Berücksichtigung situativer Anforderungen möglich	- Gleiche Nachteile wie Expertenbefragung, jedoch etwas systematischer	2.4.3.2
Repertory-Grid-Technik	+ Einbezug der Subjektivität der Befragten + Hoher heuristischer Wert – am ehesten Vermeidung, dass nur altbekannte Eigenschaftslisten wiederholt werden	- Gleiche Nachteile wie Expertenbefragung - Merkmalslisten vernachlässigen situative Anforderungsmerkmale	2.4.3.3
Standardisiertes Fragebogen-Verfahren	+ Identisches Instrument für verschiedene Positionen – damit guter Vergleich von Profilen + Nutzen von Experten-Know-how zum Thema	- Für Führungskräfte kein deutsches Verfahren bewährt - Sprache und Begrifflichkeit standardisiert – nicht unternehmensspezifisch	2.4.3.4
Unternehmens-spezifischer Fragebogen	+ Kombinierter aufgaben-, verhaltens- und eigenschaftsorientierter Ansatz + Beteiligung von vielen Führungskräften + Nachvollziehbarkeit des Anforderungsprofils durch die empirische Basis	- Tendenziell Bottom-up, an bisherigen Stelleninhabern orientiert - Keine situativen Anforderungs-merkmale oder nur mit Aufwand	2.4.3.5
Situative Anforderungs-analyse	+ Erfassung der zu bewältigenden Situationen + Zwei Ebenen: situative Anforderungen der Position, situative Rahmendingungen des Unternehmens	- Die Ermittlung der Persönlichkeitseigenschaften wird vernachlässigt	2.4.3.6
Top-Down Anforderungs-analyse	+ Einziges Verfahren, das mehr die zukünftigen Anforderungen im Profil abbildet	- Prozess hin zu einem formalen Anforderungsprofil nicht transparent - Einseitig qualitatives Vorgehen	2.4.3.7
Szenario-Technik	+ Berücksichtigt Top-Down-Vorgehen	- Führungskräfte müssen über sehr viel Wissen verfügen	2.4.3.8
Verwendung von Kompetenz-modellen	+ Erstellung für gesamte Tätigkeitsgruppen, d. h. hohe Vergleichbarkeit + Hohe Augenscheinvalidität	- Zu globale Begriffsebene - Fehlende situative Anforderungen	2.4.3.9
Praxismodell der Anforderungs-analyse	+ Kombination aus personalistischem und situativem Ansatz + Kombination aus Bottom-Up und Top-Down	- Höherer Aufwand als Expertenbefragung / CIT	2.4.4

Abb. 2.16 Methoden der Anforderungsanalyse

2.4.3.1 Expertenbefragung

Die Expertenbefragung dürfte in der Unternehmenspraxis eine häufig gewählte, da pragmatische und wenig aufwendige Methode sein.

Dieses qualitative Vorgehen in der Erstellung eines Anforderungsprofils wurde im Rahmen von Assessments erstmals 1943 vom amerikanischen Militär, Office of Strategic Services, eingesetzt bzw. dokumentiert.

Hier wurden einige Psychologen der amerikanischen Armee gebeten, ein AC für die Auswahl von Secret-Service-Agenten zu entwickeln. Aus der zeitlichen Not heraus und aufgrund mangelnder Kenntnisse über die Positionen und ihre Anforderungen entstand unter maßgeblicher Unterstützung durch Murray eine Methode zur Anforderungsanalyse, die folgende Schritte umfasst:

1. Schritt:
Einige Experten tragen Ihre Vorstellungen vom geeignetsten Kandidaten zusammen. Dabei stützen Sie sich auf ihre eigene Meinung sowie Berichte aus der Literatur.

2. Schritt:
Die gesammelten Bruchstücke werden strukturiert und einigen geläufigen Oberbegriffen zugeordnet. In diese neu gebildeten Kategorien fallen dann sowohl Verhaltensbeschreibungen als auch Eigenschaften der Positionsinhaber und Aspekte ihrer Aufgaben. Die Psychologen der OSS kamen zu folgenden zehn Kategorien:

- Motivation für die spezifische Aufgabe (zum Beispiel Kampfgeist)
- Energie und Initiative (zum Beispiel Anstrengung)
- Praktische Intelligenz (zum Beispiel Beurteilungsvermögen)
- Emotionale Stabilität (zum Beispiel Beharrlichkeit unter Druck)
- Soziale Kompetenz (zum Beispiel Taktgefühl)
- Sicherheit (zum Beispiel Verschwiegenheit, Fähigkeit zu bluffen)
- Physische Leistungsfähigkeit (zum Beispiel Beweglichkeit)
- Beobachten und Berichten (zum Beispiel Fähigkeit, Informationen auszuwerten)
- Propaganda-Fähigkeit (zum Beispiel Fähigkeit, die psychologischen Verwundbarkeiten des Feindes zu erkennen)
- Führungsverhalten (zum Beispiel Verantwortung übernehmen – nicht für alle Kandidaten relevant)

(vgl. Office of Strategic Services 1947, S. 30f.)

3. Schritt:
Jede Kategorie wird um eine Skala zur Beurteilung ergänzt. Bei der OSS verwendete man eine sechsstufige Skala mit den Kategorien: very low, high inferior, very inferior, average, average superior und superior (vgl. Office of Strategic Services 1947, S. 32). Dieses Material diente als Beurteilungsbogen im AC.

Ein solches oder ähnliches Vorgehen, nämlich die Befragung von Führungskräften als Experten, ist heute immer noch eine der verbreitetsten Formen der Anforderungsanalyse, wie die AC-Befragung 2012 gezeigt hat (Obermann et al. 2012).

Problematisch an diesem Vorgehen ist zunächst die Bottom-Up-Vorgehensweise: Von den „Erfolgsfaktoren" bestehender Positionsinhaber wird auf andere Personen geschlossen. Dabei werden AC auch eingesetzt, um neue Potenziale zu erheben, die für zukünftige Anforderungen relevant sind. Die Befragung aktueller Stelleninhaber oder

Führungskräfte birgt jedoch die Gefahr, dass gerade die Kultur und Sicht der tradierten Führungskräfte „zementiert" wird.

In einer Studie mit Geschäftsführern in einem deutschen Großunternehmen hat Neubauer (1984) noch systematischer individuelle Unterschiede im Verständnis darüber herausgearbeitet, was eigentlich Führungserfolg ausmacht: So gibt es Führungskräfte, die weit gehend „eindimensionale" Theorien haben, das heißt den Führungserfolg primär anhand einer Kategorie (Durchsetzungswille, Initiative) messen. Andere Führungskräfte verfügen hingegen über sehr differenzierte, mehrdimensionale Theorien darüber, was den Führungserfolg beeinflusst. Hier sind im Einzelfall bis zu 20 Kategorien vorhanden.

Eine solche Befragung von Experten führt damit immer zu subjektiven Statements, die die unterschiedlichen Erfahrungen der Befragungspartner widerspiegeln. Richtig und falsch ist hier kaum angebracht, jeder kann seine Erfahrungen mit (Miss-) Erfolgserlebnissen stützen.

Deshalb ist bei einer solchen Anforderungsanalyse immer Bescheidenheit angebracht, da man bei der Beurteilung eben nicht zu objektiven Profilen gelangt. Dem AC-Entwickler kommt große Verantwortung bei der Frage zu, welcher der bestehenden Experten/Führungskräfte für das zukünftige Anforderungsbild repräsentativ sein soll. Dabei kann es um Repräsentativität im statistischen Sinne nicht gehen, da die befragten Experten repräsentativ sein sollen für die zukünftigen Stellenanforderungen.

Neben der zwangsläufigen Subjektivität von Anforderungsprofilen durch Expertenbefragungen besteht eine weitere Schwierigkeit darin, dass die Umweltfaktoren für den Positionserfolg (veränderte Märkte, Prozesse) implizit ausgeschlossen werden. Im Extremfall ist die Vorgehensweise der befragten Experten/Führungskräfte bezogen auf veränderte Umweltbedingungen gerade kontraproduktiv. In einer qualitativen Expertenbefragung sind also solche Faktoren auch zu erheben.

2.4.3.2 Die Critical Incidents Technique nach Flanagan

Die Critical Incidents Technique entstand während des Zweiten Weltkriegs im Verlauf von Untersuchungen im Auftrag der amerikanischen Luftwaffe, an die sich weitere Forschungsaktivitäten am „American Institute for Research" und an der Universität von Pittsburgh anschlossen.

Nach dem Zweiten Weltkrieg gab es Hunderte von Psychologen, die als Veteranen die Armee verließen und sich in Forschung, Lehre oder Beratung engagierten. Dazu gehörte auch John Flanagan, der zuvor als „Chief of the Army Air Forces Psychology Branch" tätig war. Flanagan gründete danach das American Institutes for Research (AIR), dessen erste Aufgabe es war, Flugpersonal für zivile Fluglinien auszuwählen. Eine andere Aufgabe war es, die Flugsicherheit zu erhöhen. So half seine critical-incident Methode (oder Berichte von Beinaheunfällen), die Unfallzahlen in unterschiedlichen Industrien zu reduzieren. Durch diese Beratungstätigkeit wurde die bisher bekannteste Methode der Anforderungsanalyse bekannt.

Im Sommer 1947 erhielt die Methode ihre Bezeichnung als „Critical Incidents Technique" (im Folgenden als CIT abgekürzt). Schon bald wurde sie zum Objekt zahlreicher Studien, die zu ihrer Verbesserung beitrugen.

Die CIT treffen wir oft in der Praxis in verschiedenen, abgewandelten Formen wieder, die freilich mit dem Original nicht mehr viel zu tun haben. Was sich konkret hinter dem Begriff CIT verbirgt, erläutert Flanagan selbst mit folgenden Worten:

„Die CIT beinhaltet Prozeduren zur Sammlung beobachteter Ereignisse, denen eine besondere Bedeutung zukommt und die bestimmten, systematisch definierten Kriterien genügen. Mit dem Begriff Ereignis ist dabei jede beobachtbare menschliche Aktivität gemeint, die in sich so vollständig ist, dass sie Rückschlüsse und Vorhersagen bezüglich der Person zulässt, die die Handlung ausführt. Um kritisch zu sein, muss das Ereignis in einer Situation auftreten, in der die Absicht der Handlung dem Beobachter völlig klar zu sein scheint und die Konsequenzen deutlich genug, um Zweifel über den Effekt der Handlung möglichst auszuschließen." (Flanagan 1954, S. 327; Übersetzung C. O.).

Mithilfe der CIT werden also Beschreibungen von Verhalten in Situationen gewonnen, in denen das generelle Ziel der Position signifikant gefördert oder auch behindert wurde. Aus diesen lassen sich dann sowohl kritische Verhaltensweisen (und damit relevante Anforderungsmerkmale) als auch Situationsaspekte (und darin enthaltene Tätigkeitselemente) ableiten (Abb. 2.17).

Die CIT ist heute nach unseren Beobachtungen das am häufigsten verwendete Verfahren zur Gestaltung von AC. Bereits 1954 wurde ein gebräuchliches Vorgehen entwickelt, das sich in fünf Schritten darstellen lässt (vgl. Flanagan 1954, S. 354f.).

Heute liegt das CIT-Verfahren auch in vielen Varianten bei Beratern mit eigenen Begriffen vor. Die CIT ist natürlich auch eine Variante der Expertenbefragung mit den oben aufgeführten Nachteilen, etwa Subjektivität und Gefahr der Zementierung der Vergangenheitssicht. Hinsichtlich der Güte der CIT wurde in einer aktuellen Studie eine hohe Validität bei einem Abgleich des Anforderungsprofils mit vorliegenden Expertenurteilen ermittelt. Auch die Ökonomie und Nützlichkeit wurde aus Anwendersicht trotz des hohen Aufwandes als sehr hoch eingestuft (Koch et al. 2004). Der Charme liegt andererseits darin, dass die Situation/das Ereignis miterhoben wird, in der/dem bestimmte Anforderungen relevant werden. Dies ist eine Chance, die bedeutungslosen Auflistungen von Anforderungsmerkmalen zu operationalisieren.

1. Schritt	Bestimmung der generellen Ziele der zu untersuchenden Position
2. Schritt	Entwicklung von Erhebungsinstrumenten (Interview oder Fragebogen) zur Sammlung der für die entsprechende Position relevanten „kritischen" Ereignisse
3. Schritt	Datenerhebung mit Hilfe des Erhebungsinstrumentes – einzeln oder in Gruppen (zum Beispiel mit Hilfe von Brainstorming) – Ziel: möglichst objektive, operationale und umfassende Angaben zu Bedingungen von Situationen effektiver oder ineffektiver Aufgabenerfassung
4. Schritt	Analyse der Daten hinsichtlich der kritischen Verhaltensweisen und Situationsaspekte, Kategorisierung und Gewichtung
5. Schritt	Interpretation und Bericht der Angaben zu den Anforderungen der Position.

Abb. 2.17 Fünf Schritte beim allgemeinen Vorgehen bei der Critical Incident Technique

2.4.3.3 Die Repertory Grid Technik (REP) nach Kelly

G.A. Kelly entwickelte 1955 im Rahmen seiner „Theorie der persönlichen Konstrukte" die Repertory Grid Technik, kurz REP-Test oder GRID-Analyse. Ausgangspunkt seiner Forschungsaktivitäten war die Annahme, jeder Mensch bilde sich zur Beurteilung seiner sozialen Umwelt eigene Kategorien. Dabei gehe er nach dem Prinzip der Ähnlichkeit und des Kontrastes zwischen Personen vor. Auf diese Weise erhalte er bestimmte Gegensatzpaare von „Eigenschaften", die er bei der Erklärung und Vorhersage des Verhaltens einsetze und unter Umständen auch verändere anhand der persönlichen Erfahrungen. Mithilfe der ursprünglichen Fassung des REP-Tests, dem „Role Construct Repertory-Test", konnte ermittelt werden, über wie viele verschiedene Konstrukte eine Person bei der Kategorisierung ihrer sozialen Umwelt verfügt und in welchem Verhältnis diese zueinanderstehen, was für Problemstellungen aus dem klinischen Bereich von besonderem Interesse ist.

Seit Anfang der 80er-Jahre wird das REP-Verfahren für die Bearbeitung organisationspsychologischer Fragestellungen eingesetzt, so zum Beispiel bei der Evaluation von Personalentwicklungsmaßnahmen (Fonda 1981), zur Personalauswahl (Anderson 1987) und bei der Gestaltung von AC (Stewart und Stewart 1981).

1. Schritt: Zuordnung Beschreibung – konkrete Person

Der Befragte erhält eine Liste abstrakter Beschreibungen von Personen, zum Beispiel „Mitarbeiter mit reinen Fachaufgaben", „Fachvorgesetzte" und „Mitarbeiter mit reinen Führungsaufgaben". Die Aufgabe des Befragten besteht nun darin, jeder dieser Beschreibungen jeweils eine konkrete Person zuzuordnen, die er persönlich kennt und die ihren beruflichen Anforderungen – nach Auffassung des Befragten – besonders gut bzw. weniger gut gerecht wird. In Gedanken hat der Befragte nach dieser Prozedur also einige Namen vorliegen, die die Basis seiner folgenden Beschreibungen bilden. Dem Untersucher sind diese Namen nicht bekannt. Andere geben statt der Positionsbeschreibungen einzelne typische Aufgaben der Zielposition vor, die vorher mit Hilfe von Methoden der Arbeitsanalyse ermittelt wurden.

2. Schritt: Vergleichsliste

Im Anschluss erhält der Befragte eine sogenannte Vergleichsliste, in der er nach einem vorgegebenen Schema jeweils drei Personen vergleichen soll. Dabei geht es darum, eine Gemeinsamkeit zweier Personen zu benennen (im Rahmen der interessierenden Fragestellung, also zum Beispiel der beruflichen Leistung), die diese beiden von der dritten Person unterscheidet.

3. Schritt: Statistische Auswertung

Nach der Datenerhebung werden die Daten statistisch ausgewertet. Dies ist aufgrund ihrer Fülle ohne Rechnerunterstützung nur schwer möglich.

Die Daten lassen sich dann in einer Positions-/Aufgaben-Qualifikations-Matrix (GRID) zusammenstellen. Dabei geben die Häufigkeiten der Nennungen einzelner Qualifikationen Aufschluss über ihre Gewichtungen, woraus sich dann das Anforderungsprofil ableiten lässt. Außerdem können verschiedene Teilaufgaben zu Aufgabenbereichen zusammengefasst werden.

Die REP-Technik ergänzt klassische Verfahren der Arbeits- und Anforderungsanalyse um die (implizit sowieso vorhandene) subjektive Sichtweise der Betroffenen.

Das Problem des Vorgehens ist jedoch wiederum die Verengung der Anforderungsanalyse auf personenbezogene Merkmale ohne eine Beschreibung der jeweiligen Situationen, in die Anforderungsmerkmal erst auf einer Verhaltensebene konkret werden. Schließlich ist es ein vergleichsweise aufwendiges Verfahren und zu sehr vergangenheitsorientiert – ähnlich der CIT-Methode.

Da in der Anforderungsanalyse, bei allgemeinen Profilen, der Prozess wichtig ist, eignet sich das Verfahren jedoch gut, um viele Führungskräfte/Experten qualitativ einzubeziehen.

2.4.3.4 Standardisierte Fragebogen-Verfahren

Bei den standardisierten Fragebögen zur Anforderungsanalyse wird konzeptionell zurückgriffen auf generische und unabhängig von einzelnen Jobs entwickelte Analyse-Schemata. Ein solches System ist etwa das „Tätigkeitsbewertungssystem – Geistige Arbeit für Arbeitsplatzinhaber" von Richter und Hacker (Stegmaier und Kersting 2006).

Exemplarisch wird der Fragebogen zur Arbeitsanalyse – FAA (Frieling und Hoyos 1978) beschrieben. Der FAA ist die deutsche Version des amerikanischen PAQ (McCormick et al. 1969), die von den Autoren erweitert und modifiziert wurde. Ziel war es, ein handlungsorientiertes Arbeitsanalyseverfahren zu entwickeln, das sich am Arbeitsverhalten des Stelleninhabers orientiert. Der FAA ist ein voll standardisiertes Beobachtungs-Interview-Verfahren, dessen Daten auf Protokoll- und Datenblättern dokumentiert werden.

Der FAA besteht aus 221 Items, die in vier Hauptabschnitte gegliedert sind:

- Informationsaufnahme und Informationsverarbeitung
- Arbeitsausführung
- Arbeitsrelevante Beziehungen
- Umgebungseinflüsse und besondere Arbeitsbedingungen

Mithilfe des PAQ/FAA lassen sich aufgrund der relativ abstrakten Formulierungen und der rein statistischen Auswertung kaum inhaltliche Aspekte der Tätigkeit näher darstellen. Dem ist jedoch Abhilfe zu schaffen, indem der Fragebogen nur als Checkliste verwendet wird, die um konkretere inhaltliche Angaben selbst ergänzt wird (vgl. Frieling 1980, S. 175ff. und Frieling und Sonntag 1999, S. 56). Die Fragebögen stellen auf einer sehr verhaltensnahen Ebene besser die Wirklichkeit von Positionen dar, als wenn Experten in ungestützter Befragung abgehobene Begriffe verwenden. Nachteilig wirkt sich aus, dass die Begriffe und Kategorien vorgegeben sind und nicht auf den unternehmensspezifischen Sprachgebrauch bezogen werden. Spezifische Job-Anforderungen werden durch diese Brille möglicherweise übersehen. Ebenso werden sich aus der Branche ergebende spezielle Ausprägungen und Anforderungen nicht aufgenommen.

2.4.3.5 Unternehmensspezifischer Fragebogen

Hierunter wird verstanden, die qualitativ erfragten Anforderungsmerkmale einer breiteren Gruppe von Personen, z. B. allen Führungskräften, vorzulegen. Dabei werden die befragten Führungskräfte gebeten, die Merkmalslisten in ihrer Wichtigkeit für die Zielerfüllung oder ihrer Häufigkeit zu werten. Der Vorteil gegenüber qualitativen Vorgehensweisen wie der CIT-Technik besteht in der größeren Legitimation der Ergebnisse. Die Gesamtheit der Führungskräfte – oder ein gewollter Ausschnitt – definiert die Gewichtung.

Ein praktisches Beispiel für ein fundiertes Vorgehen mit dieser Methode der Anforderungsanalyse findet sich bei Schippmann et al. (1987).

Im Folgenden wird ein von Höft und Schuler (2005) dokumentiertes Beispiel für Forscher und Entwickler von industriellen Großunternehmen exemplarisch dargestellt.

Zur Sammlung typischer Aufgabenelemente und Verhaltensanforderungen wurden Workshops durchgeführt, mit dem Ziel, einen umfassenden Aufgabenpool zu erhalten. Daraus resultierten ca. 2.000 Aufgaben/Verhaltensweisen (z. B. „Literatur lesen" oder „Projektzwischenstand berichten").

Aus diesem Aufgabenpool wurde ein Fragebogen mit 297 Items entwickelt, mit dessen Hilfe die Bedeutsamkeit für die jeweilige Zielgruppe durch Fachexperten eingestuft wurde. Nach einer Itemanalyse wurden 65 Items ausgeschlossen, weil z. B. ihre bereichsübergreifende Bedeutsamkeit nahe Null war. Die verbleibenden Aufgaben wurden faktoranalysiert, um Anforderungsgruppen zu erhalten. Das Ergebnis sind dann 13 interpretierbare Faktoren (vgl. Abb. 2.18). Über einen weiteren Zwischenschritt wurden 40 kognitive Fähigkeiten und Persönlichkeitsmerkmale fünf Psychologen vorgelegt, die deren Bedeutsamkeit für die 13 Tätigkeitsfelder unabhängig voneinander wiederholt beurteilten. Die Merkmale mit der aufgrund dieses Vorgehens höchsten Bedeutung wurden dann als Grundlage für ein eignungsdiagnostisches Verfahren ausgewählt.

Die Vorgehensweise führt zu sachlich-rational abgeleiteten Eigenschaftskriterien, ist allerdings auch sehr aufwendig. Bezeichnenderweise handelt es sich hier um ein von einer Stiftung gefördertes Projekt. Die Grundidee der empirischen Absicherung über Führungskräfte oder Experten/Psychologen, sowohl in der Phase der Aufgabengewichtung, als auch in der Ableitung der bedeutsamen Anforderungen lässt sich jedoch auch betrieblich nutzen.

2.4.3.6 Situative Anforderungsanalyse

Ein klassischer Fehler der meisten Verfahren zur Anforderungsanalyse ist die Einengung der Betrachtung auf die Anforderungen, die in der Person begründet liegen. Vernachlässigt wird dabei, die Merkmale der Jobsituationen zu beschreiben, die es zu bewältigen gilt. Im Extremfall müsste man nur einen Satz an Situationen genau beschreiben, die die Person zu bewältigen hat, und diese in AC-Simulationen abbilden,

Faktortitel	Interpretation	% der Varianz	Zahl der Items mit Ladung .30	Item-mittelwert pro Faktor
1 Führung	Forschungsmanagement und Personalverantwortung	21,3	40	1,96
2 Problemlösen	Forschungs- und Denkstrategien anwenden und flexibel mit Änderungen und Unsicherheiten umgehen	10,1	35	3,34
3 Präsentieren	Darstellung und Austausch von Fachinformationen, Öffentlichkeitsarbeit	4,6	22	1,78
4 Kundenkontakt	Anwender / Kunden überzeugen und deren Perspektive berücksichtigen	3,5	23	2,00
5 Experimentelle Analyse	Versuchsplanung, Versuchsdurchführung und Ergebnisinterpretation	3,3	20	2,67
6 Kommunikation mit Kollegen	Fachlicher Austausch und fachliche Auseinandersetzung	2,9	15	3,26
7 Technischer Service	Fachlich-technische Unterstützung von Anwendern und Fehlerbereinigung	2,3	8	1,93
8 Theoretische Arbeiten	Fachtheoretische Ansätze und Formate oder mathematische Hilfsmittel verwenden	2,0	11	2,26
9 Innovation	Neuerungen erkennen und erarbeiten bzw. aufgreifen und umsetzen	2,0	15	2,98
10 Organisation	Verwaltungsarbeiten und Selbtsmanagement	1,8	6	2,14
11 Beschaffung	Fachliche Beschaffungsaufgaben und betriebswirtschaftliche Koordinationsaufgaben	1,6	7	2,23
12 Kooperation mit Vorgesetzten	Berichten, Überzeugen, Rücksprache halten, Rückendeckung holen	1,5	9	3,41
13 Interdisziplinäre Zusammenarbeit	Aufrechthaltung und Nutzung fachübergreifender Kontakte	1,4	6	2,32
Summe		**58,3**	**217**	**2,48**

Abb. 2.18 Beispiel für empirische Erhebung im Unternehmen. *Quelle* Höft and Schuler (2005)

schließlich die Performance in den simulierten Situationen erheben. Klassische, häufig austauschbare Eigenschaftslisten wären dann verzichtbar. Die Situationsanalyse geht daher noch einen Schritt weiter als die CIT-Methode.

Der Begriff der situativen Anforderungen ist auf zwei Ebenen zu betrachten: zum einen auf der Ebene der direkten Situationen und Anforderungen im Job, zum anderen auf der Ebene der situativen Rahmenbedingungen im Unternehmen und Markt, die Einfluss auf die konkreten Situationen im Beruf haben.

Beispielhaft werden Merkmale der Anforderungsanalyse für die Arbeitssituation Verkaufsgespräch dargestellt. Dabei wären solche situativen Merkmale etwa Eigenschaften des Produkts (Dienstleistung, Investitionsgut), Merkmale und Eigenschaften des Gesprächspartners (Einwände, Bedarf, Verhalten), verfügbare Alternativen des Kunden, Erstgespräch/Altkunde oder Merkmale des Teilmarktes (Preisorientierung, Transparenz für Nachfrager etc.). Allein das Merkmal „Abschlussstärke" oder gar Kommunikationsfähigkeit ist inhaltsleer, wenn nicht diese situativen Merkmale erhoben werden, in denen sich dann Abschlussstärke völlig unterschiedlich im Verhalten

1.	Bestehen Handlungsalternativen ?
2.	Kann die Situation von dem Akteur beeinflusst werden ?
3.	Haben Situation und Verhalten eine mehr oder weniger fest verknüpfte Beziehung (konditioniert) ?
4.	Welche variierenden Merkmale und Ausprägungen der Situation gibt es ?
5.	Welche unterschiedlichen Einstellungen/Fähigkeiten/Verhaltensweisen erfordert diese ?
6.	Welche unterschiedlichen Ziele können in der Situation an den Akteur gestellt werden ? (Vergleich der Antworten der unterschiedlichen Gesprächspartner)
7.	Welche Hindernisse/Widerstände treten bei der Zielerreichung auf ?
8.	Welche zusätzlichen Einstellungen/Fähigkeiten/Verhaltensweisen erfordern diese ?

Abb. 2.19 Leitfragen zur Erstellung einer Situationstaxonomie

realisiert. Bei einer beratungsintensiven Dienstleistung (z. B. im IT-Bereich) wird sich etwa Kommunikationsfähigkeit eher so realisieren, dass hier bestimmte Bedarfssignale aufgenommen werden müssen oder mit bestimmten Fragen die genaue Situation des Kunden verstanden werden muss.

Um solche situativen Merkmale zu erfassen, bedarf es einer Taxonomie potenzieller Attribute von Situationen. Ältere Entwürfe bei der Bildung einer Situationstaxonomie bietet der von Rosch (1973) entwickelte und u. a. von Eckes (1986) zur Kategorisierung sozialer Situationen verwendete „Prototypen-Ansatz". Weitere, früher publizierte Ansätze von Situationstaxonomien (etwa Hoefert 1982, Krampen 1987) sind jedoch zu abstrakt, werden letztendlich der Vielfalt denkbarer Situationsmerkmale nicht gerecht.

Praktische Umsetzung

Bei einer betrieblichen Anforderungsanalyse wäre zunächst generell nach den wichtigen Situationen zu fragen, die einen Einfluss auf die Zielerreichung in der Position besitzen. Diese Situationen wären dann weiter zu analysieren (vgl. Abb. 2.19).

Eine weiterführende Leitfrage gegenüber den Gesprächspartnern bezieht sich auf die Hindernisse/Widerstände, die in einzelnen Situationen auftreten können. Hierdurch werden variierende, zusätzlich erschwerende Bedingungen und Merkmale transparent, die unter Umständen gegenüber der Standard-Situation zusätzlich Fähigkeiten und Verhaltensweisen erforderlich machen.

Eine ähnliche Richtung weist die Frage nach den Zielen auf, die die Positionsinhaber in den jeweiligen Arbeitssituationen haben. Hier ergeben sich ebenso oft – je nach Gesprächspartner – variierende Ziele, die wiederum zusätzliche Fähigkeiten und Verhaltensweisen erfordern.

Die unterschiedlichen Situationsmerkmale können schließlich auf einem abstrakteren Niveau zusammengefasst werden, wobei das Abstraktionskriterium von dem Ziel der Anforderungsanalyse und des AC abhängig ist: Bei einem AC zur Potenzialanalyse werden letztendlich nur solche Situationsmerkmale interessant sein, die dispositive, also als stabil angenommene Fähigkeiten als Voraussetzung zur erfolgreichen Situationsbewältigung aufweisen.

Dieses Modell der situativen Anforderungsanalyse macht dort Sinn, wo die wesentlichen Anforderungsböcke (z. B. Vertrieb, Strategie, Mitarbeiterführung) ohnehin schon bekannt sind, der personale Ansatz nur zu belanglosen Eigenschaftsetiketten führen würde.

Sinnvoll ist das Vorgehen auch dann, wenn spezifische Fallbeispiele für das AC erstellt werden sollen und die Situationsanalyse notwendig ist, um die Fälle genau auf die Zielposition hin zu erstellen.

2.4.3.7 Top-down-Anforderungsanalyse

Die bisher vorgestellten Methoden können insofern als Bottom-up-Vorgehensweisen kategorisiert werden, als sie von erfolgreichen Stelleninhabern oder situativen Anforderungen der aktuellen Unternehmenspraxis auf die Zukunft schließen. Die Auswahl findet jedoch statt für die Bewährung in zukünftigen Herausforderungen.

Die Top-down-Vorgehensweise hebt hingegen auf die zukünftigen Anforderungen an die Position ab, die sich aus verändertem Marktumfeld, Prozessen und der Soll-Kultur des Unternehmens ergeben (Abb. 2.20).

In einer empirischen Untersuchung haben Koch et al. (2005) die Bedeutung dieser Vorgehensweise aufzeigen können. Dazu wurden in einem Unternehmen bei 43 Stelleninhabern alternativ das CIT-Verfahren und eine Top-down-Vorgehensweise parallel eingesetzt. 50 % der insgesamt ermittelten Anforderungen resultieren ausschließlich aus dem Bottom-up-Vorgehen. Über das Top-down-Vorgehen wurden jedoch weitere wesentliche, zusätzliche Inhalte aufgedeckt, die ausschließlich dieser Methodik entstammten und alleine über die CIT nicht hätten ermittelt werden können.

Praktische Umsetzung

Die folgende Vorgehensweise bezieht sich auf die Aufgabenstellung, eine veränderte Unternehmenskultur – in Bezug auf zukünftige Stellenanforderungen – umzusetzen:

Der erste Schritt besteht zunächst in einem Workshop mit der ersten Führungsebene und weiteren Entscheidungsträgern des Hauses, der zur Wertefindung dient. Methodisch sollte hier ein etwa zweitägiger moderierter Workshop eingesetzt werden, in dem die Teilnehmer dazu animiert werden, förderliche und hemmende Bedingungen der wahrgenommenen Ist-Kultur zu diskutieren sowie strategische Ziele und zukünftige Rahmendaten in der Umwelt zu formulieren. Am Ende des Workshops sollten maximal zwei bis drei Werte oder Visionen stehen, die neben dem Was der Unternehmensziele das Wie, die Philosophie des Miteinanderumgehens, prägen sollen.

Der nächste Schritt stellt die größere Hürde dar, nämlich von den Begriffen zu verhaltensnahen Begriffen zu gelangen. Die Leitfrage hierzu lautet: „Was bedeutet der Wert X für die Abteilung Y oder die Funktion Z?" Hierzu gilt es zunächst, einen Katalog von

---

Erheben von Strategien und Werten des Unternehmens
- Welche zukünftigen Änderungen in Markt, Gesetzgebung, Organisation etc. können die Anforderungen an den Positionsinhaber zukünftig beeinflussen ?
- Welche strategischen Änderungen der Geschäftspolitik beeinflussen die Anforderungen ?
- Welche Werte in der Kommunikation gegenüber Kunden und Mitarbeitern sollen in Zukunft prägend sein ?

Situationsanalyse
- Welche Aufgabensituationen umfasst die Position ?
- Welche variierenden Ausprägungen und Merkmale der Situation gibt es ?
- Welche unterschiedlichen Ziele können in der Situation an den Akteur gestellt werden ? (Vergleich der Antworten der unterschiedlichen Gesprächspartner)
- Welche Hindernisse/ Widerstände treten bei der Zielerreichung auf ?

Erheben der Bewältigungsstrategien je Situation
- Top-Down-Vorgehen:
  - Welches Verhalten erfordert der Wert/ das strategische Ziel für diese Situation ?
- Bottom-Up-Vorgehen:
  - Wie geht der erfolgreiche Positionsinhaber vor ?
  - Wie sollte er auf keinen Fall vorgehen ?
- Welche Fähigkeiten liegen diesen Bewältigungsstrategien zugrunde ?

Abb. 2.20 Leitfragen für die Anforderungsanalyse

Arbeitssituationen und Unternehmensbereichen zu definieren, für die dann – auf diese Weise – die Bedeutung der Werte erhoben werden soll. Am Ende steht schließlich ein detaillierter Verhaltenskatalog, der aufzeigt, was die Werte in der Praxis des einzelnen Mitarbeiters bedeuten.

2.4.3.8 Szenariotechnik

Häufige Kritik an Anforderungsanalysen ist der starke Gegenwarts- und Vergangenheitsbezug. Die Erhebung der Anforderungen bezieht sich meist auf die Erfordernisse der Tätigkeit in der Vergangenheit bzw. in der Gegenwart. Da die Anforderungen einer Tätigkeit in der heutigen Zeit der Globalisierung, Fusionen und schnellen Veränderungen nicht statisch bleibt, wird es notwendig, zukünftige Entwicklungen in der Anforderungsanalyse zu berücksichtigen (Schneider und Konz 1989).

Die nachfolgend beschriebene Anforderungsanalyse ist ein von Böhme (2005) vorgestelltes Vorgehen, das die Top-down-Vorgehensweise mithilfe der Szenariotechnik weiter systematisiert.

Für die Qualität der Anforderungserhebung mit der Szenariotechnik ist es sehr wichtig, dass die beteiligten Führungskräfte und Mitarbeiter gute Unternehmens-, Branchen- und

Abb. 2.21 Schritte der Anforderungserhebung mit der Szenariotechnik. *Quelle* Böhme (2005)

Anforderungen ableiten

Marktkenntnisse besitzen. Im Rahmen eines Workshops wird die Szenariotechnik in fünf Arbeitsschritten durchgeführt, die in Abb. 2.21 dargestellt werden:

Schritt 1: Einflussfaktoren klären

In diesem Schritt wird ermittelt welche Faktoren die Tätigkeit des Mitarbeiters beeinflussen. Beispiele sind hier „Komplexität der Aufgabenstellung" oder „viele gleichzeitig ablaufende Prozesse". In dem von Böhme (2005) geschilderten Praxisbeispiel wurden 120 Einflussfaktoren herausgearbeitet.

Schritt 2: Einflussfaktoren clustern und deren Kenngrößen ermitteln

Die erhobenen Daten werden inhaltlich geclustert und zu Einflussfaktoren zusammengefasst, deren wesentliche Kenngrößen abgeleitet werden. Für die oben genannten Beispiele ist der Einflussfaktor „Vielfalt und Schwierigkeitsgrad der Aufgabe". Kenngrößen dafür waren im beschriebenen Unternehmen Produkte, Zusammenarbeit/ Kommunikation und Wissen/Kenntnisse.

Schritt 3: Ist-Zustand und Prognose beschreiben

In diesem Arbeitsschritt diskutieren die Führungskräfte je Einflussfaktor und Kenngröße den Ist-Zustand, und anschließend prognostizieren sie deren Entwicklung. Unterschiedliche Prognosen werden auf Karten dokumentiert.

Schritt 4: Annahmen bündeln und Zukunft beschreiben

Alle widerspruchsfreien Prognosen werden je Einflussfaktor und Kenngröße geclustert. Eine prognostizierte Zu- oder Abnahme der Kenngrößen wird durch Pfeile visualisiert. Das Zukunftsbild mit der größten Wahrscheinlichkeit wird zur weiteren Bearbeitung ausgewählt.

Schritt 5: Anforderungen ableiten

In diesem letzten Arbeitsschritt werden die Auswirkungen auf die Einflussfaktoren unter Berücksichtigung der prognostizierten Entwicklung beschrieben. Aus den

Einflussfaktor	Kenngröße	Beratungskompetenz
Vielfalt und Schwierigkeitsgrad der Arbeit	• Arbeit wird spannender • Weniger Vorgangsbear-beitung, mehr Beratung • Sachbearbeiter berät und unterstützt vor Ort • Verantwortung für eigenen Bereich steigt • Sachbearbeiter übernehmen Aufgaben wie Controlling • Hoher Grad an Zusammenarbeit und Kommunikation	• Fachwissen in der Tiefe • Bereitschaft zum autonomen Lernen • BWL-Wissen, Konfliktfähigkeit • Offene Haltung zu Planung und Controlling • Kommunikationsfähigkeit

Abb. 2.22 Anforderungen aus den Auswirkungen ableiten, (Beispiel). *Quelle* Böhme (2005)

beschriebenen Auswirkungen werden die Anforderungsdimensionen abgeleitet (Abb. 2.22).

2.4.3.9 Verwendung von Kompetenzmodellen

Die Verwendung von Kompetenzmodellen ist – angestoßen von Entwicklungen in den USA – zu einer gewissen Modeerscheinung bei deutschen Konzernen geworden: Mit einem einheitlichen Begriffsraster können über Geschäftsbereiche und Tochtergesellschaften hinweg Jobs beschrieben werden.

Lievens und Thornton (2005) stellen als Hintergrund dazu fest, dass speziell die Auflösung von strengen Arbeitsteilungen zu einer Suche nach breiteren „Competencies" als Einschätzungsgrundlage geführt hat. Diese Erstellung von Kompetenzmodellen hat das Ziel, generellere Kompetenzen zu analysieren, die das Unternehmen von seinen Mitarbeitern erwartet, um breitere organisationale Zielsetzungen abzubilden. Das U.S. Office of Personnel Management hat beispielsweise Rahmendimensionen für alle Berufe in der U.S.-Wirtschaft entwickelt (Gowing 1999).

In ihrem Übersichtsartikel weisen Lievens und Thornton (2005) auf die Vorteile der gegenwärtigen Technik der Erstellung von Kompetenzmodellen hin. Anforderungen werden demnach für Tätigkeitsgruppen und nicht mehr für einzelne Positionen definiert, beim oberen Management wird eine höhere Akzeptanz erreicht.

Auf der anderen Seite sind diese Kompetenzen häufig so breit definiert, dass sie nicht als Grundlage für eine zuverlässige und valide Einschätzung im Assessment Center dienen können. Daher besteht die Notwendigkeit, die Kompetenzen in Leistungsdimensionen mit konkreten Verhaltensankern zu übersetzen (Abb. 2.23, 2.24). Zum Beispiel sind Kundenorientierung und Beständige Qualitätsverbesserung wertvolle Organisationsziele, die aber in beobachtbares Verhalten operationalisiert werden müssen.

Die Kompetenzmodelle können allenfalls eine Heuristik darstellen, um dann genauer die Kompetenzen darzustellen. In einer einseitig pragmatischen Sichtweise wird die Anforderungsanalyse eben immer auf die personale Seite reduziert. Die genaue

	1	2	3	4	5
	+				-

1. Unternehmerische Kompetenz   ○ ○ ○ ○ ○

Unternehmerisches Denken / Handeln
Besitzt eine gesamtunternehmerische Sichtweise. Entwickelt langfristige Strategien, die zur Wertsteigerung des Gesamtunternehmens beitragen. Kosten- und Ertragsthemen haben hohe Handlungsorientierung.   ○ ○ ○ ○ ○

Analysefähigkeit
Analysiert präzise und schnell, kann Zusammenhänge herstellen und relevante Informationen filtern. Erlangt eine Gesamtübersicht über die Situationslage.   ○ ○ ○ ○ ○

Handlungsorientierung
Leitet eigeninitiativ Handlungen ein, die präzise sind und langfristig wirken. Formuliert Maßnahmen konkret aus, kann auch Einzelschritte benennen. Sorgt für umfassende und langfristige Problemlösung.   ○ ○ ○ ○ ○

Kundenorientierung
Fokus der Arbeit ist die Befriedigung der internen und externen Kundenbedürfnisse und die langfristige Bindung der Kunden an das Unternehmen. Greift Unzufriedenheiten sofort auf und entwickelt Lösungskonzepte. Erkennt neue Bedarfe und Akquisitionssignale.   ○ ○ ○ ○ ○

Arbeitsorganisation
Strukturiert und koordiniert seine Arbeit effektiv und effizient. Ist dabei detailorientiert und gewissenhaft. Besitzt gutes Zeitmanagement, delegiert angemessen, visualisiert Strukturen, Konzepte, Aufgaben.   ○ ○ ○ ○ ○

2. Führungskompetenz   ○ ○ ○ ○ ○

Mitarbeitermotivation
Regt Mitarbeiter zu gesamtunternehmerischem Handeln an, steigert deren Leistungsbereitschaft und Einsatzwillen, schafft eine positive Arbeitsatmosphäre, kommuniziert Wertschätzung. Stellt sicher, dass sich Mitarbeiter im Ergebnis wiederfinden.   ○ ○ ○ ○ ○

Ergebnisorientierung
Maßnahmen sind wirtschaftlich und effizient. Stellt hohe Ansprüche an sich und seine Arbeit. Vereinbart effektive Ergebnisse und Kontrollmaßnahmen.   ○ ○ ○ ○ ○

Abb. 2.23 Beispiel für ein Kompetenzmodell

Beschreibung des erwünschten Verhaltens realisiert sich jedoch erst aus der Kombination von personellen Kompetenzen in speziellen Aufgabenstellungen und Situationen. Es geht

	1	2	3	4	5
	+				-

3. Soziale Kompetenz

◯ ◯ ◯ ◯ ◯

Konfliktfähigkeit
Offen gegenüber Konflikten, führt diesen ergebnis - und zukunftsorientierte Lösungen zu. Berücksichtigt dabei Werte und Meinungen Anderer. Bleibt bei Widersprüchen bei Bedarf nachhaltig und hartnäckig. Schafft trotz Konfliktsituation eine angemessene, ergebnisfördernde Atmosphäre.

◯ ◯ ◯ ◯ ◯

Überzeugungskraft
Überzeugt Andere durch gute Argumentation, ist glaubwürdig, kompetent. Greift Einwände auf und kann diese spontan argumentativ entkräften. Argumentiert bedarfsorientiert. Kann nicht nur fachlich, sondern auch persönlich überzeugen.

◯ ◯ ◯ ◯ ◯

Kontaktfähigkeit
Ist kommunikativ und kontaktfreudig, geht offen auf neue Personen zu, kommuniziert dabei auch auf der persönlichen Ebene. Nutzt Small -Talk Phasen zum Kontaktaufbau, besitzt eine zugewandte Körperhaltung, Mimik, Gestik und Sprache, die zum Gegenüber passt.

◯ ◯ ◯ ◯ ◯

Kooperationsfähigkeit
Ist einfühlsam und kompromissbereit. Respektiert Individualität und stellt eigene Ansprüche für das Gesamtziel zurück und geht Kompromisse ein. Hört zu und entwickelt Ideen Anderer weiter.

◯ ◯ ◯ ◯ ◯

4. Persönliche Kompetenz

◯ ◯ ◯ ◯ ◯

Veränderungsbereitschaft
Ist zugänglich für Kritik, nimmt sich dieser motiviert an und treibt eigene Entwicklung voran. H olt sich hierzu regelmäßig Feedback ein. Ist zukünftigen Veränderungen in seinem Umfeld positiv gestimmt, treibt diese sogar voran.

◯ ◯ ◯ ◯ ◯

Leistungsmotivation
Besitzt hohe Eigenmotivation, ist durch die Aufgabe selbst motiviert. Sieht Probleme als Herausforderung und lässt sich auch durch Rückschläge nicht demotivieren.

◯ ◯ ◯ ◯ ◯

Belastbarkeit
Bleibt auch in Stresssitu ationen gelassen, kann auch unter Druck die Anforderungen erfüllen.   Geht souverän mit Angriffen auf seine Person um, die körpersprachliche Ausstrahlung ist von Stabilität geprägt (fester Stand, Blick, keine fahrigen Bewegungen.)

◯ ◯ ◯ ◯ ◯

Abb. 2.24 Beispiel für ein Kompetenzmodell

eben um eine Analyse der *Anforderungen* an die Personen bzw. Jobs und nicht einseitig um die persönlichen Voraussetzungen.

2.4.4 Praxismodell der Anforderungsanalyse in vier Schritten

Im Folgenden wird ein Praxisbeispiel zur Durchführung einer Anforderungsanalyse vorgestellt: Dieses Praxisbeispiel hat das Ziel, die Vorteile unterschiedlicher Verfahren zu kombinieren:

- Personaler Ansatz (Kompetenzen und Eigenschaften) vs. situativer Ansatz (Anforderungen an die Position und das Unternehmen)
- Erfolgsmerkmale der aktuellen Stelleninhaber (Bottom-up) vs. Berücksichtigung zukünftiger/strategischer Anforderungen (Top-down)

Dieses hier vorgestellt Vorgehen nimmt zunächst die Vorteile der qualitativen Verfahren (etwa CIT) dadurch auf, dass die einzelnen Anforderungen sehr unternehmens-, funktions- und positionsspezifisch erhoben und insbesondere die zum spezifischen Sprachschatz des Unternehmens gehörenden Begriffe aufgegriffen werden.

Die Vorteile des im zweiten Schritt ergänzend eingesetzten standardisierten und quantitativen Vorgehens bestehen darin, durch einen Fragebogen mehr Mitarbeiter in die Anforderungsanalyse einzubinden und insbesondere genauere Aussagen über Arbeitssituationen und Anforderungen zu erhalten, die in einzelnen Funktionen, Bereichen und Hierarchieebenen ein unterschiedliches Gewicht haben. Mit dieser Kombination einer sowohl qualitativ wie numerisch-systematischen Vorgehensweise wurden in einer Vielzahl von Anforderungsanalysen gute Erfahrungen gemacht.

In einer letzten Phase empfiehlt es sich schließlich, einzelne im Rahmen der Anforderungskriterien erhobene Verhaltensweisen zu Dimensionen und damit einem Anforderungsprofil zusammenzustellen. Da es sich hier gegenüber der Vielzahl von differenziert erhobenen Verhaltensweisen um eine höhere Abstraktionsebene handelt, gehen zwangsweise Informationen verloren. Auf der anderen Seite münden die meisten AC letztlich in Ja-/Nein-Aussagen bzw. in übersichtsartige Stärken-/Schwächen-Profile. Dies macht es notwendig, die Vielzahl der Informationen zu kategorisieren und zusammenzufassen (Abb. 2.25).

Schritt 1: Befragung zu Strategien und Werten
Der erste Schritt in den Gesprächen/Workshops besteht darin, die Entscheidungsträger des Unternehmens danach zu befragen, was die für die jeweilige Business Einheit/ Abteilung oder das Unternehmen insgesamt prägenden Strategien der Zukunft sind und mit welchen wesentlichen Veränderungen der Umwelt (insbesondere des Marktes) zu rechnen ist, die das Unternehmen in den nächsten Jahren beeinflussen werden. Genauso gilt es, die als Ziel formulierten Werte des Miteinander-Umgehens, die Unternehmenssollkultur einfließen zu lassen (Abb. 2.26).

Schritt 2: Situationsanalyse
Ein weiterer elementarer Schritt besteht in der Situationsanalyse, das heißt, dem Aufnehmen die für den Positionserfolg kritischen Arbeitssituationen und deren

	Aktion/Schritt	Beteiligte	Ziel/Inhalte	Methode
1	Befragung zu Strategien und Werten	• Entscheidungsträger im Unternehmen	• Strategien der Zukunft • Bevorstehende Veränderungen • Unternehmenswerte	• Interview • Workshop
2	Situationsanalyse	• Erfolgreiche Positionsinhaber • Entscheidungsträger im Unternehmen	• Für den Positionserfolg erfolgskritische Arbeitssituationen (12-20) • Beschreibung und Kategorisierung dieser Arbeitssituationen	• Interview • Workshop
3	Bewältigungsstrategien	• Erfolgreiche Positionsinhaber • Entscheidungsträger im Unternehmen	• Verhaltensmuster identifizieren, die zu einer erfolgreichen Zielerfüllung der o.g. Situationen führen • Bottom-up und Top-down	• Interview
4	Systematisierungsphase	• Unterschiedliche Führungskräfte und Stelleninhaber	• Identifizierung der zentralen Verhaltensmuster • Gewichtungsfragen für die Aufgabensituationen und Bewältigungsstrategien	• Fragebogen

Abb. 2.25 Praxismodell der Anforderungsanalyse in vier Schritten

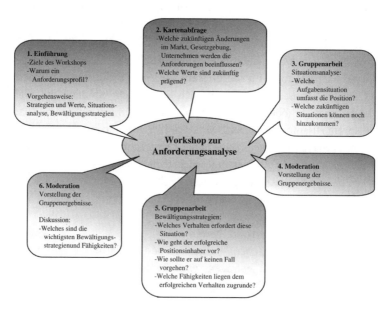

Abb. 2.26 Workshop zur Anforderungsanalyse

Beschreibung. Das Ergebnis dieses zweiten Schritts sollten zwölf bis zwanzig solcher beschriebenen Arbeitssituationen sein. Aufgrund der geringen Konstruktvalidität des AC (vgl. Kap. 3.3.1) folgt, dass größere Sorgfalt auf die Zusammenstellung der relevanten Situationsmerkmale als auf die Definition von abstrakten Managementdimensionen gelegt werden sollte. Das Schwergewicht muss dabei auf all den Situationsmerkmalen liegen, die jeweils unterschiedliche Verhaltensweisen, Fähigkeiten, Dispositionen oder Einstellungen notwendig machen. Diese sollten aus ökonomischen Überlegungen heraus zu übergeordneten Situationsklassen zusammengefasst werden. Die Zielsetzung des AC kann auf der anderen Seite nicht sein, eine Eins-zu-Eins-Abbildung der relevanten Arbeitssituationen zu liefern; vielmehr müssen die Arbeitssituationen durch Übungen repräsentiert werden, die jeweils gleiche oder ähnliche Bewältigungsstrategien, Fähigkeiten oder Verhaltensweisen erfordern. Aus diesem Grunde lassen sich auch ganz unterschiedliche Arbeitssituationen zusammenfassen, wenn sie letztlich die gleichen Verhaltensweisen thematisieren. Sie brauchen dann im AC nur einmal in einer Übung abgebildet zu werden.

Schritt 3: Bewältigungsstrategien

Die bis dahin erhobenen Zukunftsstrategien, Unternehmenswerte und kategorisierten Arbeitssituationen bilden die Basis, um die jeweils adäquaten verhaltensbezogenen Bewältigungsstrategien der erfolgreichen Positionsinhaber zu erheben.

Die Bewältigungsstrategien sind die Verhaltensmuster, die zu einer erfolgreichen Zielerfüllung in den einzelnen Arbeitssituationen führen oder erfolgreich die Unternehmenswerte in konkretes Handeln umsetzen. Für jede der Arbeitssituationen aus Schritt 2 sollten in dieser Phase die Bewältigungsstrategien zusammengestellt werden.

Je nach Zielsetzung des AC gliedert sich die weitere Vorgehensweise wiederum in einen Bottom-up-Ansatz, das heißt, in eine Sammlung der von Vorgesetzten und Positionsinhabern als in der Vergangenheit erfolgreich wahrgenommenen Verhaltensweisen, und einen Top-down-Ansatz, der eher die Bewältigungsstrategien und Verhaltensweisen thematisiert, die aufgrund der zukunftsbezogenen Anforderungen notwendig sind. Ein AC zur Trainee-Auswahl oder gar ein Assessment, das explizit zur Umsetzung von Unternehmenswerten implementiert wird, sollte das Schwergewicht auf eine Top-down-Vorgehensweise legen, während Auswahl-AC, aber auch Trainingsbedarfsverfahren den Schwerpunkt eher auf die von den Vorgesetzten momentan wahrgenommenen Erfolgsstrategien legen sollten.

Bottom-up-Vorgehensweise

Bei der Bottom-up-Vorgehensweise sind neben der aus dem CIT bekannten Zusammenstellung positiver Verhaltensweisen und Situationsbewältigungen gerade die Verhaltensstrategien von ganz besonderem Interesse, die von den Gesprächspartnern als inadäquat oder wenig erfolgreich erachtet werden. Der Hintergrund besteht hier darin, dass von unterschiedlichen Gesprächspartnern oft sehr variierende, sich im Einzelfall ausschließlich positive Bewältigungsstrategien formuliert werden. Die Erfahrung zeigt jedoch, dass eine größere Übereinstimmung darüber besteht, was bezogen auf die Ziele der Arbeitssituationen als nicht adäquat erachtet wird. Bei der Zusammenstellung der erfolgskritischen Verhaltensweisen sollte man trennen zwischen notwendigen

Kernelementen, das heißt Verhaltensweisen, die auf jeden Fall für eine erfolgreiche Situationsbewältigung nötig sind, und solchen Verhaltensmerkmalen, die erst relevant werden, wenn die zuvor erhobenen erschwerenden Bedingungen und Widerstände auftauchen. Durch diese ergänzende Fragestellung treten oft ganz wichtige, zusätzlich notwendige Verhaltensweisen und Fähigkeiten zutage.

Top-down-Vorgehensweise

In der Top-down-Vorgehensweise lautet die Schlüsselfrage: Was bedeutet der Wert, die Strategie oder die zukünftige Marktbedingung für die Bewältigung der einzelnen relevanten Situationskategorien? Die Antworten enthalten meist gänzlich neue, durch die vergangenheitsorientierte Anforderungsanalyse nicht aufgedeckte Verhaltensweisen, die in der Zukunft relevant sein werden oder sich aus Werten bzw. der Strategie des Unternehmens ergeben. Eine Diskrepanz zwischen den Verhaltensweisen, die aus der vergangenen, erfolgreichen Situationsbewältigung stammen, und den zukunftsbezogenen Anforderungen lässt sich natürlich nicht ausschließen und taucht in der Praxis auch auf.

Zugrunde liegende Fähigkeiten/Dispositionen

Ein letzter Schritt in der heuristischen Phase besteht schließlich darin zu fragen, welche eher grundlegenden Fähigkeiten, Dispositionen oder Einstellungen hinter den aus den unterschiedlichen Quellen zusammengestellten Verhaltensweisen liegen. Die Antwort auf diese Fragestellung enthält zwar eine Portion spekulativen Charakter, da auch von wissenschaftlich-psychologischer Seite Wahrscheinlichkeitsbeziehungen zwischen Verhaltensweisen und zugrunde liegenden Dispositionen nicht immer klar sind, das Bild einer durch mehr oder weniger stabile Eigenschaften charakterisierten Persönlichkeit in der Psychologie sogar im Gegenteil mehr und mehr in die Defensive gerät.

Auf der anderen Seite bestehen in Einzelfällen (zum Beispiel bezüglich des Verhaltens Teamarbeit und der Disposition Kontaktfähigkeit) offensichtliche Beziehungen zwischen Verhaltensweisen und Fähigkeitendispositionen, die aus Gründen der Ökonomie gerade bei AC zur Trainee-Auswahl oder Potenzialanalyse nicht vernachlässigt werden sollten.

Zu diesen grundlegenden Dispositionen gehören als Anforderungen auch Einstellungen und Karriereerwartungen. Häufig werden in aufwendiger Form hochkarätige Hochschulabsolventen eingestellt, die sich dann auf Sachbearbeiterplätzen wieder finden, weil keine Entwicklungsmöglichkeiten für Führungspositionen gegeben sind. Das Ergebnis sind Kündigungen nach einem aufwendigen Einarbeitungsprogramm; hier wäre es für das Unternehmen sicherlich günstiger gewesen, weniger anspruchsvolle Nachwuchskräfte, eventuell sogar ohne Studium, einzustellen.

Schritt 4: Die Systematisierungsphase

Nach der qualitativen Erhebung von Aufgaben und Bewältigungsstrategien gilt es, die Ergebnisse zu systematisieren, Häufigkeiten und Gewichtungen einzelner Aufgaben und Anforderungen relativ zueinander und in der subjektiven Bedeutung unterschiedlicher Führungskräfte und Stelleninhaber im Unternehmen zu ermitteln.

Verkaufsgespräche führen	Bedeutung der Bewältigungsstrategien für den Arbeitsplatz				
	Keine	Gering	Mittlere	Hoch	Sehr hoch
Produktkenntnis	1	2	3	4	5
Kann Bedarfe analysieren	1	2	3	4	5
Baut Gespräche systematisch auf	1	2	3	4	5
Wendet Abschlusstechniken an	1	2	3	4	5

Abb. 2.27 Empirische Absicherung – Auszug aus dem Fragebogen

Hierzu sollte ein unternehmensspezifischer Fragebogen entwickelt werden, der Aufgaben und Bewältigungsstrategien umfasst. Dabei müssen alle aus der Situationsanalyse ermittelten Aufgabensituationen und Bewältigungsstrategien abhängig von der Zielsetzung des AC mit Gewichtungsfragen versehen werden, etwa: „Wie wichtig ist diese Aufgabe für den Gesamterfolg?" oder „Wie wichtig/abträglich ist dieses Verhalten für den Erfolg bei XY?". Abbildung 2.27 zeigt einen Auszug aus dem Fragebogen.

Wenn der Fragebogen für eine größere Zielgruppe eingesetzt werden soll, lohnen sich die Entwicklung und der Einsatz einer Vorversion und deren Prüfung anhand von Testgütekriterien vor dem endgültigen Einsatz.

Die Auswertung des Fragebogens lässt dann erkennen, welche Verhaltensweisen besonders zentral sind, etwa aufgrund der höchsten Gesamtwertung oder der geringsten Abweichungen in den Bewertungen der Fragebogenteilnehmer. Am Ende steht ein Plus-/Minus-Katalog der wichtigen Bewältigungsstrategien. Diese werden dann später bei der Übungsentwicklung in Beobachtungskriterien umgesetzt, wobei durch die Fragebogenvorgabe Gewichtungsfaktoren abgeleitet werden.

Abhängig von qualitativ oder statistisch-korrelativ erhobenen Zusammenhängen können dann ähnliche Bewältigungsstrategien für unterschiedliche Situationen zu übergreifenden, unternehmensspezifischen Kriterien zusammengestellt werden.

Interviews oder Workshop?

In der heuristischen Phase geht es darum, mit qualitativ ausgerichteten Fragefolgen – ohne Gewichtungen – die Gesprächspartner im Unternehmen zu der Zielposition zu befragen. Gesprächspartner sind idealerweise eine Kombination von aktuellen Positionsinhabern, Mitarbeitern aus Schnittstellenbereichen und Vorgesetzten der Zielposition. Gute Erfahrungen wurden mit Einzelinterviews gemacht, die mit einer Reihe von etwa fünf bis acht Mitgliedern dieser Zielgruppe nacheinander durchgeführt werden. Erfahrungsgemäß ist allerdings ein Zeitbedarf von etwa zwei bis drei Stunden pro Gesprächspartner notwendig.

Eine Alternative besteht in einem moderierten Workshop, in dem die einzelnen Fragen auf Moderationskarten abgebildet und die entsprechenden Antworten über eine

Kartenabfrage zusammengestellt werden. Die im Workshop auftretenden gruppendynamischen Effekte bieten gegenüber den Einzelinterviews zugleich Vor- und Nachteile. Ein Pluspunkt besteht in der gegenseitigen Ideenanreicherung, wohingegen ein Minuspunkt aus den mitunter hitzigen Diskussionen um einzelne Begriffsdefinitionen resultiert; auch dominieren Einzelne unter Umständen zu sehr den Prozess der Meinungsbildung. Die für die Anforderungsanalyse wichtigen begrifflichen Unterscheidungen zwischen Aufgabe und Verhalten oder Anforderung und Situation können im Einzelgespräch besser anhand der Aufgaben des jeweiligen Gesprächspartners plastisch dargestellt werden.

Ein Königsweg zwischen den beiden Ansätzen des Einzelinterviews und des Workshops liegt darin, den Gesprächspartnern in den Einzelinterviews jeweils die Ergebnisse aus den vorher erfolgten Gesprächen vorzulegen und um Ergänzungen und Korrekturen zu bitten (ähnlich der Delphi-Methode). Hierdurch lässt sich eine Menge Zeit sparen: Aus der Sicht der Unternehmensvertreter heraus muss Selbstverständliches nicht wiederholt werden, zum anderen regen die Äußerungen der Kollegen zu eigenen Beiträgen an.

Auch mit einer anderen Vorgehensweise wurden gute Erfahrungen gemacht: Im Rahmen eines Workshop-Ansatzes werden die Teilnehmer in zwei oder drei Kleingruppen geteilt, die einzelnen Fragen werden hier separat bearbeitet und dann vor dem Gesamtplenum verglichen. Auftretende Unterschiede in der Interpretation einzelner Arbeitssituationen sind für die Teilnehmer meist sehr anregend, zum anderen kann hierdurch der Einfluss einzelner dominierender Meinungsträger in Schranken gehalten werden.

2.5   Entwicklung und Auswahl der Aufgaben

Das Assessment *Center* umfasst von der Ursprungsidee her die Vielfalt von eingesetzten Aufgabeninhalten und die Vielfalt durch mehrere Beobachter. Daher gehören zu einem AC auch immer mehrere, unterschiedliche Aufgaben. Grundsätzlich infrage kommen Verhaltenssimulationen (z. B. Rollenaufgaben, Gruppenübungen, Fallstudien), Präsentationen, Interviews, Test- und Fragebogenverfahren sowie computergestützte Verfahren.

Das historische erste AC aus dem Jahr 1956 bei AT & T enthielt 13 Aufgabenelemente, darunter heute kaum mehr angewendete Elemente wie projektive Testverfahren oder die Erstellung von Essays durch die Teilnehmer.

Die Verhaltenssimulationen sind der eigentliche Kern des AC. Dabei gilt eines der Basis-Prinzipien des AC: das Simulationsprinzip. AC-Übungen sollen im Unterschied zu Tests oder Interviews tatsächliches Verhalten abbilden, das repräsentativ ist für die Anforderungen der Tätigkeit. Ein AC ohne Verhaltenssimulationen ist kein AC. Ein AC mit lediglich einer Simulation ist ebenfalls kein AC.

Nach den Qualitätsstandards des Arbeitskreises AC e.V. ist die Minimalanforderung an AC das Vorhandensein von drei (unterschiedlichen) Simulationen. In der aktuellen Praxis der AC bei deutschsprachigen Unternehmen liegt der Schwerpunkt in der Anzahl

Abb. 2.28 Anzahl der Übungen pro AC. *Quelle* Obermann et al. (2012)

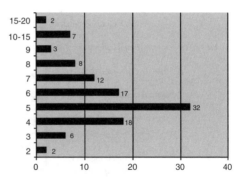

der verwendeten Übungen bei vier bis sieben Einheiten (Abb. 2.28). In der Gesamtheit der Übungen in einem AC soll sich die Anforderungswirklichkeit der jeweiligen Positionen widerspiegeln.

Die Umfrage des Arbeitskreises AC e.V. (Obermann et al. 2012) zeigt die Anwendungspraxis der deutschsprachigen AC im Jahr 2012. Danach sind die beliebtesten Übungen die Präsentation, das Zweiergespräch/Rollenübung, das Interview, die Fallstudie und die Gruppendiskussion (Abb. 2.29). Der Vergleich mit der Vorgängerbefragung aus dem Jahr 2007 zeigt einige deutliche Trends. So hat der Einsatz von Persönlichkeitsfragebögen und Testverfahren gegenüber 2007 nochmals deutlich zugenommen. Eine deutliche Veränderung ist weiterhin die Abnahme des Einsatzes der Gruppenübung. Dieser Trend zeigte sich auch bereits im Vergleich von 2007 zu 2001.

Diese „führerlose Gruppendiskussion" stellt den historischen Kern des AC dar, ist jedoch in Bezug auf Standardisierung und Objektivität problematisch. Ein weiterer Grund für die abnehmende Bedeutung der Gruppenübung dürfte in der Zunahme von Einzel-AC liegen. Aus der Befragung der deutschsprachigen Unternehmen lässt sich weiterhin entnehmen, dass die Mehrzahl die inhaltlichen verwandten Elemente Postkorb/Fallstudie/Fact-Finding einsetzen, wobei der Einsatz der Fact-Finding-Übung erstmals ab dem Jahr 2007 erhoben wurde.

Wenn diese verwendeten Übungen die Anforderungswirklichkeit von Führungspositionen abbilden sollen, ergeben sich allerdings Fragezeichen. Besteht in der gelungenen Darbietung von Vorträgen bei über 90 % der Jobs tatsächlich ein so relevantes Anforderungskriterium? Dem widerspricht die Tatsache, dass gerade in der operativen Führungsebene Eins-zu-Eins-Gespräche mit Mitarbeitern und Kollegen viel häufiger und wichtiger als Vorträge oder die Leitung von Gruppenarbeiten sind.

Warum finden sich in AC nichtsdestotrotz so viele Präsentationen und Gruppenübungen? Ihr Reiz scheint gerade darin zu liegen, dass sie in Durchführung und Entwicklung sehr ökonomisch und für die Beobachter viel beeindruckender sind als Einzelarbeiten der Teilnehmer: Gerade in Gruppenübungen haben die Beobachter die Möglichkeit, einzelne Teilnehmer direkt miteinander zu vergleichen, und jeder ist in der Lage, sich schon nach wenigen Minuten in irgendeiner Form ein Urteil zu bilden.

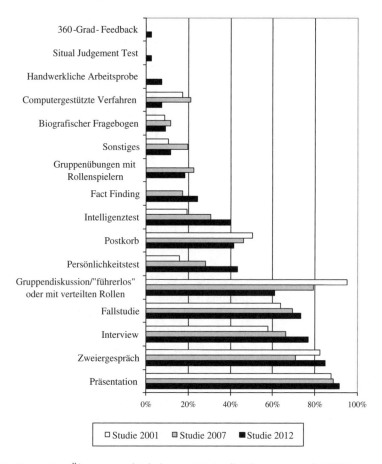

Abb. 2.29 Eingesetzte Übungen und Inhalte im AC. *Quelle* Obermann et al. (2012)

So ist in der mittlerweile langjährigen Geschichte des AC eine Eigendynamik in der Auswahl, Entwicklung und Gewichtung von Übungen zu beobachten, bei der der Bezug zu den Positionsanforderungen nicht immer unmittelbar nachvollziehbar ist: So gehören zu einem AC scheinbar traditionsgemäß auf jeden Fall mehrere Gruppen- oder eine Präsentationsübung. Diese Eigendynamik bezieht sich auch auf mittlerweile entstandene Traditionen in der Ausgestaltung bestimmter Übungen; so verfügt beispielsweise jeder Postkorb über viele inhaltliche Verknüpfungen zwischen den einzelnen Vorgängen sowie Terminkollisionen. Bei zahlreichen AC-Teilnehmern hat es sich infolgedessen geradezu herumgesprochen, dass es beim Postkorb um das Erkennen von Zusammenhängen gehe. Ob es jedoch tatsächlich den Anforderungen verschiedenartigster Positionen entspricht, unter hohem Zeitdruck Verknüpfungen in inhaltlich eigentlich fremdem Schriftmaterial herauszuarbeiten, ist zweifelhaft. Ist das Erkennen von Terminkollisionen tatsächlich so ein wichtiges Kriterium für eine Führungstätigkeit?

Diese Eigendynamik ist sicherlich auch darauf zurückzuführen, dass viele der AC-Übungen aus dem Trainingsbereich stammen (vgl. etwa Antons 2000), ursprünglich also nicht für eignungsdiagnostische Fragestellungen entwickelt wurden. So sind in einigen AC leider immer noch die Turmbau- oder NASA-Übungen zu finden, die nie für AC-Zwecke konzipiert wurden.

Zur Praxis vieler AC gehört es, die Teilnehmer in einem recht kurzen Takt von einer Stunde mit unterschiedlichsten Aufgabenstellungen zu konfrontieren. Dabei hat es sich mittlerweile herumgesprochen, dass es gerade in Gruppendiskussionen kaum auf die Inhalte ankommt, das Wie wichtiger ist als das Was. Bei vielen gängigen Gruppenübungen bevorzugt dies natürlich Teilnehmer mit eloquenter sprachlicher Darstellung, benachteiligt allerdings Langsamstarter oder Kandidaten mit inhaltlich fundierteren Argumentationsketten, die hier nicht angemessen zum Zuge kommen können. Dies birgt die Gefahr, dass die sprachliche Darstellung und soziale Flexibilität der AC-Teilnehmer tendenziell andere Anforderungskriterien überstrahlen, die ebenfalls zur Differenzierung wichtig sind. Das Potenzial des AC hinsichtlich der Prognose von Berufs- und Führungserfolg oder Bildungsbedarf wird hier also verspielt.

Den Schlüssel zur Qualität des AC sehen wir letztlich darin, wie genau und sorgfältig die in der Anforderungsanalyse erhobenen kritischen Arbeitssituationen und die aus der Sicht des Unternehmens erforderlichen Bewältigungsstrategien der Positionsinhaber tatsächlich in die AC-Übungen umgesetzt werden. Diesem Grundgedanken widerspricht natürlich jedes AC, bei dem einfach bestimmte Standardübungen zusammengestellt werden ("weil zu einem AC eben drei Gruppenübungen und zwei Tests gehören"), ohne dass eine Verknüpfung von Positionsanforderungen und Unternehmenskultur mit dem AC-Design stattfindet.

Trotz der unzweifelhaften Bedeutung der Übungsqualität für das AC wird das Thema der Übungskonstruktion freilich in der praxisorientierten wie der mehr wissenschaftlichen Literatur wenig abgedeckt. Das vorliegende Kap. 2.5. soll sich daher insgesamt darauf konzentrieren, wie diese Forderung nach anforderungsbezogenen Übungen im AC im Einzelnen umgesetzt werden kann.

Die Didaktik der Übungsentwicklung wird in Kap. 2.5.2 erläutert. Vorher sollen Vor- und Nachteile unternehmensspezifischer Übungen und Standardübungen verglichen werden (Kap. 2.5.1). Im Kap. 2.5.3 und 2.5.4 stellen wir die einzelnen Testverfahren und Übungen im Hinblick auf ihren Nutzen im AC vor und geben Hinweise aus der Praxis für die Entwicklung.

2.5.1 Standardübungen vs. unternehmensspezifische Aufgaben

In der Literatur finden sich mittlerweile viele Quellen und Hinweise zu AC-Übungen, sodass die Frage aufkommt, warum man sich nicht der bereits von anderen gemachten Erfahrungen bedienen und sich damit den Aufwand und die Mühe einer eigenen Übungsentwicklung sparen sollte. Groß ist dieser Reiz insbesondere bei

Auswahl-AC für Trainees, da hier bei sehr vielen Firmen bereits Erfahrungen vorliegen und die Anforderungen an Führungsnachwuchskräfte doch recht ähnlich sein werden. In den USA läuft die Diskussion um Vor- und Nachteile der Verwendung von Standardübungen unter dem Stichwort „pre-packaged vs. tailor-made" (vgl. Cohen 1980). Die Befragung des Arbeitskreises AC e.V. (Obermann et al. 2012) gibt Auskunft über die angegebene Wirklichkeit in deutschen Unternehmen zu dieser Frage. Danach gibt keines der Unternehmen an, dass es auf Standardübungen zugreift, während 42 % vorhandene Übungen anpassen und die Mehrheit der Unternehmen die Übungen vollständig unternehmensspezifisch entwickelt. In einer älteren Befragung von 64 Unternehmen in den USA ermittelte Cohen (1980), dass 63 % unternehmensspezifische Übungen im AC verwendeten, 14 % mit Standardübungen arbeiteten und 15 % eine Kombination zwischen beiden einsetzten.

Die Vor- und Nachteile beider Varianten aus unserer Sicht finden sich unter Abb. 2.30. Generell gilt das Plädoyer für spezifisch entwickelte Übungen: Wenn es keine Standardanforderungen gibt, darf es dann Standardübungen geben? Das AC soll Aussagen darüber machen, inwieweit bei dem einzelnen Mitarbeiter/Bewerber adäquate Bewältigungsstrategien für die wichtigen und relevanten Arbeitssituationen der Position vorliegen. Schon Nuancen in Branchenunterschieden erfordern jedoch gänzlich andere Bewältigungsstrategien. So wird zwar in einem AC für Vertriebsleute oder Außendienstler in unterschiedlichen Branchen ein Verkaufsrollenspiel zu finden sein; die im Einzelfall notwendigen, adäquaten Bewältigungsstrategien werden sich jedoch nur teilweise überlappen: Während für den Maschinenbauer oder den Software-Spezialisten eine differenzierte Kundenbedarfsanalyse mit ausgefeilter Fragetechnik eine ausschlaggebende Bewältigungsstrategie ist, wäre für den Verkäufer von Markenprodukten eine derartige Bedarfsanalyse bereits der Anfang vom Ende, wenn er nur über ein oder zwei Produktalternativen verfügt, die nicht veränderbar sind. Hier sind ganz andere Verhaltensweisen erfolgsrelevant, etwa der Aufbau einer Beziehungsebene, die Überzeugungskraft und Einwandsbehandlungstechniken.

		Standardübungen	Selbstentwickelte Übungen
(+)	+	Rückgriff auf bewährte Übungen	+ Höhere Indentifizierung der Autoren/AC-Verant-wortlichen
	+	Bei Fallstudie, Postkorb, Test: Kosten-/Nutzenverhältnis meist gut	+ Bei Rollenübungen Kosten-/Nutzenverhältnis besonders gut
(–)	-	Kaum ein einheitliches Gesamtszenario für alle Übungen möglich	- Hoher Aufwand/Kosten bei analytischen Übungen
	-	Gefahr der Abbildung von „Standardanforderungen"	- Mehr Aufwand für Probeläufe notwendig
	-	Unsicherheit, wie Standardübungen bei der eigenen Zielgruppe wirken	

Abb. 2.30 Pro und Contra: Standard- vs. selbstentwickelte Übungen

Bei einem Trainee-Auswahl-AC bleibt allerdings die Frage bestehen, ob es nicht Sinn ergibt, aufgrund der scheinbar gleichartigen Anforderungen in unterschiedlichen Häusern in diesem speziellen Fall auf Standardübungen zurückzugreifen. Hier gilt jedoch: Auch wenn die Anforderungsetiketten gleich sind (Motivationsfähigkeit, Überzeugungsfähigkeit, soziale Sensibilität etc.) – wo der eine Bewerber bei einem bekannten Markenartikelhersteller als überzeugender Junior-Produktmanager eingeschätzt wird, wird er bei dem konservativen Chemieunternehmen als „Strahlemann" und „Schaumschläger" abgetan; während das Nachwuchstalent in einem bekannten Energie-Unternehmen als „hochkarätiger Analytiker" aus dem AC hervorgeht, so gerät es in dem Start-up-Unternehmen in die Schublade des zwar intellektuellen, doch individualistischen Einzelkämpfers.

Auf der anderen Seite differenzieren sich die meisten Unternehmen heute in Business-Units und Marktbereiche, sodass selbst eine unternehmensspezifische Entwicklung bezogen auf bestimmte Positionen im Unternehmen immer noch eine Standardübung darstellt und möglicherweise genauso fremd bleibt wie extern eingekaufte Übungen. So steht eher im Vordergrund, ob die Zusammenstellung der Übungen in der Lage ist, das zuvor erhobene Anforderungsprofil gut abzubilden. Die häufig zu lesende Argumentation gegen Standardübungen erfolgt zudem oft nicht ohne Eigenmotivation, wenn etwa die betreffenden Autoren sich als Berater mit der (möglichst aufwendigen) Übungsentwicklung ihr Brot verdienen.

Bei Personalentwicklungs-AC und Potenzialanalyseverfahren hat hingegen die unternehmensspezifische Entwicklung auch eine systemische Funktion: Beobachter und Teilnehmer erkennen ihr Unternehmen anhand typischer Konfliktsituationen. Hier können sich beide mit dem Verfahren besser identifizieren. In mehreren Studien (Kudisch 1997; Klebl 2010; Zenglein 2010) konnte zudem nachgewiesen werden, dass die Realitätsnähe der Übungen einen hohen Einfluss auf die Akzeptanz der Teilnehmer hat (vgl. Kap. 2.11.1).

Wenn firmenintern wenig Erfahrungen oder Ressourcen für die gerade aufwendiger zu entwickelnden analytischen Übungstypen (Postkorb, Fallstudie etc.) vorhanden sind, dann ist sicherlich eine erprobte Standardübung, die die Anforderungen und die Zielgruppe adäquat abbildet, einer schnell zusammengestellten firmenspezifischen Übung vorzuziehen.

2.5.2 Generische vs. firmen- oder positionsspezifische Aufgaben

Diese Frage wird bei der Konzeption von neuen Verfahren häufig diskutiert: Sollen wir bei einer Neuentwicklung das inhaltliche Szenario in unserem Unternehmen/Bereich oder in der konkreten Zielposition spielen lassen? Bei bestimmten AC schließen sich sehr spezifische Übungsszenarien aus, wenn etwa ein Konzern ein Development Center für eine große Bandbreite an Zielgruppen und Unternehmensbereichen zusammenstellt – das Klagen wäre groß, wenn die Mitarbeiter der Fertigung feststellen, dass das AC zu vertriebslastig ist. Bei AC, die hingegen für eine konkrete Zielfunktion konzipiert werden (etwa Regionalleiter Pharma Außendienst), liegt die Idee spezifischer Szenarien näher.

Zur Anwendungspraxis bei deutschsprachigen Firmen gibt die Studie aus dem Jahr 2012 Auskunft (Obermann et al. 2012). Bei den 118 beschriebenen Verfahren zeigt sich, dass für 56 % der Verfahren die Übungen zielpositionsspezifisch entwickelt werden, in 19 % ein Szenario aus der Branche und in 25 % ein generisches/allgemeines Szenario gewählt wird. Zum tatsächlichen Vorteil zielpositionsspezifischer Übungen liegen keine empirischen Untersuchungen vor. Allerdings ist die Methode der Arbeitsprobe gegenüber allen anderen Verfahren in ihrer Prognosevalidität überlegen (Schmidt und Hunter 1998). Ein AC ist keine mehrwöchige Arbeitsprobe, allerdings ist die Annahme plausibel, dass eine inhaltliche Annäherung der AC-Inhalte an die Zielposition einer Arbeitsprobe nahe kommt und dann möglicherweise eine höhere Validität resultiert. Die Teilnehmer im AC haben ohnehin eine herausfordernde Situation. Wenn sie sich zusätzlich in ein fremdes Szenario mit neuen Begrifflichkeiten hineindenken müssen, so steigt gegebenenfalls der Einfluss von kognitiven Anforderungen überproportional.

Die prognostische Validität stellt sicherlich nur ein Qualitätsaspekt von AC dar. Weitere Kriterien wären auch die Akzeptanz bei den Teilnehmern, Beobachtern und Auftraggebern. Hier dürften zielpositionsspezifische Verfahren einen Vorteil haben. Firmenspezifische Szenarien haben insbesondere den Charme, dass sich aktuelle Konflikte und Begebenheiten abbilden lassen, die für Beobachter und Teilnehmer die Glaubwürdigkeit und die Augenscheinvalidität erhöhen und insgesamt die Identifizierung mit dem Verfahren stark verbessern. Allerdings kann dies in der Praxis auch eine Falle bedeuten, wenn von einzelnen Abteilungen oder Regionen die Diskussion aufkommt, dass die eine oder andere Begebenheit in einer Übung eben in dieser Abteilung nicht vorkomme (Abb. 2.31).

	Generische Szenarien	Firmen- / positionsspezifische Szenarien
+	+ Kein Vorwurf, dass bestimmte Abteilungen / Zielgruppen bevorzugt werden + Verwendbarkeit von Standardübungen möglich	+ Höhere Identifizierung der Beobachter und Teilnehmer + Aktuelle Realkonflikte lassen sich abbilden + Ökonomie, geringere Gesamtanzahl von Übungen notwendig
–	- Gefahr der Fehlervarianz – einzelne Kandidaten können sich nicht in neue Kunstwelt versetzen	- Diskussion: „in unserer Abteilung ist dies aber anders...“ - Zwang zu Eigenentwicklung aller Übungen - Konflikt – welches konkrete Szenario zu wählen ist

Abb. 2.31 Pro und Contra: generische vs. firmenspezifische Szenarien

Aus unserer Sicht steht bei der Entscheidung auf diese Frage mehr im Vordergrund, dass die Anforderungsmerkmale mit den Übungen exakt erfasst werden. Empfehlenswert ist dann häufig ein Mittelweg zwischen generischen und firmenspezifischen Übungen.

- Beispiel Firmenkundenbank: Es wird nicht die konkrete Bank abgebildet, dafür aber eine andere Bank mit ähnlichen Anforderungen und aktuellen Konflikten
- Beispiel Regionaler Vertriebsleiter Pharma: Szenario verbleibt im Vertrieb Pharma, jedoch bei einer anderen, ähnlichen Firma

In den einzelnen Übungen gilt es meist, sich für eine konkret zu simulierende Position zu entscheiden. Weder das Führungsrollenspiel noch die Postkorb-Übung kann allgemein gehalten werden in der Frage, welche Position hier nun simuliert wird. Auch in diesem Fall wird der Kandidat aus der Produktion sich beschweren, wenn er sich immer in ein Vertriebsszenario versetzen muss – ob generisch oder firmenspezifisch. Hierfür gibt es zwei Auswege:

- Simulation einer Business Unit, die alle Funktionen/Regionen gleichermaßen abdeckt („Sie sind Geschäftsführer der Tochtergesellschaft XYZ")
- Wechselweiser Tausch der simulierten Positionen in den Übungen, damit Wahrnehmung der Gerechtigkeit bei den Teilnehmern (z. B. Rollenübung: Vertriebsleiter; Fallstudie: Produktionsleiter)

2.5.3 Vorgehen in der Zusammenstellung von Aufgaben

Umsetzung des Anforderungsprofils

Bei der konkreten Zusammenstellung von Übungen für ein AC sind der Ausgangspunkt das Anforderungsprofil und die zu messenden Konstrukte oder situativen Anforderungen. Der Anforderungsblock des kommunikativen Verhaltens wird primär über Rollenübungen/Gruppenübungen/Präsentationen abgedeckt. Wenn also etwas Konfliktfähigkeit oder Überzeugungswirkung gemessen werden soll, so gehört eine Auswahl der genannten Übungen auf die Konzeptionsliste des AC.

Der Bereich der konzeptionellen/unternehmerischen Anforderungen wird durch Fallstudien/Postkörbe/Fact-Finding-Übungen erhoben. Am objektivsten lassen sich kognitive Anforderungen durch standardisierte Testverfahren erheben, den größten Praxisbezug dürfte die Einbettung dieser Anforderungen in Fallstudien besitzen.

Ein weiterer Anforderungsbereich stellen Einstellungen (z. B. Kundenorientierung, Ergebnisorientierung), Motive (z. B. Führungsmotivation) dar. Diese lassen sich über standardisierte Persönlichkeitsfragebögen erheben, hier sind allerdings die jeweiligen

Kompetenz	Test / Übung	Testvorgaben		AC-Simulationen						
		Intelligenztest	Persönlichkeitstest	Gruppenübung	Präsentation	Rollenübung	Fallstudie	Fact Finding	Postkorb	Interview
Unternehmerische Kompetenz	Unternehmerisches Denken/Handeln	X					X	X	X	X
	Analysefähigkeit	X					X	X	X	
	Handlungs-orientierung						X	X	X	
	Kundenorientierung						X	X	X	X
	Arbeitsorganisation				X		X		X	
Führungs-kompetenz	Mitarbeiter-motivation				X	X				
	Ergebnis-orientierung			X	X	X				
Soziale Kompetenz	Konfliktfähigkeit		X	X	X	X				
	Überzeugungskraft			X	X	X				
	Kontaktfähigkeit		X	X	X	X				
	Kooperations-fähigkeit		X	X	X	X				
Persönliche Kompetenz	Veränderungs-bereitschaft		X							X
	Leistungs-motivation		X							X
	Belastbarkeit		X		X					X

Abb. 2.32 Matrix Übungen × Dimensionen

Konstrukte inhaltlich entfernt von möglichen Anforderungen der Unternehmenspraxis. Die Alternative stellt jeweils die Durchführung eines Interviews dar.

Bei der Auswahl von Übungstypen je nach Anforderungen hilft die dargestellte Matrix in Abb. 2.32.

Zu vermeiden ist eine Auswahl von Übungstypen rein nach der Praktikabilität. Gruppenübungen und Präsentationen sind zwar leicht zu konzipieren, methodisch jedoch am problematischsten (s. u. Kap. 2.5.3). Die meisten Zielpositionen dürften eine oder mehrere Eins-zu-Eins-Interaktionen beinhalten, die über Rollenübungen abzudecken sind.

Ein klassischer blinder Fleck in AC besteht darin, alleine auf die Prüfung von Anforderungen im Bereich der Sozialkompetenz/Kommunikation zu setzen. Bei nahezu allen Zielpositionen dürften im Anforderungsprofil auch Aspekte der konzeptionellen/unternehmerischen Fähigkeiten beinhaltet sein. Diese sind durch Übungen wie Postkorb/Fallstudie/Testverfahren/Fact-Finding-Übung abzudecken.

Neben der unternehmensspezifischen Anforderungsanalyse sollten bei der Konzeption von Verfahren für Führungskräfte auch die allgemeinen empirischen

Untersuchungen zu nachgewiesenen Erfolgskriterien der Führung beachtet werden (vgl. Kap. 2.4.2). Ein ähnliches Raster für die erste Konzeption bilden die dimensionsorientierten Metaanalysen zur Validität (vgl. Kap. 3.2). Darin wurden die Kompetenzen zusammengestellt, die sich in der Vielzahl von empirischen Untersuchungen zur Prognose von Führungserfolg als valide erwiesen haben. Die Dimension „Problemlösekompetenz" erweist sich dort als besonders wichtig.

Weiterhin ist zu beachten, dass die Methodik der Anforderungsanalyse nicht dazu führen darf, voreingenommen gegenüber bestimmten Übungstypen zu sein. Wer nach der Critical-Incident-Methode primär auf der Ebene von Anforderungssituationen vorgeht, wird leicht trait-orientierte Anforderungen übersehen (z. B. kognitive Fähigkeiten, Leistungsmotivation). Wer Anforderungsanalysen dimensionsorientiert vornimmt, wird umgekehrt die Simulation von Situationen vernachlässigen.

Nur schwer auszuräumen ist die Meinung, dass sich die Qualität eines AC stark daran messe, wie oft eine Kompetenz in unterschiedlichen Übungen abgedeckt wird. Dies führt dann dazu, dass in die Übungen immer mehr Anforderungen eingebaut werden, die dort angeblich zu beobachten sind.

Der Klassiker sind diesbezüglich Gruppenübungen, in denen aus zwei oder drei Bemerkungen eines Kandidaten Einschätzungen für diverse Verhaltensanker vorgenommen werden. Den traurigen Rekord besitzt der uns vorliegende Beobachtungsbogen für die Potenzialanalyse einer Großbank mit tatsächlich 49 verschiedenen Verhaltensankern, die die Beobachter in einem kurzen Führungsrollenspiel einzuschätzen hatten. Nur durch die Hinzufügung weiterer Beobachtungsdimensionen, ohne dass die Übung qualitativ erweitert wird (z. B. durch verändertes Rollenspielerverhalten), entstehen jedoch keine neuen Beobachtungsmöglichkeiten!

Festlegung der Anzahl der Aufgaben

Nach den Qualitätskriterien des Arbeitskreises AC e.V. sind mindestens drei verschiedene Simulationstypen zu verwenden. Damit ein AC auch AC genannt werden kann, wäre die minimale Anzahl an verhaltensorientierten Aufgaben z. B. eine Rollenübung, eine Fallstudie und eine Gruppendiskussion. Eine Fallstudie plus Interview plus Testverfahren wäre demnach kein AC.

In der aktuellen AC-Studie (Obermann et al. 2012) ist die Anzahl der Verfahren innerhalb des AC hinterfragt worden. Demnach werden in rund 30 % der beschriebenen 107 AC fünf eignungsdiagnostische Verfahren eingesetzt (vgl. Abb. 2.28), der Mittelwert liegt bei sechs Aufgaben in deutschsprachigen Verfahren.

Wirtschaftlich gesehen wird das Interesse sein, die Anzahl der AC-Aufgaben und den damit verbundenen Aufwand so gering wie möglich zu halten. Die Frage entsteht, was die jeweils sinnvolle Anzahl von Übungen ist.

Ein Rahmen ist zunächst die Forderung des Arbeitskreises AC e.V. die Anzahl der je Übung zu beobachtenden Kompetenzen auf drei, maximal fünf, zu begrenzen. Fünf zu beobachtende Kompetenzen mit je fünf Verhaltensankern erfordern von den Beobachtern schon 25 voneinander zu differenzierende Beobachtungsnotwendigkeiten.

Von einer guten Übung ist weiter zu erwarten, dass es zu jedem Verhaltensanker mehrere Beobachtungsmöglichkeiten gibt. Zu viele Beobachtungsanker vermindern die Konstruktvalidität von AC (vgl. Kap. 3.3).

Es sollten also aus diesen Überlegungen heraus pro Übung drei bis maximal fünf Kompetenzen gemessen werden. Diese Forderung scheint auch in der Praxis deutschsprachiger AC Realität zu sein. In der entsprechenden empirischen Erhebung bei 125 Unternehmen (Obermann et al. 2012) geben in der Tat die meisten Firmen mit 30 % an, dass sie im Schnitt vier Kompetenzen je Übung erfassen.

Um die Einschätzung je Kompetenz gegen Zufall abzusichern, ist eine weitere Forderung, jede Kompetenz in zwei verschiedenen Übungen zu messen. Aus diesem Rahmen bestimmt sich die Anzahl der Übungen. Wenn das Anforderungsprofil z. B. zehn Kompetenzen erhält, sind zwanzig Messzeitpunkte notwendig. Dividiert durch vier Kompetenzen je Übung, wären also fünf Übungen notwendig. Daraus folgt, dass das Anforderungsprofil nicht mit zu vielen Kompetenzen überfrachtet sein sollte. Werden 15 oder gar mehr Kompetenzen erfasst, so ist dies nur mit sehr langen, mehr als dreitätigen Verfahren umsetzbar.

Die Forderung, jede Kompetenz in zwei Übungen zu messen, darf jedoch nicht dazu führen, Kompetenzen künstlich in Übungen unterzubringen, die eigentlich dort nicht mehrfach und eindeutig messbar sind: „Lernfähigkeit haben wir noch nicht genügend abgedeckt, dann schauen wir in der Gruppenübung noch mal darauf". Dies ist dann eine mögliche Ursache für die geringe Konstruktvalidität des AC. Weil die Beobachter die so schwach erkennbaren Kompetenzen nicht mehr eindeutig differenzieren können, übertragen sie ihre globale Einschätzung der Übung auf die einzelnen Dimensionen und das Ergebnis sind mehr oder weniger gleiche Bewertungen aller Dimensionen.

Bevor Kompetenzen in Übungen gemessen werden, die diese Messung eigentlich nicht hergeben, sollte lieber auf die zweifache Messung verzichtet werden. Daneben gibt es sehr rollennahe Dimensionen, z. B. „Coaching-Kompetenz". Hier würde eine zweite Messung wenig bringen, da es ja um die Leistung in dieser einen Rolle geht. Eine zweite Messung könnte nur eine Parallel-Übung sein und müsste zu den gleichen Werten führen. Hingegen gibt es situationsübergreifende Dimensionen, z. B. Überzeugungswirkung, für die es ein Bedürfnis gibt zu ermitteln, wie diese unabhängig von einzelnen Situationen ausgeprägt sind. Hier wäre dann eine zwei- oder dreifache Messung sinnvoll.

Eine weitere Frage ist, ob längere AC oder solche mit mehr Aufgaben die gesamte Einschätzung bedeutsamer gegen Zufall absichern. Hierzu gibt die deutschsprachige Metaanalyse zur Validität Auskunft (Holzenkamp et al. 2008). Danach sind AC mit mindestens zehn verschiedenen Aufgabenelementen erheblich prognosestärker und valider als solche mit weniger als zehn Aufgaben: Je mehr „Messzeitpunkte" vorhanden sind, umso mehr ist das AC-Ergebnis gegenüber Zufallseindrücken abgesichert.

Gleichzeitig wurde die Auswirkung der Länge der Verfahren untersucht. Danach führt eine Verlängerung der zeitlichen Dauer des Verfahrens nicht zu einer Verbesserung. Dies bedeutet, dass für die Vorhersagegüte der AC nicht die zeitliche Länge, sondern der Einsatz möglichst vieler, unterschiedlicher Aufgabenkomponenten

☑   Ausgangspunkt Anforderungsprofil
☑   Gesamtszenario für alle Übungen - Einzelübungen daraus ableiten
☑   Übungstypen in Abhängigkeit von zu messenden Anforderungen
☑   Je nach Ressourcen vier bis sieben Übungstypen auswählen
☑   Prinzip der Multimodalität beachten
☑   Gefahr blinder Fleck - Fokus allein auf Sozialkompetenz
☑   Maximal fünf Kriterien je Übung
☑   Auch trainierte Anforderungen abdecken

Abb. 2.33 Vorgehen in der Übungszusammenstellung

relevant ist. Es gilt also auch, die zeitliche Länge einzelner Aufgaben nicht zu überstrapazieren, sondern eher neue Aufgabenelemente (z. B. Interviews, Fragebogen- und Testverfahren) zu ergänzen (Abb. 2.33).

Diese Forderung stimmt auch mit dem historisch ersten AC aus dem Jahr 1956 bei AT & T überein, in dem es ebenfalls mehr als zehn sehr unterschiedliche Aufgabenelemente gab.

Zusammenfassend lässt sich die Frage nach der idealen Anzahl von Aufgaben damit beantworten, dass dies von der Anzahl der zu messenden Kritieren abhängt, gleichzeitig idealerweise mehr als zehn Aufgaben verwendet werden sollen. Die im Mittel in deutschsprachigen AC verwendeten sechs Aufgaben zeigen damit, dass es in der Anwendungspraxis noch deutliche Ansätze zur Qualitätsverbesserung gibt.

Prinzip der Multimodalität

Das historische AT & T Assessment Center war geprägt durch eine Vielfalt von Tests, Präsentationen, Aufsätzen und Simulationen. Speziell im deutschsprachigen AC der 80er- und 90er-Jahre ist das AC immer mehr verkümmert auf Verhaltensproben und Simulationen. Der Beitrag zu Qualitätshinweisen zum AC von Kanning et al. (2007) zeigt immer noch, dass die Denkhaltung im deutschen AC zu stark auf Gruppendiskussion, Rollenspiel & Co. beschränkt ist.

Höft und Schuler (2001) haben für die Methodenvielfalt im AC den Begriff der Multimodalität bzw. Trimodalität in die Diskussion eingebracht, der wieder zurück zu den Wurzeln führt. Die Grundidee besteht darin, Monomethoden zu vermeiden und die Vor- und Nachteile unterschiedlicher Methodenansätze in einem AC zu kombinieren. Eine Weiterentwicklung dieses Modells zeigt Abb. 2.34.

So besteht ein Kernelement zunächst in den Simulationen. Neben hoher Augenscheinvalidität und Praxisnähe von Simulationen zu den tatsächlichen Arbeitsaufgaben, besteht die historische Rechtfertigung der Simulationen darin, dass holistisch – ohne die Zerlegung in Einzelanforderungen – betrachtet werden kann, wie jemand eine Aufgabe meistert, die im Ist-Job noch nicht beobachtbar ist. Dies galt

Abb. 2.34 Multimodalität

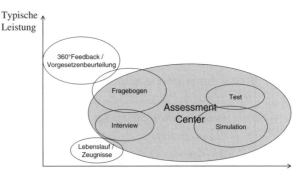

schon für die ursprünglichen Aufgaben der deutschen Militärpsychologie bei Rieffert & Simoneit, bei der Führerprobe oder im amerikanischen OSS (Amerikanisches Amt für strategische Dienste) für die Rollenspiele für zukünftige Geheimagenten.

Die Simulationen haben jedoch auch ihre Limitierungen. Es entstehen für die Beobachter starke Überstrahleffekte einzelner Sätze und Verhaltensweisen. Die Beurteilungen laufen immer über die verbale Vermittlung der Teilnehmer in einem Kontext, in dem jeder sein Bestes zeigen möchte. Berufliche Antriebe (z. B. Macht, Erfolg, Anschluss) sind hier nicht erkennbar, dennoch wichtig für den Joberfolg. Auch die kognitiven Fähigkeiten, die sich immer als hochvalide für die Vorhersage von beruflichen Erfolgen herausgestellt haben, lassen sich nur schwer über Simulationen einschätzen. Schließlich heben die Simulationen auch mehr auf die Maximalleistung ab (Gegensatz zu typischer Leistung).

Daher ist die zweite Kategorie an Aufgabentypen, die zu einem AC gehören sollte, eine solche, die Eigenschaften und Konstrukte über Fragebögen und Tests messen kann. Dazu gehören kognitive Testaufgaben (z. B. verbale Intelligenz) als auch Fragebögen, bei denen z. B. Motivhaltungen oder Grundtendenzen der Persönlichkeit erhoben werden können. Tests und Fragebögen sind ökonomisch im Einsatz – keine Beobachter erforderlich – und sind im Unterschied zu Simulationen viel objektiver, was die Standardisierung in Durchführung und Auswertung betrifft. Andererseits haben sie die Limitierung, dass es aus Praktikersicht nur Mini-Unterschiede auf den Testskalen gibt, sich die gesamthafte Wirkung der Persönlichkeiten im Auftreten aber viel mehr unterscheiden kann.

Die dritte Methodenkategorie bilden schließlich biografische Informationen. Diese werden einerseits über biografische Fragebögen erhoben, mit denen bei Bewerbungsverfahren mit massenhaften Bewerberzahlen (z. B. Polizeidienst) biografische Ereignisse aus dem bisherigen Leben abgefragt werden. Für die Personalpraxis und das AC relevant sind eher Interviews mit biografischen Fragen. Grundidee der Auswertung von biografischen Informationen ist die Aussage, dass die vergangene Leistung der beste Prädiktor für zukünftige Leistung ist. Wer etwa in seiner bisherigen

Laufbahn erfolgreich Führungsaufgaben bewältigt oder Initiative gezeigt hat, der wird dies in der Zukunft eher tun als derjenige, der in seiner Vergangenheit nicht solche Erfolge nachweisen kann. Dies gilt insbesondere bei einer bestimmten beruflichen Seniorität: Warum sollte eine Manageraufgabe aufwendig simuliert werden, wenn nicht einfacher die bisherigen Ergebnisse aus dem Managerleben abgefragt werden können? Die Analyse biografischer Informationen hebt schließlich im Gegensatz zu Simulationen eher auf das typische Leistungsniveau von Teilnehmern denn auf Maximalleistungen ab.

Die Überlegenheit des Methodenmixes ergibt sich aus den Grundlagen der Testtheorie (vgl. Kap. 3.1): Wenn ein Aspekt mit mehreren, unterschiedlichen Methoden öfters gemessen wird, dann reduziert sich der Fehleranteil, der immer bei jeder Methode immanent ist. In der Simulation mag ein potenzieller Messfehler in der Ungenauigkeit der Beobachter liegen, beim Test in der Testangst der Bewerber und beim Interview im Überstrahleffekt der Darstellungsfähigkeiten der Bewerber. Die Vorteile des Methodenmixes zeigen sich am Beispiel eines Teilnehmers, der in der Simulation Schwierigkeiten in der Problemanalyse, gleichzeitig im kognitiven Test nur mäßige Ergebnisse und schließlich im Interview keine Erfahrungen in der Herausforderung durch komplexe Aufgaben hatte. Das Urteil über seine schwache Problemanalysefähigkeit steht hiermit auf festeren Füßen, als wenn nur eine der genannten Methoden zu dieser Einschätzung geführt hätte.

Der Ansatz des Methodenmixes ist nicht nur konzeptionell einleuchtend, entsprechende multimodale Verfahren haben sich als prognostisch valider herausgestellt (vgl. Kap. 3.3).

Zusammenfassend sind der Umfang des Anforderungsprofils und die zu messenden Kompetenzen entscheidend für die Frage nach der empfehlenswerten Anzahl von Aufgaben. Eine weitere Empfehlung besteht darin, zugunsten der Absicherung gegen Zufall möglichst viele, verschiedenartige Aufgaben einzusetzen.

2.5.4 Konzeption einzelner AC-Aufgaben

In der Entwicklung von AC-Aufgaben geschehen die meisten Fehler, die die spätere Aussagekraft und Validität des AC untergraben. In Praxis und Forschung lag das Augenmerk bisher häufig auf der Beschreibung der Merkmale oder der Erstellung von Kompetenzmodellen. Dabei haben 30 Jahre Forschung zur Konstruktvalidität (Kap. 3.3) gezeigt, dass es das AC letztlich nicht leisten kann, stabil über verschiedene Aufgaben hinweg übereinstimmende Beobachtungen entlang von Kompetenzen zu finden.

Daher ist es sinnvoll, die Quelle – die Stimuli – zu betrachten. Die einzelne AC-Aufgabe ermöglicht erst mehr oder weniger gut die Differenzierung entlang von Merkmalen. Häufig sind Merkmale aufgrund von Unzulänglichkeiten der AC-Aufgabe gar nicht oder zu wenig beobachtbar. Hier gibt es wenige Beobachtungsmöglichkeiten über den Kandidaten, z. B. in einer Gruppendiskussion. Diese werden dann nach zahlreichen Verhaltensankern zerlegt, die kaum beobachtbar sind. Hierdurch erhöht sich der Messfehler (vgl. Axiom der Testtheorie, Kap. 3.1) und das mögliche Feedback an den Teilnehmer wird „dünn", da es auf wenigen Einzelbeobachtungen beruht. Letztlich ist hierdurch die Validität bedroht.

Eine Theorie für einen regelgeleiteten Entwurf zur Konzeption von AC-Aufgaben hat zuletzt Lievens mit der „trait activation theory" vorgeschlagen (Lievens et al. 2010; Lievens und Scholaert 2011). Der erste Ansatz ist zunächst die Überlegung, dass nur bestimmte Aufgaben oder Situationen eine Relevanz für das zu messende Konstrukt haben. So wird in einer Gruppendiskussion unternehmerisches Denken kaum eine Relevanz haben oder in einer Fallstudie Konfliktfähigkeit. Der zweite Ansatz ist das Konzept der „situativen Stärke". Damit ist gemeint, dass situative Stimuli stark oder schwach sein können. Wenn sie zu stark sind, verhalten sich alle Personen gleich und es kann nicht mehr differenziert werden, obwohl die Situation eigentlich Relevanz hat. Wenn sich z. B. ein Rollenspieler in einem Mitarbeitergespräch ohne Aufforderung über seine problematische Situation auslässt, dann ist das ein starkes Signal. Im AC würde wohl jeder darauf reagieren – eine Differenzierung zwischen den Teilnehmern ist nicht möglich. Ein schwaches Signal wäre z. B. ein kurzes trauriges Gesicht oder eine kurze Bemerkung. Darauf würden die Reaktionen der Teilnehmer unterschiedlich sein und der Grad an Empathie könnte so gut gemessen werden.

Lievens und Schollaert (2011) berichten von einer Studie, bei der die Rollenspieler in der einen Versuchsbedingung trainiert wurden, explizit die Verhaltensprovokationen zu zeigen (Abb. 2.35). In der zweiten Bedingung fand kein derartiges Training statt. In einem Rollenspiel und einer Präsentation wurden durch das Training die tatsächlichen Verhaltensprovokationen um ein Vielfaches gesteigert.

Eine weitere Studie beschäftigte sich mit den Auswirkungen auf die Reliabilität bzw. die Beobachterübereinstimmungen. In der Studie gab es drei Versuchsbedingungen. In Bedingung eins – niedrige Verhaltensprovokation – gab es keine besonderen Vorkehrungen in dem Rollenspiel. In Bedingung zwei – mittlere Provokation – wurden die Rollenspieler wie oben geschildert trainiert. In der dritten Bedingung wurden die Beobachter zusätzlich darüber informiert, welche Verhaltensprovokationen die Rollenspieler geplant hatten. Die Reliabilität war in der dritten Bedingung am höchsten. Die explizite Verhaltensprovokation hilft also, das relevante Teilnehmerverhalten genauer zu erkennen.

Die Konsequenz aus diesem neuen Ansatz ist es, sehr viel bewusster die AC-Aufgaben daraufhin zu konzipieren, was gemessen werden soll. Dies gelingt, indem je nach Messintention passende und im Sinne der Messfehlerreduktion quantitativ ausreichende Beobachtungszeitpunkte geschaffen werden.

Im Folgenden wird am Beispiel der Konzeption einer Postkorb-Übung das konkrete Vorgehen in der Aufgabenentwicklung vorgestellt. Die Gliederung erfolgt anhand der beiden psychometrischen Gütekriterien Reliabilität und Validität (Abb. 2.36):

- Validität der Übungen: Bilden die Übungen das Anforderungsprofil inhaltlich ab?
- Reliabilität der Übungen: Können mit den Übungen objektive und zuverlässige Messungen im Sinne des Anforderungsprofils erhoben werden?

Aufgabentyp	Provozierte Kompetenz	Stimulustyp	Stimulus / schwaches Signal
Präsentation	Stress-Stabilität	Aufgabeninhalt	Neue Information trifft ein, Präsentationsinhalt muss spontan angepasst werden
Rollenübung „Verkauf"	Stress-Stabilität	Rollenspieler	Rollenspieler schaut immer wieder auf Uhr oder aus Fenster
Postkorb	Gewissenhaftigkeit	Aufgabeninhalt	Mailverfasser schreibt neben einem Hauptthema noch zwei weitere Absätze – wird dies aufgegriffen?
Rollenübung „Mitarbeitergespräch"	Gewissenhaftigkeit	Rollenspieler	Simulierter Mitarbeiter deutet an, dass er nichts umsetzen will („prima, schauen wir")
Postkorb	Entscheidungsfreude	Instruktion	Vage Angaben zur Erwartungshaltung
Rollenübung „Mitarbeitergespräch"	Entscheidungsfreude	Rollenspieler	Rollenspieler erzählt und erzählt, kommt nicht zum Sachthema
Rollenübung „Verkauf"	Empathie	Rollenspieler	Keinerlei Aussagen des „Kunden" zum Bedarf – fragt Kandidat von sich aus?
Rollenübung „Mitarbeitergespräch"	Empathie	Rollenspieler	Widerspruch zwischen Aussagen und Körpersprache

Abb. 2.35 Trait-Aktivierung. *Quelle* Lievens und Schollaert (2011)

Es folgen zunächst einige allgemeine Hinweise, dann das Beispiel der Entwicklung der Postkorb-Übung.

Sicherstellung der Validität

Die Alternative zu dem Vorgehen, AC-Übungen nach vermeintlichen Erfahrungswerten zusammenzustellen, besteht in einer konsequent anforderungsorientierten Entwicklung der Übungsinhalte. Nur so kann die Gültigkeit – Validität – der späteren Aussagen sichergestellt werden.

Die Forderung nach der Validität von Übungen beinhaltet, dass in ihrer Gesamtheit das Anforderungsprofil inhaltlich abgedeckt werden soll. Für die einzelne Übung bedeutet dies genauer, dass durch das Setting der Übung (Postkorb-Instruktion, Rollenspieler-Verhalten) das relevante Verhalten aus dem Anforderungsprofil hervorgerufen werden soll. Die erfolgreiche Aufgabenbewältigung einer AC-Übung sollte genau die Anforderungen realisieren, die das Anforderungsprofil vorsieht. Wenn beispielsweise das Anforderungsprofil das definierte Kriterium Konfliktfähigkeit gegenüber Mitarbeitern vorsieht, dann ist das Führungsrollenspiel so zu konstruieren, dass genau dieses Verhalten provoziert wird: Die Instruktion für das Rollenspiel an den Teilnehmer sollte etwa ein

Objektivität
■ Werden die Beobachtungen in den Übungen anhand konkreter Verhaltens-beschreibungen fixiert?
■ Besteht eine eindeutige Zuordnungsregel der Verhaltensbeobachtungen zu der/ den Gesamtbewertung/en?
■ Besteht eine Regel in der Verarbeitung voneinander abweichender Bewertungen innerhalb der Beobachtergruppe?
■ Sind die Reaktionsmuster der Rollenspieler standardisiert?

Zuverlässigkeit
■ Ist die Messintention für den Teilnehmer transparent oder besteht die Gefahr, dass (unterschiedliche) Annahmen über die Zielrichtung der Übung seitens des Teilnehmers einen großen Einfluss haben?
■ Lassen die Übungen unterschiedliche, sozial gleich adäquate Verhaltens-weisen zu oder besteht ein Aufforderungscharakter hin zu bestimmten Bewältigungsstrategien?
■ Haben nicht erwünschte Faktoren einen Einfluss auf die beobachteten Verhaltensmuster (etwa spezifisches Fach-Know-How oder Zeitdruck)?
■ Besteht je Übung und Messintention mehr als ein Beobachtungszeitpunkt?
■ Lässt die Übung Beobachtungen auf allen „Schwierigkeitsbereichen" der Zieldimension(en) zu?

Gültigkeit
■ Repräsentieren die Übungen insgesamt die Anforderungen der Position?
■ Besteht eine eindeutige Zuordnungsregel der Verhaltensbeobachtungen zu der/den Gesamtbewertungen?

Abb. 2.36 Checkliste der Qualitätsanforderungen an Übungen

ausreichend kritikwürdiges Verhalten des Mitarbeiters beinhalten. Der Rollenspieler und seine schriftlich standardisierten Anweisungen sollten so instruiert bzw. angelegt werden, dass er – in der Rolle des Mitarbeiters – die Konfliktfähigkeit der Teilnehmer in adäquater Weise provoziert: Ausweichen, Abschieben der Verantwortung für Sachprobleme auf Kollegen, formale Zustimmung zur Kritik ohne wirkliche Überzeugung?

Eine Übung ist dann valide, wenn die erfolgreiche Aufgabenbewältigung – hier der Umgang mit der Konfliktsituation gegenüber einem Mitarbeiter – ausschließlich auf die Dimension des Anforderungsprofils zurückgeführt werden kann, hier das Kriterium der Konfliktfähigkeit.

Gerade bei Rollenspielen werden die aus der Anforderungsanalyse zu erhebenden Situationsmerkmale jedoch meist nicht konsequent in Situationsmerkmale (Fallbeschreibung) und Rollenspieler-Anweisungen umgesetzt. So ergeben sich dann die Beobachtungsmöglichkeiten häufig aus der Dynamik der Situation oder dem Einfallsreichtum der Rollenspieler.

Die Testfragen zur Sicherstellung der Validität lauten:

• Lassen sich die in der Übung beobachtbaren Verhaltensunterschiede tatsächlich durch die in der Anforderungsanalyse erhobenen Bewältigungsstrategien (die späteren Beobachtungskriterien) erklären?

- Hängt der Lösungsweg der Übung von anderen, weiteren Faktoren ab, die eigentlich gar nicht die Messintention darstellen?

Ein Beispiel für einen potenziellen Fehler wäre etwa der zu hohe Speed-Faktor einer Übung, wenn also etwa für die Postkorbbearbeitung oder auch für die Vorbereitung auf eine Rollenübung ein zu enges Zeitlimit gesetzt wird. Dadurch bestimmt die Stressresistenz oder die Schnell-Lese-Fähigkeit in wesentlichem Maße die Lösungsqualität und überstrahlt die Kriterien, die eigentlich mit der Übung erhoben werden sollten. In der Praxis vieler AC fällt tatsächlich häufig auf, dass die Teilnehmer unter enormem Zeitdruck Postkorb-Vorgänge lösen müssen, wobei einige dann teilweise gar nicht zum Ende kommen. Selbst wenn dieser Zeitdruck in der Praxis ein wesentliches Situationsmerkmal darstellt, darf er nicht dazu führen, dass Teilnehmer, die zwar mit diesem Zeitdruck schwer umgehen können, aber beispielsweise fünf andere Bewältigungsstrategien – etwa Delegationsfähigkeit – gut beherrschen, in der Übung sehr schlecht abschneiden.

Vergleichbare Überstrahlungseffekte liegen auch vor, wenn in einem Postkorb ein zentraler Vorgang existiert, dessen Lösung die Bearbeitung vieler anderer Schriftstücke beeinflusst. Das Szenario sollte auch daraufhin überprüft werden, ob erforderliches – bei den Teilnehmern jedoch unterschiedlich vorhandenes – Fach-Know-how, Wissen um Interna des Unternehmens oder eine schwer verständliche Instruktion die Lösung und Bearbeitung der Übung beeinflussen kann. So ist im Versicherungsbereich etwa eine Gruppendiskussion zu Vor- und Nachteilen der Rundumsachbearbeitung ein interessantes und aktivierendes Thema, wird jedoch einzelne Teilnehmer benachteiligen, die zu diesem Thema wenig Vorwissen mitbringen und die sich dann in der Diskussion zurückhalten. Bei Gruppenübungen kann dieser Effekt kontrolliert werden, indem für die einzelnen Teilnehmern Pro- und Contra-Argumente vorbereitet werden und das vorhandene Fachwissen somit eine geringere Auswirkung besitzt. Auch in Rollenübungen kann der Überstrahlungseffekt auftreten, wenn eine bestimmte Rolle zu extrem angelegt ist – und etwa die Fähigkeit, mit einem sehr dominanten Mitarbeiter umzugehen, alle anderen Anforderungen überlagert.

In Präsentationsübungen ist eine beliebte Vorgehensweise, die Vorbereitungsunterlagen so zu sortieren, dass das eigentlich zentrale Schriftstück am Ende liegt. Wenn die Teilnehmer sich in der knapp bemessenen Zeit vor der inhaltlichen Aufnahme der Schriftstücke nicht einen Überblick verschaffen und dadurch dieses zentrale Schriftstück übersehen, haben sie kaum Chancen, sich inhaltlich angemessen vorzubereiten. Auch hier handelt es sich um einen klassischen Überstrahlungseffekt. Bei Teilnehmern, die nicht so vorgehen und dann in der Vortragsphase verunsichert auftreten, bleibt letztlich im Dunkeln, wie selbstsicher sie den Vortrag gehalten hätten – eine der erforderlichen Bewältigungsstrategien, wenn sie sich vernünftig auf die Präsentation hätten vorbereiten können. Dieser Überstrahlungseffekt mag sicherlich auch eine Ursache für die häufig beobachtete geringe Konstruktvalidität von AC (vgl. Kap. 3.3.1) sein.

Viele Szenarien sind inhaltlich so gestaltet, dass mit ihnen gar nicht gemessen werden kann, was sie eigentlich zu messen beabsichtigen. Wenn mit einer Gruppenübung

Durchsetzungsfähigkeit gemessen werden soll, dann darf das Setting der Übung nicht so konfliktfrei sein, dass nur in Harmonie Argumente zusammengetragen werden.

Um Effekte der sozialen Erwünschtheit auszuschließen, empfiehlt es sich, insbesondere schriftliche Übungen und Einzelarbeiten wie Postkörbe oder Fallstudien daraufhin zu überprüfen, ob die Übungen unterschiedliche, sozial gleich adäquate Verhaltensweisen zulassen oder aber ein Aufforderungscharakter hin zu bestimmten Bewältigungsstrategien besteht.

Zusammenfassend bedeutet die Forderung nach validen Übungen, dass die erfolgreiche Bewältigung der Gesamtheit der Übungen genau durch die Kompetenzen leistbar ist, die das Anforderungsprofil vorgibt.

Sicherstellung der Reliabilität

Hierbei geht es darum, dass mit den Übungen nicht nur die gültigen Anforderungen erhoben werden, sondern dass dies auch mit der ausreichenden Zuverlässigkeit – Reliabilität – geschieht. Kein AC-Verantwortlicher will sich vorwerfen lassen, dass die ermittelten Aussagen von Zufälligkeiten in der Testdurchführung abhingen.

Ein erster und wichtiger Aspekt ist die Absicherung der Beobachtungen gegen Zufall. Dies geschieht dadurch, dass ein Beobachtungsmerkmal in einer Übung mehrfach messbar ist. Niemand würde auf die Idee kommen, ein Persönlichkeitsverfahren zu akzeptieren, dass auf einem, zwei oder drei Testitems beruht (z. B. „Ich bin ein geselliger Mensch"). Genau dies ist jedoch leider Praxis in AC-Verfahren. In einem (schlechten) Führungsrollenspiel hat der (gespielte) Mitarbeiter z. B. private Schwierigkeiten, die es auf der Kandidatenseite zu entdecken gilt. Daran würde sich dann eine ausführliche Diskussion zu Hilfestellungen anknüpfen. Wenn der Kandidat jedoch diese privaten Schwierigkeiten überhaupt nicht hinterfragt, dann gibt es mehrfache Abzüge auf verschiedenen Skalen, z. B. Einfühlungsvermögen oder Mitarbeitermotivation. Eine zweite, analoge persönliche Andeutung wird in der Rollenübung jedoch nicht geboten, sodass sich die Einschätzung des Verhaltensankers oder – schlimmer noch – der ganzen Skala aus einer einzigen Verhaltensbeobachtung ableitet.

Warum in der Testkonstruktion niemand auf ein solches Vorgehen käme, ergibt sich aus den Axiomen der klassischen Testtheorie. Die empirische Varianz eines Testitems setzt sich zusammen aus dem wahrem Wert der Skala und Zufallseffekten. Nur durch die Mehrfachmessung können diese Zufallseffekte kontrolliert werden. Solche Zufallseffekte wirken jedoch auch im AC: Missverständnis der Aufgabenstellung, zu schweres Verhalten des Rollenspielers, ungewollte Variation im Rollenspielerverhalten, (situativ) verminderte Aufmerksamkeit des Kandidaten aufgrund der emotionalen Belastung und viele andere Aspekte.

Daher sollten die Anforderungskriterien in der AC-Übung durch entsprechendes Verhalten der Rollenspieler oder aufgrund der Unterlagen von schriftlichen Übungen getestet werden. Wenn etwa in einem Verkaufsrollenspiel der Verkäufer mehrfach Abschlusssignale des Kunden (Rollenspieler) übersieht oder argumentativ nicht behandeln kann, dann ist die Schlussfolgerung geringe Abschlussfähigkeit sicherlich belastbarer, als wenn dies nur einmal geschieht.

Eine große Gefahr für Zufallseffekte haben insbesondere zeitlich kurze Übungen. Zehnminütige Rollenspiele können kaum zuverlässige Ergebnisse bringen. Wenn hier drei oder vier Dimensionen beobachtet werden, wobei jede Dimension möglicherweise fünf Verhaltensanker hat, dann ist es wahrscheinlich nicht möglich, einen Verhaltensanker auch nur einmal separat beobachten zu können. Bei zeitlich begrenzten Ressourcen bringt das AC zuverlässigere Ergebnisse, wenn auf eine große Anzahl von kurzen Übungen verzichtet wird, dafür aber die einzelnen Übungen eher länger dauern und die entsprechenden Kriterien so mehrfach erhoben und gegen Zufall abgesichert werden können.

Ein weiterer Sündenfall besteht in der Missachtung des Prinzips der lokalen Unabhängigkeit von Testitems: In einem eignungsdiagnostischen Verfahren muss die Leistung eines Teilnehmers bei einem Item – z. B. ein Postkorbvorgang oder eine Sequenz im Rollenspiel – unabhängig von der des nächsten Items sein. Wenn etwa in einem Postkorb eine Tabelle analysiert werden muss, dann darf die spätere Leistung in der Entscheidungsfindung nicht von der vorherigen Fähigkeit abhängen, die Tabelle zu analysieren. Ansonsten ist die spätere AC-Dimension ‚Entscheidungsfindung' nur eine Determinante der Dimension Analysefähigkeit: Es käme zu Folgefehlern.

Eine Lösung besteht in diesem Fall etwa darin, dem AC-Teilnehmer, der die Tabelle nicht analysieren konnte, das Ergebnis mitzuteilen und ihn dann zu einer Problemlösung/Entscheidung aufzufordern. Ihr Unwesen treibt die Missachtung des Prinzips der lokalen Unabhängigkeit speziell auch in Rollenspielen: Hier darf etwa ein schlechter Einstieg des Teilnehmers in das Gespräch keinen Einfluss darauf haben, dass sich der Rollenspieler etwa später mehr als bei anderen Teilnehmern einer Problemlösung verschließt. Anders als in einem realen Gespräch muss der Rollenspieler dem Teilnehmer also mehr Chancen geben, damit eben mehrere Kriterien unabhängig voneinander beobachtet werden könnten. Wird das Prinzip der lokalen Unabhängigkeit nicht umgesetzt, kann den Teilnehmern allenfalls eine Gesamtperformance in Übungen mitgeteilt werden, jedoch kein Feedback nach unabhängig erhobenen Kriterien (etwa Konflikt- oder Teamfähigkeit). Die Leistung in einem Anforderungskriterium (etwa Teamfähigkeit oder Konfliktansprache) darf kein Präjudiz auf die Fähigkeit im nächsten Anforderungskriterium haben. Dies stellt hohe Anforderungen an die Übungskonstruktion und das Rollenspielerverhalten.

Ein simpler, dennoch häufig zu beobachtender Fehler der Übungen: Sie sind zu schwer oder – was häufiger vorkommt – zu leicht und differenzieren damit in den Beobachtungskriterien nicht zwischen Teilnehmern. Dies ist daran erkennbar, dass es kaum Unterschiede in der Leistung der Teilnehmer gibt und kleine Differenzen überinterpretiert werden. Dies entspricht einem klassischen Fehler in der Testkonstruktion, dem Decken- oder Bodeneffekt. Übungen in Potenzialanalyse-AC, bei denen 80 % der Teilnehmer hohe Bewertungen erreichen, sind ökonomisch sinnlos.

Es ist es für eine zuverlässige Messung der Anforderungen notwendig, dass das Kriterium auf allen Schwierigkeitsbereichen erhoben werden kann. Dies ist speziell für Potenzialanalyse-Verfahren wichtig: Es sollte eben die Möglichkeit geben, nicht nur zwischen geringer und hoher Konfliktfähigkeit unterscheiden zu können, sondern auch zwischen durchschnittlicher und besonders starker. Dies muss jedoch auch durch Maßnahmen in der Übungskonstruktion sichergestellt werden. Für ein Rollenspiel bedeutet dies etwa, dass der Rollenspieler mehrmals in unterschiedlich starker Form die Konfliktfähigkeit durch entsprechende Verhaltensweisen provozieren muss, um etwa zwischen guten und sehr guten Teilnehmern unterscheiden zu können.

Darüber hinaus sollte sichergestellt sein, dass den Teilnehmern die Messintention (in etwa) transparent ist, um so die Gefahr von Reaktivitätseffekten (vgl. Kap. 3.3.4) zu vermeiden. Wissen die Teilnehmer überhaupt nicht, welches Ziel eine spezielle Übung verfolgt, dann ist die Wahrscheinlichkeit groß, dass (unterschiedliche) Annahmen und Spekulationen über die Zielrichtung der Übung – worum es hier eigentlich geht –, einen Einfluss auf die Vorgehensweise und inhaltliche Ausgestaltung der Übung haben. Dieser Gefahr unterliegen tendenziell immer Situationen mit „Einweg-Kommunikation", insbesondere Vorträge und Präsentationen, die weniger durch die Situation und die Einwände der Gesprächspartner gesteuert werden als durch die Vorstellung der Teilnehmer darüber, was hier wichtig sei. Gehen diese jedoch in eine falsche Richtung, zum Beispiel die Annahme, es gehe darum, die Vorlagen wiederzugeben, während die eigentliche Messintention auf das freie Sprechen abhebt, dann werden die Beobachtungen stark verfälscht werden. Die pure Benennung der Anforderungsdimensionen je Übung vermindert allerdings nicht die Reaktivitätseffekte (etwa: „In dieser Übung werden Kommunikation und Lenkungsfähigkeit beobachtet"). Hier sind die Etiketten zu unterschiedlich interpretierbar. Um eine Transparenz wirklich sicherzustellen, sollten kurze Verhaltensbeispiele für eine hohe oder niedrige Ausprägung angeführt werden.

Beispiel Übungsentwicklung Postkorb: Die Vorgehensweise in der Übungsentwicklung soll beispielhaft anhand einer Postkorb-Übung dargestellt werden. Dabei geht es um einen Postkorb für eine technische Leitungsfunktion in einem größeren mittelständischem Unternehmen. Ergebnisse der Anforderungsanalyse (vgl. Abb. 2.37) sind hier zunächst alle Situationsmerkmale, die den zukünftigen Positionsinhaber in seiner Tagesarbeit beeinflussen werden und spezielle Fähigkeiten, Kenntnisse oder Einstellungen erfordern, etwa die angespannte Kostensituation und die knappe Personaldecke im technischen Bereich. Dieser Hintergrund wird umgesetzt in die Instruktion, die der Teilnehmer erhält, sowie in die einzelnen Schriftstücke.

Aus der Anforderungsanalyse werden beispielhafte Bewältigungsstrategien erarbeitet, die der Positionsinhaber idealerweise einsetzen bzw. auf jeden Fall vermeiden sollte. Ergebnisse der Anforderungsanalyse waren in diesem Beispiel sechs solcher Bewältigungsstrategien. Diese sollen mit der Postkorb-Übung gemessen werden: Wahrnehmungsfähigkeit für schwache wirtschaftliche Signale, hohe Entscheidungsorientierung und unter Druck Maßnahmen umsetzen können, ausgeprägte Kostenorientierung, Sensibilität für zwischenmenschliche Konflikte, in hohem Maße delegieren können.

Die Herausforderung besteht nun darin, solche Vorgänge für die Postkorb-Übung zu entwickeln, die geeignet sind, diese fünf Kriterien zu messen. Dabei soll ein Kandidat z. B. mit einer hohen Delegationsfähigkeit den betreffenden Vorgang lösen können und Kandidaten mit schwacher Delegationsfähigkeit diese Übung nicht im gewünschten Sinn

---

Ergebnis der Anforderungsanalyse

Situationsmerkmale (werden später Elemente des Szenarios)

- Sehr angespannter Arbeitsmarkt, es sind kaum technische Mitarbeiter zu bekommen. Wichtig ist daher hohe Mitarbeiterorientierung, Vermeidung von Fluktuation
- Unternehmen in Privatbesitz, trotz guter wirtschaftlicher Lage hohe Kostenbelastung in Relation zu vergleichbaren Unternehmen
- Nächste Führungsebene mit sehr jungen Mitarbeitern, trauen sich noch wenig zu, müssen an Verantwortung heran geführt werden
- Die Position ist so ausgelegt, dass der Inhaber nicht nur oberster Techniker sein soll, sondern auch unternehmerische Verantwortung hat

Ergebnis der Anforderungsanalyse

Bewältigungsstrategien (werden später Bewertungskriterien)

- Besitzt ausgeprägte Wahrnehmungsfähigkeit für schwache wirtschaftliche Signale, kann Tendenzen erkennen
- Verfügt über eine hohe Entscheidungsorientierung, setzt Aufgaben mit Druck und schnell um, sucht Verantwortung und schiebt nichts auf
- Hat eine starke Kostenorientierung, berücksichtigt in Tagesarbeit Einsparungspotenziale
- Verfügt über eine hohe Sensibilität für zwischenmenschliche Konflikte im Schriftverkehr, kann Streitigkeiten und Kommunikationsstörungen gut erkennen
- Kann in hohem Maße delegieren, versucht nicht alles selber zu machen, was Mitarbeiter auch können, gibt diesen Verantwortung

Abb. 2.37 Vorgehensweise Übungsentwicklung Postkorb – Schritt 1

lösen. Um die oben aufgeführten Anforderungen an die Zuverlässigkeit der Messung zu gewährleisten, sind folgende Aspekte zu beachten:

- Jedes Kriterium muss unabhängig voneinander mehrfach beobachtet werden können.
- Die unterschiedlichen Vorgänge, die jeweils auf ein Kriterium laden, sollten unterschiedlich schwierig sein –Teilnehmer mit besonders ausgeprägter Delegationsneigung sollten also von den Durchschnittlichen unterscheidbar sein.
- Die Vorgänge sollten möglichst unabhängig voneinander lösbar sein (Kriterium der lokalen Unabhängigkeit).

Als Ergebnis dieser Vorgehensweise sind beispielhaft in Abb. 2.38 für fünf Bewältigungsstrategien jeweils drei Postkorb-Vorgänge entwickelt worden. Auf diese Weise werden die Ergebnisse der Anforderungsanalyse im Rahmen der Postkorb-Übung strukturiert in eine Beobachtungsmöglichkeit umgesetzt. Der nächste Schritt der Übungsentwicklung besteht dann darin, die einzelnen Vorgänge auszuformulieren.

Die gleiche Vorgehensweise liegt der Entwicklung ganz anderer Übungen zugrunde, beispielsweise Rollensimulationen: Die in der Anforderungsanalyse erhobenen Merkmale einer Aufgabensituation fließen in die Gestaltung des Szenarios ein, also die Vorinformation an den Teilnehmer und die Ausgestaltung des Rollenspielers. Für ein Verkaufsgespräch liegen Situationsmerkmale etwa darin, ob es sich um ein erklärungsbedürftiges Produkt handelt,

	Wahrnehmungsfähigkeit für schwache wirtschaftliche Signale	Hohe Entscheidungs-orientierung, mit Druck umsetzen können	Ausgeprägte Kostenorientierung	Sensibilität für zwischenmenschliche Konflikte	In hohem Maße delegieren
1. Umlauf für die Geschäftsleitung zu aktuellen betriebswirtschaftlichen Zahlen mit Hinweisen auf Verschlechterung	■				
2. Mitarbeiter A läßt erkennen, dass zu Mitarbeiter B Kommunikationsprobleme bestehen				■	
3. Zwei Investitionsalternativen werden vorgeschlagen, nach Berechnung ist eine davon kostengünstiger			■		
4. Störungen in wichtiger Fertigungslinie tritt auf		■			
5. Messeberichte mit Hinweisen auf technische Entwicklungen, die in eigener Firma nicht berücksichtigt wurden	■				
6. Mitarbeiter C soll zum Stellvertreter ernannt werden, Andeutungen jedoch, dass er keine Akzeptanz hat				■	
7. Schreiben von Mitarbeiter mit Bitte „gelegentlich darum kümmern", ist inhaltlich jedoch wichtig		■			
8. Es treten plötzlich teuere Qualitätsprobleme auf, jetzt jedoch andere, eigentlich unwichtige Termine		■			
9. Mitarbeiter versucht „Rückdelegation"					■
10. Vermehrte Kündigungen in einer bestimmten Abteilung, Hinweis auf Unzufriedenheit der Mitarbeiter				■	
11. Sehr teure Investition mit unsicherem Nutzen wird von Mitarbeitern dringend empfohlen			■		
12. Wird mit Bitte um Problemlösung angesprochen, ist eigentlich Verantwortungsbereich von Mitarbeiter					■
13. Mitarbeiter bittet um Entscheidung, die er auch alleine treffen könnte					■
14. Vergleichskennzahlen von IHK zu Kostenentwicklung weisen auf eigene Schwächen hin			■		
15. Schreiben von Mitarbeiter mit indirektem Hinweis, dass wichtiger Prototyp nicht termingemäß fertig wird	■				

Abb. 2.38 Vorgehensweise Übungsentwicklung Postkorb – Schritt 2

von welchem Typus die Kunden sind, welche Vorinformationen über den Kunden vorhanden sind und ob es sich um ein Erstgespräch handelt. Das Szenario und die Anweisung an die Rollenspieler müssen dann so verfeinert werden, dass die Situation von dem Teilnehmer nur positiv bewältigt werden kann, wenn die vorher erhobenen Bewältigungsstrategien – zum Beispiel die Kenntnis und Anwendung von bestimmten Einwandbehandlungs- oder Fragetechniken – tatsächlich eingesetzt werden. Das bedeutet für die Rollenübung „Verkaufsgespräch" etwa, dass der Rollenspieler bestimmte, vorher definierte Einwände und Fragen vorbringt.

2.5.5   Gruppendiskussionen

Übersicht

Gruppendiskussionen bilden traditionell den Kern des AC, sie zeigen das wichtige Vorgehen des Einzelnen in Teamarbeitssituationen, seine Fähigkeit, sich in eine Gruppe zu integrieren, und gleichzeitig seinen Willen, eigene Impulse zu Inhalten oder der

Abb. 2.39 Anzahl TN die, bei Gruppendiskussionen simultan beobachtet werden. *Quelle* Obermann et al. (2012)

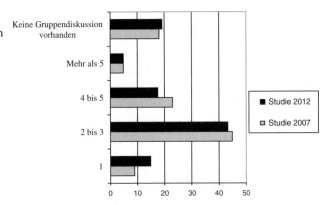

Vorgehensweise zu setzen. Auch historisch gesehen bildeten die „round-table"-Gespräche bei der Offiziersauswahl der deutschen Wehrmacht im Jahre 1925 (vgl. Simoneit 1933; Highhouse 2011) den Ursprung des AC. Die Grundannahme für die Gruppendiskussion besteht darin, dass man verschiedene Personen zu einem Thema in einen Raum setzt und beobachtet, wer sich bei diesem Thema durchzusetzen vermag (Abb. 2.39).

Hinweise zu Themen für Gruppenübungen finden sich bei Antons (2000) und Röschmann und Weber (2006). Die Übungen sind freilich zum großen Teil für Trainingszwecke entwickelt und lassen sich nicht notwendigerweise auf die Beurteilungssituation übertragen.

Gruppenübungen sind international wie in deutschsprachigen Organisationen ein beliebtester Übungstyp (neben Präsentationen, vgl. Umfrage Abb. 2.29). Im internationalen Vergleich werden Gruppendiskussionen auf allen Kontinenten eingesetzt, am häufigsten in Asien (Dowdewell und Oosthuizen 2011). Allerdings hat diese Beliebtheit in Deutschland deutlich abgenommen. In der Erhebung der am häufigsten angewendeten Übungen (Obermann et al. 2008) hat die Gruppenübung ihren ursprünglichen Spitzenplatz aus dem Jahr 2001 in der Erhebung von 2007 verloren. Nach der aktuelleren Erhebung zur Anwendungspraxis deutschsprachiger AC (Obermann et al. 2012) wird die Übung noch in 61 % der Verfahren eingesetzt, im Gegensatz zu 79 % bei der Vorgängerbefragung aus dem Jahr 2007.

Empirische Untersuchungen

Relativ selten sind Reliabilitäts-Retest-Untersuchungen durchgeführt worden. In der Studie von Gatewood et al. (1990) korrelieren die Ergebnisse aus drei verschiedenen Gruppendiskussionen zwischen .35 und .62. Dies ist eher niedrig einzuschätzen und deutet auf die geringe Stabilität von Einschätzungen aus Gruppendiskussionen hin.

Zur Validität liegen einige ältere US-Studien vor (vgl. Bray und Grant 1966; Greenwood und McNamara 1969; Wollowick und McNamara 1969; Bentz 1971; Hinrichs und Haanperä 1974, 1976; Grossner 1974; Huck 1974; American Airlines 1976; Clingenpeel 1979). Schuler et al. (1995) berichten von einer Korrelation zwischen der Gruppendiskussion mit dem Vorgesetztenurteil von .32.

Methodische Diskussion

Gruppenübungen sind international wie in deutschsprachigen Organisationen neben Präsentationen der am meisten verwendete Typus. Allerdings ist dieser Übungstyp methodisch problematisch. In ihrem Review kommen Lievens und Thornton (2005) jedenfalls zu dem Schluss, dass es eine Tendenz gibt, die Gruppenübung weniger zu verwenden. Der bisherige Reiz der Gruppendiskussionen ergibt sich aus der hohen Effizienz, sowohl hinsichtlich der Konstruktion als auch der Durchführung. Schließlich lassen sich schon nach einer guten Stunde erste Urteile über Kommunikationsfähigkeit, Kooperation oder andere Aspekte der Teilnehmer treffen. Auch für die Beobachter sind Gruppenarbeiten faszinierend: Dem relativ unerfahrenen Beobachter vermitteln sie schnell einen plastischen Eindruck vom Gruppenarbeitsverhalten und erlauben zudem den direkten Vergleich der Gruppenmitglieder („Herr Müller hat wesentlich besser zugehört als Frau Schmitt"), was zumindest die subjektive Sicherheit der Beurteilung festigt.

Die methodischen Probleme bestehen in verschiedenen Aspekten: Der Übungstyp Gruppendiskussion ist trotz seiner Tradition das Element mit der größten Gefahr mangelnder Zuverlässigkeit und damit auch eingeschränkter Vorhersagekraft/ Validität: Im Unterschied zu Einzelübungen lassen sich die Rahmenbedingungen für den einzelnen Teilnehmer weit schwerer standardisieren: Der Raum für den einzelnen Teilnehmer hängt immer von der zufälligen Zusammensetzung der Gruppe mit anderen Teilnehmern zusammen. Dies ist nach Lievens und Thornton (2005) auch der Hintergrund für die Kritik in den USA: Gerade im öffentlichen Bereich gibt es bei Auswahlverfahren immer höhere Anforderungen an die strikte Standardisierung. Diese ist bei einer derart von Gruppendynamik bestimmten Situation sehr schwer möglich.

Mehr als bei anderen Übungen realisiert sich hier der sogenannte Bonanza-Effekt: Die sprachlich gewandten Teilnehmer, die schnell (re-) agieren und aufspringen, an das Flipchart gehen und ein erstes kluges Statement bringen, sind im Vorteil gegenüber den Teilnehmern, die sich nach einer Weile mit ähnlich guten Beiträgen einbringen, aber sprachlich nicht so schnell aktiv werden können. Viele Gruppenübungen bedienen mit Recht die Vorhaltungen zum AC, dass hier nur die Schauspieler und Schaumschläger weiter kommen. Schließlich bedienen die diversen Ratgeber mit Tipps für das AC viele standardisierte Verhaltensmuster, die im Rahmen der kurzen Zeit schwer auf ihre Authentizität zu überprüfen sind (an das Flipchart gehen, als Erster die Diskussion einleiten, bei Beiträgen anderer brav Zustimmung äußern). Was die Teilnehmer in AC betrifft, so äußern sie gerade an den Gruppendiskussionen Kritik. Da gibt es etwa die Kritik eines Bewerbers um eine Trainee-Stelle: Er hatte vor dem ersten AC gehört, dass man sich möglichst profilieren sollte, ist dann als Erster zum Flipchart gelaufen und ergatterte viele Redeanteile in der Gruppendiskussion, erhielt jedoch in dem Rückmeldegespräch das vernichtende Urteil, zu dominant für das Unternehmen zu sein. Im AC beim nächsten Unternehmen hatte er sich dann vorgenommen, sich ganz anders zu verhalten, und erhielt dort prompt die Rückmeldung, ein zu schwach ausgeprägtes Führungsverhalten zu zeigen.

Die von Teilnehmern oft angekreidete Schauspielerei und Künstlichkeit im AC entspricht auf der wissenschaftlichen Seite der Kritik der Reaktivität und Laborhaftigkeit von AC-Übungen. Diese Gefahr tritt bei Gruppenübungen viel leichter als bei Rollenübungen auf, da die Redeanteile des einzelnen Teilnehmers naturgemäß viel geringer sind, also mehr Zeit besteht, sich zu überlegen, wie man sich jetzt verhält oder worauf es jetzt ankommt. Es lässt sich nachweisen, dass die Gruppenübung im Vergleich zu anderen Übungstypen am ehesten Übungseffekten unterliegt (vgl. Kap. 2.8). So hat die unterschiedliche Vorstellung darüber, welches Verhalten von den Beobachtern wohl als positiv eingeschätzt wird, einen hohen Einfluss auf das tatsächliche Auftreten. Gerade die Vermeidung dieser Reaktivität stellt hohe Anforderungen an die Konstruktion von Gruppenübungen, sodass sich die leichtfertige Übernahme von Gruppenübungen verbietet, die für Trainingszwecke entwickelt wurden. Daher sind simple Themen wie „Wer bekommt den Dienstwagen?" oder „Tempolimit auf Autobahnen?" abzulehnen. Wenn die Themen inhaltlich nicht vielschichtig sind und dem Teilnehmer keinen emotionalen Bezug ermöglichen, dann ist die Gefahr von Künstlichkeit und Reaktivität am größten.

AC-Moderatoren müssen mit einem weiteren Effekt der geringen Standardisierung von Gruppenübungen rechnen, nämlich damit, dass sich im Verlauf der Diskussion eine Eigendynamik entwickelt und etwa die Teilnehmer – entgegen der Instruktion – nicht beschließen, miteinander konfliktär umzugehen, oder sich nicht an Rollenvorgaben halten. Mit dieser Eigendynamik ist insbesondere bei berufserfahrenen Teilnehmern zu rechnen, die Erwartungen an solche Übungen kennen und trotz anderer Übungsinstruktion darauf achten, dass ‚man sich nicht wehtut'.

Zusammenfassend wiegen die Nachteile der Gruppendiskussion trotz ihrer langen Tradition schwer (Abb. 2.40). Dies ist insbesondere die erhöhte Reaktivität der Übung und die geringe Objektivität und Zuverlässigkeit. Dem stehen jedoch die einfache Handhabung und der geringe Durchführungsaufwand gegenüber. Speziell

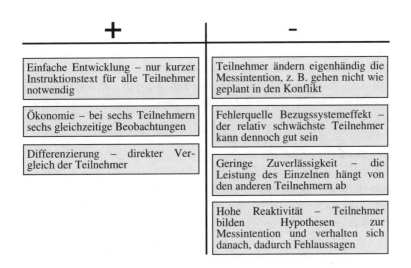

Abb. 2.40 Vor- und Nachteile von Gruppenübungen

bei erfahrenen Zielgruppen innerhalb von internen Potenzialanalysen sollte auf Gruppendiskussionen ganz verzichtet werden, da die fälschliche Einschätzung eines eigentlich guten Mitarbeiters als schwach letztlich teuer ist, weil ein Kandidat mit gutem Potenzial so übersehen wird.

Teilnehmer, die sich gar nicht äußern

Etwas Kopfweh bereiten den Beobachtern speziell in der AC-Praxis solche Teilnehmer, die während der ganzen Diskussion nichts oder fast gar nichts sagen bzw. sich erst gegen Ende verstärkt einbringen. Aus Hilflosigkeit heraus werten die Beobachter derartige Teilnehmer häufig in allen Beobachtungskriterien ab oder streichen die Übung ganz aus der Wertung heraus. Wie ist mit solchen Fällen sinnvollerweise umzugehen? Zunächst sollte anhand von offenen Fragen ein kurzes Nachgespräch geführt werden, um auszuschließen, dass der betreffende Mitarbeiter/Bewerber aufgrund der fälschlichen Annahme eines aus seiner Sicht richtigen Verhaltens nichts gesagt hat. Introvertierte Teilnehmer berichten dagegen häufig, dass die anderen schon alles gesagt hätten oder dass die Diskussion von vornherein in die falsche Richtung gelaufen sei. In diesem Fall sollten dann diejenigen Kriterien – gegebenenfalls mit dem Minimalwert – berücksichtigt werden, die stark mit den Redeanteilen zusammenhängen: etwa Tatkraft und Energie, Durchsetzungswille o. ä. Da die betreffenden Teilnehmer im positiven wie im negativen Sinn kein Profilierungsbestreben dokumentiert haben, würden wichtige Informationen über diese Teilnehmer unterdrückt, wenn auf die Beurteilung völlig verzichtet würde. Andere Beurteilungskriterien hingegen sind relativ unabhängig von den Redeanteilen des Teilnehmers, etwa der sprachliche Ausdruck oder die Kompromissbereitschaft. Diese sollten anhand der Äußerungen der stilleren Teilnehmer beurteilt werden, wobei auf die Beobachter schon erhöhte Anforderungen zukommen, da zwar von der Höhe der Redeanteile abstrahiert werden muss, andererseits das Urteil aufgrund nur weniger Beobachtungen aber mit einer größeren Unsicherheit behaftet ist. Hier besteht außerdem die Gefahr, dass die Beurteilungen auf allen Dimensionen von dem hervorstechenden Merkmal der Eloquenz des Teilnehmers überstrahlt werden und demzufolge Teilnehmer benachteiligt werden, denen das „Was" der Diskussion wichtiger erscheint als das „Wie" und die infolgedessen zum Beispiel inhaltlich komplexer argumentieren. Fällt von dem Teilnehmer freilich gar kein Beitrag auf, müssen Merkmale wie der sprachliche Ausdruck ganz gestrichen werden.

Alternative zur Gruppendiskussion

Eine attraktive Alternative besteht darin, die übrigen Teilnehmer einer Gruppendiskussion durch standardisierte Rollenspieler zu ersetzen. So kann die Auswertungsobjektivität und Zuverlässigkeit deutlich besser sichergestellt werden. Neben der adäquaten Auswahl eines inhaltlichen Themas ist bei Gruppenübungen mehr als bei anderen Übungen darauf zu achten, dass die Messintention für die Teilnehmer transparent gemacht wird, um falsche Ergebnisse durch unzutreffende Hypothesenbildung der Teilnehmer zu den beobachteten Skalen zu vermeiden.

Entwicklung von Themenstellungen

Im Folgenden sollen einige Basisanforderungen für die Entwicklung von Gruppenübungen dargestellt werden, die zur Vermeidung von Reaktivitätseffekten beitragen:

Die jeweilige Themenstellung sollte einen hohen inhaltlichen oder gar emotionalen Bezug zu den einzelnen Teilnehmern haben: Könnte das betreffende Thema grundsätzlich auch innerhalb des Unternehmens mit Spannung diskutiert werden? Eine Gefahr stellt jedoch das Extrem dar: die Diskussion von gerade aktuellen und tatsächlich heiß diskutierten Themen im Unternehmen. Dies könnte bei den Teilnehmern zur Spekulation führen, ob hier die inhaltliche Meinung bewertet wird („Gesinnungsschnüffelei").

Die Forderung nach inhaltlicher Identifizierung mit der Themenstellung muss genauso bei Bewerbern – etwa für Trainee-Positionen – gelten. Hier können Themen aus dem Lebensumfeld der Teilnehmer gewählt werden, etwa die Frage nach den Pro- und Contra-Argumenten von Eliteuniversitäten, der Einführung von Studienbeschränkungen oder den besten Bewerbungsstrategien. Die Identifizierung mit der Themenstellung kann durch folgende Vorgehensweise erleichtert werden: Wenn mit vorgegebenen Positionen gearbeitet wird („Ihre Rolle ist: Sie sind gegen die Einführung von Gleitzeitmodellen in unserem Unternehmen"), sollten sich die Vertreter jeweils einer Position etwa zehn Minuten in Teilgruppen unter sich zusammensetzen, um Argumentation und Vorgehensweise aufeinander abzustimmen. Durch die Identifizierung mit einer bestimmten Kleingruppe („Wir gegen die …") wird auch die inhaltliche Bindung an das Thema erhöht, die Gefahr der Künstlichkeit abgebaut.

Auch wenn keine Rollen vorgegeben werden, hat es sich als vorteilhaft erwiesen, den einzelnen Kandidaten zunächst fünf oder zehn Minuten Vorbereitungszeit zu geben, in denen diese sich auf einem Papier schriftlich für eine Position entscheiden und inhaltliche Argumente vorbereiten.

Verzichtet werden sollte bei Gruppendiskussionen auf Situationsvorgaben, die aufgrund von Veröffentlichungen in vielen Medien bekannt sind und von einigen AC-Teilnehmern schon erlebt wurden, etwa die „NASA-Übung" oder die „Dienstwagen-Übung".

Neben der Forderung nach einem inhaltlichen Bezug der Diskussionsthemen zu den Diskutierenden zur Vermeidung von Reaktivität sollten die Aufgaben inhaltlich ausreichend komplex sein. Es sollten nicht nur Meinungen ausgetauscht werden, sondern die Teilnehmer in die Anforderung versetzt werden, Argumentationen aufzubauen (Abb. 2.41). Auch in der Praxis muss die Aufmerksamkeit meistens auf die vielen Argumente und Einwände der Besprechungsthemen fokussiert werden; dadurch ist nur wenig Denkkapazität frei, um sich fortlaufend zu überlegen, wie man sich nun als Nächstes verhält. Für die Praxis der AC-Übungen erfordert dies inhaltlich ausreichend komplexe Themenstellungen, bei denen viele Argumente, Positionen und Einwände denkbar sind. Fragestellungen mit Ja-/Nein-Charakter und nur wenigen denkbaren Argumenten für die beiden Positionen eignen sich nicht für AC. Ideen für Themenstellungen sollten daher von den Konstrukteuren insofern getestet werden, als

- Neues Vergütungsmodell für die Firma (vorgegebeRollen für einzelne Positionen, z. B. Teamprämie)
- Erarbeitung der Struktur für eine Mitarbeiter-/Kundenzeitung
- Erarbeitung der Struktur für die Vorbereitung des Firmenjubiläums
- Abteilungsmeeting – jeweils zwei Teilnehmer repräsentieren eine Abteilung und bereiten sich vor
- Krisensitzung Projekt – wie Neuorganisation des Projekts (mit Hintergrundinformationen zum Sachstand)
- Projektsitzung mit vorbereiteten Einzelbeiträgen der Teilnehmer
- Besprechung neues Vertriebskonzept/Akquisition von Neukunden/Marketingstrategie
- Budgetdiskussion, z. B. Investition, Mitarbeiterveranstaltung (mit verteilten Rollen)
- Teambesprechung – Struktur einer Kunden-/Mitarbeiterbefragung (mit Rollenspielern)
- Planspiel – Managementmeeting (mit Fallmaterial oder PC-Simulation)
- Dynamische Gruppendiskussion in Teilen – bei jeder Runde Feedback zu „Unternehmenszahlen"
- Post-Merger Diskussion zu Synergieeffekten (mit Fallmaterial zu aufgekauftem Tochterunternehmen)
- Metadiskussion – Diskussion über Gruppenverhalten in vorheriger Gruppenübung mit anderem Thema
- Interkulturelle Diskussion – Verbesserung der Zusammenarbeit zwischen Ländergesellschaften
- Agent Provocateur – ein Rollenspieler (z. B. kritischer Journalist) provoziert die Gruppe
- Moderation in einem Konflikt zwischen Abteilungen (mit Rollenspielern)

Abb. 2.41 Themen für Gruppendiskussionen

sie vorab in einer Art Probelauf die denkbaren Argumente sammeln. Falls sich diese (zu) schnell generieren lassen und insgesamt nur wenige an der Zahl sind, sollte das Thema modifiziert bzw. eventuell sogar gewechselt werden.

Am besten werden diese Forderungen durch Fallstudien erfüllt, die als Diskussionsgrundlage mit fünf bis 20 Seiten Papier in die Gruppendiskussion eingebracht werden. Diskussionsthemen wären dann z. B.: „Analysieren Sie die Probleme dieser Abteilung!" oder „Was wären die wichtigsten Maßnahmen, um dieses Unternehmen wieder profitabel zu machen?".

Beobachtbarkeit der Skalen

In der AC-Praxis ist es leider häufig zu beobachten, dass sich in Beobachtungsbögen interessante Konstrukte und Verhaltensanker finden (z. B. Lernfähigkeit, unternehmerisches

Denken), die Konstrukteure jedoch keine Sorge getragen haben, diese Kriterien im Setting zu provozieren. Eine Skala (etwa Konfliktfähigkeit) sollte auch mehrfach unabhängig voneinander beobachtbar sein. Ein Grundfehler der Eignungsdiagnostik tritt immer wieder dann auf, wenn die Beurteilungen nicht gegen Zufall abgesichert sind und nur auf einzelnen Beobachtungen basieren. Im Extremfall wird ein Statement eines Teilnehmers gleich für mehrere Verhaltensanker oder Skalen verwendet. Dem Halo-Effekt ist so Tür und Tor geöffnet – in der Regel wird dann eine pauschale Gesamteinschätzung („hat sich gut beteiligt") auf sämtliche Einzelkriterien übertragen. Auf diese Weise gehen Konstruktvalidität und die Treffsicherheit der Aussagen im AC deutlich zurück.

Die klare Ableitung der intendierten Konstrukte mit mehreren, unabhängigen Beobachtungsmöglichkeiten ist allerdings die Aufgabe der Übungsentwickler und nicht der Teilnehmer. Wenn sich ganze Skalen oder Verhaltensanker mangels Beobachtungsmöglichkeit nicht bewerten lassen, dann ist das nicht das Problem der AC-Teilnehmer, sondern eher der Beobachter.

Um nach dem Ende einer Gruppendiskussion zu überprüfen, ob sich die Teilnehmer authentisch verhalten haben, also nicht die Reaktivität einen zu großen Einfluss hatte, gibt es folgenden Erfahrungswert: Nach dem Ende der eigentlichen, offiziellen Diskussion sollten die Teilnehmer mit einer offenen Frage angeregt werden, weiter zu diskutieren. Die Frage kann darauf abstellen, ob die Kandidaten das jeweilige Thema in der Praxis auch so diskutieren würden oder wie sie die Diskussion erlebt hätten. Wenn sich die Teilnehmer mit dem Gruppenthema stark identifiziert haben und keinen Typ geschauspielert haben, so wird diese Nachdiskussion erfahrungsgemäß nach dem gleichen Strickmuster ablaufen wie die eigentliche Gruppenarbeit: mit ähnlich verteilten Redezeiten und vergleichbar dominanten oder zurückhaltenden Teilnehmern. Einzelne Kandidaten, die sich dann völlig anders verhalten, sollten darauf angesprochen werden, um so durch ein kurzes Gespräch zu überprüfen, ob in diesem Fall im Sinne eines Reaktivitätseffekts eine bestimmte Vorstellung von einem guten Gruppenteilnehmer gewirkt hat.

Anzahl der Teilnehmer

Die Frage nach der sinnvollen Anzahl von Gruppenteilnehmern muss auch entsprechend der repräsentativen Abbildung von Praxissituationen beantwortet werden: Finden sich etwa in der Tagespraxis viele Besprechungen mit einer größeren Anzahl von Teilnehmern, etwa acht oder zehn, so muss dies auch in der AC-Praxis berücksichtigt werden. Eine sehr intime Teamarbeit mit etwa drei Teilnehmern wird naturgemäß anders ablaufen als eine Besprechung, in der sich der Einzelne anstrengen muss, zu Wort zu kommen.

Freilich gibt es Ober- und Untergrenzen, die sich aus den Anforderungen des AC ergeben. Eine Teilnehmeranzahl von drei oder vier stellt die Untergrenze dar, damit beobachtbar wird, wie sich die Teilnehmer um Redeanteile bemühen. Bei drei Teilnehmern entsteht eine Dynamik derart, dass die Anderen den ruhigen Teilnehmer einbeziehen.

Die sinnvolle Obergrenze ergibt sich daraus, dass ab einer bestimmten Teilnehmerzahl der Kampf um die Redeanteile beherrschend wird und die Beobachtung anderer Aspekte kaum noch möglich ist, da schon theoretisch die je Teilnehmer zur Verfügung stehende Redezeit und damit die Beobachtungszeitpunkte gering werden (bei zehn Teilnehmern und einer Stunde Diskussionszeit sind dies kaum mehr als fünf Minuten je Teilnehmer). Bei größer werdender Teilnehmerzahl werden zudem Dialoge und Auseinandersetzungen zwischen einzelnen Teilnehmern geringer, die wichtigen Beobachtungspunkte für Kompromissbereitschaft oder Ausdauer in der Vertretung eines Standpunktes damit weniger. Eine Teilnehmeranzahl von neun oder zehn stellt also die Obergrenze dar – aus der Sicht der Beobachter sind Gruppengrößen zwischen vier und acht optimal.

Beantwortet werden kann die Frage auch empirisch. In der Studie zu deutschsprachigen AC geben die befragten Unternehmen an, wie viele Teilnehmer parallel von einem Beobachter beobachtet werden. Die Mehrheit von 43 % gibt an, dass zwei bis drei Teilnehmer gleichzeitig beobachtet werden. Vier bis fünf Teilnehmer werden nur bei 18 % der Unternehmen eingeschätzt. Eine Minderheit von 5 % lässt mehr als fünf Teilnehmer gleichzeitig beobachten.

Durchführung

Vorbereitet sein sollten die notwendigen Hilfsmittel, damit sich die Gruppe ihren Vorstellungen entsprechend organisieren kann (Flipchart, Moderationsmaterial, Stifte etc.).

Der Moderator stellt das Thema vor und verteilt die gegebenenfalls vorhandenen Vorbereitungsunterlagen für die Teilnehmer, etwa mit den Rollenbeschreibungen und vorbereiteten Argumenten.

Vor dem Start der Diskussion muss festgelegt werden, welcher Beobachter welchen Teilnehmer beobachtet. Die Beurteiler sollten so sitzen, dass die jeweils zu beobachtenden Teilnehmer gut für sie sichtbar sind, jedoch nicht direkt gegenüber, um den Stresscharakter der Beurteilungssituation nicht noch zu erhöhen. Während der Diskussion sollte von den Beobachtern nicht eingegriffen werden, ein Hinweis auf die knappe verbleibende Zeit kann allerdings eine lustlos verlaufende Diskussion auf Trab bringen.

Nach dem Ende der Diskussion sollten einige offene Fragen an die Teilnehmer gerichtet werden, um bestehende Fragen oder Kritik zu erörtern und – wie oben beschrieben – die Reaktivität der Übung zu testen.

Wird mehr als eine Gruppendiskussion durchgeführt, sollte auf jeden Fall die Zusammensetzung von Teilnehmern und Beobachtern verändert werden, um Beurteilungsfehler aufgrund von Bezugssystem-Effekten (s. Kap. 2.5) zu vermeiden: Wenn alle Teilnehmer aufgrund der zufälligen Zusammensetzung eher dominant miteinander umgehen, wird der noch am kooperativsten Vorgehende stärker bewertet werden, als wenn er in einer Runde sehr weicher und einfühlender Kollegen agiert hätte.

Variationsformen

Gruppendiskussion mit/ohne Rollenverteilung

In Gruppenarbeiten ohne Rollenvorgabe bilden sich die Teilnehmer eigene Standpunkte, die – ohne Kontrolle der Assessoren – zufällig konfliktär zueinander sein können

oder nicht. Diese Bandbreite wird in der Variationsform mit Rollenverteilung eingeschränkt und damit die Situation etwas mehr standardisiert. Eine denkbare Form
der Rollenverteilung besteht darin, zwei oder mehr inhaltliche Standpunkte vorzugeben: „Sie diskutieren für die Einführung von Teamprämien, Sie vertreten hingegen die Position von Einzelprämien!". Die zweite Form besteht in der Vorgabe von
Rollen im Unternehmen oder Projekten, z. B. „Sie übernehmen jetzt die Position des
Personalleiters, Sie die Rolle des Finanzchefs!".

Abhängig vom Wettbewerbscharakter, den die vorgegebenen Positionen zueinander
haben, besteht der Vorteil der Rollenverteilung darin, eine konfliktäre Diskussion zu
provozieren. Schließlich gibt es in der Praxis viele Themenstellungen mit Meinungen,
die prinzipiell unvereinbar sind, bei denen aber dennoch eine gemeinsame Linie erarbeitet werden sollte. Zudem müssen Mitarbeiter oft Positionen mit vertreten, hinter denen
sie persönlich nicht immer voll stehen. Folgende Hinweise sollten bei der Auswahl eines
Themas mit Rollenverteilung beachtet werden:

* Die einzelnen Rollen oder Positionen sollten in etwa gleich anspruchsvoll sein,
  um nicht einige Teilnehmer von vornherein in die Defensive zu bringen. Ein einfaches Hilfsmittel besteht darin, die einzelnen Positionen oder Rollen schriftlich im
  Vorbereitungsmaterial mit Argumenten zu versorgen. Auf diese Weise wird sichergestellt, dass jeder über eine vergleichbare Mindestzahl ähnlich guter Argumente ver-
  fügt. Zudem werden auf diese Weise die im Vordergrund stehenden kommunikativen
  Beurteilungskriterien nicht überlagert durch analytische Stärken oder Stärken im
  Wissensbereich.
* Zudem sollte darauf geachtet werden, dass die Beschreibung der Zielfestlegung für
  die Diskussion und die Rollenbeschreibung Kompromisse möglich machen, um die
  Gruppenarbeit für die Teilnehmer nicht zu konfliktär oder stressbetont zu gestalten.
* Die Vorgabe einer inhaltlichen Position, die der persönlichen Einstellung eines
  Teilnehmers völlig widerspricht, birgt für diesen Teilnehmer die beschriebene Gefahr
  der Künstlichkeit, der Reaktivität. Zudem wird es analytisch stärkeren Kandidaten
  einfacher fallen, sich in eine Rolle hinein zu denken, die der persönlichen widerspricht. Um die vorgegebene an die tatsächliche Position zumindest anzunähern,
  besteht eine praktikable Vorgehensweise darin, die Teilnehmer in die Auswahl der
  Rollen einzubeziehen.

Gruppendiskussion mit/ohne Diskussionsleiter

Die führerlose Gruppendiskussion (engl. LGD – Leaderless Group Discussion) ist die
klassische Ausprägung der Gruppenübung aus den Ursprüngen des AC (Abb. 2.42).
Hier wird den Teilnehmern nur ein Thema vorgegeben, Ablauf und Aufgabenverteilung
wird von diesen selbst bestimmt. Die Dynamik der Situation zeigt dann, wer von den
Teilnehmern stärker als andere den Meinungsbildungsprozess beeinflusst und sich so
zum informellen Führer entwickelt.

Abb. 2.42 Varianten der Gruppendiskussion

Eine andere Variante der Gruppendiskussion gibt dagegen die Rolle des Moderators/ Diskussionsleiters vor, die dann etwa alle zehn Minuten gewechselt wird. Nachteile dieser Vorgehensweise bestehen darin, dass sie aufwendiger ist als die führerlose Form, da jeder der möglicherweise sechs oder acht Teilnehmer einmal die Führungsrolle übertragen bekommen muss. Als Themen eignen sich Diskussionen, die sich entsprechend der Anzahl der Teilnehmer aufteilen lassen, etwa die Besprechung einer Mitarbeiterzeitung oder Kundenbefragung mit entsprechenden Teilthemen.

Die notwendige Beschränkung auf zehn oder 15 Minuten stellt freilich eine künstliche Einschränkung dar, die insbesondere Teilnehmer mit einer längeren Anlaufzeit benachteiligt. Damit es sich hierbei zumindest um inhaltlich abgeschlossene Abschnitte handelt, sollten die Themen für jeden Teilnehmer verändert werden (etwa Vor- und Nachteile einer bestimmten Methode). Diesen Nachteilen der Gruppendiskussion mit vorgegebener Führungsrolle steht freilich der gewichtige Vorteil gegenüber, dass überprüft werden kann, inwieweit eine formale Führungsrolle adäquat ausgefüllt werden kann. Gerade Teilnehmer, die in der führerlosen Diskussion nichts äußern, weil sie der Auffassung waren, keine neuen inhaltlichen Beiträge zum Thema zu haben, können hier zeigen, inwieweit sie sich mit einer Führungsrolle identifizieren können. Auf jeden Fall erbringt die Gruppenarbeit mit vorgegebener Führungsrolle wichtige Zusatzinformationen, sodass sich die Durchführung beider Vorgehensweisen im AC empfiehlt.

Gruppendiskussion mit Rollenspielern

Bei dieser Variante trifft der AC-Teilnehmer nicht auf andere Teilnehmer, sondern ausschließlich auf instruierte Rollenspieler. Diese Variante ist speziell bei Zielgruppen mit berufserfahrenen Teilnehmern zu empfehlen. Hierdurch lassen sich eher noch die sonst nur schwer zu kontrollierenden Effekte klassischer Gruppenübungen vermeiden (Eigendynamik durch Teilnehmer, Varianzeinschränkung durch Verhalten anderer Teilnehmer, geringe Standardisierung). Allerdings erhöht sich der Aufwand deutlich, da die für jeden Teilnehmer durchgeführte Gruppenübung letztlich tatsächlich eine Einzelübung darstellt. Außerdem ist eine entsprechende Anzahl Rollenspieler notwendig.

Durch die Rollenspieler lässt sich diese Variante jedoch sehr gut derart standardisieren, sodass alle Teilnehmer die gleichen Voraussetzungen haben. Auch lassen sich bestimmte Beobachtungen im Anforderungsprofil durch die Absprachen der Beobachter gezielter provozieren. Denkbare Themen für Gruppendiskussionen sind solche, bei denen der Teilnehmer als Führungskraft mit Mitarbeitern spricht:

- Durchsprechen von organisatorischen Veränderungen (mit „Vertretern" einzelner Abteilungen)
- Koordination eines Projekts (einzelne Mitarbeiter sind positiv/negativ eingestellt)
- Moderation eines Konflikts (Schnittstellenprobleme zwischen Teams)
- Krisensitzung zu einem Projekt (Zeit-/Kostenüberschreitung – was tun?)

Wenn die Beobachter gleichzeitig als Rollenspieler eingesetzt werden, ist auf die strenge Standardisierung der Beiträge zu achten, damit ausreichend Raum und Beobachtungsmöglichkeiten für den Teilnehmer bestehen.

Hoher/geringer Wettbewerbscharakter
Durch die Instruktion an die Teilnehmer, in der das Setting für die Übung beschrieben ist, lässt sich der Wettbewerbscharakter der Übung variieren.

Ein Weg besteht in der Vorgabe von Rollen und Positionen, die sich untereinander teilweise ausschließen oder widersprechen. Allerdings sollten so genannte „Null-Summen-Spiele" vermieden werden, in denen ein eigener Vorteil nur zulasten der anderen erzielt werden kann und ein Kompromiss- oder Kooperationsverhalten daher kaum beobachtbar ist. Auch ohne Rollenverteilungen kann der Wettbewerbscharakter von Gruppenübungen dadurch variiert werden, dass die einzelnen Teilnehmer vor der eigentlichen Diskussion aufgefordert werden, eine bestimmte Anzahl von Ideen, Vorschlägen oder Argumenten zu sammeln („Entwickeln Sie bitte mindestens zehn Vorschläge zu …"). Im nächsten Schritt wird dann der Gruppe das Ziel vorgegeben, eine gemeinsame Liste zu entwickeln, die freilich weit weniger Positionen enthalten darf, was – je nach vorgegebener Zahl – die einzelnen Teilnehmer vor die Aufgabe stellt, die eigenen Argumente und Ideen durchzubringen. Und dies umso mehr, wenn dieses Ziel in der Instruktion explizit vorgegeben ist. Häufig wird von den AC-Konstrukteuren der für die Teilnehmer erlebte Stress unterschätzt: Auch ohne die Vorgabe von sich widersprechenden Arbeitsthemen stehen die Teilnehmer durch die ungewohnte Beobachtungssituation und das möglicherweise uninteressante Diskussionsthema ziemlich unter Druck. Eine Gruppenarbeit mit einem zu starken Wettbewerbscharakter unterliegt der Gefahr, dass die Stressresistenz der Teilnehmer, die zwar ein Beobachtungskriterium sein kann – aber eben nur eines neben anderen –, alle anderen Merkmale überlagert.

Kombination mit anderen Übungstypen

Kombination Gruppenübung/Präsentationen: Die einzelnen Teilnehmer bereiten sich auf ein Unterthema oder eine inhaltliche Position vor und präsentierten dieses (z. B. in drei bis fünf Minuten) der anwesenden Gesamtgruppe. Diese Vorgehensweise bietet den Vorteil, dass die einzelnen Teilnehmer auch in einer Phase erlebt werden, in der sie eigenständig einen sprachlichen Beitrag strukturieren müssen; schließlich sind für diese Kommunikationsform erhöhte Anforderungen an die Lebhaftigkeit der Darstellung und die Gliederung des Vortrags zu stellen.

Diese Variante bietet für solche Teilnehmer zusätzliche Beobachtungszeitpunkte, die sich in der Diskussion zurückhalten und deren sprachliche Fähigkeiten sonst nur schwer beurteilt werden können. Die von den einzelnen Teilnehmern vorgetragenen Positionen können dann Basis für die anschließende Gruppendiskussion sein.

Kombination Gruppenübung/Fallstudie: Hier wird zunächst individuell ein komplexes Problem analysiert, um dann Lösungsmaßnahmen abzuleiten. Vom Ablauf sollten allerdings die Phasen, in denen die analytischen Kapazitäten der Teilnehmer bewertet werden, von den Phasen getrennt werden, in denen die kommunikativen Aspekte im Vordergrund stehen. Eine Bewertung von analytischen Fähigkeiten auf der Basis der inhaltlichen Argumente und des Diskussionsverlaufs ist abzulehnen, werden die intellektuellen Aspekte doch im Positiven wie im Negativen von den sprachlichen Fähigkeiten überlagert.

2.5.6 Präsentation

Präsentationsübungen stellen die Teilnehmer vor die Aufgabe, ein bestimmtes Thema oder vorgegebenes Material aufzubereiten, zu strukturieren und dann vor einer Gruppe vorzutragen. Sichtbar werden – je nach Konstruktion der Übung – sowohl organisatorisch-analytische Fähigkeiten als auch die sprachliche Sicherheit im Auftreten vor einer Gruppe. Neben Gruppendiskussionen und Postkörben gehören Präsentationen zu den beliebtesten Übungen in deutschen AC (vgl. Abb. 2.29).

Ähnlich wie bei den Gruppendiskussionen ist zu fragen, ob in deutschen Unternehmen tatsächlich so viel präsentiert und vorgetragen wird, wie dies die Häufigkeit dieser Übung bei AC vermuten lässt.

Genauso wie bei der Entwicklung anderer Übungen muss an erster Stelle die sorgfältige Analyse der Anforderungen stehen, das heißt die Frage, ob Präsentationen erfolgsentscheidende Arbeitssituationen der Zielposition darstellen und welche Charakteristika – im Sinne einer Situationsanalyse – die Präsentationen in der Praxis auszeichnen: Häufig sind Präsentationen gegenüber der Praxis überrepräsentiert und bevorzugen – wie die Gruppendiskussionen – sprachlich gewandte Teilnehmer (Abb. 2.43).

Empirische Untersuchungen zu Gütekriterien von Präsentationen liegen kaum vor. Schuler et al. (1995) berichten von einem fünfminütigen Kurzvortrag zu einem selbst ausgewählten Thema aus dem eigenen Arbeitsbereich. Die Zielgruppe waren auszuwählende Mitarbeiter in Forschung und Entwicklung eines Großunternehmens. Die

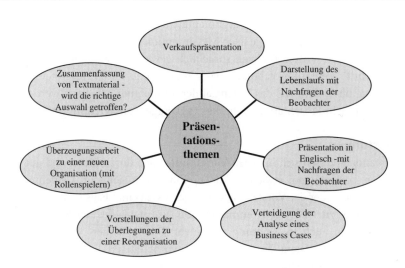

Abb. 2.43 Präsentationsthemen

Beurteilerübereinstimmung lag – je nach Dimension – zwischen .48 und .61. Die Validität bezogen auf ein berufliches Leistungsurteil lag bei .29. Besondere Anforderungen stellen Präsentationen an Konstruktion und Durchführung, denn bei kaum einer anderen Übung ist die Gefahr der Reaktivitätseffekte (vgl. Kap. 3.3) größer: Die Teilnehmer bilden eigene Hypothesen zu den Messintentionen und liegen damit zufälligerweise richtig oder falsch: „Soll ich die Unterlagen nur vollständig wiedergeben?" – „Geht es hier auch um die Inhalte?" – „Steht meine Körpersprache im Vordergrund?".

Deshalb sollte ähnlich wie bei der Gruppenübung die Erwartungshaltung der Beobachter zur Messintention deutlich gemacht werden. Nur die Benennung der Skalen reicht jedoch nicht aus („In dieser Übung geht es um Ihre Überzeugungsfähigkeit"), da – wie für die Beobachter – diese Umschreibungen austauschbar sind. Es sollten vielmehr Beispiele für – bezogen auf die Messintention – positives und negatives Verhalten angegeben werden.

Speziell bei Präsentationen wird häufig eine Qualitätsanforderung an die Übungskonstruktion verletzt, wenn indirekt auf ein bestimmtes festgelegtes Zielverhalten abgehoben wird („Schafft er es, in der knappen Vorbereitungszeit die wichtigsten Texte zu erfassen?" oder „Kann er sich gegenüber den Rollenspielern durchsetzen, die ihn ablenken wollen?"). Es wäre einerseits wenig ökonomisch, die Zeit einer ganzen Übung für ein solches Zielmuster auszurichten, während im Anforderungsprofil viele weiße Flecken verbleiben. Andererseits ist ein solches Vorgehen zu wenig gegen Zufall abgesichert – für wichtige Anforderungen muss es innerhalb einer Übung mehrere, unabhängige Beobachtungsmöglichkeiten geben. Eine besondere Herausforderung in der Konstruktion von Präsentationsübungen stellt die Konfundierung von inhaltlichen Aspekten mit dem Präsentationsverhalten dar: Bei Mängeln im sprachlichen Ausdruck werden auch intellektuelle Aspekte abgewertet. Hier sollten Überstrahlungseffekte vermieden werden, indem etwa die argumentative Aufbereitung der Vorlagen für die Teilnehmer gleich vorbereitet ist (je nach Messintention).

Einen besonderen Vorteil besitzen sprachlich gewandte Teilnehmer und solche mit Kenntnissen in Präsentationstechniken. Hier muss vorab die Frage gestellt und beantwortet werden, ob in dem AC das Potenzial der Teilnehmer gemessen werden soll oder nur deren Routine in Präsentationstechniken (vgl. Eggers und Oetting 1990).

Variationsformen

Die Präsentationen lassen sich in vielen Variationsformen durchführen und gut mit anderen Übungen kombinieren, etwa mit kurzen Einzelvorträgen der Teilnehmer vor der Gruppendiskussion oder der Vorstellung von Ergebnissen einer Fallstudie in Vortragsform.

In Ergänzung zur Einweg-Kommunikation während des eigentlichen Vortrags kann die Situation auch in Richtung von mehr Dialog variiert werden, etwa indem die Teilnehmer nach einem Kurzvortrag mit vorbereiteten Fragen und Einwänden der anderen Gruppenteilnehmer konfrontiert werden. Die Beobachtungen von Einwandsbehandlung, Überzeugungsarbeit oder der Steuerung und Moderation von Kleingruppen sind eignungsdiagnostisch vielfach wertvoller als ausschließlich die sprachliche Darstellung bei Einzelvorträgen.

Eine weitere Variante ist die Verknüpfung mit Rollenübungen inklusive anschließenden Phasen der Einwandsbehandlung.

Bei der Durchführung sollte berücksichtigt werden, dass die Aufnahme von inhaltlich neuem Material und die Beurteilungssituation schon genug Druck verursachen. Die Vorbereitungszeit sollte daher nicht zu knapp bemessen sein.

2.5.7   Rollenübungen

Übersicht

In Managementpositionen liegen entscheidende Erfolgsfaktoren in der positiven Bewältigung von Dialogsituationen, seien es erfolgreiche Verhandlungen, einfühlsame Mitarbeitergespräche oder zielorientierte Überzeugungsgespräche. Ganz zentrale Eins-zu-Eins-Gesprächssituationen gibt es in fast allen Positionen, etwa Bewerbergespräche für Personalreferenten oder Verkaufsgespräche für Vertriebsmitarbeiter (Abb. 2.44).

Rollenübungen bilden diese zentralen Aufgaben in Form von Simulationen ab. Ihr Ursprung findet sich in der Human-Relations-Bewegung der 30er-Jahre (vgl. Lattmann 1989), erste Rollenübungen wurden in Zusammenarbeit mit J. L. Moreno – dem Vater des Psychodramas – Mitte der 40er-Jahre im amerikanischen Nachrichtendienst OSS durchgeführt. Ihren Einzug ins AC haben sie allerdings erst recht spät gehalten und bilden heute meist das Herzstück der AC. Dies mag nicht nur darauf zurückzuführen sein, dass Dialoge und Gespräche in den meisten Positionen zu den erfolgskritischen Aufgaben gehören; hinzu kommt, dass es hier um recht weiche Anforderungskriterien geht, die sehr schwer über alternative Wege, etwa im Interview, beurteilbar sind. Erst in einer Rollenübung Mitarbeitergespräch wird greifbar, was der Bewerber für die Niederlassungsleiter-Position

Abb. 2.44 Variationsformen von Rollenübungen

eigentlich meint, wenn er seinen Führungsstil im Vorstellungsgespräch als kooperativ beschreibt. Erst im Rollenspiel kann sichtbar werden, dass der zukünftige Einkaufsleiter, der einen Etat von 70 Millionen betreut, mit seiner Machtrolle spielt und der partnerschaftlichen Kultur, die das Unternehmen für sich definiert hat, nicht gerecht wird. Aufgrund dieser Überlegungen sind Rollenübungen für ein aus unserer Sicht gutes AC ein zentrales Instrument – je nach Position gehören mindestens eins bis zwei Rollenübungen in ein AC.

Der häufigste Einwand gegen Rollenübungen besteht in der hohen Zeitintensität. Bei zehn Teilnehmern und einer Durchführungszeit von einer halben Stunde nimmt eine Rollenübung tatsächlich fünf Stunden in Anspruch. Diesen Bedenken ist jedoch entgegenzuhalten, dass ein Interview im Vergleich sehr viel mehr an Zeit benötigt und die Qualität der Informationen nicht durch ökonomischere Verfahren, wie Gruppenübungen, erzielbar ist.

Durchführung

In der Rollenübung wird die Situation durch drei Elemente abgebildet:

- die schriftliche Vorinformation für den Teilnehmer,
- die konkreten räumlichen Durchführungsbedingungen und
- das (zu standardisierende) Verhalten des Rollenspielers.

Um dies vorbereiten zu können, bedarf es stärker noch als bei anderen Übungen einer genauen Situationsdiagnostik (vgl. Kap. 2.4) im Rahmen der Anforderungsanalyse, also dem Herausarbeiten all der Merkmale einer Gesprächssituation – etwa einer Verkaufsverhandlung, die in der späteren Praxis auch relevant sein wird. Kommt es also beispielsweise in dem spezifischen Markt in starkem Maße auf eine saubere Analyse des Kundenbedarfs mit der entsprechenden Fragetechnik an – zum Beispiel beim

Dienstleistungsmarketing oder bei Investitionsgütern –, muss in der Rollenübung der Kundenbedarf möglichst diffus beschrieben sein, um zu sehen, wie der Kandidat vorgeht. Handelt es sich bei dem Unternehmen um einen Hersteller von Markenprodukten – etwa wie im Pharmabereich –, kommt es vielmehr auf gute Einwandsbehandlung an, das heißt, der Rollenspieler muss den Kandidaten mit einer Reihe vorbereiteter Einwände konfrontieren. Bei anderen Produkten oder einer anderen Unternehmenskultur mag sich aus der Anforderungsanalyse ergeben, dass die Pflege der Beziehungsebene das erfolgskritische Merkmal ist, zum Beispiel bei den eher homogenen Märkten der Kreditwirtschaft. Dies bedeutet für die Entwicklung der Übung, dass die Atmosphäre der Durchführung besonders realistisch gestaltet sein muss und die Rollenübung inhaltlich so zu gestalteten ist, dass der Kandidat seinen Kunden zum ersten Mal sieht, also besonders gut beobachtet werden kann, wie der Kontakt zum Gegenüber aufgebaut wird. Werden die aus der Anforderungsanalyse gewonnenen Situationsmerkmale nicht sorgfältig genug in die Übungen umgesetzt, wird unter Umständen Verhalten beobachtet, das für die Zielposition eigentlich wenig relevant ist, wobei der Kandidat zu guter Letzt möglicherweise auch noch darauf hinweist, dass er in der Realität völlig anders vorgehe.

Empirische Untersuchungen
Speziell zu den Gütekriterien der Rollenübung gibt es kaum Untersuchungen. In einer Studie von Squires et al. (1991) wurden Rollenspiele zur Auswahl von Mitarbeitern im Telefonmarketing untersucht. Dabei führte jeder Teilnehmer vier simulierte Telefongespräche; durch Validitätskriterien waren die Vorgesetzteneinschätzung und eine erzielte Umsatzkennziffer errechnet worden. Dabei resultierten Zusammenhänge zwischen .24 und .39.

Vorinformation für Teilnehmer
Der erste Bestandteil der Rollenübung ist eine schriftliche Vorinformation/Instruktion für den Teilnehmer. Diese sollte auf ein bis zwei Seiten all die Hintergrundinformationen vermitteln, die der Teilnehmer in der Praxis auch hätte, zum Beispiel Produktinformationen und inhaltliche Einwandsbehandlungen oder Vorinformationen zum Gesprächspartner und die Einschätzung aus vergangenen Gesprächen. Auch lassen sich in der Instruktion Hinweise unterbringen, die sehr wichtig für die Beurteilung der Passung von Kandidat und Unternehmenskultur sind.

Räumliche Durchführungsbedingung
Zunächst sollten die Teilnehmer ausreichend Vorbereitungszeit erhalten, nämlich so viel, wie sie in der Praxis auch benötigen, um sich auf die Situation gedanklich einzustellen. Einführungen nach dem Motto: „Dies ist ein Mitarbeiter von Ihnen, er verweigert notwendige Überstunden, führen Sie jetzt ein Mitarbeitergespräch!" ergeben sicher wertvolle Beobachtungen zur Stressresistenz der Teilnehmer und deren Flexibilität, sie ermöglichen jedoch kaum die Beurteilung der aus der Anforderungsanalyse gewonnenen unternehmensspezifischen Erfolgsmerkmale in der Führung von Mitarbeitern. In der Regel sollte eine halbe Stunde als Vorbereitungszeit zur Verfügung stehen.

Organisatorisch lässt sich dies lösen, indem eine Hilfskraft in der entsprechenden Zeit vor Beginn der Übung das Vorbereitungsmaterial ausgibt; auf diese Weise wird der Ablauf nicht kompliziert. Neben der Vorbereitungszeit ist es wichtig, dass die räumlichen Bedingungen in etwa der Realität angenähert sind. Dazu gehört, dass beispielsweise bei einem simulierten Mitarbeitergespräch ein Schreibtisch oder einzeln stehender Tisch in einem ruhigen Raum zur Verfügung steht.

Die Beobachter sollten so platziert werden, dass zwischen ihnen und dem Kandidaten kein direkter Blickkontakt besteht, die Beurteilungssituation also nicht allzu augenfällig ist. Übersehen wird häufig die Unsicherheit von Teilnehmern durch die fehlende Klarheit im Setting: Zum Einstieg fragen sich viele Teilnehmer: Gehört das schon zur Übung? Wie darf ich mein Gegenüber ansprechen? Soll ich von mir aus das Gespräch beenden oder gibt es ein Signal von den Beobachtern?

Daher braucht es bei Rollenspielen einen Moderator, der vor dem Start mit ruhiger Stimme zunächst das Setting definiert und das Startsignal gibt. Der Moderator sollte keinesfalls die Person des Rollenspielers sein. Ein häufiger Praxisfehler ist auch die Verwirrung für die Teilnehmer am Ende, wenn der Rollenspieler das Gespräch beendet. Der Rollenspieler sollte den Raum verlassen – tatsächlich oder zumindest im übertragenen Sinne, indem sich beide von ihren Stühlen erheben und sich für ein Nachgespräch einen anderen Platz im Raum suchen.

Als sehr informativ hat sich in der Praxis die Durchführung von kurzen Nachgesprächen der Beobachter mit dem Teilnehmer erwiesen. Interessante Fragen beziehen sich darauf, wie – beispielsweise in einem Führungsgespräch – der Kandidat selber den Mitarbeiter wahrgenommen hat (wie ist sein Menschenbild? Vertrauensbereitschaft?), welche Ziele er sich vorgenommen hat (setzt er sich überhaupt Ziele? wie offensiv sind diese?), wie er das Gespräch selbst erlebt hat (stimmen Selbstbild und Fremdbild überein?) oder was er tun würde, wenn vom Mitarbeiter die besprochenen Punkte wieder nicht gelöst werden (wie groß ist die Variationsbreite zwischen motivations- und kontrollorientiertem Führungsstil?).

Rollenspielerinstruktion

Für den Rollenspieler sollte eine schriftliche Instruktion vorbereitet werden, in der festgelegt ist, auf welche Art und Weise der Rollenspieler in welcher Gesprächsphase vorzugehen und auf welche Fragen und Einwände einzugehen hat. Im Rahmen des Beobachtertrainings empfiehlt es sich, dies mit einer Videoanalyse zu üben; umso mehr, wenn bei parallel verlaufenden Übungen mit unterschiedlichen Teilnehmern mehr als ein Rollenspieler zum Einsatz kommt (Abb. 2.45).

Wichtige Elemente einer solchen Rollenspielerinstruktion sind zum Beispiel:

- Rollenziel bezüglich der zu messenden Kriterien (z. B. „Einfühlungsvermögen und Coachingfähigkeiten testen")
- Innere Haltung (z. B. „Mitarbeiter ist der Auffassung, einen guten Job zu machen; Vorwürfen und Kritikpunkten gegenüber ist er überrascht, lässt sich jedoch durch gute Argumente überzeugen")

Rollenspieler	Häufigkeit	Prozent
AndererTeilnehmer	11	9
Beobachter	36	29,5
Rollenspieler	69	56,6
Sonstiger	3	2,5
Beobachter oderRollenspieler	1	0,8
Teilnehmer oderRollenspieler	1	0,8
Teilnehmer oderBeobachter	1	0,8
Gesamt:	122	100

Abb. 2.45 Wer ist der Rollenspieler?. *Quelle* Arbeitskreis AC (2001)

- Einzelne Beiträge und Angabe, welches Verhalten damit gemessen werden soll, z. B.: „Ich wüsste gerne, wie ich so gut wie der Kollege sein kann" (Hilfsbereitschaft); „Montags und mittwochs kann ich auf keinen Fall länger arbeiten" (Einfühlungsvermögen, Nachfragen)

2.5.8　Fallstudien

Übersicht

Fallstudien sind der klassische – wenn auch in letzter Zeit häufig kritisierte – Bestandteil der Managementausbildung im Rahmen der amerikanischen und europäischen Business-Schulen und wurden bereits Anfang des Jahrhunderts bei der Harvard Business School eingeführt (vgl. Anhang D: Webseiten).

In den Fallstudien bearbeiten die Teilnehmer selbstständig Fragestellungen, analysieren eine Problemsituation und entwickeln Entscheidungen und Lösungsalternativen, ohne dass sie allerdings während der Bearbeitung ein Feedback erhalten oder in irgendeiner Form eine Rückkopplung stattfindet. Beispielhafte Inhalte für Fallstudien sind:

- Reorganisation einer Bibliothek nach einer Budgetkürzung um 10 %
- Verbesserung der Abläufe in einem Büro
- Optimierung der Abläufe in einem Hotelbetrieb
- Marketing-Konzept für ein Konsumgüterprodukt
- Neukonzeption des Flottenkundengeschäfts eines Automobilimporteurs
- Analyse der Abläufe eines Unternehmens für Veranstaltungstechnik als Berater

Allerdings sind Fallstudien aus der betriebswirtschaftlichen Weiterbildung nicht ohne Weiteres übertragbar auf Beurteilungsfragen. Für AC-Zwecke ungeeignet sind Fallstudien, die auf eine bestimmte, richtige Lösung abzielen, z. B. die Überschuldung eines Unternehmens als zentrales Problem – welchen Wert hat es, wenn der AC-Teilnehmer diesen Aspekt erkannt oder nicht erkannt hat? Wie bei anderen Übungstypen braucht es im AC mehrere unabhängige Beobachtungsmöglichkeiten für die Einzelaspekte des Anforderungsprofils, um die Aussagen ausreichend gegen Zufall abzusichern: Wenn ein Kandidat von zehn zu entdeckenden Sachverhalten nur zwei erkannt hat, dann ist diese Aussage valider, als wenn der Kandidat den einen zentralen Aspekt der Fallstudie nicht entdecken konnte.

Da in der Fallstudie nur das eine Lösungsergebnis transparent wird, ist es schwierig zu schlussfolgern, welche Kompetenzen dafür verantwortlich zu machen sind: (fehlende) Fachkenntnisse, (unklare) Prioritätensetzung, (fehlender) Fokus auf das Wesentliche, (schwache) Analyseleistungen? (Abb. 2.46).

Eine weitere Herausforderung bei Fallstudien ist die Konfundierung mit fachlicher Vorerfahrung. Bei Einzel-Assessments für einen dezidierten Job ist dies weniger ein Problem als für Potenzialanalysen, bei denen ja nicht das im Zweifel schnell erlernbare Fachwissen im Vordergrund steht, sondern mehr Potenzialkriterien wie Analysefähigkeit

	+	−
Postkorb	+ Mehrfachbeobachtung des gleichen Kriteriums in verschiedenen Vorgängen möglich + Gute Beobachtung von Handlungsorientierung / unternehmerischen Denken	- Mit Nachinterview die zeitaufwändigste Methode
Fact Finding	+ Beobachtung des Lösungsweges nur mit dieser Übung	- Sehr hohe Anforderung an Rollenspieler und Standardisierung
Fallstudie	+ Gute Kombinierbarkeit mit Gruppendiskussion	- Beteiligte Kompetenzen am Resultat unklar
Kognitives Test-verfahren	+ Maximale Auswertungsobjektivität + Normen verfügbar, damit keine Abhängigkeit von Zufallsvergleich im AC	- Inhaltlich sehr isolierte Konstrukte - (Immer noch) Akzeptanzprobleme
Computer - Planspiel	+ Ökonomie – kein Beobachtereinsatz + Nur so dynamische Szenarien möglich	- Für Beobachter schwer nachvollziehbar - Bedeutung der ermittelten Kennwerte schwer einzuschätzen

Abb. 2.46 Überprüfung von konzeptionellen Fähigkeiten

oder Entscheidungsfreude. Daher sollten für diese Anwendung Fallstudien gerade aus einem anderen Kontext (andere Branche, anderes Fachgebiet) gewählt werden.

Organisationsaufgaben

Organisationsaufgaben (engl. scheduling exercises) sind Varianten von Fallstudien. Dabei stehen die Teilnehmer vor der Aufgabe, knappe Ressourcen, zum Beispiel zeitliche oder finanzielle, nach vorgegebenen Kriterien zu verteilen. Berühmt ist die in den AC der 70er- und 80er-Jahre eingesetzte Übung der Wegezeitberechnung von Jeserich (1981). Insbesondere auf der operativen Führungsebene gibt es viele Organisationsaufgaben. Nur wenn deren erfolgreiche Bewältigung im Berufsalltag tatsächlich einen Erfolgsfaktor darstellt, sollte diese auch in AC-Übungen abgebildet werden: Im Außendienst dürfte ein Erfolgsfaktor mit Sicherheit die ökonomische Planung von Routen sein. Viele Führungskräfte verfügen über eine Budgetverantwortung; hier ergibt es durchaus Sinn, eine Budgetplanung nach vorgegebenen, sich teilweise widersprechenden Kriterien als Übung zu entwickeln. In Fertigungsbetrieben wird die ökonomische Verteilung von knappen Ressourcen wie Mitarbeiter oder Maschinenlaufzeit/Maschinenbelegung sicher ein Erfolgsfaktor bei Meistern oder Gruppenleitern sein.

Der Hauptkritikpunkt an den Organisationsaufgaben ist die Unklarheit darüber, was sie eigentlich messen. Einige der Zeitplanungsaufgaben sind zum eignungsdiagnostischen Omnibus geworden, mit denen je nach Bedarf ganz unterschiedliche Konstrukte wie die Delegationsfähigkeit, das Führungsverhalten oder das intellektuelle Potenzial zu messen beansprucht wird. Ähnlich wie andere Übungen – etwa der Postkorb, der sich fest in das Repertoire eines typischen AC eingefügt hat –, ist auch bei der Zeitplanaufgabe häufig der konkrete Zusammenhang zu den ursprünglichen Positionsanforderungen verloren gegangen – wenn er überhaupt je da war. Für die Überprüfung von kognitiven Fähigkeiten eignen sich die standardisierten kognitiven Testverfahren sicherlich besser, und das Führungsverhalten ist am besten über Rollenspiele zu bewerten.

Für Zielpositionen, in denen Organisationsaufgaben allerdings tatsächlich eine gewichtige Rolle spielen, sollten solche Übungen aufgenommen werden. Wichtig dabei ist, dass die in der Praxis vorherrschenden Situationscharakteristika auch in der AC-Übung repräsentiert sind. Dies betrifft insbesondere den vorhandenen Zeitrahmen für die Lösung der Übung. Wenn in der Praxis für die Routenplanung oder -überprüfung ausreichend Zeit vorhanden ist, in der AC-Übung hingegen der Zeitrahmen eng bemessen ist, kann die AC-Übung zu einer ganz falschen Rangreihe von Teilnehmern führen, die zur Prognose des Berufserfolges nicht geeignet ist.

Wirtschafts-/Planspiele

Planspiele stellen gegenüber Fallstudien eine Weiterführung dar: Fallstudien haben einen sehr statischen Charakter, es gibt während der Bearbeitung keine Rückmeldungen, Effekte des eigenen Handelns sowie des Wandels der Umweltbedingungen sind ausgeschlossen. Planspiele dagegen finden immer interaktiv statt, sei es in einer Arbeitsgruppe oder in Einzelarbeit auf einem Computer, der zumindest Situationseinflüsse simulieren kann und Feedback zu eigenen Maßnahmen gibt.

Ähnlich wie die Fallstudien haben die Planspiele ihren Ursprung nicht in der Beurteilung, sondern in der Aus- und Fortbildung, speziell im betriebswirtschaftlichen Bereich. Dabei eignen sich die Planspiele primär für die Vermittlung von Wissen und Kenntnissen, etwa zu Marketing, Vertriebspolitik, Personalpolitik etc. Gegenüber anderen didaktischen Methoden ziehen Planspiele ihren Vorteil daraus, dass die neuen Kenntnisse in der Simulation direkt angewendet werden können, die Aufnahmebereitschaft daher höher ist als etwa bei reinem Frontalunterricht. Die sinnvollste Anwendung haben Planspiele jedoch bei der Vermittlung und Anwendung von Managementtechniken im weitesten Sinne, also Problemlöse- und Entscheidungsfindungs-Techniken, Arbeitsorganisation, Zielfindung oder Gruppenarbeit. Bei diesen Techniken geht es nicht mehr primär um Wissen und Fertigkeiten, sondern um den Erwerb und das Üben teilweise komplexer Verhaltenskompetenzen. Hier stoßen reine Fallstudien oder Papiermaterialien an ihre Grenzen, denn das Üben kann nur in der Interaktion stattfinden.

Über eine vergleichende Untersuchung der Methoden Fallstudie, Rollenübung und Planspiel berichtet Wiese (1990, S. 20) im Rahmen des europäischen Planspielforums. Dabei verglichen Studenten amerikanischer Hochschulen die Effektivität unterschiedlicher Lehrveranstaltungen. Den Fallstudien wurden Vorteile beim Sammeln von sachdienlichen Informationen, der Analyse von Daten und Problemen sowie der Entwicklung von Planungen zugesprochen. Rollenübungen „vermitteln am besten die Fähigkeiten: Motivieren und Führen von Mitarbeitern, kreatives Lösen von Problemen, sich selbst darstellen und Einfluss ausüben" (Wiese 1990, S. 20). Planspiele fördern dagegen u. a. am stärksten die Fähigkeiten des schnellen Erfassens von Situationen, des Setzens von Prioritäten und der Entscheidungsfindung.

Im Planspiel werden meist ganze Unternehmen modellhaft abgebildet. Planspiele haben in der Regel folgenden Ablauf: Die Teilnehmer übernehmen unterschiedliche Positionen in dem Unternehmen bzw. vertreten miteinander konkurrierende Unternehmen. Die Diskussionsbasis bilden Unterlagen über die Produkte, konjunkturelle Prognosen und andere betriebswirtschaftliche Kennziffern, die von den Teilnehmern analysiert und gemeinsam diskutiert werden. Am Ende stehen dann etwa Entscheidungen über Preis-, Produkt- und Kommunikationspolitik, Produktion und Personal. Diese Entscheidungen werden anschließend von der sogenannten Spielleitung bzw. einem EDV-Programm ausgewertet und direkt an die Teilnehmer rückgekoppelt. Hierauf folgen weitere Entscheidungsperioden/ Geschäftsjahre. Im klassischen Planspiel geht es im Kern darum, vor dem Hintergrund rational-ökonomischer Kriterien gute Entscheidungen zu treffen bzw. dies zu lernen.

Übersetzt für das AC sind Planspiele eine Abfolge von mehreren Gruppenübungen in einem Ablauf von zwei oder drei Tagen. Jede Gruppenübung hat die Bewertung der Ergebnisse eines Spieljahres zum Inhalt und die Diskussion zu Entscheidungen für die nächste Runde. Weitere Einzelübungen lassen sich dazu kombinieren:

- Individueller Postkorb zur Analyse der Ausgangssituation
- Analysen von Teilnehmern zu Zahlen oder Marktstudien

- Rollenübungen zu mit dem Fall verknüpften Themen (Mitarbeitergespräche, Verhandlungen)
- Zwischenpräsentationen einzelner Teilnehmer
- Für die Teilnehmer scheinbar spontanes Herausrufen für Kurz-Rollenspiele

Die Vorteile dieses Vorgehens liegen darin, dass sich die Übungen in einem ganzheitlichen Setting befinden und sich die Teilnehmer dann einfacher mit den Rollen und Themen identifizieren können.

Mittlerweile liegen Planspiele für unterschiedliche Branchen (etwa Banken, Versicherungen), Positionen (etwa Personalleiter) und Schwierigkeitsgrade vor.

Rohn gründete 1982 die „Deutsche Planspielzentrale" als Dienstleistungs- und Clearingstelle für Planspiele und Simulationen im deutschsprachigen Gebiet (vgl. Anhang D: Web-Adressen). Die Planspielzentrale veranstaltet in regelmäßigen Abständen Seminare und Kongresse und gibt eine Planspielübersicht heraus, wobei die Planspiele nicht ohne Anpassung für eignungsdiagnostische Zwecke im AC-Rahmen eingesetzt werden können. In den USA besteht seit 1956 eine ähnliche Einrichtung. Eine Variante des AC insgesamt sind die so genannten dynamischen AC (Kap. 4.4), die eine Verknüpfung von Planspiel und AC darstellen.

2.5.9 Fact-Finding-Simulation

Die Informationssuche-Simulation (engl. fact-finding simulation) stellt eine weitere Weiterentwicklung der klassischen Fallstudie dar. In der Erhebung von 2007 geben 17,1 % der befragten 200 Unternehmen an, dass sie diese Aufgabenvariante in ihren AC einsetzen.

Bei den Fact-Finding-Übungen stehen die Teilnehmer ebenfalls vor der Aufgabe, eine Betriebs- oder Marktsituation zu analysieren und Lösungsalternativen zu erarbeiten. Im Gegensatz zu der Fallstudie findet die Analysephase jedoch nicht in Einzelarbeit statt, sondern durch ein Interview des Kandidaten mit einem Rollenspieler, in dem er aus dem Gesprächspartner Schwachstellen, Zusammenhänge oder Probleme „herausfragt".

Dieser Übungstyp eignet sich sehr gut für alle beruflichen Aufgabenstellungen, bei denen ein wesentlicher Erfolgsfaktor in der Fähigkeit liegt, in Zusammenarbeit mit anderen Personen Informationen zu erfragen und daraus Schlussfolgerungen zu ziehen. Dies trifft etwa zu auf Mitarbeiter der Betriebsorganisation (Überprüfung von Stellen und betrieblichen Abläufen), Organisationsprogrammierer (im Kontakt mit Mitarbeitern der Fachabteilungen), Berater und Mitarbeiter von Personalabteilungen (Analyse von Abläufen und Führungs- oder Kommunikationsproblemen) oder Produktmanager (Analyse von Märkten, Anwendung der Instrumente des Marketing-Mix auf ein konkretes Produkt).

Der Vorteil gegenüber der klassischen Fallstudie oder dem Postkorb liegt darin, dass nicht nur das Ergebnis der Analyseleistungen gesehen wird, sondern auch der Prozess:

- Wie inhaltlich facettenreich sind die Analysefragen?
- Ist der Kandidat in seiner Analyse einseitig (z. B. nur oder keine Fragen zu soft-facts)?

- Behält der Kandidat in der Analyse die Übersicht?
- Wie schnell erfolgen Nachfragen?
- Wie viele Informationen können in der Zeit erfragt und erfasst werden?
- Wie differenziert sind die Schlussfolgerungen?
- Gibt es ein Netzwerkdenken oder viele monokausale Schlüsse?
- Wie ist die Qualität des abgeleiteten Konzepts, z. B. im Hinblick auf Veränderungsmut, Ertragsdenken oder unternehmerische Fähigkeiten?

Diese Kriterien, die am Ende u. a. eine gute Analysefähigkeit ausmachen, sind in den klassischen Fallstudien nicht beobachtbar.

Der klassische Ablauf der Informationssuche-Simulation beginnt zunächst damit, dass der Teilnehmer eine eher kurze Unterlage über – je nach Zielsetzung – ein Produktionsproblem, die Beschreibung eines Teilmarktes oder einen betrieblichen Ablauf erhält. Diese Beschreibung ist jedoch jeweils lückenhaft und oberflächlich, erlaubt es somit nicht, die wesentlichen Schwachstellenbereiche zu identifizieren.

Nach dieser Vorbereitungsphase in Einzelarbeit besteht die eigentliche Übung in der Befragung eines Beobachters/Rollenspielers durch den Teilnehmer. Vorbereitet werden müssen hierzu ein standardisierter Informationskatalog zur Beantwortung der Fragen und ein Beobachtungsbogen, um Vorgehensweise und abgefragte inhaltliche Bereiche zu erfassen. Dies erfordert zwar einen erheblichen Aufwand, der noch größer ist als bei der Postkorbentwicklung, erlaubt dann aber interessante Beobachtungen zur Fragetechnik des Teilnehmers, Umfang und Breite seines vorbereiteten Fragerasters, die Systematik der Vorgehensweise, die inhaltliche Aufgeschlossenheit und Flexibilität für unterschiedlich denkbare Problemursachen und die Wahrnehmungsfähigkeit für Andeutungen und Informationsangebote des Gesprächspartners.

2.5.10 Postkorb

Übersicht

Der Postkorb (engl. in-basket) gehört mittlerweile zum klassischen Bestandteil von AC. In der Einsatzhäufigkeit haben nur Gruppendiskussionen und die Bearbeitung von Fällen eine ähnliche Bedeutung. In den USA ist die Postkorb-Übung nach der Gruppendiskussion mit 80 % am beliebtesten (Spychalski et al. 1997), in den deutschsprachigen Ländern setzen immerhin 46,2 % der Organisationen den Postkorb ein (vgl. Abb. 2.29). Der historische Ursprung der Postkorb-Übung liegt im Jahre 1952 – Norman Frederiksen entwickelte den ersten Postkorb für die Air Force (Highhouse 2011; Frederiksen et al. 1957).

Die Beliebtheit ist darauf zurückzuführen, dass der Postkorb ähnlich wie das AC insgesamt nur einen formalen Rahmen liefert, innerhalb dessen die unterschiedlichsten Ziele und Messintentionen verfolgt werden können. Die Beliebtheit der Postkorb-Übung hängt weiter mit der hohen Augenscheinvalidität zusammen. In seiner viel zitierten Studie fand etwa Mintzberg (1981) heraus, dass Topmanager durchschnittlich 36 Schriftstücke am Tag zur Bearbeitung vorgelegt bekamen. Der Postkorb simuliert die Bearbeitung von klassischen Posteingangskörben und besteht aus 15 bis 25 Schriftstücken, die theoretisch auf dem Schreibtisch eines Mitarbeiters zur Bearbeitung landen könnten. Insofern ist der Postkorb im Kern eine Zusammenstellung von 15 bis 25 Kurzfällen, die lediglich einen gemeinsamen Rahmen haben. Je nach inhaltlicher Ausgestaltung können damit die Entscheidungsorientierung, die Arbeitsorganisation, Prioritätenbildung, das Erkennen von Zusammenhängen oder auch fachliche Kriterien, zum Beispiel juristische Fälle der Personalpraxis, überprüft werden. Dabei wird gegenüber dem Teilnehmer das Szenario so aufgebaut, dass die Notwendigkeit besteht, die Schriftstücke zu einer bestimmten Position in einer vorgegebenen Zeit zu bearbeiten („Sie sind …, Sie müssen in 60 Minuten zu einem Termin und sind danach für zwei Tage unterwegs"). Die in einigen Postkörben vorhandenen kreativen Rahmengeschichten („Es ist fünf Uhr morgens, sonst ist niemand da …") sind nicht notwendig: Es reicht aus, dass der Kandidat erläutert, was zu tun ist, wenn er in dieser Position wäre. Mögliche Inhalte für einzelne Postkorb-Vorgänge (engl. items) sind:

- Analysieren von betriebswirtschaftlichen Zahlentabellen
- Eintragen von Terminen und Koordination von Terminkollisionen
- Erkennen von Prioritäten in Schriftstücken
- Herauslesen von Hinweisen zwischen den Zeilen, etwa zur Kundenunzufriedenheit
- Koordinieren von Meetings
- Lösen von Problemfällen, in denen entschlossenes, eigenes Handeln gefordert ist

In einer frühen Studie ermittelte Frederiksen (1962, S. 25) folgende drei grundlegenden Faktoren des Verhaltens im Postkorb (bzw. allgemein bei administrativen Aufgaben): Handlungsvorbereitung und -planung, Arbeitsertrag (Quantität) und Suche nach genauen Handlungsanweisungen.

Empirische Untersuchungen

In den USA und England liegen eine ganze Reihe von älteren Validitätsstudien speziell zu Postkörben vor (vgl. Frederiksen 1962; Bray und Grant 1966; Wollowick und McNamara 1969; Meyer 1970; Bentz 1971; Grossner 1974; Hinrichs und Haanperä 1974, 1976; Brass und Oldham 1976; Neidig, Martin und Yates 1978; Kesselman, Lopez und Lopez 1982; Hakstian, Woolsey und Schroeder 1986). Die Höhe der ermittelten Validitätskoeffizienten variiert dabei mit der Art und Ausgestaltung der beobachteten Dimensionen und der Wahl der Kriterien. In einzelnen Studien ergeben sich Korrelationskoeffizienten von bis zu r = .40 (vgl. Brass und Oldham 1976).

Zur Reliabilität stellen Brannick et al. (1989) eine Untersuchung mit zwei parallel konstruierten Postkörben vor. Die Beurteilerübereinstimmung liegt zwischen .71 und .94. Die Dimensionen der Parallelübungen korrelieren nur zwischen .21. und .43.

Schippmann et al. (1990) stellen einen Überblick über die Untersuchungen zusammen. Dabei zeigen sich Validitäten zwischen einzelnen Beobachtungsdimensionen zu

Berufserfolgskriterien zwischen -.45 und .76, wobei die Mehrzahl der Untersuchungen im positiven Bereich ausfällt.

Seit den 90er-Jahren ist der Postkorb in deutschsprachigen Organisationen durch die unreflektierte Adaptation des Beispiels von Jeserich (1981) und simple Varianten mit privaten Themen („Notiz Ihrer Haushälterin Ulla") oder der Bearbeitung einfacher Terminkollisionen („Terminkollision Zahnarzt mit wichtiger Besprechung in der Firma") teilweise in Verruf geraten. Daher wird beim Begriff Postkorb häufig auf ein geringes Anforderungslevel geschlossen. Diese berechtigte Kritik zielt jedoch nicht auf die Übungsmethode generell, sondern auf die jeweiligen Inhalte ab. Diese müssen facettenreich und für die Teilnehmerzielgruppe inhaltlich anspruchsvoll sein. So sind auch auf einer Top-Management-Ebene Postkörbe ein wichtiges AC-Element. Inhalte sind hier dann keine oberflächlichen Termin-Prioritätskonflikte, sondern etwa die Bewertung von Business-Zahlen und die Schlussfolgerungen daraus oder die Abbildung von typischen Entscheidungsfällen auf Managementebene (Investitionsentscheidungen oder Beurteilung und Optimierung der Aufbaustruktur eines Unternehmens).

Mit kaum einem anderen Übungstyp lassen sich vergleichbar gut Handlungsorientierung und unternehmerisches Denken beurteilen, wenn dies durch passende Fälle im Postkorb provoziert wird.

Allerdings werden in Postkorb-Übungen häufig viele Grundsätze in der Entwicklung von eignungsdiagnostischem Material verletzt (vgl. Hinweise Kap. 2.5.4). Dies führt dann dazu, dass bei den Beobachtern Zweifel über die Aussagekraft entstehen und am Ende die prognostische Validität gefährdet ist:

- Zu leichte oder zu schwere Vorgänge, die von fast allen oder fast niemandem erkannt werden
- Missachtung des Prinzips der lokalen Unabhängigkeit – für die Lösung eines Falls ist die Lösung eines weiteren notwendig, oder wenn ein Zusammenhang erkannt wird, dann gibt es Punkte bei diversen weiteren Vorgängen
- Keine Absicherung wichtiger Skalen gegen Zufall – Ableitungen zu Prioritätensetzung oder Handlungsorientierung lediglich auf der Basis von ein oder zwei Vorgängen
- Keine Variation gleicher Skalen/Anforderungen über mehrere Vorgänge mit unterschiedlichem Schwierigkeitsgrad
- Keine klare Ableitung der Vorgänge vom Anforderungsprofil („Was soll mit diesem Vorgang gemessen/provoziert werden?")

Problematisch beim Postkorb sind auch speziell Reliabilität und Auswertungsobjektivität. Musch und Lieberei (1997) sprechen von „impressionistischer Urteilsbildung", wenn die Beobachter nach freiem Eindruck die Erkenntnisse aus den diversen Schriftstücken in ein Urteil umsetzen. In einer Untersuchung von Rolland (1999) wurden zwei Gruppen von Teilnehmern in ihren Leistungen bei einer Postkorb-Übung bewertet. Die Faktorenanalyse ergab, dass die Beobachter nicht in der Lage waren, zwischen zehn beabsichtigten Anforderungsdimensionen zu unterscheiden.

Musch und Lieberei (1997) schlagen einen auswertungsobjektiven Postkorb vor. Dabei werden Punkte für das Erkennen von Terminkollisionen, die Koordination von Terminen, die Weiterleitung von Informationen an betroffene bzw. zuständige Stellen, das Erkennen von Zusammenhängen, sachlich erforderliche Entscheidungen und die Identifikation von Irrläufern vergeben. Handlungsalternativen in Situationen, die interpretativen Spielraum lassen, sowie kreative und originelle Lösungsvorschläge werden zugunsten der Auswertungsobjektivität bewusst nicht bewertet.

In einer empirischen Untersuchung ermitteln die Autoren mit einem entsprechenden Postkorb im Sinne der Diskriminanten Validität (vgl. Kap. 3.3.1) nur einen Zusammenhang der Dimensionen von .54. Dieser immer noch sehr hohe Zusammenhang ist noch kein Beleg für die diskriminante Validität des Postkorb-Verfahrens und deutet darauf hin, dass in den Vorgängen die Reize für die verschiedenen Skalen zu wenig unabhängig voneinander sind. Sehr zu begrüßen ist allerdings die Erhebung der diskriminanten Validität als solches. Wie die Autoren sollten sich alle AC-Konstrukteure diesem Qualitätstest unterziehen, um nachzuweisen, welche Dimensionen mit ihrem Postkorb unabhängig voneinander gemessen werden können.

Im Unterschied zu sonstigen AC-Übungen besteht bei Postkörben auch ein gewisser Zusammenhang zwischen Selbsteinschätzung und Beobachterbewertung. Teilnehmer, die sich – unabhängig von der AC-Leistung – im Alltag als schwächer in vergleichbaren Tätigkeiten beurteilen, sind auch im AC schwächer (Nowack 1997).

Durchführung

Die Teilnehmer erhalten die Schriftstücke mit den entsprechenden Rahmeninformationen (Instruktion, Beschreibung der Position, Organigramm) und bearbeiten diese für sich allein. Neben der schriftlichen Fassung können die Nachrichten auch als E-Mails vorbereitet werden. Erfahrungsgemäß drucken die Teilnehmer jedoch als Erstes die E-Mails aus, sodass dieser Schritt auch vorab gemacht werden kann. Indem weitere telefonische Nachrichten oder E-Mails später nachgereicht werden, können – in der Realität häufig auftretende – Störungen abgebildet werden.

Für die Auswertung gibt es verschiedene Alternativen:

- Freie Formulierung von Antwortschreiben oder Inhalten von Telefonaten je Vorgang durch die Teilnehmer – anschließende Bewertung der Schriftstücke durch Beobachter
- Vorformulierung von offenen Fragen je Vorgang, die von den Teilnehmern beantwortet werden (etwa: „Was ist der wichtigste Aspekt dieser Tabelle?", „Wen würden Sie zum Meeting einladen?")
- Vorformulierte Fragen mit vorgegebenen Antwortalternativen (etwa: „Was würden Sie hier tun: a, b oder c?")
- Verbale Erläuterung der Lösungen gegenüber einem Beobachterteam in einem Interview

Die erste Variante ist weniger zu empfehlen, da die Beobachter hier vor vielen Rätseln stehen, weil die Aufzeichnungen ohne Rücksprache nicht verständlich oder interpretationswürdig sind. Auch ist nie klar, ob der Teilnehmer einen bestimmten Aspekt erkannt hat, es jedoch als unwichtig/selbstverständlich empfand, dies entsprechend zu notieren.

Varianten zwei und drei (Vorformulierung von Fragen) sind demgegenüber zu bevorzugen. Hier sind die Standardisierung und damit die Zuverlässigkeit eher sichergestellt. Zudem werden die Teilnehmer durch die Fragen in die Richtung gelenkt, die jeweils diagnostisch beabsichtigt ist (Geht es eher um die Frage der Handlung oder um die Analyse?). Es ist allerdings eine Herausforderung, die Fragen so offen zu formulieren, dass keine Musterlösung suggeriert wird.

Die vierte Alternative liegt darin, mit den Teilnehmern in Gesprächsform die einzelnen Schriftstücke durchzugehen und sich die Lösungsvorschläge schildern zu lassen, wobei die Beobachter eine Checkliste mit Soll-Lösungen und definierten Bewertungen vorliegen haben. Um dem Vorwurf der „impressionistischen Urteilsbildung" zu begegnen, muss vorab definiert werden, welche Anforderungsdimension bei welchem Vorgang beobachtbar ist und bei welcher Antwort es für den Kandidaten einen ‚Punkt' für die betreffende Anforderungsdimension gibt. Kreative Lösungen der Kandidaten sollten zugunsten der Auswertungsobjektivität nicht bewertet werden, sondern allenfalls dazu führen, dass das Bewertungsschema für die nächste AC-Runde weiterentwickelt wird.

Trotz des höheren Zeitaufwandes ist diese Vorgehensweise mit einem Interview zu den Postkorb-Leistungen insbesondere für Personalentwicklungs-AC zu empfehlen, um im qualitativen Sinn besser Trends des Problemlöse- und Entscheidungsverhaltens beurteilen zu können. Im Interview können die Beobachter nachhaken und sich ein genaues Bild über die Analysen und Lösungsvorschläge sowie deren Begründungen machen.

Entwicklung

Informationsquellen für die Entwicklung des Postkorbs sind interne Mitteilungen (auch mit „Botschaften"), Geschäftsberichte, Statistiken (mit Tendenzen), Budgetplanungen, Briefe und Schriftstücke von Kunden oder aus dem Hause, Telefonnotizen, Rundschreiben, Zeitungsausschnitte, Artikel, Rechnungen/Mahnungen, Einladungen/ Termine, Angebote, Telefonnotizen. Inhaltlich können die Schriftstücke in ihrer augenscheinlichen Dringlichkeit, Glaubwürdigkeit, Komplexität oder im Zusammenhang mit anderen Notizen in ihrer Widersprüchlichkeit variieren. Realistisch und optisch ansprechend werden die Schriftstücke, wenn Briefköpfe verwandt werden oder handgeschriebene Notizen enthalten sind. Dieses Material ist in der in den Abb. 2.37 und 2.38 beschriebenen Form beschriebenen Form so zusammenzustellen, dass die aus der Anforderungsanalyse erarbeiteten Bewältigungsstrategien der erfolgreichen Positionsinhaber bei Bearbeitung des Postkorbes zwischen den Teilnehmern differenzieren. Die Verwendung der dort beschriebenen Matrix kann helfen, die Vorgehensweise besser zu strukturieren.

Ein häufiger Schwachpunkt in der Entwicklung besteht darin, dass zu knappe Bearbeitungszeiten vorgegeben werden und die Übungen nur noch zwischen solchen Teilnehmern differenzieren, die mehr oder weniger schnell die Texte aufnehmen können

(Überbetonung des Speed-Faktors). Bei inhaltlich anspruchsvollen Schriftstücken sollte als Faustregel eine Bearbeitungszeit von durchschnittlich drei bis fünf Minuten je Postkorbvorgang vorgesehen werden, sodass ein aus 15 Vorgängen bestehender Postkorb eine Bearbeitungszeit von etwa einer Stunde benötigt.

Bei der Entwicklung ist weiter darauf zu achten, dass zwischen den Schriftstücken nicht zu viele Zusammenhänge bestehen, insbesondere dann, wenn sich dies nicht aus der Anforderungsanalyse ergibt. Speziell wenn das Übersehen eines Zusammenhanges die Möglichkeit versperrt, weitere Punkte zu erlangen, ist die Differenzierungsfähigkeit der Übung eingeschränkt.

2.5.11 Psychologische Testverfahren

Neben dem Einsatz von Verhaltenssimulationen besteht auch die Möglichkeit, psychologische Testverfahren als Elemente im AC einzusetzen. Dabei ist zu unterscheiden zwischen Intelligenztests, Leistungstests und Persönlichkeitsfragebögen.

Intelligenztests messen entweder die allgemeine kognitive Leistungsfähigkeit oder spezielle Faktoren wie die sprachgebundene oder numerische Intelligenz. Dabei wird jeweils unter Zeitdruck überprüft, wie viele Aufgaben eine Person in der gegebenen Zeit lösen kann.

Leistungstests sind von der Aufgabenform her mit den Intelligenztests verwandt, hier geht es um spezielle Leistungskriterien, z. B. die Konzentrationsfähigkeit oder technische Fähigkeiten. Eine spezielle Variante sind die „situational judgement tests". Dabei werden Situationsbeschreibungen in Form von Fotos, Videosequenzen oder verbalen Texten vorgelegt und die Teilnehmer müssen sich für eine von mehreren Lösungsalternativen entscheiden. Für die Auswahl von Hotelpersonal wird z. B. den Bewerbern ein Foto mit einem „richtig aufgeräumten Zimmer" vorgelegt, in einem weiteren Foto ist dann die Anzahl der Fehler zu benennen.

Leistungs- und Intelligenztests sind üblicherweise in erster Linie den „Speed"-Verfahren zuzuordnen, bei denen es darum geht, möglichst viele Aufgaben in vorgegebener Zeit zu lösen.

Bei den Persönlichkeitsfragebögen geht es im Gegensatz zu den vorgenannten Tests nicht um richtig oder falsch, sondern um Einstellungen oder Antworttendenzen zu Persönlichkeitsmerkmalen oder motivationalen Tendenzen. Hier spricht man dann von „Power"-Tests, womit gemeint ist, dass es um die inhaltliche Ausprägung und nicht die Leistung in einer bestimmten Zeit geht.

Abgrenzung AC-Simulationen/Testverfahren

Psychologische Testverfahren dienen dazu, zeitlich stabile Dispositionen oder Merkmale zu messen (etwa Problemlösefähigkeit, Intelligenz, Extraversion oder Dominanz): „Ein Test ist ein wissenschaftliches Routineverfahren zur Untersuchung eines oder mehrerer empirisch abgrenzbarer Persönlichkeitsmerkmale mit dem Ziel einer möglichst

quantitativen Aussage über den relativen Grad der individuellen Merkmalsausprägung"
(Lienert und Raatz 1998). Wenn diese Merkmale in verschiedenen Situationen unterschiedlich ausgeprägt sind – der Einzelne also beispielsweise je nach Situation mehr
oder weniger dominant ist –, so wird diese Variabilität gemäß den Axiomen der
zugrunde liegenden klassischen Testtheorie (hier: Stabilitätsaxiom) als Fehlervarianz
betrachtet.

Auch AC-Simulationen beanspruchen, Fähigkeits- oder Persönlichkeitsdimensionen
abzubilden, hier steht jedoch im Vordergrund, wie sich solche Dispositionen innerhalb
verschiedener Situationen im Verhalten realisieren.

Eine mittlerweile klassische Differenzierung zwischen beiden Ansätzen (Test vs.
Simulation) liegt in der Unterscheidung von „signs" und „samples" von Wernimont
und Campbell (1968) vor. „Signs sind Testverfahren, Fragebögen, biografische Fragen
oder andere Papier- und Bleistift-Verfahren, die allgemeine Prädispositionen für
bestimmte Verhaltensweisen messen. Das Verhalten, in dem sich ein solches Zeichen
ausdrückt, kann etwa nichts weiter sein als die Markierung der Antwort auf einem
Papier oder die Beantwortung einer Frage in einem Interview" (Thornton und Byham
1982, S. 147; Übersetzung C. O.). Wernimont und Campbell (1968) stellen „samples" also Arbeitsbeispiele demgegenüber. Dies sind komplexe Verhaltenssequenzen,
in die viele Fähigkeits- oder andere Persönlichkeitsdimensionen hineinspielen. Bei
diesem Ansatz spielt es keine Rolle, ob einzelne dieser Dimensionen rein gemessen werden können; letztlich ist es sogar von untergeordneter Bedeutung, welche der
Persönlichkeitsdimensionen überhaupt beteiligt sind, solange sichergestellt ist, dass
der Kandidat die relevanten Arbeitssituationen erfolgreich meistert. Testverfahren –
„signs" – sollen also situationsübergreifende, grundlegende psychologische Dimensionen
messen, Arbeitsbeispiele, „samples" interessieren sich dagegen nur für die Situation und
die Tatsache ihrer adäquaten Bewältigung durch die Bewerber Mitarbeiter.

Thornton und Byham (1982, S. 147) unterscheiden weiter zwischen Simulationen
und Arbeitsbeispielen. Simulationen stellen eine möglichst genaue Replikation einer
bestimmten Situation dar, beispielsweise ein Flugsimulator. Die AC-Übungen sind hingegen Arbeitsbeispiele, „samples". Hier geht es darum, nur die Situationen wiederzugeben, die für den Positionserfolg ausschlaggebend sind. Dabei werden nur die Merkmale
einer Situation abgebildet, die eine bestimmte Verhaltenskompetenz oder Fähigkeit bei
dem Kandidaten erforderlich machen, alle anderen Merkmale sind uninteressant. Zur
sprachlichen Vereinfachung soll im Folgenden jedoch der Begriff „Simulation" für AC-
Übungen und Arbeitsbeispiele weiterverwendet werden.

Einsatzmöglichkeiten und Nutzen im AC

Ein Argument für den Einsatz von Tests besteht in ihrer natürlichen Überlegenheit in
der Auswertungsobjektivität und Standardisierung gegenüber Verhaltensübungen. Im
Unterschied zu Rollenübung oder Gruppenübung sind die Testitems vorher eingehenden Analysen unterzogen worden und nicht abhängig vom teilweise subjektiven Urteil
der Beobachter.

Ein weiterer praktischer Nutzen liegt in der Ökonomie der Durchführung. Es sind keine Beobachter zu schulen und es fällt auch keine teure Beobachterzeit an. Die Durchführung kann in der Regel in Pausen oder Leerlaufzeiten neben den Verhaltenssimulationen erfolgen.

Ein wesentliches Argument liegt in der qualitativen Anreicherung des AC. Schon das erste industrielle AC bei AT & T aus dem Jahr 1956 hatte neben Postkorb, Gruppenübung etc. auch verschiedene psychometrische Verfahren zum Inhalt. Validitätsanalysen zeigen immer wieder den hohen prognostischen Wert in der Vorhersage von Berufserfolg. In der deutschen Metaanalyse zu AC (Holzenkamp et al. 2008) sind speziell AC mit vielen Aufgabenelementen und insbesondere Testverfahren prognosestärker als AC ohne solche Elemente.

Testverfahren und Persönlichkeitsfragebögen sind inhaltlich als Ergänzung interessant, wenn neben dem mittels Simulationen bewerteten Verhalten in spezifischen Situationen auch die ‚dahinter' liegenden Dispositionen und Eigenschaften für die eignungsdiagnostische Aussage herausgearbeitet werden können (z. B. Extraversion, Intelligenz, Selbstbewusstsein). In einer Studie von Kleinemann et al. (2011) ist ein Ergebnis, dass der Einsatz eines Fragebogens zur Messung der sozialen Kompetenz zusätzlich zu AC und Interview die Gesamtvalidität der Vorhersage erhöht.

Ein praktisches Hindernis für den Einsatz im AC besteht häufig darin, dass nicht klar ist, wie die Tests in die übliche Ergebnismatrix im AC integriert werden können. Die in den Tests abgedeckten Dimensionen sind auf einer anderen Beschreibungsebene als die klassischen verhaltensnahen AC-Dimensionen. Diese lassen sich jedoch durchaus gut kombinieren. So geht z. B. der Intelligenztest mit der Dimension Intelligenz oder kognitives Leistungsniveau neben den Leistungen in der Fallstudie in die Matrix ein. Dimensionen aus Persönlichkeitsfragebögen wie Extraversion oder emotionale Belastbarkeit können ebenfalls parallel zu Simulationen wie Rollenübungen oder Gruppenübungen erhoben werden. Die Werte aus Tests liegen auch meist in einer anderen Metrik vor (z. B. Intelligenztests um den Mittelwert von 100, während AC-Dimensionen meist auf einer 5er- oder 7er-Skala gemessen werden). Auch dies lässt sich durch eine Wertetransformation einfach lösen.

Kritik und Grenzen des Einsatzes von Testverfahren im AC

Das wichtigste Gegenargument in der betrieblichen Praxis ist die geringe Augenscheinvalidität und damit Gefährdung der Akzeptanz. Wenn es um den Aufstieg in Führungspositionen geht, lässt es sich Bewerbern und Teilnehmern schwer vermitteln, worin der Bezug zu Aufgaben wie „Zahlenreihen fortsetzen" liegt, auch wenn der Zusammenhang empirisch/statistisch nachweisbar ist.

Durch die massive Angebotserweiterung seit Beginn dieses Jahrhunderts wird es für den betrieblichen Praktiker schwerer, einen Überblick über die verschiedenen Testverfahren zu bekommen. Teilweise sind hier Tests im Angebot mit obskuren konzeptionellen Ansätzen wie der Dominanz von Hirnhälften oder leicht durchschaubare projektive Tests. Im Coachingkontext gibt es bewährte Verfahren wie den MBTI, der

Wahrnehmungstendenzen verdeutlicht, die sich jedoch kaum den üblichen beruflichen Anforderungskriterien zuordnen lassen. Insofern stellt sich die Frage, welche Tests
jeweils sinnvoll das Anforderungsprofil abdecken.

Zwischen Testverfahren und inhaltlich ähnlichen AC-Aufgaben gibt es regelmäßig
signifikante Zusammenhänge. So berichten Kersting und Hossiep (2008) von einem
Zusammenhang von $r = .59$ zwischen der Postkorbdimension Analysevermögen und
dem Intelligenztest BOMAT. Dowdeswell und Oosthuizen (2011) stellen in einer
Studie Zusammenhänge von $r = .38$ bis $r = .53$ zwischen den Postkorbdimensionen
Analysevermögen, Planungs- und Entscheidungsvermögen und den Ergebnissen in
einem verbalen und numerischen Fähigkeitstest dar.

Da mindestens drei verschiedenartige Verhaltenssimulationen wie der Postkorb zum
Bestimmungsmerkmal von AC gehören (vgl. Qualitätsanforderungen Arbeitskreis AC
e.V.) stellt sich die Frage nach dem Zusatznutzen von Testverfahren. Die Gefahr ist, dass
in der Außenwahrnehmung eine Kombination von Tests mit einem Interview schon als
AC dargestellt wird.

Unbestritten ist, dass in der Vorhersage von Führungserfolg kognitive Leistungen
oder Problemlösefähigkeiten wichtig sind. Wenn man sich an den dimensionsorientierten Metaanalysen zur Validität orientiert (Arthur et al. 2003), dann stehen diese sogar
an erster Stelle. Die Frage ist nur, ob diese Kompetenzen nicht sowieso schon ausreichend in den betreffenden Simulationen abgedeckt sind (Postkorb, Fallstudie, Fact-
Finding). Die erste große Metaanalyse zur Validität von Gaugler et al. (1987) bestätigt
dies insofern, als dass die dort berücksichtigten Originalstudien ohne Testverfahren eine
höhere Validität haben. In der neueren Metaanalyse zur AC-Validität von Meriac et al.
(2008) ermitteln die Autoren explizit, dass in der Vorhersage der beruflichen Leistung
die AC-Elemente im engeren Sinne einen deutlich zusätzlichen Beitrag gegenüber
Persönlichkeitsverfahren und kognitiven Tests haben.

Testverfahren verfolgen dabei den Anspruch, stabile und schwer veränderliche
psychologische Konstrukte zu erfassen. Daher liegt der Schwerpunkt des Interesses
an Tests eher in reinen Selektions-AC, als in Development Centern, in denen die
Weiterentwicklung von Kompetenzen angestrebt wird.

Speziell die Anwendung kognitiver Tests in den USA ist zurückgegangen, seit
es Klagen von abgelehnten Bewerbern dahingehend gab, dass solche Testverfahren
Minoritäten benachteiligen. In den entsprechenden Klageverfahren zum „adverse
impact" müssen dann die betreffenden Unternehmen nachweisen, dass trotz der im
Mittel geringeren Werte für Minderheiten ein inhaltlicher Bezug zu den jeweiligen
Jobanforderungen vorliegt. Dies gelingt regelmäßig nicht oder schwerer als bei AC-
Aufgaben, bei denen es einen plausibler vermittelbaren Zusammenhang zu dem berufli-
chen Kontext gibt.

Stand der Anwendung in Deutschland

Deutschland ist im Einsatz von psychologischen Testverfahren ein Entwicklungsland.
In der vergleichenden Untersuchung von Ryan et al. (1999) wurde der Einsatz von

psychometrischen Instrumenten bei 955 Unternehmen in 18 Nationen untersucht. Deutschland nimmt zu diesem Zeitpunkt einen sehr niedrigen Platz ein.

In der Erhebung bei den deutschsprachigen Unternehmen im Jahr 2001 (Arbeitskreis AC 2001) verwenden lediglich 19 % der befragten 200 Organisationen Intelligenztests in ihren Verfahren und 15 % Persönlichkeitstests. In der nachfolgenden Erhebung aus dem Jahr 2007 (Obermann und Höft 2008) sind diese Ziffern allerdings schon deutlich gestiegen. So geben nunmehr 30,7 % der befragten Firmen – darunter die Mehrheit der DAX 100-Unternehmen – an, dass sie kognitive Testverfahren in ihren AC verwenden, bei Persönlichkeitstests ist die Kennziffer auf 28,1 % gestiegen. In der aktuellen Studie aus dem Jahr 2012 (Obermann et al. 2012) zeigt sich erneut eine deutliche Steigerung in der Anwendungshäufigkeit: In den 120 beschriebenen Verfahren werden in 43 % der Fälle Persönlichkeitsfragebögen und bei 40 % der befragten Organisationen Intelligenztests angewendet.

Dies ist auf den seit Beginn dieses Jahrhunderts erheblich gestiegene Marketing-aufwendungen kommerzieller Testanbieter zurückzuführen, die über Lizenzierungen von freien Trainern und Beratern versuchen, eine Marktposition aufzubauen.

Historisch gibt es in kaum einem anderen Land der westlichen Industrieländer allerdings eine ähnliche Negativ-Stimmung zu Testverfahren wie in Deutschland. Dies ist im Wesentlichen auf eine „closed shop"-Politik der deutschen Psychologen zurückzuführen. Während in England AC auf Top-Management-Level ohne einen Persönlichkeitstest kaum denkbar sind, so ist es in Deutschland eher schwer, als Anwender überhaupt einen Test käuflich zu erwerben. Der Unterschied in England liegt darin, dass hier Beratungsunternehmen im Wettbewerb liegen, die Mitarbeiter von Personalabteilungen in ihren Verfahren zu schulen und zu zertifizieren. In Deutschland lag in der Vergangenheit das Durchführungsmonopol hingegen bei Psychologen. Der Vertrieb der Verfahren wurde über die deutsche Testzentrale beim Hogrefe-Verlag in Göttingen nahezu monopolisiert. Dadurch entstand kaum ein Wettbewerb in der Entwicklung neuer Verfahren. Seit dem Ende der 90er-Jahre sind nunmehr in Deutschland einige Anbieter neuer Verfahren mit Direktvermarktung aufgetreten, sodass sich das Angebot erweitert hat und davon auszugehen ist, dass der Einsatz von Testverfahren innerhalb von AC in den nächsten Jahren zunehmen wird.

In einer älteren Erhebung bei 661 Mitgliedern des Psychologenverbandes hat Schorr (1991) eine „Hitliste der 20 meistverwendeten Tests" sowie eine „Hitliste der zehn ‚nie verwendeten' Tests" erstellt: „Bedenklich stimmt im Ergebnis der verbreitete Einsatz veralteter, zum Teil bereits neu aufgelegter Tests sowie das Auftreten identischer Verfahren in beiden ‚Hitlisten'" (Schorr 1991, S. 8). Diese Beobachtung wird durch die Untersuchung von Brambring (1983) unterstützt, bei der die alte Version des IST-Intelligenztests von 1953 fast die gleiche Verwendungshäufigkeit besitzt wie die immerhin auch schon über dreißig Jahre alte IST-70-Version, für die schon lange deutliche Kritikpunkte formuliert wurden. Der wenig verständlich geringe Einsatz längst überholter Testverfahren hat seit Ende der 90er-Jahre deutlich abgenommen, seit einige kommerzielle Anbieter und Berater mit neuen Testverfahren auf den Markt getreten sind. Eine Übersicht aller gebräuchlichen Testverfahren liefern Brickenkamp et al. (2002), eine vollständige Zusammenstellung findet sich bei der deutschen Testzentrale in Göttingen, von der die Verfahren auch bezogen werden können. Eine Zusammenstellung speziell der Testverfahren, die im Bereich der Wirtschaft und damit meist auch im Zusammenhang mit AC eingesetzt werden können, findet sich bei Sarges und Wottawa (2005), speziell von Persönlichkeitsverfahren bei Hossiep und Mühlhaus (2005).

Mittlerweile hat sich die einst überkritische Haltung gegenüber Testverfahren fast in das Gegenteil verkehrt. Leider auch durch Entwickler von Testverfahren aus dem universitären Umfeld werden Testverfahren gegenüber dem AC als das „non plus ultra" gesehen. So zitieren sich etwa Kersting und Hossiep (2008) als Fazit ihrer Ausarbeitung selbst, indem sie schreiben: „Nach Hossiep (2001, S. 59) ist die Integration solcher Instrumente im AC nicht nur sinnvoll, sondern geradezu zwingend". Auch trägt es nicht zur Sachlichkeit der Diskussion bei, wenn Testverfechter wie Schmidt und Hunter in ihrer Metaanalyse (1998) die Validitätsdaten von Intelligenztests in nicht nachvollziehbarer Weise statistisch nach oben korrigieren, dies jedoch mit anderen Verfahren nicht tun. Dabei sind für den Praktiker noch viele Fragen unbeantwortet, insbesondere wie die geringe Augenscheinvalidität von kognitiven Tests im betrieblichen Umfeld vermittelt werden kann und wie hoch der Zusatznutzen gegenüber anderen Verfahren wie Fallstudie oder Postkorb ist, die hoch mit kognitiven Testverfahren korrelieren und diese Kompetenzen ebenfalls abdecken.

Neue DIN-Testnorm

Eine neue Entwicklung ist die Etablierung der DIN 33 430 (2002) als Qualitätsnorm für Testverfahren. Allerdings wird die Norm nicht zu einer besseren Überschaubarkeit in dem Testmarkt führen, weil diese Norm ausdrücklich als Prozessnorm konzipiert wurde, also nicht zur Beurteilung fertiger Tests, sondern zur Bewertung von eignungsdiagnostischen Prozessen.

Aus gutem Grund hatte der Normenausschuss definitiv ausgeschlossen, dass die Norm als Produktnorm genutzt wird, einzelnen Tests also bescheinigt wird, DINgerecht zu sein. Es gab jedoch vorschnelle Versuche zweier Testanbieter, für ihre Testverfahren Zertifikate nach dieser Norm zu erhalten. Dagegen hatte 2003 der psychologische Berufsverband BDP geklagt. Die Firmen mussten eine Unterlassungserklärung abgeben und sich verpflichten, künftig keine Zertifizierung von Verfahren zur Eignungsdiagnostik mehr zu erteilen, insbesondere in Zertifikaten nicht mehr zu erklären, dass ein Verfahren der DIN 33 430 entspricht. Der Nachteil dieses Vorgehens ist allerdings, dass es für den Laien keine Möglichkeit gibt, mit der Testnorm guter von weniger guten Testprodukten unterscheiden zu können.

Mittlerweile sind die Wissenschaftsvertreter, die an der Entwicklung der Norm mitgewirkt haben, teilweise dabei, selbst Kurse für das Verstehen der von ihnen konzipierten Regeln anzubieten – diese gehen zeitlich über viele Tage.

2.5.11.1 Intelligenztests

Auf der Itemebene bestehen Intelligenztestverfahren aus einer Reihe ähnlicher Aufgaben, die mittels weniger mentaler Operationen unter Zeitdruck gelöst werden sollen: Zahlenreihen fortsetzen, Erkennen von Gemeinsamkeiten in vorgegebenen

Begriffen, Ergänzung von Sätzen, rechnerische Dreisatz-Aufgaben etc. Häufig sind auch sogenannte Matrizenaufgaben. Die Aufgabe besteht darin, die Figur zu ermitteln, die in das leer gelassene untere rechte Feld gehört. Wesentlich für die nach dem Analogie-Prinzip konstruierten Matrizenaufgaben ist, dass die Lösung sowohl aus der Gestaltung bzw. Veränderung der Figuren in den horizontalen Reihen (Zeilen) als auch in den vertikalen Reihen (Spalten) abgeleitet werden kann.

Was messen Intelligenztests?

Intelligenztests messen die unterschiedlichen Intelligenztheorien einzelner Autoren. Mit den konzeptionell unterschiedlichen Ansätzen der einzelnen Autoren variieren auch die in den Tests vorhandenen Aufgaben. Bekannter sind das Modell von Spearman (1927), das einen allgemeinen Intelligenz-Faktor (sogenannter g-Faktor) vorsieht, die Idee der „primary mental abilities" von Thurstone (1938), hierarchische Modelle der Intelligenz von Vernon (1950), Burt (1949, 1958) und Jäger (1967), das Modell der fluiden und kristallisierten Intelligenz von Cattell (1963) sowie das Strukturmodell der Intelligenz von Guilford (1967). Eine Zusammenfassung der Modelle findet sich bei Amelang, Bartussek und Stemmler (2006).

„Da es keine einheitliche Definition von Intelligenz gibt, werden Testverfahren dieser Kategorie zugeordnet, die von ihren Autoren als solche charakterisiert werden" (Brickenkamp et al. 2002). Das bedeutet praktisch und konkret, dass man unter Intelligenz das verstanden wissen will, was mit den Aufgaben eines Intelligenztests erfasst wird, genauer: was zur Bewältigung dieser Aufgaben erforderlich ist. Daraus folgt ein häufig wiederholtes, ironisches Statement: „Intelligenz ist das, was der jeweilige Test eben misst". Aus den Theorien lassen sich für die eignungsdiagnostische Praxis nur wenige Hinweise für die Interpretation der Testergebnisse ableiten.

Ein Prüfkriterium aus der Testtheorie ist eine hohe interne Konsistenz der Testitems einer Skala. Diese Forderung führt positiv dazu, dass die Intelligenzitems sehr einfache, jeweils ähnliche Aufgaben beinhalten, die Leistungsstreuung unter den Teilnehmern dann durch den Zeitdruck erreicht wird. Für die AC-Praxis ist damit die Anmutung der Aufgaben zu einfach.

Die Intelligenz ist über die Zeit eine sehr stabile Eigenschaft. Dies macht das Konstrukt gerade für Auswahlverfahren attraktiv. In der Scottish Mental Survey wurden im Lebensalter von elf Jahren in Schottland in den Jahren 1932 und 1947 70.000 Personen auf ihre Intelligenz getestet (Deary at al. 2004). Die Daten wurden 60 Jahre später wieder entdeckt und 1.500 der Personen konnten wieder aufgespürt werden. Diese haben nach all den Jahren den gleichen Intelligenztest wiederholt. Zwischen beiden Messungen besteht ein aufgrund Varianzeinschränkung korrigierter Zusammenhang von $r = .73$. Dies ist doch ein äußerst hoher Wert – Retestwerte wenige Wochen später nach der Ersterhebung haben kaum höhere Ergebnisse. Nur wenige kommen im Leben intelligenter an als sie gestartet sind (Abb. 2.47).

Für die AC-Praxis ist die Unterscheidung zwischen solchen Testsskalen sinnvoll, die eher sprachfrei oder sprachgebunden sind. Sprachfrei sind insbesondere die

Abb. 2.47 Stabilität des IQ über Lebensspanne von 11 zu 80 Jahren. *Quelle* Deary, Whiteman und Starz (2004)

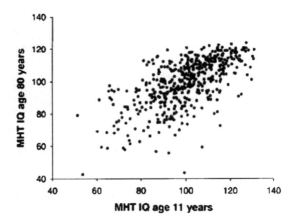

Matrizenaufgaben. Mit diesen Skalen lassen sich unabhängig von Sprache und Kultur Aussagen zum kognitiven Leistungsniveau machen. Für viele Berufe ist allerdings das Gegenteil interessant: Wie können Teilnehmer z. B. aus komplexen Texten Sachverhalte schlussfolgern?

Zusammenfassend dürfte die Fähigkeit, unter Zeitdruck viele Intelligenztest-Aufgaben zu lösen, eine notwendige, jedoch keine hinreichende Voraussetzung für das Erlernen von analytischen und konzeptionellen Aufgaben im Beruf haben.

Die Berechnung eines Gesamtkennwerts der Intelligenz („Intelligenzquotient") ist im Rahmen von eignungsdiagnostischen Aussagen von AC jedoch wenig sinnvoll. Diese Kennwerte sind – je nach der basierenden Intelligenztheorie – ein Verschnitt von jeweils unterschiedlichen Intelligenzskalen. Für eignungsdiagnostische Aussagen ist es sinnvoller, einzelne Subskalen zu verwenden (z. B. rechnerisch-schlussfolgerndes Denken oder Skalen der verbalen Intelligenz).

Chancen und Risiken im Einsatz von Intelligenztests bei AC

Der wesentliche Vorteil im Einsatz von Intelligenzskalen im AC besteht darin, dass Aussagen zu kognitiven Grunddispositionen absolut auswertungsobjektiv und reliabel gewonnen werden können. In diesen Kriterien kann keine AC-Simulation mithalten – weder Postkorb noch Fallstudie. Ergebnisse können nicht auf Missverständnisse in der Aufgabeninstruktion oder Schieflagen bei den Beobachtern zurückgeführt werden. Nicht zu unterschätzen ist auch der Nutzen darin, dass Vergleichsnormen vorliegen, damit unabhängig von dem Bezug zu der zufälligen Stärke der anderen Teilnehmer eine genaue Bewertung anhand eines Vergleichsmaßstabs gewonnen werden kann. Darüber hinaus ist der Einsatz auch ökonomisch, meist sogar ohne den Einsatz von Beobachtern möglich. Problematisch ist aufgrund der Zwänge der Testkonstruktion, die sehr enge inhaltliche Auslegung dessen, was gemessen wird (Matrizen lösen, Tabellenaufgaben bearbeiten, Zahlenreihen fortsetzen) (Abb. 2.48). Daher ist die Kombination mit anderen AC-Simulationen zu empfehlen (Postkorb, Fallstudie etc.). Dies bietet in der

Chancen	Grenzen
• Stabile Validitätsdaten vorhanden • Sprachfreie Erfassung von kognitiven Leistungen möglich • Anders als AC-Simulationen: Empirische Normen verfügbar • Kein Beobachtereinsatz notwendig	• Auswahl passenden Verfahrens notwendig • Inhaltlich reduzierte Formate (Zahlenreihen, Analogien erkennen)

Abb. 2.48 Intelligenztests: Zusatznutzen und Grenzen im AC-Einsatz

Beobachterkonferenz interessante Erkenntnisse zu möglichen Unterschieden zwischen der „Grundintelligenz" und der Anwendung im Rahmen von praktischen Fallbeispielen.

Zusammenfassend sind Intelligenzverfahren insbesondere bei Auswahlverfahren sinnvoll. So stellen gerade bei Berufsanfängern, z. B. Hochschulabsolventen, einzelne Verfahren eine ökonomische und zuverlässige Ergänzung zu den Verhaltenssimulationen des AC dar.

Bei internen Potenzialanalysen oder Development Centern, bei denen die Entwicklung von Mitarbeitern im Vordergrund steht, ist der Einsatz weniger sinnvoll: Bei einem schlechten Abschneiden in den Tests lassen sich nur schwerlich sinnvolle Entwicklungshinweise ableiten.

Verfügbarkeit von Testverfahren für den AC-Einsatz

Bei der deutschen Testzentrale des Hogrefe-Verlags werden heute über zwanzig Intelligenztests angeboten. Eine genauere Aufstellung der Verfahren findet sich bei Brickenkamp et al. (2002). Die wenigsten dieser Verfahren wurden allerdings speziell für Zwecke der Anwendung im beruflichen Bereich oder gar für die Zielgruppe Führungskräfte entwickelt.

Weitere in Deutschland verbreitete Intelligenztestverfahren sind der IST-2000 R (2001), der Grundintelligenztest CFT 20-R nach Weiss (2006), der Hamburg-Wechsler Intelligenztest für Erwachsene (HAWIE) nach Wechsler (1991), die Standard Progressive Matrizes (SPM) nach Raven (1998), der Mannheimer Intelligenztest (1986) und der BOMAT von Hossiep et al. (2001), der Azubi-BK für Auszubildende von Schuler und Klinger (2006) und der KTK (Obermann 2004) .

Aus der Tabelle können Empfehlungen zu einzelnen Tests abgeleitet werden. Aus Sicht des Autors erscheinen speziell für den AC-Einsatz folgende Kriterien relevant (Abb. 2.49):

• Grundentscheidung über das anzuwendende Intelligenzkonzept, insbesondere sprachfrei (SPM, BOMAT, KTK) oder mit sprachgebundenen Elementen (IST, CFT 20-R)

• Prüfung, ob Normen für die Zielgruppe (v. a. Führungs- und Führungsnachwuchskräfte) vorliegen

Konzeption	Subskalen	Bewertung bzgl. AC-Einsatz
IST-2000-R Intelligenzstrukturtest Liepmann, D., Beauducel, A., Brocke, B. & Amthauer, R., Bezug: www.hogrefe.de		
Der in Deutschland am häufigsten eingesetzte Intelligenztest ist der Intelligenz-Struktur-Test (IST 2000) nach Amthauer et al. (2001). Der Test wurde in den Fünfzigerjahren von Amthauer bei der damaligen Hoechst AG in Frankfurt anhand von vielen tausenden Bewerbern für Ausbildungsplätze entwickelt; überarbeitete Version.	11 Fähigkeiten, die modular kombiniert werden können: Verbale Intelligenz, figural-räumliche Intelligenz, rechnerische Intelligenz, figurale Merkfähigkeit, schlussfolgerndes Denken, verbales Wissen, figural-bildhaftes Wissen, numerisches Wissen und Wissen (gesamt), fluide und kristallisierte Intelligenz	Bearbeitungsdauer 77-130 Min. Vorteil: Es können einzelne Sub-Skalen eingesetzt werden, hohe Bandbreite an Merkmalen; kein Gesamt-IQ-Wert notwendig; häufiger Einsatz bei Azubis; keine Normen für Berufsgruppen, im AC einsetzbar, von der Anmutung jedoch sehr klassischer Intelligenztest (Zahlenreihen etc.), durch Vielfalt der Subskalen in der Administration anspruchsvoll
SPM Standard Progressive Matrices Raven, J. C., Bezug: www.harcourt.de		
Die Aufgaben bestehen aus geometrischen Figuren oder Mustern, die aus jeweils 6 dargebotenen Antwortalternativen ergänzt werden sollen; keine weiteren Subskalen	Ein Kennwert für allgemeine (sprachfreie) Intelligenz	Bearbeitungsdauer 45 Min., es gibt weitere Varianten für höhere und niedrigere Anforderungsbereiche; der Klassiker unter den kognitiven Tests; allerdings keine spezifischen Normen für berufliche Zielgruppen; reduziertes – sprachfreies – Intelligenzkonzept
BOMAT Bochumer Matrizentest Hossiep, R., Turck, D. & Hasella, Bezug: www.hogrefe.de		
Sprachfreier Intelligenztest, der mit grafischen Matrizen arbeitet; der Bomat hat keine weiteren Subskalen; er ist für den gehobenen Leistungs- und Fähigkeitsbereich entwickelt	Ein Kennwert für allgemeine (sprachfreie) Intelligenz	Bearbeitungsdauer 110 Min., in einer Kurzform 75 Min.; gut geeignet für Hochschulabsolventen und Führungskräfte im AC; ebenfalls reduziertes – sprachfreies – Intelligenzkonzept
AZUBI-BK Arbeitsprobe zur berufsbezogenen Intelligenz Schuler, H. & Klingner, Y., Bezug: www.hogrefe.de		
Relativ neues Verfahren mit der Zielgruppe Azubis, wobei die Testskalen fast Simulationscharakter und eine hohe Augenscheinvalidität haben, z. B. Protokoll überarbeiten, Bilanzwerte vergleichen, Adressen prüfen	Grundmodul mit acht Teilarbeitsproben, u. a. sprachlicher Fähigkeitsbereich, rechnerischer Bereich, Gedächtnis sowie Zusatzmodul „Postbearbeitung" mit vier Teilarbeitsproben zum Posteingang und Postausgang	Bearbeitungsdauer 65 Min., plus 27 Min. Postkorbmodul; sehr sorgfältig konstruiertes Verfahren, das durch seinen Simulationscharakter weniger verschreckend ist als typische Intelligenzaufgaben; Validitäten zu Berufsschule und Berufserfolg
KTK Kölner Test zur kognitiven Kompetenz Obermann Consulting GmbH, Bezug: www.obermann-consulting.de		
Intelligenztest mit komplexeren Tabellen, die analysiert werden sollen	Ein Kennwert für allgemeine, berufsbezogene Intelligenz	Bearbeitungsdauer 40 Min.; Normwerte und Validierung im Rahmen von AC-Projekten aus der Beratung; durch Komplexität der Tabellen keine Anmutung nach einfachen Intelligenzitems; Eignung auch für Führungskräfte

Abb. 2.49 Zusammenstellung Intelligenztests für den AC-Einsatz

Neue Erkenntnisse zur Prognosegüte von Intelligenztests seit Mitte der 1990er-Jahre

Einen Anhaltspunkt darüber, wofür Intelligenztests inhaltlich eigentlich stehen, liefern Validitätsuntersuchungen in Form von Korrelationsuntersuchungen mit externen Kennziffern über Berufs- und Ausbildungserfolg. Dabei gibt es im deutschsprachigen Bereich aufgrund der Einfachheit der Datenerhebung viele Untersuchungen zum Zusammenhang von Testverfahren mit dem Ausbildungserfolg.

In den letzten Jahren gibt es auch Studien zum Zusammenhang von Intelligenztests und AC. In einer solchen Studie (Höft und Bolz 2004) zeigen die Autoren bei 128 Nachwuchsflugzeugführer-Bewerbern einen generell positiven Zusammenhang zwischen kognitiven Tests mit fast allen AC-Variablen inklusive des Gesamturteils.

Zur in den letzten Jahren deutlich gestiegenen Bedeutung von Intelligenzverfahren für die Prognose von Berufs- und Managementerfolg haben insbesondere Schmidt und Hunter beigetragen (1998). Durch die Methode der Metaanalyse wurden bis dahin ermittelte Unterschiede in der Vorhersageleistung von Intelligenztests durch statistische Artefakte (z. B. Stichprobenunterschiede) erklärt und gezeigt, dass die reale Variabilität der Validitäten gering ist (etwa Hunter und Schmidt 1990). In einem Vergleich der Kriteriumsvaliditäten von Intelligenztests mit anderen Verfahren (Interviews, AC, Peer Ratings etc.) zeigen die Autoren sogar, dass Intelligenztests mit r = .51 eine sehr hohe Vorhersageleistung für beruflichen Erfolg und mit r = .56 für die Ausbildungsleistung haben. Sie zeigen auch, dass der Einsatz anderer Verfahren – inklusive des AC – sogar nur einen geringen Validitätszuwachs bringt (Schmidt und Hunter 1998; vgl. auch Tabelle zu dieser Untersuchung in Kap. 3.3.3). Als bedeutsamer Moderator für die Validität erweist sich dabei die Berufskomplexität.

Allerdings kommen die Primärstudien nahezu ausschließlich aus den USA. Salgado et al. (2003) finden anhand europäischer Studien eine korrigierte Validität von .62 für Berufs- und .54 für Ausbildungsleistungen. Kramer und Blickle (2005) gehen der Frage nach, ob auch in Deutschland Zusammenhänge zwischen Intelligenz und Berufs- bzw. Ausbildungsleistungen bestehen. Hier könnte man argumentieren, dass durch die stärkere Vorauswahl über Abitur und Studium eine Varianzeinschränkung vorliegt und dann auch geringere oder keine Validitäten resultieren. Einbezogen wurden in die deutsche Studie 30 Arbeiten, denen die Daten von über 10.000 Personen zugrunde liegen. Die Validität steigt hier mit zunehmender Berufskomplexität, wenn die Varianzeinschränkung korrigiert wird. Zu einer ähnlichen Schlussfolgerung kommen (Pettersen und Tziner 1995): Die Bedeutsamkeit von Intelligenztests für die berufliche Erfolgsprognose steigt mit dem Komplexitätsanspruch der Tätigkeit.

Eine Untersuchung speziell zu deutschsprachigen Probanden legen Hülsheger et al. vor (2007). Dabei stand ebenfalls die Frage im Vordergrund, ob sich die hohen Kennwerte aus europäischen und US-Untersuchungen aufgrund der möglichen Varianzeinschränkung auf Deutschland übertragen lassen. Die Metaanalyse basiert auf 54 Einzelstudien. Die Ergebnisse zeigen eine Validität von $\rho = .467$ für Ausbildungserfolg ($k = 90$; $N = 11,969$) and $\rho = .534$ für die berufliche Leistung ($k = 9$; $N = 746$). Ausbildungserfolg war hier operationalisiert als IHK-Abschlussnote von Auszubildenden und die berufliche Leistung durch die Einschätzung der Ausbilder oder Vorgesetzten. Die Moderatorenanalyse zeigte, dass ähnlich wie bei den vorgenannten Studien die Komplexität der beruflichen Aufgaben einen Effekt dahin gehend hat, dass es bei geringeren Jobanforderungen einen höheren Zusammenhang zwischen kognitiven Tests und Ausbildungserfolg gibt.

Der additive Nutzen von Intelligenztests für AC ergibt sich aus der deutschsprachigen Metaanalyse von Holzenkamp et al. (2008). In der Zusammenfassung von

19 deutschsprachigen AC-Verfahren wird die Validität beträchtlich durch Intelligenztests erhöht. Die sieben Verfahren mit entsprechenden Tests haben Validitätskennwert von .52, diejenigen zwölf Verfahren ohne Intelligenztest von lediglich .23.

Zusammenfassend zeigen die Studien hohe und stabile Zusammenhänge zu externen Erfolgskriterien. Allerdings ist zu berücksichtigen, dass die untersuchten Zielgruppen häufig Auszubildende oder junge Mitarbeiter sind. Hier liegt eine sehr viel höhere Streuung in den Testwerten vor als in der vorausgelesenen Gruppe von AC-Teilnehmern. Diese Varianzeinschränkung führt aus statistischen Gründen zu von vornherein niedrigeren Korrelationswerten.

Akzeptanz bei Teilnehmern und Kommunikation im AC

Eine weitere Frage der Anwendung im Rahmen von AC stellt die Akzeptanz dieser Verfahren dar. Tachler beschäftigte sich 1983 mit der Frage, inwieweit Intelligenztests im Vergleich zu anderen Auswahlverfahren akzeptiert werden. Bezüglich des im Rahmen eines Auswahlverfahrens um einen Ausbildungsplatz für Bürokaufleute eingesetzten Intelligenz-Struktur-Tests (IST) vertraten rund ein Drittel der Bewerber die Auffassung, der Test beschränke sich auf arbeitsrelevante Merkmale und respektiere ihre Privatsphäre. Allerdings meinten nur 7 % der Bewerber, der Test habe sie über ihre künftige Arbeit informiert.

Die Ergebnisse einer Studie von Fruhner und Schuler (1991), bei der es u. a. um die Bewertung von Intelligenztests im Rahmen von AC ging, fassen die Autoren so zusammen: „Intelligenztests wurden nicht so positiv wie Simulationen, aber insofern ähnlich beurteilt, als sie als transparent, belastend und insgesamt positiv eingeschätzt wurden".

In angelsächsischen Ländern ist der Einsatz von Intelligenztests auch auf Management-Niveau völlig selbstverständlich. Die häufig behauptete geringe Akzeptanz von kognitiven Testverfahren ist möglicherweise eine Projektion der Unsicherheit, die die Personalverantwortlichen selbst haben. Dies hat allerdings auch einen objektiven Hintergrund. Die Anwendung und Interpretation ist sinnvoll nur mit Psychologen, was die Abhängigkeit von weiteren Zielgruppen erhöht. Der Einsatz von Intelligenz- bzw. kognitiven Tests sollte offen und ehrlich dargestellt werden. Lediglich der Begriff Intelligenz muss nicht eingeführt werden, da es ja in der Regel nicht das Ziel ist, einen Intelligenzquotienten zu ermitteln: „Wir möchten mit diesem Test erfahren, wie Ihre analytischen/kognitiven Fähigkeiten ausgeprägt sind." oder „Sie haben die Chance einmal zu erfahren, wie Sie in solchen Aufgaben im Vergleich zu Anderen abschneiden."

2.5.11.2 Leistungstests

Allgemeine Leistungstests oder Fähigkeitstests sind „Verfahren, die allgemeine Voraussetzungen der Leistungsfähigkeit erfassen sollen, nämlich das, was mit Aufmerksamkeit, Konzentration, allgemeiner Aktiviertheit oder dergleichen bezeichnet wird" (Brickenkamp et al. 2002). Im Blickpunkt dieser Verfahren steht also die Fähigkeit, sich auf bestimmte Reize konzentrieren zu können, hierin über die Zeit wenig nachzulassen und unter Zeitdruck schnell einfache Fehler aus Texten oder einfachen Reizmustern zu erkennen. Gebräuchliche Konzentrationstests sind der d2-Aufmerksamkeits-Belastungstest nach Brickenkamp (2001) oder der Konzentrations-Leistungstest nach Düker und Lienert (2002). Daneben gibt es apparative Verfahren, die die Reaktionszeit, Daueraufmerksamkeit oder Koordinationsfähigkeit für unterschiedliche Reize messen (zum Beispiel das Wiener Determinationsgerät, zu beziehen über das Apparatezentrum des Hogrefe-Verlags, Göttingen).

Interessanter für die Anwendung im AC sind die so genannten speziellen Leistungs- oder Fähigkeitstests. Dies sind spezielle Eignungstests, die auf Anforderungen bestimmter Berufsgruppen zugeschnitten sind, etwa zum räumlichen Vorstellungsvermögen. Zur beruflichen Eignungsuntersuchung seien hier nur einige wenige Beispiele angeführt: Der Mathematiktest von Ibrahamovice et al. (2006), der Rechtschreibungstest von Kersting und Althoff (2006), der allgemeine Büroarbeitstest nach Lienert und Schuler (1994) oder der wirtschaftskundliche Bildungstest nach Beck und Krumm (1999; vgl. auch Brickenkamp 2001).

Die prognostische Validität kognitiver Fähigkeitstests bezogen auf den Ausbildungserfolg ist sehr hoch: Sie beträgt nach Schuler und Funke (1989) im Mittel $r = .54$ ohne signifikante Differenzen zwischen verschiedenen Tätigkeitsgruppen. Hunter und Hunter (1984) kommen bei Berücksichtigung von zehn verschiedenen Studien zu einem meta-analytischen Wert von $r = .48$ für die prognostische Validität von berufsspezifischen Wissenstests. Schmitt et al. (1984) konnten in einer Metaanalyse über 31 verschiedene Studien eine prädiktive Validität spezieller Fähigkeitstests von durchschnittlich .27 ermitteln, für Tests zur physischen Leistungsfähigkeit lag diese bei .32 für gelernte und ungelernte Arbeiter. Hunter und Hunter (1984) berichten Zusammenhänge von $r = .53$ für kognitive Fähigkeitstests und .43 für Wahrnehmungsfähigkeiten, bezogen auf Manager. Dabei laufen die speziellen Fähigkeitstests den Intelligenzverfahren dort den Rang ab, wo es um die Erfassung eng umgrenzter kognitiver, sensomotorischer oder wissensbezogener Anforderungen geht:

- spezielle Wissenstests (etwa aus technischen Bereichen),
- Eignungstests für Nachwuchskräfte im IT-Bereich, bei denen die Umsetzung von verbalen Beschreibungen in Rechenalgorithmen überprüft werden kann
- Testverfahren zum zahlengebundenen Denken im betriebswirtschaftlichen Kontext, etwa zur Auswahl von Trainees in den Bereichen Controlling/Rechnungswesen,
- Verfahren zur Überprüfung von sensomotorischen Fähigkeiten, etwa zur Auswahl von Ingenieuren bei der Überwachung von Großanlagen.

Erfolgsfaktoren dieser Testverfahren dürften wohl darin liegen, dass auf die Messung von allgemeinen Fähigkeitskonstrukten verzichtet wird zugunsten der Abbildung von Berufssituationen. So ist es auch nicht verwunderlich, dass Fähigkeits- und Leistungstests im Allgemeinen besser akzeptiert werden als etwa Persönlichkeits- und Interessenverfahren (vgl. Schuler 1990, S. 190). Die Entwicklung von jobspezifischen Leistungstests wird sich vor dem Hintergrund der positiven Validitätskennziffern insbesondere empfehlen, wenn es sich um größere Zielgruppen handelt. Neben der Papier- und PC-Version besteht heute die Möglichkeit der Anwendung über Intranet oder Internet.

Zusammenfassend sind die Leistungstests zwar sehr attraktiv, in Deutschland liegen jedoch meist firmenspezifische Verfahren vor, z. B. für die Auswahl von Piloten oder Fluglotsen (Höft 2005), für die klassischen Zielgruppen in AC jedoch kaum, allenfalls für Auszubildende.

2.5.11.3 Persönlichkeitstests
Konstruktionsprinzipien

Persönlichkeitskriterien (engl. traits) sind über die Zeit stabile Dispositionen zu bestimmten Verhaltensweisen. Wenn wir Mitmenschen beispielsweise als ehrgeizig, introvertiert oder leistungsmotiviert beschreiben, so nehmen wir an, es handle sich um relativ fest mit der Person verbundene Beschreibungsgrößen, mit denen sich das Verhalten in bestimmten Situationen voraussagen lässt. Geht man davon aus, dass spezifische berufliche Positionen bestimmte Eigenschaften voraussetzen, so wird der Nutzen der Kenntnis von Persönlichkeitseigenschaften offensichtlich.

Im Unterschied zu Leistungs- und Intelligenztests sind Persönlichkeitsfragebögen keine Speed-Tests, bei denen unter Zeitbegrenzung eine Maximalleistung erhoben wird. Die Persönlichkeitsfragebögen erheben hingegen typische Verhaltensweisen. Sie basieren letztlich alle auf der Basis von Selbstaussagen („Ich gehe gerne auf andere Menschen zu"). Jede der verschiedenen Skalen enthält mehrere Aussagen (Items) mit gleicher Zielrichtung, die im Test miteinander vermischt sind.

Je nach dem Grad der Zustimmung zu den verschiedenen Aussagen ergibt sich für die Teilnehmer eine Anzahl von Rohpunkten. Um diesen Rohpunktwert interpretationsfähig zu machen, wird er über eine rechnerische Transformation in Bezug zu den Antworten der Normpopulation gesetzt. Daraus ergibt sich ein Bezugswert zur Normgruppe, z. B. ist die Zahl vier auf einer Siebener-Skala als Anker dafür gesetzt, dass die Anzahl der erreichten Rohpunkte dem Mittelwert der Rohpunkte in der Normgruppe entsprechen.

Weil es für jede Skala viele Items gibt, hat die Antwort auf ein Item für die Ausprägung in der Skala meist noch keine Auswirkung. Erst wenn die Teilnehmer alle Items in eine ähnliche Richtung beantworten, ergibt sich eine Ausprägung in die eine oder andere Richtung der Skala. Diese Absicherung gegen Zufallsaussagen setzt jedoch voraus, dass die Items einer Skala zuvor statistisch auf ihre Konsistenz überprüft wurden, also darauf, dass sie auch das Gleiche messen (meist sogenannter Kennwert Cronbach's Alpha). Zur Theorie der Testkonstruktion vgl. z. B. den Klassiker von Lienert und Raatz in der 6. Aufl. „Testaufbau und Analyse" 1998).

Was messen Persönlichkeitsfragebögen?

Durch das beschriebene methodische Vorgehen wird allerdings noch nicht deutlich, was die Fragebögen tatsächlich messen. Bei Nicht-Psychologen herrscht oft die Annahme, dass durch die Beantwortung der Aussagen die Möglichkeit eröffnet werde, in die Persönlichkeit zu schauen oder Verborgenes zu erkennen. Diese Erwartung kann jedoch nicht erfüllt werden, die Betrachtungsebene ist deskriptiv: Letztlich ist der Erkenntniswert lediglich, wie oft die Probanden im Vergleich zu Anderen Aussagen/Items zustimmen, die zu einer Skala zusammengestellt wurden. In der Zusammenstellung der Skalen gehen die Testautoren erstaunlich pragmatisch vor. Dics sci am Beispiel des 16 PF erläutert, dem weltweit wohl am meisten verbreiteten Instrument, ursprünglich von Cattel (1905-1997) entwickelt. Die Grundidee bei Cattel besteht darin, dass er aus einem Wörterbuch alle Begriffe herausgeschrieben hatte, die in irgendeiner Form Eigenschaften oder stabile Dispositionen beschreiben. Nachdem diese den Probanden vorgelegt wurden, lassen sich dann immer korrelative Zusammenhänge der Antwortmuster errechnen. In der Sprache der Eignungsdiagnostik hört sich dieses Ergebnis mit dem Begriff „faktorielle Validität" dann etwas wissenschaftlicher an. Das Problem ist, dass diese korrelativen Zusammenhänge nicht immer über die Zeit und andere Probandenstichgruppen stabil sind. So ist auch ein Kritikpunkt am 16 PF, dass sich die Struktur der 16 Faktoren heute kaum mehr replizieren lässt (Amelang et al. 2006).

Die meisten der heute vorliegenden, auch der neueren, Fragebögen sind auf Basis dieser empirischen, pragmatischen Vorgehensweise entstanden (u. a.: 16 PF, NEO-FFI, OPQ, BIP) (Abb. 2.50). Einige der Fragebögen sind mit externen Daten des Berufserfolgs validiert, z. B. bei Hülsheger et al. (2006). Dabei scheinen sowohl allgemeine Persönlichkeitsfragebögen (hier der NEO-PI-R) oder berufsspezifische (hier der BIP) externe, objektive Kriterien für Berufserfolg (Bruttoeinkommen und Berufsstatus) vorhersagen zu können.

Die Minderzahl von Fragebögen basiert auf psychologischen Konzepten/Theorien. Dies ist etwa C.G. Jungs Modell der Persönlichkeit (MBTI) oder hirnphysiologischen Modellen (H.D.I.), die jedoch für den Einsatz im Bereich Wirtschaft/Führungskräfte alle fraglich erscheinen.

Variante: Projektive Verfahren

Eine besondere Ausprägung der Persönlichkeitsinventare sind so genannte projektive Verfahren. Dabei handelt es sich um Items, die für sich Anspruch nehmen, grundlegende Persönlichkeitsstruktur und die Motive aufzudecken, indem sie scheinbar sinnfreie Muster/Bilder/Tintenkleckse assoziierend interpretieren. Inhaltliche Aufgabenstellungen sind etwa: Geschichten erzählen (zum Beispiel TAT), Deuten (zum Beispiel Rorschach-Test), Zeichnen/Malen (zum Beispiel einen Menschen), Spielen (zum Beispiel Psychodrama), ästhetische Gebilde konstruieren (zum Beispiel Farbpyramiden-Test) und Wählen (zum Beispiel Wilde'sche Wunschprobe). Die projektiven Verfahren bedienen quasi die Urängste von Laien, dass sie in der Kommentierung von scheinbar belanglosen Reizen durchschaubar werden. Die Probleme liegen allerdings in der geringen Objektivität der Verfahren, der Kontamination von Test und Diagnostiker sowie der schlechten methodischen Absicherung.

Die zuständige Sektion im Psychologenverband betrachtet die Durchführung von projektiven Verfahren im Rahmen von eignungsdiagnostischen Maßnahmen als nicht zulässig. Alle diese Verfahren erfüllen darüber hinaus nicht die Forderung im Nachweis von prädiktiven Validitäten für Kennwerte des beruflichen Erfolgs. Daher dürfen diese angesprochenen Instrumente insbesondere auch im AC nicht eingesetzt werden. Dies ist von praktischer Bedeutung, da einige kommerzielle Anbieter wieder mit neuen Verfahren an den Markt gehen, die solchermaßen konstruiert wurden.

Variante: „Forced choice"-Items

Eine weitere Methode – bei Verfahren im beruflichen Bereich häufiger angewendet – zur Relativierung von sozial erwünschten Selbstaussagen sind sogenannte „Forced

Konzeption	Subskalen	Bewertung bzgl. AC-Einsatz
16 PF Schneewind, K. A. & Graf, J. Bezug: www.hogrefe.de		
Bekanntestes Persönlichkeitsverfahren seit 40 Jahren im Einsatz; basiert nicht auf einer psychologischen Theorie; allgemeine Persönlichkeitsbegriffe wurden zusammengestellt und danach faktoranalysiert	184 Items zu 16 Primärdimensionen: A Wärme, B Logisches Schlussfolgern, C Emotionale Stabilität, E Dominanz, F Lebhaftigkeit, G Regelbewusstsein, H Soziale K ompetenz, I Empfindsamkeit, L Wachsamkeit, M Abgehobenheit, N Privatheit, O Besorgtheit	Bearbeitungsdauer ca. 30-45 Min; Items zwar nicht aus klinischen Bereich, aber teilweise durchschaubar ("wollen Sie lieber Koch oder Kellner sein?"), keine Untersuc hungen zur prädiktiven Validität im Berufskontext, eher einsetzbar bei Entwicklungsverfahren
NEO-PI-R Ostendorf, F.& Angleitner, A., nach Costa & McCrae, Bezug: www.hogrefe.de		
Seit Mitte der 90er-Jahre das häufig eingesetzte Fünf -Faktoren -Modell zur Persönlichkeit; wurde aufgrund von Faktorenanalysen gewonnen; keine spezielle psychologische Theorie vorhanden	240 Items, fünf Skalen: Neurotizismus, Extraversion, Offenheit für Erfahrung, Verträgl ichkeit und Gewissenhaftigkeit	Bearbeitungsdauer ca. 45 Min.; modernes, in Persönlichkeitsliteratur diskutiertes Konzept; gute Validitätsdaten der amerikanischen Fassung zu Berufserfolg; allerdings keine Normen verfügbar für typische AC-Teilnehmer
BIP Bochumer Inventar zur berufsbezogenen Persönlichkeitsbeschreibung Hossiep, R. & Paschen, M. Bezug: www.hogrefe.de		
Der Test wurde für den Einsatz im beruflichen Bereich entwickelt; es gibt kein spezielles Persönlichkei tsmodell; die Skalen haben hohe Ähnlichkeit zu AC-Dimensionen	14 Skalen: Leistungsmotivation, Gestaltungsmotivation, Führungs-motivation, Gewissenhaftigkeit, Flexibilität, Handlungsorientierung, Sensitivität, Kontaktfähigkeit, Soziabilität, Teamorientieru ng, Durchsetzungsvermögen, Emotionale Stabilität, Belastbarkeit, Selbstbewusstsein	Bearbeitungsdauer ca. 45 Min.; Normwerte für Hochschulabsolventen und betriebliche Funktionsbereiche verfügbar; Validitätsuntersuchungen verfügbar; gute Eignung für den Einsatz in AC
MBTI Myers-Briggs Typenindikator Meyer-Briggs, I., Bezug: Diverse Lizenzierungsinstitute, z. B. www.a-m-t.de		
40er- und 50er-Jahren auf der Basis der Typenlehre von C.G. Jung entwickelt; Der MBTI unterscheidet sich von der Mehrheit anderer Tests dadurch, dass das Ergebnis keine graduellen Abstufungen auf unterschiedlichen Skalen ist, sondern die Präferenz der Testpersonen für bestimmte Typen	90 Items, vier Skalen mit jeweils zwei Polen, so dass 16 Typen entstehen: Extraversion/Introversion s owie drei Dimensionen zu Wahrnehmungs-und Urteilsstile (z. B. Wahrnehmung anhand von Fakten vs. intuitive Wahrnehmung)	Starke Verbreitung in den USA, in Europa über System von lizenzierten Beratern; für die Anwendung im Rahmen von AC ist allerdings problematisch, dass Aussagen schwer zu machen sind, ob nun ein intuitiver Wahrnehmungsstil für oder gegen eine Führungstätigkeit spricht; keine Aussagen zur Validität; Einsatz daher eher im Coaching als im AC
OPQ Occupational Personality Q uestionnaire SHL Group, Bezug: www.shlgroup.com		
Der Test wurde für den beruflichen Einsatz und Auswahlsituationen entwickelt	30 verschiedene Skalen in den Bereichen Sozialverhalten, Denkstil und Motivation	Langjähriges Produkt der englischen Beratungsfirma SHL,OPQ ist in England ein bekannter Markenname; dort auch langjähriger Einsatz in Assessments
OCM Motivationsfragebogen, Obermann Consulting GmbH, Bezug: www.obermann-consulting.de		
Zusammenstellung von klassischen psychologischen Antriebskräften (z. B. Erfolgsmotiv) und abgeleiteten berufsrelevanten Motiven, z. B. Motivation bzgl. Geschäftsziele)	150 Items in 15 Skalen zu extrinsischen Motiven (Macht-, Anerkennungs-, Anschluss-, Status-, Geld-, Aufstiegs-, Wettbewerbsmotivation) und intrinsischen Motiven (Erfolgs-, Misserfolgsvermeidung, Veränderungs-, Aufgaben-, Geschäfts-, Wachstums-, Kontakt-, altruistische Motivation)	Bearbeitungsdauer ca. 30 Min.; Normwerte und Validierung im Rahmen von AC-Projekten aus der Beratung; Beratung und Benchmarking von AC-Teilnehmern im Hinblick auf ihre beruflichen Motive

Abb. 2.50 Zusammenstellung Persönlichkeitstests für den AC-Einsatz

choice"-Items. Bei herkömmlichen Fragebögen geben die Teilnehmer auf einer Skala an, inwieweit sie einer bestimmten Selbstbeschreibung zustimmen (z. B. „Ich trete gerne vor großen Gruppen auf"). Bei „Forced choice"-Items hingegen müssen die Teilnehmer zwischen zwei oder mehreren ähnlich sozial erwünschten Aussagen entscheiden (z. B. „Welcher Aussage stimmen Sie eher zu: ‚Ich trete gerne vor großen Gruppen auf' oder ‚Ich komme auch in Stresssituationen nie aus der Ruhe'?"). Bei diesem Testtyp werden Items aus unterschiedlichen Skalen miteinander kombiniert. Wenn das Thema Auftreten vor Gruppen immer bevorzugt wird gegenüber diversen anderen Skalen, dann spricht dies eben für eine individuell starke Ausprägung dieses Kriteriums. Neben der Verringerung von Effekten sozial erwünschter Antworttendenzen benötigen diese Verfahren in der Regel auch weniger Items. Der Nachteil der „Forced choice"-Methode ist allerdings, dass nur „ipsative" Normen möglich sind, also der Vergleich verschiedener Dimensionen innerhalb einer Persönlichkeit, der Vergleich mit anderen Personen jedoch nicht gestattet ist: Selbst wenn etwa bei der „Forced choice"-Methode eine Anforderung im direkten Vergleich immer gegenüber allen Anforderungen ‚abgewählt' werden wird, so kann dieses Kriterium im Vergleich zu anderen Personen immer noch relativ hoch ausgeprägt sein.

Die Auswirkungen des Forced choice-Formats wurden von Heggestad et al. (2006) empirisch erhoben. Dabei wurde der gleiche Fragebogen sowohl in der Forced choice-Version wie mit klassischen Likert-Skalen erhoben. Beide Fassungen wurden den Studienteilnehmern einmal unter der Bedingung vorgelegt, bewusst zu lügen und sich positiv darzustellen, sowie unter einer normalen Bedingung. Die Forced choice-Variante führte unter der „Faking"-Bedingung zwar dazu, dass die Testergebnisse weniger inflationieren, insgesamt kommen die Autoren jedoch zum Ergebnis, dass dieses Testformat nicht ausreicht, Lügen und extreme positive Selbstdarstellung zu verhindern.

Vorwurf der Durchschaubarkeit

In den 60er-Jahren gab es einen Trend gegen Tests wegen des Vorwurfs der Manipulierbarkeit durch die Teilnehmer (soziale Erwünschtheit). Dies führte in einzelnen Fragebögen dazu, dass sogenannte Lügenskalen verwendet wurden, insbesondere bei Verfahren aus dem klinisch-psychologischen Bereich. Dabei werden Testitems verwendet, denen man bei ehrlicher Beantwortung kaum uneingeschränkt zustimmen könnte (z. B.: „Ich habe noch niemals gelogen"). Die Testautoren verfolgen die Hypothese, dass, wenn viele solcher Fragen im Sinne der sozialen Erwünschtheit beantwortet werden, dies dann ein Hinweis auf eine bewusst unehrliche Auswertung ist, weswegen das Ergebnis des Tests nicht im Sinne der Testintention bewertet werden sollte. In neueren Persönlichkeitsfragebögen für den Wirtschaftsbereich sind diese Lügenskalen nicht mehr in Verwendung.

Der Einwand der Testmanipulation als Hinderungsgrund für den Einsatz von Persönlichkeitsverfahren ist heute kaum mehr aufrechtzuerhalten. In einer Bewertungssituation stellt sich jeder im Sinne der sozialen Erwünschtheit positiv dar. Dies geschieht genauso im Interview und wird bei den Antworten von vornherein unterstellt; das gleiche Herangehen ist bei Fragebogenprofilen möglich.

Jeder schummelt bei einzelnen Antworten oder auch Tendenzen, niemand kann jedoch ein Profil – also die relativen Unterschiede zwischen einzelnen Dimensionen – gezielt manipulieren. Die Person kennt ja nicht die Normen, aus denen die Antworten zu Profilwerten verrechnet werden.

Chancen und Risiken im Einsatz von Persönlichkeitsfragebögen bei AC

Der Nutzen von Persönlichkeitsfragebögen besteht in einer strukturierten Selbstbeschreibung der Teilnehmer entlang von Skalen, die durch den Vergleich mit den Normdaten eine Bewertung im Sinne von hoch ausgeprägt oder gering ausgeprägt erfährt.

In diesem Charakter der Selbstbeschreibung bei Persönlichkeitsfragebögen besteht die Chance für den Einsatz in AC: Entlang von Skalen und vorbereiteten Aussagen kann strukturiert und auswertungsobjektiv das Selbstbild erhoben werden. Das erhaltene Profil ist im Unterschied zu Interviews frei von Subjektivitäten in der Auswertung und Gewichtung. Während im AC oder im Interview die Bewertungsnorm der Entscheider meist verborgen bleibt, so gibt es für den Fragebogen empirisch erhobene Vergleichsmaßstäbe (Abb. 2.51).

Im AC sehen wir, was jemand in bestimmten Situationen tut. Mit dem Persönlichkeitstest sehen wir, warum jemand dies tut. Beispiel: Ein Teilnehmer schneidet in der klassischen Dimension Organisation und Planung schlecht ab. Der Faktorwert in Genauigkeit sagt uns, ob dies an dieser grundsätzlichen Veranlagung liegt – da macht Training keinen Sinn! Dann kann der Teilnehmer in diesem Feld eben wenig tun und soll sich mit Kollegen so organisieren, dass diese Schwäche kompensiert wird. Wenn der Faktorwert in Gewissenhaftigkeit hingegen hoch liegt, dann kann mit Training und Methodenwissen geholfen werden.

Weiteres Beispiel: Im Postkorb oder in der Rollenübung erscheint jemand als wenig initiativ. Woran liegt es, an dem grundsätzlichen Ehrgeiz, geringem Selbstbewusstsein, geringer Offenheit? Ein AC ohne diesen Hintergrund zu dem beobachtbaren Verhalten wäre offensichtlich ärmer. Dies setzt allerdings voraus, dass wir Hypothesen zu positiven oder schlechten Ergebnissen in Übungen vorbereiten, die dann mit den Ergebnissen aus den Fragebögen getestet werden können. So fehlen bisher Theorien zur Passung von Persönlichkeit und Job – welche Dimensionen braucht es in welchen Jobs? Diese Frage ist nicht trivial – so kann bei Personen mit einer hohen Ausprägung von „disagreable" (sozial unangepasst) die Jobperformance schlecht sein, bei solchen mit einer geringen Ausprägung jedoch ebenso. Es werden also Theorien benötigt, die situationale Konstrukte aus dem AC mit Persönlichkeitskonstrukten zu verbinden: In welchen Arbeitsgebieten sind welche Persönlichkeitsdimensionen relevant? Was können sinnvolle Entscheidungsregeln sein (z. B. Cut-off-Kriterien, Ranglisten)?

Einen entsprechenden Ansatz versucht Höft (2005) bei der Auswahl von Flugkapitänen. Dabei wurden die Skalen eines luftfahrtspezifischen Persönlichkeitsfragebogens mit

Chancen	Grenzen
• Anders als AC-Simulation auswertungsintensiv	• Fragebögen beschreiben nur, erklären nichts
• Vergleich des Einzelkandidaten zu empirischer Norm	• Keine Transparenz der „Persönlichkeit" möglich
• Erkenntnisse zu Dimensionen, die in Simulation schwer erkennbar sind	• Konzept für Integration AC- und Testdimensionen notwendig
• Emotionale Stabilität	
• Leistungsmotivation	
• Führungsmotivation	
• Fragebögen erhellen das Verhalten aus AC-Übungen	

Abb. 2.51 Persönlichkeitsfragebögen: Zusatznutzen und Grenzen im AC-Einsatz

inhaltlich ähnlichen AC-Skalen kombiniert. Beide Verfahren haben unabhängig voneinander Validitätsbefunde. Die Befunde sind allerdings ernüchternd, es gibt kaum Zusammenhänge bei den ähnlichen Skalen. Die methodenspezifischen Zugänge haben einen starken Einfluss auf die erfassten Konstrukte: „Es hat sich gezeigt, dass eine intuitive Synthese, bei der anhand der Konstruktlabels auf gleiche […] Inhalte […] geschlussfolgert wird (‚Wer im Persönlichkeitsverfahren hohe Werte auf der Skala Wärme erreicht, wird auch empathisch im AC auftreten'), empirisch nicht gedeckt wird".

Eine weitere Herausforderung ist, dass die unterschiedlichen Persönlichkeitsfaktoren wenig miteinander korrelieren – theoriegemäß. Bei kognitiven Verfahren ist es einfacher, hier gibt es Interkorrelationen zwischen allen Tests: „Wir sind Opfer unseres eigenen Erfolgs im Bereich der kognitiven Testverfahren" (Hogan und Murphy 2004) (Abb. 2.50).

Untersuchungen zur Akzeptanz und Kommunikation im AC

Speziell in Deutschland stehen Persönlichkeitstests und Fragebögen im Feuer harter Kritik. Prominent sind hier die diversen Veröffentlichungen wie „Testknacker". Die Vorwürfe entstammen zum einen den eigentlich längst überwundenen Klassenkampf-Parolen („Die Menschen, die der Testleiter testet, sind dabei nur der Werkstoff. Die nackte ökonomische Wirklichkeit ist hässlich anzusehen; darum wird sie meist mit Rankwerk verziert"; v. Paczenky, Testknacker 2003). Weitere Vorwürfe appellieren an diffuse Ängste der Durchschaubarkeit der Persönlichkeit: „Mit Fragen, deren Sinn Uneingeweihte oft nicht erkennen können, sollen Schwächen in der Persönlichkeit der Bewerber aufgedeckt werden, wie etwa verborgene Triebe, Ängste, Aggression oder Labilität" (Klein 1994). Die Autoren der Testknacker-Bücher beziehen sich in ihrer Ablehnung meist jedoch auf Verfahren, die wie der FPI in erster Linie im klinischen Bereich eingesetzt werden. Die Kritik an diesen Verfahren wird auf alle Verfahren verallgemeinert. Gerne zitiert werden auch pauschal gleichgesetzte Methoden (Astrologie oder Lüscher-Farbentest), die mit psychometrischen Persönlichkeitsverfahren nichts gemein haben.

Die undifferenzierte Pauschalkritik in Kombination mit der „Geheimnisethik" der deutschen Psychologen (Wottawa 1990) hat in der Tat speziell in Deutschland zu einem eher negativen Image und einer geringen Verbreitung mit 15 % in AC geführt (Arbeitskreis AC 2001). Schon in der Schweiz, mehr noch in England und in Nordeuropa ist diese pauschale Testkritik nicht verbreitet. Der deutsche Arbeitskreis AC e.V. formulierte noch in der alten Fassung seiner Qualitätsnormen den Ausschluss von Persönlichkeitsfragebögen in AC. Erst in der aktuellen Fassung der Normen wurde dies revidiert. Die aktuelle Studie des Arbeitskreises Assessment Center (Obermann et al. 2012) zeigt dabei einen deutlichen Trend zur vermehrten Verwendung von Persönlichkeitstests. In 120 beschriebenen AC-Verfahren werden bereits in 43 % der Verfahren Persönlichkeitstests angewendet.

Eine wichtige Voraussetzung für die Akzeptanz im AC ist die Transparenz im Einsatz der Fragebögen. Hierzu gehört, dass vorab die genaue Zielsetzung benannt wird. In unserer AC-Praxis erfuhr etwa die Ankündigung, dass mit einem derartigen Fragebogen das Selbstbild der Teilnehmer erhoben werden soll, immer eine hohe Akzeptanz. Auch sollte eine Auswertung und deren Rückmeldung an die Teilnehmer zum Standard gehören. Es wird die Akzeptanz sicherlich erhöhen, wenn angekündigt wird, dass die Teilnehmer die Möglichkeit haben, im Rahmen des Feedback-Gesprächs das Ergebnis zu kommentieren.

Borchers konnte 1986 die Hypothese bestätigen, die Akzeptanz eines Persönlichkeitstests erhöhe sich mit zunehmender Information der Teilnehmer über diesen Test. Die Akzeptanz wurde mithilfe eines Fragebogens ermittelt und ergab bei faktorenanalytischer Auswertung vier Hauptfaktoren der Akzeptanz: Vermutung der Validität des Tests, Stress, positive Form der Selbstdarstellung und die emotionale Reaktion. Generell ist die Akzeptanz aber im Vergleich zu anderen eignungsdiagnostischen Verfahren sicher als eher niedrig zu bezeichnen, wie Fruhner und Schuler (1990) in einer vergleichenden Untersuchung im Rahmen von AC ermitteln konnten. Schuler (1990, S. 190) berichtet: Im Vergleich zu den verwendeten Simulationen und Intelligenztests „wurden Persönlichkeitstests als weniger transparent, weniger belastend und negativer beurteilt. Spezifische Persönlichkeitstests schnitten besser ab als allgemeine Persönlichkeitstests". In einer Übersicht über die in den 80er-Jahren erschienenen Studien zum Erleben eignungsdiagnostischer Situationen kommt Schuler (1990, S. 190) zum zusammenfassenden Schluss: „Fähigkeits- und Leistungstests werden besser akzeptiert als Persönlichkeits- und Interessentests".

Persönlichkeitstests stehen in US-amerikanischen AC ähnlich wie in Deutschland unter Kritik, werden im Ergebnis jedoch häufiger eingesetzt. Allerdings dürften die Deutschen diejenigen auf der Welt sein, die maximal skeptisch sind, vielleicht wie bei anderen Themen auch. Erst in diesem Jahr ist im deutschen Arbeitskreis AC e.V. das Verbot gegen den Testeinsatz im AC gefallen. In den USA sind die vier am meisten angewendeten Tests der MBTI, Rohrschach, TAT und der MMPI – nach Hogan konnte keiner dieser Tests auch nur im Ansatz nachweisen, irgendeine Prognose-Qualität für Führung und Wirtschaft zu haben. Die Verkäufer verweisen darauf, dass dies nicht ihre Aufgabe sei – dabei wird gerade der MBTI auch in Deutschland gerne eingesetzt und stellt weltweit das führende Instrument dar. Generell seien viele schlechte Tests auf dem Markt, deren Nutzen nie bewiesen wurde.

Gegenüber Persönlichkeitsfragebogen bringen Laien oft mehr Respekt auf als gerechtfertigt, indem sie unterstellen, dass geheime oder zu schützende Aspekte der Persönlichkeit aufgedeckt werden. Im Kern handelt es sich jedoch um eine strukturierte Selbstbeschreibung. Daher sollte darauf in der Kommunikation abgehoben werden:

„Strukturierte Selbsteinschätzung anhand von bewähren Skalen", „Es gibt keine richtigen oder falschen Antworten", „Jeder Aspekt wird durch viele Fragen abgedeckt, sodass erst die Tendenzen ausgewertet werden, nicht jedoch die einzelne Antwort", „Vorteil für Sie: durch die Vergleichsnorm ein Feedback zu erhalten, wie Sie sich im Vergleich zu Anderen selbst einschätzen".

Anforderungen an die Testqualität

Interne Konsistenz der Skalen
Die ausgewählten Testverfahren müssen nach den Erkenntnissen der psychometrischen Testtheorie entwickelt worden sein. Hierzu gehört insbesondere der Nachweis der internen Konsistenz der einzelnen Skalen – gemessen am Korrelationskoeffizienten

Cronbach's Alpha. Dieser Kennwert sollte mindestens >0.6 betragen. Inhaltlich bedeutet dieser Kennwert, dass die Items einer Skala statistisch miteinander in Beziehung stehen, die Beantwortung eines Items in eine Richtung mit hoher Wahrscheinlichkeit mit der Beantwortung eines anderen Items in die gleiche Richtung einhergeht.

Diese Forderungen erfüllen alle psychometrisch erstellten Verfahren (etwa 16 PF, MBTI, BIP, OCP, FPI; Erläuterungen zu einzelnen Testverfahren weiter unten), zumal die Optimierung eines Fragebogens im Hinblick auf die interne Konsistenz nur einen begrenzten Aufwand darstellt.

Faktorielle Validität
Als Ersatz für den Nachweis einer prognostischen Validität an „harten" Außenkriterien wird häufig als Beleg für die Validität die so genannte „faktorielle Validität" angegeben. Dies ist allerdings wenig befriedigend, da in einem Fragebogen mit mehreren Skalen diese immer einen gewissen statistischen Zusammenhang haben und sich daraus immer irgendein Faktorenmodell ableiten lässt. Für den Einsatz von AC ist jedoch weniger die interne Faktorenstruktur eines Tests interessant, sondern die Frage, was er an Erkenntniswert erbringt und was er bezogen auf Kriterien des beruflichen Erfolgs misst.

Inhalte der Items
Ein weiteres Qualitätskriterium besteht darin, dass die Items die persönliche Sphäre der Teilnehmer nicht verletzen sollten. An diesem Kriterium scheitern speziell die Testverfahren, die für den klinischen Bereich und die Untersuchung von Patienten entwickelt wurden (etwa der FPI). Problematisch ist diesbezüglich auch der in den USA im Wirtschaftsbereich eingesetzte CPI.

Vorliegen von Normen aus dem Wirtschaftsbereich
Ein berechtigter Kritikpunkt am Einsatz von Persönlichkeitsverfahren im Bereich der beruflichen Eignungsdiagnostik liegt auch im Fehlen von zielgruppenadäquaten Normen: Die Neigungsaussagen von Führungskräften werden teilweise in Relation gesetzt zu Aussagen von Studenten oder psychisch Kranken im klinischen Bereich. Daher sollte beim AC-Einsatz darauf geachtet werden, dass das zur Verfügung stehende Normmaterial auch zur Zielgruppe der AC-Teilnehmer passt (Alter, Ausbildung, Erhebung der Normdaten im Kontext von Personalauswahl oder Potenzialanalysen).

Prognostische Validität
Schwieriger zu erfüllen ist der Nachweis für die prognostische Validität im Kontext von für das AC typischen Zielgruppen wie Führungs- oder Führungsnachwuchskräften. Hier gibt es nur für wenige Verfahren entsprechende Untersuchungen (etwa BIP, OCP). Für die betreffenden Skalen sollte eine Validität von >0.2 nachgewiesen werden, zumindest ein statistisch signifikanter Zusammenhang zu Außenkriterien. Die Frage nach dem

generellen Nutzen von Persönlichkeitsverfahren als einem möglichen Baustein im AC wird sich neben der Frage der Akzeptanz insbesondere an ihrer Aussagekraft festmachen, also in ihrem Beitrag zur Vorhersage von Kriterien des beruflichen Erfolgs. Hierzu liegen in Deutschland wenige, in England und USA mehr Studien vor.

Dabei interessieren sich zu wenige Testautoren für die Validitäten zu externen job-bezogenen Kriterien. Nach Murphy hat sich seit den 60er-Jahren an den empirischen Validitäten zur Jobperformance nicht viel verbessert: „In den 90er-Jahren waren die Validitäten immer noch ziemlich gering – nichts hat sich wesentlich im Vergleich zu den 60er-Jahren verändert – außer unsere Erwartungen" (Hogan und Murphy 2004). Gerade bei älteren Persönlichkeitsverfahren wie dem MBTI fehlen solche Untersuchungen.

Seit den 90er-Jahren gibt es jedoch durchaus neue Entwicklungen. In einer solchen Validitätsstudie (Tziner et al 1994) bei 382 Kandidaten für Management-Positionen einer israelischen Firma wurden 25 AC-Dimensionen in verschiedenen AC-Übungen erhoben, bei einem Teil der Teilnehmer wurden zusätzlich kognitive und Persönlichkeitstests durchgeführt. Bei einer Erhebung vier Jahre später wurden dann zwei Erfolgskriterien erhoben. Dabei zeigten sowohl die Intelligenz- wie die übrigen kognitiven Tests nur eine geringe prädiktive Validität, während die Persönlichkeitstests einen höheren Vorhersagewert hatten. Von Scholz und Schuler (1993) wurde eine Metaanalyse aus 51 Studien zum Zusammenhang von AC mit Persönlichkeitseigenschaften durchgeführt. Die Ergebnisse von über 20.000 Teilnehmern zeigten, dass Intelligenz, zwischenmenschliche Kompetenz, Leistungsmotivation, Dominanz und Selbstvertrauen einen korrelativen Zusammenhang zum AC-Ergebnis von 0.29 hatten.

In einer Studie mit Nachwuchsflugzeugführern (Höft und Bolz 2004) wurden anhand der Daten von 128 AC-Absolventen der Zusammenhang zwischen Eigenschaften und Anforderungen auf unterschiedlichen Ebenen (Allgemeine Intelligenz und „Big Five"-Dimensionen und -Facetten versus verfahrensspezifische Urteile, verfahrensübergreifende Anforderungsurteile, AC-Gesamturteil) überprüft. Die „Big Five"-Eigenschaften wiesen hingegen speziell auf der Facettenebene erwartungskonform spezifische Beziehungen zu ausgewählten Anforderungen auf. Generell ergaben sich deutlich weniger Zusammenhänge als erwartet.

Speziell aus den USA liegen nunmehr einige Untersuchungen vor, in denen der relative Nutzen in der Vorhersagekraft von Persönlichkeitstests gegenüber Verhaltenssimulationen untersucht wurde. Beispielsweise untersuchte Goffin (1996) bei 68 Managern den Zusammenhang zu Aufstiegs- und Leistungskriterien. Über alle Verfahren hinweg hatten die Persönlichkeitsvariablen durchaus wie die AC-Daten einen Zusammenhang zu Leistungskriterien. Dabei brachten die Persönlichkeitsdaten eine signifikante inkrementelle Validitätserhöhung in der Vorhersage von Leistungsdaten gegenüber dem AC. Wir interpretieren dies dahingehend, dass AC und Persönlichkeitstest unterschiedliche Inhalte abdecken und sich daher in der Vorhersage von Leistungskriterien ergänzen.

Die prognostische Validität von Persönlichkeitsverfahren ist, insbesondere verglichen mit Aufgabensimulationen, allerdings nur mäßig: Schmitt et al. (1984) berichten bei 62 Studien einen mittleren Koeffizienten von .15. Weitere Metaanalysen zur Validität von Persönlichkeitsfragebögen wurden inzwischen angefertigt (Tett et al. 1991, Barrick und Mount 1991, Salgado 1997). Allerdings sind das Zusammenwerfen von ganz verschiedenen Skalen und die anschließende Betrachtung des Zusammenhangs zu externen Kriterien wenig sinnvoll. Schließlich wurden die Fragebögen ja auch so konstruiert, dass die einzelnen Skalen schon möglichst wenig miteinander korrelieren. Daher scheint eine mehr anforderungsbezogene Betrachtungsweise sinnvoller, bei der einzelne Skalen im Hinblick auf ihre Aussagekraft für bestimmte Berufsgruppen bewertet werden sollten.

„Big Five"-Persönlichkeitsmodell
Einen deutlichen Entwicklungsschub hat die Eignungsdiagnostik mit dem Modell der „Big Five"-Persönlichkeit genommen. Dies ist eine Klassifikation von Persönlichkeitsverfahren nach immer wieder gefundenen, ähnlichen fünf Skalen: Emotionale Stabilität, Extraversion, Soziale Verträglichkeit, Gewissenhaftigkeit und Offenheit für Erfahrungen.

In diesem Zusammenhang wurden Validitätsuntersuchungen vorgenommen, exemplarisch ist in Abb. 2.52 die Darstellung der Meta-Analyse von Barrick und Mount (1991) zusammengestellt.

Die Autoren der Metaanalyse haben nun bestehende Testverfahren, für die Validitätsuntersuchungen vorgenommen wurden, in das Raster der fünf Kriterien eingeordnet und die angegebenen Validitätskennziffern nach Berufsgruppen berechnet. Die Kennziffern zeigen, dass es – je nach Kombination von Skala und Berufsgruppe – sehr unterschiedliche Validitäten gibt, die durchaus plausibel sind. So hat etwa die Extraversion für Verkäufer die höchste Validität oder die Offenheit für Erfahrungen bei Managern. Die Skala Gewissenhaftigkeit hat bei allen Zielgruppen hohe Werte. Dies ist insbesondere für das AC interessant, da dieses Kriterium nur schwer über Verhaltenssimulationen zu erfassen ist.

Die Metaanalysen bestätigen andererseits die insgesamt doch relativ niedrigen Zusammenhänge zu beruflichen Erfolgsmerkmalen. Von den Testautoren wird argumentiert, dass trotz der geringen Validitäten die Testverfahren eine inkrementelle Erhöhung der Validitäten gegenüber dem AC liefern. Die wenigen Untersuchungen hierzu (etwa Goffin 1996) bestätigen dies. Da die Durchführung im AC mit relativ wenig Aufwand verbunden ist (keine Beobachterzeit), fällt die Aufwand-/Nutzenrelation für die Fragebögen insgesamt positiv aus.

Verfügbarkeit von Testverfahren für den AC-Einsatz

Bekannte Verfahren im deutschsprachigen Raum sind der 16-Persönlichkeits-Faktoren-Test nach Schneewind und Graf (1998), das Freiburger Persönlichkeitsinventar nach Fahrenberg et al. (2001), das Bochumer Inventar zur Persönlichkeitsbeschreibung (BIP, Hossiep und Paschen 2003), der Fragebogen OCM zur beruflichen Motivation (2005). Eine Zusammenstellung aller deutschsprachigen Persönlichkeitsverfahren haben Brickenkamp et al. (2002) vorgenommen. Speziell für den Wirtschaftsbereich finden sich

Dimension	Berufsgruppe	Korrigierte Validität
Extraversion	Spezialisten	-0.09
	Polizisten	0.09
	Manager	0.18
	Verkäufer	0.15
	Facharbeiter/ angelernte Kräfte	0.01
Emotionale Stabilität	Spezialisten	-0.13
	Polizisten	0.10
	Manager	0.08
	Verkäufer	0.07
	Facharbeiter/ angelernte Kräfte	0.12
Verträglichkeit	Spezialisten	0.02
	Polizisten	0.10
	Manager	0.10
	Verkäufer	0.00
	Facharbeiter/ angelernte Kräfte	0.06
Gewissenhaftigkeit	Spezialisten	0.20
	Polizisten	0.22
	Manager	0.22
	Verkäufer	0.23
	Facharbeiter/ angelernte Kräfte	0.21
Offenheit für Erfahrung	Spezialisten	-0.08
	Polizisten	0.00
	Manager	0.08
	Verkäufer	-0.02
	Facharbeiter/ angelernte Kräfte	0.01

Abb. 2.52 Big Five Modell: Validitäten zu Berufserfolg. *Quelle* Barrick und Mount (1991)

ausführliche Beschreibungen von einzelnen Tests bei Hossiep, Paschen und Mühlaus (2000) sowie bei Sarges und Wottawa (2005).

Für die Auswahl von Fragebögen für AC erscheinen folgende Kriterien sinnvoll:

- Vorab Überlegungen anstellen, zu welchen Anforderungskriterien Aussagen erwünscht werden, und Fragebögen auswählen, die diese Konzepte beinhalten
- Auswahl von Fragebögen, bei denen die Inhalte der Items und die Normierungsstichprobe zur Zielgruppe des AC passen

Vorab gilt es auch festzulegen, wie die Ergebnisse der Fragebögen in das AC-Ergebnis verrechnet werden sollen:

- Qualitatives Nebeneinanderstellen im Sinne von: AC-Simulation = Verhaltensergebnis; Fragebogen = Selbstbeschreibung,
- Kein Einfluss auf die AC-Ergebnisse, nur fallweise Heranziehen der ausgewerteten Profile, um spezielle Fragen klären zu helfen (z. B. gibt es bei dem nicht

beobachteten Durchsetzungsvermögen eines Teilnehmers eine Disposition zu geringer Konfliktfähigkeit),

- Berücksichtigung solcher Skalen, zu denen keine Ergebnisse aus AC-Simulationen vorliegen (z. B. Leistungsmotivation, Gewissenhaftigkeit),

Verrechnung von AC-Dimensionen mit passenden Fragebogen-Skalen, z. B. Arbeitsorganisation (Postkorb) mit Gewissenhaftigkeit (Fragebogen).

2.5.12 Interview

Wert der Methode Interview

Die Methode Interview ist das am meisten verbreiteste Verfahren zur Personalauswahl (vgl. Schuler et al. 1993). Jedes Unternehmen setzt auf Auswahlgespräche. In einer Studie mit 959 Firmen in 20 Nationen kommen Ryan, McFarland, Baron und Page (1999) zu dem Ergebnis, dass bei Betrachtung aller Länder und Organisationen, jeder akzeptierte Bewerber im Durchschnitt 2,78 Interviews durchläuft, bevor er eine endgültige Stellenzusage erhält.

Einstellungsinterviews sind aber nicht nur bei Entscheidern sehr beliebt. Auch in der Akzeptanz der AC-Teilnehmer steht das Interview an der Spitze im Vergleich zu anderen Methoden (Kanning 2010). Offensichtlich sind für die AC-Teilnehmer die Aspekte der Augenscheinvalidität und insbesondere der (subjektiven) Kontrollierbarkeit relevant. In Fallstudie und Rollenspiel haben die Teilnehmer eher das Gefühl fremdgesteuert zu sein, im Interview haben sie den Eindruck, sich aktiv verkaufen und die Situation beeinflussen zu können.

Eignungsdiagnostisch hat sich das Interview in dem multimodalen Modell der verschiedenen Methoden einzuordnen (vgl. Kap. 2.5.3). Neben den bisher diskutierten simulationsartigen Verfahren sowie Tests und Fragebögen ergibt sich die Berechtigung des Interviews daraus, dass durch die Erhebung von berufsbiografischen Informationen (z. B. Erfolge, Leistungen der Vergangenheit etc.) darauf geschlossen werden kann, dass sich in vergleichbaren zukünftigen Anforderungssituationen ähnliche Erfolge einstellen.

Eine erste Metaanalyse zur prognostischen Validität von Interviews wurde 1994 von Hunter und Hunter vorgenommen, mit zunächst dürftigen Werten. Es resultierte eine maximale durchschnittliche Validität von $r = .14$ für das Kriterium Vorgesetztenurteil. Allerdings gingen in die Berechnung lediglich zehn Korrelationskoeffizienten ein und im Nachhinein haben sich diese Studien eher als Beispiele für wenig strukturierte Interviews erwiesen (Huffcutt und Arthur 1994). In der Folge gab es dann weitere Metaanalysen mit einer sehr klaren Unterstützung der Methode Interview, wenn die Interviews strukturiert durchgeführt werden. So berichten beispielsweise Wiesner und Cronshaw (1988) in ihrer Metaanalyse von mittleren Validitätskoeffizienten in Höhe von $r = .13$ für unstrukturierte Interviews und von $r = .40$ für strukturierte Interviews.

In einer Metaanalyse mit 114 Primärstudien unterscheiden Huffcutt und Arthur (1994) vier Ausprägungen von Strukturierungsgraden. Diese reichen von unstrukturiert

(Level 1) bis hoch strukturiert (Level 4) und lassen sich auf die beiden Dimensionen Standardisierung der Interviewfragen und Standardisierung der Antwortevaluation zurückführen. Während in typischen Level-1-Interviews im Vorfeld keine expliziten Absprachen über die Art der Interviewfragen bzw. Bewertung der Antworten getroffen werden, sind die thematischen Inhalte bei Level-2-Interviews bereits vor Interviewbeginn geregelt. In Level-3-Interviews werden den Bewerbern wortwörtlich festgelegte Fragen gestellt, welche meist aus einem Fragen-Pool ausgewählt werden. In hochstrukturierten Level-4-Interviews ist darüber hinaus die Bewertung der Antworten genau festgelegt, sodass verschiedene Bewerber einer Stelle nach den gleichen Kriterien bewertet werden können. Je nach Ausmaß der Standardisierung berichten Huffcutt und Arthur (1994) von mittleren Validitätskoeffizienten in Höhe von $r = .11$ (Level 1), $r = .20$ (Level 2) und $r = .34$ (Level 3 bzw. Level 4).

In ihrer Übersichtsarbeit schlagen Campion, Palmer und Campion (1997) eine weitere Form vor, wie Aspekte der Interviewsstrukturierung gegliedert werden können: Konsistenz der Fragen, Qualität der Fragen (Fokus auf hochwertige Fragetechniken s. u.) und drittens Standardisierung der Bewertung (Bewertungsskalen, Antwortbeispiele, Festlegung, welche Antworten wie zu bewerten sind).

In einer weiteren Metaanalyse von Schmidt und Hunter (1998) werden mittlere korrigierte Validitätskoeffizienten von $r = .38$ für weniger strukturierte und $r = .51$ für voll strukturierte Interviews ermittelt. Zusammenfassend sind die prognostischen Güten ein klares zusätzliches Argument dafür, das AC um dieses Element anzureichern.

Die vorgestellten Metaanalysen haben die Einschränkung, dass hier verschiedene Primärstudien zusammengefasst werden, in denen unterschiedliche Formen von Strukturierungen angewendet werden und es keinen direkten Vergleich der Wirkung einzelner Methoden der Strukturierung gibt. Hier setzt die experimentelle Studie von Melchers et al. (2011) an. In einem 2×2-Design wurde die Wirkung verhaltensverankerter Bewertungsskalen für jede Frage und die Wirkung eines Beobachtertrainings nach dem Bezugsrahmen-Modell (Frame-of-Reference) jeweils mit Kontrollgruppen verglichen. Beide Methoden zeigen eine Steigerung in der Interviewergenauigkeit und der Übereinstimmung zwischen den Interviewern. Bei dem Interviewertraining erhalten die Teilnehmer z. B. Interviewaussagen, die dann korrekt dem passenden Bewertungslevel zugeordnet werden müssen.

Abgrenzung Vorstellungsgespräch von strukturiertem Interview

Für die AC-Qualität ist entscheidend, welcher Typus von Interview zum Einsatz kommt. Die erste Metaanalyse von Hunter und Hunter (1984) zeigt, dass unstrukturierte Vorstellungsgespräche eine äußerst bescheidene Treffsicherheit besitzen.

Unstrukturierte Gespräche setzen auf mehr oder weniger spontane Fragen oder solche, die sich in Bewerbungsratgebern hinreichend herumgesprochen haben: „Was sind Ihre Stärken und Schwächen?", „Erzählen Sie mal etwas über sich!", „Warum wollen Sie da kündigen?", „Sind Sie wirklich eine Vertriebssau?" „Warum möchten Sie bei uns anfangen?", „Was sagen Sie zur Finanzkrise?". Hier werden weniger die faktischen Antworten bewertet, sondern in dem „Wie" des Antwortens finden psychologische

„Spiele" statt, wie Übertragung und Gegenübertragung oder die Einschätzung von Sympathie und Ähnlichkeit. Eine solche Sympathieabschätzung ist für den direkten Vorgesetzten ohne Frage relevant, jedoch dürfte in solchen unstrukturierten Gesprächen diese Sympathieeinschätzung die übrigen Anforderungskriterien überlagern.

Das strukturierte Interview ist hingegen in den meisten Komponenten standardisiert: Ein Anforderungsprofil liegt vor, die Fragen sind vorbereitet, die Reihenfolge von Fragen steht fest, die Antworten werden schriftlich registriert, die Auswertung ist vorab festgelegt, es gibt eine Maßgabe, wie mögliche Antworten einzuschätzen sind. Ein solches Interview vorzubereiten wird nicht weniger Aufwand bereiten als simulationsorientierte Verfahren im AC. Dieser Aufwand mag erklären, warum die Verwendung solcher Interviews sich noch nicht durchgesetzt hat. Gleichzeitig sinkt mit dem Grad der Standardisierung auch die angesprochene Akzeptanz auf Teilnehmerseite (van der Zee et al. 2002).

Zu den Aspekten eines methodisch hochwertigen Interviews liegt ein Leitfaden vom Arbeitskreis AC e.V. vor (Strobel et al. 2010).

Die konzeptionelle Grenze der Methode Interview liegt darin, dass Bewerber nur die Dinge berichten können, die bewusst abrufbar sind. Der Neuropsychologe Spitzer (2006) hat an vielen Beispielen erläutert, dass unser Alltagshandeln häufig implizites Wissen darstellt und daher im Interview gar nicht explizierbar ist. Wenn wir mit der deutschen Sprache aufgewachsen sind, dann werden wir im Unterschied zu Immigranten nicht die Grammatikregeln erklären können, obwohl wir sie ständig anwenden. Fragen im Interview, die auf implizites Wissen abzielen (z. B. „Was sind Ihre ethischen Prinzipien?", „In welchen Aspekten sind Sie Vorbild für Ihre Mitarbeiter") sind unter diesem Aspekt wenig sinnvoll und werden allenfalls auswendig gelernte Sätze hervorbringen. Für diese Aspekte eignen sich dann Simulationen eher, um auch implizites Wissen für Dritte erlebbar zu machen.

Fragetechnik

Bewährt haben sich bisher zwei Frage- bzw. Interviewmethoden, das situative Interview (SI) und das biographieorientierte Inteview (BI). Die situative Fragetechnik wurde von Latham et al. 1980 vorgeschlagen. Die Fragen sind nach dem Muster vorbereitet: „Stellen Sie sich folgende Situation vor – wie würden Sie sich verhalten?". Die Grundidee der Methode besteht darin, dass Verhaltensintentionen gute Prädiktoren für reales Verhalten sind. Wer also schon die richtige Vorstellung davon hat, wie er sich in einer Situation verhalten würde, für den ist der Schritt der Umsetzung näher als derjenige, der schon im Trockenkurs keine oder eine falsche Vorstellung von der Gestaltung der Situation besitzt. Die Voraussetzung für die situativen Fragen sind, dass die vorgestellten Situationen anforderungsorientiert sind und vom Schwierigkeitsgrad her passend (nicht zu schwer/nicht zu leicht) sind. Es liegt auf der Hand, dass solche Fragen zu den verschiedenen Anforderungen kaum spontan im Gespräch entwickelt werden können, sondern vorab vorzubereiten sind.

Die zweite Interviewmethodik ist das biographieorientierte Interview (engl. Behavior Description Interview, BDI), das von Janz (1982) vorgestellt wurde. Die Fragen richten sich nach real erlebtem Verhalten aus der Biografie des Bewerbers, ganz nach dem Grundsatz: „The best prophet of the future is the past". Die Fragen sind nach folgender Struktur formuliert: „Schildern Sie eine Situation, in der Sie als Führungskraft einen Konflikt mit einem Mitarbeiter zu lösen hatten, wie sind Sie vorgegangen?". Die Fragen lassen sich noch stärker auf die intendierten Anforderungsdimensionen abstellen, indem dies gegenüber dem Bewerber offen gelegt wird: „Ich möchte über eine Situation mit Ihnen sprechen, bei denen es auf Ihre Gewissenhaftigkeit ankam, an welche Situation erinnern Sie sich – wie sind Sie vorgegangen?". Dabei sollen prinzipiell überprüfbare Fakten und Situationen erfragt werden.

In einer Studie von Krajweski et al. (2006) in Kanada wurden beide Interviewmethoden in ihrer prognostischen Validität verglichen. Studienteilnehmer waren 1.105 Kandidaten auf Teamleiter-Niveau, mit denen später AC durchgeführt wurden und die schließlich in ihrer Performance im Arbeitsalltag durch die Vorgesetzten eingeschätzt wurden. Für das situative Interview resultierten geringe, aber positive Validitäten von $r = 0.17$ für das Kriterium Vorgesetzteneinschätzung und $r = 0.19$ für das Kriterium Beförderung. Für das BI wurden Validitäten von $r = 0.37$ (Vorgesetzteneinschätzung) und $r = 0.32$ (Beförderung) ermittelt. Insofern erwiesen sich in dieser Studie die biografischen Fragen als prognosestärker.

Eine weitere Fragetechnik betrifft den Umgang des Interviews mit erhaltenen ersten Antworten und dem „Nachhaken". Hier gibt es die „Dreiecks-Methode" oder „Star-Methode" (Situation, Task, Action, Result; vgl. Abb. 2.53). Die Idee ist sowohl für SI wie BI den Interviewten von Allgemeinplätzen zu konkretem Verhalten zu führen, das sich dann bewerten lässt. Der Gedanke ist, dass die Aussagen des Bewerbers vom Interview immer darauf überprüft werden, ob ausreichende Informationen zu den drei Teilaspekten Verhaltensbeschreibung, Situation und Ergebnis vorliegen. Bei der Verhaltensbeschreibung geht es darum zu erfahren, was genau ein Bewerber unternommen hat (BI) oder unternehmen würde (SI). Typische Nachfragen wären etwa: „Wie sind Sie genau vorgegangen?", „Was haben Sie in dem Moment gesagt?".

Bei dem zweiten Aspekt, der Situation, geht es darum einschätzen zu können, ob die Ausgangssituation für das beschriebene Verhalten schwer oder einfach war und so das Verhalten unterschiedlich einzuschätzen wäre. Typische Nachfragen wären hier: „Wer hatte das veranlasst?", „Was war Ihr Anteil daran, das Thema in Angriff zu nehmen?", „Wie genau war die Ausgangssituation, die Sie antrafen?".

Abb. 2.53 Star-
Interviewmethode

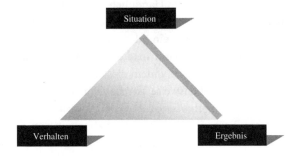

Beim dritten Aspekt geht es schließlich darum zu erfahren, welche Ergebnisse tatsächlich realisiert wurden (BI) oder was der Anspruch an die Problemlösung beim Bewerber wäre (SI). Typische Fragen hier wären: „Wie hat der Kunde/Vorgesetzte reagiert?", „An welchen Zahlen/Ergebnissen ist ablesbar, dass das Vorgehen erfolgreich war?" oder „Wann wäre für Sie erkennbar, dass Sie richtig vorgegangen sind?".

Da Kompetenzen im Interview mehrfach abzufragen sind (vgl. Axiome der Testtheorie, Kap. 3.1) benötigt die Bewertung einer Kompetenz mit SI oder BI und entsprechendem Nachfragen eine gewisse Zeit. Der Autor kalkuliert mit 15 Minuten Interviewzeit je Kompetenz, also bei vier Kompetenzen eine Stunde (Abb. 2.53).

2.6   Erstellung eines Beobachtungs- und Bewertungssystems

2.6.1   Einführung von Beobachtungssystemen

Die Beobachter im AC haben insbesondere bei Verhaltenssimulationen (Gruppenübung, Rollenspiel) eine komplexe Aufgabe, die aus folgenden Teilaspekten besteht:

- Auswahl von Verhaltensweisen aus dem Geschehen heraus
- Entscheidung, ob das Verhalten überhaupt relevant ist
- Zuordnung des Verhaltens zu einer oder mehrerer Dimensionen
- Bewertung, ob das Verhalten effektiv bzw. in Bezug auf die Dimension förderlich ist
- Notiz von Zitaten zu dem beobachteten Verhalten
- Aggregation der Verhaltensweisen zu einer Gesamtentscheidung auf einer Dimension.

Diese Aufgaben der Beobachter können – wie im täglichen Berufsleben – völlig frei vorgenommen werden oder mit Hilfsmitteln, wie Beobachtungsbögen und Checklisten, die insgesamt das Beobachtungssystem darstellen.

Das Verhalten der Beobachter und das jeweilige Beobachtungssystem zusammen sind neben den Übungen die Grundlage für die Qualität der Aussagen aus dem AC.

Leider ist in der AC-Praxis immer noch das Vorgehen der „impressionistischen Urteilsbildung" anzutreffen, bei dem zwar formal AC-Skalen vorhanden sind – eventuell in einem nie gelesenen Handbuch sogar mit Verhaltensankern definiert –, die eigentliche Beurteilung jedoch freihändig erfolgt. Dabei bringt dann jeder Beobachter seine eigene Definition der Skalen ein oder bildet sich nach eigenem Geschmack ein Urteil über die Gesamtübung, das dann in die vorhandenen Skalen „eingebaut" wird. Das Vorgehen wird positiv etikettiert, indem dies als qualitative Urteilsbildung dargestellt wird.

Diese Vorgehensweise ist abzulehnen, weil so Mindeststandards für die Erfüllung von zuverlässigen Aussagen verletzt werden: Gleiche Leistung im AC muss auch zu gleichen Beurteilungen führen, unabhängig von der Person des Assessors (vgl. Kapitel Reliabilität 3.2). Ein Beobachtungssystem ist notwendig, weil nur so vorher definiert ist, was eigentlich überhaupt beobachtet werden soll und was nicht. Andernfalls lenken die (unterschiedlichen) Beobachter ihre Aufmerksamkeit auf jeweils andere Aspekte, leiten ihre Bewertungen also im Hinblick auf Managementdimensionen oder Gesamt-Gütemaße aus verschiedenartigen Beobachtungen und Informationsquellen ab. Klar und deutlich definierte Beobachtungskriterien bilden somit eine primäre Voraussetzung für die Objektivität und Zuverlässigkeit eines AC: Gleiches Verhalten der Teilnehmer zu unterschiedlichen Zeitpunkten muss zu gleichen Ergebnissen in der Beurteilung führen. Während die Auswahl und der Inhalt der AC-Übungen für die inhaltliche Gültigkeit/Validität des Verfahrens verantwortlich sind, so sind Beobachter und Beobachtungssystem für die Objektivität und Zuverlässigkeit zuständig.

2.6.2   Anforderungen an Beobachtungssysteme

Forderung nach Trennung von Beobachtung und Beurteilung

Die Objektivität der Beobachtungen soll sichergestellt werden, um möglichst treffsichere Prognosen anhand der AC-Ergebnisse aufstellen zu können. Umgesetzt werden soll dieser Anspruch durch eine Forderung, auf die häufig in der AC-Literatur hingewiesen wird: die Trennung von Beobachtung und Beurteilung: „Zeitlich und inhaltlich werden Beobachtung und Beschreibung (Datengewinnung) von der Bewertung strikt getrennt" (Jeserich 1981, S. 33); "[…] im Assessment Center muss sich der Beobachter daran gewöhnen, dass die Frage geeignet oder nicht geeignet erst noch einmal geprüft und eine Entscheidung nach einem langen Beobachtungsprozess getroffen werden kann" (ebd., S. 283); „Das Vorgehen im AC beinhaltet eine klare Trennung von

(a) den verschiedenen Schritten der Beobachtung von Verhalten, dem Berichten dieser Beobachtungen und dem individuellen Dimensionsurteil und

(b) der endgültigen Entscheidung" (Thornton und Byham 1982, S. 241; Übersetzung C. O.).

Die Beobachtung und Bewertung des Verhaltens in der einzelnen Übung ist in der Tat zu trennen von der Gesamtentscheidung. Dieser Prozess muss rational anhand vorher definierter Prioritäten erfolgen. Empirische Untersuchungen zeigen, dass Beobachter schon im ersten Viertel des AC eine Gesamtentscheidung für sich vornehmen (Witt 1987), wenn dies nicht durch ein entsprechendes Vorgehen verhindert wird (vgl. Kap. 2.10).

Bezogen auf das Urteil zu einer Anforderungsdimension in einer Übung ist die Forderung nach Trennung zwischen Beobachtung und Beurteilung allerdings eine sehr theoretische. Eine bewertungsfreie Beobachtung ist psychologisch nicht möglich, wäre allenfalls ein Hell-Dunkel-Muster auf unserer Netzhaut. Die per Ritual wiederholte Forderung nach Trennung von Beobachtung und Beurteilung scheint eher zum Gruppenbildungsprozess von AC-Verantwortlichen zu gehören. Wichtiger ist es, ein Mindestmaß an Objektivität, Reliabilität und Validität sicherzustellen.

Forderung nach Objektivität und Reliabilität der Aussagen

An die Entwicklung eines Beobachtungssystems sind letztlich die gleichen Anforderungen zu stellen wie an einen psychometrischen Test, der aus verschiedenen Skalen besteht und wiederum einzelne Items besitzt (Abb. 2.54). Grundlegende Aspekte aus der Testtheorie bestehen etwa darin, dass die einzelnen Items objektiv ausgewertet werden und nach einem festgelegten Maßstab zu einer Gesamtskala verrechnet werden können. Dies ist eine Grundanforderung für die Reliabilität eines Verfahrens.

Während die Skala eines Tests einer/einem AC-Dimension/-Skala/-Konstrukt entspricht, so ist ein Testitem ein Verhaltensanker. Beurteilungen lediglich auf globaler Ebene (etwa Einfühlungsvermögen oder Kommunikation) ohne eine Operationalisierung durch Verhaltensanker können nicht zu zuverlässigen Urteilen führen.

In der AC-Praxis finden sich häufig ausführliche Operationalisierungen in Form von Verhaltenschecklisten, die in einem Beobachterhandbuch versteckt sind. In diesem Fall treffen die Beobachter ihr Globalurteil und rechtfertigen im besten Fall diese Entscheidung durch einen nachträglichen Blick auf die Verhaltensanker. Objektivität wird aber nur erreicht, wenn die Verhaltensanker auch tatsächlich das Vorgehen im Beurteilungsprozess lenken.

Eine Testskala kann nicht nur aus einer einzigen Frage bestehen. Eine solche Skala wäre nicht zuverlässig, weil die Beantwortung einer Frage immer auch aus anderen Motiven heraus erfolgt, die nichts mit der Messintention zu tun haben – insgesamt hohe Fehlervarianz. Wenn jedoch zwanzig Fragen einer Skala in einer bestimmten Richtung

---

Forderung nach Objektivität und Reliabilität
- Sind die Dimensionen mit klaren Verhaltensankern operationalisiert?
- Sind die Verhaltensanker einer Dimension inhaltlich klar von den Verhaltensankern der übrigen Dimensionen abgegrenzt?
- Ist durch das Beobachtungssystem klar vorgegeben, wie die Einzelbeobachtungen je Skala zu einer Gesamtentscheidung verknüpft werden?
- Gibt es ein Rating der Skalen unmittelbar nach der Übung – nicht am Ende des AC?
- Gibt es in der Übung mehrere Beobachtungsmöglichkeiten für das Kriterium?

Forderung nach der Differenzierbarkeit zwischen Teilnehmern
- Gibt es tote Verhaltensanker, die nie beobachtet werden?
- Haben die Verhaltensanker im Durchschnitt eine Schwierigkeit von 50%?
- Gibt es Verhaltensanker, die nie oder fast immer erfüllt werden?

Forderung nach Validität der Konstrukte
- Ist die Anzahl der Beobachtungsdimensionen überschaubar – je Übung maximal 5?
- Sind die Dimensionen je Übung nicht überlappend und klar voneinander trennbar?

Abb. 2.54 Qualitätskriterien gegenüber dem Beobachtungssystem

beantwortet werden, dann ist die daraus gewonnene Erkenntnis weitaus belastbarer und mehr gegen Zufallseffekte abgesichert. Diese selbstverständliche Forderung aus der psychologischen Testtheorie gilt im gleichen Maß für das Beobachtungssystem in einem AC. Jede Dimension in einer AC-Übung muss mehrere Verhaltensanker haben, die unabhängig voneinander beobachtet werden können. Hierbei unterlaufen jedoch viele Fehler in der AC-Praxis: Wenn etwa die Dimension „Organisation und Planung" in einer Präsentation lediglich mehrere Verhaltensanker dazu enthält, wie der Teilnehmer ein Flipchart beschreibt, dann ist hier die Beobachtung in dieser Dimension höchst unzuverlässig. Der Teilnehmer hätte etwa die Annahme haben können, dass es den Beobachtern hierauf nicht ankomme, oder er hat sich in der Vorbereitungszeit vertan. Dennoch könnte dieser Teilnehmer in Wirklichkeit eine sehr hohe Fähigkeit zur Organisation und Planung haben, die hier nicht gezeigt werden konnte. Die Dimension muss daher anhand unabhängiger Verhaltensweisen mehrfach beobachtbar sein, um belastbare Aussagen zu treffen. Wenn dies in der Übung nicht möglich ist, sollte besser auf diese Dimension verzichtet werden, als um einen Verhaltensanker herum eine Dimension zu konstruieren.

Noch mehr ist die Reliabilität durch den weiter gehenden Sündenfall bedroht, wenn es nicht nur wenige beobachtbare Verhaltensanker für die Dimension gibt, sondern sogar die gesamte Dimension nicht beobachtbar ist. Ein beliebtes Beispiel ist etwa die Dimension „Lernfähigkeit" in einer Gruppendiskussion.

Die mehrfache Beobachtbarkeit einer Dimension lässt sich überprüfen, indem mehrere Verhaltensanker entwickelt werden und dann in einem Probelauf sichergestellt wird, dass diese auch unabhängig voneinander beobachtet werden können.

Eine Testskala ist reliabel, wenn die einzelnen Items einen inneren Zusammenhang haben und beispielsweise nicht mit den Items einer anderen Skala mehr in Zusammenhang stehen als mit der eigenen Skala. Dies wird bei der Testerstellung statistisch überprüft. Bei der AC-Entwicklung ist daher sicherzustellen, dass es einerseits mehrere, unabhängig beobachtbare Verhaltensanker gibt, diese sich jedoch klar von den Verhaltensankern anderer Konstrukte/Dimensionen abgrenzen.

Die Verhaltensanker und das ganze System sollten schließlich einfach und überschaubar sein. Wir haben es oft erlebt, dass Beobachter durch die Anzahl und Komplexität von Beobachtungskriterien überfordert werden. Sie zeigen dann zwar nach außen Gelassenheit, konzentrieren sich aber im Grunde nicht auf die Beobachtung selbst, sondern nehmen die Beurteilung bereits vorweg. Oft sind Beobachtungssysteme schon von der Anzahl der zu beobachtenden Merkmale und Dimensionen überfrachtet, die letztlich keine Relevanz für die Endurteile besitzen (vgl. Sackett und Hakel 1979).

Eine weitere Maßnahme zur Sicherstellung der Reliabilität ist der Zeitpunkt der Urteilsfindung bei den Beobachtern. Diese muss auf der Ebene der Dimension in einer Übung unmittelbar nach deren Ende stattfinden. Kein Beobachter kann sich am Ende eines Tages noch an Dutzende von Verhaltensankern einzelner Teilnehmer erinnern.

Der konkrete Zeitpunkt der Urteilsfindung nach der jeweiligen Übung kann allerdings entscheidend variieren: Bilden sich die Beobachter zunächst ein eigenes Urteil, das dann per Verrechnung oder Diskussion zusammengeführt wird, oder findet zunächst ein Austausch unter den Beobachtern statt? Entsprechende Vergleichsuntersuchungen zeigen, dass die Interrater-Reliabilität, also das Ausmaß der Übereinstimmung zwischen Beobachtern, erwartungsgemäß höher ausfällt, wenn sich die Beobachter vor ihrem Urteil zunächst austauschen (vgl. Untersuchungen Kap. 3.2.2).

Forderung nach der Differenzierbarkeit zwischen den Teilnehmern

Ein AC sollte im Hinblick auf die Teilnehmer differenzieren und bei einem Teilnehmer zwischen den Dimensionen differenzieren. Wenn ein Verhaltensanker zu schwer ist, also bei keinem der Teilnehmer voll zutrifft, dann trägt dieser nicht zur Differenzierung bei. Genauso wenig, wenn der Anker zu „leicht" ist, also alle Teilnehmer hier eine mehr oder weniger gute Bewertung erzielen. Im Extremfall gibt es in der betreffenden Dimension eine nur geringe oder keine Streuung. Dann sind schon aus statistischen Gründen Reliabilität und Validität gleich Null, denn beide Maße setzen grundsätzlich eine hohe Streubreite der Kriterien voraus. Eine Null-Varianz ist ein Extremfall. Wenn jedoch nicht sichergestellt wird, dass die ganze Bandbreite einer Skala ausgenutzt wird, dann ist die Varianz gering und die Kovarianz-Maße Reliabilität und Validität sind ebenfalls niedrig.

Es sind daher Verhaltensanker für die einzelnen Dimensionen so zu wählen, dass einzelne Teilnehmer sowohl sehr gute wie sehr schwache Einschätzungen erhalten. Dies ist in einem Probelauf vor der Neuerstellung von Übungen und Beobachtungssystem zu überprüfen. Am besten differenzieren solche Verhaltensanker, die im Durchschnitt über alle Teilnehmer eine mittlere Bewertung erzielen, aber auch bei einzelnen Teilnehmern extreme Bewertungen erhalten (Glockenkurve in der Verteilung der einzelnen Bewertungen). Um eine Differenzierung jedoch auch in den Extrembereichen einer Skala zu erlauben – Unterscheidung von normal guten zu Spitzenwerten –, sollten einzelne Anker einer Skala besonders schwer oder leicht zu erreichen sein.

Forderung nach Validität der Konstrukte

In den meisten AC wird angestrebt, den Teilnehmern ein Feedback nicht nur global zu geben, sondern entlang von Anforderungsdimensionen. Dies setzt voraus, dass in dem AC über Übungen hinweg stabile Dimensionen/Konstrukte beobachtet werden können. Diese Konstruktvalidität ist generell eher schwach (vgl. Kap. 3.3). Allerdings wird diese entscheidend durch die Art des Beobachtungssystems beeinflusst.

Eine geringe Konstruktvalidität ist schon vorprogrammiert, wenn die Dimensionen nicht klar voneinander abgegrenzt sind. Dies ist jedoch häufig zu beobachten, wenn die Beobachtungsbögen mit vielen ähnlichen Konstrukten überfrachtet sind, die von ihren Verhaltensankern her nicht klar voneinander trennbar sind (z. B. Kommunikationsfähigkeit und Überzeugungskraft).

Wenn es zu viele und schwer voneinander trennbare Dimensionen je Übung gibt, dann besteht die Gefahr, dass es zu Globalurteilen je Übung kommt und in dem AC keine klaren Anforderungskriterien mehr erkennbar sind. Hierzu liegen Studien vor, die diesen Sachverhalt bestätigen.

In einer experimentellen Studie haben Gaugler und Thornton (1989) explizit die Zahl der Beobachtungsdimensionen (drei, sechs, neun) variiert. Dabei ergab sich, dass zwar die Exaktheit und der Umfang der Beobachtungen sich nicht mit der Anzahl der Beobachtungsdimensionen veränderte, bei der Bildung der Urteile in den einzelnen Managementdimensionen und im Gesamturteil jedoch mehr Fehler gemacht wurden, wenn sich die Beobachter mit mehr Dimensionen konfrontiert sahen. Zudem stieg die konvergente Validität, also die Übereinstimmung der Beobachtungsdimensionen in unterschiedlichen Übungen (s. Kap. 3.3), wenn die Zahl der Beobachtungsdimensionen klein gehalten wurde.

Ähnliche Ergebnisse berichten Sackett und Hakel (1979) sowie Silverman et al. (1986) sowie in Deutschland Kleinmann (1997). Aus einer Übersichtsstudie von Slovic und Lichtenstein (1971) zu verschiedenen AC ergibt sich, dass meist schon drei Beobachtungsdimensionen ausreichen, um 80 % der Varianz des Gesamturteils vorherzusagen. Wenn weniger Merkmale vorhanden sind, steigt zudem die Reliabilität (vgl. Gaugler und Thornton 1989). Wenn man sich vergegenwärtigt, dass Beobachter in einer kurzen Rollenübung von 10 bis 15 Minuten teilweise mehrere Dutzend Beobachtungskriterien bewerten sollen, so ist leicht nachzuvollziehen, dass diese mehr Aufmerksamkeit darauf verwenden müssen, den Beobachtungsbogen unter Kontrolle zu halten, als sich der Beobachtung des Teilnehmers zuzuwenden.

Zusammenfassend sollte daher die Anzahl der Dimensionen je Übung klein gehalten werden, angemessen erscheinen maximal fünf, besser vier oder drei Dimensionen. In der AC-Praxis steht dieser Forderung der häufige Wunsch entgegen, eine Dimension möglichst in vielen Übungen abzudecken. Dies führt dazu, dass in einzelnen Übungen weitere Dimensionen beobachtet werden. Dieser Wunsch gehört jedoch auch zum Thema der AC-Rituale: Wenn schon in einer Übung ein Kriterium nicht sauber erfasst werden kann, weil die Übung überfrachtet ist mit vielen, schwer trennbaren Merkmalen, dann werden viele solchermaßen schwach erfassten Merkmale keinen Fortschritt in der Konstruktvalidität erbringen.

Speziell bei Auswahl-AC ist am Ende eine mehr oder weniger differenzierte Ja-/Nein-Aussage notwendig. Daher kann hier einfacher auf unnötigen Ballast von Beobachtungs- und Bewertungsmerkmalen verzichtet werden, die später ohnehin nicht entscheidungsrelevant sind oder keine weiteren Konsequenzen mit sich ziehen.

Die Forderungen für die Gestaltung des Beobachtungssystems gelten gleichermaßen für Übungen, in denen kein Sozialverhalten beobachtet wird (etwa Postkorb-Übung). Hier sind genauso Verhaltensanker notwendig, die angemessen auf allen Punkten der Skala differenzieren. In den USA etablierte sich in den 90er-Jahren die Tendenz, einzelne Übungen oder ganze AC gänzlich ohne Beobachter durchzuführen. Dabei werden Verhaltensübungen auf Video aufgezeichnet und in Auswertungscentern an zentralem Ort bewertet. Ryen et al. (1995) haben in ihrer Studie Gruppendiskussionen verglichen, die entweder direkt durch Beobachter, später über Video oder in einer dritten Variante beurteilt wurden, bei der die Bewerter die Möglichkeit erhielten, das Video vor- und zurückzuspielen. Dabei ergaben sich im Wesentlichen bei den drei Varianten kaum Unterschiede zwischen der Bewertungsgenauigkeit.

2.6.3   Prozess der Beobachtung

Der traditionelle Beobachtungsprozess aus den Anfangszeiten des AC von AT & T besteht aus den Schritten:

- Verhaltensbeobachtung und parallel Notizen dazu machen
- Klassifizierung der Notizen nach Verhaltensdimensionen
- Festlegung einer quantitativen Note
- Abstimmung und Integration der Beurteilungen mit den Mitbeobachtern.

Folgt man der Erhebung von Spychalski et al. (1997), ist dieses Vorgehen nach wie vor die gängige Praxis, zumindest in US-Unternehmen. Im Folgenden eine Zusammenstellung möglicher Varianten in diesem Vorgehen und von vorliegenden Erkenntnissen dazu.

Notizen der Beobachter während der Übung

Die Beobachter haben eine komplexe Aufgabe, indem sie beobachten, gleichzeitig Notizen vornehmen und je nach Beobachtungssystem diese Notizen auch den relevanten Dimensionen zuordnen. In einem experimentellen Design sind Kolk et al. (2002) der Frage nachgegangen, welche Effekte zwei Vorgehensweisen haben: Die Beobachter machen Notizen zu Verhaltensweisen parallel zur Beobachtung oder verschieben das Aufschreiben auf direkt nach der Übung. In einem 2×2-Design wurde gleichzeitig die Erfahrung der Beobachtung variiert.

Es konnten allerdings keine Effekte dieses unterschiedlichen Vorgehens auf die Beobachtungsgenauigkeit oder die Interrater-Reliabilität festgestellt werden. Die Autoren hatten angenommen, dass gerade bei weniger erfahrenen Beobachtern der kognitive Overload in der Bedingung später aufschreiben zu einer Verringerung des Halo-Effekts und zu einer Verbesserung der Beobachtungsgenauigkeit führen würde. Dies war jedoch nicht der Fall. Insofern ist der Zeitpunkt der Notizen nach diesem Befund gleich. Allerdings dürften Umfang und Qualität der erwarteten Notizen eine Rolle spielen. Nach einer Rollenübung von 20 Minuten dürfte es schwierig sein, mehrere wörtliche Zitate noch korrekt wiedergeben zu können.

Form und Inhalte der Beobachternotizen

Der Umfang der Notizen richtet sich zunächst nach den Bedürfnissen des sich anschließenden Beobachterfeedbacks. Wenn es um ein Development Center geht, so sind mehr ausführliche Zitate notwendig als bei der Trainee-Auswahl, bei der ein *„Ja"* oder *„Nein"* am Ende im Vordergrund steht.

Zu den protokollierten Inhalten gibt es zwei Vorgehensweisen:

(a) Freie Beobachtung: Die Beobachter schreiben chronologisch mit und ordnen die Mitschriften später den Kriterien zu

(b) Anforderungsgeleitete Beobachtung: Die Beobachter schreiben nur das mit, was sich aus den Anforderungen ergibt, und ordnen dies direkt zu

Die freie Beobachtung ist zunächst für die Beobachter einfacher, da sie in Umfang und Form frei sind. Die freie Beobachtung entsprach auch der Sichtweise der 70er-Jahre auf das AC, dass die Beobachter zunächst frei und ohne jede Beeinflussung ihre Beobachtungen möglichst ausführlich festhalten sollen.

Allerdings ist diese Freiheit, alles Relevante aufzuschreiben, im Hinblick auf die Objektivität auch problematisch: Jeder Beobachter nimmt andere Schwerpunktsetzungen vor. Insbesondere schreibt er auch viele Aspekte mit, die völlig überflüssig sind, da sie bei den späteren Bewertungskriterien gar nicht gefragt sind. Die Beobachter sind auch frei (und allein) darin, ihre Beobachtungen und Mitschriften in entsprechende Bewertungen umzusetzen.

Bei der zweiten Variante sind allerdings die Anforderungen an die Beobachter höher: Ist das Verhalten relevant bezüglich der Dimensionen? Zu welcher/welchen Dimension(en) gehört es? Spricht es für oder gegen eine Ausprägung der Dimension? (Abb. 2.55).

Mit einer studentischen Zielgruppe haben Lüth und Höft (2005) diese beiden Vorgehensweisen experimentell verglichen. Die Beurteilungsgenauigkeit der Beobachtergruppe mit anforderungsgeleiteter Beobachtung führt zu einer deutlich höheren Beurteilungsgenauigkeit und damit treffsichereren Aussagen. In ähnlicher Form wird der Vorteil dieser Vorgehensweise von Schleicher et al. (2002) bestätigt.

Zusammenfassend ist die anforderungsgeleitete Protokollierung gerade für neue Beobachter mühsamer, im Hinblick auf die Beurteilungsgenauigkeit jedoch überlegen, und sollte daher Gegenstand des Beobachtertrainings sein.

Abb. 2.55 Freie Beobachtung vs. anforderungsgeleitete Beobachtung

„Freie Beobachtung"

Notizen

„Anforderungsgeleitete Beobachtung"

Notizen

Kundenorientierung

Konfliktfähigkeit

Überzeugungskraft

☑	Operationalisierung von Verhaltensankern je Übung
☑	Notizen während / nach Beobachtung gleichwertig
☑	Bezugsrahmenorientierte Notizen überlegen
☑	Maximum 5 Dimensionen x 5 Verhaltensanker
☑	Vorgabe eines Bezugsrahmens für die Notenabstufungen
☑	Direkte Integration der Beurteilungen überlegen

Abb. 2.56 Strukturierung des Beobachtungsprozesses

Inhaltliche Strukturierung der Beurteilung

Aus den Untersuchungen (Kap. 2.6.2) zur Konstruktvalidität in Abhängigkeit von der Anzahl der Beobachtungsdimensionen folgt, dass die Beobachter tendenziell mit zu vielen und schlecht operationalisierten Dimensionen überfordert werden.

Auch wenn im Hinblick auf eine klare Differenzierungsfähigkeit der Beobachter eine geringe Anzahl wünschenswert wäre, sollten die zu beobachtenden Dimensionen reduziert werden. Wenn je Dimension fünf Verhaltensanker zur Verfügung stehen, so müssen bereits 25 Aspekte bewertet werden. So fordern die Qualitätskriterien des Arbeitskreises AC e.V. die Verwendung von maximal fünf (besser nur drei) Dimensionen je Übung (vgl. Anhang C).

Häufig werden Verhaltensanker und Dimensionsbeschreibung zwar von AC-Autoren entwickelt, jedoch nicht auf die konkrete Übung umgesetzt. Die Beobachter stehen dann alleine damit da, festzulegen, ob das betreffende Verhalten hier relevant ist oder was dies in der Übung bedeuten mag. Dies ist naturgemäß ein Quell der Fehlervarianz. Je Dimension und Übung sollte daher eine solche Beschreibung vorliegen. Damit werden die Übungsautoren auch gefordert, von vorneherein die Erwartungen an die Kandidatenleistung zu spezifizieren (Abb. 2.56).

Festlegung einer Bewertungsnote

Bei AC, die auf eine Entscheidung im Hinblick auf Einstellung oder Beförderung hinauslaufen, wären die Assessoren überfordert, wenn sie aus hunderten Einzelbeobachtungen qualitativ eine Ja-/Nein-Beurteilung abgeben sollen. Daher werden üblicherweise in einzelnen Übungen je Dimension Noten abgegeben. Üblich sind 5er- und 7er-Skalen. Mit 4er-Skalen ohne Skalenmittelpunkt soll der Effekt der Tendenz zur Mitte vermieden werden. Eine Alternative dazu ist das Schema „eher ja" bzw. „eher nein", um Beobachter zu einer Entscheidung zu führen.

Die Akkuratheit von anforderungsorientierten Notizen und Verhaltensankern geht verloren, wenn die Beobachter frei darin sind, aus den Einzelbeobachtungen Noten auf einer Skala abzuleiten. Dazu ist aus der Erfahrung mit Mitarbeiterbeurteilungssystemen der Begriff des „Frame-of-Reference" (FOR) bzw. Bezugsrahmens eingeführt worden (Goodstone und Lopez 2001).

Aufgrund der empirischen Befunde im Zusammenhang mit Mitarbeiterbeurteilungen empfehlen die Autoren einen inhaltlichen Bezugsrahmen festzulegen, wann die Beobachter aufgrund welcher Beobachtungen zu den Notenabstufungen kommen. Als Beispiel die Dimension des Kontrollverhalten (Übersetzung C. O.):

1 *(nicht akzeptabel):* Setzt Pläne um und gibt Anweisungen, aber bereitet keine Kontrollen vor oder macht keine Notizen, um dies in der Zukunft zu tun.

2 *(marginal):* Unternimmt teilweise Follow-up-Aktivitäten oder macht Notizen, um gegebene Anweisungen zu überprüfen.

3 *(akzeptabel):* Macht Follow-up-Aktivitäten bei mehreren Gelegenheiten. Kontrollen beziehen sich auf kritische Sachverhalte (z. B. dass eine wichtige Tätigkeit in der gegebenen Zeit fertiggestellt wird).

4 *(überlegen):* Unternimmt konstant Follow-up-Aktivitäten. Plant von vornherein, die Effektivität von Maßnahmen zu kontrollieren, wenn ein Plan in die Wege geleitet wird.

Solche Bezugsrahmen legen eine einheitliche Erwartungshaltung an die Kandidatenleistung fest und sollten Gegenstand des Beobachtertrainings sein. Je nach verwendetem Beobachtungssystem benötigt es diese Bezugsrahmen auf der Ebene der Dimensionen in einer Übung oder – weitergehender – auf der Ebene der Verhaltensanker.

Zeitpunkt der Abstimmung mit den Mitbeobachtern

Ein Kandidat wird von mehreren Beobachtern bewertet. Für die Abstimmung der Urteile zu den gleichen Kandidaten je Übung ergeben sich folgende Vorgehensweisen:

- Gar keine Abstimmung, quantitative Verrechnung vor der Beobachterkonferenz
- Abstimmung und Integration im Rahmen der Beobachterkonferenz
- Abstimmung und Integration sofort nach jeder Übung.

Die Grundsatzfrage nach inhaltlicher Abstimmung vs. reiner Verrechnung der Einzelergebnisse entspricht dem klassischen AC-Thema der qualitativen vs. statistischen Urteilsbildung und wird in Kap. 2.10 diskutiert.

Wenn sich die AC-Anwender für eine inhaltliche Abstimmung entscheiden, dann spricht für die Diskussion am Ende der etwas geringere Zeiteinsatz: Die Summe von Mini-Beobachterkonferenzen wird mehr Zeit benötigen als eine längere am Ende. Dafür spricht weiterhin die geringere Beeinflussung der Beobachter untereinander, falls sonst keine Kommunikation über die Kandidaten stattfindet – was allerdings schwer zu kontrollieren ist.

Für eine direkte Abstimmung nach jeder Übung spricht die aktuelle Präsenz des Eindrucks. Beobachter werden sich zwei Tage später nach Dutzenden von beobachteten Übungen kaum mehr an die einzelne Übung so erinnern, dass konstruktiv Unterschiede in der Beurteilung diskutiert werden können. Dies dürfte massiv die Gefahr von Überstrahleffekten oder sozialen Einflüssen provozieren, z. B. der Hierarchie der Beobachter in der Endkonferenz.

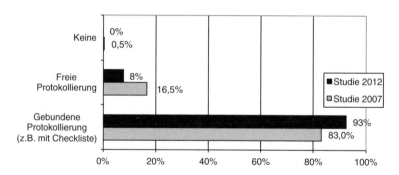

Abb. 2.57 Welche Hilfsmittel bekommen die Beobachter zur Hand?. *Quelle* Obermann et al. (2012)

2.6.4   Typen von Bewertungsbögen

Der Bewertungsbogen betrifft die Frage, wie die protokollierten Beobachtungen und Verhaltensweisen (entweder frei oder kriterienorientiert) im Hinblick auf eine Beurteilung gewichtet und aggregiert werden. Dieses Bedürfnis entsteht insbesondere dort, wo am Ende Teilnehmer oder Bewerber im Hinblick auf Anforderungskriterien oder eine Ja-/Nein-Entscheidung zu vergleichen sind.

Abbildung 2.57 zeigt für die deutschsprachigen Länder den Einsatz von Hilfsmitteln für die Beobachter. Nach der Befragung verwendet die Hälfte der befragten Unternehmen Verhaltenschecklisten oder verhaltensnahe Beschreibungen.

In den USA (Spychalski et al. 1997) machen sich zwar fast alle Beobachter Notizen über die Kandidatenperformance (95,2 %), Checklisten werden nur von 41,3 % und Verhaltensskalen nur von 24,2 % verwendet. Goodstone und Lopez (2001) sichten die in diesem Aspekt vergleichbare Literatur zu Beurteilungs- und Performance-Management-Systemen und kommentieren kritisch, dass im AC-Bereich 75 % der Unternehmen keinen Gebrauch von ausreichend strukturierten Beobachtungsbögen machen, die bei Beurteilungssystemen schon längst Standard sind.

Für die Umsetzung von Beobachtungsbögen werden folgende Alternativen in der Praxis und in empirischen Untersuchungen eingesetzt:

- Polaritätenprofil
- Polaritätenprofil mit Bezugsrahmen
- Verhaltenscheckliste
- Verhaltenscodierung
- Übungsorientierte Beobachtung

Empirische Untersuchungen zu den Varianten
Mittlerweile liegen einige Studien vor, in der verschiedene Beobachtungssysteme in Bezug auf die Forderungen nach Reliabilität und Konstruktvalidität verglichen wurden. Hennessy et al. (1998) haben in einer experimentellen Studie Polaritätenprofile

mit Verhaltenschecklisten und dem System der Verhaltenscodierung verglichen. Dabei wurden sechs abhängige Variablen ausgewertet. Bei den drei Methoden gab es ähnliche Ergebnisse in Bezug auf die Genauigkeit der Beurteilung, Genauigkeit der schriftlichen Notizen und Korrelation zwischen den Dimensionen. Signifikante Unterschiede wurden in der Variabilität zwischen den 236 Beobachtern und ihrer Bereitschaft gefunden, eine Methode zu empfehlen. Die Autoren plädieren für die Methode der Verhaltenscodierung, da die Methode die kognitiven Anforderungen an die Beobachter reduziere und den Prozess der Informationsverarbeitung strukturiere.

In einem quasi-experimentellen Design haben Donahue et al. (1997) ebenfalls die Auswirkungen unterschiedlicher Beobachtersysteme (Verhaltenscheckliste vs. Polaritätenprofil) verglichen. Die Verhaltenscheckliste führt zu einer höheren Konstruktvalidität im Sinne einer besseren Unterscheidung zwischen Dimensionen in einer Übung. Ähnliche Ergebnisse finden sich bei Cervenka (1997).

In einer Studie speziell zur Interviewqualität von Melchers et al. (2011) wurde der Einsatz von Verhaltenschecklisten bei einer Gruppe von Beobachtern experimentell mit einer Kontrollgruppe verglichen, die die Antworten lediglich auf einer grafischen Skala eingeschätzt hat. Bei der Verhaltenscheckliste wurden je Frage Antwortbeispiele für eine niedrige, mittlere und hohe Bewertung vorgegeben. Im Ergebnis konnte die Interviewqualität in Bezug auf Genauigkeit und Beobachterübereinstimmung substanziell verbessert werden.

In einer AC-Reihe mit 1.205 Teilnehmern wurde neben einem verbesserten Beobachtertraining eine Verhaltenscheckliste verwendet, bei der Verhaltensindikatoren für fünf Bewertungsstufen festgelegt waren. Ergebnis war hier, dass im Gegensatz zu zahlreichen anderen Studien eine hohe Konstruktvalidität (vgl. Kap. 3.3.1) nachgewiesen werden konnte.

2.6.4.1 Bewertungsbogen Typ Polaritätenprofil

Beschreibung

Bei den Polaritätenprofilen werden auf einer grafischen Globaldimension Urteile abgegeben. Die Skalen sind meistens verankert. Dies geschieht etwa in Relation zu einer imaginären Bezugsgruppe, indem das gezeigte Verhalten als über- oder unterdurchschnittlich bewertet werden soll (vgl. Abb. 2.58). Das zweite Beispiel (Abb. 2.59) zeigt eine Verankerung der einzelnen Skalenpunkte über inhaltliche Beschreibungen.

Bewertung

Auf den ersten Blick verlangt die Definition der Skalenabstufung allerhand grammatikalische Klimmzüge durch den Beobachter. Im Rahmen eines von uns durchgeführten Beobachtertrainings wurden zwölf Führungskräfte gebeten, ihre eigenen Vorstellungen und Erfahrungen darüber festzuhalten, was mit erfolgreichem Führungsverhalten verbunden ist. Die Leitfrage lautete: „Denken Sie an eine führungsstarke Persönlichkeit, diese zeichnet aus …“:

Nach meiner Erfahrung eignen sich die Polaritätenprofile wenig, um zu differenzierten Beurteilungen zu kommen. Aufgrund der Skalierung wird eine Genauigkeit vorgespiegelt, die de facto nicht vorhanden ist: Die Praxis zeigt, dass es im AC selbst bei Verwendung von Polaritätenprofilen oft zu Grundsatzdiskussionen über die Bedeutung

Dimension: Konfliktfähigkeit

Definition: Offen gegenüber Konflikten, führt diesen ergebnis- und zukunftsorientierte Lösungen zu. Berücksichtigt dabei Werte und Meinungen Anderer.

Es bestand **keine Gelegenheit** dazu, dimensionsspezifisches Verhalten zu zeigen	**Weit unterdurchschnittlich:** liegt erheblich unterhalb des zur erfolgreichen Positionserfüllung geforderten Kriteriums	**Unterdurchschnittlich** erfüllt im Allgemeinen nicht die erforderlichen Verhaltenskriterien - quantitativ und qualitativ	**Durchschnittlich:** entspricht den Verhaltenskriterien - quantitativ und qualitativ	**Überdurchschnittlich:** übersteigt generell die erforderlichen Verhaltenskriterien - quantitativ und qualitativ	**Weit überdurchschnittlich:** liegt erheblich über dem zur erfolgreichen Positionserfüllung geforderten kriterium
0	1	2	3	4	5

Kommentare

Abb. 2.58 Beobachtungsbogen 1: Typ Polaritätenprofil – unspezifische Benennung der Pole

von einzelnen Dimensionen, etwa Durchsetzungskraft, kommt. In mittlerweile mehreren Studien zeigt sich, dass die Einschätzung auf grafischen Globaldimensionen am wenigsten dazu beiträgt, konstruktvalide Bewertungen zu erreichen (Bernardin und Beatty 1984; Donahue et al. 1997; Hennessy et al. 1998). Die einzelnen Etiketten lösen bei den Beobachtern unterschiedliche Assoziationen aus und sind somit eine Quelle für sehr pauschale Urteile und niedrige konvergente Validität.

Der Bezug zu imaginären Durchschnittswerten ist eher gefährlich als hilfreich. Jeder Beobachter hat hier eine andere Bezugsgruppe im Kopf.

2.6.4.2 Bewertungsbogen Typ Polaritätenprofil mit Bezugsrahmen
Beschreibung

Bei diesem Typ werden die einzelnen Skalenabstufungen mit einer inhaltlichen Erwartung verbunden. Damit haben die Beobachter insbesondere eine Hilfestellung, nach welchem Maßstab aus den einzelnen Beobachtungen eine Bewertung abgeleitet werden soll.

Bewertung

Die Definition von inhaltlichen Bezugsrahmen deckt die zuletzt erhobene Forderung (Goodstone und Lopez 2001) ab, die Erkenntnisse aus der Forschung um Verfahren der Mitarbeiterbeurteilung auf das AC zu übertragen. Dort ist es Standard zu definieren, was

Dimension: Konfliktfähigkeit

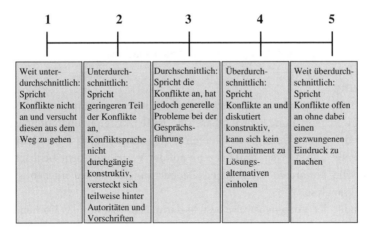

1	2	3	4	5
Weit unter-durchschnittlich: Spricht Konflikte nicht an und versucht diesen aus dem Weg zu gehen	Unterdurch-schnittlich: Spricht geringeren Teil der Konflikte an, Konfliktsprache nicht durchgängig konstruktiv, versteckt sich teilweise hinter Autoritäten und Vorschriften	Durchschnittlich: Spricht die Konflikte an, hat jedoch generelle Probleme bei der Gesprächs-führung	Überdurch-schnittlich: Spricht Konflikte an und diskutiert konstruktiv, kann sich kein Commitment zu Lösungs-alternativen einholen	Weit überdurch-schnittlich: Spricht Konflikte offen an ohne dabei einen gezwungenen Eindruck zu machen

Abb. 2.59 Beobachtungsbogen 2: Typ Polaritätenprofil – Skala. *Quelle* Levinson (1981, S. 30)

bezogen auf die einzelnen Dimensionen als gute oder weniger gute Performance betrachtet wird. Der weitere Schritt wäre, diese Definition für jede Übung im AC zu konkretisieren. Insofern ist diese Variante ein Fortschritt gegenüber dem klassischen Polaritätenprofil.

In dem älteren Beispiel der Abbildung zur Toleranz gegenüber Ambivalenz ist das Vorgehen noch nachvollziehbar. Schwieriger wird es bei komplexeren Dimensionen wie Analyseverhalten oder Kommunikation. Die letztgenannte Anforderung müsste diverse Aspekte abdecken (Zuhören, Qualität der Argumente, Verständlichkeit, Begeisterungsfähigkeit etc.). Wie sollte hier ein Erwartungsniveau für die einzelnen Notenskalen sinnvoll definiert werden? Die Beobachter sind wiederum alleine darin gelassen, die Einzelaspekte miteinander zu verrechnen oder nach eigenem Geschmack Prioritäten zu setzen. Die kritische Datenlage zu den Polaritätenprofilen muss auch auf diese Variante bezogen werden, da zwischen beiden Alternativen keine vergleichenden Untersuchungen vorliegen.

Als positives Argument verbleibt der relativ geringe Konstruktionsaufwand. Zusammenfassend sind die Polaritätenprofile mit Bezugsrahmen ein Fortschritt gegen-über den ersten Varianten, insgesamt jedoch ähnlich problematisch.

Variante Balanceskala

Eine Variante schlagen Neubauer und Volkmann (1995) vor. Hier weicht die Skala vom Prinzip „Je mehr, desto besser" ab. Die Grundidee ist, dass es bei jedem Verhalten ein Zuviel geben kann (etwa zu viel Konfliktfähigkeit, zu viel Einfühlung). Bei der Balanceskala wird dann eine zu hohe oder geringe Ausprägung als unerwünscht betrachtet und das Optimum in der Mitte der Skala gesehen. Höft und Lüth (2005) weisen kritisch darauf hin, dass empirische Untersuchungen dazu noch ausstehen, insbesondere im Hinblick auf die trennscharfe Definition der zugehörigen Anforderungen. Eine praktische Schwierigkeit ist, dass sich die Skalen schwieriger zu einem Gesamturteil verrechnen lassen, dann also eher für Entwicklungs-AC geeignet sind.

2.6.4.3 Bewertungsbogen Typ Verhaltenscheckliste

Beschreibung

Bei diesem Typ von Beobachtungssystem werden die Anforderungsdimensionen anhand von in der jeweiligen Übung beobachtbaren Verhaltenskriterien operationalisiert.

Für jede der in der Übung betrachteten Dimensionen (etwa Einfühlungsvermögen, Kontrollorientierung) werden fünf bis zehn auf der Verhaltensebene beobachtbare Items aufgeführt. Die konkreten inhaltlichen Beobachtungskriterien ergeben sich aus der Anforderungsanalyse.

Die Kernidee der Vorgehensweise besteht darin, zunächst nur das Vorhandensein oder Nichtvorhandensein von verhaltensbezogenen, relativ konkreten Beobachtungskriterien zu prüfen. Erst im zweiten Schritt werden dann aus diesen Beobachtungen mithilfe eines Verrechnungssystems die Endwerte in den globaleren Beobachtungsdimensionen ermittelt. Dadurch soll verhindert werden, dass die Beobachter zunächst spontane Globalurteile treffen und die Bewertungen dann auf der Ebene der Verhaltensanker entsprechend anpassen (Abb. 2.60).

Eine Variationsmöglichkeit besteht in der Anzahl der verhaltensnahen Beobachtungskriterien, der Art der Verrechnungsmethode zur Gesamtdimension (einfache Mittelwertsbildung oder aufwendigeres Gewichtungssystem).

Bewertung

Die Verhaltenschecklisten sind eindeutig den Polaritätenprofilen in Objektivität und Voraussetzung für die Konstruktvalidität überlegen. Die Beobachter sind durch die genauen Verhaltensbeschreibungen sehr viel mehr gefordert, genau hinzuschauen und zu beobachten. Es ist einmal für das gesamte Verfahren festgelegt, was z. B. Einfühlungsvermögen oder Durchsetzungskraft zu bedeuten hat.

Durch den impliziten Algorithmus für die Verrechnung der einzelnen Verhaltensanker zu einem Wert auf der Gesamtdimension wird auch die Forderung nach einem vorgegebenen Bezugsrahmen erfüllt (FOR, Frame-of-Reference).

2.6.4.4 Bewertungsbogen Typ Verhaltenscodierung

Beschreibung

Die Verhaltenscodierung basiert auf dem Ansatz der Interaktionsprozessanalyse (IPA) von Bales (1950) und besteht im Kern darin, auf globale Etiketten für Bewertungsdimensionen gänzlich zu verzichten. Stattdessen werden die Beobachter

Dimension: Ergebnisorientierung

Definition: Treibt die L sungsfindung unter Ber cksichtigung aller relevanten Aspekte voran, vereinbart effektive Ergebnisse und Kontrollma nahmen.

	Zitate/Beobachtungen	1	2	3	4	5
		-				+
Stukturiert aktiv das Gespr ch (steuert selbst, benennt Themen, fasst zusammen, stellt Fragen)						
Analysiert/ arbeitet mit Fragen Hintergr nde f r Kritik/Probleme heraus						
Trifft klare **Vereinbarungen**, konkrete Aktivit ten (wer, was, wann)						
Strukturiert **Teilschritte**, die insgesamt das Problem beheben k nnen						
Vereinbart **Kontrollen/ Follow-up**						

Gesamtbewertung

Abb. 2.60 Beobachtungsbogen 3: Typ Verhaltenscheckliste

nur mit einer Liste – nicht weiter nach Dimensionen untergliederter – verhaltens-naher Kriterien konfrontiert, die erst später mechanisch (per Hand oder per EDV) zu Dimensionen verrechnet werden. Die Form der Verrechnung, welches Item zu welcher Dimension gehört, ist den Beobachtern während der Übungen nicht präsent. Gegenüber den Beobachtern kann man – wie in dem Beispiel – die Zuordnung zu den Dimensionen und deren Polung transparent gestalten oder nicht (Abb. 2.61). Der Charme liegt jedoch gerade darin, dass sich die Beobachter auf die Verhaltensanker konzentrieren und die Zuordnung zu Dimensionen zunächst nicht offen gelegt wird. Variationsmöglichkeiten bestehen darin, bei den einzelnen Verhaltenskriterien nur Ja-/Nein- bzw. Vorhanden-/Nicht-vorhanden-Urteile zuzulassen oder eine Skala mit wenigen Abstufungen im Hinblick auf den Grad des Vorhandenseins eines bestimmten Verhaltensmerkmals einzubauen. Dabei sollte die Polung der einzelnen Verhaltensmerkmale (Bedeutet „ja" gleich gut?) zufällig wechseln, um die Beobachter dazu zu zwingen, die einzelnen Kriterien auch inhaltlich aufzunehmen und zu werten.

Bewertung

Der entscheidende Vorteil dieses Typs besteht darin, dass die Dimensionsetiketten wegfallen, die unterschiedliche Interpretation von Anforderungsdimensionen durch die Beobachter somit entfällt. Systematische Antworttendenzen (etwa Halo-Effekt) las-sen sich besser als bei den dimensionsorientierten Beobachtungsbögen vermeiden,

Verhaltensanker	Ergebnisorientierung	Mitarbeiterorientierung	Überzeugungskraft	Polung	
Strukturiert aktiv das Gespräch (steuert selbst, benennt Themen, fasst zusammen, stellt Fragen)				+	☐☐☐☐☐
Gibt Hilfe und **Unterstützung**				+	☐☐☐☐☐
Kann auf Fragen und Einwände des Mitarbeiters rasch **neue Argumente** entwickeln				+	☐☐☐☐☐
Hintergründe für Kritik/Probleme bleiben auch nach Gespräch genauso unklar wie vorab				-	☐☐☐☐☐
Berücksichtigt alleine **Interessen von Unternehmen** oder eigener Person				-	☐☐☐☐☐
Fragt nach, ob geäußerte Ansichten / Argumente, bei Mitarbeiter überzeugen konnten				+	☐☐☐☐☐
Trifft klare **Vereinbarungen**, konkrete Aktivitäten (wer, was, wann)				+	☐☐☐☐☐
Kritik an Mitarbeiter geht über Verhalten hinaus – auch **an Person** und grundsätzlichen Persönlichkeitsmerkmalen				-	☐☐☐☐☐
Sprachlicher Ausdruck **ohne Modulation**				-	☐☐☐☐☐

Abb. 2.61 Beobachtungsbogen 4: Typ Verhaltenscodierung

insbesondere auch, wenn die Polung und Wertigkeit der einzelnen Kriterien systematisch verändert wird. Generell wird die kognitive Anforderung an die Beobachter verringert, da keine Zuordnung von Verhaltensankern zu den Dimensionen mehr erforderlich ist. Die Vorteile eines Systems der Verhaltenscodierung belegt eine interessante Untersuchung von Maukisch (1989), bei der in einem AC die klassische Vorgehensweise mit AC-Dimensionen (Typ eins bzw. Typ zwei) mit diesem System verglichen wurde. Dabei zeigte sich, dass durch die Verwendung dieses Systems die konvergente Validität (Übereinstimmung gleicher Dimensionen in unterschiedlichen Übungen; vgl. Kap. 4.2) von .31 auf .42 gesteigert und die diskriminante Validität ebenfalls verbessert werden konnte (niedrigere Übereinstimmung zwischen unterschiedlichen Dimensionen einer Übung von .70 auf .59). Mit der Verhaltenscodierung kann also bei sonst gleichen Bedingungen die Konstruktvalidität des AC gesteigert werden. In einer quasi-experimentellen Untersuchung verschiedener Beobachtungsbögen kommen Donahue et al. (1997) ebenfalls zu der Schlussfolgerung, dass die Verhaltenscodierung speziell die diskriminante Validität von AC verbessert, also die Differenzierung zwischen Dimensionen innerhalb einer Übung. Die Verhaltenscodierung ist zusammenfassend ein elegantes und einfaches System, das am besten die diversen Beobachterverzerrungen kontrolliert, die die Objektivität und Konstruktvalidität des AC bedrohen. Trotz der

nachgewiesenen Vorteile des Verfahrens hat sich dieses allerdings in der AC-Praxis
bisher wenig etablieren können. Neben dem geringeren Bekanntheitsgrad liegt dies
möglicherweise an der Intransparenz für die Beobachter: Wenn die Zuordnung der
Verhaltensanker zu den Dimensionen für die Beobachter zunächst intransparent bleibt,
dann können in der Beobachterkonferenz Überraschungen auftreten, falls das subjektive
Persönlichkeitsmodell einzelner Beobachter mit dem Modell in Konflikt steht.

2.6.4.5 Bewertungsbogen Typ aufgabenorientierte Beobachtung

Beschreibung

Die aufgabenorientierte Beobachtung verzichtet gänzlich auf die Beurteilung einzelner
Managementdimensionen. Bei diesem Beobachtungssystem beurteilen die Beobachter
lediglich, ob bzw. in welchem Grad die jeweiligen Ziele der Arbeitssituation erfüllt wurden (etwa Überzeugung des Gesprächspartners, inhaltlich vollständige Bearbeitung des
Postkorbes). Die übungsorientierte Beobachtung basiert auf der Erkenntnis, dass trotz
sophistischer und genau beschriebener Managementdimensionen die Beobachter primär beurteilen, ob eine bestimmte Situation gut oder weniger gut bewältigt wurde (vgl.
Kap. 3.3 Konstruktvalidität).

Bewertung

Die aufgabenorientierte Beobachtung ist sehr einfach in der Konstruktion und
Handhabung. Diese Vorgehensweise ist die Konsequenz daraus, dass in den meisten AC
letztlich der Nachweis einer Konstruktvalidität sehr schwer ist (vgl. Kap. 3.3).

Der Bewertungsbogen fällt sehr viel kürzer aus als bei allen anderen Varianten. Es
kann ohne Umschweife direkt auf die notwendigen Bewältigungsstrategien für die einzelnen Aufgaben abgehoben werden (Abb. 2.62).

Eine Untersuchung zu diesem Vorgehen liegt von Russel und Domm (1995) vor. In
einer Validitätsstudie im Einzelhandel wurden die Beobachter zunächst trainiert, im AC
mehr auf der Basis von Rollenanforderungen zu beurteilen. Dabei zeigten sich in der
Beurteilung von 450 Store-Managern ein Zusammenhang zur Vorgesetzteneinschätzung
von .22 bis .28 und ein Zusammenhang zum Deckungsbeitrag des Stores zwischen .32
und .35. In einer zweiten Studie wurde die prognostische Validität in Abhängigkeit
davon verglichen, ob ein dimensionsorientiertes Beobachtungssystem oder eine aufgabenorientierte Variante gewählt wurde. Bei einer Gruppe von 120 Store-Managern
konnte eine prognostische Validität des AC nur bei der übungsorientierten Auswertung
gefunden werden, nicht jedoch bei dem traditionellen Vorgehen auf der Basis von
Anforderungsdimensionen.

An Aufmerksamkeit hat diese Variante des Beobachtungsbogens zuletzt durch zahlreiche Studien zu unzureichenden Ergebnissen der Konstruktvalidität des AC gewonnen (vgl. Kap. 3.3.1). Im AC gelingt es nicht, ausreichend Zusammenhänge zwischen
gleichlautenden Dimensionen unterschiedlicher Aufgaben nachzuweisen. Wenn jedoch

Übung: Mitarbeitergespräch	Zitate / Beobachtungen	ja	eher ja	eher nein	nein
Schafft eine gute Arbeitsatmosphäre und findet Kontakt zum Mitarbeiter					
Definiert Agenda und setzt diese um					
Spricht Kritikpunkte und Erwartungen offen an					
Eruiert die Problemursachen, gute Analyse					
Bietet eigene Hilfe und Unterstützung an					
Vermittelt Zuversicht und Vertrauen in die Problemlösung					
Delegiert Detailumsetzung und bindet Mitarbeiter ein					
Überzeugt durch passende Argumente					
Kann Mitarbeiter emotional gewinnen					
Vereinbart Maßnahmen, die die Probleme beheben					
Definiert Kontrollmaßnahmen					
Fasst am Ende zusammen und erzielt Akzeptanz					

Gesamtbewertung

Abb. 2.62 Beobachtungsbogen 5: Typ „aufgabenorientiert"

gleichlautende Dimensionen inhaltlich kein gemeinsames Konstrukt abbilden, dann kann man auch ganz darauf verzichten. Dies haben verschiedene Autoren angesichts der Studienergebnisse vorgeschlagen (z. B. Howard 2008). Dazu gibt es auch mehrere Anwendungsfälle, bei denen ausgehend von ursprünglich verwendeten dimensionsorientierten Beobachtungssystemen auf diese Variante umgestellt wurde (Jackson et al. 2001). Die Autoren berichten von einer anfänglichen Skepsis der Beobachter, die eine andere Vorgehensweise gewöhnt sind, und einem anschließenden Effizienzgewinn in der Auswertung und Beobachterkonferenz.

Die Eignung dieser Vorgehensweise hängt dann von den Zielen des jeweiligen AC ab. Bei Auswahl-AC reicht es möglicherweise zu wissen, ob ein Kandidat in der Situation verkäuferisch stark ist oder im Mitarbeitergespräch eine ausreichende Performance zeigt.

Weiterhin kann die häufige Redundanz von Verhaltensankern bei ähnlichen Anforderungsdimensionen reduziert werden (z. B. Kommunikation/Konfliktfähigkeit). Anders ist es bei einem Development Center oder Personalentwicklungs-AC. Hier steht meistens die Rückmeldung an die Teilnehmer, auf der Basis von Anforderungsdimensionen, im Vordergrund. Daher ist die Rückmeldung alleine anhand von Übungen weniger geeignet.

2.7   Auswahl und Training der Beobachter

2.7.1   Zusammensetzung und Anzahl der Beobachter

Praxis in Europa und USA

Bestandteil eines AC sind Beobachter, die die Leistung der Teilnehmer in den Fallbeispielen beobachten und bewerten. Als Beobachter kommen grundsätzlich folgende Personen in Betracht:

- Führungskräfte aus der Linie, die quasi das Level repräsentieren, das die AC-Teilnehmer einmal anstreben
- Direkte Vorgesetzte der Teilnehmer bzw. zukünftige Vorgesetzte (bei externen Bewerbern)
- Vertreter der Personalabteilung bzw. der Abteilung Personalentwicklung
- Vertreter der Mitbestimmungsgremien (Betriebs-/Personalräte)
- Externe Psychologen bzw. Berater

In einigen Großunternehmen mit langer AC-Tradition gibt es darüber hinaus professionelle hauptberufliche Beobachter, die als interne Consultants im AC-Dauereinsatz sind. So leistete sich etwa AT & T, das amerikanische Mutterunternehmen des AC, mit einer Million Angestellten den Luxus einer eigenen AC-Abteilung, die für die AC professionelle, hauptberufliche Beobachter stellt. Dabei handelt es sich um Linienmanager, die für einen Zeitraum von 18 Monaten in die Abteilung delegiert werden (vgl. Oess 1979, S. 119).

Bei der Auswahl der Beobachter stellt sich zunächst die Frage, welche Beobachter in welcher Kombination einzusetzen sind. In der Studie von 2012 (Obermann et al. 2012) zeigt sich für den deutschsprachigen Raum, wer tatsächlich in AC als Beobachter eingesetzt wird.

An erster Stelle stehen Führungskräfte der Linie mit einem Anteil von 80 % der Verfahren. Gegenüber der letzten Befragung aus dem Jahr 2007 ist dieser Anteil nahezu identisch. In der Befragung von 2001 waren 90 % der Beobachter Führungskräfte. Nichtsdestotrotz setzt sich die Beobachtergruppe in deutschen AC immer noch zum überwiegenden Teil aus Führungskräften zusammen – im Unterschied zu den USA. In einer Befragung von 215 US-Unternehmen und deren AC-Praxis (Spychalski 1997) zeigt sich, dass dort nur in 50 % der AC Linienmanager als Beobachter aggieren.

An zweiter Stelle bei deutschsprachigen AC stehen Mitarbeiter der Personalabteilung mit 70 % sowie externe Consultants mit 56 %. Hier gibt es wohl einen Trend in Richtung Outsourcing, nachdem in der Vorgängeruntersuchung von 2012 bereits 46 % der Unternehmen angegeben haben, auf externe Beobachter zu setzen.

Im Rahmen der Studie wurde weiterhin hinterfragt, ob es ein Auswahlkriterium für Beobachter gibt.

	Häufigkeit	Prozent
Muss formale Vorgabe (Hierarchiestufe, terminliche Verfügbarkeit o. ä.) erfüllen	31	26,3
Absolvieren einer Ausbildungssequenz (Training, Hospitation)	80	67,8
Neben Training musseine Prüfung absolviert werden (Wissenstest,Probebeurteilung o. ä.)	7	5,9
Gesamt	118	100

Abb. 2.63 Auswahlkriterium für Beobachter. *Quelle* Obermann et al. (2012)

Eine Ausbildungssequenz gehört demnach inzwischen zum Standard der Beobachtervorbereitung (Abb. 2.63). Meist wird allerdings ohne weitere Prüfung unterstellt, dass allein schon die Teilnahme an einem derartigen Training einen Beobachter zu einem guten Beobachter macht. Erst eine kleine Minderheit von Organisationen gibt sich damit nicht zufrieden und baut eine Überprüfung ein. So könnte nach einem Training die Beobachterqualität überprüft werden, indem die Schulungsteilnehmer ihr Urteil mit einem per Video vorbereiteten Musterurteil abgleichen und nur ein bestimmter Umfang von Abweichungen toleriert wird.

Empirische Untersuchungen

Unabhängig vom tatsächlichen Einsatz der Beobachter steht die Frage, ob einzelne Beobachtergruppen von Vorteil für die Qualität der Verfahren sind.

Eine diesbezügliche klassische Untersuchung ist mittlerweile die Metaanalyse von Gaugler et al. (1987), die gezeigt hat, dass die Hinzunahme von Psychologen die Konstruktvalidität und prädiktive Validität erhöht. Die Validitätsverbesserung durch die Hinzunahme von Psychologen gegenüber den Jobexperten scheint sich jedoch in erster Linie auf die Vorhersage von Dimensionen im Bereich der Sozialkompetenz zu beziehen (Damitz et al. 2000).

In einer weiteren europäischen Studie von Kolk et al. (2002) wurde die Beurteilungsgenauigkeit von erfahrenen mit weniger erfahrenen Assessoren verglichen. Dabei hatten beide Gruppen eine ähnliche formale Ausbildung (Master in Psychologie), die erfahrenen Beobachter arbeiteten jedoch bereits im Personalbereich und hatten AC-Erfahrung, während die nicht erfahrenen Beobachter noch nicht als Assessoren tätig gewesen waren. Bezüglich der Beurteilungsgenauigkeit zeigten sich zwischen beiden Gruppen erhebliche Unterschiede.

In einer US-Untersuchung (Lowry 1993) wurden insgesamt neun Charakteristika von Beobachtern auf die AC-Ergebnisse untersucht (u. a. Berufserfahrung der Beobachter, Alter, Rasse, Geschlecht, AC-Erfahrung, Ausbildung, Management-Level). Insgesamt zeigte sich nur eine geringe Auswirkung dieser Kriterien auf die AC-Ergebnisse. Lediglich

Alter und Management-Level wiesen einen statistischen Zusammenhang zu den AC-Ergebnissen auf, wobei auch diese beiden Faktoren lediglich 2 % der Varianz erklärten. Eine systematische Analyse von Effekten männlicher und weiblicher Beobachter haben Shore (1997) in einem AC bei 200 Teilnehmern aus dem Finanzbereich vorgenommen. Dabei wurden in Rollenspielen männliche und weibliche Beobachter jeweils unterschiedlich mit männlichen und weiblichen Teilnehmern kombiniert. Dabei gab es in keiner Kombination einen geschlechtsspezifischen Effekt auf die Ergebnisse.

AC-Praxis: Wer soll Beobachter sein?

Aus den empirischen Untersuchungen lässt sich zunächst die Erkenntnis mitnehmen, dass die Integration von (erfahrenen) Psychologen eine Verbesserung von Beurteilergenauigkeit und Validität darstellt.

Für die Zusammenstellung der Beobachterteams sind zwei Kriterien ausschlaggebend. Zum einen ist dies eine eher machtpolitische Frage. Das AC lebt von der Akzeptanz seitens der Entscheider im Unternehmen, die meistens auch die internen Kunden darstellen. Daher empfiehlt es sich, informell und/oder hierarchisch wichtige Einflussträger, neuhochdeutsch „stake holder", einzubeziehen. Wir haben gerade gute Erfahrungen damit gemacht, zur Einführung eines solchen Verfahrens wichtige Persönlichkeiten im Unternehmen als Beobachter zu gewinnen. Deren positive Erfahrung und/oder kritisches Feedback tragen erheblich zur Akzeptanz bei.

Ein zweites Kriterium für die Zusammenstellung des Beobachterteams für ein AC ist, dass dieses die Führungsmannschaft des Unternehmens repräsentiert. Zumindest sollte jedenfalls der Ausschnitt von Führungskräften vertreten sein, der als Zielbild – für das im AC vertretene Anforderungsprofil – gesehen wird. Gleichzeitig sollten in der Beobachtermannschaft auch wesentliche Teilgruppen der Belegschaft vorhanden sein. Aus dieser Forderung können bewusste Zielsetzungen resultieren, um die Repräsentativität zu erhöhen: etwa ein höherer Frauenanteil bei den Beobachtern, die Berücksichtigung jüngerer Altersgruppen und unterschiedlicher Nationalitäten. Dieser Aspekt hat in den USA unter dem Stichwort „management of diversity" eine erhebliche Bedeutung. Eine Beobachtercrew ausschließlich aus Männern wäre in den USA ein erheblicher Qualitätsmangel bei einem AC. Das Unternehmen wäre sicherlich der Gefahr von Klagen mit empfindlichen Geldstrafen ausgesetzt. Dieser Aspekt wird speziell in Deutschland noch wenig beachtet; gerade im Hinblick auf die Teilnahme von weiblichen Führungskräften in den Beobachterteams sollten die Unternehmen sensibler sein.

Aus den beiden Überlegungen, der machtpolitischen Besetzung des Beobachterteams und der Repräsentativität, ist es empfehlenswert das Beobachterteam aus einer Kombination dreier Beobachtergruppen zusammenzusetzen: Zum einen aus einer Gruppe von oberen Führungskräften, die bei Förder-AC nicht die direkten Vorgesetzten der Teilnehmer sein sollten – bei Auswahl-AC umgekehrt, denn hier bilden diese schließlich später auch die Anforderungswirklichkeit. Auch die dem AC dadurch verliehene höhere Akzeptanz spricht für die Teilnahme der Linienvertreter. Neben den Linienvorgesetzten sollten Mitarbeiter der

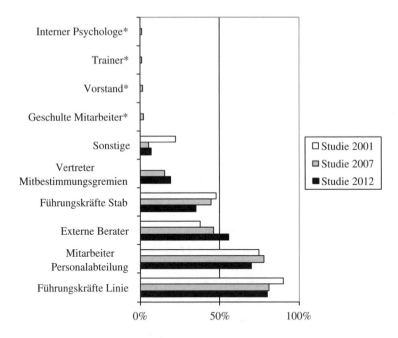

Abb. 2.64 Wer ist Beobachter im AC?. *Quelle* Obermann et al. (2012)

Personalabteilung sowie Externe (Psychologen) in der Beobachtungsmannschaft vertreten sein (Abb. 2.64). Die Hinzunahme von Psychologen in das Beobachtungsteam erhöht die Validität/Vorhersagegenauigkeit von AC (vgl. Metaanalyse Gaugler et al. 1987).

Trotz Beobachtungstrainings können Einflüsse der Gruppendynamik (durch bestimmte Beziehungen zwischen den Beurteilern und/oder den Beurteilern und den Kandidaten) und nicht erwünschte subjektive Einflüsse nicht ausgeschlossen werden: „In beiden Fällen, bei AC und bei Entscheidungen über den beruflichen Aufstieg, stützen Linienmanager ihre Urteile darauf, inwieweit der Kandidat ihren allgemeinen Stereotypen oder kognitiven Schemata entspricht, und nicht auf die genaue, objektive Analyse seines aktuellen Verhaltens" (Adler 1987, S. 87).

Die Externen können durch die Vergleichsmöglichkeit mit anderen Unternehmen zusätzliche Erfahrungen einbringen und insbesondere auch Bezugssystemeffekten in Gruppendiskussionen entgegenwirken, wenn zufällig viele gute oder weniger gute Teilnehmer vorhanden sind und dann die relativ besseren oder schlechteren zu stark auf- oder abgewertet werden.

Notwendige Anzahl der Beobachter

Bei der Festlegung der Anzahl der notwendigen Beobachter ist zunächst davon auszugehen, dass der Mittelwert bzw. die Kombination mehrerer Urteiler effektiver ist als jedes einzelne Urteil (vgl. Libby und Blashfield 1978, S. 157). Daher ist anzustreben, dass die einzelnen Teilnehmer in jeder Übung zwei bis drei Beurteilern gegenüberstehen.

Aus der Frühzeit der AC, die vorwiegend aus Gruppenübungen bestanden, werden immer noch unsinnige Formeln für die Bestimmung der notwendigen Beobachteranzahl weitergegeben. Eine solche Formel besteht etwa in einer Eins-zu-Zwei-Relation Beobachter/Teilnehmer. Solche Formeln sind ohne Kenntnis der Übungen wenig hilfreich, da Einzelübungen (z. B. Rollenübungen) einen anderen Beobachtungsaufwand erfordern als Gruppenübungen. Bei einer Gruppenübung mit beispielsweise sechs Teilnehmern reichen vier Beobachter aus, die dann jeweils drei Teilnehmer beobachten. Auch hängt die Anzahl notwendiger Beobachter von der Komplexität der Beobachtungsinstrumente für die einzelnen Übungen ab – je mehr Dimensionen und Items es zu beobachten gilt, desto kleiner sollte das Verhältnis Teilnehmer/Beobachter sein.

Da sich in den Untersuchungen das Prinzip der Mehrfach-Beobachtung je Teilnehmer als eindeutig überlegen erweist, sollte ein Teilnehmer in jeder Übung von mindestens zwei, besser drei Personen beobachtet werden. Für die dann notwendige Gesamtzahl an Beobachtern kommt es auf die zeitliche Organisation der Übungen im AC an. Wenn in einem Gruppen-AC eine Übung beispielsweise drei Mal parallel durchgeführt wird, sind hier drei Mal drei Beobachter notwendig. Ein solches Team aus neun Beobachtern könnte die Beobachtung in einem AC mit zwölf Teilnehmern leisten.

Vorinformationen der Beobachter über die Kandidaten

Ein oft tradierter Merksatz aus den Anfängen des AC ist die Regel, dass die AC-Beobachter mindestens zwei Hierarchiestufen über den Kandidaten stehen sollten und keine direkten Vorgesetzten als Beobachter agieren sollten. Dies mag für Potenzialanalysen gelten, in denen die direkten Vorgesetzten sicher ein deutliches Vorurteil einbringen. Für Auswahlveranstaltungen gilt das Gegenteil, die Kandidaten sollen ja gerade zum Vorgesetzten passen, sodass dessen Anwesenheit sinnvoll ist.

Auch wenn dieser Hinweis in der AC-Praxis oft wiederholt wird, findet sich dazu kaum eine empirische Fundierung. In einem experimentellen Ansatz haben dazu Kanning und Klinge (2005) in einem simulierten AC die Beobachter mit unterschiedlichen Vorinformationen zu den Kandidaten ausgestattet: Gruppe eins erhielt negative Vorinformationen über die Teilnehmer (Lebenslauf, Persönlichkeitsfragebogen), Gruppe zwei erhielt keinerlei Informationen und Gruppe drei positive Informationen. Wenn in der Gruppe eins die Beobachter negative Informationen über die Teamfähigkeit und Einsatzbereitschaft des Kandidaten erhielten, so bewerteten sie auch seine AC-Leistung auf diesen Dimensionen signifikant schlechter. Erschien der Kandidat aufgrund der Vorinformationen in einem positiven Licht, so ergab sich gegenüber den neutralen Bedingungen nur ein vernachlässigbar kleiner Unterschied. Diesen Effekt nennen die Autoren „negativity bias"; sie empfehlen, dass die Beobachter mit keinerlei Vorinformationen über die AC-Teilnehmer ausgestattet werden sollen.

Weitere Empfehlung: Verschiedene Beobachtergruppen sollten die Kandidaten im AC testen, sodass sich dieser Effekt – auch trotz externer Begleitung – durch die Zusammensetzung der Beobachterteams zumindest verringert.

2.7.2   Wirkung und Einfluss der Beobachter

Neben gutem Übungsmaterial und einem verlässlichen Beobachtungssystem lebt die Qualität der Aussagen offensichtlich von dem Einfluss der Beobachter. Zum Verhalten und Einfluss von Beobachtern gibt es einige Untersuchungen.

In einer methodisch aufwendigen Studie (Laborexperiment mit anschließender Felduntersuchung) ging Witt (1987, vgl. S. 298) der Frage nach, welchen Einfluss subjektive Erfahrungen der Beurteiler im AC haben und wann sich der Beurteiler „innerlich" bereits eine feste Meinung über einen Kandidaten gebildet hat. Die Ergebnisse sind eher frustrierend für AC-Konstrukteure: Der Prozess der Meinungsbildung beginnt bereits mit den Informationen, die die Beobachter vor Beginn des AC über die einzelnen Teilnehmer vorliegen haben. Deutlicher ausgeprägt ist die frühzeitige Meinungsverfestigung deshalb bei internen als bei externen Kandidaten. Bei allen untersuchten AC fanden die Meinungsbildung und -verfestigung im zeitlich ersten Drittel der Veranstaltung statt. Noch bevor wesentliche Übungen überhaupt stattgefunden hatten, stand für die meisten Beobachter das Urteil also schon fest. Welche Gruppe der Beobachter sich in ihrem Urteil eher festlegte, hing von der Zielsetzung des AC ab: Handelte es sich um Auswahl-AC, dann waren die internen Manager „schneller", bei Potenzial-AC legten sich die externen Berater früher fest. Dabei hatte offenbar jeder Beobachter seine eigene, jeweils unterschiedliche Spezialübung, die für ihn persönlich maßgebend war und nach der er für sich das (endgültige) Urteil fällte.

Zu einem ähnlichen Ergebnis kommen Lance et al. (2004), die empirisch bestätigen, dass die Assessoren – entgegen dem Willen der AC-Konstrukteure – über die Kandidaten zunächst einen Allgemeineindruck bilden und diesen dann nach Dimensionen herunterbrechen.

Immer mehr AC-Konstrukteure ereilte im Laufe der letzten Jahre die Erkenntnis, dass die Subjektivität des Beobachters nur schwer zu steuern ist: „Daher wurde der Beobachter als subjektiv schmutzende Störquelle auf dem Weg der reinen Erkenntnis entdeckt. Die Linienvorgesetzten (Beobachter) erwiesen sich als unfähig, mehr als ca. sechs verschiedene Merkmale zu beurteilen, verwechselten ständig Beobachtung und Urteil, sahen keinerlei Zusammenhang eines Merkmals über die verschiedenen Übungen hinweg und neigten schließlich dazu, das gesamte Verhalten in der Übung als pauschal gut oder schlecht zu bewerten. Da die Beobachter mit Anforderungsmerkmalen, die bis ins konkrete Detailverhalten (bewertungsfrei) definiert waren, auch nicht anders umgingen, erstellten manche Entwickler immer detaillierter Regelwerke der Zuordnung und Einstufung von Teilnehmerverhalten zu Anforderungsmerkmalen. An manchen Stellen wurden komplizierte Gewichtungssysteme geschaffen, die der wahren Beteiligung eines Merkmals am Gesamterfolg zum Durchbruch verhelfen sollten" (Otte und Neubauer 1988).

Ein schwer zu tilgender Glaubenssatz von vielen AC-Beratern ist das vermeintliche Prinzip der Trennung von Beobachtung und Beurteilung. Nach diesem häufig wiederholten Glaubenssatz müssen die Beobachter zwischen der guten Verhaltensbeobachtung und der schädlichen Beurteilung trennen lernen. Das Erlernen dieses Prinzips ist dann häufig ein Hauptaspekt von Beobachtungstrainings. Freilich ist dies eine für unseren Wahrnehmungsprozess mehr als wirklichkeitsfremde Forderung, denn Beobachten ist immer auch Beurteilen. Allenfalls gibt es graduelle Stufen, in dem Umfang, in dem unsere Beobachtungen abstrakter werden und immer mehr Schlussfolgerungen beinhalten.

Gerade die Vielfalt von auch unterschiedlichen Urteilen der Beobachter im AC ist eine wertvolle Quelle. Die Notwendigkeit der Vielfalt von Beurteilungen zeigt sich speziell bei internationalen AC. Das Beobachtungssystem im AC und die Art der Verrechnung unterschiedlicher Beobachterurteile sollten daher so robust sein, diese Vielfalt zu verkraften. Dies bedeutet etwa in der Konsequenz, dass am Ende festgehalten wird, dass ein und das gleiche Teilnehmerverhalten in einer Übung auf die Beobachter unterschiedlich gewirkt hat.

Die Forderung nach Vielfalt darf andererseits nicht bedeuten, dass der einzelnen Beobachter völlig ohne jeden Maßstab sein Urteil bilden darf. So ist es in der Praxis von AC immer wieder zu beobachten, dass einzelne Beurteiler sehr willkürlich bestimmte Kriterien herausgreifen, ihr Urteil verfrüht aufgrund allererster Eindrücke bilden, sich von Stereotypen und dem äußeren Eindruck leiten lassen, teilweise sogar eigene Befindlichkeiten auf die Kandidaten projizieren und in ihren fest gefügten, bisher nie reflektierten Wahrnehmungsmustern gefangen sind. Dies alles hinzunehmen mit dem Argument, das sei eben die Anforderungswirklichkeit, ist für uns nicht akzeptabel und stellt eine sehr empiristische Vorgehensweise dar, bei der das Bestehende und nicht zwangsläufig Positive zum Standard erhoben wird. Das Resultat ist eine seelenlose Unternehmens- oder Personalentwicklung, die bestehende Werte festschreibt, jedoch nicht zur Wertebildung beiträgt.

De facto ist das AC jedoch auch ohne bewusste Intention ein wesentliches Instrument zur Veränderung von Werten und Wahrnehmungsmustern. Für die meisten Beobachter bildet das AC eine tief greifende Erfahrung: Hier dürfen sie über zwei oder drei Tage nur beobachten und aufnehmen, müssen aber schweigen. Sie erleben in einer höchst konzentrierten Form, wie sich andere in Führungssituationen verhalten. Sie legen einen Maßstab an diese Beobachtung an und können diesen Maßstab mit dem der anderen Beobachter vergleichen. Dabei merken sie in der Beobachterdiskussion, dass die Kollegen vielleicht auch ganz andere Maßstäbe und Kriterien zur Bewertung ihrer Beobachtungen heranziehen.

Die Teilnahme an einer Beobachtergruppe und das vorbereitende Beobachtertraining sind also ohnehin Prozesse, die auf die Wahrnehmungs- und Beurteilungsmuster nicht ohne Auswirkungen bleiben. Für unseren Geschmack scheuen sich noch zu viele Unternehmen, das AC als eben diesen Prozess der Wertevermittlung und Beeinflussung zu akzeptieren: Kompa (2004) beschreibt das AC in seinem Buch als herrschaftsstabilisierendes Instrument. Entkleidet man seine Analyse der mittlerweile überkommenen marxistisch-leninistischen Terminologie, dann stimme ich dieser Beschreibung vollkommen zu: Das AC ist eine Art „Transformationsriemen", mit dem Wahrnehmungsmuster und Werte tradiert werden. Dies ist mehr als legitim, Unternehmens- und Personalentwicklung müssen heute sogar sinnstiftend sein. Zu fordern sind Prozesse, in denen solche Werte durch die Unternehmensführung oder Mitarbeiter definiert und dann von den AC-Konstrukteuren umgesetzt werden. Sonst besteht die Gefahr, dass das AC gegen Unternehmenswerte und -ziele anläuft.

Es gibt Beispiele dafür, dass das AC in seiner gestalterischen Potenz bewusster wahrgenommen wird. Fischer (1989) etwa vertritt für das Mercedes-Werk in Gaggenau eine gegenüber dem traditionellen Verständnis weiterentwickelte Sicht des AC, in dem bewusst durch das Instrument AC eine Mentalitätsveränderungsstrategie eingeleitet worden ist, mit der Leitlinien und Normen verankert werden.

Letztlich stehen wir vor dem Dilemma, dass es eine wertungsfreie Beobachtung nicht gibt und eine solche auch nicht wünschenswert wäre, wir andererseits aber auch nicht alle Wahrnehmungsmuster und Fehler einfach akzeptieren wollen.

Aus diesem Dilemma heraus würden wir ein Ideal in folgenden Beobachtern sehen. Zunächst wäre für die Rolle der Beobachter eine möglichst vielfältige Zusammensetzung unterschiedlicher Persönlichkeiten mit verschiedenen Erfahrungshintergründen im AC anzustreben. Diese sollten durch das Beobachtungssystem die Möglichkeit haben, ihre Vielfalt von Urteilen einzubringen. Schließlich sollten diese Persönlichkeiten sehr reif sein, sich ihrer persönlichen Anteile im Zustandekommen ihres Urteils über andere bewusst zu werden, und bereit sein, ihr Urteil in der Diskussion infrage zu stellen.

Im Folgenden sollen die Faktoren näher beleuchtet werden, die Wahrnehmungsprozesse beeinflussen und derer sich die angesprochenen reifen Beobachter bewusst sein sollten. Anschließend findet sich dann eine Darstellung des Beobachtertrainings.

2.7.3   Der Prozess der Wahrnehmung anderer Personen

Der Prozess der Beobachtung von anderen Personen im AC unterliegt den gleichen psychologischen Gesetzmäßigkeiten wie die Beurteilung anderer Personen im Alltag auch. Freilich ist im AC der Anspruch höher, nämlich aus den entstehenden Beurteilungen die Effekte herauszuhalten, die primär mit der Person des Beobachters zu tun haben. Im Minimum sollten sich die Beobachter dieser Effekte bewusst sein (Abb. 2.65).

Halo-Effekt

Der Halo-Effekt (engl. für Heiligenschein, Thorndike 1920) oder Überstrahlungseffekt beschreibt, was wir bei der Beurteilung anderer als grundsätzlich positiv oder negativ erleben und woraus wir eine Kette von Eigenschaften und Merkmalen implizit ableiten: Unattraktiven Personen werden etwa eher negative soziale Eigenschaften zugeschrieben als attraktiveren (Dion et al. 1972), Personen mit Brille gelten als intelligenter usw. Beurteiler fällen für AC-Teilnehmer mit besonders hervorstechenden Eigenschaften beliebiger Art sehr viel schneller ein Urteil als für eher unauffällige Teilnehmer (Witt 1987). Eine Übersicht über die 75-jährige Geschichte des Halo-Fehlers findet sich bei Cooper (1981).

Abb. 2.65 Wahrnehmungseffekte
in der AC-Beobachtung

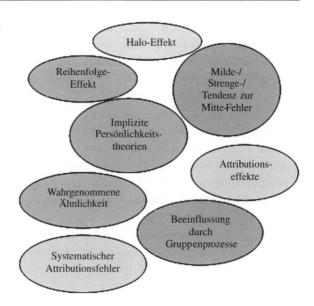

Im AC sind Halo-Effekte dann zu beobachten, wenn Beobachter Kandidaten in allen Kriterien auf- oder abbewerten und z. B. wenig bereit sind, bei schwächeren Kandidaten auch positive Aspekte wertzuschätzen.

In einem experimentellen Design konnten Kanning und Klinge (2005) den Halo-Effekt auch innerhalb des AC nachweisen. In der Untersuchung wurden die Beobachter in einer Teilgruppe mit negativen Vorinformationen über die Kandidaten ausgestattet. Diese Beobachter bewerteten den AC-Kandidaten nicht nur auf den zu den Vorinformationen inhaltlich passenden Kriterien im AC schwächer, sondern sogar auf solchen Dimensionen signifikant schlechter, die sich überhaupt nicht aus der Manipulation des Lebenslaufs und des Persönlichkeitsprofils erschließen ließen (Halo-Effekt). Im Vergleich wurde ein und dasselbe Verhalten des Bewerbers sehr viel positiver bewertet, wenn der Beobachter keine oder positive Vorinformationen hatte.

Gegenmaßnahmen
Durch das Beobachtungssystem werden die Beobachter angehalten, zunächst einzelne Verhaltensanker, dann Dimensionen, dann ein Gesamtfazit zu beurteilen. Dennoch neigen Beobachter in Verkennung des jeweiligen Verhaltensankers dazu, die Kandidaten pauschal gut oder schlecht zu beurteilen. Im Beobachtertraining kann dies geübt werden, indem auf Videos bezogen auf die Dimensionen bewusst widersprüchliche Personen abgebildet werden.

Reihenfolge-Effekte
Die Beurteilung hängt neben der Auffälligkeit bestimmter Eigenschaften auch vom Zeitpunkt und der Reihenfolge der Informationen ab, die man über eine Person erhält.

Hier liegen klassische Untersuchungen vor (Jones et al. 1968), bei denen Intelligenzschätzungen von Zielpersonen davon abhingen, wie die Verteilung der Aufgabenlösungen während der Beobachtungsphase war: Einmal lagen die richtigen Lösungen vorwiegend am Anfang (Verschlechterung der Leistung), einmal eher am Ende (Verbesserung der Leistung) und einmal waren sie gleichmäßig über die Serie verteilt (konstante Leistung). Bei den Intelligenzschätzungen wurde die Person unter der Bedingung der Leistungsverschlechterung für wesentlich intelligenter gehalten als bei den anderen beiden Bedingungen. Gleiche Effekte resultieren bei der Beurteilung von Persönlichkeitsmerkmalen (etwa Luchins 1957). Wenn es um relativ stabile Eigenschaften – wie Intelligenz – geht, setzen wir also auf den ersten Eindruck, schieben Änderungen dann eher auf situative Bedingungen (Glück, Umstände).

In einem von Schuler berichteten Experiment hatte eine Gruppe von Beurteilern zunächst einen sehr qualifizierten Mitarbeiter, eine andere Gruppe einen sehr wenig qualifizierten Mitarbeiter zu beurteilen. „Bei der anschließenden Einstufung einer Person mittlerer Qualifikation nahmen die Beurteiler der zweiten Gruppe positivere Einschätzungen vor" (Schuler 1989, S. 420). Weitere Untersuchungen finden sich beispielsweise bei Murphy et al. (1985) und Ivancevich (1983) (vgl. Schuler 1989).

Gegenmaßnahmen
Üblicherweise kontrolliert der Zeitplan schon aufgrund der Rotation der Kandidaten deren Reihenfolge. Bezogen auf den einzelnen Kandidaten sollten die Beobachter angehalten werden, den Umfang ihrer Mitschriften über den gesamten Zeitverlauf hinweg gleich zu gewichten. Bezogen auf die Abfolge von Kandidaten besteht die Möglichkeit, die Endbewertung des ersten Kandidaten zunächst zurückzuhalten und die übrigen Teilnehmer abzuwarten.

Bezugssystem-Effekte
Die Reihenfolge-Effekte sind der Kategorie der Bezugssystem-Effekte zuzuordnen, das heißt der Tatsache, dass wir Urteile nicht auf absoluten Dimensionen treffen, sondern relativ, in Bezug zu den erlebten anderen Personen. Andere solcher Bezugssystem-Effekte resultieren beispielsweise, wenn wir einen auf einer bestimmten Dimension mittelguten Kandidaten in verschiedenen Umfeldern erleben: In einer Gruppe schlechter Kandidaten wird er bei gleichem Verhalten wesentlich besser beurteilt werden als in einer Gruppe sehr guter Kandidaten.

Dieser Effekt tritt naturgemäß speziell bei Gruppenübungen auf. Auch untrainierte Beobachter unterliegen diesem Effekt eher, da ihr Bezugssystem aus vergleichbaren Kandidaten nur die im aktuellen AC sind. Dadurch unterliegen sie der Gefahr zu übersehen, dass der in der Gruppenübung relativ schwache Teilnehmer in Relation zur Grundgesamtheit aller AC-Teilnehmer noch relativ hoch bewertet werden müsste.

Gegenmaßnahmen
Das Bezugssystem lässt sich nur durch einen größeren Erfahrungsschatz erweitern: Damit die Beobachter etwa in einer Gruppenübung nicht nur die relativen Unterschiede

bewerten, bedarf es Beobachter mit längerer Erfahrung. Im Training kann mit einer Probebeobachtung geübt werden, bei der bestimmte Kriterien für alle Teilnehmer gleich hoch oder gering ausfallen. Nützlich sind genauso konkrete, auf die Übung bezogene Verhaltensanker.

Implizite Persönlichkeitstheorien

Sackett und Hakel (1979) konnten auf der Basis der Urteile von vier Beobachterteams, die im Laufe von drei Jahren 719 Teilnehmer von AC beurteilten, nachweisen, dass von den 17 zu beobachtenden Dimensionen nur um die sechs in die Bildung des Gesamturteils eingingen. Anhand von drei Dimensionen ließ sich das Gesamturteil in 75 bis 89 % der Fälle korrekt vorhersagen. Dabei waren sich die Beobachter dieses Effekts nicht bewusst: Ihre Aussagen zu ihrem eigenen Vorgehen bei der Urteilsbildung stimmten mit ihrem tatsächlichen Vorgehen nur gering überein (im Mittel: r = .47 für einzelne Beobachter, r = .52 für Beobachterteams).

Mit dem Begriff „Implizite Persönlichkeitstheorien" bezeichnet man seit Cronbach (1955) subjektive Modelle darüber, welche Persönlichkeitsmerkmale gemeinsam auftreten und welche einander ausschließen. Eine solche Annahme könnte zum Beispiel lauten: Temperamentvolle Menschen sind besonders kreativ oder dynamisch auftretende Personen sind gute Unternehmer. Persönliche Überzeugungen dieser Art leiten die Wahrnehmung insofern, als die Tendenz besteht, von einem beobachteten Merkmal (zum Beispiel dem Temperament) auf ein weiteres, nicht beobachtetes (zum Beispiel Kreativität) zu schließen.

Asch (1946) untersuchte diese Prozesse des Schlussfolgerns in seinen klassischen Experimenten genauer. Dazu gab er einer Reihe von Versuchspersonen Beschreibungen fiktiver Personen in Form von Listen von Adjektiven vor, z. B. intelligent, geschickt, fleißig, warmherzig, bestimmt, praktisch, vorsichtig. Die Versuchspersonen sollten nun aus einer zusätzlichen Liste mit 18 Persönlichkeitsmerkmalen diejenigen heraussuchen, die die beschriebene Person vermutlich auch noch zusätzlich besitzt. Dabei zeigte sich, dass bestimmte charakterisierende Merkmale in den Beschreibungslisten den Gesamteindruck wesentlich stärker bestimmten als andere. Solche bestimmenden Persönlichkeitsdimensionen nannte Asch „zentrale Merkmale" und unterschied davon die „peripheren Merkmale".

Nachfolgende Korrelationsstudien (zum Beispiel Wishner 1960) konnten den beobachteten Effekt der Zentralität von Merkmalen bestätigen und erhellen: So zeigten sich durchgängig höhere Korrelationen zwischen einem zentralen Merkmal und den Vergleichsmerkmalen der Antwortliste als bei einem peripheren Merkmal. Damit war der Effekt jedoch zu relativieren: Ein Merkmal ist nicht an sich zentral, sondern immer nur im Kontext bestimmter beschreibender (Beschreibungsliste) und zu vermutender Eigenschaften (Antwortliste) – auch hier tritt der Bezugssystem-Effekt zu Tage.

Im Beobachtertraining ist es sehr anspruchsvoll, den Beobachtern ihr jeweiliges implizites Persönlichkeitsmodell bewusst zu machen. Man könnte sie bei den Beobachtungsübungen fragen, welches der Kriterien für ihre Gesamtbewertung entscheidend war und sie dafür sensibilisieren, ob die Bewertung in den anderen Kriterien unabhängig davon war.

Gegenmaßnahmen

Im Beobachtertraining werden die Assessoren bei den Übungen aufgefordert, unter den vielen Verhaltensankern die ein bis zwei zu benennen, die entscheidend waren. Aus dem Lernprozess, dass dies meist unterschiedliche Aspekte sind, kann idealerweise die Schlussfolgerung gezogen werden, dass eben alle Anker gleich hoch zu bewerten sind. Hilfreich ist dazu auch im Beobachtungssystem ein vorgegebener Bezugsrahmen, der die Verrechnung von einzelnen Ankern und Skalen zu einer Gesamtbewertung vorab definiert vorgibt.

Milde-, Strengefehler, Tendenz zur Mitte

Dies sind systematische Tendenzen in der Beurteilung. Die Tendenz zur Mitte ist auch gerade bei erfahrenen Beurteilern festzustellen, getreu dem Motto „Nicht zu hoch bewerten, es gibt immer noch etwas Besseres – Nicht zu niedrig bewerten, es gibt immer noch etwas Schlechteres …". Der Effekt der Tendenz ist, dass alle Kandidaten am Ende ein ähnliches Ergebnis haben und das Verfahren nicht im gewünschten Sinn differenziert.

Gegenmaßnahmen

Bei der Integration direkt nach jeder Übung hinterfragt ein unabhängiger Moderator, ob es im Rahmen der Möglichkeiten tatsächlich noch deutliche Steigerungen gibt (wenn nicht, dann die Maximalnote geben) oder ob es wirklich noch merkbar schwächere Ergebnisse geben kann (dann die Minimalnote geben). Im Beobachtertraining werden die Assessoren dazu angehalten, die Bandbreite der Skala auszunutzen. Mit einer Übung können Milde- und Strengefehler aufgezeigt werden: In einer Übungsbeurteilung geben alle Beobachter ihre Urteile – nach individueller Festlegung – öffentlich ab. Diese werden visualisiert, so hat der einzelne Beobachter direkt eine Vergleichsmöglichkeit, ob solche Effekte vorliegen. Der Mildefehler ist im AC dann zu sehen, wenn ein Verhalten nicht gewertet werden soll, weil es ja nicht gezeigt wurde, obwohl für den Kandidaten in der Situation durchaus die Möglichkeit bestand. Im Beobachtertraining sollte abgesprochen werden, dass Verhalten nur dann *nicht* beurteilt wird, wenn es dazu keine Chance gab (aufgrund der Gruppe oder des Rollenspielers).

Wahrgenommene Ähnlichkeit

Sympathische Mitmenschen werden positiver beurteilt. Sympathie ist letztlich die wahrgenommene Ähnlichkeit. Mitmenschen, die uns von ihrem Auftreten, ihrer wahrgenommenen Persönlichkeit oder schlicht auch dem gleichen Studienort ähnlich erscheinen, haben mehr Chancen, Sympathiepunkte zu bekommen. Subjektiv wahrgenommene Ähnlichkeit führt zu einer positiveren Leistungseinschätzung.

Eine empirische Bestätigung im Bewerbungskontext liefern Sears und Rowe (2003). Dabei wurde die Ähnlichkeit zwischen Interviewern und Bewerbern speziell an der Persönlichkeitsdimension Gewissenhaftigkeit erhoben. Tatsächlich zeigt sich, dass Interviewer die Kandidaten besser beurteilen, die ihnen in dieser Dimension ähnlich sind.

Gegenmaßnahmen

Den Beobachtern könnte die Wirkung dieses Prozesses dadurch bewusst werden, dass sie aufgefordert werden, die Ähnlichkeit des Probekandidaten im Beobachtertraining einzuschätzen. Die Bewertung der Kandidaten und die jeweils wahrgenommene Sympathie könnte für alle Teilnehmer am Beobachtertraining bewusst gemacht werden. Ansonsten hilft wiederum die Güte des Beurteilungssystems.

Beeinflussung durch Gruppenprozesse

Die Untersuchung zur Urteilsbeeinflussung durch andere Gruppenmitglieder hat eine lange Tradition in der Psychologie. Grundlegend sind die Untersuchungen von Sherif (1935) und Asch (1956). Die zentrale Forschungsfrage lautete dabei, von welchen situativen Bedingungen und in welcher Weise der Prozess der Wahrnehmungsbeeinflussung in Gruppen bestimmt wird. Asch (1956) gab seinen Versuchspersonen zur Beantwortung dieser Frage verschieden lange Vergleichslinien und eine Standardlinie vor. In einer achtköpfigen Gruppe sollte jede Versuchsperson ihr Urteil darüber abgeben, welche der Vergleichslinien genauso lang wie die Standardlinie sei. Sieben der acht Gruppenmitglieder waren jedoch vom Versuchsleiter instruiert worden, in zwölf der 18 Durchgänge einhellig falsche Urteile abzugeben. Unter dieser Bedingung waren etwa ein Drittel aller (von Versuchspersonen) abgegebenen Urteile falsch (wobei zu beachten ist, dass bei schriftlicher Urteilsabgabe im Kontrollversuch in weniger als 0,5 % der Fälle Fehler auftraten). Die Versuchspersonen unterschieden sich allerdings im Ausmaß ihrer Beeinflussbarkeit – 13 der 50 Teilnehmer blieben sogar unbeirrt bei ihrer Meinung – und in ihren Reaktionen, die durch Beobachtung und Interview registriert wurden. Bei Einführung einer zweiten Versuchsperson reduzierte sich die Zahl der Fehlurteile auf 10 %, wohingegen die Größe der Mehrheit ab drei Personen keine Steigerung der Beeinflussung bewirkte.

In einer Reihe von Untersuchungen (etwa Crutchfield 1955, Luchins und Luchins 1955) wurden die situativen Bedingungen, bei denen es zu einer Beeinflussung durch das Gruppenurteil kommt, experimentell untersucht. Dabei zeigte sich: Der Effekt der Wahrnehmungsbeeinflussung durch Gruppendruck ist unabhängig von Intelligenz, sozialem Status und Bildung der Versuchspersonen, nimmt mit abnehmender Strukturiertheit der Sachverhalte zu und tritt in Situationen von besonderer Bedeutung für die Versuchspersonen nicht auf.

Da die Beurteilung von Personen noch viel unstrukturierter ist als der Vergleich von objektiv unterschiedlich langen Linien, ist natürlich damit zu rechnen, dass gruppendynamische Prozesse im AC eine große Wirkung in der Urteilsfindung besitzen. AC-spezifische Studien liegen hierzu jedoch nur vereinzelt vor.

Sackett und Wilson (1982) untersuchten insgesamt 19 AC-Beobachter, die über drei Jahre hinweg 719 Kandidaten beurteilten. Dabei zeigte sich, dass der Einfluss Einzelner bei der Urteilsdiskussion u. a. von der inhaltlichen Position abhing, die diese vertraten: Extreme Urteile hatten mehr Einfluss auf das Gesamturteil als mittlere. Die Autoren vermuten dahinter die Annahme der übrigen Beurteiler, ihr Kollege mit der extremen

Ansicht verfüge über irgendwelche zusätzlichen Informationen. Außerdem ist zu vermuten, dass hartnäckig vorgetragene Urteile ebenfalls stärkeren Einfluss auf die Gesamtbewertung nehmen als eher zurückhaltend vorgetragene.

Neben der inhaltlichen Position spielt auch der berufliche Hintergrund und der damit verbundene Status der Beobachter eine Rolle: Bei einem von Sackett und Wilson (1982) berichteten AC, bei dem Manager und Psychologen eingesetzt wurden, zeigten sich signifikante Unterschiede zwischen diesen Gruppen in ihrem Einfluss auf das Gesamturteil.

In einer weiteren, interessanten Untersuchung wurde explizit der Einfluss von Beobachtern mit unterschiedlichem Status verglichen (Herriot et al. 1985). In dem AC zur Auswahl von Offizieren wurden nur solche Situationen untersucht, bei denen jeweils einer der vier Beobachter nicht mit den drei anderen hinsichtlich des Gesamturteils „geeignet – nicht geeignet" übereinstimmte. Der Status ließ sich einfach am militärischen Rang festmachen. Dabei gab tatsächlich immer der ranghöchste Offizier in der Beobachtergruppe bei fehlender Übereinstimmung den Ausschlag. Sowohl der formale Vorsitzende des Teams als auch die rangniederen Offiziere gaben in ihrem Urteil eher nach. Ähnlich wie bei Sackett und Wilson (1982) fielen auch in dieser Untersuchung die Gruppenurteile nach der Diskussion strenger aus als vorher, das heißt, die Bewerber wurden eher als nicht geeignet eingestuft.

Gegenmaßnahmen

Den Beobachtern kann die Wirkung dieser Prozesse im Training bewusst gemacht werden, die Wirkung von Appellen mag jedoch begrenzt sein. So sind die Gruppenprozesse eher durch das Design des Beobachtungssystems und die Methodik der Entscheidungsfindung zu beeinflussen. Maßnahmen im Detail sind: Moderation durch unabhängigen Assessor/Psychologen, anonyme erste Urteilsfindung der Beobachter, quantitative Verrechnung von Urteilen, vorab festgelegte Entscheidungsalgorithmen.

Systematischer Attributionsfehler

Nach diesem Fehler haben wir alle den Defekt, dass wir unser eigenes Verhalten, speziell, wenn wir mit dessen Ergebnissen nicht zufrieden sind, immer in der Umgebung verursacht sehen: Wir hatten zu wenig Zeit, wir wurden nicht genug vorbereitet, man hat uns zu etwas gedrängt, wir haben nur reagieren können. Kurz: Wir fühlen uns als Getriebene unserer Umwelt.

Ganz anders funktioniert hingegen unsere Wahrnehmung, wenn wir auf das Verhalten anderer schauen. Bei anderen Personen, so die Ergebnisse aus der Attributionsforschung, sehen wir deren Verhalten immer in der Person verursacht: „Der ist so". Dies drückt sich darin aus, dass wir auch schon nach kurzer Beobachtung unseren Mitmenschen Eigenschaften zumessen: „Die ist aber distanziert", „Das ist ein Schwätzer". Genau das gleiche Verhalten, das wir selbst zeigen, sehen wir aber in der Umwelt verursacht.

Durch die vielen Kurzbeobachtungen von Personen, die man das erste Mal sieht, schlägt der systematische Attributionsfehler besonders im AC zu: In Beobachterauswertungen im AC ist immer wieder beobachtbar, wie aufgrund dünner Informationen weitreichende Schlussfolgerungen zu den Kandidaten gezogen werden: Beispielsweise gibt es in der Postkorb-Übung einen Vorgang, bei dem der Kandidat nicht seinen Chef informiert hat – die Schlussfolgerung von voreiligen Beobachtern: schwaches Informationsverhalten. In einem weiteren Postkorb-Vorgang hätte der Kandidat in der Zeit, bis er nach dem Szenario seinen Job angetreten hätte, schon erste Instruktionen an Mitarbeiter ausgeben müssen. Dies hat er jedoch nicht getan – Schlussfolgerung: schwach ausgeprägte Handlungsorientierung. Vielleicht hatte der Kandidat allerdings auch nur in der Instruktion des Postkorbes übersehen, dass er im Urlaub – nach dem Postkorb-Szenario – schon Memos mit Aufgaben an Mitarbeiter geben kann. Oder: In einem Mitarbeiter-Rollenspiel spricht der Teilnehmer die Verhaltenskritik an dem Mitarbeiter – entgegen dem Instruktionspapier – nicht an. Schlussfolgerung: Der Kandidat ist ein Konfliktvermeider. Im Nachgespräch erläutert der Kandidat dann, dies sei eine bewusst gewählte Taktik, da er ja neu sei in der Position und in einem ersten Gespräch zunächst einmal in Kontakt mit dem Mitarbeiter kommen wolle. In seiner jetzigen Position sei er sehr wohl konsequent und habe schon mehrere Mitarbeiter verhaltensbedingt gekündigt.

In all diesen Fällen schlussfolgert der voreilige AC-Beobachter unkritisch aus singulären Verhaltensweisen in den Übungen auf Eigenschaften oder darauf, dass in einer ähnlichen Praxissituation ein ähnliches Verhalten zu Tage treten wird. Dabei werden jedoch in keiner Form die situativen Rahmenbedingungen des Settings „AC" berücksichtigt, die in gleichem Maße eine Erklärung für das beobachtete Verhalten von Teilnehmern sein können.

Es gibt viele solcher Hypothesen für eine Erklärung des Verhaltens in situativen Rahmenbedingungen des AC, die es nicht rechtfertigen, auf Dispositionen bei dem Teilnehmer zu schließen:

- Übermäßig psychischer Druck für den Teilnehmer („Black-out", „konnte nicht mehr klar denken")
- Falsche Hypothesen der Teilnehmer zu der Messintention der AC-Konstrukteure
- Missverständnisse in der Übungsinstruktion
- Gut gemeinte, aber fälschliche Tipps von ehemaligen AC-Teilnehmern, Vorgesetzten o. ä.
- Hektische Atmosphäre im AC
- Mängel in der Übungsentwicklung – das Zielverhalten ist gar nicht oder selten zu sehen
- Eigendynamik, z. B. in der Gruppenübung – der Verhaltensraum für den AC-Teilnehmer ist durch die anderen Teilnehmer eingegrenzt (immer wieder unterschiedlich)

Gegenmaßnahmen

Entscheidend ist jedoch eine ethische Grundhaltung der Beobachter. Diese sollten ein Psychologisieren vermeiden, im Sinne vorschneller Schlussfolgerungen auf Dispositionen. Gefordert ist eine respektvolle und bescheidene Grundhaltung, die immer wieder hinterfragt, ob das beobachtete Verhalten wirklich belastbar auf situationsübergreifende Dispositionen abstrahiert werden kann oder ob es nicht doch Hinweise dafür gibt, dass die Situation AC für dieses Verhalten verantwortlich gemacht werden kann.

Konkrete Maßnahmen liegen im Übungsdesign. So muss sichergestellt sein, dass wichtige Verhaltensanker in einer Übung, etwa provoziert durch den Rollenspieler, mehrfach und in unterschiedlichen Schwierigkeitsgraden beobachtbar sein sollten.

Eine weitere Maßnahme sind kurze Interviews nach jeder Übung, die hinterfragen sollen, inwieweit das beobachtete Verhalten authentisch und andererseits wie repräsentativ für das Verhaltensspektrum des Kandidaten ist („Konnten Sie Ihre Ziele umsetzen?", „Zu welchem Grad würden Sie in einer vergleichbaren Praxissituation ähnlich handeln?"). Wenn dadurch plausibel deutlich wird, dass das Verhalten auf Umstände zurückzuführen ist (z. B. falsche Annahmen über die Erwartungen), muss dies in der Bewertung berücksichtigt werden.

2.7.4 Beobachtertraining

Die Funktion des Beobachters im AC ist bei allen Übungen unverzichtbar, bei denen die Daten nicht mechanisch anfallen, sondern erst im Rahmen menschlicher Erkenntnisleistungen als Daten aus der sinnlich zugänglichen Informationsmenge erschlossen werden.

Die Rolle des Beobachters lebt aus der Sicht der AC-Konstrukteure in dem Spannungsfeld, dass einerseits der Einsatz von Beobachtern nur sinnvoll ist, wenn man ihnen ihre Erfahrungen und die Individualität ihrer Wahrnehmung belässt, andererseits viele der oben beschriebenen verzerrenden Wahrnehmungsfehler zu vermeiden sind.

Der Lösungsansatz besteht in der Regel in der Durchführung eines vorbereitenden Trainings für die Beobachter (Abb. 2.66). Die Durchführung eines Beobachtungstrainings ist eine der Qualitätsanforderungen des Arbeitskreises AC e.V. (vgl. Anhang C).

Untersuchungen zum Nutzen von Beobachtertrainings

In der ersten und ältesten Metaanalyse zum AC von Gaugler et al. (1987) wurde das Beobachtertraining analysiert. Darin werden AC mit und ohne Beobachtertrainings im Hinblick auf Kennziffern der externen Validität verglichen. AC mit Beobachtertraining erweisen sich danach als überlegen gegenüber AC ohne spezielles Beobachtertraining.

Nach Gaugler et al. (1987) gibt es weitere Studien zur Auswirkung der Erfahrung von Beobachtern, wenn man annimmt, dass erfahrene Beobachter genauer sind als Neulinge.

Für ein deutsches AC zur Auswahl von Versicherungs-Außendienstmitarbeitern wurde geprüft, ob Beobachterexperten und Beobachternovizen zu ähnlichen oder zu unterschiedlichen Schlussfolgerungen über die Teilnehmer kommen (Randhofer 2005). Im Ergebnis beurteilen AC-Neulinge ähnlich gut wie erfahrene Beobachter. Zu anderen Ergebnissen kommt Lievens (2002). In einer Studie wurde drei Gruppen von Assessoren (Psychologen, Manager, Studenten) gleiches Videomaterial von AC-Übungen zur

Zeit	Inhalt	Methode
08.00 – 09.00	Vorstellung Prozess der Personenbeurteilung und Wahrnehmungsfehler	Vortrag
09.00 – 09.30	Übung zu individuellen Wahrnehmungstendenzen	schriftliche Fallbeispiele
09.30 – 10.30	Vorstellung des Kompetenzmodells und der Anforderungskriterien	Vortrag
10.30 – 11.30	Übung zum Erkennen von anforderungsrelevanten Beobachtungen	Übungsvideo
11.30 – 12.30	Übung zur Bewertung der Beobachtungen	Live Durchführung einer Rollenübung
13.30 – 14.30	Bezugsrahmen / Benotung trainieren – Vergleich von drei Beispielen mit Musterlösungen	Übungsvideo
14.30 – 18.00	Durchspielen der weiteren Übungen – Beobachter wechselseitig in der Teilnehmerrolle	Live-AC-Übung

Abb. 2.66 Ablaufplan für ein Beobachtertraining

Beurteilung vorgelegt. In der Studie von Woehr et al. (2007) erweisen sich Psychologen gegenüber Linienmanagern als erfolgreicher zwischen verschiedenen Dimensionen zu unterscheiden, beide sind gleich schlecht darin, konsistente Einschätzungen gleicher Dimensionen über verschiedene Aufgaben zu erlangen (konvergente Validität).

In einer Studie von Höft (2007) ist die Auswertung eines Datenpools von 2.100 AC-Teilnehmern für Nachwuchsflugzeugführer eingeflossen. Hier konnte nachgwiesen werden, dass ein hoher Anteil der Streuung in den Beurteilungen nicht auf die unterschiedlichen Leistungen von Teilnehmern zurückzuführen ist, sondern auf die Stile und Eigenheiten der Beobachter.

Zusammenfassend haben die Eigenheiten der Beobachter im Sinne einer Verminderung der Objektivität offensichtlich einen Einfluss auf die Beobachterübereinstimmung. Ein konsistenter Effekt von Beobachtertraining oder Erfahrung in der Beobachtungsrolle konnte bis dahin jedoch nicht nachgewiesen werden. Damit scheint es nicht auf die Frage anzukommen, ob ein Beobachtertraining durchgeführt wird, sondern wie und welche Komponenten einen positiven Einfluss haben.

Gundlegend ist dazu die Untersuchung von Lievens (2001). Dort wurde der Effekt von zwei vertiefenden Varianten des Beobachtertrainings mit 229 Psychologiestudenten sowie 161 Managern erhoben. Eine Variante bestand im Training der Verhaltenszuordnungen (engl. performance dimension training), die andere in dem Bezugsrahmentraining (Frame-of-Reference-Training). Die Wirkung wurde an drei abhängigen Variablen geprüft (Beobachterübereinstimmung, Differenzierung zwischen den Dimensionen und Genauigkeit). Beide Varianten des Beobachtertrainings zeigten einen Effekt auf die drei Kenngrößen gegenüber einer Kontrollgruppe.

Dieses Konzept wurde inzwischen mehrfach aufgegriffen. In einem aufwendigen Training für die Pilotenauswahl zeigen z. B. Lüth und Höft (2004) positive Effekte des Trainings. Auch für die Methode Interview konnte in einem experimentellen Ansatz nachgewiesen werden (Melchers et al. 2011), dass ein Interviewertraining nach dem Modell des Bezugsrahmens sowohl Beobachtergenauigkeit als auch die Beachterübereinstimmung erhöht.

In der ebenfalls aufwendigen neueren Studie von Guenole et al. (2011) mit 1.205 Teilnehmern von DC wurde das Konzept von Lievens angewendet und noch ausgebaut. Dabei kamen beide vertiefenden Trainingsansätze zum Einsatz. In der Auswertung der DC konnte durch diesen Ansatz eine Konstruktvalidität nachgewiesen werden, wie in kaum einer vergleichbaren Studie zuvor.

Anwendungspraxis des Beobachtertrainings

Zusammenfassend ist der empirische Beleg des Nutzens von Beobachtertrainings unterschiedlich, insgesamt eher dürftig. Es ist daher zu fragen, ob die Forderung nach langen Beobachtertrainings nicht eher zum Ritual und der Selbstbestätigung der AC-Autoren gehört.

Hinter dem Begriff eines Beobachtertrainings dürften sich auch sehr unterschiedliche Qualitäten verbergen, wie auch an den zitierten Untersuchungen deutlich wird. Das Mitlaufen in einem AC oder die faktenorientierte Erläuterung der Übungsinhalte dürfte wenig Einfluss auf die Beobachterqualität besitzen. Ein Standard ist wohl die mündliche Erläuterung der klassischen Wahrnehmungseffekte (Halo-Effekt etc.). In der Erhebung zum Praxisstand der amerikanischen AC (Spychalski et al. 1997) geben 87,7 % der Organisationen an, dass ihr Beobachtertraining dieses Modul enthält. An der Oberfläche ist dies positiv zu sehen, aus der umfangreicheren Forschung zu Beurteiler- und Performance Management Systemen haben jedoch Studien gezeigt, dass die Schulung in typischen Fehlern keine Effekte in der Beurteilungsgenauigkeit erbringt (Woehr und Huffcutt 1994; Goodstone und Lopez 2001).

In der deutschen Studie zum Anwendungsstand des AC (Obermann et al. 2012) wurde ebenfalls nach Dauer und Methodik der Beobachtertrainings gefragt.

Gegenüber der Vorgängerbefragung von 2007 scheint in deutschsprachigen AC die mittlere zeitliche Dauer der Beobachtungstrainings leicht zu steigen. 26,1 % der befragten 125 Unternehmen – darunter die Mehrzahl der DAX 30-Unternehmen – geben die Dauer des Trainings mit einem halben Tag an. Dies ist eine Steigerung gegenüber der Befragung aus dem Jahr 2007 – hier gaben dies 21,9 % der Unternehmen an.

Befragt wurden die Unternehmen auch nach den Inhalten der Beobachtertrainings. Genannt werden etwa „Aufzeigen typischer Beurteilungsfehler" (92,4 %) und „Bekanntmachen mit dem Beobachtungssystem" (100 %). Damit wird wohl eher die Wissensebene angesprochen und kaum die tatsächliche Beobachtungsfähigkeit verbessert.

Die Ergebnisse der Studie zeigen, dass immerhin schon 40,2 % der befragten Organisationen ihre Beobachter mit einem Referenzurteil schulen. Dieses sogenannte Frame-of-Reference-Training hat sich damit in den letzten Jahren als ein weiteres Qualitätsmerkmal einer Beobachterschulung etabliert und findet bereits in vielen Organisationen Anwendung.

Zusammenfassend wird deutlich, dass in der Anwendungspraxis des Beobachtertrainings noch deutlicher Raum für Qualitätssteigerungen liegt. Die Ansprache der kognitiven Ebene über das Aufzeigen von Beobachtungsfehlern hat kaum einen Effekt in der Beobachterqualität.

Vertiefende Elemente eines Beobachtertrainings

Zwei vertiefende Elemente haben sich in den Studien als effektiv erwiesen, nämlich die Verhaltenszuordnungen (engl. performance dimension training) und das Bezugsrahmentraining (Frame-of-Reference-Training).

Bei der Verhaltenszuordnung üben die Beobachter, Elemente aus dem beobachteten Verhaltensstrom passend mitzuschreiben. Ein Lernziel ist die Einhaltung der Feedbackregeln. Die Beobachtungen sollten möglichst verhaltensnah erfasst werden, nämlich in Form von wörtlichen Zitaten von Gesprochenem. Körpersprachliches Verhalten bzw. Nicht-Reaktion (z. B. im Konfliktfall) sollte in Form einer Beschreibung notiert werden. Ein weiteres Lernziel ist die Kompetenz, die notierten Zitate den passenden Dimensionen zuzuordnen und dabei die Bewertungsrichtung festzulegen (z. B. positiver oder negativer Indikator für Empathie). Eine Erkenntnis ist dabei, die Dimensionen durch das Üben genau voneinander abzugrenzen zu lernen.

Zum praktischen Vorgehen während des Beobachtungstrainings gibt es mehrere Varianten. Es können Zitate und Beobachtungen auf Moderationskarten vorbereitet werden, die dann gemeinsam zugeordnet werden. In einer anderen Variante ordnen die Beobachter Beobachtungen – per farbigem Stift oder Abkürzung – Dimensionen zu. In einer dritten Variante wird ein Beobachter in dem zuletzt genannten Vorgehen von der Trainingsgruppe beobachtet.

Das zweite vertiefende Element ist das Bezugsrahmentraining. Der Gedanke dahinter ist, dass die früher übliche Forderung nach Trennung von Beobachtung und Beurteilung ohnehin nicht möglich ist, da es keine Beobachtung ohne Beurteilung gibt (in Abgrenzung zu der *End*beurteilung des Kandidaten). Hier schreiben die Beobachter nicht auf einem freien Blatt mit, sondern halten schon während des Aufgabendurchlaufs nur die Beobachtungen fest, die nach den verwendeten Kompetenzen gefragt sind und halten sie dort direkt fest. Das Protokoll ist hier also nicht chronologisch, sondern nach Kompetenzen sortiert (vgl. Varianten Beobachtungssystem Kap. 2.6.4).

Anschließend üben Trainingsteilnehmer die Bewertung an dem Bezugsrahmen, also dem vorab festgelegten Erwartungsniveau, z. B. für eine 5er-Skala. Dies setzt voraus, dass durch eine Expertengruppe oder in der ersten Beobachtergruppe dieser Bezugsrahmen gesetzt wurde. Dies geschieht deshalb, damit das Bewertungsniveau nicht immer neu von der jeweiligen Beobachtergruppe ausgehandelt und z. B. je nach zufälliger Kandidatenverteilung mal anspruchsvoller oder leichter gestaltet wird.

In dem praktischen Vorgehen werden dazu vorbereite Kandidatenvideos gezeigt, für die bereits ein Bezugsrahmen geschaffen wurde. Die trainierenden Beobachter können ihre eigenen Ergebnisse hiermit abgleichen. Eine andere Variante besteht darin, dass die Beobachter individuell an einem Musterbeispiel ihre Einschätzung vornehmen und dann anhand der Unterschiede zu dem Trainer, ihre eigene Einschätzung diskutieren. Je genauer in dem Beobachtungsinstrument das für die jeweilige Bewertungsstufe erforderliche Verhalten in Form von aufgabenspezifischen Verhaltensankern oder -indikatoren schon formuliert ist, umso weniger Unsicherheit ist bei den Beobachtern vorhanden. Nach der AC-Studie 2012 (Obermann et al. 2012) führen bereits 40 % der befragten Organisationen bei ihren Beobachtern eine solche Schulung mit Referenzurteilen durch.

In ihrer Studie haben Guenole et al. (2011) durch ein derartiges Training eine hohe Konstruktvalidität nachweisen können. Dabei war der erste Teil des Trainings für die Verhaltenszuordnungen mit 30 Minuten eher kurz gestaltet, dafür das Bezugsrahmentraining für jede einzelne der fünf verschiedenen Aufgaben mit fünf mal zwei Stunden ausführlicher. Höft und Melchers (2010) weisen mit Recht darauf hin, dass der zu wählende Schwerpunkt der beiden vertiefenden Elemente von dem verwendeten Beobachtungssystem abhängt (Varianten von Beobachtungssystemen vgl. Kap. 2.6.4). Bei einem Ansatz der freien Protokollierung sollte der Schwerpunkt eher auf der Verhaltenszuordnung liegen, damit die Beobachter in gleicher Systematik Beobachtungen zunächst protokollieren und nach Abschluss der Aufgabe das beobachtete Verhalten den Dimensionen zuordnen. Wenn das Beobachtungssystem stärker strukturiert ist (Verhaltenscheckliste), dann sollte geübt werden, während der Übung die Beobachtung direkt richtig dem Bezugsrahmen zuzuordnen.

Konzept eines Beobachtertrainings
Im Folgenden werden Bestandteile und Übungen für ein Beobachtertraining, das die diskutierten notwendigen vertiefenden Elemente enthält, vorgestellt:

- Übungen zu Wahrnehmungstendenzen: Die Teilnehmer bearbeiten schriftliche Übungsfälle, in denen Kandidaten beschrieben werden. Anhand von vorab erhobenen Expertenurteilen oder Durchschnittsbewertungen trainierter Beobachter werden Vorgaben für akkurate Lösungen erarbeitet. Die Teilnehmer vergleichen ihre Lösung mit der Musterlösung und erhalten Hinweise zu ihren Bewertungstendenzen (Milde/Strenge/Tendenz zur Mitte) oder zum Halo-Effekt.
- Stille Bewertung einer AC-Übung: Zwei Kleingruppen des Beobachtertrainings beurteilen – ohne weitere Vorbereitung – parallel eine auf Video aufgezeichnete identische Simulation (Rollenübung oder Gruppendiskussion). Vorgegeben sind bei dieser Übung einige allgemein gehaltene Beobachtungskriterien. Die Bewertungen der Assessoren werden dann öffentlich gemacht. So können Wahrnehmungstendenzen oder Überstrahlungseffekte herausgearbeitet werden.
- Anforderungsrelevantes Verhalten extrahieren: Die Assessoren protokollieren den Verlauf einer Übung mit. Anschließend werden sie gebeten, z. B. mit farbigen Stiften die Beobachtungen den Anforderungsdimensionen zuzuweisen bzw. zu erkennen, welches Verhalten für das Beobachtungssystem irrelevant ist. Die Farben stehen dann für jeweils eine andere Anforderungsdimension.
- Beobachtungen den Dimensionen zuordnen: Die Teilnehmer protokollieren eine AC-Übung so, dass das Verhalten direkt den vorgegebenen Anforderungsdimensionen

zugeordnet wird. Die Teilnehmer geben dabei an, ob das Verhalten für eine niedrige oder hohe Ausprägung der Dimension spricht.

- Verhalten den Dimensionen zuordnen: Die Teilnehmer erhalten Karten/Texte mit Protokollsätzen an Beobachtungen und trainieren diese den verwendeten Dimensionen richtig zuzuordnen.
- Bezugsrahmen trainieren: Die Teilnehmer bewerten mehrere Videos mit unterschiedlichen Kandidaten in der gleichen Übung. Das Ziel ist das Erlernen eines adäquaten Maßstabs. Durch die AC-Autoren oder professionelle Beobachter ist eine Zielbewertung vorgegeben, die anschließend mit den spontanen Bewertungen der Neubeobachter verglichen und diskutiert wird. Die im Video abgebildeten Kandidaten weisen möglichst eine Streuung zwischen einzelnen positiv und schwächer ausgeprägten Kompetenzen auf, um die zu trainierenden Beobachter herauszufordern.

Der zeitliche Schwerpunkt des Beobachtertrainings sollte auf Übungsbestandteile und nicht auf der „Beschallung" der Beobachter liegen.

Die Glaubwürdigkeit des AC in den Augen der Beobachter erhöht sich wesentlich, wenn sie die einzelnen AC-Übungen zunächst als Teilnehmer im Training selbst durchführen. Dies schafft zudem einen Maßstab für den Anspruch der Übungen. Die adäquate zeitliche Dauer der Beobachtungstrainings ergibt sich dann im Wesentlichen als eine Funktion der Anzahl der im AC verwandten Übungen. Als sinnvoll hat sich das Vorgehen erwiesen, drei bis vier Wochen vor dem AC ein etwa eintägiges Training durchzuführen und dann unmittelbar vor dem AC – zum Beispiel nach der Anreise am Abend vorher – entstandene Fragen zu klären und wesentliche AC-Bausteine noch einmal zu üben.

Eine Qualitätssicherung für die Beobachter ist auch ein Feedback nach dem AC: Urteilsdifferenzen der Beobachter und statistische Auswertungen zu Beurteilungstendenzen werden in einer Besprechung zwei bis drei Wochen nach dem AC den Beurteilern vermittelt und in einem Austausch den persönlichen Erfahrungen der Beobachter gegenübergestellt.

Weitere Varianten zur Qualitätssteigerung im Beobachtertraining

Eine Variante des Beobachtertrainings schlagen Lüth und Höft (2004) vor. Das Assessorentraining für Piloten zur Auswahl von Nachwuchsflugzeugführern findet in mehreren Modulen nicht als Präsenztraining statt, sondern als CBT (Computer Based Training). Neben Kostengesichtspunkten wird so sichergestellt, dass das Training auch zeitlich nahe dem Beobachtereinsatz stattfindet.

Die Basis der Trainingsmodule bilden 255 Protokollsätze aus AC (z. B. Kandidatenaussage: „Fr. Müller, das kann nicht sein, dass Sie sich so kurzfristig melden"). Anhand dieser Protokollsätze finden verschiedene Trainingseinheiten statt. Im ersten Modul lernen die Assessoren auf Basis der am Bildschirm vorgespielten Protokollsätze, anforderungsrelevantes Verhalten von solchem zu unterscheiden, dessen Inhalt irrelevant ist und nicht dokumentiert werden soll. In weiteren Modulen lernen die Assessoren das protokollierte Verhalten den richtigen Beobachtungsdimensionen zuzuordnen, dieses in seiner Polung richtig zu bewerten und aus der Gesamtheit der Dokumentation eine numerische Gesamtbewertung in der Dimension durchzuführen.

Bisher wurde den Beobachtertrainings unterstellt, dass alle Teilnehmer die notwendigen Lerneffekte mitnehmen und danach „gute" Beurteiler sind. Dieses Vorgehen steht im Kontrast zu jeder Erfahrung mit anderen Trainingsmaßnahmen. Daher besteht eine Variante darin, den Erfolg des Trainings zu überprüfen.

In einem amerikanischen Beispiel für ein computer-basiertes Beobachtertraining bei einem Energieunternehmen (Goodstone und Lopez 2001) führen die AC-Verantwortlichen sogar eine Art Prüfung und Zertifizierung der Beobachter durch: Wenn die am Computer abgegebenen Bewertungen eine Maximaltoleranz gegenüber dem Standard aufweisen, werden die Beobachter für ein weiteres Training vorgeschlagen oder im folgenden AC nicht als Assessoren eingesetzt.

In einer Reihe von DC mit 1.205 Teilnehmern (Guenole et al. 2011) bestand die Überprüfung in ähnlicher Form darin, dass die Beobachter beim Postkorb mindestens 80 % der richtigen Zuweisungen bezogen auf einen Expertenstandard nachweisen mussten. Neben weiteren methodischen Verbesserungen konnte damit eine hohe Genauigkeit in den AC-Ergebnissen erreicht werden (vgl. Kap. 3.3).

Eine weitere Variante zur Qualitätssteigerung besteht darin, den Beobachtern nach dem Training die Möglichkeit zu geben, bei einem AC als stiller Beobachter zu hospitieren, bevor es zu einem Einsatz mit eigenen Teilnehmern kommt.

2.7.5   Einbezug von Kollegenurteilen

Eine interessante Ergänzung der klassischen Beobachtungen durch Vorgesetzte und Experten ist die Einbindung von Kollegenurteilen. Diese Variante wird laut der Studie zur Anwendungspraxis in deutschsprachigen Unternehmen nur bei 7,5 % der Verfahren eingesetzt (Obermann et al. 2012) (Abb. 2.67).

Dies kann folgendermaßen realisiert werden:

- Einschätzung durch Kollegen in Gruppendiskussionen auf der Ebene der AC-Skalen oder auf Verhaltensanker-Ebene
- Feedback durch Kollegen mit der Bildung einer Rangreihe – mit oder ohne AC-Skalen
- Gegenseitige Einschätzung unabhängig von dezidierten Übungen
- Paarbildung – gegenseitige Beobachtung von Einzelübungen, z. B. Rollenspielen

Organisatorisch am einfachsten ist die Kollegeneinschätzung in Gruppenübungen. Allerdings stellt dieser Übungstyp lediglich einen kleinen Ausschnitt der Gesamtwertung dar. Nach unserer Erfahrung ist es schwierig, die Teilnehmer davon abzuhalten, in einer Beurteilungssituation ihr Feedback nicht unter taktischen Gesichtspunkten abzugeben.

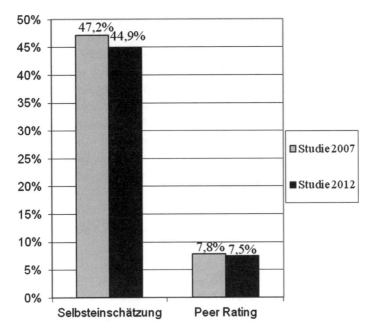

Abb. 2.67 Einsatz von Peer Rating und Selbsteinschätzung. *Quelle* Obermann et al. (2012)

Empirische Untersuchungen

Unabhängig von der AC-Thematik ist eine Metaanalyse von Conway und Huffcutt (1997) nutzbar, die im Rahmen von 360-Grad-Beurteilungen die Reliabilitäten zusammengestellt haben. Diese bedeuten in diesem Kontext die Übereinstimmungen zwischen verschiedenen Kollegen in der Einschätzung des Kandidaten und fallen mit .37 eher dürftig aus. Zum Einbezug von Kollegenurteilen liegen auch einige Validitätsuntersuchungen vor. Schmitt et al. (1984) berichten in ihrer Metaanalyse von einer prognostischen Validität von r = .43 für AC mit Kollegenurteilen. Gaugler et al. (1987) ermitteln in einer Metaanalyse von über 50 Validitätsuntersuchungen sogar das Ergebnis, dass die prädiktive Validität (hierzu vgl. Kap. 3.3) von AC beim Einsatz von Kollegenurteilen verbessert wird, AC mit Kollegenurteilen also den späteren Berufserfolg besser vorhersagen können.

In einer Studie von Shore et al. (1992) liegen Daten zu der fünf bis zehn Jahre später erfassten Karriereentwicklung der Teilnehmer vor. Dabei erzielen die Kollegenurteile ebenfalls eine inkrementelle Verbesserung der prognostischen Validität des AC.

Höft et al. (2005) untersuchen bei Bewerbern für Nachwuchspilotenstellen den Beitrag von Kollegenurteilen im AC. Sie konnten einen hohen Zusammenhang zwischen den Peer-Urteilen und denen der AC-Auswahlkommission finden, allerdings auch bei einer hohen Heterogenität der einzelnen Kollegenurteile. Nur bei offensichtlichen Dimensionen, wie Engagement, fallen die Urteile eher übereinstimmend aus. Die Autoren sind auch der Frage nachgegangen, ob die Güte der Kollegenbeurteilung irgendeinen diagnostischen Erkenntniswert für die Beurteiler selbst besitzt. Weder AC-Ergebnis noch Intelligenzwert stehen jedoch damit in Zusammenhang, sodass die Autoren zu den Kollegenurteilen schlussfolgern: „Sie beinhalten keine diagnostisch relevanten Informationen [...], das DLR wird deshalb zunächst auf eine Integration von Peer-Urteilen in den Auswahlprozess verzichten". Allerdings gibt es in der Studie keine Validitätserhebungen. Im Zusammenhang mit Mitarbeiterbefragungen untersuchen Trost und Bungard (2004) die Interrater-Reliabilität und kommen zu der drastischen Schlussfolgerung: „Die Ergebnisse zeigen, dass individuelle Urteile von Mitarbeitern im Wesentlichen auf die Mitarbeiter selbst und auf zufällige Fehlereinflüsse zurückzuführen sind und nur zu einem geringen Anteil Bedingungen in Organisationseinheiten beschreiben".

Zusammenfassend scheint die Zuverlässigkeit der Kollegenurteile eher dürftig ausfallen, die Metaanalysen erweisen dennoch einen Nutzen in der Validitätserhöhung.

Praktische Anwendung

Aufgrund der geringen Zuverlässigkeit erscheint der Nutzen in AC ohne Auswahlcharakter sinnvoller (Development Center etc.). Es gibt auch praktische Hindernisse. In den Einzelübungen (Postkorb, Rollenübung) hätten die Teilnehmer, die zuerst in der Beurteiler-Rolle sind, Vorteile gegenüber den anderen Kandidaten.

Dieses Problem gilt weniger für Verfahren mit dem Fokus auf die Entwicklung der Mitarbeiter. In diesem Zusammenhang haben die Kollegenurteile gegenüber den Vorgesetzten einen klaren additiven Informationswert: „Denn vermutlich liegt dem Beurteilungsverhalten der Kollegen ein anderes oder zusätzliches Wissen als dem der Vorgesetzten zugrunde. Steht doch der Kollege sehr viel näher und kann unmittelbar beobachten, was ein echter Beitrag zum organisatorischen Nutzen ist" (Jeserich 1990).

Die Paarbildung und direkte gegenseitige Bewertung von Teilnehmern in Einzelübungen stellt ebenfalls eine gute Lernmöglichkeit durch „Lernen am Modell" dar (vgl. Kapitel Development Center 4.2). Eine weitere Variante der Kollegenurteile schildern Papon und v. Rüden (2005). Dort übernehmen die hinsichtlich der Feedbackmethoden geschulten AC-Teilnehmer selbst die Rolle der Beobachter und geben sich gegenseitig Feedback für ihre Leistung in den abgelaufenen Übungen. Die Kollegenurteile sind hier sogar die alleinige Grundlage für das Feedback.

2.7.6   Einbezug von Selbsteinschätzungen

Seit den 90er-Jahren wird dieses weitere Element für die Erweiterung der Beobachtungsmöglichkeiten im AC genutzt.

Diese Variante ist laut der Studie zur Anwendungspraxis in deutschsprachigen Unternehmen sehr beliebt. Immerhin 44,9 % der befragten 125 Unternehmen – darunter die Mehrzahl der DAX 30-Unternehmen – machen diese Angabe (Obermann et al. 2012).

Selbsteinschätzungen können in folgenden methodischen Varianten bestehen:

- Selbsteinschätzung unmittelbar mit Bezug zu einzelnen Übungen (gegebenenfalls mit dem gleichen Bewertungsinstrument)
- Selbsteinschätzung auf der Ebene der globalen AC-Dimensionen zum gesamten Verfahren
- Entwicklung eines Selbsteinschätzungs-Fragebogens mit Verhaltensankern, die den Beobachtungsbögen im AC entsprechen (Vermischung der Items unterschiedlicher Skalen, wie einem Test)
- Bearbeitung eines psychometrischen Persönlichkeitsfragebogens mit Skalen, die den AC-Skalen entsprechen
- Self-Assessment: In Ergänzung zu den AC-Dimensionen, Instrument mit eher offenen Fragen zur Selbstreflexion bezüglich Karriere, Werte oder beruflicher Vorstellungen

Die Vorteile von Selbsteinschätzungen liegen zunächst in der Unterstützung der Entwicklungsfunktion von Development Center oder PE-AC: Die Teilnehmer reflektieren über die gleichen Kriterien wie die Beobachter und kommen im Idealfall zu ähnlichen Einsichten bezüglich Stärken und Entwicklungsfeldern. Spezielle blinde Flecke im Sinne fehlender Übereinstimmung von Selbst- und Fremdbild werden in strukturierter Form erhoben.

Wenn Selbsteinschätzungen hoch mit der Beobachterbewertung in Zusammenhang stünden, könnte im Ergebnis sogar auf formale Beobachter verzichtet werden. Zu dieser Frage der Übereinstimmung von Selbsteinschätzung und AC-Ergebnis gibt es speziell seit Mitte der 90er-Jahre einige Studien: Clapham (1998) analysiert die Zusammenhänge zwischen Assessoren-Bewertung und Selbstbild auf der Ebene von AC-Dimensionen. In einem AC mit 167 Teilnehmern an einer Management-Weiterbildung wurden die Teilnehmer bewertet: Am Ende des Verfahrens gaben Assessoren und Teilnehmer Urteile über verschiedene Skalen ab. Beide Bewertungen zeigten signifikant unterschiedliche Mittelwerte und allenfalls geringe Korrelationen. Weder das AC-Gesamtergebnis, kognitive Fähigkeiten noch Geschlecht moderierten diesen Zusammenhang. Schließlich waren die Selbsteinschätzungen schlechte Prädiktoren für das AC-Gesamtergebnis. In einer weiteren Untersuchung von Shore et al. (1998) wurden neben AC-Ergebnissen Kollegen- und Selbsteinschätzungen einbezogen. In einem AC bei einem Mineralöl-Unternehmen wurden die Daten zu insgesamt 186 Teilnehmern erhoben. Hier ergaben sich zwischen Kollegenurteilen und AC noch geringere Zusammenhänge als zwischen AC und Selbsteinschätzung. Die Autoren finden Bestätigung ihrer Hypothese, dass Selbsteinschätzungen weniger aus dem Erleben im AC gewonnen werden, sondern aus Vorinformationen, die die Teilnehmer über sich unabhängig vom AC haben. Dies ist eine mögliche Erklärung für die geringen Zusammenhänge.

Ein hohes Wissen um die eigene Wirkung auf andere wird als Voraussetzung für den Erfolg in Managementpositionen angesehen. Dies ist meist die Begründung für den Einsatz von 360-Grad-Feedback-Verfahren (vgl. Kap. 4.8). Das bedeutet, dass eine hohe Selbstbild-/Fremdbildübereinstimmung auch zu besseren AC-Ergebnissen – als ein guter Prädiktor für Managementerfolg – führen müsste. In einer Studie von Nowack (1997) wurde hierzu bei 144 Vorarbeitern im Fertigungsbereich der Zusammenhang zwischen Selbst- und Vorgesetztenbewertung mit zwei AC-Kennwerten untersucht (AC-Gesamtwert und Postkorb-Punktzahl). In einer Regressionsanalyse zeigte sich, dass die Vorgesetztenbeurteilungen zur Leistung der Vorarbeiter und auch die Selbsteinschätzung auf 14 AC-Dimensionen signifikante Beiträge zur Vorhersage des AC-Gesamtwerts lieferten. Auch zeigte sich, dass eine hohe Übereinstimmung von Selbstbild und Assessoren-Bewertung einhergeht mit besseren Ergebnissen im Gesamt-AC (Nowack 1997).

In einer weiteren Untersuchung (Obermann 1994) wurde die Frage untersucht, ob eine hohe Selbstbild-/Fremdbildübereinstimmung zu besseren Lernleistungen im Rahmen von Lernpotenzial-AC führt (vgl. Kap. 4.3). Die Studie umfasste insgesamt 151 Teilnehmer aus Potenzialanalyse-AC bei Banken und Versicherungen. Hierzu erhielten die Teilnehmer den Bewertungsbogen der Assessoren mit insgesamt 25 Verhaltensankern in verschiedenen Dimensionen zu einer Selbsteinschätzung unmittelbar nach der betreffenden Übung. Zwischen Beobachterbewertung und Selbsteinschätzung wurde ein Kennwert für die Übereinstimmung berechnet. Dieser wurde dann in Zusammenhang gesetzt zu den individuellen Lernleistungen im Rahmen des Lernpotenzial-AC. Im Ergebnis zeigten sich keine Zusammenhänge: Eine hohe Übereinstimmung zwischen Selbst- und Fremdbild hängt also nicht mit besseren Lernleistungen zusammen.

In einer interessanten Langzeitstudie (Fletcher und Kerslake 1992) wurde der Effekt der AC-Teilnahme von 57 Management-Kandidaten auf die Selbsteinschätzung unmittelbar vor, unmittelbar nach und sechs Monate nach dem AC erhoben. Diese Selbsteinschätzungen wurden korreliert mit den Assessoren-Bewertungen auf sieben AC-Skalen. Unterschiede in der Genauigkeit in der Selbsteinschätzung wurden gefunden zwischen im AC erfolgreichen und nicht erfolgreichen Kandidaten direkt nach dem AC und auch in der Erhebung sechs Monate später. Weniger erfolgreiche Teilnehmer sind weniger in der Lage, die Effektivität ihrer Leistungen adäquat einzuschätzen.

Zusammenfassend sind die Untersuchungen zum Zusammenhang von Selbstbild, Fremdbild und AC-Ergebnis nicht ganz konsistent. Eigeneinschätzung und Fremdbild scheinen insgesamt wenig zusammenzuhängen: AC-Teilnehmer sind also nicht generell in der Lage, ihr AC-Ergebnis adäquat vorherzusagen. Dies bedeutet, dass Selbsteinschätzungen die Beobachterurteile nicht ersetzen können und allenfalls dazu beitragen können, den Lern- und Feedback-Prozess zu erleichtern. Wenn andererseits bei einzelnen Teilnehmern eine hohe Übereinstimmung von Selbst- und Fremdbild vorliegt, dann sind dies auch mit höherer Wahrscheinlichkeit Teilnehmer, die im AC besser abschneiden.

2.8   Vorauswahl der Teilnehmer

2.8.1   Notwendigkeit der Vorauswahl

In vielen Firmen durchlaufen externe Bewerber vor der Teilnahme an einem AC zunächst ein Vorauswahlverfahren. Auch im Rahmen von Förderseminaren gelangen die interessierten Mitarbeiter nicht ohne Vorschritte zum AC. Der Nutzen der sorgfältigen Gestaltung eines entsprechenden Vorauswahlverfahrens liegt in folgenden Punkten:

Kostenersparnis
Bei Auswahl-AC ist ein Teilnehmerplatz mit erheblichen Kosten verbunden; daher ergibt es Sinn, dass nur die Besten an dem eigentlichen AC teilnehmen, die Auswahlquote somit möglichst hoch sein kann. Offensichtlich nicht geeignete Teilnehmer sollten nicht an dem AC teilnehmen. Freilich hat diese Forderung eine Grenze: Wenn es gelänge, ein perfektes Vorauswahlsystem für das AC zu schaffen, wäre das AC überflüssig.

In der Praxis liegt ein häufiger Konfliktfall darin, dass Vorgesetzte ihre Mitarbeiter aufgrund deren langjährigen fachlichen Eignung zum AC schicken. Darunter sind auch Mitarbeiter, die bezogen auf die im AC klassischerweise erhobenen überfachlichen Kriterien ungeeignet sind. Dies sollte schon aus Kostengründen vermieden werden.

Realistische Jobinformation als Entscheidungshilfe für Bewerber/Teilnehmer
Auch die ausführliche Information der Bewerber über Anforderungsprofil, Inhalt der Zielposition und Unternehmen stellt bereits an sich ein Kriterium der Vorauswahl dar. So haben viele Unternehmen die an sich banale, jedoch kostenträchtige Erfahrung machen müssen, dass einzelne Bewerber nach dem AC zwar voll dem Anforderungsprofil genügen, diese jedoch erst im Verlaufe des AC-Seminars merken, dass die Tätigkeit oder das Unternehmen eigentlich nicht ihren Vorstellungen entspricht. Diese Information über Tätigkeit und Unternehmen hätte schon in der Vorbereitung zum AC stattfinden und somit die Teilnahme von an sich nicht gewillten Bewerbern am AC verhindert werden können.

Andere Kriterien neben dem AC als Voraussetzung für die Jobentscheidung
Für bestimmte Zielpositionen sind Minimalkriterien zu definieren, bei deren Nichterfüllung durch die einzelnen Kandidaten auch keine Kompensation durch andere Fähigkeiten und Potenziale möglich ist. Viele dieser Minimalkriterien, etwa bestimmtes Fachwissen, EDV-Know-how, Sprachkenntnisse oder biografische Rahmendaten, lassen sich zudem sinnvoller durch andere Beurteilungsmethoden, etwa einem biografischen Fragebogen, Interview- oder Testverfahren, überprüfen. Alternative Methoden der Vorauswahl, etwa Interviews oder biografische Daten, erbringen qualitativ ganz andere Informationen als das AC. Komplementäre Ansätze, die Verbindung unterschiedlicher Datenquellen, können so zur Erhöhung der Validität des Gesamtauswahlprozesses beitragen.

Vermeidung von offensichtlich wenig geeigneten Teilnehmern

Für die Vorauswahl von Mitarbeitern im Rahmen von Potenzialanalyse-AC oder Förderseminaren sprechen ganz andere Argumente. Um nicht erfüllbare Hoffnungen auf Beförderungen oder starke Frustrationserlebnisse aufgrund einer deutlichen Diskrepanz des einzelnen Mitarbeiters zum Anforderungsprofil zu vermeiden, ergibt die Zielsetzung Sinn, möglichst wenige Mitarbeiter scheitern zu lassen. Eine große Anzahl solcher frustrierter Fälle würde zum einen im Unternehmen schnell die Methode AC in Misskredit bringen, zum anderen der Personalabteilung viel Arbeit dadurch bereiten, dass mit den zu stark frustrierten Mitarbeitern neue Perspektiven entwickelt werden müssten. Wenn im AC allerdings die Überprüfung von Potenzialen sowie Stärken und Schwächen im Hinblick auf Führungspositionen – wie meist üblich – im Vordergrund steht, so kann bei einzelnen Mitarbeitern mitunter das Umgekehrte richtig sein: Die Leitung von Gruppenarbeiten oder das Erleben einer Mitarbeiter-Rollenübung, in denen sie mit schwierigen Führungssituationen konfrontiert werden, vermittelt einzelnen Teilnehmern plastisch die Wirklichkeit einer Führungsposition. Dies kann helfen, die eine oder andere Illusion oder falsche Vorstellung darüber zu korrigieren, was Führungstätigkeiten ausmacht. Je nach Gewichtung dieser beiden Argumente – entsprechend den personalpolitischen Zielsetzungen, unter die sich das AC als Methode unterzuordnen hat –, muss die Strenge der Vorauswahl unternehmensabhängig festgelegt werden. Ziel sollte jedoch auf jeden Fall bleiben, solchen Mitarbeitern Frustrationserlebnisse zu ersparen, bei denen es aufgrund anderer Informationen zu einer hohen Diskrepanz zwischen Potenzial und Anforderungsprofil kommt.

Normierter Zugang zum AC für interne Mitarbeiter

Ein ganz anderes Argument macht die Festlegung von Kriterien der Vorauswahl ebenfalls notwendig. Wenn der Zugang zu dem Potenzialanalyse-Seminar nicht mit Normen geregelt ist, so bestimmen die für die einzelnen Mitarbeiter in unterschiedlichem Ausmaß vorhandenen Vorinformationen, die Einstellung, die Protektion des jeweiligen Vorgesetzten oder die Aufmerksamkeit, die der einzelne Mitarbeiter bei der Personalabteilung besitzt, die Teilnahme am AC. So gilt es auf jeden Fall, objektive, für alle gleichermaßen geltende, transparente und damit auch für Kontrollinstanzen – etwa die Mitbestimmungsorgane – überprüfbare Kriterien der Vorauswahl zu entwickeln.

2.8.2   Methoden der Vorauswahl

Vorauswahl durch Vorgesetzte

Bei Förderseminaren oder internen Potenzialanalysen, die die gegenwärtigen Mitarbeiter zur Zielgruppe haben, ist die Benennung der Teilnehmer durch die direkten Vorgesetzten häufig der Weg der Wahl (Abb. 2.68). In der Studie des AC-Arbeitskreises (Arbeitskreis AC 2001) geben von den 141 Befragten 66 % an, dass sie eine Vorauswahl durch die Vorgesetzten vornehmen. Dies ist die am stärksten verbreitete Methode. Auch

	Potenzial-analysen	Auswahl-Assessments
Vorgesetzteneinschätzung	✓	
Potenzialrunden Personal / Management		✓
Selbstnominierung	✓	
Interview durch HR und / oder Management	✓	✓
Bewerbungsunterlagen		✓
Fragebogen zu Teil der Anforderungen	✓	

Abb. 2.68 Methoden der Vorauswahl

in einer Befragung von 215 US-Unternehmen zu deren AC-Praxis (Spychalski 1997) zeigt sich, dass in der Mehrheit der US-AC die direkten Vorgesetzten die Hauptrolle in der Vorauswahl spielen.

Ein Argument für diese Vorgehensweise liegt sicherlich in ihrer hohen Praktikabilität, zudem wird hierdurch der Linienvorgesetzte in seiner Rolle bestärkt. Die Validität als Gütekriterium für das Vorgesetztenurteil in der Vorauswahl hängt stark damit zusammen, was als Kriterium für den späteren Führungserfolg verwendet wird. Schmitt et al. (1984) ermitteln für die Validität von Vorgesetzten- und Kollegenurteilen bei Berücksichtigung von 31 Studien einen Durchschnittswert von $r = .43$. Dabei schwanken die Werte mit der Wahl des Kriteriums: Am besten lassen sich Statusänderungen (Aufstieg) vorhersagen ($r = .51$), am schlechtesten die Gehaltshöhe ($r = .21$).

Weitere Einschränkungen der Objektivität des Instrumentes Vorgesetzter in der Vorauswahl resultieren daraus, dass die Vorgesetzten ein anderes Anforderungsbild als die AC-Autoren haben.

Ein weiterer Nachteil in der Vorauswahl durch Vorgesetzte sind deren mögliche Eigeninteressen, z. B. eine Tendenz, die eigentlich guten Mitarbeiter zurückzuhalten oder schwache Mitarbeiter vorzuschicken, damit diese von Experten einmal eine Rückmeldung erhalten.

Vorteil wie gleichzeitig Gefahr liegen darin, dass das Vorgesetztenurteil letztlich qualitativ andere Informationen als das AC enthält. So speist sich der Vorgesetzteneindruck eher aus der fachlichen Beurteilung oder hat im Gegensatz zum AC eher nur über längere Zeiträume beobachtbare Kriterien wie die Leistungskonstanz oder das Vorgehen in Krisensituationen im Blick. Auch hier erweist sich wieder der Vorteil „multimodaler Messungen" (Schuler und Schmitt 1987), wenn das Vorgesetztenurteil als „erster Filter" dem AC vorgeschaltet wird. Dies bedeutet, dass der Vorgesetzte zwar – in Abhängigkeit vom verwendeten Kriterium für Führungserfolg – eine schlechtere prognostische Validität als das AC liefert, jedoch die Kombination aus den unterschiedlichen Datenquellen möglicherweise die Gesamtentscheidung verbessert. Somit kann das Vorgesetztenurteil durchaus als Methode der Vorauswahl verwendet werden, wobei sich die Frage stellt, inwieweit die Objektivität dieses Urteils gefördert werden kann.

Als Maßnahmen der Validitätssicherung sind folgende Instrumente denkbar: zusätzliche Bestätigung der Teilnahme durch den nächsthöheren Vorgesetzten; Bestätigung der Teilnahme durch eine unabhängige Stabsstelle (etwa Personalabteilung); Ausrichtung der Vorauswahl an formalen Kriterien, die der Vorgesetzte zu erheben hat (definierte fachliche Erfahrung, Projekterfahrung des Mitarbeiters, bestimmte Rückmeldungen und Ergebnisse aus Beratungs- und Förderungsgesprächen); schließlich die Möglichkeit für den einzelnen Mitarbeiter, sich an eine Art Beschwerdestelle (unabhängige Stabsabteilung) zu wenden, wenn er sich unberechtigterweise von der Teilnahme an einem AC ausgeschlossen sieht.

Vorauswahl durch Potenzialrunden

Als weitere häufige Variante der Vorauswahl gilt die Ausrichtung von Potenzialrunden in der Organisation. Dies ist eine Variante der Vorgesetztenauswahl. Dabei übernimmt die Personalabteilung die Funktion einer Art Korrektiv. In dieser Vorgehensweise führt die Personalabteilung in einer bestimmten Frequenz, z. B. jährlich, Gespräche mit Vorgesetzten in einzelnen Bereichen. Dabei werden mögliche Teilnehmer von AC nach vorab festgelegten Kriterien besprochen. Dies hat den Vorteil, dass die Sichtweise des Vorgesetzten über die Mitarbeiter einbezogen wird, dies jedoch gleichzeitig für alle Vorgesetzten in einer durch die Personalabteilung standardisierten Form geschieht.

Vorauswahl durch Interview

Neben der Vorgesetztenauswahl bietet sich als Methode der Vorauswahl ein Interview durch Entscheidungsträger des Unternehmens an, etwa Personalabteilung, bestimmte Führungskräfte oder Betriebsrat.

Bei Personalentwicklungs-AC eignet sich das Interview grundsätzlich dazu, den Mitarbeitern Vorinformationen zu Ablauf, Inhalt und Zielsetzung des AC zu vermitteln und auch schon Hinweise zu den typischen Aufgabeninhalten von Führungspositionen zu geben, um dadurch falschen Vorstellungen oder ungerechtfertigten Erwartungen entgegenzuwirken. Auf der Seite des Mitarbeiters kann im Verlauf des Interviews dessen Motivation für die zur Diskussion stehenden Positionen ermittelt werden, wobei auch hier der Einsatz fester Kriterien (s. Vorauswahl durch Vorgesetzten) eine sinnvolle Hilfestellung bietet. Der Vorteil des Interviews besteht in seiner hohen Akzeptanz bei Bewerbern. Bei einer umfangreichen Einschätzung verschiedener diagnostischer Verfahren durch Studenten nahm das Interview eindeutig den Rangplatz eins ein (vgl. Fruhner et al. 1989).

Eine Ursache für die beachtliche Akzeptanz von Interviews könnte in der subjektiv als hoch eingeschätzten Situationskontrolle liegen, das heißt dem Erleben, den Ausgang des Gesprächs selbst steuern zu können. In diese Richtung deutet eine Untersuchung von Schmidt (1988). Für den Eindruck der Bewerber sind die Form und Gesprächsführung im Interview prägender als die Inhalte. Bedeutsam ist insbesondere die Person des Interviewers (vgl. Ballewski-Pawlak 1988). Bewerber bevorzugen non-direktiv vorgehende Gesprächspartner. Diese werden als leichter beeinflussbar eingeschätzt, und die Aussicht, von ihnen ein Stellenangebot zu bekommen, erscheint höher (vgl. Zehelein 1985).

Die Akzeptanz des Interviews ist also hoch, steht jedoch in krassem Gegensatz zu dessen geringer Gültigkeit bei der Prognose des Berufserfolges: In der Metaanalyse von Hunter und Hunter (1984) weist das Interview zur späteren Vorgesetztenbeurteilung nur einen Zusammenhang von r = .14 bzw. bei der Prognose von Beförderungen einen Zusammenhang von r = .08 auf.

Ein anderes betriebliches Argument sind die mit Interviews bei externen Bewerbern verbundenen Kosten. Die Durchführung von üblichen ein- bis zweimaligen Interviewrunden mit jeweils ein bis zwei Gesprächspartnern stellt eine ähnlich hohe Kostenbelastung für das Unternehmen dar wie die auf den einzelnen Teilnehmer bezogene Durchführung eines ganzen AC.

Die geringe Validität des Interviews führt, verbunden mit einer strengen Auswahlquote, zudem dazu, dass viele gute Bewerber aufgrund des Interviews zurückgewiesen werden, obwohl sie sich in einem späteren AC oder in der tatsächlichen Arbeitsbewährung als gute Mitarbeiter herausgestellt hätten.

Ein Argument für Interviews liegt darin, dass dort qualitativ andere Informationen erhoben werden können als klassischerweise im AC, etwa Berufserfahrung oder Leistungsmotivation.

Die geringe prognostische Güte der aus dem Interview gewonnenen Urteile, die eingeschränkte Objektivität und der doch deutliche Zeitaufwand sprechen dagegen, Interviews als Instrument der Vorauswahl speziell für die Teilnahme an Potenzialanalyse-Verfahren einzusetzen.

Bei externen Bewerbern kann bei bestimmten Zielgruppen auf Interviews zur Vorauswahl verzichtet werden. Dies betrifft etwa Trainees. Als Alternative bietet sich der Einbau eines kurzen Interviews am Ende des AC an, in dem wichtige biografische und fachliche Rahmendaten erhoben werden können. Das Interview kann so viel zielgerichteter eingesetzt werden, da der Kandidat zuvor in den unterschiedlichsten Arbeitssituationen schon beobachtet und beurteilt werden konnte. Zur Erhebung von Muss-Kriterien vor dem AC reichen telefonische Kurzinterviews oder die Auswertung von an die Bewerber versandten Fragebögen.

Empfehlenswert erscheint ein vorgeschaltetes Interview eher bei arrivierten Positionen, bei denen die mündliche Information des Bewerbers zu Unternehmen und Zielposition eine hohe Bedeutung einnimmt oder bei denen die im Anforderungsprofil festgelegten fachlichen und biografischen Rahmendaten nur in einem Gespräch abgeklärt werden können.

Vorauswahl durch die Auswertung der Bewerbungsunterlagen

Die Bewerbungsunterlagen bestehen aus dem Anschreiben, dem Lebenslauf und Ausbildungs- sowie Arbeitszeugnissen. Formale und inhaltliche Gesichtspunkte des Anschreibens (etwa Strukturierung, Wortwahl, individuelles versus kopiertes Anschreiben) sind Indikatoren, denen häufig per impliziter Persönlichkeitstheorie Verhaltensdispositionen und Eigenschaften zugeordnet werden.

Der Lebenslauf gibt zum einen Aufschluss über das Vorhandensein bestimmter fachlicher Erfahrungen und Kenntnisse, zum anderen lassen sich aus dem Lebenslauf Rückschlüsse auf bestimmte Eigenschaften des Bewerbers ziehen. „So lassen sich aus Indikatoren wie Auslandsaufenthalt, Vielfalt der bisherigen Stellen, außerberufliche Aktivitäten, wie politisches und kulturelles Engagement etc., häufig Schlüsse ziehen auf Faktoren wie Selbstsicherheit, Selbstständigkeit, Mobilität, Initiative, Durchsetzungs- und Entscheidungsvermögen: Faktoren, die gerade für die Management-Diagnostik von größtem Interesse sind" (Sarges 2000, S. 363).

Die prognostische Validität von Schulzeugnissen bezüglich des Berufserfolgs ist dann auch eher unbefriedigend (O'Leary 1980: $r = .17$, Reilly und Chao 1982: $r = .20$, Samson et al. 1984: $r = .15$ – jeweils zitiert nach Schuler und Funke 1989, Hunter und Hunter 1984: $r = .11$). Wesentlich besser eignen sich Schulzeugnisse zur Prognose des Ausbildungserfolges und der Studienleistung (vgl. Schuler und Funke 1989). Die Überlegenheit von strukturierteren Methoden wie dem AC legt die Empfehlung nahe, die Informationen auf Berufserfahrungen und Fachliches zu konzentrieren.

Zur Erhöhung der Objektivität können Checklisten verwendet werden, in denen solche fachlichen und formalen Kriterien schriftlich fixiert sind. Seibt und Kleinmann (1991) entwickeln einen Ansatz zur gezielteren Analyse der Bewerbungsunterlagen, indem sie anhand empirischen Datenmaterials verschiedene Hypothesen zur Unterscheidung erfolgreicher und nicht erfolgreicher Bewerber testen und mithilfe statistischer Verfahren (z. B. Diskriminanzanalyse) letztlich eine Entscheidungsregel zur Vorauswahl der Kandidaten anhand ihrer Bewerbungsunterlagen formulieren.

Zusammenfassend sollten die schriftlichen Bestandteile der Bewerbung, wie Lebenslauf, Anschreiben und Zeugnisse, primär herangezogen werden, um fachliche und formale Voraussetzungen zu ermitteln. Die Beurteilung überfachlicher Kriterien und Potenziale ist nur in begrenztem Maße möglich und ist allenfalls bei einer niedrigen Selektions- und hohen Basisrate vertretbar, wenn also eine hohe Anzahl von Bewerbern den Anforderungen sowieso genügen wird.

Vorauswahl durch Fragebogen

Speziell bei der Auswahl von Trainees hat sich der Einsatz von Fragebögen, die nach Eingang der Bewerbungsunterlagen an die Kandidaten zur Vorauswahl versandt werden, als kostengünstige, praktikable und die Objektivität stabilisierende Methode erwiesen.

Eine Variante sind auch die biografischen Fragebögen, die allerdings seit den 90er-Jahren etwas aus der Mode gekommen sind. Dies entspricht jedoch nicht der insgesamt positiven Datenlage aus den empirischen Untersuchungen. Die prognostische Validität biografischer Fragebögen beträgt nach Schmitt et al. (1984) gemittelt über

99 Studien .24, wobei die Vorhersage der Gehaltshöhe mit r = .53 am besten, die eines beruflichen Wechsels mit r = .21 am schlechtesten gelingt. Hunter und Hunter (1984) kommen in ihrer Metaanalyse zu einem Durchschnittswert von r = .37 zur Vorhersage des Berufserfolgs in Einstiegspositionen. Weiterführende Hinweise zu biografischen Fragebögen finden sich bei Stehle (1986) und Schuler und Funke (1989), zur Verwendung situativer Fragen in Interviews bei Latham et al. (1980) und Sarges (2000).

Die modernisierte Variante der biografischen Fragebögen aus den 80er-Jahren sind Online-Interviews bzw.web-basierte Fragebögen. Bei großen Unternehmen sind speziell beim Zugang zu Traineeprogrammen Online-Fragebögen auf der Homepage mittlerweile Standard. Leider sind diese Online-Fragebögen jedoch meist ohne jeden eignungsdiagnostischen Hintergrund konstruiert; dabei könnten sich die Erkenntnisse aus den biografischen Fragebögen hier gut berücksichtigen lassen.

Obermann und Jakubowski (2004) stellen eine Variante der Vorauswahl für die Potenzialanalyse von internen Mitarbeitern zur Bestimmung von Regionalleitern im Vertrieb vor. Ausgangspunkt war die extrem geringe Erfolgsquote in den AC des Unternehmens (Abb. 2.69). Die Mehrzahl der Kandidaten scheiterte an einer aus Sicht des Unternehmens unpassenden Motivation an Führung (z. B. primär Interesse am Status) oder gar keinem Interesse an der bei erfolgreichen Vertriebskräften relativ schlechter bezahlten Regionalleiter-Position. Daher wurde ein Fragebogen entwickelt, der speziell auf diese spezifische Motivlage ausgerichtet war. Dieser wird in jährlichem Abstand allen (neuen) Außendienstmitarbeitern vorgelegt, um so möglichst viele potenzielle Kandidaten zu erfassen, die auch der Personalabteilung nicht bekannt sind. Das Ergebnis dieses Vorfilters liegt darin, dass die Anzahl der erfolgreichen AC-Kandidaten je AC erhöht werden sowie die Zahl der notwendigen Verfahren reduziert werden konnte.

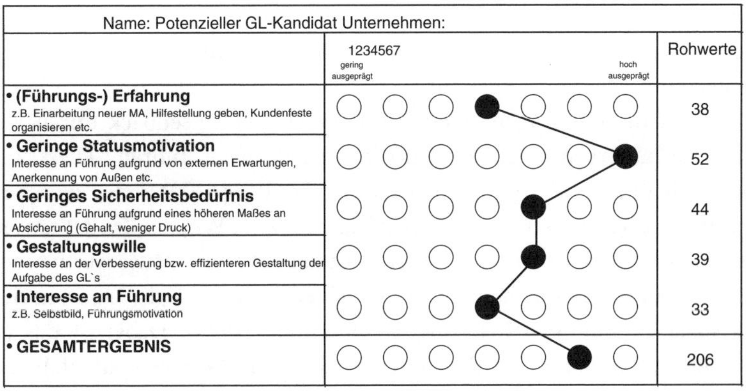

Abb. 2.69 Ergebnisprofil Fragebogen Vorauswahl BAF – Berner Außendienst Fragebogen

2.8.3 AC-Vorerfahrungen der Teilnehmer

Häufig wichtige Fragen für die betriebliche Praxis, die die Wahrnehmung der Gerechtigkeit des AC berühren, sind: Haben die Teilnehmer Vorteile, die schon einmal an einem AC teilgenommen haben? Sollen die Teilnehmer mit erstmaligem AC-Einsatz einen Bonus bekommen? Sind die Ergebnisse überhaupt noch vergleichbar? Kann ich mich als Teilnehmer nach der Lektüre von Ratgebern zum Thema AC besser darstellen? Soll ich mich durch ein Coaching oder ein Bewerbertraining vorbereiten? Auf der betrieblichen Ebene wird auch die Frage ausgelöst, ob und wie AC-Übungen geändert werden müssen, wenn bzw. weil sich Hinweise und Erfahrungen herumgesprochen haben.

Auf der wissenschaftlichen Seite berührt die Beantwortung dieser Fragen das Thema der Reliabilität, Zuverlässigkeit und zeitlichen Konstanz der Messungen im AC (vgl. Kap. 3.2) und gleichermaßen das Thema der Lern- und Veränderungsfähigkeit aufgrund von Erfahrungen und Rückmeldungen, die Teilnehmer im AC erhalten (vgl. Kap. 4.3). Dabei fordert die psychologische Testtheorie eine hohe Retest-Reliabilität, d. h. die AC-Ergebnisse sollen über den Zeitverlauf hinweg möglichst konstant sein. Ein solchermaßen ideales AC würde nach zwei Jahren bei den Teilnehmern zu den identischen Resultaten führen.

Aus der Anwendung der AC-Methode für Development Center und Lernpotenzial-AC folgt jedoch eine andere Forderung: Ein solches ideales AC würde den Teilnehmern so entscheidende Einsichten vermitteln, dass diese als geläuterte Menschen in zwei Jahren auf einem völlig anderen Leistungsniveau sind.

Diese Forderungen sind jedoch dann gegenläufig, wenn die Lernleistungen bei den Teilnehmern unterschiedlich ausfallen: Der Teilnehmer, der in AC eins unterhalb des Gruppenmittelwerts liegt und sich in AC zwei durch Lernleistungen auf einen Wert oberhalb des Mittelwerts steigern kann, wird zu einer geringen Retest-Reliabilität beitragen.

Im Folgenden zur Darstellung der empirischen Erkenntnislage: Aus frühen Untersuchungen zum Lernpotenzial-AC (etwa Obermann 1994) ergibt sich, dass die reine Wiederholung von AC-Simulationen ohne weitere Interventionen nicht zu einer mittleren Steigerung der Leistungen führt.

Viele Untersuchungen zeigen jedoch mittlerweile, dass Feedback durch Beobachter und andere Lerninterventionen zu Leistungssteigerungen führen. Dies betrifft den Zeitraum innerhalb eines AC (z. B. Obermann 1994; Rupp 2004) oder zwischen aufeinanderfolgenden Durchgängen von AC innerhalb von zwei Wochen (z. B. Stangel-Meseke et al. 2005). Allerdings sind diese Untersuchungen jeweils Mittelwertbetrachtungen; betrachtet man die individuellen Leistungssteigerungen, so gibt es je nach Art des Feedbacks sogar Leistungsverringerungen (Obermann 1994). Dabei ist das ursprüngliche Leistungsniveau kein guter Prädiktor für die Lernleistungen, allenfalls Lern- und Führungsmotivation haben Effekte.

Das Veränderungsmaß zwischen den AC-Durchläufen wird als d = Stärke der Testwertveränderung bezeichnet. Die Effektstärke wird mathematisch ermittelt durch

- Reine AC Wiederholung hat geringe Verbesserungseffekte
- Messproblem: Überlagerung durch geringe Retest-Reliabilität des AC
- Postkorb: allgemeine Tipps - keine Effekte
- AC-Training mit Feedback: mittlere Effekte
- Eigene Erfahrung als Assessor: mittlere Effekte
- Erhebliche interindividuelle Unterschiede bei den Lernleistungen
- Gruppenübungen am anfälligsten für Übungseffekte

Abb. 2.70 Bedeutung von AC-Vorerfahrung

die Subtraktion der beiden Mittelwerte, die durch die Standardabweichung (des ersten oder zweiten Tests) dividiert werden. Dabei sind Mittelwertsdifferenzen zwischen den Durchläufen von 0.20 als klein, 0.50 als mittel und 0.80 als groß zu bezeichnen. Marggraf-Micheel et al. (2004) stellen für kognitive Tests und AC-Übungen solche Effektstärken zusammen. Bei Leistungstests beim DLR geben die Autoren Effektstärken von 0.48 bis 0.66 an, beim Konzentrationstest d2 ein $d = 1.54$. Dabei gibt es auch deutliche interindividuelle Differenzen, etwa bei älteren Probanden geringe Leistungssteigerungen. Für das Gesamt-AC führen vorliegende Assessorenerfahrungen der Teilnehmer in früheren AC zu Effektstärken von $d = 0.45$.

Bei der Postkorb-Übung im AC werden durch vage Tipps keine Effekte erreicht, bei einem Training mit Verhaltenshinweisen mittlere bis hohe Effekte zwischen $d = 0.42$ und 0.99. Bei der Gruppenübung führt eine reine Wiederholung zu keinen Lerneffekten, ein Training plus individuellem Feedback jedoch zu Steigerungen von $d = 1.04$ (Abb. 2.70).

In einer aufwendigeren Metaanalyse untersucht Amaral (2003) die Übungs- und Trainingseffekte von AC auf der Basis von zwölf Studien mit insgesamt 1.200 AC-Teilnehmern. Dabei werden die Varianten von Vorerfahrung und Vorbereitung differenziert (Ergebnisse vgl. Tabelle). Eine dieser Kategorien neben der AC-Vorerfahrung war auch die Teilnahme an entsprechenden Vorbereitungskursen. Die Wirkung der AC-Vorerfahrung wurde sowohl dichotom (ja/nein) als auch im Hinblick auf die Anzahl der schon absolvierten Verfahren berechnet. Auch wurden die Effekte der Vorbereitung und Vorerfahrung nicht nur auf die Gesamtergebnisse, sondern auf einzelne Anforderungsdimensionen ermittelt. In den einzelnen der zwölf Studien zeigen sich durchaus signifikante Effekte einzelner Maßnahmen des Trainings oder der Vorbereitung. Bei der metaanalytischen Zusammenfassung der Studien ergibt sich eine Effektstärke von $r = .10$ für die AC-Vorerfahrung. Bei konservativer Betrachtung schließt das Konfidenzintervall null mit ein, sodass ein statistisch signifikanter Übungseffekt nicht nachweisbar ist. Das Gleiche gilt für die Betrachtung einzelner Übungen und Anforderungsdimensionen.

In einer Studie bestand die Möglichkeit, 47 Wiederholer des im Durchschnitt nach zwei Jahren nochmals durchgeführten Verfahrens erneut zu betrachten. Die Teilnehmer erhielten nach der ersten Runde ein Feedback-Gespräch, ein Gutachten sowie Trainingsempfehlungen. Die Effektstärke der AC-Wiederholung betrug (hohe) $d = .89$ und $d = .97$. Am höchsten war der Lerngewinn bei der Dimension Führungskompetenz $(d = .1.11)$, am geringsten bei analytischen Fähigkeiten $(d = .46)$. Allerdings ist zu berücksichtigen, dass durch den statistischen Regressionseffekt die Werte künstlich erhöht sind. Darunter wird verstanden, dass in der selektierten Stichprobe der „Durchfaller" aus dem ersten AC vermehrt Teilnehmer sind, bei denen sich viele Messfehler zufällig kombinieren („Pech gehabt", „Aufgabe falsch verstanden", „schlechter Tag"). Weil sich diese Fehler ein zweites Mal bei genau diesen Teilnehmern nicht wieder zu ungünstig kombinieren, ist schon aufgrund dieses Regressionseffekts bei sonst gleichen Bedingungen zu erwarten, dass die Ergebnisse besser ausfallen. Die von der Autorin um die Regressionseffekte korrigierten Effektstärken liegen dann jedoch noch bei (mittleren) $d = .33$ und $d = .44$.

Zusammenfassend ist die Wirkung einer reinen AC-Wiederholung – ohne weitere Interventionen – begrenzt. Auch das Nutzen der einschlägigen Ratgeberliteratur ist nicht schädlich, da ja eine Nivellierung der Teilnehmer im Hinblick auf AC-Vorwissen zum operativen Vorgehen durchaus gewünscht ist. Die Wirkung im Hinblick auf eine messbare Effektstärke dürfte jedoch sehr gering sein. Dies ergibt sich auch schon aus der Vielfalt der jeweiligen Anforderungsmodelle und inhaltlichen Konzeptionen: Was in Firma A das bevorzugte Menschen- und Führungsbild ist, kann in Firma B ganz anders gelagert sein. Wenn AC-Teilnehmer jedoch Feedback erhalten, möglicherweise daraus lernen und sich für zukünftige AC Lernziele setzen, so ist dies ja speziell bei Personalentwicklungs-Seminaren oder Lern-AC der beabsichtigte Effekt, der auch empirisch nachgewiesen werden kann. Allerdings ist aufgrund der deutlichen interindividuellen Unterschiede ebenfalls keine Formel anwendbar, aus der sich aufgrund der bisherigen AC-Teilnahmen eine persönliche Leistungssteigerung errechnen lässt.

2.8.4   Umgang mit AC-Wiederholern

Insbesondere bei Auswahlverfahren mit internen Mitarbeitern ist die Frage relevant, ob das Unternehmen den nicht Erfolgreichen eine Wiederholungsmöglichkeit einräumen soll. Zunächst zur AC-Praxis in deutschsprachigen Ländern. Nach der Umfrage (Obermann et al. 2012) bejahen 42,3 % der befragten Organisationen diese Möglichkeit.

Die 125 Unternehmen – darunter die Mehrzahl der DAX 30-Unternehmen – wurden auch befragt, welche Voraussetzungen an eine nochmalige Teilnahme geknüpft werden. 40,9 % geben an, dass ein hinreichend positives Ergebnis im ersten Verfahren notwendig sei, 18,2 % machen eine Seminarteilnahme zur Voraussetzung für eine Wiederholung (Obermann et al. 2012).

Eine in der Praxis wichtige Frage ist, welcher Zeitraum für eine Wiederholung praktiziert wird. 24 % der Unternehmen geben an, dass eine Wiederholung bis zu einem

Jahr möglich ist. Die Mehrzahl der Unternehmen gibt mit 57 % einen Zeitraum von ein bis zwei Jahren an.

In der erwähnten Studie mit Wiederholern eines AC der Finanzdienstleistungsbranche untersucht Amaral (2003) diejenigen, die freiwillig an dem gleichen Verfahren ein zweites Mal teilgenommen haben. Die durchschnittliche Zeitspanne betrug hier zwei Jahre. Von den 47 AC-Wiederholern haben immerhin 29 (62 %) beim zweiten Mal das Verfahren bestanden.

Die Entscheidung der Frage, ob eine Wiederholung angeboten werden soll, hängt zunächst von Zuverlässigkeit des AC-Urteils ab. Die wenigen Untersuchungen zur Stabilität des AC-Wertes (vgl. Kap. 3.2) ergeben Zuverlässigkeitskennwerte mit einer hohen Streubreite von $r = .40$ bis $r = .70$. Zweitens hängt dies davon ab, inwieweit damit zu rechnen ist, dass sich Teilnehmer durch die Erfahrung des ersten Durchlaufs verbessern. Wie dargestellt bringt alleine die zweite Teilnahme nur geringe Verbesserungen (Kap. 2.8.3). Bei Feedback und Entwicklungsmaßnahmen ist hingegen im Mittel über alle AC-Varianten mit einer signifikanten Verbesserung zu rechnen. Schließlich heben alle Untersuchungen jeweils auf eine Durchschnittsbetrachtung ab. Die individuellen, sehr hohen Lerngewinne bei wiederholten Rollenübungen zeigen jedoch (Kap. 4.3), dass das Lernen sehr unterschiedlich stattfindet. Zusammengefasst ergibt sich aus der mittleren Zuverlässigkeit des AC und den nachgewiesenen Teilnehmerverbesserungen die Empfehlung, die AC-Wiederholung zuzulassen. Hinzu kommen wirtschaftliche und kulturelle Überlegungen: Wie viele Potenzialträger hat das Unternehmen und wie teuer ist eine irrtümlich falsche Zurückweisung i. S. von keinem Potenzial? Welche Botschaften werden mit einer Wiederholungsmöglichkeit an das Unternehmen gesendet?

2.8.5   Unterschiede in Alter, Geschlecht und Herkunft

Zusammenfassend scheinen ältere, männliche und nicht-weiße AC-Teilnehmer relativ schlechter abzuschneiden.

Alter

In Beobachterdiskussionen von AC wird häufig die Hypothese diskutiert, dass auch schlechte Ergebnisse nicht so relevant seien, da der Teilnehmer ja noch jung sei. Dieses Statement wird häufig durch die vorangestellte Frage eingeleitet, wie alt der- oder diejenige denn sei. Hierzu gibt es eine Untersuchung von Clapham und Fulford (2000), die diese Hypothese wenig stützt. Die Autoren untersuchten den Zusammenhang zwischen AC-Leistungen und Alter bei 80 Kandidaten eines AC im gehobenen Management (Alter 30 bis 56 Jahre) und bei 146 Kandidaten eines AC im mittleren Management (Alter 27 bis 55 Jahre). Dabei ergaben sich signifikante negative Korrelationen zwischen Alter und AC-Performance. Dieser negative Zusammenhang blieb auch bestehen, als verschiedene Variablen statistisch kontrolliert wurden: Ausbildung, Berufsjahre, Geschlecht und kognitive Fähigkeiten. In einem weiteren t-Test zeigten Kandidaten über 40 signifikant geringere Ergebnisse als Kandidaten unter 40 Jahren. Zusammenfassend hat also die Hypothese wenig Substanz, dass durch bloßes Zuwarten im höheren Alter bessere Leistungen – soweit sie im AC abgebildet werden – zustande kommen.

Eine aktuellere Erhebung im deutschsprachigen Bereich ist die Metaanalyse von 19 Einzelstudien zwischen 1987 und 2007 (Holzenkamp et al. 2008). Bei elf Validitätskoeffizienten mit einem mittleren Durchschnittsalter der Kandidaten von unter 30 Jahren ergibt sich eine mittlere (korrigierte) Validität von r = .46 und bei den acht Studien mit einem Durchschnittsalter über 30 Jahren von lediglich von r = .25.

Keinen Zusammenhang zur Akzeptanz des Feedbacks hat das Lebensalter der AC-Teilnehmer (Kudisch 1997). In einer umfangreichen älteren Studie (MacDonald 1988) wurden über 300 Mitarbeiter, die in früheren Jahren ein AC durchlaufen hatten, mithilfe eines Fragebogens nochmals befragt. Danach zeigen Mitarbeiter, die älter als 40 Jahre sind, weniger Entwicklungsaktivitäten als jüngere Mitarbeiter.

Zusammenfassend schneiden ältere AC-Teilnehmer im Mittel schlechter ab. Dies ist konsistent mit ähnlichen Ergebnissen in kognitiven Leistungstests. Für die Unternehmenspraxis erscheint relevant, ob diese Ergebnisse einen inhaltlichen Zusammenhang zu den Jobanforderungen haben oder eine tatsächliche Benachteiligung durch die Methode darstellen.

Geschlecht

In der Metaanalyse von Dean et al. (2008) schneiden Frauen im Mittel über alle herangezogenen Einzelstudien leicht besser ab als Männer. Die Effektstärke als d-Wert beträgt 0,19.

Eine Untersuchung von Bewerbern/innen für AC der britischen Armee hatte als Ziel, Geschlechterunterschiede statt als Gesamtwert auf Dimensionsebene zu untersuchen (Anderson et al. 2006). Hintergrund dafür ist, dass sich die durchaus vorhandenen Unterschiede auf Dimensionsebene „herausmitteln" könnten, wenn man nur das Gesamtergebnis betrachtet. Im Rahmen der Studie wurden 1.857 Bewerber/innen untersucht, 1.594 waren männlich (85,8 %) und 263 (14,2 %) waren weiblich. Diese Kandidaten/innen nahmen an einem dreieinhalbtägigen Assessment Center teil und bewarben sich damit für ein zweijähriges Trainingsprogramm zum Offizier in der Britischen Armee. In dieser großen Zielgruppe schneiden Frauen in den Dimensionen „mündliche Kommunikation" und „Interaktion" signifikant besser ab. Männer sind bei keiner Dimension signifikant besser.

Herkunft

Speziell in den USA ist es unter dem Begriff des „adverse impact" (vgl. Kap. 2.3.2) ein entscheidendes Kriterium für Auswahlverfahren, dass einzelne Minoritäten, insbesondere hispanische, asiatische und dunkelhäutige Bewerber von den jeweiligen Methoden nicht systematisch beteiligt werden. Die Firmen werden regelmäßig verklagt und müssen sich dann mit statistischen Daten verteidigen. Das AC steht dabei weniger in der Kritik als Testmethoden, weil es von der Augenscheinvalidität einfacher fällt, einen Zusammenhang zwischen Methode und Arbeitsplatz zu plausibilisieren.

In der Metaanalyse von Dean et al. (2008) ergibt sich allerdings in der Zusammenfassung verschiedener Einzelstudien eine Effektstärke von dunkelhäutigen zu weißen Bewerbern von d = 0,52 und von hispanischen zu weißen Bewerbern von d = 0,28. Insbesondere dunkelhäutige Bewerber werden danach substanziell im AC schlechter eingeschätzt. Nach US-Standards ist dies noch kein K.-o.-Kriterium für AC, allerdings sind die Firmen dann herausgefordert nachzuweisen, dass die Unterschiede einen Zusammenhang zu den jeweiligen Jobmerkmalen haben.

2.9   Organisation und Durchführung

Nachdem das AC konzeptionell entwickelt wurde, Beobachter geschult und Teilnehmer vorausgewählt sind, gilt es, die Durchführung des AC praktisch zu organisieren. Hierzu gehören folgende Aspekte:

- Wie viele Teilnehmer sollten zum AC eingeladen werden?
- Wie lange sollte das Verfahren dauern?
- Wie viele Beobachter/Moderatoren/Rollenspieler sind notwendig?
- Wie sieht der Zeitplan aus?
- Welche Vorinformation der Teilnehmer ist sinnvoll?

2.9.1   Anzahl der Teilnehmer und Zusammensetzung der Gruppe

Eine in der Vergangenheit übliche Zahl von Teilnehmern für (Personalentwicklungs-) Gruppen-AC besteht aus zwölf Mitarbeitern. Letztlich ist diese Zahl jedoch innerhalb von bestimmten Grenzen variabel. Abbildung 2.71 zeigt die tatsächliche Verteilung der

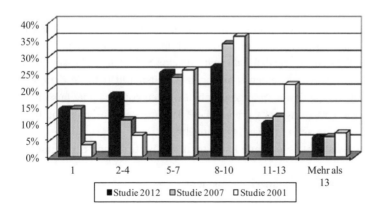

Abb. 2.71 Teilnehmeranzahl im AC. *Quelle* Obermann et al. (2012)

Teilnehmerzahlen bei deutschsprachigen AC (Obermann et al. 2012). Während der Anwendungsumfang des AC generell zunimmt und auch die Verfahrensdurchläufe je Unternehmen steigen, sinkt andererseits gegenüber der Vorgängerbefragung die Anzahl der Teilnehmer je Verfahren. Die Firmen suchen offensichtlich nach schlankeren Organisationsformen.

Eine untere Grenze bestimmt sich aus der vertretbaren Anzahl von Teilnehmern einer einzelnen Gruppendiskussion, diese sollte in der Regel fünf bis sechs Mitarbeiter/ Bewerber nicht unterschreiten. Wenn etwa in einem Einzel-AC auf Gruppendiskussionen verzichtet wird, ist die Grenze bei N = 1.

Eine obere Grenze ist schwieriger zu setzen, da abhängig von den Zeitplan-Modellen AC mit mehreren, parallelen Teilgruppen üblich sind. Jede Teilgruppe von vier bis sechs Teilnehmern wird einem separaten Beobachterteam zugeordnet, das dann im Verlaufe des Seminars wechselweise die Kandidatengruppen beurteilt. Üblich sind zwei bis fünf solcher parallelen Beobachtergruppen, sodass die maximale Teilnehmerzahl bei 20 bis 25 Mitarbeitern liegt. Diese Größenordnung sollte nicht überschritten werden, weil der einzelne Beobachter ansonsten keinen Überblick mehr über die Teilnehmer besitzt oder im Extremfall einzelne Teilnehmer gar nicht mehr sieht. Eine weitere Festlegung der Teilnehmeranzahl resultiert aus der Art des verwendeten Zeitplans. Wenn etwa mit drei parallelen Beobachtergruppen (mit z. B. vier oder fünf Teilnehmern) gearbeitet wird, so muss die gesamte Teilnehmerzahl durch die Zahl dieser Gruppen teilbar sein. Bei Auswahl-AC besteht ein wichtiges Kriterium zur Bestimmung der Teilnehmeranzahl im Verhältnis der zu besetzenden Positionen zur Bewerberzahl (vgl. auch Berechnungen dazu, vgl. Kap. 3.5). Ein Auswahlseminar, in dem sich zehn Bewerber als Konkurrenten für eine einzige zur Verfügung stehende Position wahrnehmen, wird das gezeigte Verhaltensrepertoire der Teilnehmer in Richtung Dominanz, Konfliktorientierung oder Kampf um Redeanteile verzerrt. Der von den Teilnehmern noch stärker als ohnehin erlebte Druck wird außerdem kaum zur Akzeptanz/sozialen Validität des Verfahrens beitragen oder das Image des Unternehmens im Arbeitsmarkt fördern. Das Verhältnis zwischen offenen Stellen und Bewerbern sollte daher so günstig sein, dass sich der einzelne Bewerber gute Chancen ausrechnen kann, die Botschaft vermittelt wird, dass nur bei groben Abweichungen zwischen Ist- und Soll-Profil Unternehmen und Bewerber nicht zusammenkommen werden. Bei Auswahl-AC sollte daher auf jeden Fall mehr als eine Stelle zur Diskussion stehen. Wenn das Unternehmen jedoch auf einen sehr engen Arbeitsmarkt trifft, in dem aufgrund der Vorkriterien nur wenige Bewerber angesprochen werden könnten oder tatsächlich nur eine einzelne Stelle zur Verfügung steht, greifen diese Argumente natürlich nicht. In diesem Fall ist eher ein Einzel-Assessment (s. Kap. 4. 1) angebracht.

Zusammengefasst gibt es folgende Aspekte für die Bestimmung der Teilnehmeranzahl:

- Minimal ein Teilnehmer (Einzel-Assessment)
- Häufigste Variante für das Gruppen-AC: zwölf Teilnehmer
- Anzahl der Teilnehmer sollte teilbar sein durch die Anzahl der parallelen Beobachtergruppen
- Maximale Teilnehmerzahl: 20 bis 25 Personen

Die Teilnehmer eines AC sollten sich untereinander möglichst nicht kennen. Gerade bei Kollegen aus einer bestimmten Mitarbeitergruppe besteht die Gefahr, dass das AC zu stark durch ihre (positiv oder negativ) gefestigten Beziehungen untereinander beeinflusst wird: So werden sich Freunde in der Gruppendiskussion gegenseitig stärker unterstützen, als sie dies in der Praxis täten, oder die Beiträge und Äußerungen der anderen heftiger mit Kritik belegen, als das ihrem wirklichen Gruppenarbeitsstil entspricht. Unterschwellig vorhandene Reaktivitätseffekte (vgl. Kap. 3.3), das heißt die subjektive Vorstellung des Teilnehmers über einen guten Bewerber und das hieraus abgeleitete – möglicherweise unnatürliche – Verhalten, werden so durch bestehende Beziehungen der Teilnehmer untereinander verstärkt.

Auch die Kenntnis von externen Bewerbern untereinander ist insbesondere dann negativ zu werten, wenn es sich um gestandene Bewerber mit einer Portion Berufserfahrung handelt. In diesem Fall wird die Aussicht, in einem Gruppen-AC mögliche Mitbewerber aus dem Markt wieder zu treffen, dazu führen, dass viele gute Bewerber aus Diskretionsgründen von einer Bewerbung und damit der Teilnahme am AC absehen. Hier bietet sich als Alternative die Methode des Einzel-Assessments an, die eher die Diskretion des Bewerbungsprozesses gewährleistet.

2.9.2 Vorinformation von externen Bewerbern (Auswahl-AC)

Das AC ist immer ein Assessment für beide Seiten. Der Bewerber „assesst" genauso den potenziellen Arbeitgeber auf Basis dessen, wie ihm begegnet wird. Hierzu gehört auch die Sorgfalt, mit der die Bewerber mit Informationen zu Zielposition, Unternehmen und Entwicklungsmöglichkeiten versehen werden (Abb. 2.72).

Vielfach wird das Informationsbedürfnis der Bewerber, speziell der zukünftigen Trainees, unterschätzt. Vom Bewerber wird erwartet, dass er sich in ein oder zwei Tagen vor vielen Beobachtern und Beurteilern auszieht, die Informationsmöglichkeiten zum Unternehmen werden jedoch meist bescheiden gehalten.

√ externes Auswahlseminar: Versenden der Teilnehmer-Einladungen ca. zwei Wochen vor dem Seminar

√ externes Auswahlseminar: Je nach Zielgruppe Einladung von 30 bis 100 Prozent mehr Teilnehmern als AC-Plätze zur Verfügung stehen, um Absagen auszugleichen

√ externes Auswahlseminar: Im Einladungsanschreiben Bitte um sofortige schriftliche Rückbestätigung, um eventuell Ersatzkandidaten noch einladen zu können

√ externes Auswahlseminar: Angaben eines Ansprechpartners in der Unternehmung mit Telefonnummer für Rückfragen

√ Trainee-Auswahl: Hinweis, dass Reisespesen übernommen werden

Abb. 2.72 Weitere Checkpunkte für die Einladung externer Bewerber

Empirische Belege für diese Aussage finden sich beispielsweise bei Krauß (1985) und Krauß und Kurtz (1986). Bei ihrer Befragung von Bewerbern um eine Trainee-Stelle zeigten sich insbesondere „… große Differenzen zwischen erwünschter und erhaltener Information in Bezug auf die Aspekte ‚Erfolgsrückmeldung', ‚Tätigkeitsbereich' und ‚(persönliche) Entwicklungsmöglichkeit'" (zitiert nach Schuler 1990, S. 186). Die Glaubwürdigkeit der dargestellten Informationen steigt in den Augen der Bewerber mit der Wichtigkeit der vermittelnden Person. Außerdem wird in diesem Zusammenhang mündlichen Informationen eher Glauben geschenkt als schriftlichen. In welche Richtung sich das Informationsbedürfnis einer Person bewegt, hängt von ihren beruflichen Werten ab (eher materialistisch oder kontaktorientiert?) (vgl. Groepler 1988, Darstellung nach Schuler 1990). Selbst nach Durchlaufen einer umfangreichen Auswahlprozedur unter Einsatz verschiedener diagnostischer Verfahren blieben bei den von Tachler (1983) befragten Bewerbern um einen Ausbildungsplatz in vielen Bereichen noch Fragen offen, vor allen Dingen hinsichtlich solcher Aspekte, die schwer vermittelbar sind (zum Beispiel Möglichkeiten beruflicher Entwicklung, Organisationsklima, Führungsstil). Auch Rehn (1991) berichtet von großen Informationsdefiziten bei 84 Bewerbern, die über einen Zeitraum von vier Monaten in einem EDV-Dienstleistungsbetrieb eingestellt wurden. Vor Arbeitsbeginn wussten zum Beispiel mehr als 70 % der Befragten nicht, ob ihnen das Unternehmen ein festes Einarbeitungsprogramm bieten würde bzw. von wem sie eingearbeitet würden, und kannten auch ihre zukünftigen Arbeitskollegen noch nicht. Immerhin fast 44 % hatten noch nicht einmal ihren zukünftigen Arbeitsplatz gesehen. Die Folgen dieser mangelnden Information beschreibt Rehn (1991, S. 348) folgendermaßen: „Zusammenfassend kann davon ausgegangen werden, dass sich bei den befragten neuen Mitarbeitern mangelnde Vorinformationen später während der Einarbeitung in einer weniger angenehmen Befindlichkeit (geringere Zufriedenheit, häufigeres Denken an Kündigung) und einem größeren Konfliktpotenzial (Erleben von Einarbeitungsmängeln und Erwartungsenttäuschungen) äußert. […] Ob sich neue Mitarbeiter auf den neuen Arbeitsplatz freuen, scheint […] mit davon abzuhängen, wie umfassend sie vorher informiert wurden".

Hinweise zur filmischen Gestaltung von derartigen Vorinformationen finden sich unter dem Stichwort „realistic job preview" bei Porter und Steers (1973), Wanous (1977), Reilly et al. (1981). Strunz (1987, S. 175) hat zur Trainee-Auswahl eine spezielle Abfolge zur realistischen Tätigkeitsinformation entwickelt:

1. *Videofilm mit realistischen Tätigkeitsinformationen*
   In der Informationsphase wird den Bewerbern ein Videofilm gezeigt, in welchem vier bis sechs Trainees über ihre bisherige Arbeit und ihre Erfahrungen berichten.
2. *Trainee-Kontaktabend mit Fragen der Bewerber an die Trainees*
   Beim Trainee-Kontaktabend fragen Bewerber Trainees des Unternehmens zu unklaren Punkten.
3. *Diskussion der Trainees zur Vertiefung der Information*
   Nach dem Arbeitsessen ist eine Gruppendiskussion der Bewerber vorgesehen, in welcher alle relevanten Aspekte der zukünftigen Tätigkeit diskutiert werden.
4. *Einzelgespräch mit Rückmeldung über die Ergebnisse der RTI*

Jeder Teilnehmer vergleicht am Anfang des Rückmeldegesprächs in einem Kurz-Statement von fünf Minuten seine Erwartungen mit den Erfahrungen bisheriger Hochschulabsolventen.

Die von Strunz (1987, S. 164) diskutierten Metaanalysen zeigen, dass „realistische Informationen dem Trainee eine bessere Abstimmung seiner Interessen gewährleisten und mittelbar zu einer höheren Arbeitszufriedenheit (Premack und Wanous 1985) führen".

2.9.3 Vorinformation von Mitarbeitern (Personalentwicklungs-AC)

Bei der Durchführung von Potenzialanalyse-AC mit bestehenden Mitarbeitern steht weniger die Information zu bestimmten Positionen im Vordergrund als vielmehr das Interesse der Teilnehmer an Inhalten, Beobachtungskriterien, Ablauf und dazu, was mit den Ergebnissen des AC später gemacht wird. Nach einem ausführlichen Einladungsschreiben bietet sich die Durchführung einer Vorinformationsveranstaltung zwei bis drei Wochen vor dem AC an. In dieser Runde kann ohne jeden Zeitdruck, der durch die direkte Einbindung in ein AC entstehen würde, dem Informationsbedarf der Mitarbeiter entsprochen werden.

Folgende Fragen sollten den Teilnehmern in der Informationsveranstaltung oder zu Anfang des AC beantwortet werden:

- Was wird mit dem AC bezweckt? (interne Auswahl, Stärken-/Schwächen-Rückmeldung, Trainingsbedarfsanalyse)
- Wie wurden die Teilnehmer ausgewählt?
- Wie wurden die Beobachter ausgewählt?
- Wie haben sich die Beobachter auf ihre Aufgabe vorbereitet?
- Namen und Personen der Beobachter und anderen Teilnehmer?
- Wie läuft das AC ab, welche Übungen und Beobachtungskriterien werden eingesetzt?
- In welcher Form werden die Ergebnisse an die Teilnehmer rückgemeldet?
- Wie wurde der Betriebsrat eingebunden?
- Wie wird mit den schriftlichen Ergebnissen umgegangen? (nur an Teilnehmer, an Personalabteilung, Vorgesetzte oder Personalakte)
- Was passiert danach, welche Förderungsmaßnahmen sind konzipiert?

Die Studie des Arbeitskreises Assessment Center e.V. (Obermann et al. 2012) zeigt bei den befragten 125 Unternehmen auf, welche Informationen in der tatsächlichen AC-Praxis in deutschsprachigen Unternehmen fließen (Abb. 2.73).

Vorinformation über Anforderungsdimensionen
Ein umstrittener Punkt ist häufig, in welchem Ausmaß die Teilnehmer schon vorab über die einzelnen Übungen und die zur Diskussion stehenden Beobachtungskriterien unterrichtet werden sollen.

Bedenken beziehen sich darauf, dass durch Offenlegung der diagnostischen Kriterien künstliches Verhalten provoziert wird, die Teilnehmer sich gemäß der

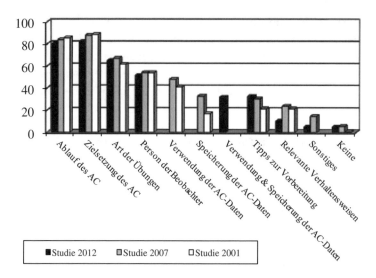

Abb. 2.73 Welche Informationen erhält der Teilnehmer vor dem AC?. *Quelle* Obermann et al. (2012)

sozialen Erwünschtheit so an die Situationen anpassen, dass sie nicht mehr ihr normales Verhalten zeigen und den Beobachtern etwas vorspielen. Der Einwand ist dann berechtigt, wenn die Information so detailliert ist, dass für die einzelnen Übungen gewünschte Verhaltensmuster vermittelt werden, die dem einzelnen Teilnehmer bei seiner spontanen Form der Bewältigung dieser Situation im Weg stehen könnten.

Eine Vorinformation über Messintention und Übungen macht offensichtlich wenig Sinn, wenn einzelne Übungen, insbesondere analytische Aufgabenstellungen (etwa Postkorb oder Fallstudie), bestimmte optimale Lösungen enthalten und die Vorinformation damit eine Preisgabe der Lösungen bedeuten würde.

Eine allgemeine Information über die Übungen und Beobachtungskriterien kann jedoch gerade dazu beitragen, Reaktivitätseffekte zu vermindern, das heißt Vorannahmen der einzelnen Teilnehmer darüber, worauf es wohl ankomme. Diese Vorannahmen können wiederum einen starken Einfluss auf das jeweilige Verhalten der Teilnehmer haben. Wenn Teilnehmer in ihren Annahmen schief liegen, dann würde man ihnen fälschlicherweise schlechte Ergebnisse bescheinigen, obwohl sie nur in ihren Annahmen über die Messintention falsch lagen.

Mittlerweile lassen sich aus einigen empirischen Untersuchungen im Rahmen der Kriteriumsvalidität klare Empfehlungen zu der Frage ableiten, ob die Kriterien der Übungen offen gelegt werden sollen (im Detail vgl. Kap. 3.3). Diese lassen sich wie folgt zusammenfassen:

- Eine bloße Benennung von Anforderungskriterien in den Übungen ohne weitere Erläuterung hat weder positive noch negative Effekte.

- Bei Auswahlverfahren vermindert (!) die Offenlegung der AC-Kriterien gegenüber den Teilnehmern die prädiktive Validität des Verfahrens und ist eher nicht zu empfehlen.
- Bei AC, deren Zielsetzung die Standortbestimmung und Förderung der Mitarbeiter ist, sind diese Überlegungen im Hinblick auf die Maximierung der prädiktiven Validität nicht relevant. Hier sollten die Kriterien zu den einzelnen Übungen offen gelegt werden.

Allerdings reicht es nicht aus, wenn zu AC-Beginn die Dimensionen allgemein erläutert werden. Der Hinweis darauf, dass im AC sozialer Ausdruck bewertet wird, sagt wenig. Erforderlich ist es in jeder Übung, am besten in der schriftlichen Instruktion, auf die Kriterien hinzuweisen und diese auch zu erläutern. Eine entspannende Form der Vorinformation der Teilnehmer besteht in einem Trockenlauf: Das Durchspielen einer Übung zu Anfang des AC, die noch nicht bewertet wird, in der die Teilnehmer ihre Unsicherheiten jedoch abbauen und dann aufgrund dieser Erfahrungen weitere Fragen stellen können. Ein solcher Trockenlauf bietet sich an in der Form eines Orientierungs-Centers, z. B. ein Jahr vor dem entscheidungsorientierten AC, um dem Mitarbeiter eine persönliche Standortbestimmung zu bieten.

2.9.4 Funktion und Anforderungsprofil des Moderators

Mini-Beobachterkonferenz vs. Integration in Gesamtkonferenz
Auf die ersten AC und den Ansatz des Harvard Psychologen Henry Murray zurückgehend ist die große Abschlusskonferenz: Alle Beobachter sammeln Daten und Protokolle und bringen ihre Wertung daraus in der Konferenz am Ende des AC ein. Dieses Vorgehen stößt zunächst auf Akzeptanz durch die Beobachter, weil sie ihr Gefühl von Einfluss und Wirksamkeit behalten, gibt jedoch gleichzeitig den Raum für Manipulation und Beeinflussung (im Detail Kap. 2.10). Hier hat der Moderator die Rolle, die vielen Einzeldaten zusammenzutragen, Aussagen von Beobachtern gut zu hinterfragen, alle Beobachter in die Konferenz zu integrieren und bei dem Endvotum zu den Kandidaten das Einverständnis aller Beobachter zu erzielen (Abb. 2.74).

	Mini-Beobachterkonferenz direkt nach jeder Aufgabe	Integration in Gesamtkonferenz
Rollenerwartung	Beobachter zu abschließendem Ergebnis für die jeweilige Aufgabe führen	Viele Beobachtungen und Beobachter integrieren
Vorteile	• Kürzere Gesamtkonferenz / Geschwindigkeit • Keine Erinnerungsverluste / Objektivität	• Klassisches Vorgehen • Holistisches Gesamtbild • Aktionsraum für Machtpromotoren, um Zielergebnis zu beeinflussen
Anforderung an Moderation	• Eigene Benchmarks verfügbar haben / Erfahrung • Konfliktfähigkeit, Zeitmanagement • Kenntnis von Interventionsformen auf Übungsebene	• Kenntnis von Interventionsformen • Moderation der Ergebnisfindung • Augenhöhe / Akzeptanz i. R. Beobachter / Manager

Abb. 2.74 Mini-Beobachterkonferenz vs. Integration in Gesamtkonferenz

Die Alternative zu diesem Vorgehen besteht darin, dass es direkt nach jedem Durchlauf einer AC-Aufgabe eine „Mini-Beobachterkonferenz" mit den Beobachtern gibt, die den Teilnehmer in der betreffenden Aufgabe gerade gesehen haben, um bezogen auf diese Aufgabe zu einem Urteil zu kommen. Dieses Vorgehen führt weiter dazu, dass in der Regel mit parallel arbeitenden Beobachtergruppen gearbeitet wird, die jeweils von einem Moderator geleitet werden. Dadurch sind bei dieser Organisationsform mehrere Moderatoren erforderlich. Ein wesentlicher Teil der Integration der Beobachter findet damit schon vor der Abschlusskonferenz statt. Diese Abschlusskonferenz findet erst am Ende der Veranstaltung statt, teilweise sind die Teilnehmer dann schon abgereist. Dadurch ist die Diskussion meist „open end", der geplante Zeitrahmen wird bei hitzigen Diskussionen auch schon mal überzogen.

In der Mini-Beobachterkonferenz selbst ist mehr Zeitdisziplin erforderlich, weil der nächste Kandidat vor der Tür steht. Dies verändert die Rolle des Moderators. Einerseits ist seine zu betreuende Beobachterteilgruppe kleiner, gleichzeitig gilt es im Prozess jedoch deutlich mehr zu steuern und aktives Zeitmanagement zu betreiben. Dazu gehören jedoch Beobachter, die es nicht akzeptieren, sich steuern zu lassen. Dies erfordert seitens des Moderators ein Auftreten, das zu Akzeptanz bei den Beobachtern führt. Dazu sollte er vermitteln, zahlreiche vergleichbare Verfahren schon moderiert zu haben, damit akzeptiert wird, wenn der Moderator auf eine Entscheidung drängt. Wenn die Beobachter im Verfahren oder ihrem Urteil unsicher sind, werden sie dies nicht zugeben, sondern dies auf die Methodik projezieren, indem sie Aspekte der Aufgabe oder der Entscheidungsfindung hinterfragen. Vor dem Hintergrund eines definierten und im Zweifel engen Ablaufplans wird es die Herausforderung für den Moderator sein, solche Diskussionen noch im entsprechenden Zeitrahmen erfolgreich zu Ende zu führen.

Die Anwendungspraxis der deutschsprachigen AC ist bezüglich dieser beiden Verfahrensalternativen zweigeteilt (vgl. Abb. 2.75).

Neutraler vs. inhaltlich agierender Moderator

Die wesentliche Grundsatzentscheidung für die Ausgestaltung der Moderationsrolle betrifft die Frage der inhaltlichen Positionierung.

Der neutrale Moderator überlässt die Bewertung ausschließlich den Beobachtern. Seine Rolle besteht darin, zu sammeln, zu strukturieren und allenfalls indirekt zu

	Häufigkeit	Prozent
Direkt nach jeder Aufgabe/ Übung	48	40
Zusammenfassend in der Beobachterkonferenz	68	56,7
Zusammentragen der Beobachtungen ohne Diskussion/ Abstimmung	4	3,3
Gesamt	120	100

Abb. 2.75 Zeitpunkt der Abstimmung zwischen den Beobachtern. *Quelle* Obermann et al. (2012)

	Neutraler Moderator	Inhaltlich agierender Moderator
Rollenerwartung	Gute Fragen stellen, Reflexion der Beobachter anregen	Vergleichbaren Beurteilungsstandard durchsetzen
Vorteile	• Commitment der beteiligten Beobachter • Urteil der Beobachter	• Objektivität unabhängig von Beobachterzusammen-setzung • Weniger Moderatoren / Back-Office Personal
Anforderung an Moderation	• Geringe Dominanz • Trainerprofil	• Konfliktfähigkeit / Positionierung • Rollenmodell in Kalibrierung • Extraversion / Rollenspieler-Fähigkeiten • Vorbild in Interviewführung • Augenhöhe zu Beobachtern

Abb. 2.76 Neutral vs. inhaltlich agierender Moderator

steuern, indem er einzelne Aussagen der Beobachter hinterfragt, Widersprüche oder Gemeinsamkeiten aufzeigt und die Beobachter zu Entscheidungen anleitet. Der Nachteil dieses Vorgehens besteht darin, dass er möglicherweise sehenden Auges mitbekommt, dass die Beobachter andere Bewertungsmaßstäbe anlegen als in vorgehenden AC-Durchläufen oder einzelne dominante Beobachter ihre individuelle Position durchsetzen, die den Verabredungen zum Maßstab widersprechen (im Detail zu den verzerrenden Beobachtereffekten Kap. 2.7.3 und zu Manipulationsmöglichkeiten der Beobachter Kap. 2.10) (Abb. 2.76).

Die Alternative ist der inhaltlich agierende Moderator, der seine Rolle darin begreift, das Bewertungsverhalten der Beobachter zu „monitoren", auf Abweichungen im Maßstab hinzuweisen und im Ergebnis einen einheitlichen Bewertungsmaßstab gegenüber den Beobachtern durchzusetzen. Dieses Vorgehen ist sowohl möglich bei der Variante der Mini-Beobachterkonferenz wie bei der klassischen Endkonferenz.

Für den inhaltlich agierenden Moderator gib es eine Reihe von Interventionsmöglichkeiten:

Er kann eine aus seiner Sicht zu strenge/weiche Bewertung hinterfragen: „Begründen Sie bitte Ihre Bewertung". Hier besteht allerdings die Gefahr, dass der Beobachter angesichts der Anwesenheit weiterer Beobachterkollegen noch weniger von seiner, aus Moderatorsicht unpassenden, Meinung abrückt.

Der Moderator kann inhaltlich intervenieren, wenn der Beobachter zu stark vom verabredeten Maßstab abrückt: „Für eine Fünf müsste noch x und y kommen – wir wollen ja auch fair sein gegenüber denen, die eine noch bessere Leistung bringen". Diese Intervention setzt voraus, dass der Moderator mindestens so gut mit dem Inhalt der Aufgaben und Bewertungskriterien vertraut ist wie der Beobachter und über entsprechende Vergleichserfahrungen verfügt. Eine ähnliche Intervention wäre es, direkt auf die Referenzgruppen zu verweisen: „Ich habe ja schon ein paar Runden gesehen, wenn wir jetzt eine Vier geben, dann würden wir den Maßstab deutlich verändern".

Weiterhin könnte der Moderator nochmals Skala und Bewertungsmaßstab in Erinnerung rufen, wenn der Beobachter aus seiner Sicht hier zu stark abweicht: „Zur Erinnerung, die Drei war ja 50 % von der Maximalleistung, die Fünf die absolute Maximalleistung, die Frage stellt sich, ob Sie hier tatsächlich die Maximalleistung gesehen haben …".

Eine Herausforderung für den Moderator sind auch „Systemdiskussionen", wenn der Beobachter realisiert, dass er den gewünschten Kandidaten mit der besprochenen Bewertungssystematik nicht durchsetzen kann (z. B. Einwand: „Ist die Skala passend?"). Hierauf gilt es vorbereitet zu sein, eine adäquate Antwort wäre z. B.: „Richtig, das ist eine Frage, die wir mit allen besprechen sollten, dafür wäre in der Beobachterkonferenz der bessere Rahmen gegeben …".

Der inhaltlich agierende Moderator bietet Vorteile im Hinblick auf die Verfahrensobjektivität und die Prozesssicherheit des Verfahrens. Da die Beobachtung durch mehrere Beobachter (Mehraugenprinzip) gleichzeitig für das AC-Verfahren immanent ist, gilt es einen gewissen Spagat zu realisieren. Dies führt zu einem veränderten Rollenprofil des Moderators, er muss „auf Augenhöhe" mit den Beobachtern sprechen können und auch die Konfliktstärke und Überzeugungswirkung besitzen, sich positionieren zu können. Dies ist vor allen Dingen notwendig, wenn im Extremfall alle anwesenden Beobachter einen anderen Maßstab anwenden als verabredet oder wenn der geschaffene Maßstab deutlich von vorhergehenden Verfahrensdurchläufen abweicht.

Nach den Ergebnissen der AC-Studie 2012 (Obermann et al. 2012) scheint die AC-Praxis in deutschsprachigen Organisationen zu diesem Thema geteilt zu sein. In den 118 beschriebenen AC-Verfahren übernehmen Moderatoren in 80 % der Verfahren eine neutrale Rolle und beeinflussen nicht die Ergebnisfindung. In nahezu 70 % der Verfahren nehmen sie hierbei aber gleichzeitig auch eine steuernde Rolle ein (Abb. 2.77).

2.9.5 Funktion der Rollenspieler

Aus der Umfrage unter den deutschsprachigen AC-Anwendern ergibt sich die überraschende Tatsache, dass lediglich 55 % der Unternehmen im AC Rollenspieler einsetzen. Da mehr Unternehmen in AC mit Rollenübungen arbeiten, stellt sich die Frage, wie diese ohne Rollenspieler durchgeführt werden. Denkbar sind grundsätzlich folgende Alternativen:

- Rollenspieler durch andere Teilnehmer
- Rollenspieler durch Personen im Unternehmen (z. B. aus der Personalabteilung)

	Häufigkeit	Prozent der Fälle
Organisation/Steuerung des Zeitablaufs	112	94,9
Dokumentation/Eingabe von Daten und Texten	70	59,3
Moderation der Beobachterkonferenz (ohne Einfluss auf die Bewertung)	94	79,7
Inhaltliche Steuerung der Beobachter i. S. gleicher Bewertungsmaßstäbe	80	67,8
Rollenspielertätigkeit	58	49,2

Abb. 2.77 Rolle des Moderators. *Quelle* Obermann et al. (2012)

- Rollenspieler durch Moderator/Beobachter/externen AC-Berater
- Rollenspieler durch professionelle Schauspieler

Andere Teilnehmer als Rollenspieler zu verwenden, ist der denkbar schlechteste Weg, den immerhin elf der in der AC-Umfrage beteiligten Unternehmen gehen. Dies hat mehrere gewichtige Nachteile: Die Situation ist jeweils nicht standardisiert. Ist der eine Kandidat etwa sehr dominant und durchsetzungsorientiert, ist der andere kompromissbereit. Hier gewinnt die AC-Situation schnell eine Eigendynamik: Entweder wollen sich die beiden Kandidaten nicht wehtun und sind unrealistisch kompromissbereit oder sie gehen mit überzogener Härte vor. Darüber hinaus kann bei anderen Teilnehmern als Rollenspieler nicht sichergestellt werden, dass sich der andere Teilnehmer so verhält, dass die Verhaltensweisen provoziert werden, die laut Anforderungsprofil beobachtet werden sollen: Wenn etwa Einfühlungsvermögen beobachtet werden soll, dann reicht es nicht aus, wenn der Mitspieler nur dagegenhält, sondern sollte dann diese Verhaltensweisen zeigen, die Einfühlungsvermögen beim Teilnehmer tatsächlich provozieren, z. B. Andeutungen zwischen den Zeilen oder Widersprüche zwischen Körpersprache und verbalem Ausdruck.

Die Mehrheit der deutschsprachigen Unternehmen (56 %) setzt Rollenspieler ein, die speziell auf diese Aufgabe vorbereitet sind. Die meisten Firmen nutzen hier Mitarbeiter, die etwa schon früher einmal ein AC absolviert haben.

Wer keine eigenen Rollenspieler aufbringen kann, kann Beobachter für diese Aufgabe nutzen, was immerhin 29 % der Unternehmen umsetzen. Dies widerspricht allerdings den Qualitätsanforderungen des Arbeitskreises AC e.V. Es sollte selbstverständlich sein, dass dieser Beobachter nicht aus dem direkten beruflichen Umfeld der Kandidaten kommt, um dem Teilnehmer nicht abzuverlangen, so zu tun, als ob der ihm bekannte Manager nunmehr ein Mitarbeiter sei, dem es ein kritisches Feedback zu vermitteln gilt. Der Vorteil des Beobachtereinsatzes besteht darin, dass diese – mehr als etwa externe Schauspieler – ihr Rollenspielverhalten so ausrichten können, dass die ihnen bekannten Beobachtungskriterien auch provoziert werden. Wenn etwa der Teilnehmer durch ein geschicktes Uminterpretieren der Fallbeschreibung dem Konflikt ausweicht, das Konfliktverhalten jedoch beobachtet werden soll, dann kann der Rollenspieler gegensteuern und in der Rolle als Mitarbeiter, weitere überzogene Forderungen aufstellen. So kann dann die Konfliktfähigkeit explizit provoziert werden.

2.9.6 Zeitplan

Die größte organisatorische Herausforderung stellt der Zeitplans dar (vgl. Abb. 2.78 und 2.79). Ausgangspunkt ist zunächst, welcher Zeitbedarf in Tagen überhaupt benötigt wird bzw. welches Volumen an Übungen im vorgegebenen Zeitrahmen leistbar ist.

1. Schritt: Ermittlung der Netto-Beobachtungszeit
Bei Gruppen-AC ist meist die Beobachterzeit die knappste Ressource. Daher erweist es sich als am einfachsten, zunächst die Netto-Beobachterzeit zu errechnen, also die Zeiten, die aufgrund der Übungen erforderlich sind, ohne Standards wie Teilnehmereinführung

√ Erstellen des Zeitplans

√ Erstellen eines Ablaufplans für Teilnehmer und Beurteiler

√ Sinnvolle Zeiträume je Übung: Gruppendiskussion 30-90 min., Rollenübung 20-40 min.(zusätzl. Vorbereitungszeit der Teilnehmer), Postkorb 30-90 min. individuelle Durchführung der Teilnehmer, Nachbefragung 15-30 min.

√ Zu große Pausen für die Teilnehmer, die durch viele Einzelübungen entstehen, verursachen meist mehr Stress als weniger Pausen und sind zu vermeiden

√ Die einzelnen Teilnehmer sollen weder „zu oft" noch „zu selten" der gleichen Gruppe angehören, um die Kontrasteffekte zu kontrollieren

√ Die Beobachter sollen ebenfalls möglichst „gleich häufig" mit allen anderen Beobachtern in einem Beobachtungsteam zusammengefasst sein" (Andres & Kleinmann 1991, Seite 151 f.)

√ Organisation der Einführung in die Übungen: entweder gleichzeitige Einführung aller Teilnehmer in der Gesamtgruppe oder Ausgabe der notwendigen Materialien durch einen Assistenten zu einer festgelegten Zeit vor dem Beginn einer Einzelübung

√ Speziell bei analytischen Übungen müssen die Vorbereitungszeiten für die einzelnen Teilnehmer gleich sein

√ Analytische und zwischenmenschliche Übungen sollten gleichmäßig abgewechselt und dem Verlauf der Tagesleistungskurve angepasst werden

√ Abends sollten keine analytischen Übungen vorgesehen werden

√ Nach jeder Übung sollte eine kurze Zeit von etwa fünf Minuten vorgesehen werden, in der der Teilnehmer seine Strategien, Zielsetzungen und Wahrnehmungen dem Beurteiler erläutern kann

√ Nach jeder Übung sollte ebenfalls ein Zeitraum für die Besprechung der Beurteilungen vorgesehen werden (Gruppenübungen je Teilnehmer etwa fünf Minuten, Einzelübungen fünf bis zehn Minuten)

√ Beobachter und Teilnehmer sollten in dem Zeitplan so rotieren, dass die Beobachter die Teilnehmer sowohl in zwischenmenschlichen wie auch analytischen Übungen sehen

√ Während der Zeiträume, in denen die Beurteiler zur Auswertung unter sich sind, sollten von den Teilnehmern Einzelarbeiten, wie Fallstudien und Fragebögen, vorbereitet werden

Abb. 2.78 Checkliste Erstellen eines Zeitplans

und Feedback. Als Beispiel sei angenommen, dass es bei zwölf Teilnehmern drei Beobachtergruppen gibt, die jeweils vier Teilnehmer (rotierend) in Einzelübungen hintereinander oder in Gruppenübungen gemeinsam beobachten. Die beispielhaften Zeitangaben beinhalten die Beurteilungszeiten direkt nach jeder Übung:

Gruppenübung = 2 Std.

4×45 Min. Rollenspiel = 3 Std.

4×30 Min. Interview = 2 Std.

4×45 Min. Postkorb-Interview = 3 Std.

Summe = 10 Std.

Zeit	Thema	TN	Zeit	Thema	TN
Donnerstag			13.30-14.00	Interview	5
10.00-11.00	Einführung		14.00-14.15	Beobachterkonferenz	
11.00-11.30	Mitarbeitergespräch 1	1	14.15-14.45	Interview	6
11.30-12.00	Feedback, Beobachterkonferenz		14.45-15.00	Beobachterkonferenz	
12.00-12.30	Mitarbeitergespräch 1	2	15.00-15.30	Interview	7
12.30-13.00	Feedback, Beobachterkonferenz		15.30-15.45	Beobachterkonferenz	
13.00-14.00	Mittag		15.45-16.00	Interview	8
14.00-14.30	Mitarbeitergespräch 1	3	16.00-16.15	Beobachterkonferenz	
14.30-15.00	Feedback, Beobachterkonferenz		16.15-16.45	Moderationsübung	9
15.00-15.30	Mitarbeitergespräch 1	4	16.45-17.00	Beobachterkonferenz	
15.30-16.00	Feedback, Beobachterkonferenz		17.00-17.30	Moderationsübung	10
16.00-16.30	Fact-Finding	5	17.30-17.45	Beobachterkonferenz	
16.30-16.45	Beobachterkonferenz		17.45-18.15	Moderationsübung	11
16.45-17.15	Fact-Finding	6	18.15-18.30	Beobachterkonferenz	
17.15-17.30	Beobachterkonferenz		18.30-19.00	Moderationsübung	12
17.30-18.00	Fact-Finding	7	19.00-19.15	Beobachterkonferenz	
18.00-18.15	Beobachterkonferenz		**Samstag**		
18.15-18.45	Fact-Finding	8	08.30-09.00	Mitarbeitergespräch 2	1
18.45-19.00	Beobachterkonferenz		09.00-09.15	Beobachterkonferenz	
Freitag			09.15-09.45	Mitarbeitergespräch 2	2
08.30-09.15	Postkorb	9	09.45-10.00	Beobachterkonferenz	
09.15-09.30	Beobachterkonferenz		10.00-10.30	Mitarbeitergespräch 2	3
09.30-10.15	Postkorb	10	10.30-10.45	Beobachterkonferenz	
10.15-10.30	Beobachterkonferenz		10.45-11.15	Mitarbeitergespräch 2	4
10.30-11.15	Postkorb	11	11.15-11.30	Beobachterkonferenz	
11.15-11.30	Beobachterkonferenz		11.30-13.00	Mittag	
11.30-12.15	Postkorb	12	13.00-15.00	Gesamtbeo.konferenz	
12.15-12.30	Beobachterkonferenz		15.00-17.00	Feedbackgespräche	
12.30-13.30	Mittag				

Abb. 2.79 Beispielszeitplan

Bei diesem AC wäre also eine Netto-Beobachtungszeit von zehn Beobachterstunden notwendig, wobei für zwölf Teilnehmer drei Beobachtergruppen mit gleichem Zeiteinsatz notwendig wären. Da zu den zehn Stunden die Einführung für die Teilnehmer, Beobachterkonferenz und Feedback-Gespräche hinzukämen, bedeutet dies, dass ein solches AC etwa in eineinhalb Tagen leistbar wäre.

2. Schritt: Festlegung der Teilnehmer-Rotation
Der nächste Schritt besteht nun darin, die einzelnen Übungen über den Tagesablauf hinweg zu verteilen und eine Rotation von Teilnehmern und Beobachtern vorzusehen. Dabei sind die Hinweise in Abb. 2.78 zu beachten.

Die Rotation von Teilnehmern und Beobachtern ist auf folgende Kriterien hin zu optimieren:

- Möglichst geringes Aufeinandertreffen von gleichen Teilnehmern in einer Gruppendiskussion: Hierdurch sollen Kontrasteffekte minimiert werden. Dabei wäre die Leistung eines unter Umständen schwächeren Teilnehmers durch das permanente Zusammentreffen mit einem besseren Teilnehmer erschwert. Andres und Kleinmann (1993) haben berechnet, dass für ein AC mit sechs Beobachtern und sechs Übungen, in denen jeweils zwei Teilnehmer aufeinander treffen, die mathematisch optimale Häufigkeitsverteilung darin besteht, dass sich 42 Teilnehmerpaare zwei Mal treffen und 24 Teilnehmerpaare vier Mal treffen. Allerdings ist ein AC mit so vielen Gruppenübungen aus inhaltlichen Gründen ungeeignet.

- Geringes Zusammentreffen der identischen Beobachter in einer Beobachtergruppe. Hierdurch sollen etablierte Beziehungsnetzwerke unterbrochen werden, z. B. ein statushöherer oder erfahrener Beobachter dominiert immer den anderen Beobachter.
- Gleich häufiges Zusammentreffen Beobachter/Teilnehmer: Da sich Beobachter häufig früh im AC ein informelles Gesamturteil bilden, soll sich nicht ein Paar Beobachter/Teilnehmer häufiger treffen als andere Kombinationen.

Bei der Zeitplanorganisation ist daher im Idealfall die Rotation so anzusetzen, dass diese drei Prinzipien beachtet werden. Bei konstanter Anzahl von Übungen gibt es nun eine Variationsmöglichkeit in der Anzahl der Teilnehmer, die gleichzeitig zu einem AC eingeladen werden. Hier besteht die Möglichkeit, zum Beispiel statt eines AC mit zwölf Teilnehmern drei Veranstaltungen mit jeweils vier Teilnehmern zu organisieren. Sind keine Gruppenübungen vorgesehen, so lassen sich sogar zwölf Einzel-Assessments an verschiedenen Tagen durchführen. Der Vorteil liegt darin, dass die Teilnehmer nicht drei Tage ihren Arbeitsplatz verlassen müssen. Auch ist die Organisation von Räumlichkeiten erheblich einfacher. Allerdings steigt die Netto-Beobachterzeit um den Faktor 1,5 (vgl. Kap. 4.1).

2.9.7   IT-Tools für die AC-Organisation

Die Professionalisierung ist weiter fortgeschritten. Wer nicht auf die Microsoft-Produkte zur Unterlagenerstellung zurückgreifen möchte, hat in Deutschland bereits mehrere Anbieter zur Auswahl, die spezielle Programme zur organisatorischen Vorbereitung von AC erstellt haben (Webadressen von Anbietern in Anhang D). Leistungsmerkmale solcher Programme bestehen in folgenden Aspekten:

- Ausrechnung der Beobachterrotation und Zeitplanerstellung
- Ergebnisaufbereitung und Textbausteine
- Eingabe der Ergebnisse und Auswertung z. B. nach Beurteilertendenzen
- Methodische Weiterentwicklung, z. B. durch die Ausrechnung von Schwierigkeiten einzelner Verhaltensanker

Der mit den Programmen verbundene Aufwand – neben den Kosten – besteht darin, dass zunächst einmal alle Stammdaten des AC eingegeben werden müssen (etwa

Übungs-/Dimensionsmatrix, Verhaltensanker etc.). Dies betrifft dann auch Aspekte wie die Größe der Räume für die Zeitplanerstellung oder Zeitfenster für einzelne Übungstypen.

Am weitesten gehen Lösungen, bei denen das AC praktisch papierlos läuft. Dabei erhalten die Beobachter alle Eingabegeräte (Laptop oder sogenannte Tablet-PC), auf dem sämtliche Eingaben vorgenommen werden: Übungswerte und Texteingabe zu Zitaten und Beobachtungen. Per WLAN und installierten Hotspots werden diese Daten der Beobachter dann an einen zentralen Server gefunkt. Diese ständige Funkverbindung eröffnet ganz neue Möglichkeiten, um ein AC zu organisieren: So können Beobachter angefunkt werden, wenn im AC-Verlauf kritische Antworttendenzen festgestellt werden. In einer empirischen Untersuchung wurde mit Studierenden der Einfluss des Mediums (PC vs. Papier) auf das Beobachterverhalten untersucht (Harks und Holtmeier 2005). Dabei zeigte sich, dass die Beobachter die Kandidaten etwas milder beurteilen, wenn sie mit dem Tablet-PC arbeiten.

2.10 Erarbeitung eines Gesamturteils

Mögliche Ergebniskategorien

In den einzelnen AC-Übungen werden die Teilnehmer in der Regel von mehreren Beurteilern beobachtet. Je nach verwendetem Beobachtungssystem (s. Kap. 2.4.2) wird es notwendig sein, die individuellen Aufzeichnungen und Beobachtungen in ein abschließendes Gesamturteil zu integrieren.

Abhängig von der Zielsetzung des AC gibt es verschiedene Ergebnisformate, die beeinflussen, wie die Meinungsbildung hin zu einem Ergebnis erfolgen kann. Für Auswahlverfahren gibt es naturgemäß eine Ja-/Nein-Entscheidung bzw. bei Potenzialanalysen eine Ja-/Nein-Aussage zur Potenzialeinschätzung. In der Anwendungspraxis gibt es auch eine „bedingte" oder „eingeschränkte" Potenzialeinschätzung. Damit diese Kategorie nicht für konfliktscheue Entscheidungsgremien die Lösung für alle Zweifelsfälle wird, gilt es in diesem Fall vorab zu klären, welche Konsequenzen ein „bedingtes" Potenzial hat (z. B. nochmalige AC-Teilnahme, Wartezeit, Entscheidung durch andere Instanz).

Varianten des bedingten Formats sind Potenzialstufen, z. B. A bis D, mit denen die Eindeutigkeit des Potenzials gekennzeichnet wird (z. B. A für den „fast track" – Weg der besonders guten Teilnehmer). Eine „Falle" stellt die Ergebniskategorie „Fachlaufbahn" dar, wenn in dem AC keine Inhalte/Aufgaben hinterlegt sind, die zwischen „schlechtem Ergebnis" und „Fachlaufbahn" unterscheiden. Im Unternehmen wird es sich schnell herumsprechen, worin die eigentliche Bedeutung der „Fachlaufbahn" besteht. Differenzierte Ergebnisformate sind die Zuweisungen zu alternativen Karrierewegen, z. B. Experten-, Führungs- oder Projektleiterlaufbahn.

Speziell für Development Center oder Assessment Center mit dem Fokus auf Entwicklung und Feedback bietet es sich an, als Ergebnisformat qualitative Aussagen, z. B. zu Stärken oder Entwicklungsfeldern, anzustreben (Abb. 2.80).

☑	Beobachterkonferenz über 2 Stunden ist Indiz für geringe Auswertungsobjektivität
☑	Mini-Beobachterkonferenz nach jeder Übung
☑	Für die Einzeldimensionen grundsätzlich quantitative Urteilsbildung
☑	Bei PE-AC Verzicht auf Gesamtwert zugunsten qualitativer Empfehlungen
☑	Keine Empfehlung zur Fachlaufbahn aus dem AC heraus
☑	Gesamtwert nie als Mittelwert über die einzelnen Kriterien

Abb. 2.80 Erstellung Gesamturteil

Qualitative vs. statistische Urteilsfindung

Wenn die Ergebniskategorie nicht rein qualitativer Natur ist – wie beim DC – bestehen im AC die beiden klassischen Alternativen zum Prozess der Meinungsfindung. Hier gibt es einmal die statistische oder zahlenorientierte Ergebnisfindung, bei der quantitative Einzelurteile der Beobachter mit einem Tabellenkalkulationsprogramm oder einer speziellen AC-Software zu einem Gesamturteil verrechnet werden (engl. arithmetic oder statistical oder mecanical). Im Englischen gibt es weiterhin den Begriff OAR für Overall Assessment Rating für die Ergebniszahl im AC.

Die andere Vorgehensweise ist die qualitative (oder klinische) Diskussion der Ergebnisse im Rahmen einer Beobachterkonferenz (US-Englisch: observer conference, consensus meeting; UK-Englisch: wash-up session). Dabei tragen die Beobachter ihre Eindrücke oder Bewertungen aus den einzelnen Aufgaben vor. Mithilfe eines Moderators findet eine Diskussion statt, mit dem Ziel der Ja-/Nein-Entscheidung jeweils nach den Ergebniskategorien. Dieses Vorgehen entspricht dem ursprünglichen Ansatz des Harvard-Psychiaters Henry Murray, der in den 40er-Jahren die Entstehung der ersten AC im Kontext des amerikanischen Geheimdienstes OSS geprägt hatte. Er war es von seiner Mediziner-Zeit gewohnt, im Rahmen von Diskussionen mit Kollegen zu Entscheidungen zu kommen.

Die Vorgehensweise der Findung eines Gesamturteils variiert jeweils danach, ob es nach jeder Aufgabe eine Mini-Beobachterkonferenz gibt (vgl. Kap. 2.9.4) oder die Beobachter sich in ihren Einschätzungen erstmals in der Endbeobachterkonferenz abstimmen.

Bei der statistischen Vorgehensweise gibt es einige Varianten in der Anwendungspraxis. So kann die Entscheidung auf einer Mittelwertsbildung der verschiedenen Aufgaben oder Dimensionen beruhen. Dies hat den Nachteil, dass sich extreme Ausprägungen in einzelnen Dimensionen kompensieren könnten (z. B. sehr niedriger Wert in Empathie und sehr hoher Wert in Dominanz). Kontrollieren lässt sich dies, indem Mindestwerte für eine oder eine bestimmte Anzahl von Dimensionen festgelegt werden.

Eine weitere Variante wäre es, Differenzwerte von einem Sollprofil zu berechnen, sodass eine Übererfüllung in einzelnen Dimensionen (z. B. Dominanz) nicht mehr schwache andere Werte kompensieren könnte. Schließlich könnten die einzelnen Dimensionswerte gewichtet werden, z. B. auch auf einer empirisch-statistischen Basis danach, welche der Dimensionen sich als valide in Bezug auf das Gesamturteil oder auch auf Berufserfolgskriterien außerhalb des AC erwiesen haben. Letzteres Vorgehen setzt allerdings voraus, dass dazu entsprechende Daten für das jeweilige AC erhoben werden. Eine willkürliche Priorisierung und Höhergewichtung einzelner Dimensionen wird immer in ihrer Begründungslogik von den Beteiligten hinterfragt werden.

Eine Kombination von beiden Vorgehensweisen (qualitativ und quantitativ) ist weiterhin möglich.

Beide Vorgehensweisen sind emotional stark belegt. In der älteren deutschen AC-Literatur der 90er-Jahre gibt es Proteste gegen die quantitative Urteilsbildung. Breisig (1998, S. 133) schreibt etwa von Artefakten, „mit denen man sich selbst und andere vielleicht in der Illusion eines planmäßig-rationalen Personalmanagements halten kann". Lattmann (1989) weist auf die „Verarmung des AC" hin, die dadurch entsteht, dass die Beobachter nichts aus ihren Beobachtungen lernen könnten, wenn die Urteilsbildung in einer formalisierten Form abläuft. Kastner (1990, S. 613) betont, dass die „Komplexität und Unvergleichbarkeit von Situationen und Personen innerhalb eines Unternehmens" eine solche quantitative Vorgehensweise verbiete.

Ein methodischer Einwand wäre, dass die einzelnen Dimensionswerte gar nicht zu einem Mittelwert verrechnet werden können, da sie nicht Intervallskalenniveau haben, also im Unterschied zu einer Temperaturmessung die Differenz zwischen zwei und drei nicht zwangsläufig genauso groß ist wie drei und vier. Dies ist zwar richtig, dann wäre jedoch jede genau gemittelte Schul-, Abitur- oder Studiennote ungültig.

So wird die quantitative Vorgehensweise aus Sicht dieser Vertreter als künstlich, pseudo-wissenschaftlich, unpersönlich oder formalisiert abgewertet. Der qualitativen Vorgehensweise über eine Beobachterkonferenz wird man auf gleicher Ebene entgegenhalten, subjektiv, zeitraubend, unzuverlässig und willkürlich zu sein.

Die Anwendungspraxis der deutschsprachigen AC sieht zur Diskussion der klinischen vs. statistischen Urteilsbildung sehr eindeutig aus: Bei Potenzialanalysen werden 72,1 % der Entscheidungen qualitativ getroffen (Abb. 2.81) (23,5 % mit statistischer Vorgehensweise) (Abb. 2.82), jedoch auch bei Personalauswahl-AC liegt der Anteil dieser Entscheidungsmethode bei 68,6 %.

Eine neuere, globale Anwendungsstudie zur AC-Praxis über fünf Kontinente (Povah 2011) zeigt bei 75 % von 443 Organisationen, dass sie auf die qualitative Methode der Beobachterkonferenz setzen. Diese Dominanz besteht in allen Kontinenten. Lediglich 13 % der befragten Organisationen setzen auf eine rein quantitative Auswertung. Ähnliche Ergebnisse ergeben sich bei der reinen US-Studie (Spychalski et al. 1997). Erhoben wurde auch die Länge der Beobachterkonferenz. Je Teilnehmer werden zwischen zehn und dreißig Minuten aufgewendet, allerdings mit erheblichen Variationen. So investieren immerhin 23 % der befragten Organisationen in den amerikanischen Staaten mehr als 60 Minuten pro Teilnehmer. Erwartungsgemäß ist die investierte Zeit bei DC etwas höher als bei AC.

Empirische Daten zu qualitative vs. statistische Urteilsfindung

Es gibt einige ältere Studien, in denen die Validität der beiden Varianten in Bezug auf Berufserfolgskriterien verglichen wurde. In einer Studie von Borman (1982) bei Militärrekruten zeigte sich die qualitative Vorgehensweise als unterlegen in der

Stärken

- Hohe Kompetenz, Mitarbeiter zu motivieren: Vermittelt Wertschätzung und Optimismus; berücksichtigt die Interessen seiner Mitarbeiter und bemüht sich um ihre Arbeitszufriedenheit; ist hilfsbereit.

- Ausgeprägte Kundenorientierung: Reagiert gut auf Markterfordernisse und Bedarfssignale von Kunden; realisiert Akquisitionschancen, präsentiert gute Initiativen zur Steigerung der Service- und Kundenorientierung sowie des Vertriebs.

- Gutes unternehmerisches Denken: Denkt und agiert kosten- sowie ertragsorientiert, geht gut mit Unternehmenszahlen um.

- Sehr gutes analytisches Denken: Sehr gute Abstraktionsfähigkeit, gute Analyse von Zahlen- und Tabellenmaterial sowie von Texten.

Entwicklungsfelder

- Geringere Überzeugungskraft: Zu wenig tiefergehende Argumente und Argumentationsketten, könnte stärker mit dem Nutzen für den Gesprächspartner argumentieren sowie eigene Begeisterung vermitteln.

- Geringere Prozessorientierung : Fokussiert Einzelfalllösungen, könnte stärker auf schlecht laufende Prozesse eingehen.

Abb. 2.81 Beispiel qualitative Ergebniszusammenfassung

KRITERIEN	Postkorb	Mitarbeitergespräch 1	Mitarbeitergespräch 2	Moderationsübung	Fallstudie	Interview	Gesamt	Soll	Differenz
Soziale Kompetenz									
Teamfähigkeit		2,5	3,0	1,5			2,33	3,50	-1,17
Einfühlungsvermögen		2,5	3,0	3,0			2,83	3,50	-0,67
Konfliktfähigkeit		4,0	3,0	1,5			2,83	3,50	-0,67
Kundenorientierung	3,0						3,00	4,00	-1,00
Argumentaionsfähigkeit				3,0		4,0	3,50	3,50	0,00
Mitarbeiterführung									
Mitarbeitermotivation		2,0	3,0				2,50	4,00	-1,50
Ergebnisorientierung		2,5	2,5	2,0			2,33	3,50	-1,17
Problemlöse Kompetenz									
Komplexitätsverständnis	3,0				2,0		2,50	3,50	-1,00
Problemlösekompetenz	2,5				2,0		2,25	3,50	-1,25
Unternehmerisches Denken	3,0				2,0		2,50	3,50	-1,00
Persönliche Kompetenz									
Leistungsmotivation						3,5	3,50	4,00	-0,50
Lernbereitschaft			›3,5			3,0	3,25	4,00	-0,75

Abb. 2.82 Beispiel für eine Ergebnismatrix bei quantitativer Urteilsbildung

Vorhersage von Ausbildungserfolg – allerdings mit geringer Effektgröße und kleiner Teilnehmerzahl. In einer Studie zu AC bei Polizeibeamten (Feltham 1988) ergab sich ebenfalls nur eine leichte Überlegenheit der quantitativen Methode. Kriterium war hier die Vorgesetztenbeurteilung hinsichtlich verschiedener Leistungsaspekte sieben bis zwölf Jahre nach dem AC. Ähnliche uneindeutige Ergebnisse hinsichtlich der Überlegenheit einer Methode finden sich bei Tziner und Dolan (1982) und McEvoy et al. (1987) sowie Pynes und Bernardin (1992).

In einer etwas neueren Metaanalyse von Dilchert und Ones (2009) verglichen die Autoren Primärstudien im Hinblick auf folgende Punkte: das AC-Gesamtergebnis, die Summe der AC-Dimensionen sowie die im Hinblick auf die externen Erfolgskriterien statistisch gewichteten Dimensionsergebnisse. Letztere Vorgehensweise erwies sich als überlegen. Dies setzt für die AC-Anwendungspraxis allerdings voraus, dass entsprechende Daten gesammelt werden können, um diese dann so anzuwenden. Dies wird möglich sein bei länger laufenden Einstellungs-AC. Wenn in Metaanalysen zu Validitätsstudien die Form der Ergebnisfindung als statistischer Moderator analysiert wird, so kann hierzu kein Effekt nachgewiesen werden (Hermelin et al. 2007).

Zusammenfassend ist die Studienlage nicht eindeutig in Bezug auf die Überlegenheit der einen oder anderen Vorgehensweise. Dazu dürften auch die konkreten Vorgehensweisen zu stark variieren, wie genau die statistische Urteilsbildung jeweils abläuft und wie die Qualität der Diskussion in der Beobachterkonferenz im Detail aussieht.

Prozess der subjektiven Ergebnisfindung bei den Beobachtern

In einer viel zitierten Untersuchung haben Sackett und Hakel (1979) nachweisen können, dass die einzelnen Beobachter in der Bildung ihres Gesamturteils über recht konstante Strategien der Urteilsbildung verfügen: Die einzelnen Dimensionen und Übungen werden in einer immer ähnlichen Gewichtung zusammengefügt. In der Untersuchung von Sackett und Hakel besteht zwischen drei einzelnen Managementdimensionen und dem Gesamturteil ein Zusammenhang zwischen .84 und .87, das Gesamturteil lässt sich also schon durch Kenntnis einiger weniger Variablen recht präzise vorhersagen. So entsteht im AC offensichtlich viel Informationsballast, der zwar in den einzelnen Übungen erhoben wird, jedoch letztlich nicht dazu beiträgt, das Gesamturteil zu beeinflussen.

In die gleiche Richtung weisen die Untersuchungen von Maukisch (1989), der die Varianz der globalen Dimensionswerte durch fünf von insgesamt 26 Variablen zu 80 % aufklären konnte. Für ihn ist das ein deutlicher „Hinweis auf die beträchtlichen Möglichkeiten der Aufwandsminderung ohne Validitätseinbuße, die in der Reduktion der dimensionalen Komplexität, im Verzicht auf das Prinzip der Dimensionsschätzungen – in der Konferenz, wie auch schon auf der Primärebene – und in der Verwendung einer schlichten mechanischen Datenkombinationsregel liegen" (Maukisch 1989, S. 284).

Auch in einer Untersuchung von Sackett und Wilson (1982) stimmt bei 99 % der an der Untersuchung teilnehmenden Beobachter das individuell vor der Abschlusskonferenz festgelegte Urteil mit dem Gesamturteil nach der Besprechung überein. Sie zeigen, dass mit einer einfachen Entscheidungsregel bereits 94,5 % der in einer Diskussion erarbeiteten Urteile vorhergesagt werden können: Wenn drei der vier

Beurteiler bereits vor der Diskussion übereinstimmen, so wird das Diskussionsergebnis letztlich auch im Sinne dieses Urteils ausfallen.

In einem aufwendigen experimentellen Design hat Witt (1987) gezeigt, dass sich bei unterschiedlichen Typen von AC-Verfahren bei den Beobachtern Gesamturteile schon im zeitlich ersten Viertel des AC bilden, die späteren Informationen und Übungen kaum mehr berücksichtigt werden. Von einer Auswertungsobjektivität kann da kaum mehr die Rede sein.

Sozialpsychologische Prozesse in der Beobachterkonferenz

In der Sozialpsychologie gibt es eine lange Tradition in der Untersuchung von Entscheidungsfindungsprozessen in Gruppen. Eine Beobachterkonferenz ist auch eine klassische derartige Gruppe. Hier wirken Effekte wie der Konformitätsdruck der Mehrheit auf Minderheiten, der Einfluss von Status und Macht auf die Gruppenentscheidungen oder der Effekt des „risky shift", also des risikoreicheren und weniger abwägenden Entscheidungsverhaltens der Gruppe relativ zu Einzelpersonen. Auch tritt in Gruppen eine Eigendynamik auf, wenn sich solche Beobachterkonferenzen bis in die späten Nachtstunden hinziehen. Hier spielt möglicherweise die Selbstbestätigung der Beobachter eine Rolle für die Gruppenbildung („Wir haben es wieder geschafft, wir sind uns einig geworden!").

Entsprechende Effekte der Manipulation und Beeinflussung von Beobachtern hat Dewberry (2011) als stiller Beobachter solcher Sitzungen zusammengetragen. Das unten stehende Beispiel einer solchen fiktiven Beobachterkonferenz (Abb. 2.83) ist an Dewberry angelehnt. Dabei wird gezeigt, wie Äußerungen eines erfahrenen Assessors deutlichen Einfluss auf den Ausgang der Konferenz nehmen. Weiterhin wird veranschaulicht, welche Wirkung der Einbezug von Beobachtungspunkten außerhalb des AC haben kann. So besteht eine AC-spezifische Manipulation darin, nur auf einen Ausschnitt von Ergebnissen abzuheben, der auf der Linie der eigenen Wertung liegt („Nehmen wir doch mal das eine Ergebnis heraus, da war er nervös, dann sieht das Gesamtbild ganz anders aus").

Um solche Manipulationen zu verhindern, ist der Moderator gefordert. Allerdings sind die Beeinflussungsversuche – wie das Beispiel zeigt – häufig subtil. Der Moderator müsste jedoch eingreifen, wenn Informationen von außerhalb des AC zur Beeinflussung eingebracht werden oder einzelne Beobachter zu starke Redeanteile übernehmen wollen. Dies setzt allerdings innerhalb der Organisation eine notwendige Seniorität und gleichzeitig Unabhängigkeit gegenüber den Machtpromotoren voraus. Der Moderator sollte im Hinblick auf diese Manipulationsmöglichkeiten für die Beobachterkonferenz Spielregeln vereinbaren, z. B. dass sich Beobachter mit direkter beruflicher Nähe in der Diskussion zurücknehmen. Der Moderator könnte auch vorab mit den Beobachtern vereinbaren, wie im Konfliktfall vorgegangen werden soll (z. B. ob eine qualifizierte Mehrheit der Beobachter für eine Entscheidung ausreichend ist).

Empfehlung für die AC-Praxis

Die Beobachterkonferenz bietet, wie gezeigt, viel Raum für Manipulationsmöglichkeiten. Die Präferenz der AC-Anwender im deutschsprachigen Bereich wie international geht

Jüngerer Beobachter: *In Punkto Ergebnisorientierung habe ich Herrn Otto eher als schwachen Kandidaten erlebt. In der Teamübung war er nicht stark und in dem Verhandlungsgespräch hat er mich auch nicht absolut überzeugt. In Summe komme ich bei einer 5er Skala nur auf eine 2.*

Moderator: *Welche Beobachtungspunkte haben Sie noch?*

Erfahrener Beobachter: *Also ich habe Herrn Otto als einen starken und leistungsorientierten Kandidaten wahrgenommen. Er hat ein klares Gespür für die Marktsituation und kann auf die unterschiedlichsten Kundenwünsche adäquat reagieren, sowie darauf hinarbeiten den Kunden zufriedenzustellen. Das hat er meiner Meinung nach auch im Verhandlungsgespräch gezeigt. Hier sehe ich hinsichtlich Ergebnisorientierung keine Defizite bei ihm. Als Entwicklungsfeld könnte man sehen, dass er in der Teambesprechung nicht zeigen konnte, dass es ihm gelingt, konkrete Ergebnisse festzulegen. Glücklicherweise ist Herr Otto Mitarbeiter meiner Abteilung und ich kann hier zusätzliche Beobachtungspunkte beisteuern. So habe ich in meiner Führungsfunktion an einigen Sitzungen teilgenommen, die er in seinem Team geleitet hat. Hier konnte er die Gruppe steuern und hat klare Meilensteine für das weitere Vorgehen definiert. Seine Erwartungen an die Leistung jedes Einzelnen hat er dabei auch deutlich geäußert.*

Jüngerer Beobachter: *Hmmm, ich verstehe, was Sie meinen...*

Erfahrener Beobachter: *Meiner Meinung nach lag es lediglich an dem ungewohnten Setting der Übung, dass es ihm hier nicht gelungen ist, zu überzeugen.*

Jüngerer Beobachter: *Ja, das könnte natürlich sein.*

Erfahrener Beobachter: *In dem Verhandlungsgespräch konnte er gut überzeugen, hier musste er sich nur auf eine Person konzentrieren. Die Teamübung würde ich deshalb nur eingeschränkt werten, hier schien er damit Probleme zu haben, sich auf die Situation einzustellen. Das er in solchen Übungen überzeugen kann, davon habe ich mich bereits selbst überzeugen können! Also ich komme da insgesamt auf eine 4.*

Jüngerer Beobachter: *Also ursprünglich habe ich Herrn Otto auch eher zwischen 2 und 3 gesehen.*

Moderator: *Sie sehen ihn also doch eher bei 3?*

Jüngerer Beobachter: *Hmmm.*

Moderator: *Können wir als gemeinsames Ergebnis eine 3 festhalten?*

Erfahrener Beobachter: *Nein, nicht nach meinen Beobachtungen. Er war in der einen Übung absolut überzeugend. In die andere konnte er sich nicht richtig einfinden. Aber, ich habe ihn auch einmal in einem Projekt erlebt, da war er sehr souverän. Da kenne ich einige in unserem Unternehmen, die können sich hier eine Scheibe abschneiden!*

Jüngerer Beobachter: *Also ich kann hier auch höher als eine 3 gehen....*

Abb. 2.83 Fiktiver Auszug aus einer Beobachterkonferenz

klar in Richtung eines qualitativ-klinischen Vorgehens, möglicherweise auch, weil so den Machtpromotoren genügend Raum gegeben wird, die Entscheidung selbst beeinflussen zu können. Wenn ein Abteilungsleiter der HR-Einheit den Auftrag gibt, für Bewerber ein AC durchzuführen, dann will er selbst das Heft in der Hand behalten und nicht die Kontrolle verlieren.

In den empirischen Studien gibt es noch keinen Beleg für die Überlegenheit der einen oder anderen Vorgehensweise. Hierzu fehlen auch methodisch anspruchsvolle Studien.

Zunächst ist zu unterscheiden zwischen AC mit Auswahlcharakter und AC mit dem Schwerpunkt Feedback und Entwicklung. In Entwicklungs-AC wird das qualitative Feedback im Vordergrund stehen. Bei Auswahlveranstaltungen spricht für die Entscheidung nach dem Modell der Beobachterkonferenz:

- Übereinstimmung und gemeinschaftliche Entscheidungsfindung der Beobachter, höhere Akzeptanz
- Berücksichtigung von individuellen Facetten, z. B. Mustern von Beobachtungen über Übungen hinweg oder einzelner auffälliger Werte

Für das quantitative Vorgehen sprechen:

- Kein Einfluss durch Statusdifferenzen der Beurteiler oder Druck durch die Mehrheit auf Einzelbeobachter
- Zeit- und Kostenersparnis
- Berücksichtigung der ganzen Bandbreite von Daten, keine Reduzierung durch die beschränkte Verarbeitungskapazität der Beobachter

In der Praxis lassen sich auch beide Vorgehensweisen kombinieren: Auf reiner Zahlenebene werden die Teilnehmer in Kategorien eingeordnet – eindeutig positive Teilnehmer, eindeutig schwache Teilnehmer und Grenzfälle. Die qualitative Diskussion kann dann auf die Grenzfälle fokussiert werden. Eine andere Kombination basiert auf den Beurteilerunterschieden. Wenn diese auf einer 5er-Skala zum Beispiel nur einen Punkt betragen, wird auf eine Diskussion verzichtet und lediglich größere Abweichungen werden inhaltlich besprochen. Auf Basis dieser konsensual erreichten Werte wird dann automatisch ein Gesamtwert errechnet.

Die Entscheidung alleine auf Basis eines Mittelwerts über alle Kriterien ist jedoch nicht sinnvoll. Hierzu meint Cattel (1957, S. 11): „… ten men and two bottles of beer cannot be added to give the same total as two men and ten bottles of beer". Dies würde etwa bedeuten, dass massive Schwächen in einem Kriterium (z. B. Teamfähigkeit) durch Stärken in möglicherweise weniger bedeutenden Dimensionen (z. B. Organisation und Planung) kompensiert werden können.

Um zu vermeiden, dass einzelne (zu) hohe Ausprägungen, z. B. extreme Konfliktfähigkeit, andere niedrige Ausprägungen, z. B. Teamfähigkeit, in der Mittelwertbetrachtung überkompensieren, kann mit Differenzwerten zu einem Sollwert gearbeitet werden.

Auch können für einzelne Dimensionen vorab Abbruch- oder Mindestwerte festgelegt werden. Wenn diese unterschritten werden, führt dies unabhängig von den übrigen Ergebnissen zu einer Nein-Entscheidung.

In der Beobachterkonferenz am Ende des AC sollte für die einzelnen Teilnehmer das Gesamturteil mit dem vorher definierten Algorithmus gemeinsam nachvollzogen werden. Dies sichert die Akzeptanz der Beobachter und verhindert, dass für die Beurteiler die Ermittlung des Gesamturteils intransparent erscheint und dass diese sich nur als Informationslieferanten fühlen.

2.11 Rückmeldung der Ergebnisse an die Teilnehmer

2.11.1 Feedback-Gespräch

Übersicht

„Jeder Teilnehmer hat das Recht auf individuelles Feedback, um so das Ergebnis nachvollziehen und daraus lernen zu können". Dies ist einer der Qualitätsstandards des
deutschsprachigen Arbeitskreises AC e.V. (2004). Dazu gehört auch, dass die Teilnehmer
„ohne Ausnahme und unmittelbar" Feedback erhalten und dass dies auf vertraulicher
Basis geschieht.

Insgesamt scheint sich mittlerweile die Notwendigkeit eines Feedbacks – unabhängig von Umfang und Qualität – als Standard durchgesetzt zu haben. In der Befragung
zum Stand der AC-Anwendung (Obermann et al. 2012) geben bei den 120 beschrieben
AC-Verfahren praktisch alle Unternehmen an, dass sie mündlich oder schriftlich ein
Feedback geben. Gegenüber der Vorgängerbefragung aus dem Jahr 2007 hat sich hieran
auch wenig geändert (Abb. 2.84). Aussagen, dass das AGG aufgrund des Klägerisikos
zu einer Verminderung von Rückmeldungen führen würde, haben sich also bis zu dem
Zeitpunkt der Befragung nicht bestätigt.

Praxisrelevant ist auch die Zeitdauer zwischen AC und Feedback. 37 % der
Unternehmen geben das Feedback unmittelbar nach dem AC. Dieser Wert hat sich
allerdings gegenüber der Vorgängerbefragung aus 2007 von ursprünglich 56 % deutlich vermindert. Die Firmen geben also durchgängig Feedback, jedoch häufiger erst im
Nachgang zum AC. Eine andere praktische Frage ist das Format der Rückmeldung. In
61 % der beschriebenen 125 AC-Verfahren wird das Feedback mündlich und schriftlich
geben, in 35 % nur mündlich.

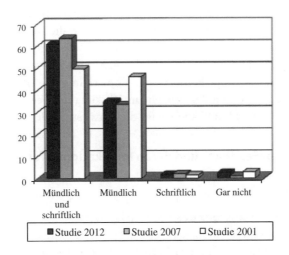

Abb. 2.84 In welcher Form erhält der TN eine Rückmeldung?. *Quelle* Obermann et al. (2012)

Verändert hat sich in den letzten Jahren offensichtlich die mittlere Dauer der Feedback-Gespräche. 24 % der Unternehmen geben als Zeitdauer bis zu 15 Minuten an, weitere 24 % geben 15 bis 30 Minuten an, der Rest führt längere Feedback-Gespräche. In mehr als der Hälfte der befragten Unternehmen nimmt man sich demnach mehr als 30 Minuten Zeit für jeden Teilnehmer.

Eine Variante besteht darin, den Teilnehmern ein kurzes mündliches Feedback direkt im Anschluss an das AC zu geben und zu einem späteren Zeitpunkt gegebenenfalls in Verbindung mit dem Ergebnisbericht ein vertiefendes und umfangreicheres Feedback-Gespräch durchzuführen.

Empirische Untersuchungen

Feedback ist bei Entwicklungs-AC die Tür zu der eigentlich angestrebten Wirkung: Eine positive Veränderung in dem Verhalten des Mitarbeiters, das das Unternehmen besser in die Lage versetzt, seine Geschäftsziele zu erreichen.

Wenn das Feedback diese Forderung nicht erfüllen kann, sind auch die vorherigen Bemühungen um Anforderungsbezug der Übungen oder Schulung der Beobachter sinnlos. Deshalb scheint es auch betriebswirtschaftlich wichtig zu sein, sich mit der Frage auseinanderzusetzen, wie das Feedback die gezielte Wirkung erreicht.

In den letzten Jahren hat sich insbesondere Kudisch mit dem Thema auseinandergesetzt (Kudisch 1997; Kudisch, Lundquist und Smith 2001; Kudisch, Lundquist und Al-Bedah 2004) und in diesem Zusammenhang zur Strukturierung ein Modell konzipiert, um die verschiedenen Einflussgrößen im Feedbackprozess zu strukturieren. Die empirische Basis stellen jeweils Nachbefragungen von AC-Teilnehmern zur Wirkung des Feedbacks. Das Modell von Kudisch und Ladd wurde von Byham (2006) durch die Aspekte „Formalität" und „Qualität der Entwicklungsplanung" ergänzt.

Als die wesentlichen Einflussquellen werden der Feedbackgeber, der Feedbackempfänger (AC-Teilnehmer), die Art der Nachricht/Inhalt des Feedbacks und der organisatorische Kontext betrachtet. Abhängige Größen sind die Akzeptanz des Feedbacks, die Veränderungsmotivation, die Formalität der Entwicklungsplanung, die Qualität der Entwicklungsplanung und die tatsächlichen Entwicklungsaktivitäten der AC-Teilnehmer. Die Arbeitsgruppe Feedback und Entwicklung des Arbeitskreises AC (2008) hat sich mit den zentralen Einflussgrößen zur Wirkung des Feedbacks befasst und folgende Einflussgrößen und Implikationen für die Praxis ermittelt:

Einflussgrößen im Feedback und deren Implikationen für die Praxis

Feedbackgeber

Wahrgenommene Kompetenz des Feedbackgebers

Ein als kompetent wahrgenommener Feedbackgeber (z. B. akzeptierte Führungskraft, nachgewiesene Erfahrung als Feedbackgeber, Eignungsdiagnostiker, Wissen/Erfahrung hinsichtlich der Stellenanforderung etc.) erhöht die Chance, dass das Feedback und das AC-Ergebnis akzeptiert werden (Ilgen et al. 1979; Kudisch et al. 2001). Daraus ergibt sich in der Praxis die Anforderung, Feedbackgeber zielgerichtet auszuwählen (Zulassungskriterien), diese zu schulen und die wahrgenommene Kompetenz des Feedbackgebers zu erheben. Daneben sollten dem Kandidaten zu Beginn des AC oder des Feedbacks die Erfahrung und Expertise des Feedbackgebers kurz dargelegt werden.

Zugeschriebene Motive

Motive, die dem Feedbackgeber zugeschrieben werden, beeinflussen die Akzeptanz des AC-Urteils (Fiege et al. 2006). Wichtig ist es daher, bei der Auswahl des Feedbackgebers sicherzustellen, dass dieser nicht befangen ist. Das Feedback sollte von Personen durchgeführt werden, die über keine speziellen auf den einzelnen Teilnehmer fokussierten Motive verfügen (z. B. Externe oder aus einem anderen Bereich stammende Führungskräfte). Es empfiehlt sich, den AC-Kandidaten im Vorfeld darüber zu informieren.

Grundhaltung des Feedbackgebers gegenüber dem Feedbackempfänger

Eine reflektierte und neutrale bis positive Grundhaltung des Feedbackgebers gegenüber dem Feedbackempfänger ist die Grundlage für die Akzeptanz des Feedbacks und wirkt sich positiv auf dessen Veränderungsmotivation aus. Die Empfehlung für die Praxis lautet, bei der Festlegung des Feedbackgebers sicherzustellen, z. B. durch die Beobachtung des Feedbackgebers im Vorfeld, dass der Feedbackgeber ein grundsätzliches Interesse an der Entwicklung jeden Empfängers hat und Glaubwürdigkeit vermittelt. Im Feedback ist es wichtig, dass der Feedbackgeber die positive und negative Kritik eindeutig und wertschätzend äußert. Diese Kritik sollte anhand von konkreten Beispielen belegt werden.

Glaubwürdigkeit des Feedbackgebers

Kudisch (1996) ermittelte zudem einen Zusammenhang zwischen der Glaubwürdigkeit des Feedbackgebers und der Feedback-Akzeptanz. Dieser Zusammenhang konnte in einer Studie von Klebl (2010) bestätigt werden: Als zentraler Einflussfaktor auf die Feedback-Akzeptanz wird hier die Glaubwürdigkeit des Feedbackgebers identifiziert, wobei hier Faktoren wie „Expertise", „Vertrauen" und „keine unterstellten Interessenkollisionen" eine Rolle spielen. Für die Praxis bedeutet dies, dass bei der Auswahl des Feedbackgebers darauf zu achten ist, dass dieser eine hohe Glaubwürdigkeit vermittelt.

Grundhaltung des Feedbackgebers gegenüber den eingesetzten Instrumenten

Eine positive Grundhaltung des Feedbackgebers gegenüber dem Instrument Feedback und dem eingesetzten Verfahren wirkt sich positiv auf die Akzeptanz des Feedbacks durch die Empfänger aus. Wichtig ist daher eine zielgerichtete Auswahl der Feedbackgeber und die Berücksichtigung der Grundhaltung potenzieller Feedbackgeber gegenüber dem Instrument Feedback und dem AC, beispielsweise in der Beobachterschulung. Daneben sollte vor und während des Verfahrens auf eine positive Grundhaltung der Feedbackgeber eingewirkt werden.

Feedbackempfänger

Wirkung der Eigenschaften des Teilnehmers

Die Frage der Feedback-Akzeptanz hängt auch mit Eigenschaften des AC-Teilnehmers selbst zusammen. In Kudischs Studie von 1997 waren Teilnehmer mit höheren Ergebnissen im analytischen Denken und Selbstvertrauen dem Feedback gegenüber generell positiver eingestellt. Dies konnte jedoch in der Untersuchung mit arabischen Teilnehmern (Kudisch et al. 2004) sowie in einer Studie von Zenglein (2010) nicht bestätigt werden. Persönlichkeitseigenschaften der Teilnehmer – wie Flexibilität – und AC-Ergebnisse im kognitiven Bereich – Analysefähigkeit – haben keinen Einfluss auf die AC-Akzeptanz. In einer Studie (Obermann 1994) waren jedoch motivationale Aspekte ein guter Prädiktor für die Lerngewinne nach einer AC-Übung mit Feedback und der darauf folgenden parallelen Übung.

Selbstwertschutz

Negatives Feedback verursacht beim Feedbacknehmer tendenziell eine externale Attribution (Gründe werden außerhalb der eigenen Person gesucht), die sich negativ auf seine Veränderungsmotivation auswirkt. Diese Tendenz ist in der Regel umso stärker, je größer die Diskrepanz zwischen Selbst- und Fremdbild ist. In der Praxis sollte daher das Selbstbild hinsichtlich der im AC relevanten Kompetenzen im Vorfeld des Feedbacks systematisch erfasst werden. Weitere Hinweise zur Verringerung einer externalen Attribution sind das Abstimmen des Feedbacks auf die Reaktionen des Feedbacknehmers, die Würdigung des Feedbacknehmers in seinen Stärken und die Formulierung lösungs- und verhaltensorientierter Entwicklungsangebote.

Abweichungsgrad Selbstbild/Fremdbild

Geringe, leicht negative Abweichungen des rückgemeldeten Fremdbildes im Vergleich zum Selbstbild erhöhen die Entwicklungsaktivitäten des Teilnehmers (Bernthal et al. 2001). Woo (2008) hat in einer Studie mit 172 amerikanischen Managern ermittelt, dass bei Unterschieden zwischen Selbst- und Fremdbild die Entwicklungsaktivitäten bei denjenigen Teilnehmern höher waren, die sich systematisch überschätzt haben. Geringere Entwicklungsaktivitäten wurden dagegen bei denjenigen Teilnehmern festgestellt, die mit ihrer Einschätzung unterhalb derer der Beobachter lagen. Daher empfiehlt es sich für die Praxis im Feedback-Gespräch, diejenigen Kompetenzen herauszugreifen, die eine geringe, leicht negative Differenz aufweisen und diejenigen, bei denen sich die Teilnehmer eher überschätzt haben. Zu diesen Kompetenzen sollten dann im Dialog Entwicklungsmöglichkeiten abgeleitet werden.

Feedbackgeber	• Wahrgenommene Kompetenz des Feedbackgebers • Zugeschriebene Motive • Grundhaltung gegenüber Feedbackempfänger • Grundhaltung gegenüber den eingesetzten Instrumenten
Feedback - empfänger	• Selbstwertschutz • Abweichungsgrad Selbst - /Fremdbild • Selbstwirksa mkeit
Feedback	• Reihenfolge der Feedbackpunkte • Anzahl der kommunizierten Entwicklungsfelder • Anforderungsbezug /Realitätsnähe der Übung • Konkretheit /Spezifität des Feedbacks • Feedbackbezug (übungs - und anforderungsbezogen) • Form des Feedbacks (mündlich/schriftl ich) • Verbindung mit Zielsetzung • Verständlichkeit und Nützlichkeit • Konkrete Entwicklungsschritte • Zeitpunkt der Ermittlung der Entscheidung • Assessment Center Ergebnis
Kontext	• Zeitnahes Feedback • Unterstützung • Wahrgenommene Nützlichkeit der Entwicklung

Abb. 2.85 Einflussfaktoren für die Wirksamkeit von Feedback. *Quelle* Arbeitskreis AC (2008)

Selbstwirksamkeit

Eine sehr hohe Selbstwirksamkeit des Feedbackempfängers erhöht die Wahrscheinlichkeit, die persönliche Entwicklung umzusetzen (Odermatt 2006). Für die Praxis empfiehlt es sich daher, die Selbstwirksamkeit im AC oder im Feedback durch Fragen (gesprächsdiagnostisch oder Fragebogen) zu erheben. Feedbackempfänger mit niedriger Selbstwirksamkeit sollten dann bei der Planung der persönlichen Entwicklung stärker unterstützt werden bzw. auf die Wichtigkeit hingewiesen werden, sich proaktiv Unterstützung bei der Umsetzung des Entwicklungsplans zu holen (Abb. 2.85).

Feedback

Reihenfolge der Feedbackpunkte

In einer Laboruntersuchung gingen Stone et al. (1984) der Frage nach, welchen Effekt die Reihenfolge der Feedbackpunkte auf die vom Teilnehmer wahrgenommene Genauigkeit und damit auch Akzeptanz der Rückmeldung hat. Unter Berücksichtigung einiger anderer Variablen kommen die Autoren zu folgendem Ergebnis: „Die Daten deuten an, dass das Aufzeigen der positiven Punkte am Anfang effektiver als Kritik ist, wenn (a) der Beurteiler fachlich als kompetent erlebt wird, (b) der Teilnehmer der Überzeugung ist, sein Verhalten sei weitgehend von ihm selbst steuerbar und (c) der Teilnehmer seinen Selbstwert eher hoch einschätzt" (Stone et al. 1984, S. 504; Übersetzung C. O.). Sind die drei genannten Punkte nicht gegeben, wird die umgekehrte Reihenfolge des Feedbacks genauso akzeptiert und für korrekt gehalten. Für die Praxis bedeutet das, bei der Kommunikation der Ergebnisse an den Feedbackempfänger zuerst die Stärken und dann die Schwächen anzusprechen. Am Ende des Feedbacks empfiehlt es sich, mit einem Rückbezug zu einzelnen Stärken noch eine Ermutigung auszusprechen.

Anzahl der kommunizierten Entwicklungsfelder

Die Veränderungsmotivation des Feedbackempfängers ist höher, wenn die Anzahl der Entwicklungsfelder (Stärken und Schwächen, die vom Feedbackempfänger weiterentwickelt werden) begrenzt ist. Mehr als ein halbes Dutzend Kernbotschaften kann sich niemand merken. Ein Beobachter im Feedback-Gespräch muss daher in der Lage sein, die diversen Verhaltensbeobachtungen auf solche Kernbotschaften zu reduzieren. Beobachter haben häufig das Bedürfnis, den Teilnehmern ein komplettes Bild zu geben und zu jeder Übung verschiedene Eindrücke und Beobachtungen weiterzugeben. Entweder zu Gesprächsbeginn oder am Ende sollte daher ein Fazit stehen, z. B. „Ihre drei wesentlichen Stärken, die Sie heute schon für eine Führungstätigkeit mitbringen" oder „Die drei aus unserer Sicht wichtigsten Lernfelder".

Anforderungsbezug/Realitätsnähe der Übungen

Weitere Einflüsse auf die Feedback-Akzeptanz hat der Anforderungsbezug bzw. die Realitätsnähe der Übungen. Feedback, in welchem ein konkreter Bezug zwischen den beobachteten Verhaltensweisen und den Anforderungen der Zielposition hergestellt wird, wird eher angenommen (Ilgen et al. 1979). Dieser Effekt konnte sowohl bei Klebl (2010) wie auch bei Zenglein (2010) bestätigt werden. Die Realitätsnähe des Verfahrens ist von hoher Bedeutung für die Feedback-Akzeptanz. Wichtig ist es daher, die erfolgskritischen Anforderungen der Zielposition umfassend zu beschreiben und in den AC-Aufgaben messbar darzustellen. Damit haben unternehmens- und teilnehmerspezifisch entwickelte Verfahren klare Vorteile gegenüber Standardverfahren „von der Stange". Im Feedback-Gespräch empfiehlt es sich, gezielt den Bezug zwischen den gezeigten Verhaltensweisen und den Anforderungen der Zielposition darzustellen.

Konkretheit und Spezifität des Feedbacks

Verhaltensnahes, konkretes und auf die Anforderungsdimensionen bezogenes Feedback verbessert das Wissen des Teilnehmers um „richtiges/falsches" Verhalten in der Organisation (vlg. Durham 1981). Auch Kudish et al. (2002) fanden für die Spezifität des Feedbacks einen positiven Zusammenhang mit der Feedback-Akzeptanz. Nach Odermatt (2006) erhöhen die Verständlichkeit und Spezifität des Feedbacks die wahrgenommene Nützlichkeit. Dies bedeutet, dass es notwendig ist, während des AC konkretes, handlungsrelevantes und auf die AC-Aufgaben und Anforderungsdimensionen bezogenes Verhalten zu beobachten und festzuhalten. Daneben sollte der Transfer in ein von der Organisation gewünschtes Verhalten geleistet werden.

Feedbackbezug (übungs- und anforderungsbezogen)

Sowohl anforderungs- wie auch übungsbezogenes Feedback wird mit positiven Reaktionen aufgenommen (Thornton et al 1999). Während der AC-Übungen sollten daher die Verhaltensweisen mit einem direkten Bezug zu den Anforderungsdimensionen notiert werden. Für das Feedback ist es hilfreich, diese anforderungsbezogenen Verhaltensweisen in Bezug zu den einzelnen Übungen zu setzen. Konkret bedeutet dies, die Rückmeldungen im Feedback in Bezug auf die Anforderungsdimensionen zu formulieren und dafür Beispiele aus den verschiedenen Übungen aufzuführen.

Form des Feedbacks (mündlich/schriftlich)

Feedback sollte sowohl schriftlich wie auch mündlich erfolgen, da es unterschiedliche Effekte hat. Schriftliches Feedback ist weniger verfälschbar, mündliches Feedback wird aber eher akzeptiert. Für die Praxis bedeutet dies, dass Feedback idealerweise schriftlich und mündlich vermittelt wird. Dabei sollte das schriftliche Feedback möglichst präzise und „objektiv" formuliert werden, während das mündliche Feedback als Anlass für den gemeinsamen Dialog verwendet werden sollte.

Verbindung mit Zielsetzung

Feedback alleine garantiert noch keine positive Weiterentwicklung. Feedback, welches mit konkreten Zielsetzungen einhergeht, kann zur Erreichung einer optimierten Performance beitragen (Locke und Latham 1990). Aus dem AC-Ergebnis sollten daher sinnvolle und umsetzbare individuelle Zielsetzungen abgeleitet werden. Dazu ist es hilfreich, die Zielsetzung des Arbeitsbereiches zu kennen. Im Feedback-Gespräch sollten dann möglichst konkrete Ziele gemeinsam mit dem Feedbacknehmer festgelegt werden, die die individuelle Entwicklung des Teilnehmers unterstützen.

Verständlichkeit

Als eines der stärksten Korrelate zur Feedback-Akzeptanz wurde die Verständlichkeit des Feedbacks ermittelt (Kudisch et al. 2002). Für die Praxis folgt daraus, dass auf eine einfache, klare und verständliche Kommunikation ein hohes Gewicht gelegt werden muss, wenn die AC-Ergebnisse beim Teilnehmer ankommen sollen. Dazu ist es hilfreich, anschauliche Beispiele und prägnante Formulierungen einzusetzen. Darüber hinaus sollten Rückfragen gestellt werden, um sicherzustellen, dass das Feedback verstanden worden ist.

Nützlichkeit

Nach Klebl (2010) ergab sich für die Nützlichkeit des Feedbacks der größte Effekt auf die Variable „Wunsch, auf Feedback zu reagieren". Nützlichkeit des Feedbacks wird dabei so verstanden, dass das Feedback Hinweise enthält, dass und wie sich ein Teilnehmer verbessern kann. Nach Odermatt (2006) fördert die wahrgenommene Nützlichkeit die Formalität und Qualität der Entwicklungsplanung und damit auch die Wahrscheinlichkeit nachfolgender Entwicklungsaktivitäten.

Dies bestätigt auch eine Studie von MacDonald (1988), bei der untersucht wurde, welche Teilnehmer mehrere Jahre nach der AC-Teilnahme tatsächlich Entwicklungsmaßnahmen umgesetzt haben. Die wichtigste Stellschraube für die spätere Umsetzung liegt interessanterweise in der Form des Feedbacks selbst: Wenn die im AC festgestellten Schwächen für die Mitarbeiter nachvollziehbar sind, die Empfehlungen für Weiterbildungsprogramme möglichst konkret an diesen anknüpfen und schließlich für die Mitarbeiter damit unmittelbar plastisch wird, aus welchen Gründen und wie bestimmte Schwächen damit ausgeglichen werden können, haben die AC-Ergebnisse die größte Aussicht auf Umsetzung in der Praxis.

Nach Klebl (2010) sollte beim Training von Feedbackgebern besonders darauf geachtet werden, dass diese in ihrem Feedback konkrete Anregungen geben, wie Verbesserungspotenziale realisiert werden können und dass Teilnehmer in der Lage sind, Lernerfolge zu realisieren.

Konkrete Entwicklungssschritte

Feedback wird positiver aufgenommen, wenn die spezifischen Entwicklungsschritte für eine Verbesserung und Weiterentwicklung identifiziert und konkretisiert sind (Korsgaard und Diddam 1996). Für die Praxis empfiehlt es sich, im Vorfeld bereits differenziert nach den Ergebnisprofilen mögliche Entwicklungswege und -schritte zu entwerfen. Im Feedback sollten dann auf Basis der zu erreichenden Ziele die konkreten und individuellen Entwicklungswege und -schritte aufgezeigt werden (Abb. 2.86).

Zeitpunkt der Mitteilung der Entscheidung

Eine zu späte Mitteilung des Gesamtergebnisses im Verlauf des Feedbacks vermindert die Aufmerksamkeit des Feedbacknehmers für das Feedback. Das Bedürfnis der Teilnehmer ist zunächst zu erfahren: „Habe ich bestanden?" oder „Wie wurde ich erlebt?". Bei einem (internen/externen) Auswahl-AC mit einer Ja-/Nein-Entscheidung sollte dieses Bedürfnis zuerst befriedigt werden. Der AC-Teilnehmer sollte selbst entscheiden, in welcher Tiefe er ergänzende Informationen aus einzelnen Übungen erfahren möchte. Daher sollte die Struktur des Feedback-Gesprächs vorab so festgelegt werden, dass die Mitteilung des Gesamtergebnisses möglichst früh erfolgt und es einen angemessenen Zeitpuffer für die Verarbeitung negativer Ergebnisse gibt.

Assessment Center-Ergebnis

In einer Reihe von Studien zeigt sich die Bedeutung des Feedback-Vorzeichens für die Akzeptanz. Das bedeutet, ein positives Feedback führt zu einer höheren Akzeptanz als negatives (Jones und Whitmore 1995; Kudisch, Lundquist und Smith 2002). Dies ist

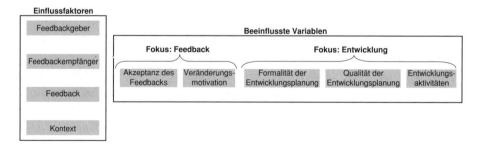

Abb. 2.86 Ansatzpunkte zur Gestaltung von Feedback als Entwicklungsinstrument. *Quelle* Modell nach Kudisch und Ladd (2003), vgl. Byham (2006)

nicht überraschend: Wenn die Rückmeldungen positiv sind, werden sie eher angenommen. Allerdings konnte dieser Zusammenhang in einer Studie von Zenglein (2010) bei der Untersuchung eines Development Centers nicht ermittelt werden. Dies kann ein Hinweis darauf sein, dass der Effekt dieser Variable auf die Feedback-Akzeptanz in Assessment Centern im Vergleich zu Development Centern unterschiedlich ausfällt. Für die Praxis bedeutet dies, dass bei einem negativen AC-Ergebnis vermehrt mit Widerstand seitens des Teilnehmers zu rechnen ist. Daher sollten die Feedback-Gespräche hier besonders gut vorbereitet sein.

Ein eher gutes AC-Ergebnis vermindert tendenziell die Bereitschaft, einen formalen Entwicklungsplan aufzustellen (Odermatt 2006). In der Praxis bedeutet dies, dass bereits im Vorfeld überlegt werden sollte, welche Entwicklungsmöglichkeiten bei guten Ergebnissen festgehalten werden können. Erfolgreiche AC-Absolventen sollten noch gezielter zur Erstellung eines formalen Entwicklungsplanes ermuntert werden, somit sollte der individuelle Nutzen aufgezeigt werden.

Kontext

Unterstützung
Als eine sehr wichtige Variable für die Feedback-Akzeptanz erweist sich dabei die soziale Unterstützung durch Kollegen und Vorgesetzte. In der Untersuchung von Kudisch et al. (2004) hatten alle drei Subaspekte der sozialen Unterstützung hoch signifikante Korrelationen mit der Feedback-Akzeptanz: Unterstützung durch Kollegen, Unterstützung durch Vorgesetzte, Unterstützung durch Top-Management (Abb. 2.87). Auch Odermatt (2006) fand einen Zusammenhang zwischen hoher Formalität und Qualität der Entwicklungsplanung und der Unterstützung durch das private Umfeld und den Vorgesetzten.

Kudisch ermittelt aus den diversen Einflussvariablen auf die Feedback-Akzeptanz eine Regression ($R^2 = .40$); dabei sind die Variablen mit den höchsten Beta-Gewichten die Verständlichkeit des Feedbacks und alle drei genannten Aspekte der wahrgenommenen Unterstützung.

Abb. 2.87 AC-Feedback – die wichtigsten Faktoren für Akzeptanz. *Quelle* Kudisch et al. (2004) und Klebl (2010)

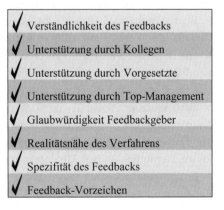

✓ Verständlichkeit des Feedbacks

✓ Unterstützung durch Kollegen

✓ Unterstützung durch Vorgesetzte

✓ Unterstützung durch Top-Management

✓ Glaubwürdigkeit Feedbackgeber

✓ Realitätsnähe des Verfahrens

✓ Spezifität des Feedbacks

✓ Feedback-Vorzeichen

Dies ist für die AC-Praxis sicherlich eine wichtige Erkenntnis. So dürfte das Augenmerk der meisten AC-Verantwortlichen auf Eigenschaften des Verfahrens selbst liegen. Dabei ist es wichtiger, welche Wahrnehmung der Teilnehmer dazu hat, wie sein berufliches Umfeld auf das AC reagiert: Reagiert der Vorgesetzte interessiert und unterstützend? Finden die Kollegen die AC-Teilnahme gut? Hat das Management klar gemacht, welche Bedeutung die Weiterentwicklung und das Lernen der Teilnehmer besitzt?

Zeitnahes Feedback
Erfolgt das Feedback zeitnah nach dem AC, dann begünstigt dies die Akzeptanz. Die Wahrscheinlichkeit, dass die Selbstwahrnehmung zwischenzeitlich durch andere Einflüsse, wie z. B. durch Kommentare anderer oder Erinnerungslücken, verfälscht wird, ist geringer (Harackiewitz et al. 1985). Daher sollte der Ablauf des AC so gestaltet werden, dass ein zeitnahes Feedback nach dem Verfahren stattfinden kann. Eine Möglichkeit besteht darin, die zentralen Rückmeldungen direkt im Anschluss an das Verfahren zu geben.

Wahrgenommene Nützlichkeit der Entwicklung
Wird in der Organisation dem Feedbackempfänger die Nützlichkeit seiner persönlichen Entwicklung aufgezeigt, so wird die Planung formeller gestaltet und die persönliche Entwicklung wahrscheinlicher umgesetzt (Odermatt 2006). In der Praxis sollte daher mit dem Auftraggeber im Vorfeld geklärt werden, welche Bedeutung persönliche Entwicklung allgemein in der Organisation und im speziellen Fall des Feedbackempfängers hat und welche Konsequenzen daraus resultieren. Der Feedbackempfänger sollte auf diese Bedeutung hingewiesen werden und im Feedback-Gespräch den Mehrwert für die Karriere und Entwicklung aufgezeigt bekommen. Auch Klebl (2010) empfiehlt, auf mögliche positive Konsequenzen von Lernerfolgen, wie z. B. potenzielle Aufstiegschancen, hinzuweisen.

Praktische Implikationen für das Feedback-Gespräch
Aus den empirischen Untersuchungen lässt sich für die Praxis mitnehmen, dass die AC-Teilnehmer den Feedbackgeber als erfahren, kompetent und glaubwürdig empfinden sollten und dass die Botschaften verständlich sind.

Beim Feedback-Gespräch gibt es auch für die AC-Autoren eine Rückmeldung zur Qualität des Verfahrens: Gibt es eindeutige Verhaltensanker für die Beobachtungen? Kann ein Lernfeld auch an mehreren Beobachtungen festgemacht werden oder kann der Kandidat dies mit dem Hinweis auf einen Zufall wegschieben? Sind die Fallbeispiele so realistisch, dass die Teilnehmer überzeugt werden können?

Berücksichtigen sollte der Feedbackgeber beim Gespräch die situationsbedingte Angst/ Anspannung des Teilnehmers, dessen Selbstbild, Blockierungen, Abwehrreaktionen des Teilnehmers und die Notwendigkeit, den Teilnehmer zur Weiterentwicklung seiner Person zu motivieren (vgl. Uhlenbrock und Vornberger 1990, S. 560).

Einige Feedbackgeber lassen selbst die Konfliktfähigkeit vermissen, die sie bei den Kandidaten bewerten: Wenn ein Verhaltensaspekt deutlich kritisch war, hat es der

- Bei AC mit Ja-/Nein-Entscheidung: Diese Botschaft zuerst!
- 30 Minuten Deskription von Übungsbeobachtungen – wo ist die „Botschaft"/ das Fazit?
- Was sind die zwei bis drei Aspekte, die der Teilnehmer mitnehmen soll?
- Visualisierung der wichtigen Aussagen auf Papier – kein "Volltexten" des Teilnehmers!
- Keine Rückmeldung ohne Beleg: „Backup" von mind. zwei Zitaten/ Verhaltensbeispielen!
- Wie sieht sich der Teilnehmer selbst – Wie können Widersprüche zum AC erklärt werden (auch das AC ist nur eine Sichtweise!)?
- Vorletzter Schritt des Gesprächs: Wie geht es aus Firmensicht jetzt weiter?
- Letzter Schritt des Gesprächs: Wo steht nun der Teilnehmer – Frage: Wie wird er/sie die Ergebnisse dem Chef/dem Ehemann wiedergeben?

Abb. 2.88 Organisation des Feedback-Gesprächs

Teilnehmer auch verdient, dies offen zu erfahren und nicht in Form von nebulösen Andeutungen („Was Sie noch ein klein wenig verbessern könnten, nur wenn dies geht …").

Ein gutes Rückmeldegespräch stellt immer einen Dialog dar, der dem Teilnehmer genügend Redeanteile lässt, um seine gegebenenfalls abweichende Selbstsicht zu erläutern. Es sollte Raum vorhanden sein, gemeinsam Hypothesen zu bilden, wie sich die unterschiedliche Selbstsicht und Beobachtersicht im AC erklären lassen.

Keine Rückmeldung ohne Beleg: Die einzelnen Bewertungen und Beurteilungen sollten mit Zitaten und möglichst mehreren verhaltensnahen Beobachtungen belegt werden können, psychologische Fachbegriffe und Schlagwörter (wie lediglich Einfühlungsvermögen ohne weitere Erläuterung) gehören nicht in das Rückmeldegespräch (Abb. 2.88).

Im Rahmen eines Förderseminars sollten sich die Rückmeldungen inhaltlich auf die Aspekte konzentrieren, die auch mit Personalentwicklungsmaßnahmen veränderbar scheinen.

Insgesamt ist zu beachten, dass auf den erkannten Stärken aufgebaut wird und der Schwerpunkt nicht darauf liegen sollte, alle erkannten Schwächen zu beseitigen. In dem Gespräch darf nicht der Eindruck erweckt werden, dass Änderungen ganz einfach oder von allein kommen, sondern vielmehr letztlich in der Verantwortung des Mitarbeiters liegen.

Mit dem Rückmeldegespräch sind die ursprünglichen Zielsetzungen eines Potenzialanalyse- oder Förderseminars noch nicht erreicht, sondern erst dann, wenn die hieraus abgeleiteten Erkenntnisse verhaltensbezogen umgesetzt wurden. Ein wichtiges Gesprächsthema sollte deshalb in der Planung der nächsten Schritte bestehen (Gespräch mit dem Vorgesetzten, Verwendung der gewonnenen Informationen, Gutachten) und insbesondere der Einleitung von Entwicklungsmaßnahmen (vgl. Kap. 2.12).

Bei schwächeren Kandidaten in Auswahlverfahren ergibt sich die berechtigte Frage nach dem weiteren Vorgehen und einer möglichen Wiederholung des AC. Darauf sollte der Feedbackgeber vorbereitet sein und dem Kandidaten auch ein realistisches Bild der

Veränderungsmöglichkeiten geben. Ansonsten werden Erwartungen aufgebaut, mit denen sich dann andere beschäftigen müssen (der Vorgesetzte, die Personalbetreuung).

Zum Thema „weiteres Vorgehen" können folgende Aspekte besprochen werden:

- Was sollte der Teilnehmer nun unmittelbar tun (z. B. Information, Beratung mit dem Vorgesetzten)?
- Wer erhält in welcher Form die Ergebnisse?
- Was sind Hausaufgaben für den Teilnehmer (z. B. noch mal über Führungswunsch nachdenken, Feedback von Dritten einholen usw.)?
- Wie kann eine Unterstützung in den Lernfeldern aussehen?

Klassische Einwände im Feedback-Gespräch

Alle AC-Praktiker kennen immer wiederkehrende Einwände von Teilnehmern, die bestimmte – unangenehme – Botschaften nicht annehmen können und die ihren Widerstand durch methodische Diskussionen verkleiden. Dies kann auch als ein nachvollziehbarer und berechtigter Test der Kandidaten verstanden werden, über welche Expertise die Gesprächspartner tatsächlich verfügen. Daher bieten solche Einwände und Fragen für den Feedbackgeber die Chance, die Teilnehmer zu überzeugen (Abb. 2.89). Schlechter wäre die Variante, wenn die Feedbackinhalte abgelehnt werden, der Teilnehmer aber schweigt.

▶ **Problemlösung**
(z. B. die Defensivität des Teilnehmers zum Thema machen; versuchen ihn/ sie zu öffnen, was der Grund des Verhalten ist; fragen, wie das Feedback verstanden wurde)

▶ **Das Feedback „reframen"**
(z. B. auf die Interessen des Teilnehmers hinweisen; aufzeigen, wo das Feedback noch relevant sein könnte; aufzeigen, welche Bedeutung das Feedback für das „big picture" der Organisation hat)

▶ **Empathisch bleiben**
(z. B. Perspektiven des Teilnehmers akzeptieren; sich in ihre Bedenken einfühlen)

▶ **„Was, wenn..." – Fragen**
(z. B.: „Was würde passieren, wenn das neue Verhalten einfach einmal ausprobiert werden würde?")

▶ **Jeder hat Entwicklungsfelder**
(z. B.: deutlich machen, dass sie nicht alleine darin sind, sich anzustrengen und Entwicklungsziele umzusetzen; Entwicklungsfelder sind meist die umgekehrte Seite der Medaille der Stärken)

▶ **Weitermachen**
(z. B. nicht das Bedürfnis haben, den Teilnehmer in jedem Punkt überzeugen zu müssen)

Abb. 2.89 Umfrage: Profi-Assessoren: Was sollte man tun, wenn Teilnehmer in Rechtfertigung geht?. *Quelle* in Anlehnung an Poteet & Kudisch (2003)

„Ihre Rückmeldung verstehe ich nicht, das kann so nicht stimmen!"
Auf die wesentlichen kritischen Inhalte des Feedbacks sollte der Feedbackgeber vorbereitet sein und entsprechende Zitate und Beobachtungen einbringen können, die dem Teilnehmer die Rückmeldung verdeutlichen.

Hier kann auch auf den Unterschied Fremd-/Eigenbild eingegangen werden: „Die einmalige Chance in diesem AC ist es für Sie, offen zu erfahren, welche Wirkung Sie erzielen und in welchen Aspekten Ihr Bild von sich übereinstimmt oder abweicht, wie Sie von Anderen erlebt werde." oder: „Wir unterstellen gerne, dass Sie das so nicht gesagt haben oder sich so nicht verhalten wollen. Wir können Ihnen nur ehrlich wiedergeben, was bei den – wohlmeinenden – Beobachtern ankam. Dann sollte die Frage sein, was Sie verändern können, dass Ihr Verhalten/Ihr Standpunkt beim Gegenüber auch so ankommt."

„Ihr Feedback stimmt nicht, ich habe doch in dem Mitarbeitergespräch die Kritik angedeutet, und es war ganz klar auch mein Ziel, dies anzusprechen!"
An dieser Stelle kann auf den Unterschied zwischen der positiven Absicht und der erreichten Wirkung hingewiesen werden: „Die gute Absicht ist manchmal nicht ausreichend, es gilt gerade bei der Kommunikation auch die Wirkung zu erzielen. Das ist Ihre Verantwortung als potenzielle Führungskraft. Um dies zu erreichen, können Sie in derartigen Gesprächen ..."

„Die Übung war unrealistisch schwer, solche Mitarbeiter wie im Rollenspiel gibt es in der Praxis gar nicht!"
Dieser Einwand ist nachvollziehbar, hier kommt es auf die Qualität der Vorbereitung an und ob die Beobachter auch gänzlich hinter dem Szenario der Situation stehen können. Wenn ja: „Ich verstehe, dass Sie solche Situationen bisher nicht erlebt haben. Deswegen haben wir in diesem AC ja gerade auch solche Aufgaben zusammengestellt, die noch zukünftig auf Sie zukommen können. Die Rollenübung ist nicht alltäglich für eine Führungskraft, aber sie kommt vor. Das Fazit der Beobachter ist dazu, dass Sie darauf noch nicht vorbereitet sind."

„Die Zeit in der Fallstudie/im Postkorb war zu knapp – mit mehr Zeit hätte ich das auf jeden Fall besser gelöst!"
„Es ist richtig, dass die Lösungsqualität von der Zeit abhängt. Bei mehr Zeit würden alle Teilnehmer besser abschneiden. Hier wollen wir Ihnen eine Rückmeldung geben, was Ihre Arbeitsleistung in einer Zeit ist, die für X von zehn Personen ausreichend ist. Unser Ergebnis ist tatsächlich, dass Sie hier mehr Zeit benötigen. Die Frage ist nun, welche Ansatzpunkt es gibt, hier etwas zu verändern ..."

„Ich verstehe Ihr Feedback, aber in der Praxis bin ich ganz anders!"
„Das glaube ich Ihnen gerne. Wir können Ihnen in diesem Feedback nur ehrlich wiedergeben, was die – konsistente – Beobachtung von Führungskräften über zwei Tage ist, und in diesem Aspekt sind sich alle einig. Wenn Sie der Auffassung sind, dass die

Beobachter hier schief liegen, sollten Sie sich daher zu diesem Punkt von Ihren Kollegen/ Vorgesetzten weiteres, ehrliches Feedback einholen und selbst entscheiden, ob dieses Verhalten allein spezifisch auf die Methode AC zurückzuführen ist oder doch etwas mit Ihnen zu tun hat."

Die Feedbackgeber sollten offen dafür sein, ob diese Bemerkung ein Zeichen von Widerstand ist oder ob den Kandidaten tatsächlich methodische Effekte behindert haben (vgl. Diskussion zu systematischem Attributionsfehler, Kap. 2.7.4), z. B. dauerhaft falsche Hypothesen darüber, was die Beobachter hören wollen, oder tatsächlich extreme Anspannung. Bei einem gut konstruierten AC kann dies jedoch nur eine Ausnahme sein, und dann ist eben die spezifische Reaktion des Teilnehmers auf das AC der Gegenstand des Feedback-Gesprächs („Was genau löst bei Ihnen diese massiven Gefühle der Anspannung aus?").

„Mein Vorgesetzter/meine Kollegen sagen mir immer, dass ich das gut mache, und jetzt diese Rückmeldung …!"

Der Teilnehmer sollte bei einer Potenzialanalyse daran erinnert werden, dass es nicht um eine Bewertung der Erledigung des tatsächlichen Jobs geht, sondern um Aussagen zu einem zukünftigen Anforderungsprofil: „Wir wollen Ihnen sagen, wo wir heute schon Stärken für eine zukünftige Führungstätigkeit sehen, und was Aspekte sind, die noch zu entwickeln sind. Ihre hohe Performance in Ihrer aktuellen Tätigkeit steht überhaupt nicht infrage und ist quasi Eingangsvoraussetzung für dieses AC gewesen."

„Okay, ich habe verstanden, das Ergebnis reicht noch nicht; welches Training muss ich belegen, um den Job zu bekommen?"

Hier gilt es darauf hinzuweisen, dass Trainings eine Unterstützung sind, nachhaltige Verhaltensänderungen jedoch Zeit benötigen und nicht kurzfristig durch den Besuch eines Seminars/Trainings erzielt werden können. Hier sollten parallel zum Training „on-the-job"-Maßnahmen diskutiert werden, die den Teilnehmer in seinen Stärken und Entwicklungsfeldern fordern.

2.11.2 Ergebnisbericht

Die Erstellung von Ergebnisberichten („Gutachten") erhöht den Aufwand in der Nachbereitung des AC. Hier ist zu klären und vorab transparent zu machen, wer die Berichte erhält. Dabei sind arbeitsrechtliche Konsequenzen zu beachten (vgl. Kap. 2.3).

Für die Erstellung derartiger Berichte spricht:

- Die Teilnehmer sind direkt nach dem AC überfordert, sich an die diversen Facetten im Feedback angemessen zu erinnern.
- Abhängig von Selbstbild werden die Teilnehmer das Feedback selektiv wahrnehmen und in ihrer Umgebung wiedergeben.

- Die Teilnehmer können im schriftlichen Teil die Ergebnisse besser für sich nachvollziehen und werten.
- Ein schriftlicher Bericht ist Grundlage für die Kommunikation mit dem Vorgesetzten und die Ableitung von Fördermaßnahmen.
- Durch die schriftliche Darstellung können sich die Organisatoren berechtigten Fragen und Kritikpunkten von Teilnehmern und Vorgesetzten stellen.

Damit ist das Vorhandensein von schriftlichen Ergebnisberichten auch ein Qualitätskriterium für das Verfahren an sich. Die erwähnten Vorteile greifen in erster Linie bei AC mit bestehenden Mitarbeitern, z. B. Entwicklungs-AC. Bei Auswahl-AC ist der Nutzen geringer, hier hat die schriftliche Dokumentation den Vorteil, dem Vorgesetzten und Teilnehmer Hinweise für die Einarbeitung zu geben.

Die Erstellung von Ergebnisberichten sollte von Psychologen vorgenommen werden, bei denen die Gutachtenerstellung ein Teil der Ausbildung ist (Abb. 2.90). Allgemeine Hinweise zur Gutachtengestaltung finden sich bei Westhoff und Kluck (2003).

Inhaltsverzeichnis

1. Ergebnisprofil Einzel-Assessment

2. Motivationsprofil

3. Management-Summary

4. Darstellung des Verfahrens

5. Eingesetzte Beurteilungsbausteine

6. Einzelergebnisse

   6.1. Konzeptionelle Fähigkeiten

   6.2. Soziale Kompetenz

   6.3. Einstellungen und Werte

6.2 Soziale Kompetenz

Die **Argumentationsstärke** von Frau „Teilnehmerin", beobachtet in den beiden Mitarbeitergesprächen und in der Teamübung, wird als in mittlerem Maße ausgeprägt bewertet.

Frau „Teilnehmerin" ist sehr gut in der Lage, Stellung in Gesprächen zu beziehen. Dies wird beispielsweise dadurch deutlich, dass sie in beiden Mitarbeitergesprächen sehr klar ihre eigene Motivation/Begeisterung bezüglich der zusätzlichen Aufgaben kommuniziert (Beispielzitate: "Grosse Chance für uns...", "ich hab ein interessantes Projekt an Land gezogen"). In der Teamübung wird dieser Eindruck dadurch bestätigt, in dem sie das Projekt hier ebenfalls gut darstellt und viele eigene Inputs zu den jeweiligen Themen liefert. Abgerundet wird dies durch Frau „Teilnehmerins" argumentative Untermauerung ihrer Standpunkte. (Beispielzitat: "Ich brauche Sie im Projekt, weil erstens ..., zweitens ..., drittens ....").

Um bezüglich der Überzeugungskraft noch stärker zu wirken, hätte Frau „Teilnehmerin" deutlich mehr auf die Argumente bzw. auch Einwände, welche nicht in ihr Konzept passen, eingehen können. So setzt sie speziell die partnerorientierten Argumentationstechniken, wie zum Beispiel die Einwandsintegration und auch die Nutzenargumentation, noch zu wenig ein.

Abb. 2.90 Beispiel für ein Ergebnisgutachten

Qualitätskriterien für das AC-Gutachten liegen u. a. in folgenden Aspekten:

- Angaben dazu, was die Zielsetzung ist, wer das Gutachten erhält, wo es aufbewahrt wird und wie lange die Gültigkeit ist
- Prägnante Zusammenfassung der wesentlichen Ergebnisse, wie z. B. Stärken, Entwicklungsfelder, Besetzungsempfehlung oder Potenzialaussage
- Klare Benennung, ob ein Kriterium hoch oder gering ausgeprägt ist (absolut oder in Relation zu Anforderungsprofil oder zur Bezugsgruppe)
- Je Kriterium Belege/Beweise in Form von Beobachtungen und Zitaten
- Bei der Beschreibung der Belege/Beweise keine Verwendung von abstrakten Eigenschaftsbegriffen (Negativbeispiel: „In der Gruppendiskussion zeigte Herr Müller kein Einfühlungsvermögen")
- Keine lange Deskription von Verhaltensbeschreibungen ohne Bezug zum Kriterium (Negativbeispiel: „In Übung A hat sich Herr Müller x verhalten. In Übung B hingegen y. In Übung C wiederum z.")
- Ableitung von Entwicklungsempfehlungen in Absprache mit dem Entwicklungsangebot der Organisation

2.12 Umsetzung in Personalentwicklungmaßnahmen

2.12.1 Notwendigkeit einer Förderkonzeption

„Viele Programme sind absolute Verschwendung gewesen oder sogar kontraproduktiv, weil die falschen Leute in das falsche Trainingsprogramm geschickt wurden, sie in den falschen Dingen trainiert wurden oder das Training zu spät oder zu früh in der individuellen Entwicklung des Mitarbeiters kam, um effektiv daraus Nutzen zu ziehen. Mitarbeiter werden in Kurse gesteckt, um Fähigkeiten zu entwickeln, über die sie bereits verfügen, und werden nicht für Programme berücksichtigt, wo sie eigentlich einen Entwicklungsbedarf haben" (Thornton und Byham 1982, S. 327; Übersetzung C. O.).

Der Einsatz des AC stellt insofern einen großen Fortschritt dar. In systematischer Form werden Stärken und Entwicklungsfelder bewertet und bilden damit zumindest theoretisch die Grundlage für individuelle Fördermaßnahmen.

Der Engpassfaktor des AC ist damit weniger die Frage nach den Details von Beobachtungen, sondern was danach kommt. Die Umsetzung der Analysen ist der Punkt, der über Rentabilität und Akzeptanz des AC entscheidet: „Keine Führungskraft investiert zum zweiten Mal die anstrengenden Beobachtungstage, wenn am Ende nur wachsweiche Formulierungen stehen, mit denen keiner weiterarbeiten kann, weder der Teilnehmer im Sinne des An-Sich-Selbst-Arbeitens, noch die Personal- oder Weiterbildungsabteilung mit konkreten individuell zugeschnittenen Maßnahmen" (Uhlenbrock und Vornberger 1990, S. 559). Die Vorteile des AC sind nicht damit ausgeschöpft, dass für die Mitarbeiter Potenziale aufgezeigt werden – die Diagnose im AC kann keine Fördermaßnahmen ersetzen!

Aus unserer Sicht ist entscheidend, dass bereits vor dem ersten AC die Infrastruktur in der Personalentwicklung (PE) vorhanden ist, um die Ergebnisse und auch die bei Teilnehmern und Vorgesetzten entwickelten Erwartungen erfüllen zu können. Viele Unternehmen begehen hier den Fehler, zunächst das AC auszuprobieren und sich erst im Anschluss daran über die Umsetzung der Ergebnisse Gedanken zu machen. Allein wenige Teilnehmer, die nach zwei bis drei Wochen eine kurze telefonische oder schriftliche Benachrichtigung über ihr Abschneiden erhalten und dann alleingelassen werden, werden dazu beitragen, dass das AC schnell ein entsprechendes Negativimage im Unternehmen bekommt. In vielen Unternehmen gibt es ein Zielvereinbarungs- oder Beurteilungswesen, etwa in Form von Mitarbeitergesprächen. Das AC läuft dann häufig parallel, weil nicht vorab überlegt wurde, wie die Instrumente zusammenpassen sollen. Da mit verschiedenen Instrumenten das gleiche Ziel verfolgt wird, können die Ergebnisse aus dem AC schnell verpuffen.

Für die AC-Betreuer resultieren daraus sicher schwierige Gespräche, wenn man vermeiden will, dass die – fachlich unter Umständen sehr guten Mitarbeiter – frustriert reagieren und sich eventuell ganz vom Unternehmen abwenden. Überzeugender und einfacher wird der Umgang mit solchen Mitarbeitern, wenn das AC von vornherein inhaltlich breiter ausgelegt wird, tatsächlich eine Stärken- und Schwächenanalyse – nicht nur in Bezug auf Führungspositionen – durchgeführt wird. Dies muss allerdings schon in der Konstruktion des AC berücksichtigt werden, auch wird das AC durch zusätzliche Aufgaben länger dauern.

Mitarbeitern, die im AC besonders gut abgeschnitten und ein hohes Potenzial für Führungsaufgaben gezeigt haben, sollte dies auch entsprechend dokumentiert werden. Insbesondere bei hoher Lernfähigkeit ist hier zu unterstellen, dass sich Investitionen des Unternehmens in Fortbildung und Entwicklung besonders auszahlen. Für diesen Kreis von Mitarbeitern sollte eine individuelle Karriereplanung erstellt werden; sie sollten die Gelegenheit haben, an Sonderaufgaben, der Teilnahme an Junior Boards oder anderen anspruchsvollen Aufgaben zu wachsen, eine unternehmerische Sichtweise zu entwickeln und auch andere Unternehmensbereiche kennenzulernen.

Die Gültigkeit der AC-Ergebnisse ist allerdings zeitlich beschränkt: AC-Ergebnisse sollten maximal drei bis fünf Jahre bei der Personalentwicklungsplanung berücksichtigt werden. Anschließend sollten Mitarbeiter, die glaubhaft eine Entwicklung dokumentieren können, eine erneute Chance zur Teilnahme am AC haben. In der AC-Studie von 2012 wird bei 43 beschriebenen AC-Verfahren, die speziell zur Potenzialanalyse durchgeführt werden, immerhin in 60,5 % der Verfahren die nochmalige Durchführung nach einem unterschiedlich langen Zeitraum ermöglicht (Obermann et al. 2012).

In der aktuellen AC-Studie von 2012 ist weiterhin hinterfragt worden, wann die Nachwuchsführungskräfte in Richtung Führung qualifiziert werden (Abb. 2.91).

Diese Frage ist relevant für AC mit der Zielsetzung der Sichtung von Führungsnachwuchs oder für Development Center. Dabei gibt es zwei Varianten, wie

	Häufigkeit	Prozent
Vor dem Assessment Center	30	23,6
Nach dem Assessment Center	62	48,8
Frage nicht relevant	35	27,6
Gesamt	127	100

Abb. 2.91 Zeitpunkt der Vorbereitung auf die Führungsaufgabe. *Quelle* Obermann et al. (2012)

das AC in den Prozess der Führungskräfteentwicklung integriert werden kann. Eine Variante („Vorauswahl") besteht darin, zunächst das grundsätzliche Potenzial von Nachwuchskräften im Rahmen eines AC zu sichten, um dann mit den erfolgreichen Teilnehmern in einen Entwicklungsprozess zu starten (z. B. Nachwuchsführungskreis). Dieses Vorgehen beruht implizit auf der Idee, dass es nur schwer entwickelbare Voraussetzungen für Führungstätigkeiten gibt, die zunächst im AC eingeschätzt werden. Dieser Variante folgt laut der aktuellen Befragung die Hälfte der Organisationen (48,8 %).

Die zweite Variante besteht darin, zunächst viele Nachwuchskräfte zu entwickeln und am Ende des Entwicklungsprozesses zu überprüfen, ob die Personen nunmehr geeignet („fertig") sind für die Übernahme von Führungsaufgaben. Diese Variante beruht auf der Annahme, dass wichtige Leistungsträger nicht unvorbereitet in ein AC gehen sollen und gegebenenfalls dann enttäuscht werden.

Das AC liefert ein individuelles Stärken-/Schwächen-Profil. Auf diesen differenzierten Informationen allerdings mit dem Schrotschussansatz klassischer Verhaltenstrainings anzusetzen, würde das AC selbst als Investition und aus der Sicht der Mitarbeiter unglaubwürdig machen. Eine klassische, angebotsorientierte Personalentwicklung nach Art eines Volkshochschulbetriebes mit katalogartig angebotenen Trainingsmaßnahmen ohne deutlichen Bezug zu Unternehmens- und Bereichsstrategien, ohne Verbindlichkeit beim Praxistransfer und insbesondere auch ohne Verknüpfung zu dem im AC ermittelten Lernbedarf ist nicht mehr akzeptabel. „Klassische Personalentwicklung trennt Lernen und Arbeiten bzw. Lern- und Arbeitsorganisation. Modernere Personalentwicklung sucht nach Formen der Verzahnung von Lernen und Arbeiten, etwa durch Task-Forces-Projekte"" (Sattelberger 1990, S. 365).

2.12.2 Empirische Untersuchungen zur Wirkung von Empfehlungen

Intention zur Weiterentwicklung

Das Personalentwicklungs-AC unterstellt ein Menschenbild mit der Annahme der grundsätzlichen Lernfähigkeit („trainability"). Mit dem gleichen Instrument, dem Auswahl- oder Potenzial-AC, wird allerdings fast das Gegenteil unterstellt: Man will sich auf die Auswahl von zeitlich eher stabilen Persönlichkeitseigenschaften als Basis für die Eignungsprognose konzentrieren. Somit stellen sich die Fragen, ob und wann Entwicklungsempfehlungen aus dem AC überhaupt eine Wirkung haben.

Eine ältere Nachbefragung von AC-Teilnehmern zeigt, dass es durch die Rückmeldungen im AC zu substanziellen Änderungen im Selbstbild kommt (vgl. Schmitt et al. 1986).

Im Sinne des Modells von Kudisch besteht ein Zusammenhang zwischen den Faktoren Feedback-Akzeptanz, Veränderungsmotivation, Intentionen der Teilnehmer zu Entwicklungsmaßnahmen und deren tatsächlicher Realisierung. Ein hoher Prädiktor dafür, dass sich Teilnehmer für ihre Entwicklung engagieren, ist, ob und wie sie das erhaltende Feedback aus dem AC akzeptieren. In der Studie von Kudisch et al. (2004) beträgt der Zusammenhang $r = .59$.

In einer älteren Untersuchung konnten Slivinski et al. (1979) aufzeigen, dass nur 37 % aller AC-Teilnehmer von einer persönlichen Entwicklung berichteten.

Tatsächliche Umsetzung von Entwicklungsmaßnahmen

In einigen wenigen Studien wurde untersucht, welche tatsächlichen Entwicklungsaktivitäten von den ehemaligen AC-Teilnehmern aufgegriffen wurden. Jones und Whitmore (1995) haben zehn Jahre nach dem AC die ehemaligen Teilnehmer befragt und kommen zu eher skeptischen Ergebnissen. In einer umfangreichen Studie (MacDonald 1988) wurden über 300 Mitarbeiter eines Unternehmens, die in früheren Jahren ein AC durchlaufen hatten, mithilfe eines Fragebogens danach befragt, welche Entwicklungsmaßnahmen sie im Einzelnen seit dem Feedback aus dem AC verfolgt hätten. Diesen Aussagen wurden dann andere Informationen über die Mitarbeiter gegenübergestellt, wie Leistungsbeurteilungen oder biografische Informationen. Herausgearbeitet wurden schließlich alle Faktoren, welche die tatsächliche Umsetzung der Rückmeldungen durch die Mitarbeiter beeinflussten: Freilich hängt dies auch von biografischen Kriterien ab, Alter und Ausbildung stellten sich nämlich – neben der Feedback-Akzeptanz – als die Faktoren mit dem zweitgrößten Einfluss heraus. Bei AC-Teilnehmern, die über 40 Jahre alt waren oder nicht über eine Hochschulausbildung verfügten, konnte MacDonald nur geringe Entwicklungseffekte feststellen. Eine große Rolle für die Umsetzung der AC-Ergebnisse spielte auch die generelle Haltung der Mitarbeiter gegenüber AC, Weiterbildung und der persönlichen Karriere: Je mehr die Mitarbeiter den Wunsch hatten, an dem AC teilzunehmen, je mehr Unterstützung sie von ihrem Arbeitgeber und aus dem privaten Umfeld bei der Umsetzung erfuhren und je stärker das Bestreben nach beruflicher Fortentwicklung ausgeprägt war, desto mehr strengten sich die Mitarbeiter an, die Rückmeldungen tatsächlich umzusetzen.

In einer ähnlichen US-Untersuchung von Mitchell (1997) wurden ehemalige AC-Teilnehmer eines speziellen Unternehmens zu ihren Aktivitäten danach befragt. Die Auswertungen zeigen immerhin, dass schwächere AC-Ergebnisse mit erhöhten Trainingsaktivitäten der Teilnehmer nach dem AC korrelieren. Der Umfang der in Angriff genommenen Maßnahmen hängt für das betrachtete Unternehmen zusammen mit der erlebten sozialen Unterstützung, dem Wachstumsbedürfnis der Teilnehmer und der jeweiligen Identifizierung mit der beruflichen Aufgabe.

Die Weiterentwicklung des unternehmerischen Denkens und Handelns war Gegenstand einer Evaluationsstudie von Armbruster und Kieser (2003). Hier konnten auch allenfalls bescheidene Effekte festgestellt werden.

Auch verblüffend sind die Ergebnisse in der bisher umfangreichsten Validierungs-Studie, der AT & T Management Progress Study. Eine große Teilgruppe nahm nach acht Jahren erneut an einem AC teil, nachdem die Teilnehmer ein umfangreiches Management-Entwicklungsprogramm durchlaufen hatten. Beim Vergleich der Ergebnisse der beiden AC zeigte sich: Trotz der Weiterbildungsanstrengungen stagnierten die überfachlichen Fähigkeiten nicht nur, sie waren tendenziell sogar zurückgegangen. Dies ist sicherlich eine Unterstützung für die Zuverlässigkeit der mit dem AC gewonnenen Aussagen, auf der anderen Seite ein herber Schlag für den Mythos der Effektivität und des praktischen Nutzens von klassischen Personalentwicklungs-Programmen. Wie lässt sich der Befund erklären? Naheliegend scheint die Vermutung, die Nachwuchskräfte hätten sich in dem Zeitraum tatsächlich nicht verändert. Thornton und Byham (1982, S. 322) widersprechen jedoch dieser Erklärung. Sie vermuten sogar, dass erhebliche und wertvolle Entwicklungen im Bereich des Wissens um Methoden und Problemlösungen im überfachlichen und fachlichen Sektor stattgefunden haben. Statisch sei allerdings das grundlegende überfachliche Management-Repertoire geblieben; dieses umfasst Fähigkeiten wie beispielsweise Organisation und Planung, logisches Denken, kommunikatives Verhalten oder die Motivationsfähigkeit. Die Mitarbeiter nutzen also das mehr oder weniger fixe Potenzial besser. Freilich ist in der AT & T-Studie auch zu berücksichtigen, dass weder die Teilnehmer selbst noch deren Vorgesetzte nach dem ersten AC in irgendeiner Form ein Feedback erhielten, um die Beeinflussung der Karriereentwicklung durch die AC-Ergebnisse auszuschließen. So lässt die Studie zumindest die Hoffnung offen, dass bei gezielter Rückmeldung der Ergebnisse an die Teilnehmer und Einbindung der Vorgesetzten in die Umsetzung eher Effekte zu erzielen sind. Diese Interpretation ist konsistent mit den Untersuchungen zur AC-Wiederholung und entsprechenden Lerneffekten (vgl. Kap. 2.8.3).

Freilich gibt es auch ermutigende Resultate. Thornton und Byham (1982, S. 328) berichten von einem Ausbildungsprogramm für die amerikanische Air Force, in welchem der Effekt von Feedback auf die Teilnehmer von AC untersucht wurde. Dabei wurden experimentell unterschiedlich behandelte Gruppen miteinander verglichen. Eine Teilgruppe erhielt neben einem individuellen Feedback auch spezielle Förderungen. Eine andere Gruppe bekam nur die Rückmeldungen ohne weitere Entwicklungsprogramme, eine dritte Gruppe weder Feedback noch Förderung. Die Ergebnisse zeigen, dass die Gruppe mit der individuellen Rückmeldung nach dem AC in den Leistungskriterien signifikant besser abschnitt als die Teilnehmer, die weder Feedback noch Training erhielten. Die besten Resultate erzielte allerdings die erste Teilgruppe, die sowohl Feedback als auch Förderung erhielt. Eine weitere ermutigende Untersuchung wurde in Südafrika durchgeführt (Engelbrecht und Fischer 1995). Dabei wurden 76 Führungskräfte auf

Gruppenleiter-Ebene zufällig der Teilnahme an einem Development Center oder einer Kontrollgruppe zugeordnet. Dabei zeigt sich in sechs Performance-Dimensionen nach dem AC eine bessere Bewertung der AC-Teilnehmer in ihrem Führungsverhalten als bei den Nicht-Teilnehmern. Der Effekt war auch noch drei Monate nach AC-Teilnahme messbar. Die Autoren sehen dies als ein Beleg für den Transfer-Effekt der AC-Teilnahme.

Praktische Implikation der Untersuchungen

Die Tendenz der empirischen Untersuchung ist zur Umsetzbarkeit eher negativ, allerdings nicht einheitlich. Beeinflussbare Moderatoren für die Umsetzung von Maßnahmen sind die Qualität des Feedbacks und die Umfeldbedingungen, wenn die AC-Teilnehmer zum Arbeitsplatz zurückkehren. Aus den Untersuchungen zu den Lernpotenzial-AC (vgl. Kap. 4.3) ergeben sich auch eine Reihe weiterer methodischer Hinweise, wie das AC im Hinblick auf eine bestmögliche Umsetzung von Maßnahmen optimiert werden kann.

Es gibt auch eine Reihe von Faktoren, die in den Teilnehmern selbst begründet sind (Alter, Motivation zu eigener Entwicklung). Die Ergebnisse zu den Lernpotenzial-AC deuten an, dass bei der üblichen Blickrichtung in Bezug auf Mittelwerte und Korrelationen die erhebliche interindividuelle Varianz in den Lernfortschritten untergeht: Einzelne entwickeln sich ganz erheblich, andere gar nicht – bei sonst gleichen methodischen Rahmenbedingungen des AC. Da das AC letztlich im betrieblichen Interesse einen hohen Beitrag zu Verhaltensänderungen im Sinne der Unternehmensziele zu leisten hat, wäre die Konsequenz daraus, die begrenzten Mittel auf diejenigen zu konzentrieren, die das größte Leistungslevel oder die steilste Lernkurve besitzen.

Zusammenfassend sind die Untersuchungen zur Umsetzung von Fördermaßnahmen aus AC eher ernüchternd. Konsequenz daraus ist, die Ressourcen auf für das Unternehmen interessante Zielgruppen zu konzentrieren und den Prozess der Nachbereitung effektiv zu organisieren.

2.12.3 Vorgehen in der Nachbereitung des AC

Betriebliches Umfeld des Teilnehmers

Ein entscheidender Faktor in der Nachbereitung eines (internen) AC ist weniger der Teilnehmer selbst als seine Arbeitsumgebung. Hier hat Körting (1989) schon vor einiger Zeit treffend festgestellt: „Hochmotiviert kommen die Manager, Projektleiter und Teamworker wieder an ihre Arbeitsplätze zurück und stellen fest, dass sie mit ihren neu eingeübten Verhaltensweisen an Organisationsverfahren, Bürokratie, dem Unverständnis der Kollegen und Vorgesetzten – eben der gesamten Maschinerie einer großen Organisation – scheitern". Diese Praktiker-Meinung spiegelt sich in den Untersuchungen zur Feedback-Akzeptanz, in denen drei der wichtigsten Korrelate für die Zufriedenheit beim AC-Teilnehmer nicht Aspekte des Verfahrens sind, sondern die Bewertung des betrieblichen Umfelds (Wie reagieren Kollegen, Vorgesetzte und Top-Management? Kudisch et al. 2004).

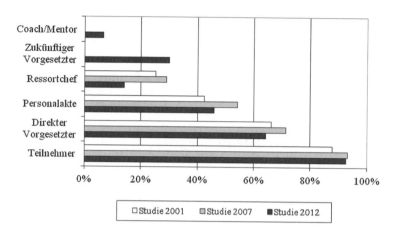

Abb. 2.92 Wer erfährt von den AC-Ergebnissen?. *Quelle* Obermann et al. (2012)

Hier kommt dem Vorgesetzten, der in der Regel nicht als Beobachter am AC teil-
nahm, möglicherweise das Verfahren sogar nur vom Hörensagen kennt, eine wichtige
Rolle zu. Wenn sich der Vorgesetzte nicht als Teil des Prozesses empfindet, dann ist die
Mühe aus dem AC schnell vergeblich. Mit der Frage: „Wie war's?" am Tag nach dem
AC und dem Kommentar: „Aber ich erlebe Sie ganz anders!" ist der Aufwand von drei
Tagen AC schnell erledigt.

Daher besteht ein Schritt der Nachbearbeitung darin, den Vorgesetzten einzubinden
(Abb. 2.92). Nur er wird die arbeitsplatzbezogenen Fördermaßnahmen auch umsetzen
können. Hierzu gibt es mehrere Wege:

- Beteiligung des Vorgesetzten am Feedback-Gespräch im AC – er reist hierzu an
- Information des Vorgesetzten nach dem AC durch die PE-Abteilung
- Fördergespräch nach dem AC mit PE-Abteilung, Teilnehmer und Vorgesetzten
- Vorgesetzter wird unmittelbar vor dem Fördergespräch informiert, dann gemeinsa-
  mes Fördergespräch mit Teilnehmer
- Dem Teilnehmer selbst wird die Initiative überlassen – er lädt den Vorgesetzten selbst
  zum Feedback-Gespräch nach dem AC ein bzw. übergibt selbst den Ergebnisbericht

Neben der Beteiligung des Vorgesetzten sollte es selbstverständlich sein, dass das PE-
AC in die sonstigen Instrumente der Personalarbeit integriert ist (Beurteilungswesen,
Förderpläne, Zielvereinbarungen).

Die oben geschilderten, beschämenden Ergebnisse zur tatsächlichen Umsetzung von
Entwicklungsmaßnahmen von AC-Teilnehmern lassen ratsam erscheinen, die limitier-
ten Ressourcen auch zu konzentrieren, z. B. auf identifizierte Potenzialträger. Schon aus
Gründen der Vermeidung von Verlierern gilt es jedoch, allen Teilnehmern ein Angebot
zu unterbreiten.

Fördergespräch

Ein zwingendes Element in der Nachbereitung ist ein Fördergespräch: Der Teilnehmer muss die Chance haben, nach dem Feedback-Gespräch bzw. Erhalt des Ergebnisberichts die Ergebnisse mit seiner Selbsteinschätzung abzugleichen und für sich erste Schlussfolgerungen zu ziehen: Welche Rückmeldung kann ich annehmen? Was ist für meine beruflichen Ziele wichtig? Solche Schlussfolgerungen sind im Feedback-Gespräch selbst nicht möglich. Wenn die Beobachter etwa zunächst kein Führungspotenzial sehen, werden mögliche Entwicklungsziele und -maßnahmen anders ausfallen, als wenn es eine klare Empfehlung in Richtung Führungstätigkeiten gibt.

Das Fördergespräch sollte etwa vier Wochen nach dem AC stattfinden. Beteiligt sind der AC-Teilnehmer, der Vorgesetzte und ein Vertreter der Personalentwicklung. Eine empfehlenswerte Variante liegt darin, vorab mit dem Vorgesetzten zu sprechen, um zunächst die Ergebnisse des AC mit dessen Sichtweise über den Mitarbeiter in Einklang zu bringen. Aus der Kombination von AC und Vorgesetztenurteil könnten dann gemeinsame Schlussfolgerungen entstehen, was dem Mitarbeiter zu seiner Entwicklung empfohlen wird. Inhalte des Fördergesprächs können sein:

- Worin bestehen Fragen und Kritikpunkte des Teilnehmers zum AC?
- Was ist das Fazit des Teilnehmers aus dem AC?
- Was sagt der Vorgesetzte zu den Ergebnissen?
- Welche Schlussfolgerungen haben Teilnehmer und Unternehmen zu möglichen beruflichen Zielen?
- Welche Entwicklungsziele sollten abgeleitet werden (bezüglich Karriere, on-the-job-Förderung, Trainingsmaßnahmen, Literaturstudium)?
- Welche Maßnahmen werden vereinbart?
- Wie können die Maßnahmen auf ihren Erfolg bezüglich der Ziele überprüft werden?

Entwicklungsplan

Erfolgskritisch erscheint hier die Ableitung von geeigneten Fördermaßnahmen. Dabei kann man immer wieder die Beobachtung machen, dass die gleichen Maßnahmen vorgeschlagen werden – etwa der Besuch eines Kommunikationstrainings –, obwohl die im AC festgestellten Defizite oder Entwicklungsfelder sehr vielfältig sind. Dies ist ein Schwachpunkt in der Fördersystematik: Wenn es für die Mehrzahl der Teilnehmer ähnliche Fördermaßnahmen gibt, stellt sich die Frage, warum in einem PE-AC überhaupt in aller Tiefe Verhaltensbeobachtungen, Stärken und Defizite gesammelt und akribisch zusammengestellt werden. Wäre es dann nicht sinnvoller, gleich auf das AC zu verzichten und den Nachwuchskräften direkt ein Set von Fördermaßnahmen angedeihen zu lassen? So enden die Fördergespräche häufig mit Alibi-Maßnahmen.

Dies erklärt möglicherweise den empirisch ermittelten, geringen Effekt, in dem die Mitarbeiter von der Teilnahme an einem AC profitieren. Die Kreativität in der Ermittlung von genauen Fördermaßnahmen ist im betrieblichen Alltag in der Tat auch schwer: Wer könnte spontan einem AC-Teilnehmer, der in einem Postkorb schlecht

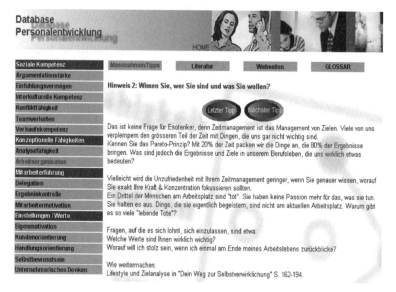

Abb. 2.93 AC Nachbereitung: Beispiel Knowledge Database für Personalentwicklung

abgeschnitten hat, mehrere geeignete Fördermaßnahmen empfehlen? Ein betriebliches Werkzeug kann eine schriftliche oder intranetbasierte Knowledge-Datenbank sein, in der vorab zu allen Kriterien des AC mögliche Fördermaßnahmen zusammengestellt sind (vgl. Abb. 2.93). Ein optimales Ergebnis des Fördergesprächs ist ein unterschriebener Förderplan, der die Vereinbarungen verbindlich macht. Dabei sollte vorab überlegt werden, woran die Zielerreichung überprüft wird. Die Zielerreichung sollte nicht in der Abarbeitung von Maßnahmen – z. B. nur Seminarbesuch – liegen, sondern in am Arbeitsplatz erkennbaren Veränderungen.

2.12.4 Einzelne Entwicklungsmaßnahmen

Off-the-job-Training

Die Mehrheit der Personalentwickler hat heute schon einen konditionierten Abwehrmechanismus gegenüber Trainingsmaßnahmen. Sicher, dies sind häufig Incentives oder der Ausdruck, dass Vorgesetzte nicht in der Lage sind, ihren Mitarbeitern gute Rückmeldungen zu geben. Dennoch bringen gute Trainings viel: Eine positive Einstellung zum Verkaufen, ungeschminkte Rückmeldungen von Arbeitskollegen oder das Erkennen der eigenen Lern- und Denkmuster. Wenn es an die Veränderung von Einstellungen geht, kann dies nicht verordnet werden. Das Training hat die Berechtigung, im Trockenraum sich zunächst für Neues zu öffnen, Dinge auszuprobieren und sich dann in die Praxis aufzumachen.

Dabei liegt die Herausforderung für jeden Personalentwickler darin, gute Trainings und Trainer aufzuspüren. Trainings, die über schematische Verhaltenstipps und Rollenspiele hinausgehen, neue Einsichten bringen und den Menschen nach vorne bringen. Trainingsleitfäden für die Nachbereitung von AC finden sich bei Obermann und Schiel (1997) und Obermann (2002).

Lernen durch Erfahrung

Die effektivste Form der Weiterentwicklung wirkt durch eigene Erfahrung und Feedback in neuen Erfahrungen. Die Kunst der Personalentwicklung ist es, diesen Prozess zu steuern. In der AC-Nachbereitung gibt es folgende Erfahrungswerte:

- AC-Teilnehmer aus der Konsumhaltung herausbringen: Wenn sie selbst kein Interesse an ihrer Entwicklung haben, wer dann?
- Die Verhaltensziele spezifizieren – der Hauptfehler sind allgemeine Appelle (Beispiel für Operationalisierung Abb. 2.94, 2.95 Förderplan).
- Feedback – dies ist die mächtigste Lernquelle. Mit dem AC-Teilnehmer besprechen, wer in beruflichen Situationen Feedback geben kann (Vorgesetzter, Kollege).
- Nach „quick wins" Ausschau halten – nur schnelle Zwischenerfolge motivieren.
- Durchhalten: ohne Konsequenz kein Ergebnis. In festem Rhythmus Gespräche führen, um den Lernerfolg zu feiern und zu motivieren.

Förderplan	
Mitarbeiter:	Michael Deckers (Seniorvertriebsreferent Vertriebsbüro Koblenz Mineralölhandel Intertank)
Vorgesetzter:	Detlef Dünkirch (Abteilungsleiter Vertriebsbüros West)
Personalabteilung:	Elke Sommerblum (Referentin Personalentwicklung, Zentrale)
Zusammenfassung aus dem Förder-Assessment	
Stärken:	Ausgeprägte Kontaktstärke und Beziehungsfähigkeit Souveränität in schwierigen Vertriebssituationen, inbesondere Überzeugungskraft und Abschlussstärke Hohe Leistungsmotivation (ehrgeizige eigene Ziele, hohe zeitliche Einsatzbereitschaft)
Entwicklungsfelder:	Schwache Analysefähigkeit, insbesondere bei betriebswirtschaftlichen Zahlen und in der Einschätzung von Abläufen / Prozessen Geringe unternehmerische Handlungsorientierung i. S. von Vorschlägen zur Optimierung von Kosten, Abläufen oder neuen Dienstleistungen
Kommentar Vorgesetzter:	Ich stimme den Stärken voll zu, die Entwicklungsfelder sind mir so noch nie aufgefallen
Kommentar Mitarbeiter:	Zustimmung zu dem AC-Ergebnis

Abb. 2.94 Beispiel eines Förderplans 1

Entwicklungsziele:
Maßnahme 1:
H. Deckers liest das Buch „Anleitung zum ganzheitlichen Denken und Handeln - Ein Brevier für Führungskräfte" von Ulrich, Hans; Probst, Gilbert J. B (1995) 39 . Er wird sich überlegen, wie die in dem schwierigen Buch zur Vernetztheit von betrieblichen Entscheidungen beschriebenen Techniken in die Praxis umgesetzt werden können.
Maßnahme 2:
H. Deckers besucht auf Kosten von Intertank am 3. August das Seminar „Entscheiden und Handeln – Problemlösen in komplexen Situationen. Nachhaltiges Lernen in simulierter Realität (Planspiel)". Das Seminar findet in Hamburg, Hotel Lindner statt.
Maßnahme 3:
H. Deckers erhält die Möglichkeit, sich die Controlling-Tools bei Intertank von dem Controller, H. Schönbier, erläutern zu lassen. Dann soll H. Deckers bis zum 1. August mit H. Schönbier ein anderes Vertriebsbüro der Abteilung Südwest auf Basis der Zahlen analysieren.
Anmerkung: Keine
Unterschrift *Mitarbeiter*   **Unterschrift** *Vorgesetzter*   **Unterschrift** *Personal*

Abb. 2.95 Beispiel eines Förderplans 2

- Keine Vereinbarung von Maßnahmen, sondern Zielen: Der Besuch eines Trainings oder das Lesen eines Buchs ist keine Zielerfüllung!
- Fördern durch Fordern: Wo gibt es im beruflichen Umfeld Zusatzaufgaben, die zum Ziel weiterführen?

Teilnahme an Unternehmensplanspielen

Die Teilnahme an Unternehmensplanspielen eignet sich gut für die Förderung von begabten jüngeren Mitarbeitern (die zum Beispiel noch keine Führungsaufgaben übernommen haben), um stärker unternehmerische Perspektiven zu entwickeln und fachliche Kompetenzen zu erweitern.

Organisatorisch können diese Spiele so durchgeführt werden, dass Teilgruppen des eigenen Unternehmens gegeneinander oder gegen andere Firmen antreten. Für Trainingszwecke sind sehr viele fertige Spiele auf dem Markt (Bezugsquellen vgl. Anhang D).

Einzeltraining

Das Einzeltraining besteht aus einem in der Regel eintägigen Einzelseminar, mit dem konzentriert – bezogen auf den individuellen Lernbedarf – Kompetenzen erweitert werden. Inhaltlich verfolgt das Einzeltraining das Ziel einer optimierten (Verhaltens-) Performance in den klassischen Manager-Rollen: Führen, Organisieren, Verkaufen etc., was durch eine Folge von Rollenübungen mit anschließendem Video-Feedback umgesetzt wird. Im Vergleich zum Gruppentraining kann so viel gezielter und im Rahmen von wesentlich mehr Übungen auf den einzelnen Mitarbeiter eingegangen werden. Durch die erheblich verbesserten Transfer-Chancen in Relation zu Gruppentrainings dürfte das Einzeltraining auch unter Kosten-Nutzen-Gesichtspunkten positiv zu bewerten sein.

Idealerweise wird das Einzeltraining durch den direkten Vorgesetzten mit Unterstützung eines Trainers aus dem Personalbereich durchgeführt; auf diese Weise kann der Vorgesetzte die Führungsaufgabe wieder in seine Arbeit integrieren.

Coaching

Das Coaching hat in den letzten Jahren eine enorme Begriffsinflation erfahren, sodass hierunter heute auch klassische Elemente des Einzeltrainings oder der persönlichen Karriereberatung verstanden werden. Coaching soll hier als eine arbeitsplatzbezogene Beratung und Begleitung in schwierigen beruflichen Situationen verstanden werden, etwa bei der Übernahme einer ersten Führungsaufgabe oder in krisenhaften Situationen.

Das Coaching ist optimal in die Führungsaufgabe eingebunden, wenn die Funktion des Veränderungsagenten vom Vorgesetzten übernommen wird. Als Alternativen bieten sich jedoch auch Ansprechpartner aus der höheren Führungsebene, insbesondere bei High Potentials, und interne Berater (etwa aus der Personalabteilung) für die operative Führungsebene an.

Das Coaching kann auch als Gruppen-Coaching durchgeführt werden, in der Form eines Workshops zur Laufbahnanalyse, Wertefindung oder Reflexion über Führungsprobleme.

Mentoring

Einzeltraining und Coaching setzen an der sozialen Performance, an Verhaltens- und Problemlösestrategien in bestimmten beruflichen Situationen an. Im Unterschied dazu orientiert sich das Mentoring weniger an der Aufgabe als an der Richtung der längerfristigen Entwicklung der Mitarbeiter, einer Reflexion und Zielbestimmung über eigene Werte und Entwicklungen im Beruf und in anderen Lebensbereichen. Für Nachwuchskräfte mit hohem Potenzial eignet sich ein Patensystem gut.

Mitarbeit an/Leitung von Projektgruppen

Die Mitarbeit an oder Leitung einer Projektgruppe eignet sich sehr gut für erfahrene Mitarbeiter, die in ersten Funktionen bereits Erfolg gehabt haben und bei denen die Routine aufgebrochen werden soll, um neue Erfahrungen und eine breitere Unternehmenssicht zu bekommen. Denkbare Themen sind Entwicklungen von Produkten und Methoden, Einsparungsprogramme oder die Verbesserung der Arbeitsbedingungen, auch die Teilnahme an einem Task-Force-Team, die Begleitung eines New Ventures oder eines Sanierungsfalles.

Junior Board

Das Junior Board ist eine Art Parallel-Vorstand, der von der Geschäftsleitung zugewiesene Probleme in Gruppenarbeit löst. Die Leitung oder Moderation kann dabei wechseln. Der Vorteil besteht in der Lösung echter Probleme (gegenüber Fällen) mit direktem Feedback durch die Geschäftsleitung und der damit verbundenen höheren „Lebensnähe" und Motivation der Mitarbeiter. Das Junior Board muss keine direkten Entscheidungsbefugnisse haben, jedoch Informations- und Vorschlagsrecht.

Als Teilaufgabe ist auch die kommissarische Entsendung von Mitgliedern des Junior Boards zu Verbänden oder Vereinen denkbar.

Moderation Qualitätszirkel

Im Vergleich zur Leitung einer Projektgruppe ist die Moderation eine inhaltlich und zeitlich stärker abgegrenzte Aufgabe für jüngere Mitarbeiter, die sich gerade als Vorbereitung auf die erste Führungsaufgabe eignet. Denn hier sind die sozial-kommunikativen Fähigkeiten in der Führung einer Arbeitsgruppe gefordert.

Der Moderator sollte allerdings durch eine fertige, vorbereitete Dramaturgie unterstützt werden, mit der sich eine Abfolge von fünf oder sechs Sitzungen ausfüllen lässt. Dadurch kann sich der Moderator auch ganz auf den Gruppenprozess konzentrieren. Während die Qualitätszirkel in der Vergangenheit stark auf Fertigungsbetriebe beschränkt waren, lässt sich die Idee genauso auf die Dienstleistungsbranche übertragen, um etwa Aufgabenstellungen der verbesserten Zusammenarbeit einzelner Abteilungen, der Optimierung von Abläufen oder die bessere Kundenorientierung in einzelnen Bereichen zu erarbeiten.

Eine Erweiterung dieser Idee liegt darin, einen firmenspezifischen Pool an internen Moderatoren (als Nebenaufgabe) aufzubauen, die dann von anderen Abteilungen für einzelne Sitzungen abgerufen werden können. Die Teilnahme an diesem Pool könnte als Vorbedingung für die erste oder weiterführende Führungsaufgaben dienen.

Rotationsprogramm

Die Teilnahme an einem Rotationsprogramm fördert die gedankliche Flexibilität und hilft, eine Unternehmenssicht zu entwickeln. Der Aufenthalt an den einzelnen Stationen sollte allerdings nicht zu kurz sein, um den Teilnehmern die Möglichkeit zu geben, anspruchsvolle Ziele umzusetzen.

Zur Vorbereitung auf die Übernahme von Führungsfunktionen bei Mitarbeitern, bei denen im AC ein hohes Führungspotenzial identifiziert wurde, eignet sich auch sehr gut die Übernahme von Stellvertreterfunktionen mit einem Führungsanteil auf Zeit, etwa zur Urlaubs- und Krankheitsvertretung.

2.13   Evaluation

2.13.1 Statistisch-methodische Evaluation

Verbreitung der Evaluation

Die Durchführung von Evaluationen gehört zu einem der zentralen Qualitätsstandards nach den Richtlinien des Arbeitskreises AC e.V. Der Grundsatz lautet: „Regelmäßige Güteprüfungen und Qualitätskontrollen stellen sicher, dass die mit dem AC angestrebten Ziele auch nachhaltig erreicht werden". (Arbeitkreis Assessment Center e.V. 2004). Das zentrale Argument besteht darin, dass ein erstmals konstruiertes AC lediglich ein Hypothesengebäude über den Zusammenhang zwischen Anforderungskriterien,

AC-Komponenten und Bewährungskriterien in der Praxis darstellt, das es jedoch anhand der Realität empirisch zu überprüfen gilt. Lediglich eine Bestätigung über die Akzeptanz bei Führungskräften und Teilnehmern reicht danach nicht aus.

Dieser Qualitätsstandard wird gemäß der Selbsteinschätzung der deutschsprachigen AC-Anwender eingehalten. In der betreffenden Erhebung der Anwendungspraxis von 125 Unternehmen (Obermann et al. 2012) geben bei 119 beschriebenen AC-Verfahren 77 % an, dass diese eine Evaluation durchführen. Gegenüber der Vorgängerbefragung aus dem Jahr 2007 ist damit der prozentuale Anteil der Verfahren, die evaluiert werden, nahezu konstant geblieben.

Die Qualität der Evaluation steht allerdings auf einem anderen Blatt. So war eine weitere Frage nach der verwendeten Methodik der Evaluation. 52 % der Unternehmen geben sich mit einer Zufriedenheitserhebung der Beteiligten zufrieden. 35 % der Unternehmen untersuchen die interne Struktur der Übungen und Dimensionen. Der eigentlich relevanten Frage nach dem statistischen Zusammenhang zwischen AC-Daten und externen Kenngrößen des Berufserfolgs wird lediglich von 21 % der Firmen nachgegangen.

Da ja bei Potenzialanalysen und Auswahlverfahren der Anspruch ist, richtige und „bessere" Vorhersagen zu treffen, wäre der Vergleich der AC-Aussagen mit externen Erfolgskriterien notwendig (Karriereaufstieg, tatsächliche Beförderung, Vorgesetztenurteil).

Hindernisse in der Umsetzung

Der Forderung steht allerdings eine Reihe von praktischen und methodischen Hindernissen im Weg. Zu den praktischen Hindernissen gehören die geringen Teilnehmerzahlen, die Vielfalt von AC-Varianten, laufende Veränderungen des Verfahrens im Zeitablauf.

Hinzu kommen methodische Probleme. Dazu gehört die Auswahl eines geeigneten Kriteriums: Eine Vorgesetzteneinschätzung ist zwar einfach zu erheben, die Untersuchungen zeigen jedoch, dass AC und Vorgesetzteneinschätzung inhaltlich unterschiedliche Dinge erfassen (vgl. Kap. 4.7.1). Hinzu kommt das Problem der Kriterienkontamination (vgl. Kap. 3.3.3): Aus praktischen Erwägungen können die Ergebnisse nicht vor den Vorgesetzten verborgen werden, die so beeinflusst sind. Das AC soll ja – im Gegenteil – mit dem Vorgesetzten umgesetzt werden.

Evaluation ohne Außenkriterien

Auch wenn aufgrund dieser Überlegungen keine Evaluation mit einem externen Erfolgskriterium möglich sein sollte, lässt sich auch bei wenigen Teilnehmern die innere Struktur des AC überprüfen und fortlaufend optimieren. Die erfolgreiche Umsetzung aller Notwendigkeiten in der Übungsentwicklung folgt zwar guter Absicht, muss jedoch letztlich überprüft werden. Fragestellungen zur inneren Struktur sind u. a.:

- Gibt es ausreichend Beobachtungsmöglichkeiten für die Kriterien?
- Differenzieren die Verhaltensanker ausreichend?
- Lassen sich die einzelnen Kompetenzen in den Übungen differenzieren?

Abb. 2.96 Evaluation: Beispiel
für „schlechte" Verteilung. *Quelle*
Obermann (2006)

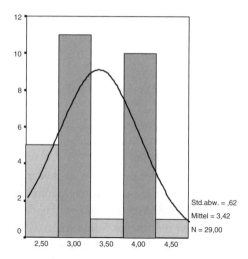

- Wie unabhängig sind die Übungen und gibt es Ansatzpunkte für Einsparungen?
- Verhindert das AC Diskriminierung (schwächere Ergebnisse für Teilgruppen, z. B. nach Alter/Geschlecht)?
- Welche Beobachtereffekte treten auf (Beurteilertendenzen)?
- An welchen Kriterien/Übungen „scheitern" die im Ergebnis negativ votierten Teilnehmer? Welche Beiträge liefern die einzelnen Übungen für das Gesamtvotum?

An anderer Stelle (Obermann 2006) wurden das Vorgehen und Ergebnisbeispiele dargestellt; als Beispiel sei der Auszug zur Evaluation bei einer Versicherung dargestellt (Abb. 2.96).

Für die einzelnen Übungen wurde die Verteilung der Ergebniswerte auf einer 5er-Skala in jeder Anforderungsdimension ermittelt. Die Abbildung zeigt eine ungünstig zu bewertende Verteilung der Skala Empathie einer Verhandlungs-Rollenübung, es fehlen insbesondere niedrige Bewertungen.

Die kritische Durchsicht der betreffenden Übung ergab dann, dass dort die Teilnehmer gefordert waren, einen aggressiv auftretenden unternehmensinternen Verhandlungspartner abzuwehren. Die Übung bot von den Reizen des Rollenspielerverhaltens her kaum Beobachtungsmöglichkeiten für Empathie, und die Beobachter votierten im Zweifel für den Kandidaten. Daher wies die Übung offensichtlich Mängel in der Konstruktion auf. Die Übung wurde daher inhaltlich komplett so überarbeitet, dass die Konfliktabwehr nicht mehr die Übung so dominiert, sondern die Empathie an bestimmten Stellen in der Rollenübung unabhängig von den anderen Kriterien gemessen werden kann.

2.13.2 Betriebliche Nachhaltigkeit

Ein methodisch einwandfreies Verfahren wird im betrieblichen Kontext nicht überleben, wenn es nicht nachhaltig Akzeptanz und Unterstützung findet. Im deutschsprachigen

Raum befinden sich AC in einzelnen Unternehmen schon über mehrere Generationen von Verantwortlichen hinweg in der Umsetzung, während das Thema in anderen Unternehmen für die eine Zielgruppe oder den einen Bereich eingestellt wird, um an anderer Stelle wieder neu begonnen zu werden. Daher stellt sich die Frage, wie über einen ersten Schuss hinaus AC auch über längere Jahre nachhaltig umgesetzt werden können (Abb. 2.96).

Birri (2004) stellt dazu als betriebliches Beispiel die Schweizer Großbank Credit Suisse vor, bei der das AC auch nach einer Reihe von Fusionen über 25 Jahre erfolgreich im Einsatz ist. Aus diesem Anlass wurde eine betriebsinterne Erhebung bei 35 internen Kunden und Assessoren durchgeführt, um die Erfolgsfaktoren für diese nachhaltige Anwendung zu eruieren. Am höchsten bewertet wurde bei den insgesamt 32 Befragungspunkten der Aspekt, dass die Beobachter ausschließlich High-Level-Manager sind und auf diese Weise die Reputation der Ergebnisse stärken.

Die Großbank positioniert für diverse Zielgruppen die AC als standardisierte second opinion, bei der die Unternehmenseinheiten eine strukturierte und unabhängige Meinung zu ihren Kandidaten erhalten. Als zweiten Erfolgsfaktor für die lange, erfolgreiche Existenz des AC betrachten die befragten internen Kunden die Tatsache, dass das interne AC-Team aus erfahrenen Spezialisten besteht, die jeweils Psychologen sind und vier bis zehn Jahre AC-Erfahrung haben.

Birri sieht einen weiteren Erfolgsfaktor in der Prozessqualität. Dazu gehören die Aspekte, dass noch am gleichen Tag die quantitativen Ergebnisse und nach drei Tagen der Ergebnisbericht versendet werden sowie jährliche Reviews an das Management und periodische Evaluationen stattfinden.

Das AC in der wissenschaftlichen Auseinandersetzung

3.1 Eignungsdiagnostische Grundlagen

Grundsätzliche Fragestellungen in der Eignungsdiagnostik

Die psychologische Eignungsdiagnostik verfolgt verschiedene Aufgaben. Die Erste ist die Feststellung inter- oder intraindividueller Unterschiede und Ausprägungen. Die Erfassung der interindividuellen Unterschiede zwischen Personen kann die Zuordnung zu Typen (z. B. „rot/grün/gelb/blau-Typ" oder „leptosom/pyknisch/athletisch") beinhalten. In kommerziell vertriebenen Testverfahren ist dieser Typenansatz häufig verbreitet, da er keine Verlierer produziert und deshalb das Interesse vieler hervorruft, um sich in eine Kategorie einordnen zu können und dadurch zu erfahren, welcher „Typ" sie sind.

In der Eignungsdiagnostik, und speziell im AC üblicher, ist die Zuordnung von Personen zu Ausprägungen von psychologischen Eigenschaften (engl. „traits"), z. B. „Extraversion", „Dominanz", „Selbstdisziplin". Nicht nur wissenstheoretisch, sondern auch praktisch relevant ist die Erkenntnis, dass diese Ausprägungen reine Konstrukte sind. Im Gehirn wird etwa keine neurobiologische Substanz namens „Selbstdisziplin" zu finden sein. Daher ist diese eignungsdiagnostische Handlung – Feststellung von interindividuellen Unterschieden entlang von Eigenschaften – auch keine, wie von psychologischen Laien oft unterstellte Geheimwissenschaft, sondern lediglich die Festlegung von Ausprägungsgraden auf Basis dieser Konstrukte. Eine wesentliche Voraussetzung ist allerdings die zeitliche Stabilität dieser Konstrukte. Sinn der Feststellung der Ausprägungsgrade von Eigenschaften im AC ist schließlich, dass diese interindividuellen Unterschiede zwischen Personen nicht nur temporärer Natur sind, sondern auch im späteren Berufsalltag fortbestehen.

Aus diesem Grunde sind diffuse Konstrukte, bei denen unklar ist, wie diese sich genau abgrenzen lassen, und ob diese nicht leicht veränderbare oder erlernbare Aspekte beinhalten, für die Eignungsdiagnostik und damit auch für das AC ungeeignet. Beispiele hierfür sind: Teamwork, Kundenorientierung oder auch Kommunikationsverhalten.

Eine andere Variante besteht in der Ermittlung intraindividueller Unterschiede – also Unterschieden entlang verschiedener psychologischer Eigenschaften einer Person, wie z. B. die Frage, ob das Leistungsmotiv einer Person höher ausgeprägt ist als das Anerkennungsmotiv. Auch für diese Frage ist die zeitliche Stabilität der betrachteten Konstrukte relevant. Falls dies der Fall ist, können z. B. im Rahmen eines Development Centers Empfehlungen zu Karrierewegen ausgesprochen werden.

Eine weitergehende Aufgabenstellung der psychologischen Eignungsdiagnostik ist die Prognose von zukünftigem Verhalten. Der spezielle Anspruch an Auswahl-AC und Potenzialanalysen besteht in der impliziten Annahme, dass sich die AC-Teilnehmer mit höheren/besseren Ergebniswerten entweder zukünftig in ihrer beruflichen Tätigkeit besser bewähren oder im Fall von Potenzialanalysen sich sogar in weitergehenden Führungstätigkeiten bewähren, die jetzt noch gar nicht Bestandteil der beruflichen Aufgabe sind.

Diese Aufgabe der Eignungsdiagnostik geht über das Zuordnen von Personen zu Ausprägungsgraden von Eigenschaften hinaus. Es bedarf nämlich eines empirischen Nachweises, dass der angenommene Zusammenhang zwischen AC (sogenannter Prädiktor) und beruflichem Erfolg (sogenanntes Erfolgskriterium) auch tatsächlich vorhanden ist. Dazu benötigt es also Untersuchungen zur prognostischen Validität (vgl. Kap. 3.3. Validität).

Eine noch weitergehende Aufgabenstellung tritt im Zusammenhang mit DC auf. Hier wird angenommen, dass bestimmte Interventionen – insbesondere Feedback der Beobachter an die Teilnehmer – im Sinne einer Leistungsverbesserung und Förderung wirken, zumindest zu neuen Einsichten führen. Diese eignungsdiagnostische Aussage ist von schwerem Gewicht. Sie setzt voraus, dass nachgewiesen werden konnte, dass bestimmte Interventionen im Zusammenhang mit dem DC tatsächlich zu Verhaltens- oder Einstellungsänderungen führen. Zum Erkenntnisstand dazu wird in Kap. 4.2 und 4.3. im Detail eingegangen.

Zusammenfassend wäre also für das AC zu entscheiden, worin die damit verbundene eignungsdiagnostische Zielsetzung besteht: inter- oder intraindividuelle Unterschiede beschreiben, beruflichen Erfolg oder Potenzial vorhersagen oder Verbesserungen im z. B. Führungsverhalten bewirken.

Abgrenzung wissenschaftlich begründeter Eignungsdiagnostik von der Alltagsdiagnostik

Die beschriebenen eignungsdiagnostischen Aufgabenstellungen werden auch in der Alltagspsychologie bei der Einschätzung anderer Personen fortlaufend von uns vorgenommen. Wir stellen interindividuelle Unterschiede fest („Michael ist fleißiger als Marco"), wir bewerten intraindividuelle Unterschiede („Genau kann die nicht arbeiten, dafür ist die richtig fleißig"), wir prognostizieren zukünftigen Erfolg („So, wie die sich hier anstellt, wird das nichts") und auch die Wirkung von Interventionen („Wenn ihr mal jemand richtig die Meinung sagt, dann würde die auch mehr Gas geben").

Es stellt sich demnach die Frage nach der Abgrenzung derartiger Alltagspsychologie von Eignungsdiagnostik mit wissenschaftlichem Anspruch. Eine erste Forderung ist die der Falsifizierbarkeit, also einer Vorgehensweise, welche die diagnostischen Urteile der grundsätzlichen Widerlegbarkeit aussetzt. Die alltagspsychologische Aussage „Dem kann man nicht trauen, das habe ich klar im Gefühl" ist in diesem Sinne nie widerlegbar, da die betreffende Person gleichzeitig Beurteiler und Maßstab für die Richtigkeit des Urteils ist. Für das AC mit eignungsdiagnostisch wissenschaftlichem Anspruch bedeutet dies, dass die Urteile und einzelnen Schritte transparent und grundsätzlich angreifbar sein müssen: Nach welchen Regeln kommt das Ergebnisurteil zustande? Sind die beobachteten Kompetenzen relevant? Auf welcher Basis wurden die Einschätzungen in den einzelnen Aufgaben vorgenommen?

Eine verwandte Forderung der wissenschaftlich begründeten Eignungsdiagnostik betrifft die formale Trennung von Befundbeschreibung und Interpretation. Beispielsweise das Urteil „Der passt vom Typ her nie zu uns" ist nicht nachvollziehbar, da unklar ist, aufgrund welcher Befunde/Beobachtungen diese begründet ist. In der Ergebnisdarstellung sollten daher die beschreibenden Beobachtungen aus den AC-Aufgaben (Zitate, Verhaltensweisen, erzielte Ergebnisse) getrennt dargestellt werden von den Schlussfolgerungen/Interpretationen/Bewertungen, die aus den Beobachtungen geschlossen werden. Dieses Vorgehen ist analog der Feedbackregeln hinsichtlich der Trennung von wertfreier Beobachtung und der sich daraus ergebenden Verantwortung für die Bewertung. Die Falsifizierbarkeit bleibt demnach nur möglich, wenn eine unabhängige Person auf Basis der beschriebenen Beobachtungen zu einem anderen Schluss kommen könnte.

Ein weiteres Abgrenzungsmerkmal gegenüber der Alltagspsychologie wäre die Standardisierung und Strukturierung der Vorgehensweise, um damit die Objektivität sicherzustellen. Objektivität bedeutet, dass die Durchführung der AC-Aufgaben, deren Auswertung und Interpretation grundsätzlich unabhängig von dem konkret anwesenden Beobachter erfolgen müssen. Es ist also zu prüfen, ob das gleiche AC-Ergebnis erzielt wird, auch wenn andere Personen die AC-Aufgaben durchführen, auswerten und interpretieren.

Aus dieser Forderung ergibt sich eine Reihe von Ableitungen für das AC. Beispielhafte Fragestellungen wären demnach: Werden die Rollenspiele standardisiert durchgeführt? Ist klar geregelt, wie bestimmte Verhaltensweisen entlang der verwendeten Kompetenzen zu bewerten sind? Ist vorab festgelegt, welches Muster von Einzelergebnissen letztlich zu einem positiven Votum für eine Einstellung oder Potenzialaussage führt?

Die beschriebene Forderung nach Standardisierung würde gegebenenfalls auch ein Selbsteinschätzungsfragebogen in einer Publikumszeitschrift erfüllen, z. B. „Sind Sie ein treuer Typ?". Solche Fragebögen enthalten in der Regel ein paar Fragen und standardisierte, mit Punkten belegte Antwortalternativen, die aufsummiert werden. Es kann drei Ergebniskategorien geben, wie z. B. „Sie sind ein untreuer Typ".

Was diesen Laien-Fragebogen jedoch von einem psychometrischen Instrument unterscheidet, ist – neben der Frage, ob hier eine zeitlich stabile Disposition gemessen wird – das Fehlen einer Vergleichsnorm oder Basisrate. Möglicherweise ist nämlich die Auswertungsskala so gestaltet, dass nahezu sämtliche Antworttendenzen als „treu" oder „untreu" kategorisiert werden, da nie zuvor die Ausprägung des Fragebogens in einer Vergleichsgruppe empirisch ermittelt wurde. Genau dies ist jedoch für ein wissenschaftlich eignungsdiagnostisches Instrument zu leisten, sodass das Einzelergebnis anhand einer empirisch erhobenen Vergleichsnorm adäquat eingeordnet werden kann.

Aus ökonomischen Gründen ist allerdings eine breite Normierung für ein AC, das für lediglich ein paar Dutzend Personen durchgeführt wird, schwer leistbar. Dennoch gilt als Mindestanforderung, Probeläufe mit Teilnehmern aus der Zielgruppe durchzuführen. Dadurch soll verhindert werden, dass konstant schwache oder gute Ergebnisse der Teilnehmer ein Artefakt von zu schweren oder zu einfachen Aufgaben sind. Dies gilt sowohl für die Ebene der AC-Aufgaben als auch für die Ebene darunter (Kompetenzen, Verhaltensanker). Daraus ergibt sich die Anforderung, auch den relativen Schwierigkeitsgrad einzelner Verhaltensanker oder Kompetenzen zu überprüfen.

Klassische Testtheorie und deren Axiome

Die Klassische Testtheorie (KTT) ist die am meisten verbreitete psychometrische Testtheorie und stellt die statistische Basis (Cronbach 1961) für eignungsdiagnostische Messungen und damit auch für das AC dar. Die KTT weist einige Schwächen auf, die folglich zur Entwicklung der weitergehenden, sogenannten probabilistischen Testtheorie geführt hat. Dennoch ist die KTT aufgrund ihrer Praktikabilität immer noch die präferierte Testtheorie und die Grundlage für die Mehrzahl psychometrischer Testverfahren. Da die KTT jedoch bisher noch wenig Eingang in die AC-Konzeption gefunden hat, lohnt es sich, zunächst diese Basistheorie zu betrachten.

Der Schwerpunkt des Modells der klassischen Testtheorie liegt auf der Genauigkeit einer Messung bzw. auf der Größe des jeweiligen Messfehlers. Daher wird sie oft auch als „Messfehlertheorie" bezeichnet. Grundsätzlich enthält jede Bewertung im AC – wie auch jede Antwort in einem Test oder Interview – Fehler und Unsicherheiten, wie z. B. Missverständnisse beim Probanden, Stress-Empfinden oder Beobachtertendenzen. In diesem Kontext versucht die KTT, ausgehend von dem Testwert einer Person hinsichtlich einer AC-Kompetenz, zu klären, wie auf die „wahre" Ausprägung des zu messenden Persönlichkeitsmerkmals geschlossen werden kann.

Die KTT beinhaltet fünf sogenannte Axiome, also Grundannahmen, auf denen letztlich die Reliabilitäts- und Validitätsschätzung als wesentliche psychometrische Gütekriterien beruhen. Im Kontext des AC beschränkt sich der Autor auf die Darstellung der ersten beiden Axiome.

Wenn eine Messung (z. B. eines Persönlichkeitsmerkmals) mehrmals wiederholt wird – und dies ist für die Abschätzung der Reliabilität immer geboten –, so zeichnet sich bei den dabei beobachteten Messergebnissen keine Konstanz ab, da es hier variierende Messungen/Ergebnisse gibt.

Das erste Axiom der KTT besagt, dass sich jeder Testwert (X) additiv zusammensetzt aus einem wahren Merkmalsanteil (T), einer stabilen psychologischen Eigenschaft, und einem zufälligen Messfehleranteil (E): X = T + E. Der Anteil von T und E an der Messung X kann unterschiedlich hoch sein. Beobachtbar im AC sind kreierte Testwerte, wie z. B. die Dominanz eines Teilnehmers im Auftreten in einer Gruppendiskussion. Aus dieser Beobachtung soll geschlossen werden, wie die „wahre" Dominanz der Person ist, damit folglich auf das Auftreten in zukünftigen Situationen geschlossen werden kann. Dem steht entgegen, dass die Beobachtung der Dominanz durch Messfehler getrübt wird. Der wahre Merkmalsanteil und der Messfehleranteil können jedoch nicht direkt beobachtet werden, sondern werden indirekt ermittelt.

Das Konzept des Messfehlers umfasst die Gesamtheit aller unsystematischen und nicht kontrollierbaren oder vorhersagbaren Einflussgrößen, die auf das Messergebnis einwirken können, z. B. Stimmungen, Ablenkung der Beobachter, Erinnerungseffekte, Rate-Effekte etc. Dem gegenüber abzugrenzen sind systematische Fehler. Diese sind nicht zufällig schwankende, sondern fortwährend auftretende Fehler, wenn die Messung X grundsätzlich verfälscht ist, z. B. wenn das Kommunikationsverhalten der Teilnehmer durch Sympathie oder physische Attraktivität regelmäßig überschätzt wird.

Die Konsequenz des ersten Axioms besteht für das AC zunächst darin, dass nur zeitlich stabile Eigenschaften oder Konstrukte verwendet werden sollten (engl. „traits"). Wenn statt solcher „traits" eher situativ stark schwankende Verhaltensmerkmale beobachtet werden, so unterscheiden sich die Beobachtungen/Messergebnisse. Dann entsteht die Frage, ob das Merkmal T variiert oder es sich um den Messfehler E handelt.

Das zweite Axiom der KTT bezieht sich auf die Eigenschaften des Messfehlers E. Danach haben der Erwartungswert, der Mittelwert und die Summe der Fehler jeweils den Wert Null:

$$\in (E) = \overline{E} = \sum E = 0.$$

Die Annahme ist also, dass eine Person bei einer Beobachtung/Messung positiver als ihr wahrer Wert erscheint (E > 0), bei einer anderen Beobachtung erscheint ihr wahrer Wert schwächer (E < 0). Bei vielen, letztlich unendlichen Messungen werden sich diese Fehleranteile zu Null aufheben. Aus dem zweiten Axiom folgt also, dass die Summe der Fehlerwerte einer Person bei unendlich häufiger Messwiederholung unter identischen Bedingungen Null ergeben muss, ebenso wie die Summe der Fehlerwerte bei einmaliger Messung an unendlich vielen Personen.

Dieses Axiom setzt voraus, dass je Individuum der wahre Wert stabil ist und nur E variiert. Daher lässt sich die klassische Testtheorie nur auf stabile Merkmale anwenden und nicht zur Messung von situativ schwankenden Verhaltensweisen.

Wenn bei vielen, in der Theorie unendlichen Messungen, der Fehleranteil E der Gleichung X = T + E mit Null anzunehmen ist, so folgt daraus:

$$\overline{T} = \overline{X}.$$

Dies besagt, dass der Messfehler verschwindet, wenn entweder ein Test an vielen Individuen oder mehrfach bei ein und derselben Person angewandt wird.

Dies hat für das AC eine bedeutende praktische Konsequenz. Wenn ein Merkmal innerhalb einer AC-Aufgabe oder durch verschiedene AC-Aufgaben mehrfach beobachtet wird, so sinkt der Messfehleranteil stetig und die Genauigkeit der durchschnittlichen Bewertung steigt immer weiter: Zwei Messungen sind genauer, drei sind noch genauer usw. Voraussetzung dafür sind stabile Merkmale T und die Unabhängigkeit der Messungen voneinander (z. B. verschiedene Beobachter). Damit besteht eine wirksame Methode zur Erhöhung der Zuverlässigkeit der Aussagen im AC darin, dass die Beobachtungsmöglichkeiten eines Merkmals erhöht werden: Mit der Anzahl der AC-Aufgaben steigt also die Zuverlässigkeit.

Anwendung findet dies beispielsweise, wenn die Einschätzung der Problemlösefähigkeiten nicht nur auf Basis der Leistung in der Fallstudie beruht, sondern additiv auch in einer weiteren Fallstudie (z. B. Fact-Finding) gemessen und zudem noch ein kognitiver Test durchgeführt wird. Folglich ist das Ergebnis, das auf drei Beobachtungen beruht, deutlich zuverlässiger, als wenn es durch lediglich eine AC-Aufgabe gemessen wird.

Bei einer AC-Aufgabe wird ein Teilnehmer möglicherweise situative Aspekte einwenden („Aufgabe falsch verstanden", „Zu nervös", „Sonst bin ich viel besser"). Wenn drei unabhängige Beobachtungen zu gleichlautenden Ergebnissen führen, dann ist die Schlussfolgerung daraus offensichtlich belastbarer. Nach dieser aus der KTT theoretisch abgeleiteten Erkenntnis sind AC mit vielen Messzeitpunkten/Aufgaben deutlich valider als solche mit wenigen Elementen. Dabei bildet die kritische Grenze zehn Aufgaben im AC. Im Zweifel sollte daher die Länge einzelner Aufgaben/Interviews/Rollenspiele etc. gekürzt werden, um stattdessen mehr solcher Elemente im AC platzieren zu können.

Bedeutung des Messfehlers für die Interpretation des Ergebniswertes

Das AC-Ergebnis setzt sich gemäß dem Axiom 1 der KTT additiv aus dem „wahren" Ergebniswert und einem Fehlerwert zusammen. Der Fehleranteil ist aus dem AC-Ergebnis nicht direkt zu erkennen. Wenn man jedoch wie in Axiom 1 unterstellt, dass die zugrundeliegende psychologische Eigenschaft über die Zeit konstant ist und man mehrere Messwiederholungen vornimmt, dann sind Variationen der AC-Werte auf diesen Messfehler zurückzuführen. Wenn es keinen Messfehler gibt, dann wären die Testergebnisse X immer gleich. Je höher der Messfehler ist, umso mehr variieren die Testergebnisse. Nach dieser Grundlogik wird die Zuverlässigkeit/Reliabilität des AC ermittelt (Details vgl. Kap. 3.2). Dieser Kennwert für die Reliabilität wird als Korrelationswert zwischen null (maximal unzuverlässig) bis eins (theoretisch maximal) ausgewiesen. Aus dem, für ein AC empirisch ermittelten oder aus der Literatur angenommenen Reliabilitätswert, wird dann der Standardmessfehler nach der folgenden Formel ermittelt:

$$SM = SD \times \sqrt{(1 - r)}.$$

Der Standardmessfehler gibt abhängig von der Zuverlässigkeit an, um wie viel der wahre Wert um den ermittelten AC-Wert streut. Dieser Standardmessfehler unterstellt

AC-Ergebniswert	X	3	3
Standardabweichung	SD	1	1
Reliabilität	r	0,8	0,7
Wurzel 1-r		0,45	0,55
Standardmessfehler	SM	0,45	0,55
z-Wert 95%		1,96	1,96
Multiplikator für Konfidenzintervall 5%		0,88	1,07
Konfidenzintervall 95% obere Grenze		3,88	4,07
Konfidenzintervall 95% untere Grenze		2,12	1,93

Abb. 3.1 Berechnung des Konfidenzintervalls

per Definition eine etwa 34 % ige Fehlerwahrscheinlichkeit. Soll diese auf übliche 5 % reduziert werden, ist der über die Formel rechnerisch ermittelte Standardmessfehler mit dem Wert 1,96 zu multiplizieren.

Mit diesem Standardmessfehler kann nun eine Schätzung für den „wahren" AC-Wert vorgenommen werden und die Bereiche um diesen Wert herum bestimmt werden, innerhalb derer mit einer gewissen Wahrscheinlichkeit der „wahre" Wert vermutet werden kann. Diese Bereiche heißen Vertrauensintervalle oder Konfidenzintervalle.

Die Abbildung zeigt eine Beispielrechnung für einen AC-Ergebniswert von 3,0 auf einer 5er-Skala. Dabei wird eine (im konkreten) empirisch zu ermittelnde Standardabweichung von 1,0 angenommen und das Konfidenzintervall für zwei Reliabilitätswerte von entweder r = 0,7 oder r = 0,8 ermittelt. Bei einer Reliabilität von r = 0,7 würde mit einer Wahrscheinlichkeit von 95 % der „wahre" AC-Wert, der mit 3,0 bewertet wurde, tatsächlich zwischen 4,07 und 1,93 liegen (vgl. Abb. 3.1).

Wenn das Unternehmen definitiv einen Kandidaten bevorzugt, der auf der 5er-Skala mit lediglich 5 %iger Fehlerwahrscheinlichkeit tatsächlich einen Wert von mindestens 3,0 aufweist, dann dürften nur jene akzeptiert werden, die über einen AC-Wert von 4,07 verfügen.

Wirkung von Selektionsrate und Basisrate auf die Trefferquote

Die Qualität einer eignungsdiagnostischen Vorhersage wird anhand der statistischen Korrelation zwischen dem AC (sogenannter Prädiktor) und verschiedenen Berufserfolgskriterien (sogenanntes Kriterium) ermittelt. Die Größe des Zusammenhangs wird zwischen null (kein Zusammenhang) und eins (theoretisches Maximum) beschrieben. Dieser Zusammenhang wird als prädiktive Validität bezeichnet (Details vgl. Kap. 3.3). Das theoretische Maximum ist aus verschiedenen methodischen Gründen nie erreichbar (Messfehler im Prädiktor AC; Unmöglichkeit, ein perfektes Maß für den Berufserfolg zu erzielen). Prinzipiell erhöht ein hoch valides Verfahren die Wahrscheinlichkeit, dass unter den positiv ausgewählten oder mit Potenzial eingeschätzten Teilnehmern auch solche sind, bei denen sich später tatsächlich Erfolg einstellt.

Neben der Validität gibt es jedoch noch zwei weitere Parameter, die bestimmen, unter wie viel ausgewählten Personen „Treffer" vorhanden sind – die Selektionsrate und die Basisrate. Die Zusammenhänge zwischen diesen Einflussfaktoren und der Trefferquote wurden von Taylor und Russell (1939) berechnet und finden sich in entsprechenden Tabellen wieder, Beispielsrechnungen dazu finden sich in Kap. 3.5.

Die Selektionsrate ist definiert als der Anteil der im AC Ausgewählten in Relation zu der Gesamtteilnehmeranzahl im AC. Wenn in einem AC z B. zwölf Teilnehmer sind und das Ziel darin besteht, zwei auszuwählen, so ist die Selektionsrate 0,16.

Es gilt, dass die Trefferquote bei ansonsten konstanter Validität desto besser ist, je niedriger die Selektionsrate. Wenn also ohnehin nur die Besten ausgewählt werden, kann die Güte des Verfahrens relativ etwas schwächer sein. Sollen nahezu alle AC-Teilnehmer ausgewählt werden, dann muss die Validität höher sein, um eine vergleichbare Trefferquote zu erzielen.

Dies bedeutet für das AC, dass es grundsätzlich immer vorteilhafter ist, unter vielen Teilnehmern auswählen zu können und entsprechend viele einzuladen. Am ungünstigsten ist ein Einzel-Assessment mit nur einem Kandidaten, der für eine Stelle eingeschätzt werden soll.

Generell gibt es zwei Strategien, diese Selektionsrate zu beeinflussen. Erstens wird „scharf" ausgewählt, also ein hoher Cut-Off-Wert festgelegt, den Kandidaten zu bestehen haben, um angenommen zu werden. Dieses Vorgehen ist dann möglich, wenn es nicht einen vorab festgelegten Bedarf an positiv auszuwählenden Bewerbern im AC gibt („Wir nehmen die zwei Besten").

Die zweite Strategie besteht darin, verhältnismäßig mehr Bewerber in das AC zu schicken. Wenn etwa feststeht, dass es zwei positive Kandidaten geben soll, dann kann durch eine Erhöhung der Anzahl an AC-Teilnehmern die Selektionsrate reduziert und die Trefferwahrscheinlichkeit verbessert werden, dass die zwei gewählten Kandidaten auch tatsächlich gut sind.

Neben der Selektionsrate wird die Trefferquote durch die Basisrate beeinflusst. Hierunter wird der Anteil der wahrscheinlich geeigneten Personen verstanden – dies kann bereits vor der AC-Durchführung abgeschätzt werden. Hier gilt die Aussage, dass mit höherer Basisrate die Trefferquote unter sonst gleichen Bedingungen steigt: Wenn z. B. Potenzialkandidaten zu einem internen AC eingeladen werden und aus vorangegangen Verfahren bekannt ist, dass schon 80 % gut sind, dann könnten auch ohne AC durch Würfeln 80 % der Potenzialkandidaten richtig ausgewählt werden. Ein hochvalides AC hätte aufgrund der guten „Bewerberqualität" nur einen geringen Zusatznutzen.

Die Basisrate ganz allgemein – der Anteil der Potenzialkandidaten im Pool des Unternehmens oder der Anteil der „guten" Bewerber in der Bevölkerung – ist nicht beeinflussbar. Gesteuert werden kann jedoch die Basisrate durch eine höherwertigere Vorauswahl der AC-Teilnehmer. Ungünstig wäre es, wenn durch das festgelegte Anforderungsprofil die Grundwahrscheinlichkeit des Bestehens im AC gering ist und beispielsweise ohne Vorauswahl Bewerber eingeladen werden.

Zusammenfassend besteht naturgemäß das Bestreben, dass die im AC als positiv bewerteten Teilnehmer sich auch in der späteren Berufspraxis als erfolgreich herausstellen. Für diese Trefferquote kommt es nicht nur auf die Validität des AC an, sondern eben auch auf die Gestaltung von Selektionsquote und Basisrate.

Sequentielle eignungsdiagnostische Strategien

Die eignungsdiagnostische Strategie betrifft die Frage der Einbettung des AC in einen Prozess aus weiteren eignungsdiagnostischen Elementen.

Bei den einstufigen Entscheidungsstrategien wird ein AC einmalig vorgegeben und auf der Basis des Testtrennwertes (engl. „cut-off") werden die Bewerber entweder endgültig akzeptiert oder abgelehnt.

Bei den mehrstufigen Entscheidungsstrategien werden den Bewerbern AC-Komponenten oder weitere Verfahren (Online-Test, Telefoninterview, Präsenztest, Interview) zu unterschiedlichen Zeitpunkten vorgegeben. Es besteht die Möglichkeit der vorübergehenden Akzeptanz oder Ablehnung. Hier ergeben sich drei Möglichkeiten:

1. Vorauswahlstrategie (pre-reject-strategy)

Nach Durchführung von Test A (z. B. Interview) werden alle Bewerber, die unter dem Testtrennwert liegen, endgültig abgelehnt, die übrigen absolvieren das AC. Die Entscheidung über Annahme oder Ablehnung der verbleibenden Bewerber ergibt sich aus der Kombination zwischen Erst- und Folgetests. Dieses Vorgehen macht Sinn, um die Basisrate der AC-Teilnehmer durch eine geeignete Vorauswahl zu erhöhen und gleichzeitig das aufwändigere AC auf die Bewerber mit hoher Erfolgsprognose zu reduzieren. Dies setzt voraus, dass das Vorauswahlinstrument ausreichend valide ist, um nicht etwa eigentlich geeignete Bewerber fälschlicherweise schon vorab abzulehnen.

2. Vorentscheidungsstrategie (pre-accept-strategy)

Nach Durchführung von Test A werden alle Bewerber, die über dem Testtrennwert liegen, endgültig akzeptiert, die übrigen absolvieren weitere Tests. Die Entscheidung über Annahme oder Ablehnung der verbleibenden Bewerber ergibt sich aus der Kombination zwischen Erst- und Folgetests. Bezogen auf das AC könnte man für eine größere Gruppe zunächst nur wenige Elemente durchführen (z. B. Gruppendiskussion, Test). Die absoluten Spitzenbewerber würden angenommen, die Zweifelsfälle durchlaufen weitere Stationen.

3. Vollständige sequentielle Strategie

Bei diesem Vorgehen werden zwei Trennwerte für einen Test berechnet und die Bewerber werden drei Gruppen zugeordnet: Die Teilnehmer von Gruppe eins liegen unter dem niedrigeren Trennwert und werden endgültig abgelehnt. Die Teilnehmer von Gruppe zwei liegen zwischen den beiden Trennwerten und werden vorübergehend akzeptiert, absolvieren jedoch weitere Tests. Die Teilnehmer von Gruppe drei liegen über dem höheren Trennwert und werden endgültig akzeptiert.

Korrelationsstatistik als Basis für die wissenschaftliche Eignungsdiagnostik

Die statistische Basis der KTT besteht in der Korrelationsstatistik. Dabei geht es jeweils darum, wie Merkmale untereinander kovariieren, z. B. der AC-Ergebniswert mit einer Messgröße für den späteren Berufserfolg (etwa Beurteilung durch den Vorgesetzten) oder z. B. der Zusammenhang zwischen den Einschätzungen unterschiedlicher Beobachter. Eine methodische Herausforderung ist, dass die Höhe der jeweils nachgewiesenen Korrelation von Streuung der zugrunde liegenden Messwertreihen abhängt.

Abbildung 3.2 zeigt in den ersten beiden Tabellen die Wirkung der Einschränkung der zugrunde liegenden Streuung auf eine Validitätsuntersuchung. In der zweiten Tabelle wird angenommen, dass die Vorgesetzten sämtliche Teilnehmer sehr positiv bewerten, z. B. weil sie damit die Entsendung der Teilnehmer in das AC, im Sinne der Reduzierung einer kognitiven Dissonanz, hoch einschätzen. In der Beispielrechnung wurden dazu in der zweiten gegenüber der ersten Tabelle die Einschätzungen der Vorgesetzten um zwei Punkte erhöht und bei der Maximalbewertung von zehn gekappt (Varianzeinschränkung). Dies führt zu einer künstlichen Reduzierung der Kovariation zwischen AC-Wert und Vorgesetztenbeurteilung und damit zu einer geringeren Validitätsschätzung. Die dritte Tabelle zeigt, dass durch eine (zufällige) Varianzerhöhung bei lediglich einem Teilnehmer die Korrelation zwischen den beiden Messwertreihen deutlich erhöht wird. In der AC-Praxis dürfte das Problem der Varianzeinschränkung bedeutender sein, hier handelt es sich häufig um vorausgewählte und damit homogenere Zielgruppen.

Eine praktische Konsequenz für die AC-Konzeption besteht darin, dass Aufgaben und einzelne Verhaltensanker idealerweise immer eine mittlere Lösungsschwierigkeit aufweisen sollten. Dies bedeutet, dass zwischen den Teilnehmern die Ergebniswerte stark variieren sollten – als statistische Voraussetzung für die Kovariation mit anderen Merkmalen. Wenn hingegen die Verhaltensanker nicht variieren, weil sie zu schwer sind (kaum ein Teilnehmer bekommt eine positive Bewertung) oder zu leicht sind (fast alle Teilnehmer erhalten positive Bewertungen), dann tragen diese Aufgaben/ Verhaltensanker nicht zur Differenzierung bei. In Pretests bei der AC-Konzeption ist dies zu überprüfen.

Eine zweite wesentliche Herausforderung besteht in der Stichprobenabhängigkeit der im Rahmen der Korrelationsstatistik gewonnen Kennwerte. So ist es fraglich, ob stichprobenbezogene Kennwerte immer auf den Einzelfall übertragbar sind, da es innerhalb größerer Personengruppen mehrere Subgruppen mit unterschiedlicher Reliabilität und Validität ihrer Messwerte gibt.

Ein Beispiel des Autors aus einem biografischen Fragebogen zu Beginn der 90er-Jahre: Hier erwies sich für die Auswahl von Versicherungsvertretern die Frage „Ist Ihr Partner ebenfalls erwerbstätig?" als hochvalide – die später erfolgreichen Bewerber hatten jeweils einen Partner, der sich um Kinder oder Haushalt kümmerte. Diese hochvalide Frage ist jedoch aus heutiger Perspektive diskriminierend für weibliche Bewerberinnen, da es nur eine geringe Anzahl gab, die einen nicht erwerbstätigen Partner hatte. Damit gab es damals zwar eine hohe Korrelation zwischen dem Testwert des durchschnittlichen

Wirkung Varianzeinschränkung - Vorgesetzter mit Ausnutzung der Bandbreite

	Gesamtwert AC (1,0 bis 5,0)	Einschätzung Vorgesetzter (1 bis 10)
Maria Mustermann	3,2	4
Michael Schweinert	5,0	9
Gabi Große	2,2	4
Niko Bender	3,0	5
Fabian Burscheid	4,0	8
Melanie Fies	3,0	6
Ürüt Torgan	2,0	3
Michaela Bald	2,0	8
Franziska Schneider	1,6	2
Jan Schmalling	3,1	5
Leo Bunterbaus	4,1	9
Kemal Schneider	3,0	8

Korrelativer Zusammenhang:	0,72

Wirkung Varianzeinschränkung - Vorgesetzter mit geringer Bandbreite

	Gesamtwert AC (1,0 bis 5,0)	Einschätzung Vorgesetzter (1 bis 10)
Maria Mustermann	3,2	6
Michael Schweinert	5,0	10
Gabi Große	2,2	7
Niko Bender	3,0	10
Fabian Burscheid	4,0	10
Melanie Fies	3,0	9
Ürüt Torgan	2,0	6
Michaela Bald	2,0	10
Franziska Schneider	1,6	5
Jan Schmalling	3,1	8
Leo Bunterbaus	4,1	10
Kemal Schneider	3,0	10

Korrelativer Zusammenhang:	0,60

Wirkung Varianzeinschränkung - Wirkung eines Extremwertes

	Gesamtwert AC (1,0 bis 5,0)	Einschätzung Vorgesetzter (1 bis 10)
Maria Mustermann	3,2	4
Michael Schweinert	5,0	8
Gabi Große	2,2	5
Niko Bender	3,0	8
Fabian Burscheid	4,0	8
Melanie Fies	3,0	7
Ürüt Torgan	2,0	4
Michaela Bald	**1,0**	**1**
Franziska Schneider	1,6	2
Jan Schmalling	3,1	5
Leo Bunterbaus	4,1	8
Kemal Schneider	3,0	8

Korrelativer Zusammenhang:	0,83

Abb. 3.2 Zusammenhang von Korrelation und zugrunde liegenden Messwerten

(damals primär männlichen) Bewerbers und dessen Bewertung im späteren beruflichen Erfolg. Dies galt jedoch nicht zwangsläufig für alle Teilpopulationen. Daher ist dieser Zusammenhang auch für wichtige Teilgruppen zu ermitteln.

3.2   Reliabilität

3.2.1   Zum Begriff der Reliabilität

Die Zuverlässigkeit eines diagnostischen Verfahrens bezeichnet man als Reliabilität. Ein diagnostisches Verfahren, das heute zu einem bestimmten Ergebnis führt und morgen zu einem anderen, ohne dass sich Situation oder Proband verändert haben, ist unzuverlässig: „Unter der Reliabilität eines Tests versteht man den Grad der Genauigkeit, mit dem er ein bestimmtes Persönlichkeits- oder Verhaltensmerkmal misst, gleichgültig, ob er dieses Merkmal auch zu messen beansprucht [...]. Ein Test wäre demnach vollkommen reliabel, wenn die mit seiner Hilfe erzielten Ergebnisse den Probanden genau, das heißt fehlerfrei beschreiben bzw. auf der Testskala lokalisieren" (Lienert und Raatz 1998, S. 14f.).

Die Reliabilität ist die Voraussetzung für die Gültigkeit (Validiät) der abgeleiteten Prognosen, z. B. für den beruflichen Erfolg der Teilnehmer: Die Validität kann nur maximal so hoch sein, wie die Wurzel ihrer Reliabilität. Zwischen 20 und 37 % der Varianz in den Beobachtungsurteilen gehen nicht auf Unterschiede zwischen den Teilnehmern selbst, sondern auf die Beobachterunterschiede zurück (De Kock et al. 2009). Insofern hat die Frage der Reliabilität und deren Einflussfaktoren eine hohe Relevanz.

Untersucht werden können verschiedene Aspekte der Zuverlässigkeit im AC:

- Interrater-Reliabilität: Inwieweit stimmen die Urteile verschiedener Beobachter, die die gleichen Übungen beobachten, überein?
- Retest-Reliabilität: Inwieweit sind die im AC erhobenen Aussagen auch zeitlich stabil?

Die Frage der Messung der Reliabilität führt zu verschiedenen Vorgehensweisen. Eine könnte darin bestehen, die prozentualen Übereinstimmungen zwischen Beobachtern auszuwerten. Wenn zwei Beobachter ein digital ausgeprägtes Merkmal einschätzen (z. B. „Ist Kandidat A kooperativ – ja/nein?"), dann sind bei völlig zufälligen Bewertungen schon 50 % der Einschätzungen übereinstimmend. Hier besteht also die methodische Falle, nicht die Basisrate an zufälligen Übereinstimmungen zu beachten.

Eine weitere Methode besteht in einer Korrelation der verschiedenen Beobachtereinschätzungen und der Ermittlung eines Korrelationskoeffizienten als Audruck der Interrater-Reliabilität. Hier schlägt jedoch die Falle der Korrelationsstatistik zu (vgl. Kap. 3.1). Dies zeigt Abb. 3.3.

Die sehr unterschiedlichen Beobachter würden zu einer nahezu perfekten Korrelation führen, da die Korrelationsstatistik nur die relativen Rangplätze der Einschätzungen berücksichtigt. Solange der Abstand der beobachteten AC-Teilnehmer untereinander gleichbleibt, weisen Beobachter auch mit einem sehr verschiedenen Maßstab eine hohe Interrater-Reliabilität auf. Für eine Übereinstimmung müssten die Beobachter zu gleichen Einschätzungen kommen, für eine hohe Interrater-Reliabilität langt es, dass die Rangplätze zwischen den bewerteten Teilnehmern gleich sind.

Ermittlung der Korrelationen zwischen den Beobachtern

	Beobachter 1	Beobachter 2	Beobachter 3
Huber	5	6	7
Schmidt	4	5	8
Maier	2	3	4
Zarachias	8	9	10
Hagentreu	4	5	5
Brönner	1	2	3
Baldrian	7	8	9
Janssen	4	5	6
Lebewohl	3	4	5

Abb. 3.3 Interrater-Reliabilität. *Quelle* Woehr et al. (2007)

In der AC-Praxis ist die empirische Ermittlung eine Herausforderung: Die verschiedenen Einschätzungen zwischen Beobachtern sind zwar einfach zu ermitteln, meist haben jedoch nicht alle Beobachter jeden Teilnehmer gesehen, sodass dann die Frage entsteht, ob Teilnehmer oder Beobachter verschieden waren. Eine Rotation der Teilnehmer über sämtliche Bedingungen dürfte nur im Forschungskontext möglich sein, damit die Varianz der Ergebniswerte auf Beobachter, Teilnehmer und deren statistische Interaktion zurückgeführt werden können.

Gleichzeitig bedeuten Übereinstimmung und Interrater-Reliabilität nicht zwangsläufig eine hohe Genauigkeit dieser Urteile, schließlich könnten alle Beobachter in einer Beobachtergruppe oder in einem AC zwar übereinstimmen, darin jedoch alle falsch liegen. Eine hohe Übereinstimmung bedeutet also nicht hohe Genauigkeit.

Unterschiedliche Einschätzungen der Beobachter sind im Sinne der klassischen Testtheorie die Fehlervarianz. Schließlich ist das „Beobachtungsmaterial" identisch und eine objektive Messung müsste zu gleichen Urteilen führen. Dieser Tradition steht die andere holistische Tradition aus Ursprüngen des AC entgegen, dass ja gerade eine Vielfalt von Beobachtern und unterschiedlichen Sichtweisen auf den Kandidaten erwünscht sind. Dieser Position könnte man entgegenhalten, dass die Vielfalt in der Sichtweise am Ende in die Einschätzung des Gesamtergebnisses einfließen sollte (z. B. „Passt der AC-Teilnehmer in unser Unternehmen?"). Auf der Ebene der einzelnen AC-Aufgaben sollte jedoch der Maßstab gleich sein, damit die Beurteilungsgrundlage für die finalen Entscheidungen unabhängig von der (häufig zufälligen) Auswahl der anwesenden Beobachter ist.

Die Voraussetzung für zuverlässige Messungen im AC ist zunächst eine hohe Auswertungsobjektivität. Dies bedeutet, dass gleiche Antworten/Verhaltensweisen auch gleich ausgewertet werden. Diese Voraussetzung wird allerdings im AC weit weniger selbstverständlich erfüllt als bei Testverfahren. In Testverfahren gibt es ein Auswertungsblatt und zweifelsfreie Tabellen, in denen die Bewertung einzelner Aussagen sowie deren Verrechnung zu Gesamtskalen festgelegt sind. Durch das Verhaltensprinzip geht dies beim AC weit weniger einfach: Das parallele Instrument zu den Auswertungsblättern beim Test sind im AC das jeweilige Beobachtungssystem (vgl. Kap. 2.6) und dessen Anwendung durch die Beobachter sowie das System, mit dem die einzelnen Beobachtungen zu einem Gesamturteil (vgl. Kap. 2.10) zusammengefügt werden. Hier gibt es mehr potenzielle Fallen für die Reliabilität als bei Testverfahren, allerdings ist die im AC abgebildete Wirklichkeit auch viel facettenreicher als die schlichte Ja-/Nein-Antwort auf vorgegebene Testitems.

3.2.2   Untersuchungen zur Reliabilität

3.2.2.1 Interrater-Reliabilität

Die Interrater-Reliabilität ist eine wichtige Voraussetzung für die Zuverlässigkeit im AC. Wenn das erfolgreiche Abschneiden im AC davon abhängt, wer als Teilnehmer zufällig auf einen bestimmten Beobachter trifft, dann kann es sich kaum um ein zuverlässiges Verfahren handeln.

Die Untersuchungen zur Interrater-Reliabilität gehören zu den häufigsten Reliabilitäts-Untersuchungen. Dies hängt auch damit zusammen, dass die Daten dafür im AC ohnehin anfallen und kein separater Aufwand erforderlich ist. Da heute jedoch meist Rotationszeitpläne und Einzelaufgaben zum AC gehören, ist es seltener der Fall, dass alle Beobachter jeden Teilnehmer in allen Aufgaben sehen können.

In einer neueren Studie von Roodt und Schleebusch (2011) wurden in Südafrika 1.057 Teilnehmer auf Gruppenleiter-Niveau durch drei verschiedene Beobachter, in unter anderem einem Postkorb-Verfahren, eingeschätzt. In der Beurteilung von sechs Bewertungskriterien (u. a. Dimensionen wie Kontrollverhalten, Informationsverhalten) gab es zwischen den drei Beobachtern teilweise deutliche Bewertungsunterschiede.

Allerdings hat die Publikationshäufigkeit zu diesem Thema deutlich abgenommen, die berichteten Untersuchungen sind alle älter. Eine Übersicht von Studien zur Interrater-Übereinstimmung liefert Howard (1974). Hier wird von Interrater-Reliabilitäten zwischen .60 und .98 berichtet, wobei in mehr als 50 % der einbezogenen Studien Koeffizienten von mindestens .75 ermittelt wurden. Greenwood und McNamara (1967) weisen in einer Metaanalyse von 18 Untersuchungen in sechs verschiedenen AC an 288 Personen Zusammenhänge zwischen r = .48 und r = .88 nach.

Neben Reliabilitäts-Untersuchungen, die die Gesamtergebnisse des AC einzelner Beurteiler miteinander vergleichen, liegen auch übungs- und dimensionsspezifische Untersuchungen vor. Bray und Grant (1966) ermittelten für eine Postkorb-Übung eine Reliabilität von r = .92, für eine führerlose Gruppendiskussion r = .60, Greenwood und McNamara (1967) ebenfalls für eine führerlose Gruppendiskussion eine Reliabilität von r = .74.

Eine ältere Übersicht über dimensionsspezifische Untersuchungen geben Thornton und Byham (1982). Für die Dimensionen Organisation und Planung, Entscheidungsverhalten, Initiative und Führung werden Koeffizienten von r = .80 ermittelt, für Stressresistenz, Unabhängigkeit, Risikofreude u. a. r = .70, wobei jeweils stark schwankende Koeffizienten der internen Konsistenz resultierten.

Einen Einfluss auf die Höhe der Interrater-Übereinstimmung hat offensichtlich die Tatsache, ob vor der Urteilsabgabe ein Informationsaustausch stattgefunden hat. Schmitt (1977) hat hierzu vier Beobachter über vier Monate untersucht, die 101 Kandidaten in 17 Dimensionen beurteilten. Dabei zeigte sich, dass die Beurteilerübereinstimmung vor dem Informationsaustausch einen Wert von $r = .66$ (Mittelwert über die 17 Dimensionen) erreichte, nachher $r = .81$. In einer breiter angelegten Studie mit 753 Kandidaten kommt Jones (1981) zu einem ähnlichen Urteil: Die Übereinstimmung im Gesamturteil vor dem Urteilsaustausch beträgt $r = .65$ bis $r = .73$, nach dem Urteilsaustausch $r = .67$ bis $r = .86$. Hier gilt umso mehr die Eingangsbemerkung, dass Konsens zwischen Beurteilern noch nichts über die Genauigkeit der Urteile aussagt.

Beobachtertrainings können einen positiven Effekt auf die Interrater-Übereinstimmung ausüben. Richards und Jaffee (1972) berichten von einer Übereinstimmung von $r = .46$ bzw. $.58$ (zwei Dimensionen) bei untrainierten Beobachtern, bei trainierten hingegen liegt der Zusammenhang bei $r = .78$ bzw. $.90$.

In einer Untersuchung mehrerer AC, sowohl an Universitäten als auch bei der US-Armee (Shechtman 1992), wurden Kandidaten für die Eignung von Weiterbildungsprogrammen anhand jeweils der gleichen Gruppendiskussion bewertet. Die untrainierten Beobachter traten jeweils in Paaren auf, die für die Gruppendiskussion ein Gesamturteil und Einschätzungen anhand von drei Dimensionen trafen. Dabei ergaben sich höhere Übereinstimmungen der Urteile bei der Gesamteinschätzung als bei einzelnen Dimensionen. Der Autor der Studie interpretierte die Ergebnisse dahingehend, dass auch untrainierte Beobachter zu zuverlässigen Urteilen kommen können, wenn die Gesamtleistung in einer Übung bewertet wird. Dies berührt die Diskussion, ob nicht aufgrund der Schwierigkeiten in der Konstruktvalidierung (vgl. Kap. 3.3.1) nicht ganz auf Dimensionen zugunsten einer Einschätzung der kompletten Aufgaben verzichtet werden sollte. Dies ist allerdings bis dato nicht die AC-Praxis.

Der Umfang der Erfahrungen als Beobachter scheint jedoch keine weiteren Verbesserungen zu bringen: In einer US-Untersuchung (Kauffman 1995) zeigt sich kein Zusammenhang zwischen der Erfahrung von Assessoren (Anzahl in der Vergangenheit bewerteter Teilnehmer) und dem Grad der Übereinstimmung der Urteile verschiedener Assessoren.

Einen neuen, methodisch weitergehenden Ansatz zur Überprüfung der Reliabilität verfolgt Lievens (2002). Der Ausgangspunkt ist dabei, dass das Konzept der Interrater-Reliabilität wenig über die inhaltliche Genauigkeit aussagt: Zwei schlechte Beobachter, die aber in ihren Einschätzungen übereinstimmen, führen zu einer hohen Interrater-Reliabilität. Von Lievens wurde daher auf der Basis von Videos zu AC-Aufgaben das Teilnehmerverhalten experimentell variiert (z. B. konsistent schlechte Leistungen in allen Übungen versus differenziert nach Übungen). Speziell für erfahrene Assessoren zeigte sich, dass die Varianz in den abgegebenen Beurteilungen relativ genau dem (manipulierten) Kandidatenverhalten folgte: Wenn die Kandidaten sich z. B. sehr unterschiedlich nach Übungen verhielten, dann ergab sich in der Varianz der Beurteilungen auch ein klarer Übungseffekt der abgegebenen Urteile. Auch eine neuere, aufwändige Studie (Guenole et al. 2011) zeigt, dass sorgfältig definierte Beobachtungsbögen und ein Beobachtertraining nach dem Frame-of-Reference-Modell zu eher übereinstimmenden Beobachtereinschätzungen gleicher Dimensionen in verschiedenen AC-Aufgaben führen.

Zusammenfassend fällt die Zuverlässigkeit im Hinblick auf die Übereinstimmung von Beobachtern erwartungsgemäß schwächer aus als die üblicherweise ermittelten Konsistenz-Maße bei Testverfahren. Während ältere Studien keinen Einfluss von Erfahrung oder Beobachtertraining nachweisen konnten, zeigen die neueren Studien, dass es nicht auf das Ob von Training und Erfahrung ankommt, sondern deren Qualität (Bezugsrahmentraining der Beobachter, klar differenzierbare Merkmale für die Beobachter, anforderungsgeleitete Beobachtung statt Wortprotokolle).

In einer bei De Kock et al. (2009) zitierten Studie zu Determinanten der Beobachtergenauigkeit erweist sich das jeweilige Wissen der Beobachter, wie Persönlichkeitsfaktoren mit beobachtetem Verhalten verknüpft sind, mit $r = .52$ als der wesentliche Einflussfaktor für die spätere Genauigkeit der Einschätzung. Dieses Wissen hängt wiederum mit der allgemeinen kognitiven Leistungsfähigkeit der Beobachter zusammen.

3.2.2.2 Retest- und Paralleltest-Reliabilität

Diese Form der Reliabilitätsmessung berührt die Frage, inwieweit die im AC erhobene Messung sich in einer zweiten, zeitlich später gelagerten Messung als stabil erweist (Retest) oder die Ergebnisse in einem inhaltlich parallelen zweiten AC repliziert werden können. Diese Frage hat konzeptionell wie auch praktisch eine hohe Bedeutung. Es geht um den Nachweis, ob die im AC beobachteten Konstrukte auch Bestand über die Zeit haben oder ob es sich um flüchtige, mehr auf die jeweilige Situation zurückführbare Verhaltensaspekte handelt. Der Einwand enttäuschter AC-Teilnehmer („Ihre Einschätzung ist zwar richtig, aber in der Praxis bin ich anders") fordert genau diese Frage der Reliabilität heraus.

Trotz der Relevanz der Frage ist der Umfang der vorliegenden Studien eher bescheiden. In einer sehr alten Studie (Moses 1973) wurden ein eintägiges und ein zweitägiges AC mit 85 Personen im Abstand von mehr als einem Monat miteinander verglichen. Der Zusammenhang zwischen beiden Untersuchungen war mit $r = .73$ recht hoch.

Der hohe Wert kam wohl auch dadurch zustande, dass der eingerechnete IntelligenzTestwert allein eine Retest-Reliabilität von $r = .72$ aufwies.

Kleinmann (1997) verglich in der Kontrollgruppe seiner Studie 62 studentische Teilnehmer in zwei aufeinanderfolgenden AC. Das AC bestand allerdings jeweils lediglich aus einer Gruppendiskussion, einem Rollenspiel und einer Computersimulation. Der Zusammenhang zwischen den Leistungen lag bei $r = .65$.

In einer weiteren Studie untersuchte Amaral (2003) die 47 AC-Wiederholer eines Finanzdienstleistungsunternehmens. Das Verfahren war jeweils gleich, die durchschnittliche Zeitspanne zwischen den beiden AC betrug zwei Jahre. Das AC-Verfahren war inhaltlich identisch, den Beobachtern war die Tatsache der

Wiederholung nicht bekannt. Je nach verwendetem AC-Kennwert ermittelt Amaral Retest-Reliabilitäten von lediglich $r = .37$ und $r = .41$. Allerdings könnte hier unterstellt werden, dass es zu Lerneffekten gekommen ist, weil die Teilnehmer nach dem ersten AC ein umfangreiches Feedback sowie Entwicklungsempfehlungen bekommen haben. Es zeigen sich jedoch keine systematischen Zusammenhänge zwischen der Größe der Leistungssteigerung in den Einzelverfahren und der jeweiligen Retest-Reliabilität. Eine weitere Einschränkung dürften Regressionseffekte sein, schließlich stellt die selektierte Gruppe der Durchfaller aus der ersten Runde eine Varianzeinschränkung dar.

Zusammenfassend ist die Summe der Studien zur Retest-Reliabilität zu gering. Ein Hindernis sind in der Personalpraxis die damit verbundenen hohen Kosten.

Die ermittelten Kennwerte liegen unterhalb derer aus z. B. psychometrischen Verfahren. Es bestehen jedoch auch konzeptionelle Herausforderungen, hinzu kommen theoretische Probleme: Wiederholungsmessungen und die der klassischen Testtheorie zugrunde liegende Annahme von zeitlich stabilen Persönlichkeitsmerkmalen stehen im Konflikt mit dem Ziel des AC in der Personalarbeit, durch Rückmeldungen vor allem gerade Verhaltensänderungen zu bewirken. Ein gutes AC zur Potenzialanalyse soll ja gerade zu neuen Einsichten führen und Verhalten verändern. Wenn die Lerngewinne nicht für alle Teilnehmer gleich sind, bedeutet dies jedoch eine geringere Retest-Reliabilität.

Bei Auswahl-AC ist der Nachweis zeitlich stabiler Messungen jedoch die Voraussetzung für die Gültigkeit von Prognosen für den Berufserfolg. Insofern besteht die Notwendigkeit zu weiteren Studien zur Höhe der Reliabilität und Einflussfaktoren auf die Reliabilität des AC.

3.3   Validität

Die Validität eines diagnostischen Verfahrens gibt Auskunft über seine Gültigkeit. Lienert und Raatz (1998, S. 16) verstehen darunter „… den Grad der Genauigkeit […], mit dem dieser Test dasjenige Persönlichkeitsmerkmal oder diejenige Verhaltensweise, das (die) er messen soll oder zu messen vorgibt, tatsächlich misst. Ein Test ist demnach vollkommen valide, wenn seine Ergebnisse einen unmittelbaren und fehlerfreien Rückschluss auf den Ausprägungsgrad des zu erfassenden Persönlichkeits- oder Verhaltensmerkmals zulassen, wenn also der individuelle Testpunktwert eines Probanden diesen auf der Merkmalsskala eindeutig lokalisiert".

Die Validität eines Verfahrens als solches gibt es nicht – das Konzept bezieht sich immer auf definierte Entscheidungen oder Fragestellungen. Die Validität ist kein festes, mit einem Testverfahren verbundenes Datum, sondern beschreibt eine Aussage für einen bestimmten empirischen Zusammenhang, zum Beispiel nur für die in der Eichstichprobe verwendete Population (etwa Auszubildende im Versicherungsbereich).

Validität	Bedeutung	Stellenwert
Inhaltsvalidität, Augenscheinvalidität	Sind in den Inhalten der Übungen die Inhalte der Arbeitswelt abgebildet?	Selbstverständliche Forderung, Inhaltsvalidität ist jedoch häufig das Feigenblatt für fehlende empirische Untersuchungen
Konstruktvalidität (konvergente und divergente Validität)	Bildet das AC gültig bestimmte Persönlichkeitsdimenensionen ab?	s. u.
Konvergente Validität	Kommen bei der Messung der gleichen Dimension mit unterschiedlichen AC-Übungen ähnliche Ergebnisse zustande?	Weniger wichtig bei Auswahl-AC, wichtig bei PE-AC
Divergente Validität	Unterscheiden sich innerhalb der einzelnen AC-Übungen die verschiedenen Dimensionen ausreichend?	Ist meist im AC nur gering vorhanden. Wichtig bei PE-AC
Faktorielle Validität	Wenn man die Dimensionen/Items/Übungen in einem AC korreliert, lassen sich dann Faktoren abbilden, die der Theorie entsprechen?	Für die AC-Praxis wenig bedeutsam. Bei Tests ist dies häufig der schwache Ersatz für fehlende Nachweise prä-diktiver Validität
Konkurrente Validität	Validitätsnachweis durch den Zusammenhang mit zeitgleich durchge-führten anderen Verfahren, die das Gleiche zu messen beanspruchen	Wichtig bei Tests. Bei AC in der Praxis kaum durchführbar
Prädiktive Validität	Nachweis, dass die Ergebnisse im AC eine Vorhersagekraft für später erhobene Praxiskriterien des beruflichen Erfolgs haben (z. B. Leistung oder Beförderung)	Die wichtigste Validitätsform
Soziale Validität	Begriff für die Akzeptanz des AC	Wichtig: Ist durch verschiedene Maßnahmen positiv zu beeinflussen

Abb. 3.4 Ausprägungen der Validität von AC

Im Folgenden werden die wichtigsten drei Arten der Validität von AC diskutiert: die Konstruktvalidität, die Inhaltsvalidität und die prädiktive Validität (Abb. 3.4).

3.3.1 Konstruktvalidität von AC

3.3.1.1 Übersicht und Ausgangsproblematik

Keine andere Frage zum AC hat die wissenschaftlich tätigen Publizierenden in den vergangenen 30 Jahren ausgehend von der ersten Untersuchung zum Thema von Sackett und Dreher (1982) mehr beschäftigt als die Diskussion um die Konstruktvalidität des AC: Zu keinem anderen AC-Thema gibt es – mit Abstand – ähnliche viele Veröffentlichungen.

Die Konstruktvalidität zielt auf die Frage ab, mit welchen Persönlichkeitsfaktoren oder Eigenschaften die Streuung der AC-Werte/Testwerte inhaltlich erklärt werden kann. Nach 30 Jahren Publikationen sind die Ergebnisse immer noch relativ ähnlich: Wenn man innerhalb einzelner Übungen die Zusammenhänge der Beurteilungen zu den verschiedenen Dimensionen betrachtet, so fällt deren Einschätzung durch die Beobachter jeweils sehr ähnlich aus und differenziert kaum (geringe diskriminante Validität). Wenn man die gleichen Dimensionen hingegen in unterschiedlichen Übungen vergleicht (z. B. Kommunikationsfähigkeit in Rollenspiel und Gruppenübung), so erhält man kaum konsistente Leistungen, obwohl es sich ja eigentlich um das gleiche Konstrukt handelt (geringe konvergente Validität). Damit ist eine Grundannahme des AC bedroht, nämlich dass sich dort über Situationen und Zeit hinweg stabile Kompetenzen/Dimensionen/Konstrukte beobachten lassen. Diese konzeptionell wichtige Frage hat allerdings für die Personalpraxis wenig Bedeutung. Wenn man sich auf den Gesamtergebniswert im AC konzentriert, dann geht es nach dem Motto „Das AC wirkt – aufgrund welcher Dimensionen ist zweitrangig". Dem steht jedoch wiederum die häufige Vorgehensweise im AC entgegen, Ergebnisse einzelner Dimensionen zu interpretieren und zu vergleichen.

Nach der ursprünglichen Untersuchung von Sackett und Dreher (1982) gab es zunächst eine Phase mit Studien, die den generellen Effekt bestätigt haben. Daran schließt sich die Diskussion an, ob nicht das Konzept von AC-Dimensionen generell zu verwerfen ist.

In einer weiteren Phase gab es eine Vielzahl von Studien zu moderierenden Effekten, die in einzelnen Abschnitten dargestellt werden sollen. Zusammenfassend geht es dabei um methodische Variationen, z. B. Bekanntgabe der untersuchten Dimensionen an die Teilnehmer oder Zeitpunkt der Datenintegration (nach der einzelnen Aufgabe oder am Ende). In der Zusammenfassung werden der aktuelle Stand und die Schlussfolgerungen für die AC-Praxis diskutiert.

Am Ende des ersten Jahrzehnts dieses Jahrhunderts hat sich der Diskussionsstand wieder zu einer Gegenbewegung dahingehend verändert, dass das AC sehr wohl eine Konstruktvalidität aufweist, jedoch die bisherige Gleichsetzung von eher veränderbaren AC-Dimensionen mit zeitlich stabilen psychologischen Konstrukten falsch war.

Methodische Grundlagen

Die Frage nach der Aufklärung dieser Persönlichkeitskonstrukte, die hinter den Übungen stehen, wird dadurch beantwortet, dass die Beurteilungsdimensionen einzelner AC-Übungen auf ihre Zusammenhänge hin überprüft werden. Das Vorhandensein von entsprechenden Konstrukten zeigt sich darin, dass die Messungen der gleichen Dimension in verschiedenen Übungen in einem signifikanten Zusammenhang untereinander stehen (konvergente Validität), wobei die Höhe dieses Zusammenhangs größer sein sollte als die Korrelation zwischen dieser Dimension und anderen innerhalb der gleichen Übung (eine Forderung für die diskriminante Validität, vgl. Campbell und Fiske, 1959: MTMM – Multitrait-Multimethod-Ansatz). Nach dem MTMM-Ansatz sollte die Konstruktvalidität im AC durch die Prüfung folgender Korrelationen miteinander verglichen werden:

- Die Monotrait-Heteromethod-Korrelationen sollten signifikant größer null sein (konvergente Validität).
- Die Heterotrait-Heteromethod-Korrelationen sollten signifikant kleiner als die Monotrait-Heteromethod Korrelationen sein.

- Die Heterotrait-Monomethod-Korrelationen sollten ebenso signifikant kleiner sein als die Monotrait-Heteromethod-Korrelationen (diskriminante Validität).
- Für die Heterotrait-Monomethod-Korrelationen sollte sich das gleiche Muster ergeben wie für die Heterotrait-Heteromethod-Korrelationen.

Die Persönlichkeitsmerkmale sollten in einer Übung also hinreichend differenzierbar sein, sich voneinander abheben.

Die Überprüfung des AC im Hinblick auf seine Konstruktvalidität, die Verhaltensdimensionen, die sich hinter den Übungen verbergen, nahmen Sackett und Dreher (1982) in einer richtungweisenden Untersuchung vor. Dabei wurden die Urteile aus drei AC mit über 500 Teilnehmern analysiert, in denen jeweils unterschiedliche Dimensionen (wie Organisation, verbale Kommunikation oder analytische Fähigkeiten) in verschiedenen Übungen (wie Gruppendiskussion, Postkorb, Rollenübung) beurteilt wurden. Ermittelt wurden die Korrelationen zwischen den Übungen einer Dimension (konvergente Validität) und zwischen den beobachteten Dimensionen innerhalb jeder Übung (diskriminante Validität). Ferner wurde ein faktorenanalytisches Verfahren angewendet.

Die Ergebnisse sind für die Konstruktvalidität des AC niederschmetternd (Sackett und Dreher 1982, S. 404): Die ermittelte Sechs-Faktoren-Lösung für die Daten einer Organisation bildet genau die zugrunde liegenden Übungen und nicht die Dimensionen ab. Deutlicher wird dies noch in der Interkorrelations-Tabelle: Die Wertungen zu einzelnen Dimensionen in verschiedenen Übungen hängen praktisch überhaupt nicht zusammen, die mittlere Korrelation der Wertungen einer Dimension in verschiedenen Übungen beträgt lediglich $r = .074$, die Werte der in zwei unterschiedlichen Rollenübungen beobachteten Dimension „Interpersonale Fähigkeiten gegenüber Mitarbeitern" weisen z. B. einen perfekten Null-Zusammenhang auf.

Seit der Untersuchung von Sackett und Dreher wurden diese Ergebnisse in mehr oder weniger ähnlicher Form in den letzten Jahren immer wieder repliziert (u. a. Turnage und Muchinsky 1982; Neidig und Neidig 1984; Sackett und Dreher 1984; Sackett und Harris 1988; Schneider und Schmitt 1992; Fleenor 1996; Ackerman 1996; Donahue et al. 1997; Lance et al. 2004; Bowler und Woehr 2006; im deutschsprachigen Bereich Klein und Scheffler-Lipp 1989).

Allerdings gibt es auch – in geringerem Umfang – einige Einzelstudien oder Metaanalysen, in denen eine ausreichende konvergente Validität nachgewiesen wurde (Arthur et al. 2000; Silverman et al. 1986; Sackett und Dreher (Gruppe C) 1982; Kleinmann 1997; zuletzt Guenole et al. 2011).

Konstruktvalidität in anderen Verfahren

Die Frage ist, ob die geringe Konstruktvalidität eine Eigenschaft des AC ist oder auch bei anderen Beurteilungsverfahren auftritt.

In einer Studie von Ackerman (1996) wurde die externe Konstruktvalidität berechnet, indem AC-Skalen mit ähnlichen Dimensionen eines 360-Grad-Instruments verglichen wurden. Hier gab es nahezu keine Übereinstimmungen. Nach dem MTMM-Ansatz gab es lediglich eine gewisse konvergente Validität bei den AC-Skalen zur Mitarbeiterführung (r = .27) und bei den Skalen zur verbalen Kommunikation (r = .34). Bei dem 360-Grad-Ansatz werden im Gegensatz zum AC starke Methodenfaktoren jedoch eher positiv gesehen, da ja gerade die Unterschiede in der Wahrnehmung von etwa Vorgesetzten oder Kollegen deutlich werden sollen (Hoffman und Baldwin 2011).

Varianten in den Berechungsmethoden

Seit Mitte der 90er-Jahre wurden nun Untersuchungen zur Konstruktvalidität unter verbesserten Bedingungen durchgeführt. Dabei handelte es sich nicht um eine „Begleitforschung" von Praxis-AC, sondern AC mit Studenten unter experimentellen Bedingungen, bei denen bestimmte Variablen experimentell manipuliert wurden.

Gleichzeitig ergaben sich neue Erkenntnisse durch die statistische Methode, mit der die Konstruktvalidität überprüft wurde. In dem ursprünglichen Ansatz von Campbell und Fiske (1959) werden lediglich die oben beschriebenen Korrelationen qualitativ miteinander verglichen. In dem Ansatz von Sackett und Dreher (1982) wurde ein faktorenanalytisches Auswertungsverfahren, die Hauptkomponenten-Analyse, verwendet. Dieses hat jedoch u. a. den Nachteil, dass eine der Modellvoraussetzungen ein orthogonales Verhältnis der einzelnen Dimensionen zueinander ist, also kein statistischer Zusammenhang. Es ist jedoch im AC nicht plausibel, dass es keine Zusammenhänge zwischen den Dimensionen gibt.

In einer britischen Untersuchung (Chorvat 1995) wurde als Methode hingegen eine konfirmatorische Faktorenanalyse verwendet. Dieses Vorgehen wurde in der Folge von vielen Autoren übernommen (z. B. Bowler und Woehr 2006). Den gleichen methodischen Ansatz verfolgte Kleinmann (1997). Während bei den älteren beiden Auswertungsverfahren „Die Verhaltensvarianz der Teilnehmer weitesgehend durch Übungseinflüsse erklärt werden kann, belegt die konfirmatorische Faktorenanalyse, dass Übungseinflüsse *und* die unterschiedlichen Konstrukte zur Erklärung der Verhaltensvarianz nötig sind" (Kleinmann 1997, S. 44). Allerdings zeigt sich auch in dieser Untersuchung, dass die Merkmalsfaktoren einen geringeren Beitrag zur Varianzaufklärung liefern als die Übungsfaktoren.

Infragestellen der Suche nach Konstruktvalidität

Dem Konzept der Konstruktvalidität liegt letztlich die Idee von Persönlichkeitsmerkmalen zugrunde, die über die Zeit und Situationen stabil sind. Dieses Konzept beruht auf der klassischen Testtheorie für Testverfahren mit hoher inhaltlicher Homogenität. Das AC verfolgt jedoch einen anderen Ansatz, die Simulationen bieten ja gerade gegenüber den Testverfahren den Vorteil, in einer Situation vielschichtige Beobachtungsmöglichkeiten zu schaffen, ganz verschiedenartige, aber auch verwandte (und damit gering differenzierende).

Daher könnte das Konzept der Konstruktvalidität für das AC infrage gestellt werden: Welchen Wert hat es eigentlich, das Verhalten in den beobachteten Situationen bestimmten Dimensionen zuzuordnen?

In diese Richtung argumentieren schon ursprünglich Sackett und Dreher (1984, S. 190) und fordern ein neues Konzept im Umgang mit AC, das auf die Verwendung von stabilen Eigenschaften und Beobachtungskategorien verzichtet. Sie möchten AC verstanden wissen als eine Zusammenstellung von unterschiedlichen Übungen, welche die augenblickliche Effektivität in bestimmten Arbeitssituationen oder Manager-Rollen hinterfragt, auf die Vorhersage zukünftigen Verhaltens jedoch verzichtet.

Ähnlich fordern Sackett und Harris (1988, S. 229; Übersetzung C. O.): „Wir plädieren dafür, nicht so viel Wert auf die Dimensionen zu legen und sich stattdessen auf die Identifikation wichtiger Management-Rollen für die Zielposition und den Entwurf von Übungen zu konzentrieren, welche die Erfüllung dieser Rollen simulieren".

Am radikalsten argumentiert Kompa (2004, S. 58f.): Da die Beibehaltung von Urteilsdimensionen wissenschaftlich nicht zu begründen sei, empfiehlt er, auf die Beobachtungen völlig zu verzichten und „… es den Beobachtern selbst zu überlassen, wie sie ihre Beobachtungen vornehmen und in welcher Weise sie sie verdichten und einen interindividuellen Konsens erzielen". Seiner Ansicht nach werden die Urteilsdimensionen nur deswegen aufrechterhalten, weil sie einen Anschein von Rationalität liefern, wobei die Beobachter „… unter ihrem Deckmantel Eignungsaussagen treffen können, die eigentlich auf impliziten oder intuitiven Kriterien basieren" (ebd.).

In dem zusammenfassenden Artikel zum Thema resümiert Lance (2007), dass auf das Bemühen um Konstruktvalidität verzichtet werden sollte. Das AC sollte sich, statt auf Dimensionen, auf die Einschätzung von Aufgaben oder Arbeitsproben beziehen. Aufgrund der ernüchternden Ergebnisse argumentiert er in diese Richtung (Connelly et al. 2008; Howard 2008).

Dieser Ansatz hat eine hohe Schnittmenge zu den Ausführungen von Kompa (2004, S. 58f.). Die geforderte Konsequenz, auf die Beobachtung von Dimensionen ganz zu verzichten und nur noch zu beurteilen, wie die AC-Teilnehmer mit Management-Rollen bzw. -Übungen umgehen, würde beispielsweise zu folgenden Fragestellungen führen: Wie füllen die Teilnehmer etwa die Rolle des Verkäufers (Verkaufsrollenübung), des Moderators (Gruppenübung) etc. aus? Die theoretische Logik dahinter fußt auf dem Ansatz der Manager-Rollen nach Mintzberg (1973). Danach würde das AC eben die verschiedenen Rollen simulieren: Entscheider, Verhandler, Führungskraft etc.

Für viele Personalpraktiker entfällt damit allerdings ein Konzept, das bisher eine wissenschaftliche Anmutung kommuniziert hat, nämlich die Verwendung und Diskussion über Kompetenzmodelle und Dimensionen.

Hierzu gibt es mittlerweile Anwendungsbeispiele aus Neuseeland und Korea (Jackson et al. 2011), bei denen klassische AC mit der Beurteilung von Dimensionen umgestellt wurden auf eine Beurteilung nach Aufgaben. Hier wird berichtet, dass

Beobachtertraining und die Endkonferenz viel schneller ablaufen können, da viele Komponenten entfallen können (z. B. das Training der Beobachter, nach Dimensionen differenzieren zu müssen).

Diskussionsstand Ende des ersten Jahrzehnts

Aus heutiger Sicht ist die Gleichsetzung der niedrigen Korrelationen nach dem MTMM-Ansatz eine Verkürzung des Konzepts der Konstruktvalidität. Es gibt heute durchaus andere Belege dafür, dass das AC Konstruktvalidität hat.

Ein Fehler in der bisherigen Diskussion war es, die AC-Dimensionen mit psychologischen Konstrukten gleichzusetzen. AC-Dimensionen sind häufig pragmatisch aus Anforderungsanalysen abgeleitet oder beinhalten gerade bewusst situationsspezifische Aspekte (z. B. Coachingverhalten, Gruppensteuerung, Organisation und Planung bei Postkörben). Psychologische Konstrukte sind hingegen gerade situationsübergreifende und zeitlich stabile Kompetenzen.

Damit sind AC-Dimensionen häufig spezifischere Dinge als Konstrukte, von denen gar nicht eine hohe Stabilität erwartet werden kann. Dies wird unterstützt durch ein unsauberes Vorgehen in der Praxis, indem die AC-Dimensionen aus der psychologischen Alltagssprache aus dem Arm geschüttelt werden, nicht sauber abgegrenzt und ohne Bezug auf die psychologische Literatur im Wissen, was stabile psychologische Eigenschaften sind oder nicht, definiert werden. Der Druck, die im Zweifel zu zahlreichen Dimensionen dann auch noch zweimal im AC messen zu wollen, führt zur Abweichung von den ursprünglichen Konstrukten nach dem Motto: „Uns fehlt noch eine zweite Messung dieser Dimension, dann ergänzen wir die Ergebnismatrix noch um eine Messung in der Gruppenübung" (Howard 2008).

Day und Woehr (2008) zeigen in ihrer Untersuchung auf, dass sieben Dimensionen ausreichen, um die Bandbreite an Verhalten zu erfassen (vgl. Metaanalysen Kap. 3.3.3.3). Wenn die AC-Dimensionen breiter als bisher üblich konzipiert werden, dann ist auch die Chance größer, situationsübergreifende Konstrukte zu finden.

Wenn die Konstruktvalidität gegenüber dem bisher engen MTMM-Ansatz und der Analyse der Binnenkorrelation von AC-Dimensionen erweitert wird, dann gibt es mehr Evidenz. So zeigen die nach sieben Dimensionsgruppen konsolidierten AC-Konstrukte eine klare Kriteriumsvalidität zu externen Maßen des beruflichen Erfolgs (Arthur et al. 2003, vgl. Kap. 3.3.3). Diese Zusammenhänge sind höher als die Zusammenhänge auf der Basis von AC-Gesamtwerten (OAR). AC-Konstrukte zeigen auch zusätzliche Kriteriumsvalidität gegenüber Maßen der kognitiven Fähigkeiten oder Persönlichkeitsvariablen (Meriac et al. 2008).

In der Studie von Guneole et al. (2011) konnte aufgrund neuer Daten zudem gezeigt werden, dass wenn hohe methodische Standards eingehalten werden (u. a. ausführliches Beobachtertraining nach dem Frame of Referenc-Ansatz) klare Dimensionsfaktoren ermittelt werden können.

Ein praktischeres Argument für die Beibehaltung von Dimensionen ist jedoch die Tatsache, dass es eine Erwartungshaltung von Teilnehmern und internen

Auftraggebern gibt, die bezogen auf psychologische Konstrukte wissen möchten, „Wie sie sind". Es soll Feedback entlang von psychologischen Konstrukten gegeben werden, die in mehreren Übungen beobachtet wurden. Wenn es nur Feedback zu der Performance in einzelnen AC-Übungen geben würde (in Übung A waren Sie gut, in Übung B weniger gut), kann viel schwieriger der Anspruch aufrechterhalten werden, über den AC-Tag hinaus Aussagen zu stabilen und in der Praxis relevanten Konstrukten zu tätigen.

3.3.1.2 Einflussfaktoren auf die Höhe der konvergenten Validität

Nach den Anfängen der Untersuchungen von Sackett und Dreher gab es eine Vielzahl von Studien zu den möglichen Ursachen für die allgemein geringe Konstruktvalidität und die beeinflussenden Bedingungen. Diese liegen denkbarerweise in

- Einschränkungen der Beobachter,
- methodischen Unzulänglichkeiten (Anzahl der Dimensionen, Art des verwendeten Beobachtungssystems),
- tatsächlichen situationalen Leistungsunterschieden der Kandidaten.

Metaanalyse Woehr et al. (2007)

Trotz zahlreicher Einzelstudien zur Konstruktvalidität haben erst Woehr, Arthur und Meriac (2007) eine Metaanalyse vorgelegt. In dieser Metaanalyse wurden 40 Einzelstudien zur Konstruktvalidität aus den Jahren 1966 bis 2004 einbezogen.

Dabei wurden sieben Gestaltungsmerkmale des AC als Moderatoren für die Konstruktvalidität geprüft: Anzahl der zu beurteilenden Dimensionen, zahlenmäßiges Verhältnis Teilnehmer zu Beobachter, Beurteilung pro Aufgabe versus dimensionsweise über alle Aufgaben hinweg (summarisch), Berufsgruppe der Beurteiler (Manager versus Psychologen), Training der Beobachter und Zielsetzung des Verfahrens (Auswahl versus Personalentwicklung).

Die Abb. 3.5 zeigt die Ergebnisse. Zur Erinnerung: Konstruktbezogene Validität drückt sich in hohen Koeffizienten der konvergenten und niedrigen Koeffizienten der diskriminanten Validität aus. Damit wurden zwei der Methodenfaktoren bestätigt: Die summarische Beurteilung durch die Beobachter (statt aufgabenbezogen) erzielt eine höhere Konstruktvalidität und die Beobachterschulung wirkt sich positiv aus. Der Methodenfaktor „Anzahl der Beobachtungsdimensionen" konnte nur teilweise bestätigt werden: Wenige Dimensionen führen zwar zu einer hohen konvergenten, jedoch auch zu einer niedrigen diskriminanten Validität ($r = .58$ zu $r = .43$). Auch der Vorteil der Psychologen als Beobachter konnte nur teilweise bestätigt werden. Zwar lag die mittlere konvergente Validität der Dimensionen höher für Psychologen als für Manager und Vorgesetzte ($r = .39$ zu $r = .35$), die Unterschiede waren jedoch nicht groß genug (Überlappung der 95 % statistischen Konfidenzintervalle), um die Hypothese zu bestätigen.

In den folgenden Abschnitten folgen weitere Einzeluntersuchungen zu methodischen Einflussfaktoren auf die Konstruktvalidität.

VARIABLE	Konvergente Validität			Diskriminante Validität		
	k	mittlere *r*	95 % VI*	*k*	mittlere *r*	95 % VI*
Gesamt	42	.33	.31:.35	42	.54	.53:.55
Anzahl der Dimensionen						
Hoch	15	.25	.22:.29	15	.43	.40:.46
Niedrig	27	.36	.34:.37	27	.58	.57:.59
Verhältnis der Teilnehmer/Beobachter						
Hoch	15	.37	.35:.39	15	.51	.49:.53
Niedrig	10	.33	.30:.36	10	.69	.67:.71
Vorgehensweise bei der Beurteilung						
Übungsweise	33	.28	.26:.30	33	.57	.55:.58
Über die Übungen hinweg	7	.43	.40:.45	7	.50	.48:.52
Beruf der Beobachter						
Manager/Vorgesetzte	16	.35	.33:.37	16	.61	.59:.62
Psychologen/Berater	6	.39	.34:.44	6	.47	.42:.52
Beobachterschulung						
Kein Training angegeben	11	.29	.26:.32	11	.60	.68:.62
Training angegeben	31	.35	.33:.36	31	.52	.51:.54
Dauer der Beobachterschulung						
Weniger als 1 Tag	2	.29	.20:.38	2	.50	.43:.58
1 bis 5 Tage	22	.35	.33:.37	22	.53	.51:.54
Mehr als 5 Tage	1	.10	-	1	.29	-
Assessment Center-Zweck						
Auswahl/Beförderung	33	.34	.32:.36	33	.51	.49:.52
Training/Entwicklung	8	.32	.29:.35	8	.61	.58:.63

* = Vertrauensintervall

Abb. 3.5 Ergebnisse der konvergenten und diskriminanten Validität. *Quelle* Woehr et al. (2007)

Zeitpunkt der Urteilsbildung

In den von Sackett und Dreher (1982) berichteten Untersuchungen werden die Dimensionsbeurteilungen entweder jeweils am Ende einer Übung oder aber erst am Ende des AC getroffen. Silverman, Dalessio, Woods und Johnson (1986) haben beide Methoden in einem experimentellen Design variiert. In einer Gruppe von Beurteiler-Teams wurden in einer Endrunde des AC von jedem Beobachter für sich zunächst Gesamt-Dimensionsurteile über alle betreffenden Übungen und anschließend je Übung vorgenommen (Methode der Endauswertung). In der zweiten experimentellen Bedingung trafen die Beobachter schon nach jeder einzelnen Übung für sich die Urteile zu den unterschiedlichen Dimensionen (Methode der Auswertung je Übung). Die konvergente Validität konnte so deutlich gesteigert werden. Die diskriminante Validität war für beide Methoden ähnlich unbefriedigend. Silverman et al. (1986) führen die deutlich verbesserte konvergente Validität darauf zurück, dass die Methode der Endauswertung die Beurteiler eher dazu anleitet, Verhaltensähnlichkeiten über Übungen hinweg zu registrieren, während die Methode der Auswertung je Übung eher dazu führt, dass nach Ähnlichkeiten innerhalb der einzelnen, deutlich getrennten Situationen gesucht wird.

In einer methodisch etwas aufwändigeren Untersuchung von Kleinmann (1997) konnten diese Ergebnisse allerdings nicht repliziert werden. Hier wurden zehn AC mit je sechs Teilnehmern und drei Übungen auf Video aufgezeichnet. Die Leistungen der Teilnehmer wurden dann entweder übungsweise oder merkmalsweise ausgewertet. Bei dem merkmalsorientierten Vorgehen wurde in der Beobachterkonferenz das gleiche Merkmal für alle Teilnehmer in allen Übungen besprochen. In der anderen Variante wurden hingegen komplett die verschiedenen Merkmale einer Übung je Teilnehmer besprochen, bevor zum nächsten Teilnehmer übergegangen wurde. Es hätte vermutet werden können, dass eine starke Konzentration auf die Dimensionen zu einer höheren konvergenten Validität führt. Kleinmann (1997) konnte mit diesem Vorgehen jedoch nicht die Ergebnisse von Silverman et al. (1986) replizieren. Zwischen den beiden Auswertungsmethoden führte die merkmalsorientierte Auswertung nicht zu höheren Kennwerten für die Konstruktvalidität als die übungsorientierte Auswertung.

Der Unterschied zwischen den beiden Untersuchungen lag u. a. darin, dass bei Silverman et al. (1986) neben der übungs- versus merkmalsorientierten Auswertung gleichzeitig der Zeitpunkt der Auswertung variiert wurde (Auswertung direkt nach der Übung oder in der Beobachterkonferenz). Möglicherweise fördert die zeitliche Auswertung direkt nach der Übung die übungsbezogene Varianz und reduziert die konvergente Validität.

In einer weiteren Studie (Robie 2000) konnten jedoch die Befunde von Silverman et al. (1986) bestätigt werden. In einem experimentellen AC mit 100 Studenten, zwei Übungen und vier Dimensionen wurden beide Auswertungsmethoden wieder miteinander verglichen (Auswertung nach jeder Übung oder am Ende des AC nach Kriterien gegliedert). In einer konfirmatorischen Faktorenanalyse wurde in diesem Fall bestätigt, dass eine Auswertung über Dimensionen am Ende eher dazu führt, dass sich die Urteilsvarianz über Dimensions- und nicht Übungsfaktoren aufklären lässt.

In einer weiteren Untersuchung wurden zusätzlich die kognitiven Entscheidungsprozesse der Beobachter erhoben (Callahan 1995). In einem AC mit 120 Teilnehmern wurde zunächst ebenfalls die Auswertungsmethode variiert (Bewertung am Ende des AC nach Dimensionen oder nach jeder Übung). Zusätzlich wurden jedoch die Beobachter gebeten, ihre Erinnerungen an die Teilnehmer frei wiederzugeben, um zu sehen, ob diese Erinnerungen mehr nach Übungen oder nach Dimensionen organisiert sind. Bei einer übungsorientierten Auswertung zeigte sich, dass tatsächlich die Erinnerungen an die Teilnehmer auch nach Übungen organisiert sind, speziell dann, wenn von den Kandidaten viele beobachtbare Verhaltensweisen gezeigt wurden.

Zusammenfassend führt offensichtlich die heute eher übliche Bewertung direkt nach jeder Übung auch zu größeren Übungseffekten. In der Geburtsstunde des AC war dies noch anders. Das erste industrielle AC bei AT & T in den 50er-Jahren wurde auch so durchgeführt, dass über Dimensionen erst am Ende von drei Tagen in der Beobachterkonferenz gesprochen wurde.

Im Sinne der Standardisierung und Vermeidung von Globaleinschätzungen der Beobachter ist die heute übliche Vorgehensweise der Urteilsbildung direkt nach der Übung jedoch positiv zu beurteilen. In der neueren Studie von Guenole (2011) konnten starke Dimensionseffekte auch nachgewiesen werden, obwohl die Einschätzung aufgabenbezogen vorgenommen wurde.

Konfundierung mit Beurteilereffekten

Im AC beurteilen in der Regel die Assessoren in einer Übung mehrere Dimensionen, in anderen Übungen werden durch die Rotation andere Beobachter eingesetzt. Insofern könnte die geringe Konstruktvalidität dahingehend ein methodisches Artefakt sein, dass die geringen Übereinstimmungen zwischen den gleichen Dimensionen unterschiedlicher Übungen in Wirklichkeit auf die Unterschiedlichkeit der Beobachter zurückzuführen ist: andere Maßstäbe, unterschiedliche Differenzierung, letztlich geringe Interrater-Reliabilität. In verschiedenen Studien konnten Lammers und Holling (2000) sowie Melchers et al. (2005) die Wirkung dieses Effekts auf die Konstruktvalidität nachweisen: Ohne Beobachterrotation verbesserten sich die Kennwerte zur konvergenten und diskriminanten Validität.

Einen innovativen Ansatz zeigt Höft (2007) in einer Auswertung eines Datenpools zu 2.100 AC-Teilnehmern für Nachwuchsflugzeugführer auf. Hier wurden neben den Effekten der Dimensionen und Übungen auch die Effekte erhoben, die den Beobachtern zuzuordnen sind. In seiner Untersuchung zerlegt Höft die Varianzanteile der AC-Urteile in die Effekte von Übungen, Teilnehmern und Beobachtern sowie deren Interaktionen/Überlappungen. Es zeigt sich tatsächlich ein sehr hoher Varianzanteil, der auf die eingesetzten Beobachter zurückgeht: Die in einer Übung gezeigte Leistung einer Person wird von den Beobachtern unterschiedlich bewertet und „versteckt" sich nach dem bisherigen MTMM-Ansatz hinter dem Übungseffekt. Nicht die Leisutng der Teilnehmer in den Übungen unterscheidet sich also, sondern die Einschätzungen der unterschiedlichen Beobachter in diesen Übungen.

Die Konsequenz aus diesen Untersuchungen ist, ein viel größeres Augenmerk auf die Strukturierung des Beobachtungssystems zu legen, sodass die Dimensionen für die Beobachter auch differenzierbar sind und höhere Beobachterübereinstimmungen entstehen.

Strukturiertes Beurteilungssystem

Einen methodischen Beitrag zur Aufklärung der förderlichen Bedingungen für die Höhe der Konstruktvalidität liefern Reilly et al. (1990). Im Rahmen eines quasi-experimentellen Designs überprüften sie die Auswirkung des Einsatzes von Verhaltenschecklisten auf die Konstruktvalidität. Dabei haben die Beobachter in einer ersten Runde von AC ohne Beobachtungsbögen – quasi frei – ihre Beurteilungen vorgenommen. Anschließend wurden anhand dieser freien Beobachtungen Verhaltenschecklisten konstruiert, die dann in einer zweiten Runde von AC eingesetzt wurden (vgl. Kap. 2.6.4). Während im ersten AC die konvergente Validität gemittelt über acht Dimensionen in zwei Übungen .24 betrug, lag diese in der zweiten Runde gemittelt bei .44. Durch den Einsatz von Verhaltenschecklisten kam es also zu einer erheblichen Verbesserung der konvergenten Validität bei kaum verschlechterter diskriminanter Validität, „[...] war unsere konvergente Validität sogar etwas höher als die gefundene diskriminante. Bei keiner anderen Stichprobe [...] wurde dieser Befund berichtet. Bei den meisten anderen Studien war die diskriminante Validität mindestens doppelt so hoch wie die konvergente" (Reilly et al. 1990, S. 79; Übersetzung C. O.). Die Verwendung von Verhaltenschecklisten verhindert also offensichtlich das Treffen von Globalurteilen über die Teilnehmer und führt zu einer starken Bewertung im Hinblick auf einzelne Dimensionen.

In einer ähnlich interessanten Untersuchung variierte Maukisch (1989) den Typ des verwendeten Beurteilungssystems. Zum Einsatz kamen bei ihm neben den klassischen AC-Ratings anhand von Dimensionen u. a. auch Beurteilungen im Rahmen eines Beobachtungssystems mit Verhaltenscodierung mit drei Dimensionen (vgl. Abb. 2.61): Während beim klassischen Vorgehen eine konvergente Validität von durchschnittlich .31 sowie eine diskriminante von .70 resultierte, stieg beim System der Verhaltenscodierung die konvergente Validität auf durchschnittlich .43, wobei die diskriminante auf .59 sank. Obwohl Maukisch bei der faktorenanalytischen Auswertung als ersten Faktor einen Dimensionsfaktor ermitteln konnte, sind die Zusammenhänge zwischen den Dimensionen einer Übung bei seiner Studie allerdings immer noch höher als zwischen den gleichen Dimensionen in unterschiedlichen Simulationen.

In einem quasi-experimentellen Design haben Donahue et al. (1997) ebenfalls die Auswirkungen unterschiedlicher Beobachtersysteme (Verhaltenscheckliste versus Urteil auf grafisch abgebildeter Dimension) verglichen. Beide Methoden führten zunächst wiederum zu stärkeren Übungs- als Dimensionsfaktoren. Dabei zeigte die Verhaltenscheckliste eine erhöhte diskriminante Validität, also eine bessere Unterscheidung zwischen Dimensionen in einer Übung. Andererseits war die konvergente Validität höher bei der klassischen Gesamtskala je Dimension. In einem AC für Mitarbeiter im Telefonmarketing (Cervenka 1997) wurde ebenfalls eine Verhaltenscheckliste für die Beobachter verwendet. Hier zeigte sich ebenfalls eine konvergente Validität des Verfahrens, nicht jedoch eine diskriminante Validität. In der Varianzanalyse hatten die Übungsfaktoren doppelt so viel Varianz erklärt wie die Dimensionsfaktoren. Auch andere Untersuchungen (Hennessy et al. 1998) zeigen die Nachteile klassischer Globaldimensionen je Übung im Vergleich zur Verwendung von Einzeldimensionen. Offenbar neigen die Beobachter immer mehr zu Gesamteinschätzungen je Übung, je globaler die verwendeten Anforderungsdimensionen sind (etwa Kommunikationsfähigkeit) und je weniger sie spezifisches Verhalten beschreiben.

In der neueren Studie von Guenole et al. (2011) wurde neben einem verbesserten Beobachtertraining ebenfalls Wert auf genaue Beobachtungsbögen gelegt. Dabei wurden je Aufgabe Verhaltensanker für fünf Bewertungsstufen festgelegt. Im Ergebnis konnte die Studie starke Dimensionseffekte im Sinne einer konvergenten Validität nachweisen.

Anzahl der Beurteilungsdimensionen

Die Befürchtung ist, dass die Beobachter mit den an sie gestellten Anforderungen immer mehr überfordert werden, wenn die Anzahl der zu beobachtenden Dimensionen zu hoch wird. Die Vielfalt der Informationen könnte es erschweren, noch zwischen Dimensionen zu unterscheiden.

Das lässt vermuten, dass auch die Anzahl der Beurteilungsdimensionen eine Rolle für die konvergente Validität spielt. Dieser Frage sind Gaugler und Thornton (1989) nachgegangen: In ihrer Studie wurde die Anzahl der zu beobachtenden Dimensionen (drei, sechs, neun) variiert. „Die Anzahl der beurteilten Dimensionen schien die konvergente Validität und die Übungsvarianz der Beobachterurteile beeinflusst zu haben. Beobachter, die eine kleine Anzahl von Dimensionen zu beurteilen hatten, taten dies mit größerer konvergenter Validität und einem geringeren Effekt der einzelnen Übungen als Beobachter, die eine große Anzahl von Dimensionen einzuschätzen hatten. Die Anzahl der beurteilten Dimensionen schien die gleichförmig geringe diskriminante Validität der Beobachter-Urteile nicht bedeutend zu beeinflussen" (Gaugler und Thornton 1989, S. 616; Übersetzung C. O.).

Die Metaanalyse von Woehr et al. (2007) bestätigt diesen Effekt in den dafür zusammengestellten Einzelstudien. Auch hier steigt die konvergente Validität mit einer Verringerung der Beobachtungsdimensionen. Dort kommt es gleichzeitig mit steigender Anzahl der verwendeten Dimensionen auch zu einer Verringerung der diskrimanten Validität, es finden sich also immer mehr unerwünschte Korrelationen verschiedenartiger Dimensionen innerhalb einer Übung. Die Autoren nehmen an, dass mit einer Verringerung der Dimensionen eben auch die realen Zusammenhänge zunehmen, die Dimensionen eben nicht inhaltlich unabhängig sind.

In ihrer Überblicksstudie kommen Lievens und Conway (2001) ebenfalls zu der Schlussfolgerung, dass neben dem Fehlen von Verhaltenschecklisten insbesondere eine zu hohe Anzahl an Dimensionen je Übung die Konstruktvalidität verringert.

Der deutsche Arbeitskreis AC e. V. empfiehlt im Ergebnis in seinen Qualitätshinweisen die Verwendung von drei, im Maximum fünf Beobachtungsdimensionen je Aufgabe.

Erfahrung und Hintergrund der Assessoren
Unterschiedliche Erkenntnisse gibt es über einen Einfluss von Beobachtercharakteristika auf die Konstruktvalidität. In einer US-Untersuchung (Kauffman 1995) zeigt sich kein Zusammenhang zwischen der Erfahrung von Assessoren (Anzahl in der Vergangenheit bewerteter Teilnehmer) und einer verbesserten konvergenten oder diskriminanten Validität. Sagie und Magnezy (1997) hingegen fanden bei AC mit insgesamt 425 Kandidaten, die entweder von einem von 39 Psychologen oder einem von 66 Managern beurteilt wurden, durchaus Unterschiede. Mit der konfirmatorischen Faktoranalyse fanden die Autoren zwei verschiedene Modelle für die Daten von Psychologen und Managern. Während alle ursprünglichen Anforderungsdimensionen in den Ratings der Psychologen abgedeckt wurden (im Sinne hoher Konstruktvalidität), fanden sich für die Ratings der Manager nur zwei übergeordnete Kategorien (Leistungsfähigkeit und Sozialverhalten).

In einer methodisch genaueren Untersuchung wurden von Lievens (2002) drei Gruppen von Assessoren (Psychologen, Manager, Studenten) gleiches Videomaterial von AC-Übungen zur Beurteilung vorgelegt. Dabei zeigte sich in der Differenzierungsfähigkeit nach Dimensionen eine Überlegenheit von Psychologen und Managern gegenüber Studenten. Eine ähnliche Tendenz zeigt die Metaanalyse von Woehr et al. (2007).

Situationale Stärke und Beobachtbarkeit der Dimensionen

Auffällig an den Untersuchungen zur Konstruktvalidität ist, dass die berichteten Korrelationen für die konvergente Validität teilweise erheblich zwischen einzelnen Dimensionen variieren: So ermittelten Reilly et al. (1990) beispielsweise Werte zwischen .23 (Verständnis) und .69 (Führung). Dies legt den Verdacht nahe, dass einzelne Konstrukte vom Konzept her vielschichtiger als andere oder letztlich inhaltlich zu breit sind.

In einem Personalentwicklungs-AC mit 57 Teilnehmern (Obermann 1994) wurde daher geprüft, inwieweit sich die Übungsvarianz zugunsten der Dimensionsvarianz reduzieren lässt, wenn die inhaltlichen Konzepte der AC-Dimensionen enger gefasst werden.

In der Untersuchung wurde ein Differenzwert über alle AC-Teilnehmer zwischen der Beurteilung der gleichen Dimension in zwei unterschiedlichen Übungen gebildet. Dieses Vorgehen wurde für folgende Fälle fünf Mal wiederholt: Es wurde also die Dimension Überzeugungskraft sowohl in einer Gruppenübung eins und einer weiteren Gruppenübung zwei verglichen (sowie Überzeugungskraft in Gruppenübung eins und Führungs-Rollenübung/Überzeugungskraft in Gruppenübung eins und Präsentation/ Organisation und Planung in Präsentation und Analytisches Denken in Postkorb und Unternehmensplanspiel).

Dabei wurde angenommen, dass die Übungsvarianz in den fünf Differenzwerten in der Reihenfolge der Aufzählung immer größer wird, da die einzelnen Übungspaare immer weiter entfernte inhaltliche Teilaspekte der gleichen Dimension ansprechen und umfassen. So wird sowohl in der Gruppen- wie auch der Rollenübung zwar die gleiche Dimension „Überzeugungskraft" gemessen, jedoch dürften bei der Rollenübung inhaltlich zusätzliche Aspekte hinzukommen im Vergleich zu beiden Gruppenübungen. Die Ergebnisse zeigen tatsächlich einen Anstieg der Differenzen – mithin der Übungsvarianz – von 0.1 (Überzeugungskraft in Gruppenübung eins und zwei) auf einer 5er-Skala bis hin zu 1.49 (analytisches Denken in Postkorb und Unternehmensplanspiel). Die Unterschiede zwischen den Differenzwerten weisen alle in die Richtung der Hypothese; fünf der zehn errechneten t-Werte für die Unterschiede zwischen den einzelnen Differenzwerten erweisen sich auf dem Ein-Prozent-Niveau als signifikant.

In einer weiteren Untersuchung von Guldin und Schuler (1997) wurden bei AC für Hochschulabsolventen sechs Beobachtungskriterien danach unterschieden, inwieweit sie inhaltlich in unterschiedlichem Maße dem Traitkonzept entsprachen. Hier zeigte sich ebenfalls, dass eine Konstruktvalidität eher gegeben war, wenn es sich bei den verwendeten Dimensionen eben auch inhaltlich um Traits, situationsübergreifende Konstrukte, handelte. Die Dimensionen „Aktivität" und „Kommunikationsverhalten" haben sich dabei am stärksten als solche Traits herausgestellt.

Ein weitergehendes Konzept zur Beeinflussung der Konstruktvalidität führen Lievens et al. (2006) mit der Übertragung des Konzepts der situationalen Stärke auf den AC-Bereich ein. Dahinter steckt der Gedanke, dass die AC-Übungen (die Situation) in unterschiedlich starker Form Verhaltensdifferenzen bei einzelnen Teilnehmern provozieren. Für einzelne Dimensionen in jeder Übung gibt es ein hohes oder niedriges Aktivierungspotenzial („trait activation potential"). Die Auswirkung auf die Konstruktvalidität besteht in folgendem Aspekt: Wenn sich die Übungen in ihrer Relevanz unterscheiden, eine gleiche Dimension messen zu können, dann sinkt die konvergente Validität, also die Konsistenz der Messungen über die Übungen hinweg. Lievens et al. (2006) erläutern dies an dem Beispiel, dass eine Gruppenübung und eine Rollenübung jeweils gut die Dimension „Extraversion" zeigt, daher hier hohe konvergente Validität zu erwarten sei. Hingegen würde eine Postkorb-Übung wenig relevant für diese Dimension sein, sodass hier die Korrelation niedriger als bei anderen Übungen angenommen wird (im Detail zum Konzept der Trait-Aktivierung vgl. Kap. 2.5.4).

In einer aufwändigen Reanalyse von Untersuchungen aus der Literatur wurde diese Annahme überprüft. Dazu wurde von AC-Experten zunächst für jede Kombination Übung/Dimension der herangezogenen Studien geschätzt, in welchem Umfang die jeweiligen Übungen Beobachtungsmöglichkeiten für die jeweiligen Dimensionen boten. Zusätzlich wurde geschätzt, wie nahe die einzelnen AC-Dimensionen den „Big Five"-Persönlichkeitsfaktoren sind.

Diese Einschätzung wurde auf einer Skala von 3 bis 30 vorgenommen. Die konvergente Validität konnte tatsächlich von r = .27 (Dimensionen mit geringer Aktivierung) auf r = .33 (hohe Aktivierung) gesteigert werden. Besonders konvergent waren die (besser beobachtbaren) „Big Five"-Persönlichkeitsfaktoren Extraversion und Gewissenhaftigkeit.

Für die diskriminante Validität wurden die AC-Dimensionen ermittelt, die unterschiedliche Persönlichkeitsfaktoren besser ansprechen. Dort lagen die mittleren Korrelationen bei r = .53. Entsprechend der Hypothese der Autoren war hingegen der Zusammenhang zwischen solchen Dimensionen in einer Übung, die trotz anderer Labels den gleichen „Big Five"-Faktoren zuzuordnen sind, mit r = .57 auf dem 5 %-Niveau signifikant höher.

Die Konsequenz aus diesen Erkenntnissen besteht darin, in der Konzeption der Aufgaben-Dimensionsmatrix und der Zusammenstellung von Aufgaben sehr akkurat darauf zu achten, dass die betreffende AC-Aufgabe eine hohe Relevanz für die betreffenden Dimensionen besitzt. Schlecht ist das praktische Vorgehen nach dem Motto: „Oh, Problemanalyse wird ja bisher nur einmal gemessen, dann schauen wir doch noch mal in der Gruppendiskussion, was sich da beobachten lässt".

Verwendung von Tests und Fragebögen

Untersuchungen, in denen neben AC-Simulationen auch klassische Testverfahren eingesetzt werden, sind ermutigender bezüglich möglicher Dimensionseffekte. In einer Studie wurden von Zimmermann und Schuler (1991) neben AC-Simulationen auch mehrere Intelligenz- und Persönlichkeitstests eingesetzt. Die Beurteiler konzentrierten sich hier auf wenige Dimensionen, die allerdings in enger Beziehung standen zu Extraversion, emotionaler Stabilität, Intelligenz und Leistungsmotivation, das heißt „… prominenten psychologischen Konstrukten. […] Dieser Befund stellt die mehrfach geforderte Abkehr von der Verwendung eigenschaftsorientierter Beurteilungssysteme beim Assessment Center (zum Beispiel Robertson et al. 1987) infrage" (Zimmermann und Schuler 1991, S. 143). In einer ähnlich angelegten Untersuchung (Shore et al. 1990) wurden die elf zu beobachtenden Dimensionen in die zwei Kategorien „Leistungsverhalten" und „Interpersonales Verhalten" unterteilt und ebenfalls kognitive Fähigkeitstests sowie Skalen des Persönlichkeitstests 16 PF eingesetzt. Die kognitiven Tests korrelierten stärker mit den Urteilen der Dimension des Leistungsverhaltens als des interpersonalen Verhaltens (Hinweis auf konvergente und diskriminante Validität), die Skalen des Persönlichkeitstests 16 PF standen in engerem Zusammenhang zu den Dimensionen des AC, denen sie inhaltlich entsprachen. Auch die Faktorenanalyse der Dimensionsurteile bestätigte die zwei Kategorien von Dimensionen als Faktoren.

Transparenz der Dimensionen für die Teilnehmer

Einen anderen Untersuchungsbereich zur Konstruktvalidität hat Kleinmann (1993, 1997) eröffnet. Speziell im deutschsprachigen Bereich kam es zu einer Reihe von Studien – meist mit der Beteiligung von Kleinmann – zu weiteren Teilaspekten (u. a. Laubsch 2001; Richter 2003; Hartstein 2003; Melchers et al. 2005, Klehe et al. 2005).

Im Kern geht es darum, dass sich Teilnehmer von sich aus in den AC-Übungen entlang der Konstrukte verhalten, wenn sie wissen, welche Dimensionen beobachtet werden. Teilnehmer in AC stellen offensichtlich Hypothesen darüber auf, was eigentlich beobachtet wird. Nun könnte man die Frage stellen, ob nicht die Teilnehmer in unterschiedlichem Maße auf die richtigen Dimensionen „tippen". Wenn sie die richtigen Dimensionen erkennen und sich konsistent danach verhalten, könnte dies die konvergente Validität fördern. Auch stellt sich die Frage, ob das Erkennen der richtigen Anforderungen nicht auch das Ergebnis des AC für die Teilnehmer beeinflusst: Wer mit seinen Hypothesen richtig liegt und sogar sein Verhalten danach ausrichten kann, wird von den Beobachtern besser beurteilt.

Diesen Fragen ist Kleinmann (1993) nachgegangen. In einem eintägigen AC mit fünf Übungen (drei Gruppenübungen, Präsentation, Postkorb) bat man die Teilnehmer, auf Kärtchen ihre Hypothesen darüber zu notieren, welche Anforderungsdimensionen hier wohl bewertet werden (Abb. 3.6). Dann wurde der Anteil richtig erkannter Anforderungen pro Übung ermittelt (z. B. Gruppenprozesse steuern: 44,6 % erkannt, Argumentationsvermögen: 33,9 % erkannt). In der Tat bewerteten die Beobachter die Personen am Ende besser, welche gleichzeitig in den Übungen ein höheres Maß an intendierten Anforderungen richtig erkannt hatten. Nun zur konvergenten Validität: Wenn Teilnehmer in zwei Gruppendiskussionen identische Anforderungen gleichermaßen richtig erkannt hatten, waren die bewerteten Leistungen auch tatsächlich höher, als wenn die Anforderungen von Teilnehmern gar nicht oder nur in einer Übung erkannt wurden. Dies ist ein wichtiges Ergebnis: Erfolgreiche AC-Teilnehmer zeichnen sich auch dadurch aus, dass sie besser spüren, worauf die AC-Entwickler in den Übungen hinaus wollen. Bei diesen Teilnehmern stellt sich dann im Sinne der konvergenten Validität auch eine höhere Übereinstimmung der richtig erkannten Dimensionen zwischen den Übungen ein.

Abb. 3.6 Anzahl der von
Teilnehmern richtig erkannten
AC-Dimensionen. *Quelle*
Kleinmann (1993)

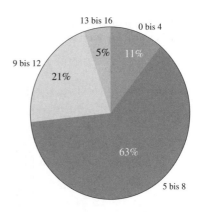

In einer weiteren Studie von Kleinmann (1997) wurde dann der Grad der Transparenz experimentell variiert. Einem Teil der AC-Teilnehmer (119 Studenten) wurden die beobachteten Kriterien offen gelegt, einem Teil nicht. Entsprechend der Hypothese zeigte sich in der Tat, dass die konvergente Validität steigt, wenn die Anforderungsdimensionen vorher bekannt gegeben werden. Darüber hinaus sind auch die AC-Ergebnisse tendenziell besser. Auf einer 5er-Skala stieg etwa die Bewertung im Kriterium „Planung/strukturiertes Denken" von einem Mittelwert in der Intransparenz-Bedingung von 3.20 auf 3.50 in der Experimentalbedingung, in der die Anforderungen offen gelegt wurden.

Mit einem ähnlichen Untersuchungsdesign für Interviews konnte Richter (2003) aufzeigen, dass bei Interviews ähnliche Effekte auftreten: Auch wer im Interview die jeweils gefragten Anforderungen erkennt, erzielt bessere Einschätzungen.

In weiteren Untersuchungen konnte Kleinmann allerdings einen inversen Zusammenhang von konvergenter und prädiktiver Validität nachweisen (vgl. Kap. 3.3.3): Die erhöhte Transparenz führt zwar dazu, dass sich in den Teilnehmerbewertungen im Sinne hoher Konstruktvalidität die AC-Skalen eher abbilden, dies geht jedoch auf Kosten der prädiktiven Validität. Das Erkennen der erwarteten AC-Skalen scheint eine soziale Fertigkeit von guten Teilnehmern zu sein, die auch in der späteren Berufspraxis über gut oder weniger gut entscheidet. Werden aber allen Teilnehmern die intendierten AC-Dimensionen transparent gemacht, dann verwischt dies zuungunsten der prognostischen Gültigkeit des AC hinsichtlich der Unterschiede zwischen gut und weniger gut.

Diese Fähigkeit wird sogar zur eigenständigen Kompetenz erhoben (ATIC = Ability to Identify Criteria). Diese beeinflusst die Konstruktvalidität und auch die AC-Ergebnisse selbst und ist offenbar weder durch kognitive Leistungen noch andere bekannte Konstrukte vorhersagbar (u. a. Klehe et al. 2005). Bei Hartstein (2003) korreliert diese Kompetenz allerdings durchaus mit kognitiven Fähigkeiten.

In der neueren Studie von Guenole et al. (2011) wurde bewusst auf die Transparenz der Dimensionen gegenüber den Teilnehmern verzichtet, dennoch wurde eine hohe

Abb. 3.7 Varianzaufklärung im AC. *Quelle* Lievens (2002)

Beobachter / Effect	Psychologen Erklärte Varianz	Manager Erklärte Varianz	Studenten Erklärte Varianz
Kandidat 1: über Übungen konsistent, innerhalb der Übungen differenziert			
Assessor (A)	5	3	8
Exercises (E)	2	0	16
Dimension (D)	36	36	23
A x E	9	4	8
A x D	7	3	6
E x D	3	6	3
A x E x D	38	47	35
Kandidat 2: über Übungen konsistent, innerhalb der Übungen undifferenziert			
A	0	14	41
E	0	0	7
D	2	6	2
A x E	20	5	8
A x D	13	25	11
E x D	15	18	1
A x E x D	51	32	29
Kandidat 3: über Übungen inkonsistent, innerhalb der Übungen undifferenziert			
A	1	5	0
E	46	41	14
D	8	3	11
A x E	6	19	24
A x D	10	7	9
E x D	0	2	2
A x E x D	30	23	40
Kandidat 4: über Übungen inkonsistent, innerhalb der Übungen differenziert			
A	18	0	1
E	8	1	13
D	17	19	20
A x E	5	19	25
A x D	12	7	5
E x D	1	5	1
A x E x D	40	48	35

Konstruktvalidität nachgewiesen, sodass in der Tranparenz nicht die Hauptlösung liegt, zumal es hier den oben geschriebenen Konflikt mit der prädiktiven Validität gibt.

Konsistentes Verhalten der AC-Teilnehmer

Einen deutlichen Fortschritt in der Aufklärung der beeinflussenden Bedingungen für die Konstruktvalidität stellt ein aufwändiges experimentelles Design von Lievens (2002) dar. Dort wurden drei potenzielle Einflussfaktoren variiert: Als Beobachter standen drei Subgruppen zur Verfügung: Studenten, Wirtschaftspsychologen und Linienmanager. Deren Aufgabe war es, sechsstündiges Videomaterial mit (manipuliertem) Kandidatenverhalten zu beurteilen (Abb. 3.7). Die Kernidee der Studie bestand in einem 2×2-Design darin, dieses Kandidatenverhalten entlang von zwei Dimensionen mit jeweils zwei Ausprägungen zu variieren. Zum einen unterschied sich das Videomaterial im Hinblick auf Konsistenz des Kandidatenverhaltens zwischen den Übungen (jeweils gleiches oder zwischen den Übungen unterschiedliches Verhalten) sowie in der Differenzierung nach Dimensionen in einer Übung (differenziertes Auftreten oder alle Dimensionen gut bzw. schlecht). Dadurch wurden vier Bedingungen geschaffen:

- *Kandidatenprofil 1*: zwischen Übungen konsistentes und innerhalb der Übungen differenziertes Verhalten
- *Kandidatenprofil 2*: undifferenziertes schlechtes Verhalten, konsistent über alle Übungen
- *Kandidatenprofil 3*: schwaches Verhalten in den meisten Dimensionen einer Übung (undifferenziert), starkes Verhalten in den meisten Dimensionen anderer Übungen
- *Kandidatenprofil 4*: schwaches Verhalten in einigen Dimensionen einer Übung (differenziert), starkes Verhalten in einigen Dimensionen anderer Übungen

Das wesentliche Ergebnis ist, dass eine befriedigende konvergente Validität gefunden werden kann, wenn die Kandidaten sich konsistent zwischen den Übungen verhalten, und diskriminante Validität gefunden werden kann, wenn sich die Kandidaten differenziert zwischen den Dimensionen verhalten. So war es offensichtlich ein Problem früherer Studien, dass implizit davon ausgegangen wurde, dass sich Kandidaten entsprechend dem Profil eins differenziert und konsistent verhalten. Wenn in den Studien keine Konstruktvalidität gefunden werden konnte, so wurde dies auf Mängel im Verfahren zurückgeführt. Dies ist jedoch nicht realistisch. Die Bemühungen, über methodische Optimierungen der AC eine Verbesserung zu erzielen, müssen begrenzt sein, wenn der Hauptgrund für die schwache konvergente und diskriminante Validität im Teilnehmerverhalten selbst liegt.

3.3.1.3 Konsequenzen für die AC-Praxis

Warum das Thema der Konstruktvalidität nach über 30 Jahren immer noch die gleiche Attraktivität für empirische Studien auslöst, ist aus Sicht des AC-Praktikers wenig nachvollziehbar. Wichtiger erscheint aus dieser Perspektive die Tatsache, dass AC im Sinne der prädiktiven Validität „wirken" und eine brauchbare Vorhersage leisten. Die Inflation an Studien ist möglicherweise auch dadurch verursacht, dass sich Studien zu Binnenkriterien im AC – ohne externe Kriterien – mit relativ geringem Aufwand durchführen lassen.

Dennoch kann auch die Frage der Konstruktvalidität im Anwendungskontext nicht übergangen werden, solange die Konzeption und das Teilnehmerfeedback entlang von Dimensionen erfolgen. Wenn dieses Vorgehen nicht nur Kosmetik sein soll, die in der AC-Praxis lediglich eine wissenschaftliche Anmutung vorspiegelt, dann müssten die AC-Konstrukteure auch sicherstellen, dass diese Dimensionen im AC existieren.

Durch die Vielzahl der Untersuchungen sind mittlerweile viele Einflussfaktoren bekannt, wie die Konsistenz der Dimensionen über die Übungen hinweg und die Differenzierbarkeit in den einzelnen Übungen verbessert werden können.

In den Studien, die Hinweise zu Moderatoren für die Konstruktvalidität liefern, kristallisieren sich methodische Unzulänglichkeiten heraus, die auch für andere

➡ Mini-Beobachterkonferenzen nach jeder Übung – keine
   Globaleinschätzungen am Ende

➡ Inhaltlich enge Konzeptionalisierung der AC-Dimensionen

➡ Vermeidung von inhaltlich ähnlichen/überlappenden Dimensionen pro
   Übung, welche die gleichen Persönlichkeitsfaktoren ansprechen

➡ Beschränkung der Dimensionsanzahl – je Übung max. 3-5 Dimensionen

➡ Strukturiertes Beobachtungssystem (Verhaltensanker,
   Verhaltenscodierung)

➡ Bei AC ohne Auswahlcharakter: Teilnehmertransparenz der Dimensionen
   mit Verhaltensbeispielen

➡ Einsatz von erfahrenen Assessoren/Psychologen

Abb. 3.8 Praktische Empfehlungen für die Erhöhung der Konstruktvalidität

Qualitätsparamater der praktischen Anwendung relevant sind, wie die Zuverlässigkeit und Validität des AC.

So müssen Lievens et al. (2006) eine aufwändige Analyse von Studien durchführen, um zu dem Schluss zu kommen, dass im Sinne der konvergenten Validität solche Dimensionen besser korrelieren, die nicht nur von der Oberfläche ähnliche Bezeichnungen haben, sondern tatsächlich die gleichen Persönlichkeitskonstrukte ansprechen. Die Studie von Höft (2007) hat zu der Erkenntnis geführt, dass hinter den verschieden beurteilten gleichlautenden Dimensionen unterschiedlicher Übungen eigentlich ein Effekt ungenau beurteilender Beobachter steckt.

Die Studie von Guenole et al. (2011) zeigt, dass mit einem klar strukturierten Beobachtungssystem und einem Beobachtertraining nach dem Frame-of-Reference-Ansatz das AC eine hohe Konstruktvalidität aufweist.

Daher ist die Lernrate für die AC-Praxis, über das Kozept der Konstruktvalidität hinaus, „gute" AC zu konzipieren (Abb. 3.8): Beobachtertrainings nach modernem Zuschnitt, übungsspezifische Verhaltensanker und klare Anweisungen, wie aus einzelnen Verhaltensankern Einschätzungen zu Dimensionen abgeleitet werden.

Eine offensive Alternative wäre es, auf die AC-Dimensionen zu verzichten und auf das Modell der aufgabenorientierten AC zu setzen. Die erwähnten Beispiele zeigen, dass dies die praktische Organisation im AC erleichtert und auch eine konzeptionelle/theoretische Fundierung in dem Konzept der Manager-Rollen besitzt.

3.3.2 Inhaltsvalidität von AC

Die Inhaltsvalidität (oder repräsentative, logische Validität, Augenscheinvalidität oder face validity) spricht die Frage an, wie repräsentativ die im AC erfasste Verhaltensstichprobe für den Verhaltensbereich ist, auf den man vom AC aus Rückschlüsse ziehen will. Inwieweit repräsentieren die AC-Aufgaben also überhaupt den beruflichen Alltag?

Mit Blick auf die deutschsprachigen AC geben 55,9 % der befragten 125 Unternehmen (Obermann et al. 2012) an, dass sie die AC positionsspezifisch konzipieren und 19,5 % ein Branchenszenario einsetzen.

Diese Möglichkeit der Inhaltsvalidierung besteht dann praktisch insbesondere bei Auswahlveranstaltungen, in denen die Situationen einer eingegrenzten Zielposition simuliert werden. Eine Variante davon ist das so genannte „Reality-AC", bei dem die kompletten Arbeitsbedingungen simuliert werden. Ein Beispiel hierfür sind Franchise-Nehmer im Einzelhandel, für die dann in einer realen Shop-Umgebung typische Abläufe und Situationen in Szene gesetzt werden. Diese Rahmenbedingung dürfte jedoch eher die Ausnahme sein.

Im deutschsprachigen Bereich dürfte es insgesamt Standard sein, die Szenarien der Übungen so an der betrieblichen Realität zu orientieren, dass etwa typische Konflikte in den Rollenübungen auftauchen oder in Gruppenübungen Themen diskutiert werden, die so oder ähnlich auch im Unternehmen diskutiert werden.

Dieses Vorgehen sichert über die Augenscheinvalidität die Akzeptanz bei Teilnehmern und Führungskräften, man erkennt den Alltag wieder. So wichtig die betriebliche Akzeptanz als ein Qualitätskriterium für die Verfahren ist, so wenig ist damit allerdings schon eine Inhaltsvalidierung geleistet. Es gilt eine wissenschaftliche Basisanforderung zu erfüllen, dass nämlich Inhaltsvalidierungen auch schief gehen können müssen. Es muss eine Falsifizierung möglich sein. Dies wird jedoch kaum der Fall sein, wenn die AC-Autoren ein Verfahren entwickeln und dann sich selbst bescheinigen, dass damit sehr gut die Praxisanforderungen abgedeckt sind.

Allein aus der Tatsache, dass die Übungen von den Szenarien her so aussehen wie betriebliche Aufgaben, kann nicht auf die Validität der Übungen geschlossen werden. Dann müssten im Umkehrschluss Aufgaben, die gar nicht aussehen reale Arbeitsbedingungen, invalide sein. Dies ist jedoch nicht der Fall, denn die Mehrzahl der kognitiven Testverfahren sieht von den Inhalten überhaupt nicht aus wie die betriebliche Realität und dennoch gibt es eine nachgewiesene Treffsicherheit für den späteren Berufserfolg.

Der Weg der Inhaltsvalidierung über eine augenscheinliche Nähe der Aufgabeninhalte zur beruflichen Praxis kann auch sogar in die Irre führen. Dies zeigt der Fokus vieler praktischer AC auf ausschließlich auf die durch HR-Vertreter leicht erkennbaren sozial-kommunikativen Aspekte. Noch in der Umfrage zu deutschsprachigen AC in 2001 (Arbeitskreis AC 2001) waren die ersten fünf „beliebtesten" im AC untersuchten Anforderungskriterien ausschließlich Aspekte wie Kommunikation und Konfliktfähigkeit, obwohl alle empirischen Studien auf kognitive Fähigkeiten oder Problemlösekompetenz als einen sehr wichtigen Prädiktor für Führungserfolg hinweisen. Auch gehen über den Weg der augenscheinlichen Nähe der Aufgabenszenarien andere wichtige, aber nicht direkt erkennbare Anforderungskriterien unter, z. B. die Passung der Motivationsstruktur, Ausdauer, Frustrationstoleranz, der Wille zur Führung oder unternehmerische Initiative.

So wundert es also auch nicht, dass es bis auf konzeptionelle Überlegungen (z. B. Sackett 1987) kaum Studien zur Inhaltsvalidierung im AC-Bereich gibt.

Die Voraussetzung für die Bestätigung eines AC über die inhaltliche Inaugenschein-nahme ist in jedem Fall ein zuvor erarbeitetes Anforderungsprofil.

Wenn der Weg der Inhaltsvalidierung beschritten wird, dann müsste unabhängig von den AC-Autoren von einer Prüfinstanz die Passung zu den betrieblichen Aufgabeninhalten nachvollzogen werden, auch mit der Möglichkeit eines negativen Bescheides.

Zum methodischen Vorgehen gibt es zunächst ein älteres Konzept, in dem das AC als Stichprobe (sample, vgl. Wernimont und Campbell 1968) aufgefasst wird. Inhaltsvalidität konzentriert sich danach auf zwei Prüffragen:

- Sind in der gewählten Stichprobe von Übungen alle Situationsmerkmale des Alltags abgebildet, für deren Bewältigung jeweils zusätzliche Verhaltenskompetenzen notwendig sind?
- Sind die so konstruierten Übungen in der Lage, die im Alltag erfolgskritischen Verhaltensunterschiede bei den Kandidaten sichtbar zu machen?

Ein weiteres Vorgehen für die Inhaltsvalidierung schildern Schippmann, Hughes und Prien (1987). Der Kern dieses Vorgehens besteht darin, einen Fragebogen zu konzipieren, der die einzelnen Jobinhalte beschreibt. Diese Fragen werden dann von Experten oder Job-Inhabern im Hinblick auf ihre Wichtigkeit und den Aspekt bewertet, wo die einzelnen Fähigkeiten erworben werden. Dabei sind Fähigkeiten, die (später) im Job erlernt werden können, eher aus dem Auswahlverfahren herauszunehmen. Allerdings dürfte ein so aufwändiges Vorgehen in der betrieblichen Praxis schwer umsetzbar sein.

Ein strukturiertes, aber pragmatisches Vorgehen zur Inhaltsvalidierung schlägt Thornton (2008) vor. Die Kernidee besteht darin (vgl. Abb. 3.9), dass Fachexperten sich die Anforderungsanalyse und die erarbeiteten AC-Übungen anschauen und deren Struktur einschätzen.

Zusammenfassend ist die repräsentative Abbildung von Praxissituationen besser als gar keine Form der Validierung. Schließlich sind neben dem Nachweis der Prognosestärke

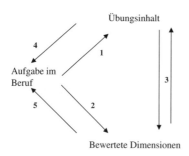

Einschätzung unabhängig von AC-Autoren:

- Pfad 1: Decken Aufgabeninhalte die Herausforderung der beruflichen Aufgaben?
- Pfad 2: Welche Dimensionen zeigt die Anforderungsanalyse?
- Pfad 3: Passt das Verhalten in den Übungen zu den Dimensionen?
- Pfad 4: Hat der Inhalt der Simulation einen Bezug zu der beruflichen Aufgabe?
- Pfad 5: Welche Dimensionen sind wichtig für den beruflichen Erfolg?

Abb. 3.9 Konzept zur Bewertung von Inhaltsvalidität. *Quelle* Thornton (2008)

des Verfahrens im betrieblichen Kontext auch andere Aspekte wichtig: Die Akzeptanz seitens der Beteiligten, die wahrgenommene Faírness und die Augenscheinvalidität.

Wenn die Inhaltsvalidierung ernst genommen werden soll, sollte allerdings etwas mehr Mühe aufgewendet werden und mit einem strukturierten Vorgehen und von den AC-Autoren unabhängigen Personen eine Einschätzung vorgenommen werden.

3.3.3 Prädiktive Validität von AC

3.3.3.1 Übersicht und Historie

Die prädiktive (auch kriterienbezogene bzw. konkurrente) Validität ist das entscheidende Qualitätsmaß. Hier wird der statistische Zusammenhang zwischen dem AC und externen Kriterien untersucht, die Berufserfolg ausmachen. Da mit dem AC ja gerade solche externen Kriterien (wie beruflicher Erfolg) vorhergesagt werden sollen, besitzt die prädiktive Validität die höchste Bedeutung für die Beurteilung der Gültigkeit und ist letztlich die Rechtfertigung für das AC als Auswahl- oder Beförderungsverfahren. Die prädiktive Validität wird angegeben als statistisches Korrelationsmaß, wobei eine „Null" auf einen fehlenden Zusammenhang zwischen AC und externem Kriterium hinweist, eine „Eins" wäre das theoretische Maximum, was jedoch aus methodischen Gründen nicht erreichbar ist (s. u. Abschnitt Bedeutung der Korrelations-Kennziffern).

Die prädiktive Validität wird gemessen durch die Korrelation zwischen den AC-Werten (Prädiktor, z. B. Overall-Rating im AC) und davon unabhängigen, externen Kriterien (z. B. Gehaltszuwachs fünf Jahre nach dem AC). Die prädiktive Validität trifft damit indirekt auch eine Aussage darüber, inwieweit richtige Auswahlentscheidungen getroffen werden können.

Gegenüber dem AC unabhängige, externe Kriterien können sehr unterschiedlich sein. Als Kriterien kommen Bewertungsmaßstäbe für die Leistung des Mitarbeiters infrage (etwa Verkaufsziffern), Indikatoren für die Karriereentwicklung (Gehaltsentwicklung, Anzahl der Beförderungen) oder die Einschätzung durch spätere Vorgesetzte oder Mitarbeiter. Naturgemäß variiert auch der Zeitraum zwischen dem AC und der Erhebung des externen Kriteriums. Bei Verkaufskennziffern kann dies gleichzeitig sein, bei den Management Progress Studies von AT & T lag zwischen beiden Zeitpunkten eine Spanne von acht Jahren, bei der späteren Erhebung sogar 20 Jahre.

Daher kann man wie bei anderen diagnostischen Verfahren nicht von „der" Validität des AC sprechen, die Validität bezieht sich immer auf das jeweils verwendete externe Kriterium.

In der Auswahl dieser Kriterien liegt eine Problemquelle der Untersuchungen: Welche Kriterien repräsentieren angemessen den tatsächlichen Berufs- oder Führungserfolg und sind zudem einigermaßen zuverlässig (ein Negativbeispiel bildet hier die Einschätzung durch Vorgesetzte, die sehr stark verzerrenden Einflüssen ausgesetzt ist)?

Abb. 3.10 Management-Progress-Studie von AT & T. Nach Thornton und Byham (1982)

Prädiktor		Kriterium	
Kandidat wird in acht Jahren im mittleren Management sein		Nach acht Jahren tatsächlich im mittleren Management	
	N	Mit College	Ohne College
Ja	203	64%	40%
Nein/fraglich	219	32%	9%
Validitätskoeffizient		.46	.46

Eine historisch wichtige Studie zur prädiktiven Validität war es auch, die dem AC zur heutigen Bedeutung verholfen hat – die sogenannten Management-Progress-Studien (MPS) bei dem ehemaligen Telefonmonopolisten AT & T. Der Psychologe Dough Bray bekam den Forschungsauftrag, die Karriereentwicklung von Managern zu untersuchen. Er stellte 1956 das erste Assessment Center im industriellen Kontext zusammen. Aufgrund des Forschungscharakters des Verfahrens wurden die Ergebnisse bis heute auf einer individuellen Ebene nie veröffentlicht. Weder das Unternehmen noch die Vorgesetzten oder die Teilnehmer erfuhren bisher von den Ergebnissen. Dies ist aus einem Forschungsstandpunkt optimal, so kann die Prognosegüte des AC ohne Seiteneffekte untersucht werden, die dadurch entstehen, dass Teilnehmer oder Vorgesetzte in Kenntnis der Ergebnisse eine Eigendynamik in Gang setzen.

Nach acht Jahren wurde die Karriereentwicklung der untersuchten Führungskräfte untersucht. Die Tabelle zeigt, dass das AC eine bis heute selten wiederholte Prognosegüte hatte. Die MPS bilden heute, mehr als 50 Jahre später, den Grundstein für die Rechfertigung des AC als ein Instrument, das nachgewiesen den Aufstieg von Mitarbeitern in Führungspositionen hervorsagen kann. Die Studien sind noch heute vorbildhaft, da es hier gelang, über eine relativ lange Zeitperiode und bei vielen Personen, die Karriere von Mitarbeitern zu beobachten und mit den Ergebnissen des AC zu vergleichen (Abb. 3.10).

Seit der klassischen Management-Progress-Studie wurden eine Reihe von Validitätsuntersuchen durchgeführt und veröffentlicht, allerdings leider wenige in Europa. Ab Anfang der 70er-Jahre des letzten Jahrhunderts gab es eine Vielzahl einzelner Veröffentlichungen zu Validitätsstudien. Dabei erweisen sich AC als valide, unabhängig vom Bildungsstand der Teilnehmer (Huck 1973), ihren vorherigen Erfahrungen mit AC (Struth et al. 1980), ihrer Rasse (Huck und Bray 1976; Moses 1973) und ihrem Geschlecht (Moses 1973; Moses und Boehm 1975).

Studien konnten u. a. die Validität von AC für folgende Branchen bestätigen: produzierende Unternehmen (Turnage und Muchinsky 1982), Verwaltung (Struth et al. 1980), Militär (Borman 1982; Tziner und Duran 1982), Dienstleistungsunternehmen

(Schmitt 1977), Öl-Konzerne (Norton 1977), Bildungseinrichtungen (Schmitt et al. 1984) und das FBI (Neidig et al. 1979).

AC sind valide für Beförderung und Auswahl (Cascio und Silbey 1979), Training und Entwicklung (Lorenzo 1984), Karriereplanung (Gaugler, Rosenthal, Thornton und Bentson 1985) und zur Verbesserung der Führungsqualitäten der Beurteiler selbst (Lorenzo 1984).

In einer US-Untersuchung wurden die Validitäten bei einem internationalen Mineralöl-Konzern nach Managementebenen (Mittel- und Topmanagement) und nach Unternehmenssparten (Chemiebereich, Vertrieb, Zentrale) berechnet (Bartels et al. 1997). Die AC-Daten der 613 Teilnehmer wurden in Bezug gesetzt zu ihrem Job-Level und ihren Leistungsbeurteilungen. Allerdings führte die Differenzierung nach Managementebenen zu keinem Effekt auf die Validitätsaussagen, es gab jedoch Unterschiede für die Unternehmenssparten.

Enttäuschende Resultate werden letztlich selten publiziert. Eine Ausnahme bildet die Studie von Feltham (1988): Hier wurden zwei Stichproben von in AC erfolgreichen Polizeibeamten (N = 223 bzw. 157) nach 19 Jahren hinsichtlich Trainingsleistung, Vorgesetztenurteil und erreichtem Rang untersucht. Dabei resultierten sehr niedrige multiple Korrelationen der AC-Maße zu den Kriterien: „Nimmt man alle Befunde zusammen, dann lassen sich sieben bis neun Prozent der Varianz in den […] gemessenen Kriterien durch EI-Maße [gemeint sind AC-Maße, Anmerkung C. O.] vorhersagen, und die Gesamtheit dieser Varianz lässt sich auf vier einzelne EI-Maße zurückführen" (Feltham 1988, S. 138; Übersetzung C. O.).

In einer AC-Reihe zur Auswahl von weiblichen Offizieren für das israelische Militär (Tziner und Dolan 1982, N = 193, 18 bis 19 Jahre alt) wurde die multiple Korrelation von AC-Maßen zur Vorhersage des Trainingserfolgs berechnet. Der Koeffizient von r = .50 war wesentlich höher als bei den herkömmlichen Verfahren (z. B. Vorgesetztenurteil und Interview) – durch den zusätzlichen Einsatz des AC zu herkömmlichen Verfahren ließ sich die multiple Korrelation von .17 auf .50 steigern, während umgekehrt das Hinzufügen der klassischen Verfahren zu dem AC-Ansatz keinen signifikanten Effekt hatte.

Bedeutung der Korrelations-Kennziffern

Wenn man die in den Studien berichteten Validitäten von r = .30 oder r = .40 mit der theoretischen, perfekten Korrelation von Prädiktor und Kriterium von 1.0 vergleicht, so mögen diese Kennwerte auf den ersten Blick sehr mäßig aussehen. In der Praxis gibt es jedoch eine Reihe von Hindernissen. Dazu gehört zunächst die Tatsache, dass bei (internen oder externen) Auswahlveranstaltungen die abgelehnten Bewerber in der Regel statistisch nicht weiterverfolgt werden können. Nur die guten AC-Teilnehmer werden daraufhin betrachtet, wie erfolgreich sie in der späteren Praxis sind. Diese führt zu einer erheblichen Varianzeinschränkung der Stichprobe und auch zu geringeren Validitäten, als wenn alle Teilnehmer weiterverfolgt würden.

Eine weitere – die Validität – einschränkende Größe ist die Schwierigkeit, zuverlässige und geeignete Kriterien für den wahren Berufs- und Führungserfolg zu finden, mit

Validitäten von medizinischen Verfahren

	r.=	N=
Bypass-Operation am offenen Herzen und Überleben nach 5 Jahren	,08	2.649
Rauchen und Lungenkrebs innerhalb von 25 Jahren	,08	3.956
Antihistamine und Verringerung von Schnupfen und Niesen	,11	1.023
Effekte von Viagra und Kopfweh	,25	861
Effekte von Viagra auf verbesserte sexuelle Funktion	,38	779
Größe und Gewicht von Erwachsenen in den USA	,44	16.948

Validitäten von Testskalen auf Erfolg im Beruf

	r.=
Testskalen zu Gewissenhaftigkeit	,18
Integritätstest	,21
Strukturiertes Interview	,18
Unstrukturiertes Interview	,11
Test zur Einschätzung von Situationen	,26
Biodaten	,26
Allgemeine mentale Fähigkeiten	,21

Abb. 3.11 Vergleich Validitäten Medizinbereich/Eignungsdiagnostik. *Quelle* Hogan und Murphy (2004)

denen später die AC-Leistung rechnerisch in Bezug gesetzt werden kann. Wenn man z. B. das Kriterium „Gehaltsverbesserung" nimmt, so gibt es eine Unzahl von – validitäts-mindernden – Faktoren, die das spätere Gehalt beeinflussen, die jedoch nichts mit dem zu tun haben, was das AC zu messen beansprucht: Wie gut zahlt die jeweilige Branche? Ist die Firma in einem konjunkturellen Hoch? Gibt es ein Vergütungsmodell, nach denen die ursprünglichen AC-Kandidaten z. B. einfach nach Alter oder Erfahrung statt nach Leistung bezahlt werden? Wer legt objektiv und fair die jeweiligen Gehälter fest?

Wenn man diese – nie auszuräumenden – Ungenauigkeiten berücksichtigt, sind die berichteten Werte schon als sehr hoch anzusehen. Interessant ist der von Hogan und Murphy (2004) vorgenommene Vergleich von Validitäten in der Eignungsdiagnostik mit Korrelationen im medizinischen Bereich, der zeigt, dass es bei vermeintlich objektiven, naturwissenschaftlichen Sachverhalten keine strukturell höheren Validitäten gibt (Abb. 3.11).

3.3.3.2 Beispielhafte Validitätsstudien

Potenzialanalysen bei der Deutschen Post AG

Eine Validitätsuntersuchung legt Gierschmann (2005) zur Deutschen Post AG vor. Dabei wurden die Karriereverläufe von Teilnehmern teilweise bis zu zehn Jahre nachverfolgt. Das Kriterium bestand darin, ob die Teilnehmer nach dem AC auf der gleichen Führungsebene verbleiben, aufsteigen oder eine Führungsebene verloren geht. Die Korrelation liegt – je

Abb. 3.12 Validitätsuntersuchung
Deutsche Post AG. *Quelle*
Gierschmann (2005)

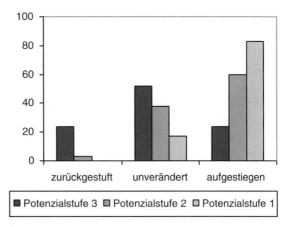

nach ursprünglicher Führungsebene – zwischen .43 und .57, was eine sehr positive Kennzahl ist. Der Autor führt weiter aus, dass die Mitarbeiter, welche die höchste von drei Potenzialstufen (im AC) erreichten, fast vollständig einen Schritt in der Karriereleite nach oben gemacht haben. Kollegen, die eine Ebene verloren haben, waren im AC fast ausschließlich in der untersten Potenzialstufe beurteilt worden (Abb. 3.12). Ein weiteres Kriterium war die Karriereverfolgung in dem Sinn, ob Mitarbeitern Jahre nach einem Einstellungs-AC ein AT-Vertrag angeboten wurde. Hierzu bestand ein Zusammenhang zwischen AC und (verbessertem) Vertragsverhältnis von .36 (auf dem 5 %-Niveau signifikant). Das AC erweist sich daher bei der Deutschen Post als ein sehr valides Verfahren.

Zeitliche Dynamik der Validitäten

In einer Langzeitstudie über sieben Jahre konnten Jansen et al. (2001) die dynamische Wirkung der Validität aufzeigen. In der Studie wurde eine Gruppe von 679 Hochschulabsolventen nach ihrem AC über einen Zeitraum von sieben Jahren in ihrem Karrierefortschritt verfolgt. Als Kriterium für den Karrierefortschritt wurde das Gehaltswachstum herangezogen. Die Validität des AC zu diesem Kriterium betrug r = .39. Wenn man die Unzuverlässigkeit des Gehaltsfortschritts als genaues Kriterium berücksichtigt, ist dies eine sehr hohe Validität. Interessant ist speziell die Dynamik der Validitäten über den Zeitverlauf der sieben Jahre. Die AC-Dimensionen der Sozialkompetenz wurden in dem Kriterium erst nach einer Reihe von Jahren relevant, wohingegen das Kriterium „Entschlossenheit/Bestimmtheit" über den ganzen Zeitraum valide war und über die Zeit noch an Bedeutung für die Vorhersage des Berufserfolgs gewann.

Valides AC beim Schweizer Militär

Auch beim Schweizer Militär hat sich das AC als ein valides Verfahren für die Prognose von Berufserfolg herausgestellt (Gutknecht et al. 2005). Die Teilnehmer absolvierten ein AC und ein komplettes Studium, um dann teilweise nach acht Jahren mit vielen wechselnden Vorgesetzten in ihrer beruflichen Leistung eingeschätzt zu werden. Die hierarchische Regression auf die Vorhersage der beruflichen Leistung ergab, dass nach Kontrolle von

Alter, Schultyp und schulischer Leistung das AC eine klare inkrementelle Validität aufweist. Das Beta-Gewicht beträgt .317. Wird in einem weiteren Schritt der Studienerfolg in die Regressionsgleichung mit aufgenommen, wird der Einfluss des AC zwar gemindert, liefert jedoch immer noch einen signifikanten Beitrag zur Vorhersage der beruflichen Leistung.

Die Validitätsuntersuchung ist in mehrfacher Hinsicht interessant: Eine sehr große Stichprobe von Teilnehmern wurde über einen Zeitraum von bis zu zwölf Jahren verfolgt. Zweitens wurde die Bewertung der beruflichen Leistung in methodisch außergewöhnlich sorgfältiger Form vorgenommen. Die Kader im Militär wurde nicht nur einfach im Hinblick auf Beförderung oder Leistung („ja/nein") betrachtet, das Kriterium für die Validitätsberechnung war vielmehr ein strukturiertes Leistungseinschätzungsverfahren auf der Basis der Erfüllung von Zielvereinbarungen. Methodisch interessant ist, dass für eine Teilstichprobe das AC zwar durchgeführt, jedoch noch nicht im Beurteilungs- oder Beförderungsprozess berücksichtigt wurde. Daher gab es in diesem – seltenen – Fall keine Varianzeinschränkung durch eine in den Leistungen verdichtete Teilnehmergruppe.

Erhöhung der Erfolgsprognose in der Auswahl deutscher Piloten

Die DLR ist schon seit Längerem für die Auswahl von deutschen Nachwuchspiloten zuständig. Die Auswahlverfahren haben hier eine kaum vergleichbare wirtschaftliche Bedeutung: Hat ein Bewerber nämlich einmal die Prozedur überstanden, gibt es neben den Prüfungen zum Lizenzerwerb keine gesonderte Eignungsprüfung zur Übernahme in den Flugdienst mehr, auch nicht mehr bei der Berufung zum Piloten. Bisher gab es schon immer eine aufwändige, computergestützte Testbatterie. Seit 1994 wird zusätzlich ein AC eingesetzt (Rollenspiel, zwei Gruppenübungen). In dem Rollenspiel wird etwa eine Konfliktsituation mit Kollegen abgebildet.

Einen Validitätsnachweis für diese Anwendung des AC stellen Damitz et al. (2003) anhand der AC-Beurteilungen von 1.036 Bewerbern vor. Bereits die Prognosequalität der AC-Ergebnisse für den Ausbildungserfolg an der Fliegerschule fällt gut aus, obwohl dieses Kriterium nur mittelbar mit den im AC erhobenen Anforderungen in Verbindung gebracht werden kann. In der Studie wird das AC-Ergebnis mit Peer-Ratings der späteren Kurskollegen in den Ausbildungsgruppen verglichen. Hier gibt es erstaunlich hohe Zusammenhänge, obwohl nur eine extrem vorausgewählte Gruppe zur Ausbildung zugelassen wird. So gibt es etwa in dem Kriterium „Engagement" einen Zusammenhang von bis zu $r = .40$ zwischen AC und späterer Kollegeneinschätzung. Insofern zeigt das AC auch für diese spezielle Zielgruppe eine Prognosequalität, die über die kognitiven Testbatterien hinausgeht.

3.3.3.3 Metaanalysen

Konzept und Vorgehen bei der Metaanalyse

Wie berichtet, unterscheiden sich die einzelnen Validitätsuntersuchungen teilweise stark in der Höhe des ermittelten Zusammenhangs zwischen AC-Maßen und den verwendeten Kriterien. Dies macht es schwer, ein gesamthaftes Bild zur Validität zu entwickeln.

Mit den Metaanalysen werden verschiedene Einzelstudien zur Validität zusammengefasst, um ein solches gesamthaftes Bild zu erhalten.

Eine einfache Zusammenfassung der Studien – im Sinne einer Mittelwertsbildung –
ist freilich schwierig, da sich die Studien hinsichtlich der verwendeten Kriterien und
der Gestaltung der AC unterscheiden. Im Minimum haben einzelne Studien mehr oder
weniger AC-Teilnehmer.

Unterschiede in der Höhe der Validität hängen auch von Zufallseffekten ab. Diese zu
verringern, ist ein weiteres Motiv für die Metaanalysen. Das Risiko zufälliger Ergebnisse
verringert sich naturgemäß mit der Größe der Stichprobe (vgl. Hunter und Schmidt
1990).

Das Vorgehen in einer Metaanalyse zur Validität ist wie folgt:

Über Literatursuche werden zunächst möglichst viele Studien ermittelt. Dabei müssen möglicherweise Studien von der weiteren Betrachtung ausgeschlossen werden, weil
Datenangaben fehlen, z. B. dazu, wie das Kriterium genau ermittelt wurde.

Anschließend wird aus den Primärstudien die mittlere Korrelation (=Validität)
errechnet. Die Gewichtung der Primärstudien geschieht anhand der Anzahl der jeweiligen Stichprobengröße in der Studie, also Primärstudien mit vielen Teilnehmern werden
relativ stärker berücksichtigt.

Im nächsten Schritt wird dann die Streubreite der Korrelationen der Primärstudien
betrachtet. Wenn diese Varianz größer ist als durch Stichprobenfehler zu erwarten wäre,
dann wird es methodische Einflussgrößen geben, die die Unterschiede der Korrelationen
erklären.

Da dies in der Regel der Fall ist, ist dann der nächste Schritt, die so ermittelte mittlere
Korrelation nach verschiedenen Aspekten zu korrigieren. Bei der noch unkorrigierten
mittleren Korrelation spricht man dann von den „bar bones". Die Schwierigkeit ist, dass
diese Korrekturen je nach Autor unterschiedlich vorgenommen werden und dadurch die
Koeffizienten verschiedener Studien nur bedingt vergleichbar werden.

Eine häufige Korrektur ist die nach der Reliabilitätseinschränkung der verwendeten Kriterien. Wenn das Kriterium für die Validitätsuntersuchung z. B. das
Vorgesetztenurteil ist, dann muss angenommen werden, dass durch die mangelnde
Zuverlässigkeit der Vorgesetzteneinschätzung die Validität systematisch unterschätzt
wird. Daher findet entsprechend der angenommenen Reliabilitätseinschränkung
eine Korrektur der mittleren Validität statt. Diese Korrektur erhöht in der Regel die
geschätzte Validität.

Eine weitere Korrektur kann durch die Varianzeinschränkung in den Daten vorgenommen werden. Wenn z. B. nur vorausgewählte, gute Mitarbeiter in das AC gehen und
die Streubreite ihrer AC-Ergebnisse damit von vorne herein vermindert ist, dann setzt
dies ebenfalls den ermittelten Validitätswert künstlich herab. Im Extremfall wäre bei konstant gleich guten Kandidaten die Validität rechnerisch gar nicht zu bestimmen, da hierzu
die Daten eine Streuung aufweisen müssen. Das Problem ist hier allerdings, wie der Autor
der Metaanalyse diese Varianzeinschränkung erfährt, er müsste dazu die Verteilung der
Leistungsdaten in der nicht vorausgelesenen Gruppe der AC-Kandidaten wissen.

Beispielhaft sind die Korrekturen in der Metaanalyse von Gaugler et al. (1987). Für die Untergruppe „Personalauswahl" wird aus der ungewichteten mittleren Validität von .30 durch Gewichtung anhand der Stichprobengröße und die verschiedenen Korrekturen ein Kennwert von .41.

Der letzte Schritt der Metaanalyse ist schließlich die Erklärung der verbleibenden Unterschiede in den Validitäten der Primärstudien nach systematischen Effekten, die sogenannte Analyse der Moderatorvariablen. Zum Beispiel könnte angenommen werden, dass AC für die Personalauswahl valider sind als AC für andere Ziele. Es werden dann getrennte Metaanalysen für die Studien dieser beiden Gruppen durchgeführt und betrachtet, ob sich die mittlere Validität unterscheidet.

Bei der Betrachtung der einzelnen Metaanalysen ist jeweils genau zu berücksichtigen, ob sich die Angaben auf die Rohdaten zur Validität („bar bones") beziehen oder welche Arten von Korrekturen vorgenommen wurden. Ansonsten werden unterschiedliche Dinge miteinander verglichen.

Eine ausführliche Darstellung der denkbarerweise in Metaanalysen eliminierbaren Artefakte liefern Hunter et al. (1987). Die statistischen Berechnungsmethoden werden bei Hunter et al. (1982) dargestellt.

Eine Zusammenfassung findet sich bei Bortz und Döring (2006). In einem Aufsatz beschäftigen sich Hunter et al. (2006) mit dem Problem der Varianzeinschränkung und kommen zu dem Schluss, dass mit den bisherigen Methoden die wahren Validitäten systematisch unterschätzt werden.

Metaanalyse von Gaugler et al. (1987)

Die bisher umfangreichste und immer noch gültige metaanalytische Validitätsstudie haben Gaugler et al. (1987) vorgelegt. In diese sind 50 Einzeluntersuchungen eingeflossen. Vorgehen und Ergebnisse sollen hier kurz zusammengefasst werden. Die Autoren kategorisierten die Einzelstudien im Hinblick auf die untersuchten Erfolgskriterien. Dabei kamen folgende Gruppen zustande:

(a) Ratings der Arbeitsleistung einschließlich eines Gesamt-Ratings der Leistung, Feldbeobachtung, Feldinterviews,
(b) Potenzialeinschätzung durch den Vorgesetzten,
(c) Leistungsbeurteilung des Vorgesetzten in den im Assessment Center verwendeten Dimensionen,
(d) Leistungen in einem Manager-Trainingsprogramm,
(e) Karriereentwicklung einschließlich Gehaltserhöhungen im Laufe der Zeit, derzeitige Gehaltshöhe, Anzahl der Beförderungen und Stellenwechsel.

Die Ergebnisse dieser Berechnungen zeigt die Abb. 3.13. Über alle Kriterien und Anwendungszwecke hinweg wurde ein um die Messfehler korrigierter Validitätskoeffizient von .37 ermittelt. Das wesentliche Fazit ist die Aussage: „Da die untere Grenze des 90 %-Konfidenzintervalls für den mittleren korrigierten Validitätskoeffizienten in der

	Mittelwert	Varianz	Konfidenzintervall	P ("wahre" Varianz der Validität)
Gesamtresultat				
	.37	.0172	.11 bis .63	46
Resultate - unterteilt nach Kriterien-Maßen				
Leistung	.36	.0203	.08 bis .64	43
Potenzial	.53	.0373	.15 bis .91	64
Dimensionen	.33	.0998	−.29 bis .95	77
Training	.35	.0197	.07 bis .63	69
Karriere	.36	.0000	.36 bis .36	0
Resultate - unterteilt nach Zielen des AC				
Beförderung	.30	.0293	.04 bis .64	65
Frühe Identifikation	.46	.000	.46 bis .46	0
Auswahl	.41	.0032	.30 bis .52	9
Forschung	.48	.0000	.48 bis .48	0

Abb. 3.13 Metaanalyse zur Validität von AC. *Quelle* Thornton et al. (1987)

Gesamtstichprobe bei .21 liegt, kann man auf die Generalisierbarkeit der Validität von Assessment-Center schließen" (Gaugler et al. 1987).

Nach der Ermittlung der Validitätskoeffizienten besteht der nächste Schritt in der Ermittlung der Situationsspezifität, das heißt dem Grad, in dem die Validitätskoeffizienten nach Berücksichtigung der in unterschiedlichem Maße vorhandenen Messwertfehler noch variieren. Zu beachten ist freilich, dass die Höhe der berichteten Korrelationskoeffizienten sehr stark in den einzelnen Untersuchungen variiert. Die Kennziffern der einzelnen Studien variieren zwischen −.25 und .78.

Der Kennwert P in der Abb. 3.13 gibt den Prozentsatz der Varianz an, der nicht durch Artefakte erklärbar ist (etwa durch Messbereichseinschränkungen oder mangelnde Reliabilität des Kriteriums). Dies bedeutet also, dass 54 % der zwischen den einzelnen Studien bestehenden Unterschiede allein durch statistische Artefakte erklärt werden können! Das heißt auf der anderen Seite jedoch auch, dass knapp die Hälfte der Varianz auf bedeutsame inhaltliche Unterschiede hinweist, eine Situationsspezifität des AC also zu unterstellen ist. Somit liegt es nahe, dem Einfluss von Moderatorvariablen nachzugehen. Hier bieten sich die Faktoren an, nach denen die Untersuchungen klassifiziert wurden. Gaugler et al. (1987) haben fast 20 unterschiedliche Variablen berücksichtigt. Daraus resultieren interessante Ergebnisse. Zunächst scheint die Validität von AC höher zu sein, wenn der prozentuale Anteil männlicher Kandidaten niedriger ist. Je mehr und je vielfältiger die im AC verwendeten Instrumente sind, desto besser ist die Gültigkeit. Die Verwendung von Intelligenztests hat tendenziell eher einen negativen Effekt, vermindert die Validität. Interessanterweise übt die Verwendung von Kollegenurteilen/Peer-Ratings hingegen einen positiven Einfluss auf die Validität aus. Ein weiteres Ergebnis ist eher enttäuschend: Die Durchführung von Beobachtertrainings scheint gar keinen Effekt zu haben. Auch besteht kein systematischer Zusammenhang zwischen der Validität des AC und der Zeit, die den Beurteilern zur Integration der Daten zur Verfügung steht, sowie der zeitlichen Ausdehnung des AC. Die wesentlichen Erkenntnisse noch einmal kurz zusammengefasst:

- Nachweis für Validität des AC über viele Studien hinweg
- Mittlere Validität von r = .37
- Höhere Prognosequalität für die Potenzialeinschätzung, geringere für die Vorhersage der beruflichen Leistung
- Hohe Streuung der Einzelstudien, damit bleibt die Notwendigkeit, die Gültigkeit des einzelnen AC nachzuweisen

Darüber hinaus gibt es ältere Metaanalysen mit ähnlichen Ergebnissen. In der Untersuchung von Schmitt et al. (1984) wurde für die Vorgesetztenbeurteilung der Leistung .42 ermittelt, für das Kriterium „Beförderung" .41 sowie aggregiert über alle verwendeten Kriterien .40.

Metaanalyse von Schmidt und Hunter (1998)

Hohe Aufmerksamkeit hat in der Eignungsdiagnostik die Metaanalyse von Schmidt und Hunter (1998) zu verschiedenen eignungsdiagnostischen Verfahren erfahren. Die Kriteriumsvalidität von Intelligenztests wurde mit anderen eignungsdiagnostischen Verfahren einschließlich des AC verglichen (Abb. 3.14).

Basierend auf einer großen Untersuchung des amerikanischen Arbeitsministeriums ergab sich eine Vorhersageleistung von Berufsleistungen zwischen .58 für akademische

Instrument	Validität	Validitätszu-wachs durch die Ergänzung	Prozentzuwachs an Validität	Standardisiertes Regressions-gewicht - Ergänzung -
Intelligenztests	.51			
Arbeitsproben	.54	.12	24%	.41
Integritätstests	.41	.14	27%	.41
Interview strukturiert	.51	.14	27%	.41
Interview unstrukturiert	.31	.07	14%	.27
Tests zum Berufswissen	.48	.07	14%	.31
Probezeit	.44	.07	14%	.31
Peer Ratings	.49	.07	14%	.31
Referenzen	.26	.06	12%	.26
Assessment Center	.36	.01	2%	.14
Graphologie	.02	.00	0%	.02

Abb. 3.14 Metaanalyse zur prädiktiven Validität von Intelligenztests. *Quelle* Schmidt und Hunter (1998)

und Managertätigkeiten und .23 für ungelernte Mitarbeiter für kognitive Testverfahren. Die Auswertung zeigt auch eine höhere prognostische Leistung als das AC und auch nur einen geringen Validitätszuwachs, wenn neben Intelligenztests zusätzlich AC verwendet werden. Diese Untersuchung wird von Schmidt und Hunter als Überlegenheitsbeweis der Intelligenztests gegenüber allen anderen eignungsdiagnostischen Verfahren – einschließlich des AC – interpretiert.

Die Metaanalyse stellt für die AC-Vertreter zunächst eine Bedrohung dar, denn nach Schmidt und Hunter könnte getrost auf AC verzichtet und stattdessen auf sehr weniger, aber prognosevalidere kognitive Verfahren ausgewichen werden.

Diese Schlussfolgerung muss jedoch nicht gezogen werden, weil die Studie doch einige substanzielle Mängel und Fragezeichen aufwirft.

Die in den Vergleich einbezogenen AC beinhalten zu 74 % Intelligenztests. Wenn aber der Intelligenzanteil eine hohe Vorhersagekraft für Berufsleistungen besitzt, dann kann diese für ein Mehr an eignungsdiagnostischen Prädiktoren kaum geringer ausfallen, es sei denn, die übrigen AC-Inhalte sind sogar schädlich für die Vorhersageleistung. Wenn man die Dutzenden Studien zur AC-Validität berücksichtigt, gibt es dafür jedoch keinen Anhaltspunkt. Als noch fragwürdiger erscheint, dass Schmidt und Hunter für ihre Aufstellung den AC-Wert aus der Metaanalyse von Gaugler et al. (1987) heranziehen, dort die Verwendung von kognitiven Tests im AC jedoch ein negativer Moderator war. AC ohne kognitive Testverfahren waren dort also valider.

Ein weiterer Mangel ist, dass es sich bei der Auswertung nicht um eine Studie mit gemeinsamen Primärstudien zu den verschiedenen Auswahlverfahren handelt. Es ist vielmehr eine tabellarische Zusammenstellung von Studien ganz unterschiedlicher Quellen. Dies ist generell möglich, hat jedoch Voraussetzungen, die hier nicht beachtet wurden. Um die Zahlen miteinander vergleichen zu können, muss auch die statistische Korrektur der „bar bones", also der Zahlen aus den Originalstudien, in gleicher Form erfolgen und nicht etwa für Intelligenztests mehr als für AC. Dies ist aus dem Artikel jedoch nicht nachvollziehbar. Eine weitere Voraussetzung für die Berechnung der inkrementellen Validität von einer Methode zur anderen ist die Kenntnis der Interkorrelationen zwischen den Methoden. Wie diese ermittelt wurden, ist ebenfalls nicht klar.

Zusammenfassend ist der Nutzen der Studie fragwürdig, zumindest lassen sich die Kennziffern nicht direkt miteinander vergleichen.

Nachdem es in Deutschland nach langen Jahren einer übergroßen Skepsis gegenüber Testverfahren zu einer Gegenbewegung gekommen ist, wird von den Testbefürwortern aus der Schmidt und Hunter-Studie gefolgert, dass man auf das AC am besten verzichtet und kognitive Tests einsetzt. Diese Argumentation erscheint aufgrund der methodischen Fragezeichen der Studie jedoch nicht zulässig.

Dennoch betont die Studie die hohe prognostische Leistung von kognitiven Verfahren. Diese sollten daher in jedem AC einen Schwerpunkt erhalten, ein AC ausschließlich aus Verhaltenssimulationen im sozial-kommunikativen Bereich (Gruppenübungen, Rollenübungen) ist demnach nicht aufrechtzuerhalten. Der Einwand, dass die Ergebnisse aufgrund des anderen Schulsystems nicht übertragbar seien, ist durch entsprechende europäische Studien ebenfalls ausgeräumt (vgl. Kap. 2.4.2).

Metaanalyse von Arthur et al. (2003)

Einen weiteren Fortschritt in der Validitätsanalyse stellt die methodisch anders geartete Metaanalyse von Arthur et al. (2003) dar. Die Kernidee bestand hier darin, im Unterschied zu den vorherigen Zusammenstellungen als Prädiktor nicht den AC-Gesamtwert, sondern einzelne AC-Dimensionen zu verwenden (Abb. 3.15).

Mit Blick auf die Studie von Schmidt und Hunter (1998) argumentieren die Autoren, dass beim Vergleich von kognitiven Testverfahren mit AC ganz verschiedene Dinge in Bezug gesetzt werden, nämlich einzelne Konstrukte/Dimensionen (Intelligenz) mit einer Methode (AC), die jeweils ganz unterschiedliche Konstrukte beinhaltet. Auf Basis dieser Überlegungen haben die Autoren die vorliegenden Validitätsuntersuchungen nach Kennwerten für die Gültigkeit einzelner AC-Dimensionen ausgewertet. Um die Vielzahl der einzelnen Dimensionen zusammenfassen zu können, wurden diese in sieben Kategorien unterteilt: Kommunikation, Rücksichtnahme auf andere, Antrieb, Einflussnahme auf andere, Organisation und Planung, Problemlöseverhalten sowie Toleranz gegenüber Stress und Unsicherheit. Bezogen auf diese Einzeldimensionen und nicht den AC-Gesamtwert wurden nun die Validitäten zusammengestellt. Die Ergebnisse zeigen eine Kriteriumsvalidität zwischen .25 und .39, wobei zwei Dimensionen über den Mittelwert von Gaugler et al. (1987) von .37 hinausgehen: Problemlösen und Beeinflussung anderer. Noch entscheidender ist allerdings die Erkenntnis, dass eine regressionsanalytische Vorhersage aus einer Kombination von vier der sechs AC-Dimensionen mit R = .45 noch mehr Varianz (20 %) des Kriteriums vorhersagt als Gaugler et al. (1987) mit 14 %. Eine weitere, weitergehende Erkenntnis ist das unterschiedliche Gewicht der sechs Meta-Dimensionen. Die Dimension „Problemlösen" klärt 15 % der Varianz in der Job-Performance auf, mit inkrementellen Beiträgen der anderen Dimensionen zwischen 3 und 1 % (Abb. 3.16).

AC-Dimension	K	N	r
Overall	258	83,761	0,28
Communication	40	16,385	0,26
Consideration/Awareness of others	37	5,699	0,20
Drive	42	7,696	0,24
Influencing others	47	19,827	0,30
Organizing and planning	40	16,573	0,29
Problem solving	52	17,581	0,30

K = Anzahl der Korrelationen, N = Anzahl der Teilnehmer,
r = Durchschnitt der gewichteten Korrelationen

Abb. 3.15 Validitäts-Metaanalyse nach Dimensionen. *Quelle* Arthur et al. (2003)

15	Hinzugefügte Dimension	R	R²	▲R²
	Schrittweise Regression, beginnend mit höchstem Validitätswert			
1	Problem solving	.39	.15	
2	Influencing others	.43	.18	.03
3	Organizing and planning	.44	.19	.01
4	Communication	.45	.20	.01
5	Drive	.45	.20	.00
6	Consideration/Awarness of others	.45	.20	.00

Abb. 3.16 Metaanalyse: Regression der AC-Dimensionen

Zusammenfassend deutet die Analyse von Arthur et al. darauf hin, dass die Validitäten durch den Mischwert des AC-Gesamtergebnisses bisher unterschätzt wurden. Konsequenterweise müssten dann für die Auswahlentscheidungen in der AC-Praxis jedoch speziell die Dimensionen herangezogen werden. Dazu bedarf es jedoch Kreuzvalidierungen. Die konzeptionelle Nähe der besonders validen Kategorie des Problemlösens mit kognitiven Testverfahren bestätigt andererseits die Bedeutung von Schmidt und Hunter (1998).

Metaanalyse Hardison und Sackett (2007)

Nach 20 Jahren legen Chaitra Hardison und Paul Sackett eine neuere Metaanalyse vor. In diese Studie gehen 106 Primärerhebungen ein. Hier wird nach Zielsetzungen des jeweiligen AC gegliedert (berufliche Leistung, Training, Absatzzahlen, Beförderung, Fluktuation).

Die ermittelte Validität liegt unkorrigiert bei $r = .22$ und bzgl. der Einschränkung durch die jeweilige Kriteriumsreliabilität korrigiert bei $r = .26$. Das 90 %-Vertrauensintervall liegt zwischen $r = -.01$ und $r = .52$. Damit fällt die Validität des AC geringer aus als die der vergleichbaren älteren Untersuchung von Gaugler et al. aus dem Jahr 1987. Dabei ist zu berücksichtigen, dass die Validitätsangaben von Hardison und Sackett konservativer ausfallen als in der Vorgängeruntersuchung, weil die mittlere Validität nur hinsichtlich der Unreabilität im Kriterium, jedoch nicht zusätzlich wie bei Gaugler et al. auch im Hinblick auf die Streuungseinschränkung vorgenommen wurde. Sehr niedrige Validitäten weist die Studie speziell für die AC mit dem Kriterium „Absatzleistung" ($r = .11$) sowie „Fluktuation" auf ($r = .07$). Für diese Ziele ist das AC also wenig valide. Für das Kriterium „Arbeitsleistung und Trainingsleistung" ergeben sich ähnliche Kennziffern wie bei der Voruntersuchung (Abb. 3.17).

Eine mögliche Erklärung für die Verschlechterung der Validität liegt dann auch darin, dass Studien mit den Kriterien „Absatzleistung" und „Fluktuation" nicht in die Vorgängeruntersuchung von Gaugler et al. eingeschlossen wurden. Ein weiterer Erklärungsversuch liegt in der stärkeren Streuungseinschränkung neuerer Studien. So könnten heute aus finanziellen Erwägungen AC-Teilnehmer viel mehr vorausgewählt

	Stichproben-größe	Anzahl der r's	Anzahl der studien (k)a	mittleres r	SDr	Korrigiert bzgl. Kriteriumsunreliabilität		90 %-Vertrauensintervalle	
						ρ	SDρ	Untere Grenze	Obere Grenze
Gesamt	11136	106	40	.22	.14	.26	.13	-.01	.52
Leistung	4198	49	29	.20	.08	.28	.00	.28	.28
Training	3503	15	10	.31	.10	.35	.09	.16	.53
Absatz	267	15	4	.11	.05	.15	.00	.15	.15
Beförderung	1738	13	10	.27	.15	_d	_d	-.02	.56
Fluktuation	1430	9	6	.07	.15	_d	_d	-.22	.36

Abb. 3.17 Ergebnisse der vorliegenden Metaanalyse. *Quelle* Hardison und Sackett (2007)

werden als früher. So sind Verhältnisse wie bei der AT & T-Studie aus den 50er- und 60er-Jahren heute kaum mehr denkbar, dass AC-Teilnehmer ohne jegliches Feedback oder weitere Konsequenz über acht Jahre in ihrem Karriereverlauf beobachtet werden können: „Jeglicher Unterschied zwischen den Schätzungen der aktuellen Studien und den Schätzungen von Gaugler et al. könnte einfach auf die Unterschiede der Streuungseinschränkungen zurückzuführen sein" (Hardison und Sackett, S. 199). Eine skeptische Interpretation wäre die, dass sich über die Zeit die Qualität von AC verschlechtert hat. Zumindest ist dies nicht besser geworden. Allerdings bestätigt auch die neuere Metaanalyse die Validität des AC in der Vorhersage unterschiedlicher Berufserfolgskriterien.

Deutschsprachige Metaanalyse Holzenkamp et al. (2008)

Die erste deutschsprachige Metaanalyse wurde von Holzenkamp et al. (2008) vorgelegt. Diese Zusammenstellung basiert auf 24 Koeffizienten aus 19 verschiedenen Studien mit einer Gesamtzahl von 3.556 AC-Teilnehmern. Die Stichprobengrößen reichen von 29 bis 546, die in die Analyse eingehenden Validitätskennziffern variieren zwischen −.07 und .51. Die Studien wurden zwischen 1987 und 2007 im deutschsprachigen Raum durchgeführt. Dabei wurden jeweils unterschiedliche Kriterien für beruflichen Erfolg verwendet.

Die untersuchten Verfahren weisen als Ergebnis eine mittlere korrigierte Validität von ρ = .36 auf, die statistisch nicht korrigierte mittlere Validität liegt bei r = .33. Wenn man berechnet, in welchem Wertebereiche die „wahren" Validitäten bei einer 10 %-Irrtumswahrscheinlichkeit lägen, so schwankt der korrigierte Wert zwischen ρ = .20 und ρ = .52. Daraus lässt sich schließen, dass die Methode AC insgesamt auch im deutschsprachigen Bereich als valide zu betrachten ist. Die Höhe der Validität ist mit der ursprünglichen US-amerikanischen Erhebung von Gaugler et al. (1987) vergleichbar. Der Abwärtstrend in der Qualität der AC, der aus der Untersuchung von Hardison und Sackett (2007) geschlussfolgert werden könnte, lässt sich also nicht auf den deutschsprachigen Raum übertragen.

Holzenkamp et al. (2008) untersuchen in ihrem Datensatz ebenfalls eine Reihe von Moderatoreffekten mit Einfluss auf die Höhe der Validität. Dabei erweist sich die Art des Kriteriums für beruflichen Erfolg als relevant. Die drei AC, die berufliche Leistungsdaten vorhersagen wollen, sind mit .04 wenig valide. Hingegen haben die AC zur Vorhersage von Berufserfolg (Beförderungen, Aufstieg etc.) eine höhere Kennziffer von .41 (Abb. 3.18).

	N	Zahl der r's	„Bare-Bones"			Korrigiert bzgl. Kriteriumsunreliabilität			90%- Vertrauensintervalle	
			mittl. r	Varianz	SD	p	Varianz	SD	Untere Grenze	Obere Grenze
Gesamt	3556	24	.33	.0133	.12	.36	.0150	.12	.20	.52
Berufserfolg	2864	17	.37	.0029	.05	.41	.0016	.04	.36	.46
Leistung	386	3	.04	.0071	.08	.04	.0075	.09	-.07	.15
Ausbildungserfolg	306	4	.28	.0000	.00	.32	.0000	.00	.32	.32

Abb. 3.18 Moderatorenanalyse für die Art des Kriteriums. *Quelle* Holzenkamp et al. (2008)

Dies steht im Einklang mit der älteren US-Untersuchung von Gaugler et al. (1987), dass die Vorhersage von Leistung schlechter gelingt als von Potenzial oder Karriere.

Ein für die AC-Praxis interessanter Moderator ist die Anzahl der in den jeweiligen AC verwendeten Beurteilungsinstrumente. Solche AC mit mehr als zehn Aufgaben (7 von 22) haben eine substanziell höhere Vorhersagekraft (.49) als Verfahren mit weniger als zehn Elementen (.24) (Abb. 3.19). Dabei kommt es für die Qualität der Verfahren offensichtlich nicht auf die zeitliche Länge der AC an, denn hierfür gibt es keine höheren Werte, sondern allein auf die Anzahl der Aufgaben. Die Zahl von zehn Elementen übersteigt dabei die im deutschsprachigen Bereich übliche Anzahl von Aufgaben. Nach der aktuellen AC-Studie (Obermann et al. 2012) werden im Mittelwert sechs Aufgaben innerhalb eines AC eingesetzt.

Die Vorhersagbarkeit wird ebenfalls erhöht, wenn das Kriterium für Berufserfolg mit einem gewissen Abstand zum AC erhoben wird und wenn die Kandidaten jünger sind (<30 Jahre).

	N	Zahl der r's	„Bare-Bones"			Korrigiert bzgl. Kriteriumsunreliabilität			90%- Vertrauens-intervalle	
			mittl. r	Varianz	SD	p	Varianz	SD	Untere Grenze	Obere Grenze
Gesamt	3042	22	.32	.0160	.13	.36	.0182	.13	.19	.53
bis zu 10	1524	15	.22	.0096	.10	.24	.0106	.10	.11	.37
10 und mehr	1518	7	.43	.0005	.02	.49	.0000	.00	.49	.49

Abb. 3.19 Moderatoranalyse zur Gesamtzahl eingesetzter Beurteilungsinstrumente. *Quelle* Holzenkamp et al. (2008)

Kein Moderator stellt das Jahr der Veröffentlichung dar, was Aussagen widerspricht, dass die Qualität des AC über die Jahre schwächer geworden sei.

Weitere Metaanalysen (2007, 2008)

In einer weiteren Metaanalyse von Hermelin et al. (2007) wurde speziell die Validität in der Vorhersage von Vorgesetztenurteilen untersucht. In die Studie gingen 26 Originalstudien mit 27 Validitätskennziffern ein (N = 5.850). Prädiktor war wiederum das Overall Assessment Rating (OAR) und nicht die Einzeldimensionen. Die Studie führte zu einer mittleren Validität von r = .28 zwischen dem AC-Gesamtwert und den Vorgesetzteneinschätzungen (95 %-Konfidenzintervall zwischen .24 und .32). Diese dürftige Kennziffer liegt damit in der Linie der geringen Kenngrößen für die Validitäten auf der Basis des OAR und auch für die geringere Validität des AC in der Vorhersage der Vorgesetzteneinschätzung gegenüber z. B. der Vorhersage von beruflichem Aufstieg.

Eine weitere Studie setzt auf der ursprünglichen Metaanalyse von Arthur et al. (2003) an, in der die Kriterienvaliditäten nach Dimensionen ermittelt werden (Meriac et al. 2008). Diese Studie untersucht die zusätzliche Varianz der beruflichen Leistung, die durch AC-Dimensionen über Persönlichkeitstest und kognitive Tests hinaus erklärt wird. Dabei wurden wie in der ursprünglichen Studie die diversen Einzeldimensionen aus den Originalstudien wieder nach übergeordneten Studien zusammengefasst. Diese erklären eine substantielle zusätzliche Varianz der späteren Vorgesetzteneinschätzung gegenüber nur kognitiven Tests oder Persönlichkeitstests.

3.3.3.4 Methodische Herausforderungen

Für die Einschätzung der berichteten Validitätskennwerte gibt es eine Reihe von methodischen Überlegungen. Teilweise führen sie dazu, dass die wahre Höhe der Korrelationen unterschätzt wird. Dazu gehört insbesondere der Umstand der Varianzeinschränkung durch die Tatsache, dass bei Auswahl-AC nur die guten Kandidaten weiterverfolgt werden. Auch die Unterscheidung von im AC erhobener maximaler Leistung und im Berufsalltag bewerteter typischer Leistung führt speziell bei Kriterien, in denen die berufliche Leistung bewertet wird, zu einer Unterschätzung der wahren Validität.

Andererseits gibt es andere Effekte, die potenziell zu einer Überschätzung führen. Dies betrifft die Überlegungen, ob Prädiktor (AC) und Kriterien wirklich korrekt unabhängig voneinander sind (Kriterienkontamination, selbsterfüllende Prophezeiung).

Ein weiterer Aspekt von auch für die AC-Praxis hoher Bedeutung ist die Reaktivität von AC, nämlich der Umstand, dass die AC-Teilnehmer denken und keine willenlosen Untersuchungsobjekte sind.

Unterschied typischer zu maximaler Leistung

Eine für das AC relevante Herausforderung dürfte die Unterscheidung zwischen maximaler und typischer Leistung sein. Diese bezieht sich darauf, dass die Kandidaten im AC wissen, dass sie unter Beobachtung stehen, sich anstrengen und daher eine

Abb. 3.20 Maximale
und typische Leistung bei
Supermarkt-Kassierern. *Quelle*
Sackett et al. (1988)

| | Maximale Leistung ||
	Schnelligkeit	Akkuratheit
Typische Leistung		
Schnelligkeit	.32	.08
Akkuratheit	-12.	.11

Maximalleistung zeigen, die sich unterscheidet von der Leistung im Arbeitsalltag. Dieser mögliche Unterschied bedroht gerade die Validität zu Kriterien der Leistungsbeurteilung am Arbeitsplatz, die ja geringer ausfallen als die Prognosegüte zu Potenzialeinschätzungen und Karriere.

In einer Untersuchung bei Supermarkt-Kassierern wird dieser Unterschied von typischer und maximaler Leistung von Sackett et al. (1988) eindrucksvoll nachgewiesen. Die maximale Leistung war dabei die Schnelligkeit und Akkuratheit bei der Abrechnung von Musterkörben. Die typische Arbeitsleistung wurde am Arbeitsplatz über einen Zeitraum von vier Wochen erfasst. Die Ergebnisse zeigen, dass die maximale Leistung nur eine geringe Aussagekraft für die tatsächliche Arbeitsleistung am Arbeitsplatz besitzt (Abb. 3.20). Auch die gleichzeitig erhobene Vorgesetzteneinschätzung korreliert nur gering mit der objektiven Arbeitsleistung, noch eher mit der im AC erhobenen Maximalleistung.

Dieser Effekt wird sicherlich verstärkt durch eher kurze AC-Übungen, bei denen die Kandidaten nicht über eine längere Zeit ihre Leistung aufrechterhalten müssen. Interessant wäre eine Variation der Untersuchung von Sackett et al. (1988) bei anderen Zielgruppen; dieser Effekt dürfte gerade bei solchen Berufen hoch sein, in denen das Wollen gegenüber dem Können im Sinne von Fachwissen und Fertigkeiten für die Arbeitsleistung wichtiger ist.

Direkte Kriterienkontamination

Die Beobachter im AC sind häufig die späteren Vorgesetzten der Teilnehmer oder entscheiden sonst in irgendeiner Form über Beförderungen mit. Unter der Kriterienkontamination wird verstanden, dass Besetzungs- und Beförderungsentscheidungen zumindest von dem Wissen um die AC-Ergebnisse beeinflusst werden: Wer im AC einen Kandidaten positiv beurteilt hat, der wird dies bei der späteren Beförderungsentscheidung nicht vergessen haben.

Dies bedeutet freilich für die Validitätsstudien, dass die verwandten Kriterien nicht unabhängig von dem Prädiktor – dem AC-Ergebnis – sind, die Prädiktoren sich damit quasi selber voraussagen und die gefundenen Validitäten trivial sind. Diese Vermutung gilt allerdings nur, wenn die AC-Ergebnisse tatsächlich für die späteren Entscheider von Beförderungen transparent sind.

In der Metaanalyse von Gaugler et al. (1987) wurden das Feedback an den Vorgesetzten und der Zweck des AC als Moderatorvariablen verwandt. Dabei ergab sich, dass keine Unterschiede zwischen solchen Studien resultierten, bei denen die Ergebnisse an die Vorgesetzten weitergegeben wurden oder nicht. Diese Ergebnisse scheinen also die Behauptung der Kriterienkontamination zu widerlegen. Kompa (2004) vermutet allerdings: „Es ist nicht auszuschließen, dass die Codierung des Moderators ‚Feedback an Vorgesetzte' relativ invalide ist, weil nicht bekannt ist, in welchem Maße sich Vorgesetzte auf nicht-offiziellen Wegen Informationen über die AC-Ergebnisse verschaffen können". Freilich muss bezweifelt werden, ob dies das Hauptgewicht der Varianz in dem Kriterium Besetzungs- und Beförderungsentscheidungen erklären kann. Auch Untersuchungen mit Kriterien, bei denen der Einfluss einer Kontamination weitgehend infrage gestellt werden kann, weisen vergleichbar hohe Zusammenhänge zu den Kriterien auf.

In der Basisstudie für alle weiteren Validitätsstudien, der Management-Progress-Study (Bray und Grant 1966; Bray et al. 1974), wurden die AC-Ergebnisse allerdings sowohl gegenüber Teilnehmern als auch Vorgesetzten geheim gehalten. Nichtsdestotrotz konnte hier eine prädiktive Validität des AC von $r = .46$ nachgewiesen werden. In einer weiteren Studie von McEvoy und Beatty (1989) wurde das von der Kriterienkontamination wohl relativ freie Kriterium „Beurteilung durch Untergebene" verwendet. Hier zeigen sich selbst nach einem Zeitraum von sieben Jahren nach dem AC noch Zusammenhänge von $r = .43$.

Indirekte Kriterienkontamination

Einen weiteren methodischen Einwand haben Klimoski und Strickland (1977) mit der indirekten Kriterienkontamination vorgestellt. Die Autoren vermuten, dass der Zusammenhang zwischen AC und Kriterium weniger auf die Sorgfalt in Konstruktion und Durchführung des AC zurückzuführen ist. Der These gemäß beurteilen die Beobachter die Kandidaten nämlich weniger anhand der vorgegebenen Beobachtungs-Dimensionen als vielmehr im Wissen darum, welche Eigenschaften man in ihrem Unternehmen braucht, um Karriere zu machen, und in Kenntnis der Eigenschaften und Sichtweisen, die die Top-Entscheider des Unternehmens haben. Dies bedeutet quasi, dass das AC nicht leistungsfähige Mitarbeiter identifiziert, sondern diejenigen, die in einem Unternehmen am besten vorankommen.

„Diese These hat unter den AC-Vertretern für erhebliche Irritationen gesorgt, weil sie zu der Schlussfolgerung führt, dass das differenzierte eignungsdiagnostische Instrumentarium des AC nichts anderes als Makulatur darstellt" (Kompa 2004). Dies hänge damit zusammen, dass „Beobachter als Dienstklasse unter Beachtung von Elitenormen beurteilen. Ihre Funktion besteht darin, Auserwählte zu identifizieren, die im Kreis der Führungselite auf Akzeptanz stoßen" (ebd.). Anforderungsdimensionen, Übungs-Bausteine und Beobachtertraining seien also ein Schutzmäntelchen, um zu verbergen, dass es im AC nur darum gehe, solche Mitarbeiter auszuwählen, die aus Sicht der Führungskräfte der Gesinnung der Organisation entsprechen.

Trotz der Plausibilität der Hypothese gibt es nicht allzu viele empirische Belege dafür. Die von Gaugler et al. (1987) berichtete höhere Validität von AC zu Forschungszwecken – etwa in Universitäten – im Verhältnis zu solchen AC, bei denen Beförderungsentscheidungen die explizite Zielsetzung waren, sprechen gegen eine allzu starke Wirkung des Effekts. Dieser lässt sich zudem durch konstruktive Maßnahmen, etwa den Einbezug von Psychologen oder Externen, einschränken: So resultiert in der Metaanalyse von Gaugler et al. (1987) eine höhere Validität bei solchen AC, bei denen Psychologen als Beobachter involviert sind. Wenn man annimmt, dass die indirekte Kriterienkontamination für die Validität verantwortlich ist, müssten die Validitätskoeffizienten gerade bei Externen oder Mitarbeitern, die nicht in der Führungsspitze sind, deutlich abnehmen. Die Moderatoren-Analyse von Gaugler u. a. (1987) zeigt jedoch das Gegenteil. Ähnliche Ergebnisse berichten auch Borman et al. (1983).

Eine experimentelle Untersuchung des möglichen Effekts der indirekten Kriterienkontamination wurde von Kleinmann (1997) vorgenommen. An der Studie nahmen 94 Studenten als Beobachter teil, die auf vier Videos AC-Kandidaten beurteilen sollten. Die Kriterienkontamination wurde experimentell dadurch induziert, dass zwei Untergruppen jeweils unterschiedliche, fiktive Stellenbeschreibungen vorgelegt wurden. In dieser Stellenbeschreibung wurde einer der Betriebe fiktiv als autoritär geführt geschildert, der andere Betrieb als kooperativ. Die Beobachter wurden nun dadurch motiviert, sich an die Beschreibungen zu halten, dass angekündigt wurde, sie würden später eine Rückmeldung darüber erhalten, ob sie den Bewertungsnormen der fiktiven Firma entsprachen. Von den 93 Versuchspersonen gaben später 83 an, dass sie sich tatsächlich bemüht hätten, von dieser Firma eine solche Rückmeldung zu erhalten. Die Ergebnisse entsprachen weitestgehend den Hypothesen. So lagen die Bewertungen der kompetitiven Kandidaten des Videos bei der Beobachtergruppe „autoritärer Führungsstil" bei M = 3.52, während die kooperativ aufgetretenen Kandidaten bei dieser Beobachtergruppe im Schnitt lediglich mit M = 3.09 bewertet wurden. Umgekehrt wurden die Kandidaten von den kooperativ eingestellten Beobachtern bewertet, die kooperativen Teilnehmer mit M = 3.32, die kompetitiven mit M = 3.10. Der Unterschied war in diesem Fall allerdings nicht signifikant. Kleinmann (1997, S. 195) schlussfolgert hierzu: „Beobachter neigen demnach dazu, neben den vorgegebenen Anforderungsdimensionen noch weitere für die ‚Passung' in ein Unternehmen relevante Stimuli zu berücksichtigen".

Zusammenfassend besitzt die von Klimoski und Strickland (1977) vorgestellte Hypothese der indirekten Kriterienkontamination einiges an Substanz. Selbst wenn man allerdings unterstellt, dass die Korrelationen zwischen AC und Kriterium voll auf diese Kontamination zurückzuführen sind, so bleibt die prognostische Güte des AC für die Vorhersage von Berufserfolg unbenommen. Das AC ist dann eben im Vergleich zu konkurrierenden Methoden besser in der Lage, die richtige „Gesinnung" (Kompa 2004) zu erkennen – also die Passung des Kandidaten zu den Werten und Normen der Organisation.

Selbsterfüllende Prophezeiung

Die Nominierung, die Teilnahme an dem AC und schließlich das unter Umständen erfolgreiche Abschneiden im AC führen zu Gefühlen der Selbstwirksamkeit (self-efficacy), dem Glauben daran, selbst einen großen Einfluss auf den eigenen Erfolg zu haben. Personen mit einer ausgeprägten Überzeugung dieser Art zeichnen sich durch eine intensivere Ausdauer und Tatkraft in der Verfolgung von Karrierezielen, der Entwicklung eigener Fähigkeiten oder dem Arbeiten an eigenen Schwächen aus. Diese Konsequenz könnte einen erheblichen Anteil an der Validität des AC erklären, die somit letztlich auf eine selbsterfüllende Prophezeiung zurückzuführen wäre.

In der Tat können Guth und Höft (2005) bei Auswahl-AC für Piloten zeigen, dass sich die Leistungsattributionen von guten und weniger guten Kandidaten unterscheiden. Die Leistungsattributionen wurden nach dem AC und sechs bis zehn Wochen später erhoben. Die erfolgreichen Teilnehmer führen ihren Erfolg eher auf interne Faktoren, wie die hohe eigene Kompetenz, zurück, während schwache Teilnehmer ihr Abschneiden eher der Methode anlasten.

Dies ergänzt ältere Untersuchungen dahingehend, dass die Teilnahme an einem AC zu einer verbesserten Selbstwahrnehmung führt (vgl. Schmitt und Ostroff 1986).

Gegen eine allzu starke Wirkung des Effekts spricht allerdings die Management-Progress-Study (Bray und Grant 1966; Bray et al.1974), in der die AC-Ergebnisse gegenüber Teilnehmern geheim gehalten wurden und dennoch stabile Validitätskennwerte resultierten.

Aussagekraft der verwendeten Kriterien

Die Validität des AC erschließt sich immer zu einem bestimmten, auszuwählenden Kriterium. Was ist aber eine gleichzeitig objektive und zuverlässige Messlatte für beruflichen Erfolg, an dem sich das AC ausrichten kann?

Die in Validitätsuntersuchungen verwendeten Kriterien sind vorwiegend Aufstiegskriterien (Beförderung, Gehaltszuwachs, Potenzialbeurteilung), weniger stark Leistungskriterien (meist Vorgesetztenbeurteilung) und kaum objektive Kriterien: „Die Lücke bezüglich der objektiven Erträge scheint mir wesentlich und unbefriedigend. Bevor sie nicht gefüllt ist, bleibt die These von Klimoski und Strickland virulent, dass möglicherweise das Assessment Center nur das gängige Führungsrollen-Stereotyp in den Organisationen zementiert" (Maukisch 1986, S. 87).

Allerdings stehen kaum objektive Kriterien zur Beurteilung von Berufs- und Führungserfolg zur Verfügung. Zwar können Aufstiegs- und Gehaltskriterien formal mit hoher Reliabilität erhoben werden, de facto sind diese jedoch genauso abhängig von subjektiven Bewertungsprozessen von Vorgesetzten oder anderen Entscheidungsträgern wie die anderen Kriterien. Gerade bei Positionen im Managementbereich dürften sich nur schwer unternehmensübergreifende Erfolgskriterien finden lassen. Ganz subjektive Erfolgs- und Aufstiegskriterien sind auf der anderen Seite Ausdruck der speziellen Unternehmenskultur. Auch die Kombination von mehreren Vorgesetztenbeurteilungen Jahre nach dem AC bildet letztlich nicht die Unternehmensrealität ab. Gerade Führungserfolg ist eine Interaktion zwischen persönlichen Eigenschaften und situativen Bedingungen. Diese Interaktion begrenzt auf der anderen Seite die Wahrscheinlichkeit für hohe Validitätskennwerte.

Einschränkungen der Validität durch Reaktivität

In der sozialpsychologischen Forschung, die sich vorwiegend der Methode des Experiments bedient, ist seit Langem ein Effekt bekannt, der die Ergebnisse der Untersuchungen in nicht beabsichtigter und kaum kontrollierbarer Weise beeinflusst: der Reaktivitätseffekt, das heißt die Tatsache, dass Merkmale der Testsituation einen Einfluss auf die Ergebnisse besitzen. Dies sind beispielsweise Überlegungen des AC-Teilnehmers, worauf es in der jeweiligen Übung wohl ankommt (unabhängig von der tatsächlichen Richtigkeit) oder negativistisch eingestellte Kandidaten, die es den AC-Konstrukteuren mal zeigen wollen.

Gerade bei Auswahl-AC wird die Motivation besonders gut abzuschneiden oder sich richtig zu verhalten bei den Teilnehmern dazu führen, dass sie Hypothesen darüber aufstellen, welches Verhalten erwünscht sei. Idealerweise gelingt es ihnen noch, diese Hypothesen in Übungsverhalten umzusetzen. Vermutet ein Teilnehmer in einer Gruppendiskussion etwa, dass hier ein kooperatives Verhalten gefragt sei, so wird er sich ganz anders verhalten, als wenn nach seinem Empfinden die Führungsfähigkeit im Vordergrund steht. Unter dieser Annahme wird es ihm gerechtfertigt erscheinen, die Diskussion ruhig einmal zu unterbrechen und deutlicher zu werden.

Bungard (1984, S. 116) schildert ein Beispiel für die mögliche Wirkung derartiger Reaktionseffekte im AC: Im Rahmen einer Präsentationsaufgabe mussten die Teilnehmer einen einseitigen Text lesen und dann vor einer Gruppe mit eigenen Worten wiedergeben. Im Nachhinein wurden die Teilnehmer zu ihren Hypothesen über den Sinn der Übung befragt. Daraus resultierten 18 teilweise sehr unterschiedliche Thesen. Gemäß ihrer speziellen Hypothese haben sich die einzelnen Teilnehmer auch verhalten: „Wer glaubte, es handele sich um einen Gedächtnistest, der versuchte natürlich, den Text möglichst in voller Länge wiederzugeben usw." (ebd., S. 116). Dies ist für die Praxis des AC natürlich sehr ernüchternd, wenn die Hypothesen von Teilnehmern über den Sinn der Übung einen so hohen Effekt haben und die eigentliche Messintention überstrahlen. Die Crux der Reaktivität der AC-Methodik liegt natürlich in der hierdurch verringerten Aussagefähigkeit und prognostischen Validität der AC-Ergebnisse.

Seit diesen ersten Überlegungen liegt eine Reihe von empirischen Untersuchungen zu diesem Thema vor. In diversen Studien konnte Kleinmann (1991, 1997) aufzeigen, dass diese Hypothesenbildung tatsächlich einen Einfluss auf das AC-Ergebnis hat: Wenn die Teilnehmer richtige Hypothesen über die Anforderungen bilden, dann schneiden sie auch besser ab.

Allerdings reicht es nicht, lediglich die jeweiligen Anforderungen allgemein aufzuführen. So konnten Strobel und Bolte (2004) mit einem derartigen Vorgehen keine Leistungssteigerungen bei der Transparenz der Anforderungen nachweisen. Kleinmann (1997) operationalisiert die Transparenzbedingung jedoch weitergehender, indem er den Teilnehmern Verhaltensbeispiele erläutert. Nun könnte man annehmen, dass die Transparenz über die Anforderungsdimensionen die Varianz der AC-Ergebnisse künstlich verringert: Solche Teilnehmer, die das richtige Gespür besitzen und die richtigen Anforderungsdimensionen schon von sich aus erkennen, haben keinen Startvorteil mehr.

Diese Leistungsnivellierung mit einem negativen Effekt auf die prädiktive Validität konnte Kleinmann (1997) nachweisen.

Hierzu wurden von Kleinmann 16 AC mit 125 Teilnehmern durchgeführt, bei denen die Transparenz über die Anforderungskriterien variiert wurde. Um die prädiktive Validität zu überprüfen, wurde ein zweites AC mit anderen Beobachtern durchgeführt. Dieses zweite AC-Ergebnis stellte das Kriterium für die prädiktive Validität dar. Den Teilnehmern mit der Transparenzbedingung wurden die Dimensionen einzeln vorgestellt und die Operationalisierungen erläutert. Dazu wurden Beispiele für wünschenswertes und nicht wünschenswertes Verhalten je Dimension erläutert. In der Nachbefragung zeigte sich, dass von den Teilnehmern der Intransparenzbedingung, die diese Erläuterungen nicht erhalten hatten, in keine der zwei Übungen auch nur eine Dimension komplett erkannt wurde.

In der Transparenzbedingung gab es zwischen den beiden AC – mit unterschiedlichen Beobachtern – einen Zusammenhang der Bewertungen von r = .34. Dieser stieg erheblich auf r = .65 in der Intransparenzbedingung. Der Unterschied war signifikant. „Als vermittelnder Mechanismus für die Erhöhung der Übereinstimmung wird das Erkennen relevanter – weil bewerteter – Anforderungsdimensionen und Verhaltensweisen im Prädiktor und Kriterium angenommen" (Kleinmann 1997, S. 213). Durch die Transparenz der Dimensionen wird den AC-Teilnehmern die Leistung erleichtert. Dadurch können jedoch Teilnehmer, die sich später als gut erweisen, nicht schon im AC so gut brillieren.

Als praktische Konsequenz empfiehlt Kleinmann für AC mit (internem oder externem) Auswahlcharakter, die Dimensionen in der Tat nicht transparent zu machen, da hier die prädiktive Validität im Vordergrund steht. Wenn das Ziel des AC hingegen das Feedback an die Teilnehmer ist, nämlich zu einigermaßen stabilen Eigenschaften/ Anforderungen und nicht nur zu zufälligen Übungseffekten, dann muss die konvergente Validität im Vordergrund stehen. In solchen AC sollten die Kriterien daher sehr genau offen gelegt werden.

3.3.3.5 Fazit zur prädiktiven Validität

Der Versuch, verschiedene eignungsdiagnostische Verfahren ohne Kenntnis der Details miteinander zu vergleichen, ist äußerst angreifbar. Die jeweils verwendeten Kriterien für beruflichen Erfolg sind unterschiedlich, die Zeitspanne zwischen Testdurchführung und Erhebung des Kriteriums ist unterschiedlich lang.

Für die Methode AC lässt sich zunächst aus den zahlreichen empirischen Studien festhalten, dass seine Validität nachgewiesen ist. AC können auch im deutschsprachigen Bereich unzweifelhaft beruflichen Erfolg und Aufstieg in Führungspositionen vorhersagen: Wer im AC besser abschneidet, der steigt auch schneller auf und erweist sich im späteren Beruf als erfolgreicher.

Auf diese positive Aussage kommen jedoch aufgrund der Datenlage einige „Aber". Zunächst kommt es stark auf die jeweiligen Kriterien für beruflichen Erfolg an. So eignen sich AC eher schlecht für die Vorhersage von beruflicher Leistung, insbesondere in Form von Verkaufszahlen (Hardison und Sackett 2007). Die Vorhersage von beruflichem Aufstieg und Potenzial gelingt hingegen sehr gut, insbesondere wenn zwischen AC und Erhebung des Erfolgskriteriums eine gewisse Zeit vergeht (Holzenkamp et al. 2008).

Für die Vorhersage beruflichen Erfolgs ist der Blick auf einzelne AC-Dimensionen erfolgversprechender als auf die summarische Zusammenfassung eines AC-Gesamtwerts. Speziell die AC-Dimension „Problemlöseverhalten" erweist sich als prognosestark (Arthur et al. 2003).

Das AC im Einsatz von Industrieunternehmen ist mittlerweile über 50 Jahre alt. Die Verbreitung hat erheblich zugenommen, in Deutschland setzen acht von zehn großen und mittleren Unternehmen das AC ein (Obermann et al. 2012). Gleichzeitig haben sich die Validitätskennziffern des AC über die Zeit kaum nach oben bewegt. Die erste Validitätsstudie bei AT & T hat damals einen Wert erreicht, der bis heute nur selten übertroffen wird.

Zudem beinhalten alle Metaanalysen auch Einzelstudien, die keinen Zusammenhang oder sogar einen negativen zwischen AC-Ergebnis und dem Kriterium des beruflichen Erfolgs aufweisen. In diesen Fällen wäre es besser, ganz auf das AC zu verzichten und besser ein strukturiertes und gut vorbereitetes Interview einzusetzen.

Die Metaanalysen mit schwächeren Gesamtwerten (Hardison und Sackett 2007) umschließen bei einem üblichen statistischen Vertrauensintervall auch den Wert null, sodass dort das AC auch nicht als generell valide angenommen werden kann.

Für die betriebliche Praxis kommt hinzu, dass es nicht ausreicht, nur auf den im Durchschnitt nachgewiesenen Erfolg des AC in der Vorhersage von Berufserfolg hinzuweisen. Zusätzlich besteht die Anforderung, dass das AC auch überlegen gegenüber anderen Methoden sein sollte. Die notwendigen Ressourcen sind schließlich meist höher als alternative Konzepte, wie Interviews oder Tests.

Aus der Metrik der Zahlen in der Tabelle kann allerdings auf eine Unterlegenheit des AC gegenüber kognitiven Testverfahren geschlossen werden. Die Daten für kognitive Testverfahren sind in der Regel bei anderen Zielgruppen als AC-Teilnehmer erhoben worden. Die neuere deutschsprachige Metaanalyse zu Testverfahren (Hülsheger et al. 2007) ist ausschließlich bei Bewerbern auf einen Ausbildungsplatz erhoben worden. Hier gibt es natürlich eine erheblich größere Streuung in den Daten und damit höhere Korrelationen als bei Führungskräften oder Führungsnachwuchskräften. Diese stellen jedoch im deutschsprachigen Raum die Mehrheit der AC-Teilnehmer dar (Obermann et al. 2012). Führungsnachwuchskräfte sind möglicherweise ehemalige erfolgreich ausgewählte Auszubildende, haben meist ein Studium hinter sich und werden von ihren Führungskräften für ein AC vorgeschlagen. Daher ist das typische AC-Klientiel sehr viel vorausgewählter als der typische Bewerber auf einen Ausbildungsplatz.

Dennoch sind die Validitätsanalysen, die speziell auf dem OAR, dem AC-Gesamtwert, aufsetzen in gewisser Weise enttäuschend. Schließlich ist das AC gegenüber den anderen Verfahren die Methodik mit der „Vollausstattung". Neben

Abb. 3.21 Vergleich der
Validitäten von Verfahren.
Quellen [a]SCHMIDT und
Hunter (1998); [b]HÜLSHEGER
et al. (2007); [c]ARTHUR
et al. (2003); [d]MCDANIEL
et al. (1994); [e]HUNTER und
HUNTER (1984)

Arbeitsproben [a]	.54
Kognitive Testverfahren [b]	.53
Assessment Center [c]	.45
Interviews	
hoch standardisiert [d]	.44
teilweise strukturiert [d]	.33
freie Interviews [e]	.14
Referenzen [a]	.26
Berufserfahrung in Jahren [a]	.18
Graphologie [a]	.02.
Lebensalter [a]	-.01

Interviews und Testverfahren enthält es eben vielfältige Elemente, wie Fallstudien, Verhaltensimulationen oder Präsentationen. Die Wirkung dieser Vollausstattung des „Centers" gegenüber Einzelverfahren, wie Tests oder Interviews, zeigt sich jedoch noch zu wenig in den Validitätsstudien, zumindest wenn man auf den Durchschnitt schaut, der sich in den Metaanalysen abbildet (Abb. 3.21).

Zugunsten des AC kann auch festgehalten werden, dass die Validitätsanalysen und insbesondere die Erhebung der Kriterien eher nach pragmatischen und nicht nach inhaltlichen Gesichtspunkten erfolgt: Es wird geschaut, welche Daten einfach zu erheben sind, statt von vornherein das Erfolgskriterium festzulegen und das AC daraufhin zu optimieren. Dies würde sicherlich zu noch besseren Werten führen.

Schon aus grundsätzlichen Überlegungen heraus muss das AC mehr an Qualität und Validität bieten als Testverfahren oder Interviews alleine. Die beinhalten schließlich zusätzlich weitere Komponenten, die aus den Anforderungen abgeleitet sind. Auch aus der klassischen Testtheorie ergibt sich, dass mehr unabhängige Messungen zu zuverlässigeren Messungen führen als wenige. Dass AC dies tatsächlich leisten können, zeigt sich auch immer wieder in einzelnen Primärstudien der Metaanalysen zu AC, die in den Bereich .50 und .60 hineingehen.

Zusammenfassend hat das AC als Methode deutlich mehr Potenzial als im Mittel in den Metaanalysen deutlich wird und in der betrieblichen AC-Praxis zusammengestellt wird. Vielleicht ist dies auch ein Preis des Erfolgs und der Ausbreitung der Methodik, dass immer mehr Verantwortliche ohne die notwendige Fachkenntnis qualitativ minderwertige Programme zusammenstellen. Die teilweise extrem schlechten Einzelwerte bis hin zu völlig fehlenden Zusammenhängen zwischen AC-Ergebnis und beruflichem Erfolg zeigen, dass ein qualitativ gutes AC jeweils immer neu konzipiert werden muss. Alleine die Bezeichnung „Assessment Center" verspricht für sich noch keine Überlegenheit gegenüber anderen Methoden.

Die Ansatzpunkte für Qualität und damit hohe Prognosestärken ergeben sich aus zahlreichen Studien. Die Voraussetzung für Qualität ist eine stringente Ableitung aus einem Anforderungsprofil, statt dem Vorgehen „... zu einem AC gehören erfahrungsgemäß folgende Aufgaben ...". Eine zu wenig beachtete Quelle für Qualität ist eine verbesserte Standardisierung des Verfahrens. Hier sind Testverfahren viel weniger anfällig gegen Beobachtereinflüsse. Zur Standardisierung gehören strukturierte Beobachtungssysteme mit übungsspezifischen Verhaltensankern (vgl. Kap. 2.6), statt Pauschaleinschätzungen auf Ratingskalen. Dazu gehört auch eine Beobachterschulung nach modernem Zuschnitt mit einem vorgegebenen Bezugsrahmen für die Bewertung, statt dem früheren freien Protokoll mit der Trennung von Beobachtung und Beurteilung.

Ein weiterer Qualitätshebel ist der Umfang und die Verschiedenartigkeit der Aufgabenelemente: Von der Anzahl her führen viele Einzelaufgaben zu höherer Validität. Dazu gehört es auch, der prognosestärksten Einzeldimension im AC, dem Problemlöseverhalten oder kognitiven Leistungsniveau, ein entsprechendes Gewicht gegenüber den früher dominierenden sozial-kommunikativen Verhaltensübungen zu geben. Dies bedeutet Fallstudien, Postkorb-Verfahren, Fact-Finding-Übungen oder kognitive Tests.

3.4 Teilnehmerakzeptanz

3.4.1 Übersicht

Bei AC mit der Zielsetzung Entwicklung (DC) ist die Teilnehmerakzeptanz eine wesentliche moderierende Größe für die eigentlich beabsichtigte Offenheit für Feedback und Veränderungen sowie die tatsächlichen Lernergebnisse. Diese Fragen werden im Zusammenhang mit der Feedbackwirkung in den Kap. 2.11 und 2.12 behandelt.

Bei Verfahren mit Auswahlcharakter hat die Frage der Teilnehmerakzeptanz eine Bedeutung im Kontext von Personalmarketing und im weiteren Sinn Employer Branding. Hier rückt in den Blickpunkt, dass die Auswahl im Hinblick auf zwei Perspektiven geschieht: Die Unternehmen haben eine Auswahlentscheidung zu den Bewerbern zu tätigen, genauso treffen Bewerber aufgrund ihres Erlebens eine Auswahlentscheidung. Im weiteren Sinne sind sie auch potenzielle Kunden oder Kooperationspartner. Das AC und der Auswahlprozess sprechen sich bei guten Bewerbern über die Social Media herum und wirken im Sinne der Selbstselektion. Wenn gute Bewerber mehrere Stellenangebote erhalten, dann wird ein wesentliches Entscheidungskriterium sein, wie sie den Kontakt im Rahmen des Auswahlverfahrens erlebt haben.

Die Teilnehmerakzeptanz berührt in diesem Kontext die Fragen, welche Auswirkung die AC-Teilnahme oder bestimmte Merkmale in der Verfahrensdurchführung im Hinblick auf die Wahrnehmung des Unternehmens haben.

Als synonymen Begriff zur Teilnehmerakzeptanz haben Schuler und Stehle (1983) in den 80er-Jahren den Begriff der sozialen Validität vorgeschlagen. Darunter fassen sie die Einzelaspekte der ausreichenden Information, der Partizipation, der Transparenz und der Urteilskommunikation. Aus heutiger Sicht hat das Konzept der sozialen Validität jedoch ein zu reaktives Menschenbild nach dem Motto „Viel Information und Transparenz, dann sind die Teilnehmer glücklich".

Die Alternative wäre ein Prozessmodell – sowohl im Hinblick auf die Wirkung beim Teilnehmer und dessen weiteres Aufgreifen des Feedbacks als auch im Hinblick auf die Wirkung im Unternehmen (z. B. Hausknecht et al. 2004). Die Akzeptanz ist hier jeweils nur ein Zwischenschritt (vgl. Kap. 2.11).

Auch wenn die Hinweise aus dem Konzept der sozialen Validität berücksichtigt werden und wenn Teilnehmer in vollem Umfang informiert und beteiligt werden, dann wird es immer noch Teilnehmer geben, die mit dem Verfahren unzufrieden sind, weil sie sich selbst im Gegensatz zu den Beobachtern für großartige Führungskräfte halten. Eine maximale Akzeptanz von Auswahlverfahren würde also voraussetzen, dass alle Bewerber realistische Erwartungen haben, Leistungsmessungen nicht anstrengend oder zeitlich belastend sind und die jeweiligen Positionen hoch attraktiv sind.

In Potenzialanalysen mit unternehmensinternen Teilnehmern wird hingegen manche Enttäuschung über eine negative Empfehlung dem AC attribuiert, obwohl das Ziel der Enttäuschung die Offenheit und Transparenz der Auswahlentscheidung sein müsste. In 97 % der deutschsprachigen AC erhalten die Teilnehmer ein Feedback (Obermann et al. 2012). Bei Potenzial- oder Beförderungsentscheidungen ohne AC dürfte dieser Anteil deutlich geringer sein und ein möglicher Unmut dann kein klares Objekt in dem Ereignis oder der Methode AC finden.

3.4.2 Ergebnisse empirischer Untersuchungen zur Akzeptanz von AC

Im deutschsprachigen wie internationalen Bereich gibt es einige Studien zur absoluten Akzeptanz von AC sowie weitere zum Vergleich mit anderen Methoden (Interview, Test).

Bei den internen Potenzialanalysen der Deutschen Post AG (Gierschmann 2005) werden seit zehn Jahren Rückmeldungen erhoben. So gaben bei einer Rücklaufquote von 92 % 75 % der 3.200 Teilnehmer an, dass sie das Verfahren für empfehlenswert halten. Allerdings fallen die Antworten einer zweiten Befragung sechs Monate später deutlich schwächer aus. Dies scheint eine generelle Beobachtung zu sein, dass die Zufriedenheit mit weiterem Abstand sinkt (Guth und Höft 2005). Auch die Zufriedenheit der Beobachter wurde bei der Deutschen Post AG erhoben. 60 % der Befragten gaben an, dass sie durch das Verfahren schon einmal vor einer falschen Entscheidung bewahrt worden sind.

Positive Teilnehmeräußerungen zum AC gibt es in weiteren älteren Studien (Teel und DuBois 1983; Fruhner und Schuler 1991, Holling und Leippold 1991).

In einer neueren Studie von Kanning (2011) wurden die vergleichenden Bewertungen von AC-Teilnehmern für sieben verschiedene Aufgaben im Hinblick auf die einzelnen Aufgabenelemente erhoben. Interview, Präsentation und Selbstvorstellung schneiden hier als Methoden aus Teilnehmersicht sehr gut ab, hingegen Persönlichkeitsfragebogen und kognitiver Test schwächer. Hier scheint die subjektive Beeinflussbarkeit weniger gegeben zu sein. Am schwächsten wurde die Turmbauübung bewertet. Es ist erstaunlich, dass eine solche veraltete Aufgabe ohne Berufsbezug noch verwendet wird. Entweder führt dieser Aspekt der Losgelöstheit vom Beruf zur Teilnehmerablehnung oder zur Konkurrenzsituation.

Zusammenfassend kann festgehalten werden, dass die Daten insgesamt doch auf eine klare Akzeptanz der AC hinweisen. Das Grundsatzproblem der Akzeptanzbefragungen ist freilich deren Reaktivität: Wer bezeichnet schon eine Methode negativ, wenn davon seine Entwicklung im Unternehmen abhängt? Auch bei anonymen Fragebögen wird es einen Effekt der Selbstrechtfertigung geben, der aus der sozialpsychologischen Forschung bekannt ist. Wer ohne äußeren Druck an einer Veranstaltung teilgenommen hat, wird im Nachhinein meist sagen, dass es schon irgendetwas Gutes hatte.

Abhängigkeit der Akzeptanz von der Teilnehmerpersönlichkeit

In einer Befragung von Bewerbern für technische und kaufmännische Ausbildungsplätze (davon zwei Drittel abgelehnte) sind Moldzio und Thomas (2005) der Frage nachgegangen, inwieweit die Akzeptanz mit Merkmalen des Bewerbers zusammenhängt. Ingesamt konnten nur wenige solcher Zusammenhänge gefunden werden; diese bestanden nur in Einzelaspekten. So wurde das Verfahren von extravertierten Bewerbern als transparenter wahrgenommen, während Bewerber mit hohen Werten in sozialer Verträglichkeit das AC als augenscheinvalider empfanden.

Speziell bei AC befragten van Vianen et al. (2004) die Teilnehmer in drei Phasen: vor dem AC, unmittelbar nach den Übungen sowie nach dem Feedback. Dabei zeigte sich in der „Big Five"-Persönlichkeitsvariable „Offenheit für Erfahrungen" ein Prädiktor für die Einstellung zum AC vor dem Verfahren. Diese Einstellung beeinflusste die Fairness-Wahrnehmung auch noch zu den beiden weiteren Messzeitpunkten.

Zum Einfluss von kognitiven Variablen („Finden intelligente Bewerber das AC besser?") gibt es uneinheitliche Ergebnisse (Kudisch et al. 1997, 2004).

Teilnehmerakzeptanz im Vergleich unterschiedlicher Verfahren

Auch in einer älteren, deutschen Studie (N = 1207) zum Vergleich verschiedener eignungsdiagnostischer Methoden (vgl. Fruhner et al. 1989) wurden folgende Auswahlinstrumente einbezogen: Interview, Arbeitsproben, Praktika, Schulnoten, psychologische Tests, biografische Daten, grafologische Gutachten und zuletzt Losverfahren. Insgesamt schnitten die Arbeitsproben in der Teilnehmerakzeptanz sehr gut ab: Sie nahmen in der relativ stabilen Rangreihe sämtlicher Verfahren den zweiten Platz nach dem Vorstellungsgespräch ein.

Eine vergleichende Akzeptanzuntersuchung wurde von Hausknecht et al. (2004) vorgenommen. Auf Platz eins der Akzeptanz steht ebenfalls das Interview. An zweiter Stelle

„work sample", unter denen das AC gefasst werden kann. Eine weitere Ausage der Studie ist, dass sich eine positive Wahrnehmung des Auswahlprozesses durch den Bewerber auf das Ansehen der Organisation auswirkt. Weiterhin wird die Bereitschaft gesteigert, ein Stellenangebot anzunehmen und die Organisation anderen Bewerbern zu empfehlen.

Eine weitere Frage ist, inwieweit Konstruktionsmerkmale des AC dessen Akzeptanzwahrnehmung beeinflussen. In einer Studie mit 101 Bewerbern (Schulze Versmar et al. 2007) wurde einem Teil der Bewerber ein Zusatzblatt mit Informationen über die jeweiligen Anforderungsdimensionen und zwei Verhaltensbeispiele mit wünschenswerten oder nicht wünschenswerten Formen vorgelegt. Die Leistungsergebnisse unterschieden sich in den beiden Bedingungen nicht, die Gesamtakzeptanz war jedoch in der Transparenzbedingung tendenziell höher, in den Subaspekten Belastungsfreiheit und Augenscheinvalidität auch signifikant.

Abhängigkeit der Teilnehmerakzeptanz vom Abschneiden

Interessant ist die Frage, ob die Beurteilung des AC als Methode von dem eigenen Abschneiden abhängt. Zur Beantwortung dieser Frage werden die objektiv Überdurchschnittlichen mit den Unterdurchschnittlichen der Stichprobe verglichen.

In mehreren älteren Studien wurde die Teilnehmerakzeptanz entweder mit der subjektiven Leistung oder der tatsächlichen Leistung in Bezug gesetzt.

Entsprechende Zusammenhänge konnten in Studien von Kudisch et al. (1997), Fruhner und Schuler (1991) und Holling und Leippold (1991, S. 312) nachgewiesen werden.

Dies wird in einer weiteren Studie von Guth und Höft (2005) bei Auswahl-AC für Piloten bestätigt. Hier wurden Fairness-Bewertungen und Leistungsattributionen nach dem AC und sechs bis zehn Wochen später erhoben. Erwartungsgemäß attribuierten die erfolgreichen Teilnehmer – im Vergleich zu den abgelehnten – ihre Leistungen hauptsächlich internal und beurteilten das Verfahren eher positiv. Nach sechs bis zehn Wochen ergaben sich Verschlechterungen in den Fairness-Beurteilungen sowie ein vermehrt externaler Attributionsstil.

In neueren Studien wurde der Zusammenhang zwischen der subjektiven Leistungseinschätzung und der Akzeptanz erhoben. Dies kann ein Unterschied zur tatsächlichen Leistung sein, da sich die Teilnehmer dahingehend unterscheiden, in welchem Ausmaß sie die tatsächlich angelegten Dimensionen identifizieren und einschätzen können. So berichtet Kersting (2010), dass insbesondere die Messqualität des Verfahrens von Personen bezweifelt wird, die im AC – ihrer Selbsteinschätzung zufolge – vergleichsweise schlecht abgeschnitten haben. In der Studie zur Akzeptanz von sieben AC (Kanning 2011) ergab sich, dass je positiver die Teilnehmer ihrer Meinung nach in einer Übung abgeschnitten haben, in aller Regel auch ihre Bewertung dieser Übung desto besser ausfiel. Dies ist konsistenztheoretisch plausibel: Auf selbstwertbedrohliche Informationen, wie dem (wahrgenommenen) Misserfolg im AC, reagieren die Teilnehmer mit einer selbstwertdienlichen Abwertung des AC.

Zusammenfassend sind AC weniger beliebt als Interviews, aber akzeptierter als andere Verfahren. Im AC sind auch solche Aufgaben eher von den Teilnehmern geschätzt, die ein hohes Maß an subjektiver Kontrolle haben (Interviews, Präsentationen). Weniger beliebt sind Fragebögen und Tests. Hier wäre eine Konsequenz für die Anwendungspraxis den Zusammenhang und Nutzen für die Teilnehmer deutlich zu machen: Augenscheinvalidität bedeutet nicht Validität. Berufsferne Aufgaben und gleichzeitig nicht valide Aufgaben, wie die Turmbauübung, sind allerdings zu ersetzen durch Aufgaben mit Simulationscharakter.

3.5   Ökonomie

Reliabilität und Validität sind zwar wichtige Gütekriterien von Testverfahren. Entscheidend für die konkrete Position ist jedoch letztlich der Nutzen im Verhältnis zu den Kosten. Dieses Verhältnis ist Thema des folgenden Kapitels.

Die Wirtschaftsleistung wird in den Industrieländern heute von dem „Humankaptial" erwirtschaftet. Man spricht auch von den „intangible values", d. h. die von den Mitarbeitern geschaffenen Werte kann man nicht mehr direkt anfassen, z. B. Markenwert, Dienstleistungsqualität, Service.

Wertschöpfung erhöhen

Ein Ansatzpunkt für die ökonomische Betrachtung wäre es, wie die Wertschöpfung für das Unternehmen verbessert werden kann. Die Wertschöpfung von Personauswahl-verfahren besteht darin, dass bei einer besseren Passung zwischen den Anforderungen der Organisation und den Kompetenzen, Fähigkeiten und Motivhaltungen der Mitarbeiter eine höhere Leistungsausbringung erfolgt. Offensichtlich steigt der Nutzen von qualitativ guten Auswahlverfahren, wenn das Humankapital relativ zu Sachinvestitionen für den wirtschaftlichen Erfolg wichtig ist, wenn die jeweiligen Stellen für den wirtschaftlichen Erfolg eine Schlüsselrolle einnehmen und wenn es zwischen den Bewerbern relevante Unterschiede darin gibt, wer mehr oder weniger zur Wertschöpfung beitragen kann.

Kosten vermindern

Ein anderer Ansatzpunkt wäre, durch verbesserte Auswahlverfahren Kosten zu verringern. Der negative Nutzen von Auswahlmethoden, also der vermiedene Schaden, ist zwar zum Zeitpunkt der Einstellungsentscheidung schwer bestimmbar, der volle Realitätstest stellt jedoch bei der Besetzung von klassischen Führungspositionen sicherlich das teuerste Verfahren dar.

Es gibt jedoch einfach ermittelbare Kosten von Fehlbesetzungen:

- Kosten für die Wiederbesetzung (Anzeige, Berater, Auswahlprozess)
- Kosten im Zusammenhang mit der Trennung von dem Mitarbeiter
- Erneute Einarbeitung eines neuen Mitarbeiters

Demgegenüber sind die indirekten Kosten sicher noch schwerwiegender, jedoch auch schwierig quantifizierbar:

- Verunsicherung von Kunden, evtl. Kundenfluktuation
- Nicht-Heben der Potenziale von Mitarbeitern, wenn diese über eine bestimmte Zeit nicht oder nicht adäquat geführt werden
- Ausbleibendes Engagement und Ausbleiben des unternehmerischen Nutzens der Stelle

Unterstellt, dass das AC diesen Schaden eher abwendet als andere Methoden, sind mit dem AC zunächst Mehrkosten verbunden. Für die wirtschaftliche Beurteilung von AC stellt sich also die Frage danach, wie die Relation von Nutzen und Kosten bestimmbar ist. Neben dem Nutzen der verbesserten Vorhersage des beruflichen Erfolgs sind zusätzliche Kriterien zu berücksichtigen, die sich weit schwerer quantifizieren lassen, etwa die Akzeptanz des Auswahlverfahrens oder die Marketing-Funktion auch für abgelehnte Bewerber. Wenn das AC als Auswahlmethode im Wettbewerb zu alternativen Verfahren steht, wie zum Beispiel den klassischen Interviews, muss das Kosten-Nutzen-Verhältnis jedoch auf den Prüfstand. Die Frage nach der Kosten-Nutzen-Relation ist genau genommen, um wie viel Prozent die Auswahlentscheidung verbessert werden müsste, um die Mehrkosten aufzuwiegen.

Ermittlung des Nutzens

Die Nutzenberechnung eines Auswahlverfahrens oder AC auf €-Basis ist möglich. Die Formel dazu beruht auf den alten Publikationen von Taylor und Russell (1939) sowie Cronbach und Gleser (1965).

Die einzelnen Parameter, die in diese Berechnung einfließen, werden erläutert – zunächst die mit dem AC verbundenen Kosten (Kap. 3.5.1), dann die Faktoren, die den Nutzen bestimmen (Kap. 3.5.2). Dazu gehören die Validität der Verfahren, die Auswahlquote und die Basisrate. Am schwierigsten zu bestimmen sind die in Euro einzuschätzenden Leistungsunterschiede der späteren Stelleninhaber.

Schließlich wird dann im dritten Teil (Kap. 3.5.3) ein Verfahren zur Nutzenbeurteilung von Trainee-AC vorgestellt, das für jedes Unternehmen anwendbar ist.

3.5.1   Bestimmung der Kosten

In der deutschen und amerikanischen Literatur finden sich die unterschiedlichsten Angaben zu Kosten, die mit der Durchführung von AC verbunden sind. Gerpott (1990) ermittelte Teilnehmerkosten zwischen ca. 2.000 und 2.500 €, abhängig von der Anzahl der durchgeführten AC. Gierschmann (2005) berichtet, dass je nach Dauer des Verfahrens und nach Aufwändigkeit der Konstruktion die untere Grenze für einen Kandidaten bei mindestens 1.000 bis 3.000 € liegt, wobei die indirekten Kosten (Ausfalltage für interne Beobachter und Teilnehmer) dabei noch nicht berücksichtigt sind.

Entwicklungskosten (einmalige Kosten)	
Vorbereitende Aktivitäten der Personalabteilung (Literaturstudium, Vorgespräche...)	50
Workshop mit Entscheidungsträgern inkl. Vorbereitung	50
Erstellen der Anforderungsdimensionen	50
Übungen und Material	200
Organisation, Vorbereitung	50
Summe:	400

Beobachtertraining	
Vorbereitung	20
Durchführung (z.B. 10 Beobachter, 3 Mitarbeiter Personal, 8 Stunden)	104
Summe:	124

Durchführung des AC`s	
Ausfallkosten:	
Teilnehmer (z. B. 10 Teilnehmer, 12 Stunden)	120
Beobachter, Moderator, Rollenspieler (z. B. 6 Personen, 12 Stunden)	72
Summe:	192

Abb. 3.22 Kostenaufstellung in Personenstunden

Folgende Faktoren werden die Kostenbestimmung beeinflussen: Zunächst hängen die Größenordnungen von der Art der verwandten Kostenrechnung ab (Wird etwa eine Vollkostenrechnung vorgenommen oder werden nur die aufgrund des AC-Einsatzes zusätzlich entstehenden variablen Kosten ermittelt?). Die entstandenen Personalkosten sind bei einer Vollkostenrechnung natürlich der größte Block, bei einem Personalentwicklungs-Seminar kommen die Personalkosten der Teilnehmer noch hinzu. Je nachdem, wie diese Personalkosten definiert werden – berechnet man etwa allgemeine Overhead-Kosten mit ein –, fallen die AC-Kosten sehr unterschiedlich aus. Ein aus unserer Erfahrung realistisches Beispiel für eine Kostenaufstellung bietet die Abb. 3.22. Dabei wird der Aufwand in Personenstunden angegeben, sodass die firmeninternen Verrechnungspreise eingesetzt werden können.

Schließlich hängt das Ergebnis auch wesentlich davon ab, ob die Kosten für das AC insgesamt berechnet werden oder nur die in Relation zu alternativen Verfahren – etwa dem Interview – entstehenden Mehrkosten. Vor dem Hintergrund des Kostenarguments haben wir den üblichen Zeitaufwand von Interviews verglichen mit der Zeitinvestition beim AC, geteilt durch die Bewerber: Abb. 3.23 zeigt, dass bei einer solchen Betrachtung die Mehrkosten des AC verschwindend gering sind. Bei einem Trainee-Auswahl-AC bildet die alte Vorgehensweise –zwei aufeinanderfolgende Interviews mit je zwei Gesprächspartnern des Unternehmens – die Vergleichsbasis zum AC-Ansatz. Dabei

			Personenstunden
Interview	100 Bewerber p.a.	2 Std. Erst-Interview mit 2 Unternehmensvertretern	400
		2 Std. weiteres Interview mit 2 Unternehmensvertretern	400
			800
Assessment Center	100 Bewerber p.a.	Assessment Center mit jeweils 10 Bewerbern, 4 Moderatoren/ Beobachtern à 2 Tage (16 Personenstd.), 10 x Durchführung	640
			640

Abb. 3.23 Gegenüberstellung der Kosten: Durchführung Interview – Durchführung AC zur Trainee-Auswahl

wird angenommen, dass im Vorfeld des AC keine weiteren Interviews durchgeführt werden; schließlich wird das AC mindestens die Informationen erbringen können wie ein Interview. Am Ende des AC wird dann ein – verkürztes – Interview eingebaut, in dem nur noch die Fragen geklärt werden müssen, die trotz der Beobachtung der unterschiedlichen Managementsimulationen noch offen geblieben sind, etwa die Befragung des Bewerbers zu dessen Zielen oder zu Hintergrundinformationen zum Lebenslauf. Die Vorauswahl wird in diesem Fall durch einen standardisierten Fragebogen gewährleistet.

Einsparungsmöglichkeiten

In Zeiten knapper Ressourcen wird gerade im Personalmanagement gerne jede Maßnahme auf ihren Nutzen hinterfragt. Auch wenn das AC heute zum Standardinstrumentarium gehört, ist diese Methode wegen ihres vergleichsweise hohen Aufwands immer wieder in der Diskussion.

Acevedo et al. (2004) haben aufgrund ihrer Praxiserfahrungen in drei Großunternehmen (u. a. UBS-Bank) eine Übersicht über zu beeinflussende Stellgrößen mit dem Ziel der Kostenreduktion und deren Auswirkungen auf die Güte und Akzeptanz des Verfahrens erstellt (Abb. 3.24).

3.5.2 Bestimmung des Nutzens

Schwieriger als die Kostenbestimmung ist die Ermittlung des unternehmensspezifischen Nutzens. Zunächst ist der Nutzen keine feststehende Größe, sondern hängt von den jeweiligen Zielsetzungen ab. Der Nutzen eines bestimmten AC, das für die Personalentwicklung konzipiert ist, muss natürlich anders beurteilt werden, wenn es

Stellgrößen	Güte des Ergebnisses	Kosten/Aufwand Reduktion	Akzeptanz im Unternehmen
Reduzierung der AC´s durch stringente Vorauswahl z. B. Telefoninterviews	TN: - VG: +	TN: + VG: +	TN: - VG: + Top: +
Reduzierung der Beobachter	-	++	0
Instruktionszeiten reduzieren	-	+ +	+
Reduzierung der Moderatoren	-	+	++
Übungsdauer reduzieren	-	+/++	+
Interne Organisation des Themas	+	++	-/0
Standardisierung	-	+	0
Erhöhung der TN-Anzahl	-	+	-/0
Beobachtungsprozess optimieren	+	++	+
Vor-/ Nachbereitung Support reduzieren	+	+	+
Durchführung intern / extern	+	++	0
Gutachten, Berichte minimieren	0	+	+/0

TN = Teilnehmer   ++ = sehr hoch   + = hoch
VG = Vorgesetzter   0 = mittel   -= gering   -- = sehr gering

Abb. 3.24 Stellgrößen bei Assessment Centern. *Quelle* Acevedo et al. (2004)

um die Auswahl von Bewerbern geht. Auch bei Auswahl-AC ist jedoch Nutzen nicht gleich Nutzen: Bei einem engeren Arbeitsmarkt wird etwa die Zielsetzung eine hohe Priorität haben, fälschliche Zurückweisungen zu vermeiden (Fehler zweiter Art); wenn nach der Auswahl hohe Ausbildungskosten anfallen, etwa bei Piloten, müssen unbedingt Fehlbesetzungen (Fehler erster Art) vermieden werden (Abb. 3.25).

Bei der Auswahl von externen Mitarbeitern wird die Zielrichtung insbesondere darauf liegen, den Fehler der ersten Art zu vermeiden – viele fälschlich zurückgewiesene Kandidaten schaden dem Unternehmen kaum. Anders sieht es bei Potenzialanalysen mit eigenen Mitarbeitern aus: Wenn fähige, aufstiegsinteressierte Führungskräfte zu häufig übergangen werden, steigt die Gefahr von Wechselabsichten. Bei einem gleich validen Auswahlinstrument besteht jedoch nur die Auswahlmöglichkeit darin, entweder mehr den einen oder mehr den anderen Fehler zu begehen – ohne die Fehler insgesamt reduzieren zu können. Daher sollten Nutzen und Schaden eines verschieden scharfen Auswahlkriteriums vorher abgewogen sein.

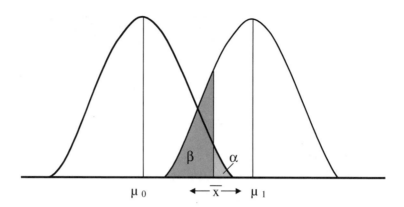

Abb. 3.25 Schematische Darstellung der α-Fehler-Wahrscheinlichkeit und β-Fehler-Wahrscheinlichkeit. *Quelle* Bortz und Döring (2006)

Im Folgenden sollen zunächst die Faktoren erläutert werden, die einen Einfluss auf die ökonomische Beurteilung des AC haben: die Validität, die Auswahlquote, die Basisrate und die sogenannte Standardabweichung im (geldwerten) Leistungskriterium.

Validität

Für die Einschätzung des Nutzens eines Auswahlverfahrens spielt die jeweilige prognostische Validität eine entscheidende Rolle.

Für eine unternehmensspezifische Nutzenbetrachtung ist idealerweise eine Berechnung der prognostischen Validität des eigenen Verfahrens mit der einer alternativen Vorgehensweise (z. B. Potenzialinterview) vorzunehmen. Da dies aus praktischen Gründen meist nicht möglich ist, kann für die weitere Kalkulation auf die Metaanalysen zurückgegriffen werden, die publizierte Validitätsstudien zusammenfassen und u. a. im Hinblick auf Stichprobengrößen korrigieren.

Theoretisch ist natürlich eine perfekte Korrelation von 1.00 denkbar. Die Ausführungen aus Kap. 3.3.3 zeigen jedoch, dass es auch bei medizinischen Fragestellungen kaum annähernd hohe Werte gibt. Es besteht eine Reihe von methodischen Schwierigkeiten, die dazu führen, dass auch optimale Verfahren nie in deutlich höhere Wertebereiche kommen. Dies ist z. B. die schlechte Reliabilität des jeweiligen Kriteriums (das Vorgesetztenurteil oder der Gehaltswachstum sind noch unzuverlässigere Kriterien, die viele Zufallsanteile beinhalten).

Dabei kann auf die Kennziffern von $r = .37$ als Mittelwert der Analyse von Gaugler et al. (1987) zurückgegriffen werden oder auf die von Arthur et al. (2003) berechnete Regression von vier (aus sechs) Metadimensionen (Problemlösen, Beeinflussung anderer, Organisation und Planung sowie Kommunikation) auf Berufserfolg von $r = .45$.

Für den zusätzlichen Vorteil gilt es, die Validitätsdifferenz zum Alternativverfahren zu berechnen. Für das Interview gibt es erheblich differierende Angaben. So geben

Schmidt und Hunter (1998) für strukturierte Interviews gar einen (korrigierten) Wert von r = .51 an. Arvey und Campion (1982) berichten bei einer Streuung von r = .005 bis r = .25 einen mittleren Wert von r = .10.

Wenn man für ein unstrukturiertes Interview einen Validitätswert von r = .15 annimmt, so beträgt der Validitätszuwachs zum AC .37 − .15 = .22.

Die Wirkung von hoher und niedriger Validität ist den folgenden Abbildungen zu entnehmen; Abb. 3.26 beschreibt grafisch den Zusammenhang. Die Ellipse wird umso schlanker, je enger der Zusammenhang zwischen den Testwerten und den wahren Werten ist; bei einer perfekten Korrelation würden alle Punkte auf einer Diagonalen liegen, womit die Eignung aufgrund der Testwerte mit hundertprozentiger Sicherheit vorherzusagen wäre. Da der Zusammenhang, die Validität, jedoch nicht perfekt ist, unterlaufen Fehler der Art, dass einige wahre Gute fälschlicherweise zurückgewiesen und einige wahre Schlechte eingestellt werden.

Die Kenntnis des Validitätskoeffizienten beantwortet allerdings nicht allein die Frage, mit welchem Anteil Geeigneter in der Gruppe der Ausgewählten zu rechnen ist, wenn ein Verfahren mit höherer Validität eingesetzt wird. Taylor und Russell (1939, S. 571; Übersetzung C. O.) weisen auf den zusätzlichen Einfluss der Merkmale der Bewerbergruppe (Grundrate) und der Rahmenbedingungen des Auswahlprozesses (Auswahlquote) hin, wenn sie die entscheidende Frage der Kosten-Nutzen-Betrachtung folgendermaßen formulieren: „Falls ein gegebener Prozentsatz der Bewerbergruppe als erfolgreich betrachtet wird und ein gegebener Anteil von ihnen auszuwählen ist, welcher Anteil wird in der per Test ausgewählten neuen Gruppe erfolgreich sein? In welchem Verhältnis steht dieser zum Anteil erfolgreicher Personen, die unter vergleichbaren Umständen mithilfe eines Auswahlverfahrens mit einer Validität von null bzw. eins ausgewählt werden könnten?"

Zur Beantwortung der Frage nach dem Nutzen eines bestimmten Verfahrens reicht die Kenntnis seiner Validität also nicht aus. Ein weiteres wesentliches Kriterium für die Bestimmung des Nutzens haben Taylor und Russell mit der Auswahlquote eingeführt.

Abb. 3.26 Variante 1: Scharfes
Selektionskriterium

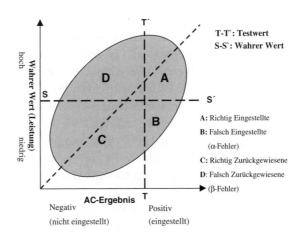

Abb. 3.27 Variante 2: Weniger scharfes Selektionskriterium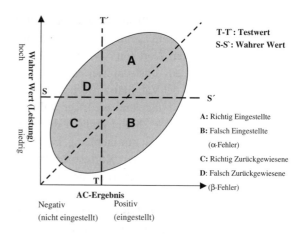

Auswahlquote

Die Auswahlquote gibt den Anteil der Ausgewählten an den Bewerbern insgesamt wieder. Bei sonst gleichen Bedingungen, etwa Validität, nimmt der Nutzen eines Auswahlverfahrens zu, je geringer die Auswahlquote ist, also je strenger das Selektionskriterium definiert ist: Je kleiner die Auswahlquote, umso größer ist der Anteil Geeigneter an den Ausgewählten. Taylor und Russell (1939) weisen darauf hin, dass der Nutzen eines Tests mit einer Validität kleiner .70 exponentiell mit sinkender Auswahlquote steigt. Bei einer strengeren Auswahlquote unterlaufen allerdings mehr Fehler der Art, dass immer mehr eigentlich „wahre" Gute zurückgewiesen werden. Abbildung 3.26 erläutert diesen Zusammenhang von Auswahlquote und Nutzen. Die Linie T-T′ stellt die Auswahlquote, den Cut-Off-Wert, dar. Wird diese Linie nach links verschoben, das Auswahlkriterium also weniger streng angesetzt, dann befinden sich unter den mit dem Test Ausgewählten im Verhältnis immer weniger „wahre" Gute, wird der Anteil der tatsächlich Ungeeigneten (B) also höher. Abbildung 3.27 verdeutlicht diese Situation eines weniger strengen Auswahlkriteriums.

Basisrate

Eine dritte wichtige Größe zur Bestimmung des Nutzens eines Auswahlverfahrens ist die Basisrate, das heißt der Anteil Geeigneter in der Grundpopulation, die zur Auswahl zur Verfügung steht. Wenn in der Grundpopulation ohnehin schon der Anteil Geeigneter hoch ist, dann ist die Wahrscheinlichkeit groß, dass auch per Zufall ein Geeigneter ausgewählt wird. Den Zusammenhang zwischen Basisrate und Nutzen beschreibt ebenfalls die Abb. 3.26: Die Basisrate stellt die Linie S-S′ dar. Liegt eine Population mit sehr vielen Geeigneten vor – die Linie S-S′ ist also sehr weit unten und fast alle Probanden sind erfolgreich –, so lohnt sich die Testanwendung kaum: Das Feld D wird immer größer, auch bei einem sehr geringen Cut-Off-Wert (T-T′) werden durch den Test viele eigentlich Gute ausselektiert.

Diesen Zusammenhang verdeutlicht Abb. 3.28. Hat man eine Population, bei der Anteil der Geeigneten vermutlich nicht so hoch ist, lohnt sich der Testeinsatz. Dies erfordert dann allerdings zusätzlich, dass das Auswahlkriterium bzw. die Auswahlquote

Abb. 3.28 Variante 3: Hohe Basisrate (Anteil Geeigneter in der Grundpopulation)

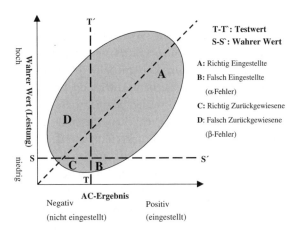

recht scharf definiert wird, sonst sind unter den Ausgewählten zu viele Ungeeignete (Verhältnis zwischen den Feldern A und B). Bei der Beurteilung des Nutzens von eignungsdiagnostischen Verfahren ist also immer der Zusammenhang zwischen Validität, Auswahlkriterium und Basisrate zu beachten. Während eine möglichst hohe Validität eine Grundvoraussetzung ist, wird mit dem Auswahlkriterium indirekt festgelegt, wie hoch der Anteil Geeigneter unter den Ausgewählten ist, wobei hierdurch auch beeinflusst wird, wie viel eigentlich Gute zurückgewiesen werden.

Eine hohe Basisrate liegt hingegen vor, wenn fast alle Potenzialträger im Unternehmen wahrscheinlich geeignet sein werden oder es sich bei der Auswahl um eine Anlerntätigkeit handelt, die fast alle erlernen können. In beiden Fällen lohnt sich kein aufwändiges Auswahlverfahren.

Die Kenntnis der Basisrate hilft zusätzlich einzuschätzen, wie valide das Verfahren sein muss, um gegenüber der Zufallsauswahl mehr Nutzen zu bringen und die Testkosten aufzuwiegen. In den klassischen Tafeln von Taylor und Russell (1939) kann abgelesen werden, wie hoch der zu erwartende Anteil wirklich Geeigneter unter den Ausgewählten ist, wenn Validität, Auswahlquote und Basisrate bekannt sind und verändert werden.

Geldwerte Unterschiede im Leistungskriterium

Die bisherigen Überlegungen führen jedoch noch nicht zu einer Nutzenbetrachtung in Geldeinheiten. Dazu haben Cronbach und Gleser (1965) einen elementaren Parameter für die Kosten-Nutzen-Schätzung eingeführt: die Streuung/Standardabweichung im Kriterium, etwa hinsichtlich der beruflichen Leistung. Diese Standardabweichung in der beruflichen Leistung wird in Geldeinheiten ausgedrückt. Dieser Parameter ist am schwierigsten zu ermitteln. Es muss ermittelt werden, wie die Bandbreite der Wertschöpfung zwischen guten und schlechten Stelleninhabern in € ausfällt.

Betrachten wir z. B. eine angelernte Hilfskraft in einer Fließfertigung, bei der alle Handgriffe, das Arbeitstempo und die Qualität durch die technischen und organisatorischen Rahmenbedingungen vorgegeben sind, sodass mögliche Leistungsunterschiede allenfalls auf situative Faktoren zurückgeführt werden können – hier hat der einzelne Mitarbeiter geringe Variationsmöglichkeiten in seiner Leistung. In diesem Fall würde auch ein noch so valides Verfahren kaum einen Nutzen bringen, weil der Top-Mitarbeiter sich kaum von dem Schlechtesten im Arbeitsergebnis unterscheiden könnte, zumindest nicht aus eigenem Antrieb oder aufgrund unterschiedlicher Fähigkeiten.

Im anderen Extrem verfügt beispielsweise ein Außendienstmitarbeiter über ganz erhebliche Beeinflussungsmöglichkeiten, die eindeutig auf seine Person und nicht auf externe, situative Bedingungen zurückgeführt werden können. Wenn sich der Gute von dem Schlechten extrem unterscheidet, so hat dies für seinen Arbeitgeber deutliche monetäre Konsequenzen. Diese Firma wird auch schon von einem Auswahlverfahren mit geringer Validität einen spürbaren Nutzen haben, wenn es damit etwa nur gelingt, die ganz Schlechten herauszufischen. Aus dem gleichen Grund sind seit den 90er-Jahren auch AC-Verfahren zur Auswahl von gewerblichen Mitarbeitern im Automobilbereich eingeführt worden: Durch die Teamarbeit sind nunmehr auch Kriterien, wie Lernfähigkeit, Offenheit für Veränderungen und Teamfähigkeit wichtig geworden. Die Mitarbeiter sind durch die Rahmenbedingungen des Jobs weniger fremdgesteuert, unterscheiden sich mehr. Damit wird auch die Varianz im Leistungskriterium größer. Je größer die Streuung im Leistungskriterium ist und je mehr diese auf personenbezogene Merkmale zurückgeführt werden kann, die sich mithilfe des AC messen lassen, umso höher ist der Nutzen des Verfahrens. Wenn allerdings für die Leistungsunterschiede der einzelnen Mitarbeiter vorwiegend situative Randbedingungen (enge Arbeitsbedingungen, Vorgesetzter, Technologie, Markt) verantwortlich zu machen sind, sinkt der Nutzen von Auswahlverfahren.

Die geldwerten Unterschiede in der Leistungsausbringung haben im Vergleich der übrigen Nutzenparameter eine erhebliche Auswirkung (vgl. Abb. 3.29). Auch bei einer geringen Validitätsdifferenz zwischen Verfahren A (z. B. Interview) oder B (z. B. AC) können hohe Unterschiede im Leistungskriterium zu hohen Nutzenzuwächsen führen.

Cascio und Silbey (1979) haben in einer empirischen Untersuchung den Effekt bei der Variation der unterschiedlichen Parameter für die Nutzenbestimmung untersucht, um zu ermitteln, welcher Faktor den größten Einfluss auf den Nutzen hat. Dabei gingen die Validität und die Kosten des AC, die Validität der herkömmlichen Auswahlmethode, die Auswahlquote, die Standardabweichung des Kriteriums und die Anzahl der AC in die Berechnung ein: „Den größten Einfluss auf den Nutzen des AC hatten die Größe der Standardabweichung des Kriteriums, die Auswahlquote und die Validitätsdifferenz zwischen dem AC und der herkömmlichen Auswahlmethode. Sogar AC mit einer Validität von nur r = .10 brachten Nutzengewinne gegenüber der Zufallsauswahl" (Cascio und Silbey 1979, S. 107; Übersetzung C. O.). Gerpott (1990) empfiehlt, diese unterschiedlichen Faktoren für die Kosten-Nutzen-Berechnung nicht als Konstante zu betrachten, sondern speziell bei kostenträchtigen Entscheidungen, wie der Neueinführung von AC, einen Check der einzelnen Variablen in Bezug auf ihre Sensitivität und Break-Even-Punkte vorzunehmen. Dies setzt freilich den Einsatz einiger Mühe voraus, die sich jedoch in Anbetracht der enormen Investitionshöhe bei Einführung eines AC (unter Umständen ist mit mehreren Hunderttausend Euro zu rechnen) sicher lohnt.

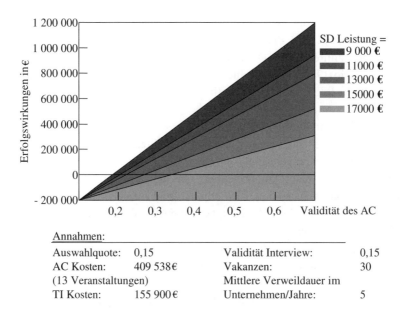

Annahmen:

Auswahlquote:	0,15	Validität Interview:	0,15
AC Kosten:	409 538 €	Vakanzen:	30
(13 Veranstaltungen)		Mittlere Verweildauer im	
TI Kosten:	155 900 €	Unternehmen/Jahre:	5

Abb. 3.29 Assessment-Center-Erfolgswirkungen bei unterschiedlichen Validitäten und Standardabweichungen (SD) der Jahresleistung. *Quelle* Gerpott (1990, S. 42)

Bestimmung der Unterschiede im Leistungskriterium

Offen bleibt allerdings die Frage, wie Unterschiede im Leistungskriterium überhaupt in der Form von Geldeinheiten bestimmt werden können. Im Folgenden wird zunächst ein methodisch aufwändiges Vorgehen vorgestelllt, danach dann eine Vorgehensweise, die sich einfach am jeweiligen Jahresgehalt orientiert.

Genaue Ermittlung

Wesentlich schwieriger als bei Vertriebsberufen wird die Bestimmung des Parameters bei solchen Tätigkeiten, bei denen der Zusammenhang zwischen Leistung und monetären Ergebnisgrößen kaum ermittelbar ist. Schwierig ist die Bestimmung gerade auch bei den meisten Führungspositionen. Einzelne Managemententscheidungen haben per Augenschein sicherlich einen beträchtlichen monetären Effekt für das Unternehmen, der sich allerdings schwer quantifizieren lässt. Bisher sind dazu folgende Wege entwickelt worden: Zunächst die Expertenbefragung – Schmidt et al. (1979) beschreiben ein Verfahren, bei dem versucht wird, das jährliche Ergebnis eines Mitarbeiters in Währungseinheiten auszudrücken. Eine Vergleichsbasis kann sein, wie viel die Mitarbeiterleistung kosten würde, wenn man damit eine externe Firma beauftragen würde. Anschließend werden die Experten gebeten, die Leistung eines unterdurchschnittlichen, mittleren und überdurchschnittlichen Mitarbeiters anzugeben. Auf diese Weise wird die Standardabweichung im Leistungskriterium monetär bestimmt.

Ein weiteres Verfahren geht eher arbeitsanalytisch vor, indem die Tätigkeiten in Komponenten zerlegt und diese Komponenten dann bewertet werden. Dies ist der Ansatz des sogenannten CREPID-Verfahrens („Cascio-Ramos Estimate of Performance in Dollars", Cascio 1982). Im Einzelnen wird die Standardabweichung beim CREPID-Verfahren mithilfe folgender Schritte bestimmt:

- Bestimmen des Jahreseinkommens
- Zerlegen des Arbeitsplatzes in Hauptkomponenten (durch Expertenurteile oder Arbeitsplatzbeschreibungen)
- Bewertung der Hauptkomponenten bezüglich Zeitaufwand, Wichtigkeit, Konsequenzen aus Fehlern und Schwierigkeitsgrad auf siebenstufiger Ratingskala
- Bildung von Indizes für jede Hauptkomponente durch Multiplikation der vier Aspekte der Bewertung
- Relativierung der Indizes an der Summe aller Indizes
- Bewertung der Mitarbeiter anhand der Leistung in den Hauptkomponenten (Skala von 0 bis 200)
- Division der Beurteilungen durch 100 und Multiplikation mit den Geldwerten der Hauptkomponenten.

Reilly und Smither (1985) haben die verschiedenen Methoden miteinander verglichen; dabei ergaben sich bei den einfachen Expertenschätzungen im Vergleich zum CREPID-Verfahren große Unterschiede.

Ermittlung anhand des Jahresgehalts

In der betrieblichen Praxis dürfte es schwer sein, die obigen Erhebungen durchzuführen. Bei Vertriebsberufen wäre es zunächst möglich, die Standardabweichung von der mittleren Leistung des erbrachten Deckungsbeitrags direkt mit einem Tabellenkalkulationsprogramm zu ermitteln.

Ansonsten stellt das Jahresgehalt eine Ausgangsgröße dar. Das Argument ist hier, dass der Nutzen eines Stelleninhabers mindestens so groß sein muss, wie die durch seine Stelle verursachten Kosten (Gehalt, Nebenkosten, etc.), sonst hätte das Unternehmen mit der Stelle ja einen negativen Return of Investment (ROI). Das Gehalt ist also der mindeste individuelle Beitrag zur Wertschöpfung. Der Wertschöpfungsbeitrag zwischen den einzelnen Stelleninhabern wird variieren, der Einfachheit halber lässt sich dies dann als ein Prozentwert vom Jahresgehalt schätzen. Bei administrativen Tätigkeiten ohne bedeutende Einflussmöglichkeiten auf die Wertschöpfung könnte dieser etwa bei 20 % bis 30 % liegen, bei Managementpositionen auch bei 100 % des Jahresgehalts. Für die betriebliche Diskussion empfiehlt sich eine konservative Schätzung. Gerpott (1990) arbeitet etwa mit einem Drittel des Jahresgehalts.

Zusammenfassend ist also die Standardabweichung in der Leistung der Positionsinhaber empirisch zu ermitteln, oder man nimmt einen defensiven Schätzwert von einem Drittel des Jahresgehalts.

Formel zur Berechnung des Nutzens eignungsdiagnostischer Verfahren nach Cronbach und Gleser

Cronbach und Gleser (1965) erstellten eine viel zitierte Formel zur Berechnung des Nutzens eignungsdiagnostischer Verfahren, in die fast alle genannten Faktoren einfließen.

In Abb. 3.30 werden die verschiedenen Parameter der Formel variiert. Das Ergebnis ist jeweils der monetäre Nutzen pro Bewerber und Jahr. Dabei wird der Einfachheit halber jeweils nur eine Variable variiert, während die anderen konstant gehalten werden.

1. Nutzen bei variierender Validität

r'	.05	.15	.25	!variiert!
SD	30 000	30 000	30 000*	
Y	.20	.20	.20	
p	.12	.12	.12	
C'	1 000	1 000	1 000	
U'	0	5 000	10 000	

(* d.h. - entsp. der 40%-SD Schätzregel)

Der Nutzen steigt linear mit steigender Validität.

2. Nutzen bei variierenden Kosten

r'	.15	.15	.15	
SD	30 000	30 000	30 000	
Y	.20	.20	.20	
p	.12	.12	.12	
C'	500	900	1 300	! variiert !
U'	3 333	0	-3 333	

Der Nutzen fällt linear mit steigenden Kosten

3. Nutzen bei variierender Auswahlquote (bzw. kritischem Testwert)

r'	.15	.15	.15	
SD	30 000	30 000	30 000	
Y	.20	.32	.40	! variiert !
p	.12	.25	.50	! variiert !
C'	1 000	1 000	1 000	
U'	-833	1760	1 600	

Der Nutzen steigt kurvenlinear mit steigender Auswahlquote - aber nur bis zu einem gewissen Punkt, von da fällt er wieder

4. Nutzen bei variierender Standardabweichung des Leistungskriteriums

r'	.15	.15	.15	
SD	22 000	43 000	65 000	! variiert !
Y	.20	.20	.20	
p	.12	.12	.12	
C'	1 000	1 000	1 000	
U'	-2 833	2 417	7 917	

Der Nutzen steigt mit steigender Standardabweichung des Kriteriums

U': = r' x SD x Y/p - C/p

U' Nutzenzuwachs pro Bewerber gegenüber herkömmlichen Auswahlverfahren (Geldwert/Zeiteinheit)

r': Zuwachs der Validität bzgl. eines Leistungskriteriums im Vergleich zu einem herkömmlichen Auswahlverfahren

p: Auswahlquote

C': Kostenzuwachs des Verfahrens je eingestellter Person gegenüber den Kosten des herkömmlichen Verfahrens

SD: Standardabweichung des Leistungskriteriums (Geldwert)

Y: Ordinate der Standardnormalverteilung am kritischen Testwert, der zwischen Annahme und Ablehnung eines Bewerbers trennt

Abb. 3.30 Kosten-Nutzen-Berechnung eignungsdiagnostischer Verfahren nach Cronbach und Gleser (1965)

Als Beispiel die erste Tabelle, bei der die Validitäten der Auswahlverfahren variiert werden. Angenommen, ein Unternehmen möchte fünf neue Vertriebsingenieure einstellen. Die Unterschiede in der späteren Leistungsausbringung werden mit 30.000 € pro Jahr geschätzt. Als alternative Auswahlverfahren stehen ein mehr oder weniger strukturiertes Interview zur Verfügung, von dem eine Validität von 0.15 angenommen wird (vgl. Kap. 3.5.3) und ein AC aus wenigen Komponenten, dessen Validität konservativ unterhalb des Durchschnitts mit 0.25 angenommen wird. Alle übrigen Parameter werden der Einfachheit halber als konstant angenommen, auch die mit 1.000 € angesetzten Kosten.

In der Zeile U' ergibt sich dann für das Interview ein Nutzen von 5.000 € pro Stelleninhaber und Jahr, für das AC ein Nutzen von 10.000 €, die Differenz beträgt also zugunsten des AC 5.000 €. Der so erfolgreich Ausgewählte wird konservativ gerechnet fünf Jahre im Unternehmen bleiben, ohne dass seine Wertschöpfung steigt.

Somit ist der Zusatznutzen des AC gegenüber dem Interview: 5.000 € × fünf Stelleninhaber × fünf Jahre = 125.000 €. Dabei sind die Annahmen in Validität, Leistungssteuerung und Verbleibezeit eher konservativ errechnet.

Aus der Tabelle wird deutlich, dass der Nutzen valider Auswahlverfahren die Kosten meist erheblich überschreitet, es also kaum einen besseren ROI gibt.

Betrachtet man nun den konkreten Einzelfall, bei dem ein Unternehmen vor der Entscheidung für ein Auswahlverfahren steht, dann ist es allerdings meistens so, dass die Validität des Verfahrens sowie seine Kosten und die Standardabweichung des Leitungskriteriums als feste Werte zu betrachten sind, die den Entscheidungsträgern mehr oder weniger gut bekannt sind. Die Entscheidung beschränkt sich also auf die Festlegung der Auswahlquote und des kritischen Testwerts, was eng zusammenhängt. Unter dieser Perspektive steigt der Nutzen mit steigender Auswahlquote nur bis zu einem maximalen Punkt an. Hebt man die Auswahlquote weiter, dann sinkt er wieder. Dies veranschaulicht die dritte Tabelle aus Abb. 3.30. Der Einfluss der Auswahlquote auf den Nutzen des Auswahlverfahrens wird auch in der Abb. 3.31 dargestellt. Die Auswahlquoten, die im Bereich zwischen 0.15 und 0.25 liegen, lassen durch den Einsatz eines AC die höchsten Erfolgswirkungen erwarten.

3.5.3   Vereinfachte Nutzenbestimmung bei AC zur Trainee-Auswahl

Bei der Einführung von AC dürften quantitative Nutzenberechnungen weniger bei Personalentwicklungs-Seminaren im Vordergrund stehen, sondern in der Personalauswahl. Der häufigste Anwendungsfall sind Trainee-AC. (vgl. Kap. 1.4). Im Folgenden soll daher für diese Zielgruppe eine Methode der Nutzenberechnung vorgestellt werden, die eine Aussage dazu ermöglicht, ob sich die Einführung von AC unter monetären Aspekten im Vergleich zum herkömmlichen Interview rechnet.

Die Methode kombiniert die Ansätze von Taylor und Russell (1939) und Cronbach und Gleser (1965). Das Kennzeichen der Methode ist der Verzicht auf die Berechnung

Erfolgswirkungen (in €)

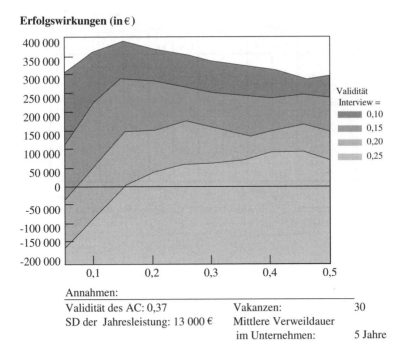

Annahmen:

Validität des AC: 0,37	Vakanzen:	30
SD der Jahresleistung: 13 000 €	Mittlere Verweildauer	
	im Unternehmen:	5 Jahre

Abb. 3.31 Assessment-Center-Erfolgswirkungen bei unterschiedlichen Auswahlquoten und Qualitätsniveaus des früheren Auswahlverfahrens

der in der Praxis nur schwer ermittelbaren Standardabweichung im Kriterium. Neben der aufwändigen Berechnung ist ja gerade bei Trainees gar nicht bestimmbar, welche Position nach der Ausbildung tatsächlich übernommen wird.

Um den monetären Nutzen greifbar zu machen, fließen dagegen die für das Trainee-Programm entstehenden Ausbildungskosten ein: Falls nach einiger Zeit festgestellt wird, dass der eingestellte Bewerber nicht geeignet ist, werden die oft beträchtlichen Ausbildungskosten fehlinvestiert. Die pro Trainee-Platz entstehenden Kosten liegen bei den meisten Unternehmen vor oder sind leicht ermittelbar. Die Formel ist so aufgebaut, dass die Ausbildungskosten quasi als „negativer Nutzen" einfließen. Die Berechnung des Nutzens wird in vier Schritte unterteilt:

1. Schritt: Bestimmen des Anteils ausgewählter geeigneter Trainees bei Einsatz des AC im Vergleich zum Interview

Die Voraussetzung für den ersten Schritt besteht in der Bestimmung der Selektions- und der Basisrate. Die Basisrate (BR) muss dabei anhand von Erfahrungswerten generiert werden, indem das Verhältnis zwischen Bewerbern und nachher tatsächlich Geeigneten in der Vergangenheit zugrunde gelegt wird. Die Selektionsrate (SR) definiert sich aus dem Verhältnis der Anzahl offener Stellen zu der Anzahl an Bewerbern (nach Vorauswahl).

SR	.05		.10		.15		.20		.25	
BR	ITW	AC	ITW	AC	ITW	AC	ITW	AC	ITW	AC
.20	.30	.47	.28	.42	.27	.40	.26	.37	.26	.35
.30	.42	.60	.40	.56	.39	.53	.38	.50	.37	.48
.40	.52	.71	.50	.67	.49	.64	.48	.61	.48	.59
.50	.63	.80	.61	.76	.60	.74	.58	.71	.58	.69
.60	.71	.86	.70	.83	.69	.81	.68	.79	.68	.78

Abb. 3.32 Anteil „Geeigneter" in Abhängigkeit von Validität, Selektionsrate und Basisrate. *Quelle* Taylor-Russel-Tafeln (1939)

Für die Validität des AC wird ein Wert von r = .37 angenommen, für das Interview von r = .15. Im Einzelfall sind die tatsächlich ermittelten Validitätswerte vorzuziehen.

Die Ermittlung des zusätzlichen Anteils Geeigneter bei Verwendung des AC im Vergleich zum Interview mithilfe der Abb. 3.32 soll an einem Beispiel verdeutlicht werden: Geht man von einer Basisrate von 40 % (Reihe) und einer Selektionsrate von 15 % (Spalte) aus (wobei hier angenommen wird, es stünden 16 Trainee-Plätze zur Verfügung), dann ist bei Verwendung des Interviews damit zu rechnen, dass (.49 × 16 =) acht der eingestellten Trainees sich auf Dauer bewähren, während es bei Einsatz des AC voraussichtlich (.64 × 16 =) zehn sein werden (vgl. die markierten Werte in der Abb. 3.32).

Der jeweils zusätzliche Anteil Geeigneter in der ausgewählten Stichprobe bei Verwendung des AC gegenüber der Interview-Methode ist in Abb. 3.33 dargestellt. Auch hierzu ein Beispiel (vgl. den grau unterlegten Wert in der Abb.): Bei einer Selektionsrate von 10 % und einer Basisrate von 50 % ist bei Auswahl von 20 Trainees damit zu rechnen, dass sich in der per AC ausgewählten Stichprobe (.15 × 20 =) drei geeignete Kandidaten mehr befinden als unter den per Interview Ausgewählten.

Abb. 3.33 Prozentsätze zusätzlich Geeigneter/unternehmensspezifischer Differenzwert

SR	.05	.10	.15	.20	.25
BR					
.20	.17	.14	.13	.11	.09
.30	.18	.16	.14	.12	.11
.40	.19	.17	.15	.13	.11
.50	.17	.15	.14	.13	.11
.60	.15	.13	.12	.11	.10

2. Schritt: Ermittlung des zusätzlichen Nutzens des AC gegenüber dem Interview

Der zusätzliche Nutzen des AC gegenüber dem Interview berechnet sich nach folgender Formel:

$$\text{Nutzen AC (€)} = \text{Differenzwert} \times \text{Ausbildungskosten (€)} \times N$$

Der unternehmensspezifische Differenzwert kann aus Abb. 3.32 abgelesen werden, N ist die Anzahl der ausgewählten Bewerber. Für das letztgenannte Beispiel – ausgehend von einer Selektionsrate von 10 %, einer Basisrate von 50 %, einer Auswahl von 20 Trainees und Ausbildungskosten von 50.000 € – bedeutet dies:

$$\text{Nutzen AC (€)} = .15 \times 50.000\ € \times 20 = 150.000\ €$$

Der Nutzen des AC ermittelt sich nach dieser Formel aus der Einsparung in den Ausbildungskosten, die sich daraus ergeben, dass beim AC in Relation zum Interview ein geringerer Teil von Bewerbern eingestellt und ausgebildet wird, der eigentlich ungeeignet ist. Die Formel gibt also den Zusatznutzen gegenüber dem Interview an. Die Höhe der Ausbildungskosten ist in den meisten Unternehmen bekannt oder lässt sich relativ problemlos ermitteln.

3. Schritt: Ermittlung der zusätzlichen Kosten des AC gegenüber dem Interview

Bei der Ermittlung der Zusatzkosten des AC gegenüber dem Interview wird von Interviewkosten in Höhe von 800 € pro Teilnehmer ausgegangen. Eine exemplarische Aufstellung der Kosten findet sich im Folgenden; die Zusatzkosten des AC berechnen sich als Differenzwert.

Für das AC ergibt sich für die Beispielsrechnung ein fixer Aufwand (Entwicklung der Übungen etc.) von 400 Personenstunden (vgl. Abb. 3.22). Eine Personenstunde soll mit 100 € bewertet werden. Somit entstehen zunächst Kosten in Höhe von 40.000 €.

Hinzu kommen mit der Beobachteranzahl variable Kosten (acht Stunden Beobachtertraining, 18 Stunden Durchführung für Zwei-Tages-AC). Pro Beobachter ergeben sich somit Kosten in Höhe von 2.600 €. Dabei soll angenommen werden, dass in einem AC mit zwölf Teilnehmern sechs Beobachter, Moderatoren und Hilfskräfte notwendig sind. Daraus ergeben sich schließlich teilnehmerabhängige Kosten von 1.300 €.

In Relation hierzu soll bei der Durchführung von Interviews ein Aufwand von acht Personenstunden angenommen werden (zwei Interviews mit je zwei Gesprächspartnern à zwei Stunden). Es ergeben sich somit bewerberabhängige Kosten von jeweils 800 €.

Damit entstehen bei der Durchführung von AC im Vergleich zur Durchführung von Interview je Bewerber zusätzliche Kosten von 500 €. Zusätzlich müssen die einmaligen Entwicklungskosten des AC berücksichtigt werden (Abb. 3.34).

Abb. 3.34 Beispielrechnung

Annahmen	Beispiel 1	Beispiel 2
Selektionsrate (SR)	.20	.25
Basisrate (BR)	.20	.20
Anzahl auszuwählender Trainees	.20	10
Ausbildungskosten / Trainee (€)	50.000	20.000
Kosten Interview / Bewerber (€)	800	800
Kosten AC / Bewerber (€)	1300	1.300
Einmalkosten AC (€)	40.000	40.000

4. Schritt: Ermittlung des erwarteten zusätzlichen Gesamtgewinns des AC

Der zu erwartende zusätzliche Gesamtgewinn bei Verwendung des AC im Vergleich zu Interviews berechnet sich einfach aus der Differenz zwischen dem Nutzen- und dem Kostenzuwachs: Gesamtgewinn = Nutzenzuwachs − Kostenzuwachs

Zwei Beispielrechnungen

Das konkrete Vorgehen soll im Folgenden anhand von zwei Beispielrechnungen dargestellt werden. Die Umsetzung auf die spezifischen Gegebenheiten eines bestimmten Unternehmens ist nach dieser Vorlage jederzeit möglich.

Zur genauen Kostenermittlung ist daneben die Anzahl der Kandidaten notwendig, die am jeweiligen Auswahlverfahren teilnehmen sollten. Abbildung 3.35 zeigt an, wie viele Bewerber für ein Interview eingeladen werden müssen, um die gewünschte Anzahl an Trainees zu erhalten. In dieser Tabelle sind die Basisrate und die Validität konstant gehalten. Analog dazu wird die geeignete Anzahl an Kandidaten zur Teilnahme am AC aus Abb. 3.36 abgelesen.

Beispielrechnung 1:

1. Schritt: Ermittlung Differenzwert (aus Abb. 3.33): **.11**

2. Schritt: Nutzenzuwachs AC (€):
Differenzwert × Ausbildungskosten (€) × N = .11 × 50.000 € × 20 = **110.000 €**

Abb. 3.35 Interview – Wie viele Kandidaten muss ich einladen, um N geeignete Trainees zu erhalten?

SR / N Trainees	.05	.10	.15	.20	.25
1	3	4	4	4	4
5	17	18	19	19	19
10	33	36	37	38	38
15	50	54	56	58	58
20	67	71	74	77	77

Annahme: Basisrate: .20; Validität: .15

Abb. 3.36 Assessment Center –
Wie viele Kandidaten muss
ich einladen, um N geeignete
Trainees zu erhalten?

SR N Trainees	.05	.10	.15	.20	.25
1	2	2	3	3	3
5	11	12	13	14	14
10	21	24	25	27	29
15	32	36	38	41	43
20	43	48	50	54	57

Annahme: Basisrate: .20; Validität: .37

3. Schritt: Kostenzuwachs AC (€):

$$\text{Kosten AC} - \text{Kosten Interview} = (N_{AC} \times \text{Kosten AC/TN} + \text{Entwicklungskosten})$$
$$- (N_I \times \text{Kosten I/TN})$$
$$= 54 \times 1.300\ € + 40.000\ €) - (77 \times 800\ €)$$
$$= 110.200\ € - 61.600\ € = \mathbf{48.600\ €}$$

4. Schritt: Gesamtnutzen AC:

Nutzenzuwachs − Kostenzuwachs $= 110.000\ € - 48.600\ € = \mathbf{61.400\ €}$

Unter den aufgeführten Rahmenbedingungen erbringt das AC dem betreffenden Unternehmen eine Einsparung von € 61.400, wenn die Auswahl der Trainees durch ein AC ersetzt wird. Die Einsparungseffekte sind deutlich höher, wenn das AC mehr als einmal durchgeführt wird und die Konstruktionskosten dadurch auf mehrere AC verteilt werden können.

Beispielrechnung 2:

1. Schritt: Ermittlung Differenzwert (Abb. 3.33): **.09**

2. Schritt: Nutzenzuwachs AC (€):

Differenzwert $\times$ Ausbildungskosten (€) $\times$ N $= .09 \times 20.000\ € \times 10 = \mathbf{18.000\ €}$

3. Schritt: Kostenzuwachs AC (€):

$$\text{Kosten AC} - \text{Kosten Interview} = (N_{AC} \times \text{Kosten AC/TN} + \text{Entwicklungskosten})$$
$$- (N_I \times \text{Kosten I/TN})$$
$$= (29 \times 1.300\ € + 40.000\ €) - (38 \times 800\ €)$$
$$= 77.700\ € - 30.400\ € = \mathbf{47.300\ €}$$

4. Schritt: Gesamtnutzen AC:

Nutzenzuwachs − Kostenzuwachs $= 18.000\ € - 47.300\ € = \mathbf{-29.300\ €}$

Der Einsatz des AC bei diesem Unternehmen würde unter der Annahme einer Einmaldurchführung einen Verlust von € 29.300 erbringen.

Varianten und Weiterentwicklungen 4

4.1 Einzel-Assessment

4.1.1 Übersicht und Geschichte

Das Einzel-Assessment Center (EAC) ist eine AC-Form mit einem Teilnehmer und in der Regel ein bis zwei Sparring-Partnern. Das EAC läuft üblicherweise über einen Arbeitstag, der neben Interviews mit fünf bis acht Managementsimulationen ausgefüllt ist.

Diese Form des AC gibt es seit den 50er-Jahren, die Ursprünge liegen bei den Unternehmen Standard Oil und ITT – an sich ist das EAC also keine neue Entwicklung. Seit den 60er-Jahren liegen umfangreiche Validitätsstudien vor, hier sind insbesondere die Western Reserve Studien (etwa Campbell 1962) zu nennen.

Eine sehr umfangreiche Übersicht über die aktuelle Praxis des EAC in den USA liefern Ryan und Sackett (1987). In ihrer empirischen Befragung von über 300 Mitgliedern der amerikanischen Gesellschaft für Industrie- und Organisationspsychologie ergibt sich in 14 Ergebnistafeln mit umfangreichem Datenmaterial eine gute Transparenz von in der Praxis eingesetzten Verfahrensweisen über Übungen und demografische Charakteristika der EAC-Teilnehmer bis hin zu den Honoraren für einzelne Zielgruppen. Hauptzielgruppe der durchgeführten EAC sind das Mittel- und Top-Management. Im Vordergrund steht die Unterstützung bei Rekrutierungsentscheidungen. Für deutsche Verhältnisse interessant ist jedoch sicherlich die Tatsache, dass das EAC auch zu über 60 % zur Karriereberatung eingesetzt wird. Die Dauer des EAC beträgt meistens vier Stunden, es werden allerdings auch EAC eingesetzt, die sich über einen ganzen Tag erstrecken. Inhaltlich stehen Interviews und Testverfahren im Vordergrund, nur zu etwa 40 % werden Aufgabensimulationen verwendet. Hier haben insbesondere Postkorb-Übungen (59,6 %) und – mit zweiter Priorität – Rollenübungen (21,2 %) das Schwergewicht.

C. Obermann, *Assessment Center*, DOI: 10.1007/978-3-8349-3813-8_4,
© Springer Fachmedien Wiesbaden 2013

4.1.2   Stand der Anwendung

Charakteristisch für das EAC ist das Missverhältnis vom praktischen Einsatz des AC und dessen empirischer Absicherung. Mittlerweile geben 14 % der deutschsprachigen Organisationen, die AC einsetzen, an, dass sie auch EAC verwenden (Obermann et al. 2012). Wenn man die mittlere Teilnehmerzahl in AC über den Zeitverlauf betrachtet, so nimmt einerseits der Anwendungsumfang des AC generell zu, die Teilnehmerzahlen pro Durchlauf scheinen sich jedoch zugunsten flexibler Verfahren mit weniger Teilnehmern zu verringern, bis hin zu einem vermehrten Einsatz von EAC.

Kwaske (2004) bezeichnet in ihrer Übersicht zum EAC für die USA das EAC als „Brot- und Butter-Geschäft" für viele Consulting-Unternehmen. Die Treiber bestehen darin, dass die Rekrutierungs-Funktion häufiger auf externe Spezialisten ausgelagert wird. Gleichzeitig wird das EAC als Angebotserweiterung von Trainern und Head-Hunting-Organisationen genutzt.

Noch mehr als das Gruppen-AC ist das EAC letztlich eine Begriffsklammer für unterschiedlichste Methoden und Verfahren. Im deutschsprachigen Raum reicht die Streuung von sehr klassisch-psychologischen Ausprägungen aus einer Kombination von Testverfahren und Interviews bis hin zu einer Zusammenstellung spezialisierter Managementsimulationen, die möglichst exakt die späteren Positionsanforderungen abbilden. Typische Übungen, Beobachtungssysteme und Beobachter sind im EAC identisch mit denen der Gruppenvariante, es fehlt lediglich die Gruppenübung. Zu fordern ist speziell auch für das AC die Beachtung der Qualitätsstandards, etwa die Mindestforderung von drei unterschiedlichen Simulationstypen.

Es verbleibt das Problem der sehr dürftigen empirischen Absicherung und des Validitätsnachweises. Prien et al. (2003) haben für den US-Raum lediglich 20 Validitätsstudien zusammenstellen können, davon 18, die zwischen 1950 und 1960 durchgeführt wurden. Allerdings ist der Validitätsnachweis für Einzelverfahren noch ungleich schwerer. Dies liegt an der kleinen Stichprobengröße, der schwer möglichen Nachverfolgbarkeit von Karrieren durch die externen Consulting-Firmen, aber auch an der Kriterienkontamination und der Varianzeinschränkung, wenn überhaupt nur die Letzten ein bis drei (guten) Kandidaten für eine Management-Position zum EAC zugelassen werden. Dennoch verbleibt die Forderung, dass Praxiseinsatz und empirischer Nachweis in stärkeren Einklang zu bringen sind.

4.1.3   EAC und AC im Vergleich

Die typischen Anwendungsfälle des EAC haben zunächst nichts mit diagnostischen Fragen zu tun, sondern sind mit der einfacheren Organisation verbunden. Für ein EAC ist kein Hotel mit mehreren Tagungsräumen notwendig, es sind weniger Personen beteiligt und es kann damit sehr viel schneller organisiert werden. Daher ist der typische Anwendungsfall die Überprüfung von externen Besetzungskandidaten: Nach

Zeiten	Teilnehmer	Beobachter
8:30-9:00	Bearbeitung **Motivationsfragebogen**	Beobachtereinweisung
9:00-9:30	Bearbeitung **Postkorb**	
9:30-10:00		
10:00-10:30	Interview **Postkorb**	
10:30-11:00		
11:00-11:30	Vorbereitung **Rollenspiel**	Bewertung **Postkorb**
11:30-12:00	Durchführung **Rollenspiel Führung**	
12:00-12:30	Vorbereitung **Fact-Finding**	Bewertung **Rollenspiel**
12:30-13:00	Interview **Fact-Finding Fall**	
13:00-13:30	Pause	
13:30-14:00	Vorbereitung **Teamübung**	Bewertung **Fact-Finding**
14:00-14:30	Durchführung **Teamübung** (Beobachter sind Rollenspieler)	
14:30-15:00		
15:00-15:30	Vorbereitung **Rollenspiel**	Bewertung **Teamübung**
15:30-16:00	Durchführung **Rollenspiel Verhandlung**	
16:00-16:30	Vorbereitung **Interview**	Auswertung **Rollenspiel Verhandlung**
16:30-17:00	Interview	
17:00-17:30		
17:30-18:00		
18:00-18:30		Auswertung Interview und Vorbereitung Feedback
18:30-19:00	**Feedbackgespräch**	

Abb. 4.1 Ablaufplan EAC Potenzialkandidat

den üblichen Interviews werden die letzten ein bis zwei Kandidaten in einem EAC getestet. Ein weiterer Aspekt ist die größere Vertraulichkeit des EAC bei internen Kandidaten. Dadurch erfährt nicht die ganze Öffentlichkeit der Organisation, dass ein bestimmter Mitarbeiter in einem Potenzialverfahren bewertet wird. Dies mildert die Verliererproblematik. Im EAC sind Teilnehmer und Beurteiler nicht in das enge Korsett eines Zeitplans (vgl. Abb. 4.1) geschnürt; dies ermöglicht ein intensives Eingehen auf den Teilnehmer. Während im AC die Beobachter Rollenspiel nach Rollenspiel abarbeiten, können sie sich im EAC besser auf die Person einstellen. Es entsteht eine persönlichere und dichtere Atmosphäre.

Die Konzentration auf einen Teilnehmer bietet die Möglichkeit – anders als im Gruppenverfahren –, die AC-Übungen direkt auf das Profil in der konkreten Zielposition maßzuschneidern. Das EAC erlaubt zudem ein sequenzielles Vorgehen, das heißt die schrittweise Auswahl und Veränderung der Übungen noch während des Beurteilungstages, um einzelnen Fragen, die sich erst im Verlaufe des EAC auftun, mithilfe zusätzlicher Simulationen gezielt nachzugehen und die fehlenden Informationen zu ergänzen.

Ein häufig geäußerter Kritikpunkt am AC lautet, dass von einzelnen positionsspezifischen Situationen zu oft nur Momentaufnahmen gemacht werden (vgl. Kap. 3.4) und die Motive des einzelnen Teilnehmers für die verfolgte Strategie (etwa in einem Mitarbeitergespräch) unklar bleiben. Auch hier erlaubt die Flexibilität des EAC umfangreiche Nachgespräche bis hin zu vertiefenden Simulationen, die die Rollenflexibilität und

Variationsbreite des Führungsverhaltens etwa bei unterschiedlichen Mitarbeiter-Typen oder Führungssituationen hinterfragen.

Als Schwachpunkt des EAC verbleibt die fehlende Beobachtungsmöglichkeit des Kandidaten in Gruppensituationen. Diesbezüglich ist zu prüfen, welchen Anteil das Agieren in Gruppen innerhalb der Erfolgsfaktoren für die Position besitzt. Als Alternative für die Gruppensituation bietet sich die Simulation von Gruppen mit mehreren Rollenspielern an (vgl. Kap. 2.5). Hierüber lassen sich Situationen abbilden, in der die Teilnehmer als Führungskräfte Meetings oder Projektbesprechungen durchführen.

Ein weiterer Nachteil ist der größere Durchführungsaufwand. Zunächst müssen Einführungsphasen beim EAC für jeden Teilnehmer erneut durchgeführt werden, während dies beim Gruppenverfahren für alle gleichzeitig geschieht. Der Hauptaufwand ergibt sich daraus, dass sich die Teilnehmer für einzelne Übungen zunächst vorbereiten müssen (etwa Bearbeitung Postkorb), wodurch der Beobachterzeitplan nicht ganz so engmaschig ist. Im Gruppenverfahren bestehen mehr Möglichkeiten, die Zeitpläne zu verschachteln. Als Erfahrungswert liegt der Beobachteraufwand etwa um den Faktor 1,3 bis 1,5 höher als bei den gleichen Übungen je Teilnehmer im Gruppen-AC. Daher wird sich das EAC nicht für alle Zielgruppen eignen.

Ein gegenläufiges Argument im Zusammenhang mit der Ökonomie ist der Vorteil der kürzeren Abwesenheit vom Arbeitsplatz. Dies auch für die einzelne Person des Beobachters – nicht für die Gesamtheit der notwendigen Beobachter je Teilnehmer.

Zusammenfassend bietet das EAC bei leicht höherem Mehraufwand gegenüber dem Gruppenverfahren z. B. vom Grundsatz her einige Vorteile (Abb. 4.2). Ideal ist das EAC schließlich nicht zuletzt für mittelständige Unternehmen, die sonst Schwierigkeiten haben, größere Zielgruppen zu einem Gruppen-AC zusammenzustellen und die zudem den organisatorischen Aufwand eines Gruppen-AC scheuen. Kritisch zu sehen ist jedoch die schwache empirische Beschäftigung mit der Methode trotz der langen Jahre ihres Einsatzes.

4.2   Development Center

4.2.1   Unterschiede AC/DC

Beim Development Center (DC) steht nicht das Assessment, die Beurteilung, im Vordergrund, sondern die Entwicklung der Teilnehmer durch das Absolvieren der typischen AC-Übungen und einem intensiven Feedback dazu (Abb. 4.3). Beim AC sind die Rückmeldung an die Teilnehmer und der Lerncharakter häufig lediglich ein Nebenprodukt. Das Verfahren ist so ausgelegt, dass die Teilnehmer am Ende ein Feedback erhalten, und dann wird gehofft, dass die Telnehmer nach dem AC mit Unterstützung der Organisation geeignete Entwicklungsmaßnahmen aufgreifen. Im DC dagegen wird die Entwicklung der Teilnehmer bereits innerhalb des Verfahrens angestrebt. Das DC ist vom Charakter her eher eine intensive

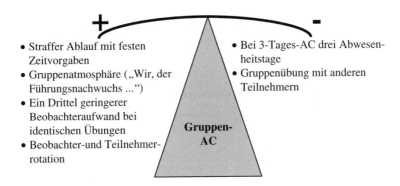

- Straffer Ablauf mit festen
  Zeitvorgaben
- Gruppenatmosphäre („Wir, der
  Führungsnachwuchs ...")
- Ein Drittel geringerer
  Beobachteraufwand bei
  identischen Übungen
- Beobachter-und Teilnehmer-
  rotation

Gruppen-AC

- Bei 3-Tages-AC drei Abwesen-
  heitstage
- Gruppenübung mit anderen
  Teilnehmern

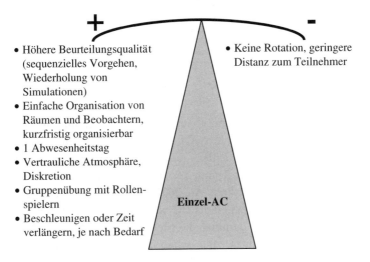

- Höhere Beurteilungsqualität
  (sequenzielles Vorgehen,
  Wiederholung von
  Simulationen)
- Einfache Organisation von
  Räumen und Beobachtern,
  kurzfristig organisierbar
- 1 Abwesenheitstag
- Vertrauliche Atmosphäre,
  Diskretion
- Gruppenübung mit Rollen-
  spielern
- Beschleunigen oder Zeit
  verlängern, je nach Bedarf

Einzel-AC

- Keine Rotation, geringere
  Distanz zum Teilnehmer

Abb. 4.2 Vor-und Nachteile des EAC gegenüber dem AC

Trainingsmaßnahme mit AC-Elementen (Abb. 4.4). Zusammengefasst sind mögliche Ziele von DC:

- Kennenlernen von Führungsaufgaben anhand der Übungen
- Individuelle Standortbestimmung zu Stärken und Schwächen als Ausgangspunkt für Entwicklungsmaßnahmen
- Annäherung von Selbst- und Fremdbild, realistischere Selbsteinschätzung
- Schärfung der Eigen- und Fremdbeobachtung
- Initiierung von ersten Lernerfolgen im überfachlichen Bereich auf der Basis von indi-viduellem Feedback
- Motivation und Unternehmensbindung

1. Tag		2. Tag		3. Tag	
09.00-10.00	Einführung	08.30-11.30	**4 x Bearbeitung Postkorb-Fallstudie**	08.30-12.30	**4 x Rollenübung Coachinggespräch II** Wiederholungsübung vom 1. Tag, Tandembildung/ Begleitung durch anderen Teilnehmer
10.00-15.00	Einzelübungen Rollenübung **Coachinggespräch I** Selbsteinschätzung, Beobachterfeedback, Tandembildung/ Begleitung durch anderen Teilnehmer	11.30-15.00	**4 x Rollenübung Kundengespräch** Selbsteinschätzung Videoauswertung	13.30-15.00	**Beobachtermeeting** Erstellen von Stärken/ Entwicklungsfeldern
15.00-17.00	**Gruppenbearbeitung I** Fallaufgabe mitPeer-Feedback	15.00-16.00	**Impulsvortrag/** Kurztraining zu Kundensituation	15.00-17.00	**4 x 30 Min. Einzelfeedback** Teilnahme des hierzu angereisten Vorgesetzten
17.00-19.00	**Self-Assessment** Vorab zu AC Bearbeitung Self-AC-Fragebogen, Diskussion mit Trainer	16.00-19.00	**Gruppen-bearbeitung II** Fallaufgabe, 2. Teil mit Peer-Feedback		
19.00-20.00	**Sportevent**	20.30-22.00	**Outdoor AC-**Übung mit Eventcharakter		

Abb. 4.3 Beispiel Ablauf Development Center

Der Begriff Development Center kommt aus Großbritannien und wird dort häufig alternativ zu AC verwendet (AC/DC). Andere Begriffe für das DC sind Orientierungsworkshop, Learning-Center oder Orientierungscenter (OC). In Deutschland hat sich der Begriff seit Beginn der Jahrhundertwende durchgesetzt. Noch in der AC-Studie von 2001 (Arbeitskreis AC 2001) geben nur fünf der befragten 141 Unternehmen an, dass sie ihr Verfahren als DC bezeichnen. In der Erhebung aus dem Jahr 2007 bei 200 Unternehmen, darunter die Mehrzahl der DAX 100-Unternehmen, ist die Bezeichnung Development Center schon an die zweite Stelle der diversen unternehmensspezifischen Begriffe nach „Assessment Center" aufgestiegen. Der in der Vorgängeruntersuchung noch populäre Begriff „Personalentwicklungsseminar" ist hingegen kaum mehr gebräuchlich. In der aktuellen Befragung von 2012 (Obermann et al. 2012) teilt sich der Name Development Center mit der Bezeichnung Personalentwicklungsseminar den zweiten Rangplatz der häufigsten Bezeichnungen der AC-Verfahren. Generell zeigt sich aber ein starker Trend zu organisationsspezifischen Bezeichnungen der Verfahren, sodass auch die klassische Bezeichnung Assessment Center weiter abgenommen hat.

Nachdem in vielen Unternehmen das mittlere Management sehr ausgedünnt wurde, wird es nun mehr darauf ankommen, die Positionsinhaber zu entwickeln und das im unternehmerischen Sinn Maximale aus ihnen herauszuholen. So ist zu erwarten, dass der relative Anteil an DC gegenüber Potenzialanalysen oder Selektionsverfahren zunehmen wird.

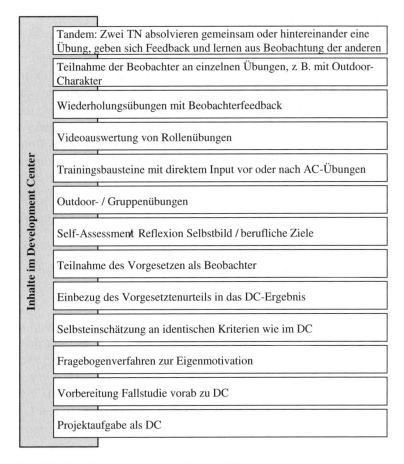

Abb. 4.4 Mögliche Inhalte im Development Center (DC)

Abgrenzungsmerkmale zum AC sind:

- Fokus auf Entwicklung statt Auswahl
- Teilnehmender statt neutral-distanzierter Beobachter
- Konzentration auf Dimensionen, die auch entwickelbar sind (z. B. nicht Grundintelligenz, bestimmte Interviewinhalte)
- Inszenierung von Lernen und Feedback nicht erst nach dem AC, sondern innerhalb des Verfahrens

Das DC steht als Methode weniger in Konkurrenz zum AC, sondern zu anderen Feedback-Interventionen. Neben dem arbeitsplatzbezogenen Vorgesetzten-Feedback sind dies insbesondere die 360-Grad-Feedbackvefahren.

4.2.2 Nachweis des Nutzens

Die Rechtfertigung für das AC ist die relative Überlegenheit gegenüber anderen Auswahlverfahren. Diese Argumentation greift jedoch beim DC nicht mehr. Für die unternehmerische Rechtfertigung gilt es hier den Beweis aufzuzeigen, dass die DC tatsächlich einen Nutzen entfalten. Letztlich muss dieser darin bestehen, dass entwickelte Manager das Unternehmen stärker voranbringen als solche, die nicht entwickelt sind. Das geht nur, wenn zunächst definiert ist, in welche Richtung das Unternehmen seine Mitarbeiter eigentlich entwickeln will. Mögliche Zwischenschritte auf einer Verhaltensebene könnten sein:

- Teilnehmer lernen die für das Unternehmen wichtigen Anforderungen kennen und wissen um ihre Fremdwirkung dazu
- Teilnehmer zeigen im Verfahren selbst erste Veränderungen
- Teilnehmer setzen sich nach dem Besuch des DC Lernziele und verfolgen diese
- Im Job lassen sich Verhaltensänderungen erkennen

Speziell zum DC gibt es leider wenige empirische Bestätigungen. Allerdings kann man einige Aspekte aus anderen Kapiteln zusammenfassen: Die pure Teilnahme an AC ohne Feedback oder weitere Maßnahmen bringt wenig Veränderung (vgl. Kap. 2.8.3). Die Feedback-Akzeptanz – als Voraussetzung für Änderungen – hängt von der erlebten Verfahrensqualität ab und mehr noch davon, ob und wie das soziale Umfeld (der Vorgesetzte) auf die Rückkehr von dem Verfahren vorbereitet ist und den Lernprozess unterstützt (Kudisch et al. 2004). Positive Effekte aus solchen Veranstaltungen kommen nur zustande, wenn die Organisation dem DC-Teilnehmer hilft, nachdem dieser zu seinem Job zurückkehrt. Die Lernleistungen in solchen Verfahren variieren erheblich interindividuell und lassen sich schwer auf einzelne Variablen, wie kognitive Fähigkeiten, zurückführen (Obermann 1994). Aus der neuen Forschung zu Lern-AC (Kap. 4.3.4) wird u. a. deutlich, dass die Lernleistungen der Teilnehmer steigen, wenn sie angehalten werden, sich konkrete Lernziele zu setzen. Bei der Evaluation eines Trainingsprogramms zu unternehmerischen Eigenschaften (Armbruster und Kieser 2003) konnten nur bescheidene Effekte festgestellt werden.

Empirische Untersuchungen

In der bisherigen Forschung zu Feedback dominieren Untersuchungen zu affektiven Reaktionen der Feedbackempfänger. Die tatsächliche Kompetenzverbesserung durch DC lässt sich in der Unternehmenspraxis nur schwer umsetzen.

Eine Metaanalyse zur Wirkung von Feedback in unterschiedlichen Lebensbereichen haben Kluger und DeNisi (1996) vorgelegt.

Als Grundlage für die Metaanalyse dienten jeweils die Effektstärken aus den Leistungen von einer Experimentalgruppe (=Feedbackintervention) gegenüber einer

Kontrollgruppe (=kein Feedback). Die durchschnittliche Effektstärke aus insgesamt 607 Vergleichen betrug d = .41, was als ein mäßiger Effekt zugunsten der Feedbackbedingung zu bewerten ist. Die hohe Streuung der 607 Effektstärken von ca. 1 und zahlreiche Studien mit negativer Effektstärke (insgesamt 38 %) lässt die von den Autoren geäußerte Vermutung allerdings gerechtfertigt erscheinen, dass Methode und Form des Feedbacks einen starken Einfluss darauf haben, ob Feedback die Leistung tatsächlich steigern, senken sowie auch unbeeinflusst lassen kann.

Von Klebl (2008) wurde ein neues, methodisch aufwendigeres Untersuchungsdesign zum DC bei einem deutschen Finanzdienstleistungskonzern vorgelegt. Hier wurde insbesondere mit einer Kontrollgruppe von Nicht-DC-Teilnehmern gearbeitet. Das DC beinhaltete Elemente wie direktes Feedback nach den einzelnen Übungen, Selbsteinschätzung, Peer-Feedback sowie die Erarbeitung eines Entwicklungsplans.

Vor der Nominierung der Teilnehmer zum DC erfolgte eine Kompetenzeinschätzung durch die Vorgesetzten, die als Ausgangsniveau der Kompetenz verwendet wurde. In einem separaten Fragebogen wurden die Vorgesetzten mindestens drei Monate nach dem DC gebeten, das Kompetenzniveau ein weiteres Mal einzuschätzen. Als Kontrollgruppe dienten Teilnehmer, die bereits für das Verfahren nominiert waren, aber aufgrund von Terminverzögerungen noch nicht daran teilgenommen hatten. Die Ergebnisse zeigen für den Kompetenzbereich „Führungs- und Managementkompetenz" einen signifikant stärkeren Kompetenzzuwachs der Teilnehmer- gegenüber der Kontrollgruppe (Abb. 4.5).

Die Teilnehmergruppe zeigte ferner in der Einschätzung der Vorgesetzten ein signifikant stärkeres Engagement für ihre eigene Weiterentwicklung. Die pfadanalytische Überprüfung der Zusammenhänge zwischen den einzelnen Variablen erbrachte die Erkenntnis, dass unabhängig davon, ob das Feedback positiv oder negativ ausfällt, die Motivation, das Feedback zu nutzen, mit verstärkten späteren Entwicklungsaktivitäten in Zusammenhang steht. Der Autor zieht die Schlussfolgerung, dass für das DC

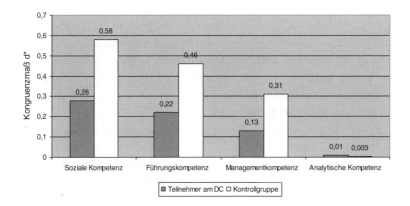

Abb. 4.5 Selbstbild-Fremdbild-Kongruenz durch DC. *Quelle* Klebl (2008)

die Motivation positiv beeinflusst werden sollte, das Feedback aufzugreifen: „Im Training der Feedbackgeber … ist darauf zu achten, dass diese in ihrem Feedback Verbesserungspotenziale klar benennen, konkrete Anregungen geben, wie diese realisiert werden können und nicht zuletzt das Gefühl vermitteln, dass der Teilnehmer in der Lage ist, Lernerfolge zu realisieren" (Klebl 2008, S. 3).

4.2.3   Varianten und Elemente eines DC

Selbsteinschätzung

Da in den empirischen Untersuchungen zum Abgleich AC/Selbsteinschätzung (vgl. Kap. 2.7.6) meist nur eine geringe – interindividuell verschiedene – Fähigkeit festgestellt wurde, sich entsprechend dem Fremdbild aus dem AC korrekt selbst einzuschätzen, liegt ein weiterer Schwerpunkt des DC darin, dazu beizutragen, dass sich die Teilnehmer ein realistischeres Selbstbild ihrer Außenwirkung erarbeiten. Ein Element für das DC ist daher ein Selbsteinschätzungsfragebogen mit gleichen Inhalten und gar identischen Verhaltensankern wie die Beobachtungskriterien des DC. Im DC sollte dann der Raum für die Teilnehmer dafür sein, über Unterschiede zwischen Selbst- und Fremdbild zu reflektieren und für sich abzuleiten, welches abweichende Fremdbild gewollt oder nicht gewollt ist. Ein anderes Element für ein realistischeres Selbstbild ist der direkte Abgleich nach einzelnen Übungen. Hierzu erhalten die DC-Teilnehmer etwa nach einem Führungsrollenspiel den gleichen Bewertungsbogen wie die Beobachter. Direkt danach wird die Selbsteinschätzung mit dem Fremdbild abgeglichen.

Self-Assessment

Eine weitere Aufgabe für das DC ist das Angebot an die Teilnehmer, über ihre eigene berufliche Entwicklung zu reflektieren. Dies trifft dann zu, wenn die Zielgruppe für das Verfahren aus Nachwuchskräften besteht, die nun über ihre weitere berufliche Entwicklung in strukturierter Form nachdenken möchten. Hierzu sollte dann entweder im DC selbst oder in der Vorbereitung entsprechend Raum geboten werden. Ein notwendiges Instrument ist ein Self-Assessment-Fragebogen. Dieser beinhaltet offene Fragen zur beruflichen Entwicklung (zum Beispiel: „Beschreiben Sie eine ideale berufliche Aufgabe in fünf Jahren") oder Selbsteinschätzungsskalen („Ich halte mich für …"). Diese Auswertung kann von den Teilnehmern mit einer entsprechenden Anweisung selbst erfolgen (Self-Assessment) oder gegenüber Beobachtern und/oder anderen Teilnehmern vorgetragen und diskutiert werden.

Frank und Struth (1984) beschreiben eine Ausprägung des Self-Assessment Center als Alternative zu AC. Dabei werten die Teilnehmer Videoaufzeichnungen der eigenen Übungen nach einem kurzem Beobachtertraining aus und erstellen eine Rangfolge des Trainingsbedarfs. Als Nebeneffekte schildern die Autoren den Abbau von Widerständen gegenüber AC, die Steigerung der Motivation zur Teilnahme an PE-Maßnahmen und den Zuwachs an Beobachtungsfähigkeiten.

Einbindung der Vorgesetzten

Erfolgskritisch für alle Entwicklungsmaßnahmen ist die Integration der off-the-job-Veranstaltung mit den Aufgaben und Belohnungsmustern vor und nach der Rückkehr zum Job. Dies bestätigen empirische Untersuchungen (Tracey et al. 1995). Es sei an die Untersuchungen von Kudisch et al. (2004) erinnert, wonach für die Akzeptanz des Feedbacks im AC in erster Linie weniger das AC als die von dem Teilnehmer wahrgenommene soziale Unterstützung nach dem AC verantwortlich ist.

Gleiches gilt auch für das DC. Sollen die im DC ermittelten Lernfelder nach der Rückkehr zum Arbeitsplatz tatsächlich angegangen werden, geht dies kaum ohne die Unterstützung durch den Vorgesetzten. Dieser traditionelle blinde Fleck im klassischen AC wiegt schwerer in einem Verfahren, das sich explizit die Entwicklung der Teilnehmer zum Ziel gesetzt hat. Eine Umsetzung liegt darin, die Vorgesetzten in die Vor- oder Nachbereitung einzubinden. Vor dem DC wird etwa ein Beratungsgespräch mit Teilnehmer und Vorgesetztem geführt, in dem beide ihre Sicht zu Lernfeldern und offenen Fragen benennen, die idealerweise im DC beantwortet werden sollen. Nach dem DC erhält er eine Rückmeldung hierzu. Eine intensivere Form der Einbindung des Vorgesetzten geschieht durch die Teilnahme am DC selbst: Als Beobachter an einzelnen Elementen oder dem ganzen Verfahren gibt er dem Teilnehmer Feedback. Dadurch wird auch vermieden, dass der Vorgesetzte das DC als Konkurrenzveranstaltung zu seinem Urteil betrachtet und die Umsetzung von möglichen Lernfeldern mit gebremster Motivation unterstützt.

Peer-Feedbacks

Der Entwicklungscharakter des DC besteht auch darin, dass die Teilnehmer sich nicht nur in Übungen zeigen, sondern auch Möglichkeiten zum Lernen durch Beobachtungen haben. In ein DC gehören daher auch kurze Inputs über Trainingseinheiten, die dann in den Übungen umgesetzt werden können. Eine sehr effektive Lernmöglichkeit ist auch die Beobachtung anderer Teilnehmer, etwa durch die Tandembildung. Dabei begleiten sich zwei Teilnehmer in den Übungen, die dann abwechselnd als Beobachter bei dem anderen Teilnehmer auftreten und durch das Verhaltensmodell lernen. In einem klassischen AC wäre das nicht möglich, da der Teilnehmer, der zunächst beobachtet, einen Startvorteil hätte.

Papon und von Rüden (2005) berichten in einem Artikel von einem ähnlichen Ansatz, bei dem die Teilnehmer die üblichen Beobachter ersetzen und sich nach entsprechender Vorbereitung selbst Feedback geben.

Neue Formen des Feedbacks

Ein anderer Schwerpunkt des DC gegenüber dem AC liegt im Feedback für die Teilnehmer. Zum klassischen AC gehört die Beobachterkonferenz und die anschließende Übermittlung eines Endfeedbacks an die Teilnehmer, nachdem das AC abgeschlossen ist. Diese Vorgehensweise ist für das DC nicht geeignet, bei dem ja Lernen und neue Erfahrungen bereits im Ablauf angestrebt werden. Nach der Lernpsychologie bildet

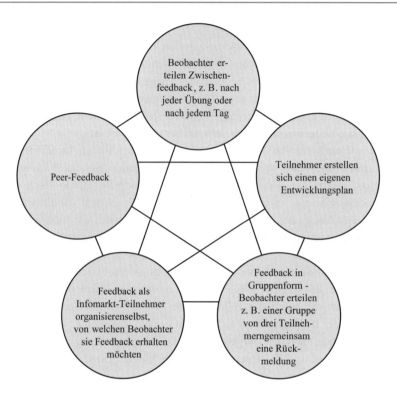

Abb. 4.6 Varianten im DC in der Nachbereitung und Feedback

neben dem Modell-Lernen (Lernen durch Beobachtung) das Lernen durch Erfahrung und Rückmeldung jedoch eine Hauptquelle für die Veränderung von Menschen. In Abb. 4.6 sind verschiedene andere Varianten für das Feedback aufgeführt. Die einseitige Rollenverteilung beim Feedback im klassischen AC, bei dem sich der Teilnehmer mehr oder weniger passiv seine Rückmeldung von den Experten anzuhören hat, sollte aufgelöst werden in Richtung einer aktiveren Rolle des Teilnehmers. Hierzu gehört es etwa, dass sich der Teilnehmer aus dem Pool von Beobachtern ihm genehme Personen aussuchen darf, von denen er Feedback erhalten möchte.

Eine Variante hierzu ist die Gestaltung des Feedbacks als Infomarkt (etwa bei dem Unternehmen Beiersdorf): Auf einer Pinnwand gibt es für alle sichtbar knappe Stichworte zu Stärken und Lernfeldern für jeden Teilnehmer in allen Übungen. Die Teilnehmer organisieren dann für sich selbst, von welchen Beobachtern sie diese Hinweise mit einem persönlichen Feedback detailliert erläutert haben möchten.

Ein anderes Beispiel für ein kompaktes anderthalbtägiges DC stellt Rupp (2004) vor. Am Morgen des DC durchlaufen die Teilnehmer einen ersten Übungsblock aus Gruppendiskussion, Rollenspiel und Fallstudie. Zu diesem Übungsblock gibt es ein Feedback mit Entwicklungshinweisen für den Nachmittag. Der gleiche Block mit parallelen Übungen wird ein weiteres Mal durchgeführt. Im Rahmen einer Varianzanalyse konnte zunächst der Lerneffekt der Teilnehmer zwischen dem Morgen- und Nachmittagsblock nachgewiesen werden. Zusätzlich wurden vor dem AC und einige Zeit später Selbstbewertungen erhoben. Hier zeigten sich in einigen Dimensionen signifikante Verbesserungen (etwa verbale Kommunikation), in anderen nicht (etwa Problemlösen).

Angebote zum direkten Lernen

Eine weitere Variante sind verschiedene Zwischenfeedbacks an die Teilnehmer nach einzelnen Übungen (vgl. Kap. 4.3). Das Feedback sollte möglichst in ähnlichen Übungen noch während des DC umgesetzt werden können. Dabei können auch die Feedbackquellen variiert werden: Feedback durch andere Teilnehmer oder die eigene Bewertung durch die Betrachtung der Übungen auf Video. Eine aktivere Rolle der Teilnehmer in ihrem eigenen Entwicklungsprozess besteht darin, wenn sie nach den Erfahrungen im DC und den Rückmeldungen selbst einen Entwicklungsplan mit Lernfeldern und entsprechenden Maßnahmen erstellen und diesen dem Beobachterteam, anderen Teilnehmern und/oder dem Vorgesetzten vorstellen.

4.3 Lernpotenzial-AC

4.3.1 Konzept des Lernpotenzial-AC

Das Lernpotenzial-AC ist die Weiterentwicklung des AC von der Status- zur Prozessdiagnostik. Im klassischen AC werden die Teilnehmer mit für sie neuen Fallbeispielen konfrontiert, dabei wird das in diesen Fallbeispielen gezeigte Verhalten mit vorhandenem Potenzial gleichgesetzt. Diese Gleichsetzung ist jedoch fraglich. Potenzial bedeutet das Vermögen, grundsätzlich eine Kompetenz erlernen zu können. Aus der Tatsache, dass ein AC-Teilnehmer spontan nicht die erwartete Leistung in dem für ihn neuen Fallbeispiel Mitarbeitergespräch zeigt, kann nicht zwangsläufig auf ein mangelhaftes Vermögen geschlossen werden, das geforderte Verhalten später nicht erlernen zu können. Es wäre jedoch schädlich, einem Mitarbeiter mangelhaftes Potenzial zu bescheinigen, wenn sich etwa mit einfachen Mitteln trotz der im AC schwachen Performance das Potenzial in gewünschtem Verhalten realisieren lassen würde. Es gibt verschiedene offensichtliche Gründe, warum im AC noch nicht die geforderte Leistung vorhanden ist, aber dennoch von einem Potenzial auszugehen ist, dieses Verhalten zu erwerben.

Als Gründe kommen etwa in Frage: schlechtes Modell des eigenen Vorgesetzten oder falsche Hypothesen der Teilnehmer über die Anforderungskriterien, fehlendes bisheriges Feedback zur Wirkung des eigenen Verhaltens auf Andere. Die fälschliche Zurückweisung von Teilnehmern mit der Aussage „Kein Führungspotenzial!", obwohl dieses Potenzial über die spontane Leistung in AC-Übungen hinaus nie betrachtet wurde, ist für die betreffenden Teilnehmer genauso schädlich wie für die Organisation.

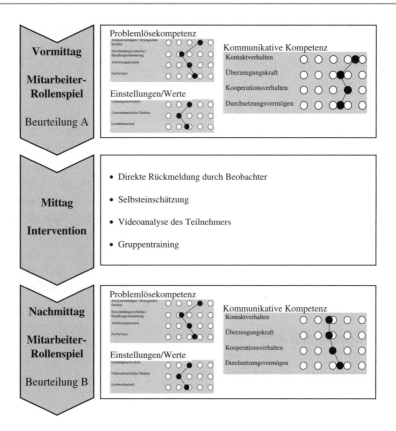

Abb. 4.7 Wiederholungssimulation im AC

Möglicherweise verfügt sogar ein Teilnehmer mit ursprünglich schwächerer Leistung in den AC-Übungen über ein größeres Potenzial als ein Teilnehmer mit relativ besserer AC-Leistung, der jedoch sein Potenzial schon erreicht hat.

Das Lernpotenzial-AC verlagert im Unterschied zum klassischen AC den Schwerpunkt von den aktuell vorhandenen Ist-Fähigkeiten der Teilnehmer auf die Betrachtung der Veränderungs- und Lernfähigkeit. Wir führen seit Ende der 80er-Jahre AC auf der Basis des Lerntest-Konzepts durch (Obermann 1992, 1996). Das Lerntest-Konzept sieht die Messung zweier gleicher Übungen mit einer zwischengeschalteten Feedback- und/oder Trainingsphase vor (Abb. 4.7). Dies bedeutet praktisch, dass während eines zwei- bis dreitägigen AC eine erste Messung (z. B. Rollenübung Mitarbeitergespräch) am ersten Tag stattfindet. Die Teilnehmer erhalten zu der Übung eine individuelle Rückmeldung und Optimierungshinweise. Zusätzlich kann am zweiten Tag eine Trainingsphase zu dem Thema eingebaut werden. Eine zweite Messung findet im gleichen AC statt (z. B. am dritten Tag) in Form einer erneuten Führungs-Rollenübung mit vergleichbarem Szenario.

Für die Beurteilung wird dabei nicht nur der Level in Messung 1 betrachtet, sondern der Lerngewinn zwischen beiden Messungen. So wären AC-Teilnehmer, die in Messung

1 eine schwache Beurteilung erhalten anders einzuschätzen, wenn sie sich mithilfe von Beobachterrückmeldungen und kurzen Trainingseinheiten in Messung 2 auf ein höheres Niveau entwickeln. In einem klassischen statusorientierten AC wäre diesen Teilnehmern fälschlicherweise ein geringes Potenzial bescheinigt worden.

Dieses Konzept des Lernpotenzial-AC wurde seit Mitte der 90er-Jahre nunmehr von einigen Autoren und Beratern aufgegriffen und es wurden Erfahrungen im deutschsprachigen Bereich beschrieben (Hübbe 1999; Sarges 2000; Ochmann und Röhr 2001). In der AC-Umfrage von 2012 (Obermann et al. 2012) wird immerhin in 14 % der beschriebenen 107 AC-Verfahren angegeben, dass die Variante des Lernpotenzial-AC eingesetzt wird.

Im folgenden Absatz soll der eignungsdiagnostische Hintergrund des Lernpotenzial-AC beschrieben werden, daran anschließend einige praktische Erfahrungen und eine Validitätsstudie zum Lernpotenzial-AC sowie abschließend neuere Untersuchungen zum Thema.

4.3.2   Kultureller und theoretischer Hintergrund

In der Eignungsdiagnostik unterscheiden sich prozessorientierte Tests von Statusmessungen durch die Beobachtung eines Prozesses, einer Abfolge oder eines Verlaufs. Ein solcher Prozess ist beispielsweise das Lernen, dessen Fortschritt an mehreren denkbaren Messzeitpunkten beobachtet werden kann. Eine Übersicht über einige historische Entwicklungslinien zur Prozessdiagnostik geben Wiedl und Guthke (2003).

Ein wichtiges Konzept zur Realisierung der Prozessdiagnostik besteht in dem von Guthke (1991, 1988) entwickelten Ansatz der Lerntests. Die Kernidee dieses Ansatzes besteht darin, den Test-Versuchspersonen mehrfach einen Test vorzugeben und dazwischen ein Training oder eine andere pädagogische Einflussnahme einzubauen. Gegenüber der klassischen Testdiagnostik stehen damit zusätzliche Informationen zur Verfügung: Der Testwert 2, die Differenz zwischen Testwert 1 und 2 (Lerngewinn) und der Residualwert. In verschiedenen Untersuchungen, insbesondere in der ehemaligen DDR, konnte nachgewiesen werden, dass der Testwert 2 und der Lerngewinn speziell im Bereich der Intelligenzdiagnostik im pädagogischen Bereich eine höhere Validität besaß – etwa bei der Vorhersage von Schulerfolg – als der Testwert 1 allein. Die Lerngewinne erwiesen sich als relativ unabhängig von Testwert 1, sodass mit dem Lerngewinn eine substanziell neue Prädiktorvarianz für die Vorhersage von Lernleistungen erfasst wird.

Mit dem Ansatz der Prozessdiagnostik kehrt die Eignungsdiagnostik wieder zu ihren Wurzeln zurück. Schon Wundt (1911, S. 168; zitiert nach Guthke und Sprung 1990) hat hervorgehoben, dass „psychische Gebilde niemals Objekte, sondern Vorgänge (Prozesse) sind". Eine starke Tradition hatte die Prozessdiagnostik in der Psychologie der ehemaligen Sowjetunion und DDR. Ein Autor war hier etwa Wygotskiy (1977). Er hatte als Ergänzung zur Statusdiagnostik den Begriff einer Zone der nächsten Entwicklung vorgeschlagen, wodurch die denkbare Entwicklungsfähigkeit von Individuen als Maß für deren Lernfähigkeit bezeichnet wird.

Später wurde das Konzept in parallelen Entwicklungen in den 60er-Jahren sowohl im ehemaligen Ostblock als auch in den USA wieder aufgegriffen. Interessant sind die jeweils kulturell unterschiedlichen Motive. Im Osten stand das Konzept für die Einbettung in die „erkenntnistheoretischen Postulate der marxistisch-leninistischen Philosophie, aus dem Menschenbild des sozialistischen Humanismus" (Guthke 1988). Der Marxismus forderte im Osten das Menschenbild von der grundsätzlichen Erlernbarkeit und Veränderungsfähigkeit. Dafür lieferte das Lerntest-Konzept die psychologische Theorie-Basis.

In den USA ging es bei der Parallelentwicklung in der Gruppe um Feuerstein (1979) um ein anderes Motiv, die Benachteiligung von Minoritäten gegenüber weißen Schülern in den 60er- und 70er-Jahren. Die Ausgangsbasis war die Frage, warum weiße Schüler gegenüber Minoritäten in klassischen Intelligenztests jeweils besser abschnitten (sogenannte Jensen-Debatte). Jensen (1973) verglich etwa Mexiko-stämmige und angloamerikanische Schulkinder mit unterschiedlichen IQ im Hinblick auf ihr Lernpotenzial. Dabei schnitten die Mexiko-stämmigen Schüler im IQ absolut schwächer ab, zeigten jedoch bei gleicher IQ-Ausgangsbasis genauso gute Lernleistungen wie angloamerikanische Schüler. Daraus entwickelte sich die Erkenntnis, dass das absolute IQ-Niveau bei Minderheiten ein ungeeigneter Prädiktor für Lernleistungen darstellt, sondern vielmehr die Lerngewinne im Rahmen des Lerntest-Ansatzes verwendet werden müssen. Von Feuerstein wurde in den USA für diesen Ansatz der Begriff „dynamic assessment" (1979) eingeführt. Ende der 70er- und in den 80er-Jahren gab es dann im pädagogischen Bereich eine intensive Diskussion zu diesem Thema. Motiv war jeweils, durch „faire" Testbedingungen die sozialisationsbedingte Defizite, die in klassischen IQ-Tests deutlich wurden, auszugleichen und damit eine verbesserte Vorhersage von Schulerfolg zu ermöglichen. Dies wurde auch durch einige Untersuchungen bestätigt (Carlson und Wiedl 1980).

Allerdings fällt auf, dass in den US-Studien im Vergleich zu den DDR-Studien kaum mit externen Kriterien oder Kontrollgruppen gearbeitet wurde. Weitere Untersuchungen in Deutschland zeigen, dass der ursprüngliche Traum, unter optimalen pädagogischen Bedingungen die wahre Begabung der Probanden zu Tage fördern zu können, nicht aufrechterhalten werden kann. Bei bestimmten Zielgruppen im pädagogischen Bereich wurden die Probanden durch die Lerntests sogar benachteiligt (Wiedl 1984). Offenbar sind Statustests die besten Prädiktoren für Statuswerte – im pädagogischen Bereich lassen sich spätere Schulnoten am besten durch frühere Schulnoten vorhersagen. Dagegen sind fachspezifische Lerntests die besten Prädiktoren für spätere Lernleistungen (Guthke 1988).

Eine weitere interessante Parallelentwicklung der Lerntests mit mehr Bezug zur Arbeitswelt ist das englische Konzept der Trainability-Tests (Robertson und Downs 1989). Diese Lerntests bestehen inhaltlich aus realistischen Arbeitsproben, die repräsentativ für Tätigkeiten der späteren Berufsausbildung sind. Auch diese Entwicklung ist vor dem Hintergrund der gesellschaftlichen Situation in den 70er-Jahren in der Zeit vor Thatcher zu sehen. Während der industriellen Umstrukturierung in England

bestand der Bedarf, ältere Arbeitnehmer auf komplett neue Berufsbilder umzuschu-
len. Der jeweiligen Ausbildung wurde ein dreiwöchiges Probetraining vorangestellt, in
dem die Eignung für die Ausbildung von den jeweiligen Instruktoren bewertet wurde.
Dieser Hintergrund erklärt die Unterschiede der Trainierbarkeitstests gegenüber den
pädagogischen Lerntests in den USA und der ehemaligen DDR: Während sich diese
Lerntests auf kognitive Aufgaben konzentrierten, sind Inhalte der Trainierbarkeitstests
sehr praktische Tätigkeiten, etwa Schweißen, Zusammenbau elektronischer Kleinteile,
Metallbearbeitung, Mauern. Von den Fachtrainern wurden dann Handlungsmerkmale
erfolgreicher Lerner zusammengestellt, zum Beispiel „benutzt richtiges Werkzeug". Im
Rahmen des Lernprozesses wurde dann bei den Kandidaten beobachtet, ob die für das
Lernverhalten kritischen Verhaltensweisen gezeigt werden, wann sie gezeigt werden und
welche Fehler gemacht werden. In einer Metaanalyse zu diesen Lerntests (Robertson
und Downs 1989) zeigte sich die höchste durchschnittliche Validität mit r = .48 für den
Prädiktor „Anzahl Fehler beim Lernen" und das Kriterium „Bestehen der Ausbildung".
Unbefriedigend sind allerdings fehlende Kontrollgruppen mit klassischen psychometrischen Tests. So bleibt unklar, ob die Lerntests auch einen inkrementellen Nutzen gegenüber den klassischen Tests liefern.

Die erwähnten Studien betrachten die Lernleistungen jeweils anhand bestimmter Lernaufgaben, dennoch wird jeweils von *der* Lernfähigkeit gesprochen. Gerade für
die Prozessdiagnostik im AC ist es eine wichtige Frage, ob es ein generelles Konstrukt
der Lernfähigkeit gibt oder ob von unabhängigen Lernleistungen auszugehen ist. Die
Frage ist im AC von hoher Bedeutung. Nur wenn von einem über Lernaufgaben stabilen Konstrukt der Lernfähigkeit ausgegangen werden kann, genügt es im AC einen
Lerntest bei einer AC-Aufgabe durchzuführen, z. B. Postkorb oder Rollenspiel. Hierzu
stehen noch Untersuchungen aus. In einer Studie (Obermann 1994) ergaben sich bei der
Faktorenanalyse von zwanzig Lernleistungen zwischen zwei Messungen eines Führungs-
Rollenspiels zwei Lernfaktoren: Lernen von Mitarbeiterorientierung und Lernen von
Aufgabenorientierung. Beide Faktoren hatten einen statistischen Zusammenhang
von r = .37. Die Ergebnisse können somit eher in Richtung eines Konstrukts der
Lernfähigkeit im Gesprächsverhalten interpretiert werden. Es steht allerdings noch
die Untersuchung der Frage aus, inwieweit die Lernleistungen in verschiedenen AC-
Übungen zusammenhängen.

4.3.3 Erfahrungen mit dem Lerntest im AC

In den Jahren 1991 bis 1994 wurde eine Validitätsstudie zu Lernpotenzial-AC durchgeführt (Obermann 1994). Die Studie umfasste insgesamt 151 Teilnehmer aus
Potenzialanalyse-AC bei Banken und Versicherungen. Das Lernpotenzial-AC folgte
dem klassischen Ansatz mit der Wiederholung einer Rollenübung Mitarbeitergespräch
innerhalb von dreitägigen Verfahren. Lernelemente bestanden in einem individuellen Beobachterfeedback nach Messung 1 des Rollenspiels und bei einem Teil der

Anzahl

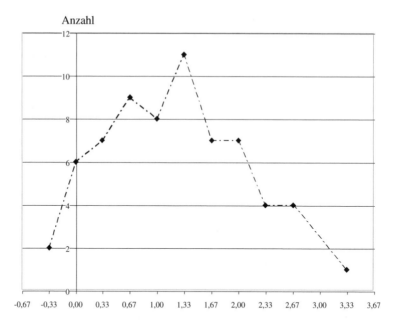

Abb. 4.8 Lerngewinne nach Rückmeldung. *Quelle* Obermann (1994)

Teilnehmer nach einem etwa einstündigen Gruppentraining mit Hinweisen zur Gesprächsführung. 31 der 151 Teilnehmer bildeten allerdings eine Kontrollgruppe, die neben der Wiederholungsmessung weder Feedback noch ein Training erhielten. Das Feedback der Trainingsgruppe erfolgte anhand von 20 Verhaltenskriterien. Um die Teilnehmer nicht zu überfordern, wurde das Feedback jedoch nur zu den individuell drei schwächsten Verhaltenskriterien gegeben. Innerhalb des Lernpotenzial-AC zeigte sich tatsächlich eine erhebliche Steigerung der Leistungen in der zweiten Messung (vgl. Abb. 4.9). Der durchschnittliche Lerngewinn der Teilnehmer betrug auf einer 5-er Skala 1,20 (s = 0.84). Der schwächste Teilnehmer verschlechterte die Leistung leicht mit 0,33 Punkten auf der 5-er Skala, während der beste Teilnehmer sich nach dem Feedback und Training immerhin um 3,3 Punkte steigerte. Damit zeigte sich zunächst, dass durch relativ geringe Interventionen im Rahmen einer Prozessdiagnostik – interindividuell

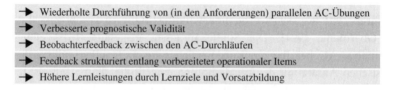

→ Wiederholte Durchführung von (in den Anforderungen) parallelen AC-Übungen
→ Verbesserte prognostische Validität
→ Beobachterfeedback zwischen den AC-Durchläufen
→ Feedback strukturiert entlang vorbereiteter operationaler Items
→ Höhere Lernleistungen durch Lernziele und Vorsatzbildung

Abb. 4.9 Lernpotenzial-AC –Empfehlungen für die AC-Praxis

unterschiedliche – Leistungssteigerungen erzielbar sind, die vom statusorientierten AC nicht erfasst werden. Dabei konnte sich die Gruppe der AC-Teilnehmer mit Feedback signifikant stärker steigern als die Kontrollgruppe. Das einstündige Training zum Gesprächsverhalten hatte jedoch gegenüber dem individuellen Beobachterfeedback an die Teilnehmer keine zusätzliche Wirkung. Relativ gute Prädiktoren für die Lerngewinne lagen in dem beruflichen Anspruchsniveau der Teilnehmer (erhoben in einem Interview im AC) und ihrer Führungsmotivation (erhoben durch einen Fragebogen). Wer ein guter Lerner im AC ist, konnte jedoch aus Daten des AC nicht erkannt werden: Keine der AC-Dimensionen war ein signifikanter Prädiktor für die Lernleistungen, auch nicht das Ausgangsniveau der Teilnehmer in Messung 1. Es gibt daher im Lernpotenzial-AC keinen Matthäus-Effekt (Matthäus 13, Vers 12: „Wer hat, dem wird gegeben"). Somit konnten sich AC-Teilnehmer, die bei einem klassischen Status-AC gut oder schlecht abschnitten, jeweils im Mittel in gleichem Maße verbessern. Dies unterstreicht die fehlerhafte Gleichsetzung von AC-Ergebnissen mit dem Potenzial der Teilnehmer: Gut oder schlecht abschneidende Teilnehmer haben im Mittel das gleiche Veränderungspotenzial. Damit wurde auch kein Kompensationseffekt derart beobachtet, dass ursprünglich schwächere Teilnehmer grundsätzlich mehr aufholen als ursprünglich stärkere Teilnehmer.

Für einen Teil der Teilnehmer in der Studie wurde zusätzlich eine externe Validitätseinschätzung (Kriterium Beförderung nach mindestens zwei Jahren: Ja/Nein) vorgenommen. Für den klassischen AC-Gesamtwert zeigte sich dabei ein Zusammenhang von $r = .35$, damit ein Ergebnis vergleichbar den Metaanalysen (Gaugler et al. 1987). Durch die Hinzunahme des Lernzuwachses zwischen Messung 1 und 2 konnte der Zusammenhang zur Beförderung auf 0.48 gesteigert werden (Obermann 1994). So lässt sich das externe Kriterium der späteren Beförderung durch ein Lernpotenzial-AC besser vorhersagen als durch ein klassisches AC-Verfahren. Die Lerngewinne zwischen den beiden Messungen enthalten offensichtlich neue Informationen bzw. Varianzanteile, die nicht in den statistischen AC-Daten beinhaltet sind.

Bei aller positiven Bilanz der Lernpotenzial-AC bleiben allerdings auch methodische Einschränkungen. Dies ist zum einen die problematische Reliabilität der Lerngewinne, bei denen sich die Fehleranteile von Vor- und Nachtest akkumulieren. Daher sind für beide Messungen möglichst identische Rahmenbedingungen zu organisieren (gleicher Rollenspieler, gleicher Beobachter). Um keine methodischen Artefakte zu produzieren, sind für das Lernpotenzial-AC auch tatsächlich parallele Übungen für Test 1 und 2 notwendig (etwa Person der Rollenspieler, inhaltliche Anforderungen). Weitere Empfehlungen für den Einsatz von Lernpotenzial-AC sind in Abb. 4.9 dargestellt.

Als ein weiteres Problem stellt sich das unterschiedliche Ausgangsniveau der Teilnehmer dar. Wenn sich die Absicht der Messwiederholung herumspräche, so würden alle Teilnehmer versuchen, in der ersten Runde so schlecht wie möglich abzuschneiden, um dann einen hohen Lerngewinn zeigen zu können.

Ein konzeptioneller Kritikpunkt an dem Lernpotenzial-AC wirft die Frage auf, ob die zwischen der ersten und zweiten Erhebung ermittelten Unterschiede tatsächlich als Lernen oder Lernleistungen zu bezeichnen wären. In der Psychologie wird unter dem Begriff des Lernens schließlich die dauerhafte Veränderung von Verhalten verstanden. Dies ist innerhalb eines dreitägigen AC kaum nachprüfbar. So kann argumentiert werden, dass durch die Wiederholungsmessung allenfalls Verhaltensweisen von den Teilnehmern gezeigt werden, die ohnehin in deren Verhaltensrepertoire liegen, die jedoch etwa aufgrund von falschen Hypothesen der Teilnehmer zu den Beurteilungskriterien im AC nicht gezeigt wurden. Andererseits werden in der betrieblichen Praxis auch keine individuellen Verhaltenstherapien durchgeführt. Mehr als die Instrumente des Lernpotenzial-AC (individuelles Beobachterfeedback, Selbsteinschätzung, Kurztraining) wird auch in Trainingsmaßnahmen des Betriebs nicht realisiert. So bildet das Lernpotenzial-AC die Lernumgebung ab, die eben auch im betrieblichen Kontext existiert. Ob die im Lernpotenzial-AC nachgewiesenen Unterschiede der Teilnehmer in ihren Lernleistungen auch einen Prädiktor für längerfristige Lerngewinne am Arbeitsplatz sind, ist noch zu untersuchen.

Eine weitere Herausforderung stellen die statistischen Deckeneffekte dar, also die geringeren Chancen zur Erzielung von Lerngewinnen bei solchen Teilnehmern, die bereits in der ersten Runde sehr gut abschneiden. Dies wurde durch Obermann (1994) bestätigt: Gute Kandidaten nach der ersten Erhebung erzielen in der Tat – wenn auch nicht signifikant – schlechtere Lerngewinne. In der Untersuchung wurden daher nur die Kandidaten mit mittlerem Ausgangsniveau nach der ersten Erhebung berücksichtigt. Dies ist in der AC-Praxis nicht möglich. Als praktikabler Weg erscheint es, die Beurteilung des Lerngewinns nur anhand solcher Verhaltensanker vorzunehmen, die im Vortest bei dem jeweiligen Teilnehmer negativ ausgefallen sind. Auch bei insgesamt sehr guten Teilnehmern gab es in der ersten Erhebung einzelne Verhaltensanker, die nicht positiv bewertet wurden. Eine weitere Möglichkeit, mit den Deckeneffekten umzugehen, könnte darin liegen, dass für die Bewertung im AC nicht der Lerngewinn betrachtet wird, sondern ausschließlich das Ergebnis der zweiten Erhebung, das sowohl die Ausgangsleistung als auch die unterschiedlichen Lerngewinne umfasst. Es geht ja im AC darum, das maximale Verhaltensniveau einer für den späteren Arbeitsbereich repräsentativen Arbeitsprobe zu erhalten (testing the limits). Durch dieses Vorgehen werden auf jeden Fall die im Status-AC benachteiligten Teilnehmer berücksichtigt, die sich durch Feedback und Training im AC auf ein akzeptables Niveau hin entwickeln.

4.3.4   Aktueller Stand der Forschung zum Lernpotenzial-AC

Ausgehend von der Grundidee der prozessorientierten Diagnostik wurden mehrere Varianten vorgestellt, die jeweils unterschiedliche Formen der Intervention vor oder zwischen den AC-Phasen beinhalten. So sieht Sarges (2000) Trainingsphasen vor der ersten

Messung vor, Stangel-Meseke, Akli und Schnelle (2005) gehen noch einen Schritt weiter, indem sie vor und nach den zwei AC-Durchläufen u. a. die Pre- und Postmessung eines Fragebogens zur Lernfähigkeit einsetzen, in dem kognitive, motivationale und emotionale Kriterien hinterfragt werden.

Aktuellere Studien zum Lernpotenzial-AC konzentrieren sich auf den Feedback- und Lernprozess innerhalb des Settings. Kolleker (1999) hat den klassischen Ablauf dahingehend variiert, dass die Teilnehmer die erhaltenden Rückmeldungen nach AC 1 mit der Selbsteinschätzung vergleichen und dann eine erneute Bewertung des eigenen Verhaltens vornehmen sowie sich für das AC 2 schließlich eigene Lernziele setzen. Dieser lernförderliche Feedbackprozess erweist sich als dem klassischen Feedbackprozess im AC überlegen.

Schnelle (2004) greift speziell den Aspekt der Lernintention oder Vorsatzbildung auf. In einem experimentellen Design konnte sie nachweisen, dass die Lernleistung höher ausfällt, wenn Zielintentionen formuliert und um einen Vorsatz für die Durchführung des AC 2 ergänzt werden. Diese Vorsatzbildung hilft insbesondere schwächeren Teilnehmern. In einer darauf aufbauenden Untersuchung differenzierte Hohenberger (2004) zwischen negativ formulierten Vorsätzen (z. B. „Ich will nicht eine so schlechte Gesprächsatmosphäre kreieren") und positiv formulierten Vorsätzen. Dabei zeigten die Ergebnisse, dass es bei solchen Teilnehmern mit negativen Zielformulierungen zu schwächeren Lernleistungen kam als bei den übrigen Teilnehmern.

In ihrer Untersuchung zum Thema gehen Stangel-Meseke et al. (2005) in der Umsetzung der Vorsatzbildung noch einen Schritt weiter: Mithilfe eines Formulars sollen die Teilnehmer ihr Lernziel präsentieren und Umsetzungsschwierigkeiten antizipieren: Wie lautet mein Lernziel? In welcher Situation treten Schwierigkeiten auf, die mich daran hindern, das Lernziel zu erreichen? Welche Strategien habe ich, um mit den auftretenden Schwierigkeiten umzugehen? Diese ausgefüllten Formulare wurden den Teilnehmern vor dem – nach zwei Wochen stattfindenden – AC-Durchlauf vorgelegt. Die Ergebnisse ergaben signifikante Pre-Post-Effekte hinsichtlich der Lernleistung und der über einen Fragebogen erhobenen Lernfähigkeit. Die angenommene Interaktion mit der erfolgreichen Vorsatzbildung (erhoben über eine Selbsteinschätzung: „Vorsatz eher gelungen/nicht gelungen") konnte jedoch nur zum Teil nachgewiesen werden: positiv für den Pre-Post-Effekt im Lernfähigkeitsfragebogen, nicht jedoch für die Lernleistung selbst. Die Autoren erklären dies mit der Komplexität der untersuchten Lernleistung (Dimension bereichsübergreifendes Denken) und der langen Dauer von zwei Wochen zwischen Vorsatzbildung und zweitem AC.

In einem eintägigen Lernpotenzial-AC konnte Rupp (2004) ebenfalls die Lerneffekte zwischen Pre- und Posttest nachweisen. Zusätzlich wurden hier nach dem AC Mitarbeiter und Vorgesetzte der Teilnehmer aus dem mittleren Management nach Lernveränderungen am Arbeitsplatz befragt. Dies ergab keinen der angenommenen Effekte. Allerdings waren die Befragten weder in irgendeiner Form geschult noch von der AC-Teilnahme der Kollegen informiert. Somit kann auch das Lernpotenzial-AC wohl keine Wunder bewirken.

4.4   Dynamisierung von AC

Die Dynamisierung von AC ist der Versuch, die strukturierte und in Teilaufgaben zerlegte Abbildung von Realität im AC mehr der Arbeitspraxis anzunähern. Die Dynamisierung kann sich auf verschiedene Aspekte beziehen:

- Die Teilnehmer können den Zeitpunkt für einzelne Übungen selbst bestimmen.
- Die Übungen sind länger bzw. sind in ein komplexeres Gesamtszenario eingebunden (Planspiel).
- Die Teilnehmer haben höhere Freiheitsgrade, die Zielsetzungen und Aufgaben selbst festzulegen.

In der deutschen AC-Umfrage (Obermann et al. 2012) wird in 22 % der beschriebenen 107 AC-Verfahren angegeben, dass auch mit dynamischen AC gearbeitet wird oder die Inhalte der Aufgaben vernetzt werden.

4.4.1   Kritik am klassischen AC

Die Vertreter der dynamischen AC kritisieren am klassischen AC eine zerstückelte Abfolge von Einzelaufgaben, die ohne inneren sachlogischen Zusammenhang aufeinander folgen. „Während im AC die Bewerber mit ständig neuen, inhaltlich meist nicht oder nur wenig miteinander verbundenen Aufgaben konfrontiert werden, entwickeln sich im Planspiel die Aufgaben und damit die Anforderungen auseinander heraus" (Lehrenkrauss und Rohn 1987, S. 737). Die Autoren sehen die Stärken von Planspielen in den geringeren Laboreffekten aufgrund der höheren inhaltlichen Vernetzung, den damit verringerten Validitätseinschränkungen sowie in der höheren Akzeptanz bzw. sozialen Validität aufgrund der größeren Realitätsnähe. Gerade hieran mangele es vielen AC, deren Aufgabenstellungen teilweise extrem gekünstelt wirken müssten: „Sekretärin plötzlich verreist", „Alle Telefonleitungen gekappt" oder gar „In einer Hütte eingeschneit" (Berthel et al. 1988, S. 112).

Eine weitere Kritik konzentriert sich neben dem Vorwurf der mangelnden Realitätsnähe auch auf die einseitige Bevorzugung von überfachlichen Anforderungskriterien im AC zu Ungunsten der sachlichen Problemlösung: Die Beobachter registrieren allerdings dennoch dieses Verhalten und werden dabei meist von den Teilnehmern mit besserer sprachlicher Darstellung bzw. den fesselnderen Diskussionssituationen nachhaltiger in ihrem Urteil geprägt („Bonanza-Effekt"). Die schnellen und flexibleren Bewerber, die sich rasch auf die wechselnden Situationen einstellen können, haben es somit einfacher als die etwas ruhigeren oder langsameren, aber nicht notwendigerweise auch schwächeren Teilnehmer. Wichtige andere Anforderungen an Führungskräfte können im AC kaum abgebildet werden: Etwa langfristig-strategisches Denken, das Umgehen mit komplexen und dynamischen betrieblichen Situationen oder auch das Verhalten bei abteilungsübergreifender Kommunikation.

Insbesondere erst über eine längere Zeitdauer beobachtbare Eigenschaften, etwa anhaltende Motivation von Mitarbeitern oder der Umgang mit kontinuierlichem Misserfolg, lassen sich im AC kaum abbilden. Die Beobachter erhalten also nur einen „Schnappschuss-Eindruck" der Kandidaten. Diese werden zudem nicht mit den Folgen der eigenen Handlungen konfrontiert, sodass auch Unterlassungsfehler und die Lernfähigkeit nicht sichtbar werden können. Die Autoren weisen außerdem darauf hin, dass die Kandidaten keine Möglichkeiten haben, die Motive für ihr Verhalten offen zu legen.

Den meisten der Kritikpunkte ist entgegenzuhalten, dass sie nicht auf immanente Eigenschaften des AC an sich zielen, sondern eher auf schlecht gemachte bzw. mittlerweile überkommene AC-Typen der Pionier-Zeit hinweisen, die ihren Schwerpunkt etwa noch auf Gruppendiskussionen legten und zudem inhaltlich eher abstrakte, die Teilnehmer kaum involvierende Aufgabenstellungen anboten. Die Benachteiligung sprachlich weniger gewandter Teilnehmer in einem AC ist ein deutlicher Indikator dafür, dass in diesem Fall soziale Gruppensituationen überrepräsentiert sind und das beobachtete Profil inhaltlich-sachliche Faktoren vernachlässigt, etwa die Präzision und Überzeugungskraft der Argumente. Auch die Beurteilung der Lernfähigkeit stellt kein unüberwindbares Handicap für das klassische AC dar (vgl. Kap. 2.7). Weiterhin ist die Möglichkeit zur Erläuterung der Motive und Zielsetzungen, an denen die Kandidaten ihr Verhalten in den einzelnen Arbeitssituationen ausgerichtet haben, eine Frage des Zeitplans und somit unabhängig von der Debatte klassisches vs. dynamisches AC. Insgesamt weisen die meisten Kritikpunkte auf Schwächen einzelner AC-Typen hin, diskreditieren aber kaum die AC-Methode an sich.

Was allerdings bestehen bleibt, ist der Vorwurf der inhaltlichen Zerstückelung der Einzelaufgaben. Auch werden es im AC analytisch stärkere Teilnehmer schwerer haben, durch fundierte und inhaltlich präzise Beiträge – etwa in Gruppendiskussionen – Schwächen in der sprachlichen Darstellung zu kompensieren. Gerade die Frage der Bewährung bei komplexen, strategischen Unternehmensentscheidungen wird im AC systematisch vernachlässigt, schließlich kommt es mehr auf das Wie als auf das Was an. Diesen Mängeln kann dadurch begegnet werden, dass das AC dynamisiert wird bzw. Planspiel-Ansätze in das AC integriert werden.

4.4.2 Realisierung von dynamischen Assessments

Der Höhepunkt in der Realisierung von dynamischen AC bestand Ende der 80er-Jahre in der Verknüpfung von AC und Planspielen. In dieser Zeit wurden eine Reihe von Praxisbeispielen publiziert – kaum jedoch zu empirischen Untersuchungen (z. B. „Swing-Tours", Berthel et al. 1988; PEPS Rohn 1989). Einige Unternehmen haben anfängliche Erfahrungen mit dynamischen AC gewonnen, etwa die ehemalige Bayerische Vereinsbank (Kühl 1990), die Bundeswehr für Offiziersbewerber („NADIROS", Geilhardt 1991) oder die DATEV (Friedrich und Schwarz 1989).

Komplexe Szenarien haben den Vorteil, dass sich die Teilnehmer besser mit den Themen identifizieren können, als wenn sie im Stundenrhythmus mit völlig neuen, fremden Situationen konfrontiert werden. Langsamere oder analytisch stärkere Teilnehmer profitieren von der inhaltlichen Abfolge. Durch die Berücksichtigung betriebswirtschaftlicher Zielparameter (Umsatzrendite, Kundenzufriedenheit) mit Hilfe von PC-Programmen, die in den Ablauf integriert sind, ist zudem eine Bewertung der sachlichen Qualität der Lösungen möglich. Ähnlich der Idee von Planspielen können in dynamischen Gruppen-AC mehrere Spielphasen eines Unternehmens realisiert werden.

Die Gruppendiskussionen haben jeweils die Entscheidung über Investitionen zum Inhalt. Über einen Spielleiter oder durch die Direkteingabe an einem PC werden diese Entscheidungen dann weitergegeben. In der nächsten Phase der Gruppendiskussion erhält die Gruppe dann zu den Entscheidungen ein Feedback in Bezug auf betriebswirtschaftliche Parameter. Dieser Planspielcharakter stellt eine Aufgabenverlängerung der klassischen Gruppendiskussion im AC dar und soll es den Teilnehmern besser ermöglichen, sich mit dem Inhalt zu identifizieren und damit authentischer zu agieren. Um dem Anforderungsprofil zu entsprechen, werden parallel zu den Gruppenarbeiten einzelne Teilnehmer „herausgezogen", um Einzelübungen zu bearbeiten, die jedoch inhaltlich zum Setting des Planspiels gehören: Verhandlungen mit Lieferanten, Präsentationen vor Entscheidungsgremien, Mitarbeitergespräche. Die Ergebnisse dieser Einzelübungen können wiederum Einfluss auf den Verlauf der Gruppendiskussionen oder auf die betriebswirtschaftlichen Parameter haben.

Ein Beispiel für eine Dynamisierung speziell beim Einzel-AC findet sich bei Aldering (1999). Neben dem Aspekt eines Gesamtszenarios für die einzelnen Übungen hat der Teilnehmer hier bestimmte Freiheitsgrade, den Zeitpunkt der Übungsdurchführung selbst zu bestimmen (Abb. 4.10).

4.4.3 Kritikpunkte und Grenzen des dynamischen Assessments

Die von Verfechtern des dynamischen AC propagierten Vorteile im Hinblick auf Realitätsnähe und verringerte Künstlichkeit sind allerdings selten empirisch belegt worden. Eine der wenigen Untersuchungen zum dynamischen AC ist die Arbeit von Scholz (1994), in der verschiedene Merkmale der Dynamisierung von AC operationalisiert und dann experimentell variiert wurden. Diese drei Merkmale waren Kontinuität (ein- oder zweiphasige Gruppendiskussion bzw. kürzere oder längere), Komplexität (kürzerer, strukturierter oder längerer, unstrukturierter Text für die Vorbereitung einer Gruppendiskussion) sowie Aufgabenorientierung/Realitätsnähe (mit/ohne Rollenvorgabe für die Gruppendiskussion sowie unterschiedliche Betonung des Gewichts der inhaltlichen Problemlösung).

Die Variation der Dimensionen Komplexität und Aufgabenorientierung erbrachte nur vereinzelte und wenig konsistente Effekte in Bezug auf erhobene Testkriterien, Leistungsmaße und Validitätskennwerte. Anders die Dimension Kontinuität, also die

Vorabend	Ankündigung eines **Schattenmanns** für das AC Weitergabe von **Informationen** (Organigramm, Zahlen zum Unternehmen, Beschreibung der Personen)	12.00	**Mitarbeitergespräch** Schafft es der Kandidat eine notwendige Zusatzaufgabe für den gleichen Tag anzuordnen?
08.00	**Begrüßung** durch die Sekretärin	13.15	**E-Mail trifft ein** mit kaufmännischen Zahlen. Kann der Kandidat diese auch unter Zeitdruck interpretieren?
08.30	Bearbeitung **Posteingangskorb**	13.30	**Spontangespräch mit Controller** Dieser steht für Fragen zu den Zahlen zur Verfügung. Wie geht der Kandidat mit dessen Position zur Personalstrategie um?
09.00	**Unterbrechung durch Betriebsrat** Spontanes Gespräch – findet der Kandidat trotz der Überraschung die richtigen Worte zum Thema „Neue Gehaltsstruktur"?	14.30	**Anruf eines Bewerbers** Wie präsentiert der Kandidat das Unternehmen? Welche Informationen werden vom Bewerber erfragt?
10.15	**Postdurchsprache** mit Sekretärin Wie strukturiert sich der Kandidat?	15.00	**Weiteres Mitarbeitergespräch** Mitarbeiter kündigt an, dass er Versprechen vom Vormittag nicht halten kann. Wie verändert der Bewerber sein Vorgehen?
10.30	**Spontangespräch** mit hierarchisch gleichgestelltem Technischen Leiter Wie geht der Kandidat mit der verdeckten Botschaft der Personalaufstockung um?	16.00	**Teambesprechung** Präsentation des zuvor erarbeiteten Personalkonzepts vor Gruppe von Mitarbeitern
11.00	Termin bei der **Geschäftsleitung** Wie besorgt sich der Kandidat notwendige Informationen? Auftrag der GF für neues PE-Konzept für den gleichen Tag	17.30	**Abschlussbesprechung mit Sekretärin** Wie fasst der Kandidat den Tag zusammen? Welche Vorbereitungen werden für den Folgetag getroffen?
11.45	**Anruf eines Mitarbeiters** Fachfragen zur Gehaltsabrechnung	18.00	**Feedbackgespräch**

Abb. 4.10 Teildynamisches Einzel-Assessment für Personalleiter. *Quelle* Aldering (1999)

Aufgabenverlängerung der Gruppendiskussion in einer zweiten Phase. So unterscheiden sich die Ergebnisse der beiden Stufen der Aufgabendauer in ihren Zusammenhängen zu den Dimensionen der Belastbarkeit, Problemlösefähigkeit und Kontaktbereitschaft. Aus der Faktorenanalyse ergab sich, dass die Bewertungen von erster und zweiter Aufgabenphase offenbar nicht redundant sind. Allerdings konnte die Frage nicht beantwortet werden, ob das dynamische Verfahren valider sei. Insgesamt fällt das Resümee des Autors (ebd., S.124) zu den Vorteilen des dynamischen AC eher skeptisch aus, da die postulierten Vorteile etwa im Hinblick auf die bessere Erfassung dynamischer Persönlichkeitsmerkmale wie Lernfähigkeit oder Umgang mit Misserfolg aufgrund der Ergebnisse relativiert werden müssen. Allerdings war der Versuchsplan durch die Variation der Kriterien Kontinuität, Komplexität und Aufgabenorientierung nur bedingt geeignet, dies zu beantworten. Dennoch erbrachte die Untersuchung zumindest die Erkenntnis, dass sich durch Übungswiederholungen inhaltlich eine zusätzliche Varianz gegenüber klassischen AC-Übungen gewinnen lässt. Dies liegt auf einer Linie mit der Studie zum Lernpotenzial-AC (Kap. 4.3).

Aus praktischer Sicht ist zunächst die Einbindung von Übungen in ein Gesamtszenario vorteilhaft, um die Reaktivitätseffekte auszuräumen, unter denen speziell die Gruppenübungen leiden. Allerdings ist die Aussagekraft von Gruppenübungen alleine sehr begrenzt. Nicht abgebildet werden können insbesondere kognitive und konzeptionelle Fähigkeiten. Lehrenkrauss und Rohn (1987, S. 740) zitieren hierzu einen Beobachter in einem eignungsdiagnostischen Planspiel: „Wenn sechs Leute einen Schneemann bauen: Wer hatte die originelle Idee, wer das Konzept, wer motivierte, wessen Beitrag dominierte? Und konnte sich der Dominierende vielleicht nur auf dem Buckel der ‚stillen Sklaven' entfalten?"

Während die Einbindung von AC-Übungen in ein Planspielszenario noch attraktiv erscheint, sind jedoch weitergehende Forderungen der Dynamisierung problematisch. Gottschall et al. (1988) gehen mit der Dynamisierung noch einen Schritt weiter: „Auch die Anforderungen, das Beobachtungssystem und die Auswertung der Beobachtungen müssen dynamisiert werden" (Gottschall et al. 1988; Thema 8).

Die Gefahr dieser Idee liegt darin, dass die AC *zu* dynamisch werden. Der Ausgangspunkt für ein AC ist schließlich ein Anforderungsprofil, das mit den Leistungen von AC-Teilnehmern abgeglichen werden soll. Wenn jedoch die Aufgaben und Zielsetzungen von den Teilnehmern selbst bestimmt werden können, dann können die Teilnehmer eben auch beschließen, dass sie sich nicht den Anforderungen stellen. Schon der einfache Fall einer inhaltlichen Verknüpfung, bei der eine Information aus dem Postkorb für die Argumentation in einer Rollenübung oder Gruppenarbeit verwendet wird und dort den Ablauf in entscheidender Form beeinflusst, kann die bei diesen Übungen vorher definierten Messintentionen verwässern. Hier wird eines der wichtigsten Prinzipien der Eignungsdiagnostik verletzt, die (stochastische) Unabhängigkeit der einzelnen Messungen.

Wenn etwa ein Anforderungsmerkmal lautet, in konfliktären Gruppensituationen in einer bestimmten Form miteinander umzugehen, muss diese Situation auch abgebildet und darf nicht von den Teilnehmern umdefiniert werden. Gerade bei Personalentwicklungs-AC ist es wichtig, die einzelnen Anforderungsmerkmale sauber zu trennen, um Stärken und Schwächen genau herauszuarbeiten. Eine Kompensation von Schwäche A durch Stärke B wäre ein Informationsverlust.

Zusammenfassend hat die Euphorie aus der Zeit seit Ende der 80er-Jahre zum dynamischen AC stark nachgelassen. Einerseits kann der Bezug zu einem dezidierten Anforderungsprofil zu schnell verloren gehen, andererseits ist der Aufwand in der Entwicklung eines komplexen Szenarios mit Materialien für verschiedene Verzweigungspunkte von Teilnehmerentscheidungen sehr hoch. Geblieben ist aus der Diskussion allerdings die Forderung nach facettenreichen und komplexen Gesamtszenarien und der inhaltlichen Verknüpfung der einzelnen Übungen, ohne dass die Teilnehmer Zielsetzungen und Aufgaben selbst festlegen können.

4.5 Multimedia- und computergestützte Anwendungen

Computergestützte Verfahren können im Rahmen von AC etwa auf PC oder vorbereitend im Internet eingesetzt werden. Von der diagnostischen Seite ist zwischen zwei Kategorien zu unterscheiden:

- Tests aus mehreren, voneinander unabhängigen Testitems
- Komplexe Simulationen ohne unabhängige Testitems, jedoch mit Kennziffern zum Gesamterfolg in der Simulation sowie zum Verhalten

Bei der ersten Kategorie handelt es sich um bestehende Testverfahren, die aus Gründen der einfacheren Administration auf dem PC oder im Internet laufen. Zusätzlich kann der Vorteil der schnellen Anzeige auch eignungsdiagnostisch genutzt werden: Multimedia-Items, schnelles Zwischenfeedback an Teilnehmer und aus diagnostischen Gründen falsches Feedback. Der Vorteil dieser PC-Anwendungen besteht darin, dass die Qualitätskriterien in der Testerstellung angewendet werden können. Während Testentwickler früher hinter den Daten herlaufen mussten, um Itemanalysen oder Validierungen zu rechnen, so ist dies heute das Paradies, weil diese Daten direkt verfügbar sind. Auch wenn keine Daten zur externen Validität vorliegen, kann zumindest die Reliabilität und Konsistenz der Skala einfach überprüft werden.

Die zweite Kategorie sind Management-Simulationen und elektronische Postkörbe, die nicht aus mehreren, linearen Items bestehen. Der Vorteil einer größeren Komplexität wird hier damit erkauft, dass die interne Konsistenz der Kennwerte aus dem Verfahren selbst heraus nicht ermittelt werden kann. So sind die Anbieter dieser Verfahren darauf angewiesen, bestimmte Kennwerte aus dem Ablauf der Simulation heraus zu generieren (z. B. Anzahl abgerufener Informationen). Dabei ist fragwürdig, was diese Kennwerte eigentlich messen. Mehr als bei Verfahren, die wie Tests entwickelt wurden, ist daher ein Nachweis der externen Validität der erhobenen Kennwerte notwendig. Da es *die* Validität jedoch nicht gibt, ist für jede neue Zielgruppe ein externes Validierungsverfahren notwendig. Dies lohnt sich nur bei konformen, größeren Zielgruppen.

Der große Nachteil aller computergestützten Verfahren liegt darin, dass immer Antwortkategorien vorgegeben werden müssen und nicht offen gefragt werden kann. Dies ist insbesondere von Relevanz, wenn nicht-kognitive Tendenzen und Konstrukte erhoben werden sollen (PC-Postkörbe, Multimedia-Verfahren).

Ein neuer Ansatz seit den 90er-Jahren ist die Anwendung von situativen Tests. Dabei werden Problemsituationen des Alltags entweder noch auf Papier oder als Text- oder Videomaterial vorgestellt. Dazu werden als Mehrfachwahlaufgaben mögliche Problemlösungen präsentiert, die zuvor von Fachexperten eingeschätzt wurden. Zu diesen Testverfahren gibt es einen Boom von Anwendungen und Studien.

Der Einsatz von Technologie im AC ist mittlerweile kein Einzelfall mehr. In der globalen Studie von Povah (2011) zur Anwendungspraxis von AC wurden die 443 Unternehmensvertreter nach dem Einsatz von technischer Ausrüstung gefragt. Über

Technische Ausstattung	Afrika %	Asien %	Europa %	Ozeanien %	Amerika %
Tonaufnahmen für Übungen	17	33	2	20	14
Tonaufnahmen für Feedback	8	13	2	10	14
Videoaufzeichnungen für Übungen	17	29	24	20	14
Videoaufzeichnungen für Feedback	17	13	16	40	29
Computereinsatz für Übungen (Teilnehmer)	92	67	55	50	43
Computereinsatz für Ergebnisdokumentation (Beobachter)	33	46	43	30	43
Computereinsatz für administrative Aufgaben	50	17	45	10	29
Computereinsatz zur Überprüfung der Validität	17	13	31	0	14
Weitere technische Ausstattung	8	0	12	0	14

Abb. 4.11 Unterschiedlicher Einsatz technischer Ausstattung im weltweiten Vergleich. *Quelle* Povah (2011)

50 % der Unternehmen gaben an, dass sie in irgendeiner Form Computer für die Durchführung von AC-Aufgaben verwenden. Audio- und Videoaufnahmen von Aufgaben sind speziell in Europa weniger populär als im Rest der Welt (Abb. 4.11).

4.5.1 Computer Aided Testing

Hierbei handelt es sich um die Übertragung klassischer Testverfahren auf Computer oder ins Internet. Mittlerweile setzen viele größere Unternehmen bei Hochschulabsolventen auf den Einsatz entsprechender Instrumente im Internet. Dies schafft eine wirtschaftliche Möglichkeit zu technischen Weiterentwicklungen. Eichstaedt (2005) schildert etwa eine Variante, mit deren Hilfe Online-Diskussionsgruppen realisiert und mittels Interaktionsprozessanalyse untersucht werden können. Bei einem US-Telekommunikations-Unternehmen wird sogar ein virtuelles Büro im Intranet simuliert, um AC-Übungen durchzuführen (Hale, Jaffee und Chapman 1999). Eine Übersicht über Testverfahren im elektronischen Bereich geben Konradt und Sarges (2003).

Die per PC oder im Internet dargebotenen Items sind im AC-Kontext entweder als Vorauswahl oder als ein Übungsbaustein einzusetzen. Der Nutzen gegenüber dem herkömmlichen Einsatz besteht potenziell in folgenden Aspekten:

- Sofortige Auswertung
- Möglichkeit des adaptiven Testens – zum Teilnehmer passende Schwierigkeiten der Items werden in Abhängigkeit vom Lösungsverhalten individuell ausgewählt
- Automatische Itemvorgabe (mit der automatischen Registrierung auch von Antwortzeiten und Fehlerkorrekturen)
- Vereinfachte Auswertung (mit Grafiken, Normzuordnung, Berechnung von Profilen/Indexwerten, Vergleich mit Gruppenprofilen)
- "Recruitainment", eine Mischung aus Recruiting und Entertainment -Einbettung der Testverfahren in ein spielerisches Gesamtszenario

Zumindest im Rahmen der Vorauswahl im Internet hat die Verwendung von Tests bei den dort anzutreffenden Zielgruppen mittlerweile eine positive Akzeptanz. Bei einer

Befragung von 45.000 Teilnehmern eines Online-Recruitung-Prozesses konnte gezeigt werden, dass 48 % der Bewerber das Unternehmen nach ihrer Bewerbung positiver wahrnahmen als vorher. Bei nur 1 % führte der Bewerbungsprozess zu einer negativeren Wahrnehmung des Unternehmens (Lohff und Preuss 2005) (Abb. 4.12).

Bei Trainee-Bewerbern und der Auswahl von Azubis hat dieser Einsatz mittlerweile stark zugenommen. Greiner und Töpper (2012) berichten von Unternehmen wie Targobank, Uniliver oder Tchibo, bei denen die Bewerber zunächst durch ein spielerisches Szenario zu einer Bewerbung motiviert werden und dann im späteren Verlauf zu psychometrischen Tests geführt werden: „In der virtuellen Finanzabteilung müssen Rechenaufgaben gelöst, in der Personalabteilung passende Sätze aus Sprechblasen gewählt werden". Für die Online-Tests brauchen die Bewerber nicht den heimischen Schreibtisch verlassen – und ein bisschen Spielen finden die meisten gut (Abb. 4.12).

Eine der ersten Anwendungen als Web-Assessment war im Sommer 2000 das Verfahren „Change Unlimited" von Siemens. Dabei handelte es sich aus der Wahrnehmnung des Benutzers um ein Spiel (Abenteuer im Weltraum), in das gleichzeitig mehrere psychometrische Verfahren eingebettet waren. Das Verfahren bestand aus Tests zu vielfältigen Anforderungen im kognitiven Bereich oder zu Einstellungen gegenüber Teamarbeit. Die Gesamtdurchführung je Teilnehmer dauerte mehr als drei Stunden. Dieses Web-AC bearbeiteten über 12.000 Teilnehmer, von denen über 10.000 ihre Lebenslauf-Profile an das Unternehmen abschickten.

Durch diese Technologie werden Items viel realistischer. Allerdings besteht die Gefahr, durch die Konzentration auf schöne Bilder aus dem Auge zu verlieren, dass

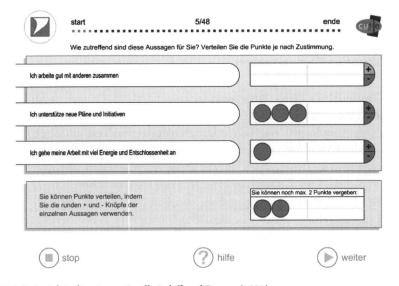

Abb. 4.12 Beispiel Online Item. *Quelle* Lohff und Preuss (2005)

dieses Vorgehen auch eine Verschlechterung der inhaltlichen Validität gegenüber dem echten AC mit sich bringt: So werden in Videoszenen die Kommentare von simulierten Mitarbeitern abgebildet, und die Kandidaten müssen zwischen vorgegebenen Antwortalternativen wählen. Das „richtige" Leben funktioniert jedoch anders, hier gibt es kein Auswahl-Menü, vielmehr gilt es, selbst auf Ideen zu kommen.

Die Analysen von Schuler et al. (1993) aus früheren Untersuchungen deuten an, dass im Vergleich zu Live-AC bei der Beantwortung von solchen Fragen kognitive Anforderungen ein relativ höheres Gewicht erhalten. Methodisch sind diese Tests den situativen Interviewfragen sehr nahe.

Testsicherheit und Fälschung

Für die Vorauswahl treten bisher neue Fragen nach der technischen Zuverlässigkeit der jeweiligen Systeme sowie der Sicherheit der Datenübertragung auf (Lohff und Preuss 2005).

Wenn der Test als Vorauswahl verwendet wird, besteht die Gefahr von Übungseffekten: Der Test wird im Zweifel mehrfach ausgefüllt, und es entstehen dann für den betreffenden Bewerber bessere Startbedingungen. Dieser Einwand ist insbesondere für kognitive Tests relevant, weniger für Persönlichkeitsfragebögen. Diesen Einwand können die meisten Anbieter allerdings dadurch abdecken, dass Itemdatenbanken verwendet werden: Bei jeder Durchführung werden aus einem Pool von Fragen passende Items neu zusammengestellt.

Ein weiterer Einwand bezieht sich auf die Authentifizierung: Wie kann gewährleistet werden, dass es sich bei einem Teilnehmer im Internet auch tatsächlich um genau diesen Teilnehmer handelt? Dieser Einwand kann letztlich nicht ausgeräumt werden, genauso wie die hypothetische Annahme, dass Bewerbungsunterlagen gefälscht sind. So müsste im Rahmen des weiteren Auswahlprozesses sichergestellt sein, dass die entsprechenden Kompetenzen unter Aufsicht erneut getestet werden.

4.5.2   Situative Testverfahren

Situative Testverfahren (engl. Situational judgment tests (SJT) oder low-fidelity simulations) bestehen aus hypothetischen Arbeitssituationen, in denen ein Problem geschildert wird. Das Stimulusmaterial besteht klassisch aus einem Text mit/ohne Bildmaterial (Beispiele Abb. 4.13, 4.14) oder in neuerer Form aus computergestütztem Material wie Videosequenzen. Diagnostisch ähneln diese Aufgaben den situativen Fragen im Interview (vgl. Kap. 2.5.12). Derartige situative Fragen waren schon in den militärischen AC der 40er-Jahre in Anwendung und wurden von Motowidlo, Dunnette und Carter (1990) wieder eingeführt. Über eine deutsche Variante im Versicherungskontext mit Videostimuli berichten Etzel und Küppers (2002).

Durch den höheren Einmalaufwand in der Konzeption gegenüber Interviews oder Simulationen werden die situativen Tests primär im Kontext von größeren Bewerberzahlen eingesetzt. Gründe hierfür liegen in einer effektiven Vorauswahl

 Sie sind gerade auf dem Rückweg von Ihrer Mittagspause ins Büro. Sie bekommen mit, dass ein Firmenkunde, Herr Otto, gerade auf ein anderes Fahrzeug aufgefahren ist. Herr Otto ist aus seinem Wagen ausgestiegen und beschimpft den Halter des anderen Fahrzeugs. Außer Ihnen haben noch andere Personen, unter anderem auch zwei Kollegen, den Vorfall beobachtet.
Wie verhalten Sie sich?

A
Ich gehe zu Herrn Otto, sage ihm, dass ich die Situation beobachtet habe und frage, ob ich helfen kann.

B
Solche Angelegenheiten meiner Kunden gehen mich nichts an. Ich respektiere die Privatsphäre der Kunden und kehre unbemerkt an meinen Arbeitsplatz zurück.

Abb. 4.13 SJT: Beispielitem 1 zum Umgang in Kundensituationen

von Teilnehmern und in der kostengünstigeren Durchführung im Vergleich zu Live-Assessments. Eine Anwendungsform ist etwa die Auswahl von Medizinstudenten (Lievens und Sackett 2007).

In einer zusammenfassenden Metaanalyse konnten McDaniel, Hartman, Whetzel und Grubb (2007) zeigen, dass sich situative Testverfahren insgesamt als valide erwiesen haben und gegenüber kognitiven Testverfahren über eine inkrementelle Validität verfügen, um den Berufserfolg vorherzusagen. Lievens und Sackett (2006) konnten zeigen, dass videobasiertes Stimulus-Material zu höheren Validitäten führt als reine Textstimuli. In einer neueren Übersichtsstudie gab es eine ähnlich positive Bestätigung für die situativen Tests (Christian et al. 2010). Als eine Untersuchungsfrage wurde klassisches (textorientiertes) und videobasiertes Stimulusmaterial verglichen. Videobasierte Items konnten in der Vorhersage von kommunikativen/interpersonalen Fähigkeiten deutlich besser abschneiden (.47 zu .27).

Abb. 4.14 SJT: Beispielitem 2 zum Umgang in Kundensituationen

 Herr Müller ist noch kein Kunde Ihrer Firma und erkundigt sich momentan nach den Vorzügen Ihres Unternehmens. Er ist bereit eine größere Summe in externe Dienstleistungen zu investieren und möchte sich verschiedene Angebote einholen.
Wie verhalten Sie sich?

A
Sie geben ihm Informationsmaterial mit, welches er sich in Ruhe anschauen kann, plus zusätzliche Prospekte, die für sein Projektvorhaben besonders interessant sein könnten. Der Kunde soll sich erst einmal selbstständig kundig machen und seine Entscheidung unabhängig treffen, anstatt dass er direkt überfallen wird.

B
Sie geben ihm Informationsmaterial mit und machen direkt einen Termin zu einem persönlichen Gespräch aus. Auch wenn er sich nur erkundigen möchte, ist es im persönlichen Gespräch leichter, auf die Bedürfnisse und Wünsche einzugehen.

Auch in der Teilnehmerakzeptanz wird videobasiertes Material als attraktiver wahr-genommen. Kanning et al. (2006) fanden heraus, dass sich die Akzeptanz computer-gestützter situativer Tests steigern lässt, wenn man statt schriftlicher Situations- und Reaktionsbeschreibungen Videoclips einsetzt und einzelne Items so miteinander ver-knüpft, dass sich die Situation in Abhängigkeit vom Antwortverhalten des Bewerbers weiterentwickelt.

Eine spezielle Anwendung computerbasierter Testverfahren für die Einschätzung der Integrität stellen De Meijer et al. (2010) vor. Der Test beinhaltet 14 videobasierte Items für die Auswahl von Polizeibewerbern in den Niederlanden. Die Situationen bestanden aus kurzen Videosequenzen, in denen es darum ging, Bestechungsversuchen im Kontakt mit Kollegen oder Zivilpersonen zu widerstehen. Bezogen auf die Kritik an der diffusen Konstruktaufklärung, wurden gleichzeitig ein Fragebogen zur Integrität und ein Interview erhoben. Der Fragebogen enthält die Subaspekte „Egozentrierung", „Andere verantwort-lich machen", „Negieren/Minimieren" und „Opposition gegenüber Gesetzen und Regeln". Hier zeigten sich hohe Zusammenhänge im Sinne einer Bestätigung des Konstrukts.

Eine Studie, in der der situative Testansatz direkt mit alternativen Methoden (Wissenstest, AC) in Bezug auf ihre Vorhersage von Job-Erfolg verglichen wurde, wurde von Lievens und Patterson (2011) vorgelegt. Probanden waren 196 Mediziner, die im Rahmen eines größeren Auswahlverfahrens für das britische Gesundheitssystem ausgewählt wurden. Der situative Test bestand aus schriftlichen Items, bei denen ein Patient mit seinen Symptomen beschrieben wurde. Die Probanden sollten eine aus mehreren Diagnosen auswählen. Neben dieser Methode wurden ein Wissenstest sowie ein AC bestehend aus drei Simulationen (Rollenspiel mit Patientensituation, Gruppendiskussion, Planungsaufgabe) eingesetzt. Alle drei Prädiktoren korrelierten in vergleichbarer Höhe (zwischen $r = .30$ und $r = .37$, unkorrigiert) signifikant mit dem Joberfolgskriterium. Bei der Regressionsanalyse zeigte das AC jedoch eine inkrementelle Validität gegenüber dem situativen Test.

Eine Validitätsstudie mit sehr großem zeitlichem Abstand zwischen Prädiktor und Kriterium wurde von Lievens und Sackett (2011) vorgestellt. Probanden waren 723 Bewerber für ein Medizinstudium in Belgien, die über einen Zeitraum von neun Jahren bewertet wurden. Prädiktoren waren kognitive Variablen (u. a. medizinischer Test, all-gemeiner kognitiver Test) und ein situativer Test mit 30 videogestützten Stimuli mit Situationen, die auf Ärzte im Patientenkontakt zukommen. Berufserfolgskriterien waren nach sieben Jahren die Einschätzung in einem ärztlichen Praktikum und nach zwei weiteren Jahren die Einschätzung nach der Ausbildung zum Allgemeinmediziner. Der situative Test konnte jeweils mit einer Korrelation von $r = .23$ hochsignifikant diese Bewertungen vorhersagen, relativ stärker als die kognitiven Prädiktoren. Die kogniti-ven Tests stehen darüber hinaus in signifikantem Zusammenhang mit dem Videotest – obwohl es sich hier inhaltlich um ein anderes Konstrukt handelt.

Eine Variante betrifft die klassische Unterscheidung, ob die situativen Tests eher die maximale oder typische Reaktion messen. Die maximale Reaktion unterliegt eher dem Effekt der sozialen Erwünschtheit („Ich schiebe normalerweise Konflikte auf, aber wenn ich weiß, was gefragt wird, kann ich auch anders"). Die maximale Reaktion wird eher mit dem Antwortformat: „Was ist das beste Vorgehen?" abgefragt, die typische Variante mit „Wie würden Sie wahrscheinlich vorgehen?". Bei einer experimentellen Studie mit Bewerbern für das Medizin-Studium (Lievens et al. 2007) gab es keine Unterschiede zwischen beiden Formaten. Allerdings korrelierte die Variante der maximalen Reaktionsweise im Unterschied zu der anderen höher mit kognitiven Testwerten.

Dies ist generell eine Problematik der situativen Tests. Die Kandidatenleistung enthält jeweils hohe kognitive Anteile, auch wenn, wie bei Lievens und Sackett (2011), die videogestützten Items zur Vorhersage interpersoneller Fähigkeiten eingesetzt wurden. Die Ergebnisse korrelierten mit kognitiven Fähigkeiten, nur ein Teil der Kennwerte erbrachte eine inkrementelle Validität in der Vorhersage der Abschlussnoten seitens der Absolventen im Wirtschaftsbereich. Für eine Teilgruppe wurde zusätzlich ein AC mit zwei Rollenspielen durchgeführt. Hier gab es lediglich Zusammenhänge zu der Tendenz in der Simulation, Informationen persönlich (z. B. über das Ansetzen eines Meetings) abzufragen.

Der kognitive Anteil liegt möglicherweise auch an den geschlossenen Antwortformaten. Während diese für die Standardisierung und psychometrische Auswertung vorteilhaft sind, so misst es inhaltlich etwas anderes, sich die attraktivste Antwort aus vorgegebenen Alternativen herauszusuchen als in einem realen Setting zu reagieren. Damit besteht die Herausforderung andere, offenere Antwortformate zu finden.

Die US-Post als einer der weltweit größten Arbeitgeber setzt nunmehr eine Software ein, um Aufsätze im Rahmen der Auswahlverfahren für Hochschulabsolventen zu bewerten (Ford und Stetz 2001). Dabei zeigten sich Korrelationen von .90 zwischen Auswertungen durch die E-rater-Software und trainierten Auswertungspersonen.

Lievens (2011) beschreibt eine Studie, in der Bewerber für den Polizeiberuf Videomaterial am PC sehen. Am Ende jeder Szene schaut der Protagonist in dem Video den Kandidaten direkt an und dieser hat zu reagieren. Die verbalen und nonverbalen Reaktionen wurden über Webcam aufgezeichnet. Anschließend wurden die so aufgenommenen Reaktionen der Kandidaten von trainierten Beobachtern kodiert.

Ein Problem ist die unklare Konstruktvalidität. Es ist unklar, was die Ergebniswerte der Tests inhaltlich bedeuten bzw. ob sie sich aus einem Mix von Konstrukten zusammensetzen. So scheinen die situativen Tests eine Mischung aus kognitiven Fähigkeiten und den Big-5 Dimensionen Genauigkeit, emotionale Stabilität und Soziabilität zu messen (McDaniel und Nguyen 2001). Situative Tests werden meist so entwickelt, dass die Antwortalternativen Fachexperten vorgelegt werden, die die Effizienz der jeweiligen Antwort einschätzen. Dieses nicht-theoriegeleitete Vorgehen fördert die Diffusität der erhaltenen Konstrukte (Motowidlo und Beier 2010).

Zusammenfassend sind die situativen Tests eine interessante Neuentwicklung und Bereicherung im Sinne der Multimodalität. Offene Herausforderungen bestehen in der jeweiligen Anwendung zum einen darin, Klarheit darüber zu haben, was die Tests jeweils messen (Konstruktvalidität). Weiterhin sollte die Entwicklung von offenen Antwortformaten fokussiert werden, um den hohen Anteil kognitiver Fähigkeiten in der Lösung der Aufgaben zu reduzieren.

4.5.3   Computergestützte Postkörbe

In der globalen Studie von Povah (2011) zur Anwendungspraxis von AC gaben immerhin 19 % an, dass sie eine Form von computergestütztem Postkorb einsetzen. Befragt wurden die Teilnehmer auch nach ihrer Antizipation über den zukünftigen Einsatz. Hier nimmt die Mehrzahl der Befragten eine erhebliche Steigerung auf 57 % an.

Das Interesse an dem computergestützten Postkorb kommt aus der hohen Augenscheinvalidität. Weil die meiste Kommunikation über E-Mail läuft, führt die Idee der Simulation dazu, dies auch abzubilden und nicht einen Rückschritt zu Papier und Terminkalender zu machen.

Hinter der Oberfläche steht der computergestützte Postkorb für viele diagnostische Anwendungsformen. In der testorientierten Variante ist er eine andere Oberfläche für situative Tests, je nach Komplexität entspricht er den Management-Simulationen mit den jeweiligen Vor- und Nachteilen.

Testorientierte Variante

Testorientierte Verfahren bestehen aus mehreren gleichförmigen Items. Im abgebildeten Beispiel besteht die Aufgabe darin, eine jeweils neu eingeblendete Terminanfrage in einen Tagesplan unterzubringen. Zusätzlich kann eine Karte (über das Weltkugel-Symbol) eingeblendet werden, in der die verschiedenen Orte und deren Entfernungen abgebildet sind. Je Item/Terminanfrage besteht die Herausforderung für den Teilnehmer darin zu prüfen, welche anderen Termine möglicherweise verschoben werden oder abhängig von den Informationen auf der Karte wegeoptimiert werden können. Dabei ist die Zeit je Terminanfrage limitiert. Der Postkorb besteht insgesamt aus 20 Items mit neuen Terminanfragen (Abb. 4.15).

Die Konstruktion des Postkorbs als eine Zusammenstellung von Testitems hat den Nachteil, dass das zu messende Konstrukt sehr eng und klar definiert werden muss. Ansonsten wird sich nach den Vorgaben der Testtheorie keine interne Konsistenz darstellen lassen. In diesem Beispiel wird die Schwierigkeit der Testitems durch die Anzahl der zu verschiebenden Termine sachrational variiert. Dabei bleiben andere Aspekte außen vor, die von der Augenscheinvalidität auch zu einer Postkorbleistung dazugehören (Prioritäten setzen, Delegieren etc.). Diese Aspekte könnten zwar mit der gleichen Computeroberfläche abgedeckt werden, allerdings wären weitere Items notwendig, die diese anderen Aspekte unabhängig messen. In dieser Notwendigkeit, sich auf einzelne isolierte Konstrukte beschränken zu müssen, besteht der Nachteil der testorientierten Postkörbe.

Die Vorteile liegen dagegen darin, dass diese eingeschränkten Konstrukte sehr viel zuverlässiger und abgesichert gegen Zufallsaspekte gemessen werden können. In Probeläufen lässt sich sehr gut die Qualität der einzelnen Testitems und der Gesamtskala steuern: Sind die Items ausreichend konsistent? Sind einzelne Items zu schwer oder zu leicht?

Von einer Anwendungsvariante des computergestützten Postkorbs, die im Internet läuft, berichten Lievens und Anseel (2007) anhand einer studentischen Population.

Situationen:	Kriterien:
Terminanfragen sind in einen bestehenden Terminkalender einzubauen, sodass es keine Terminüberschneidungen gibt und Wegezeiten gering sind.	Faktoren, die die Schwierigkeit beeinflussen: 1. Termine verschieben 2. Fahrten zusammenlegen

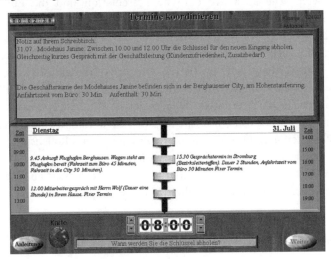

Abb. 4.15 Beispiel IT-Postkorb-Item. © Obermann Consulting GmbH

Darüber hinaus ist die Thematik eine Domäne von spezialisierten Consultingfirmen und Entwicklern geworden. Dabei gilt es, sich nicht von einer bunten Oberfläche mit hoher Augenscheinvalidität beeindrucken zu lassen. Es sind die bekannten psychometrischen Gütekriterien anzulegen: Wie stabil sind die gemessenen Konstrukte (Reliabilität), was bedeuten diese inhaltlich (Kriteriums- und Konstruktvalidität), gibt es angemessene Vergleichsnormdaten?

Computergestützter Postkorb als Simulation
Diese Variante ist keine lineare Abfolge von Testitems, sondern eine gesamthafte Managementsimulation. Während der Papier-Postkorb statisch ist, kann man in die IT-Version wesentlich mehr Dynamik einbauen: Hier können während der Bearbeitung Störungen, zum Beispiel die Simulation von Telefonaten oder von neuen Briefen, integriert werden. Auch kann der Kandidat mit den Wirkungen seiner eigenen Entscheidungen konfrontiert werden, zum Beispiel durch neue Probleme aufgrund einer nicht sachgemäßen Delegation. Die Vorgänge müssen dann nach vorgegebenen Antwortkategorien weiterverarbeitet werden (z. B. Anklicken, an wen richtig zu delegieren ist oder Termine im Kalender eintragen und richtige Besprechungspartner dazu einladen).

In der älteren Kommentierung von Riediger und Rolfs (1998) zu drei dargestellten Varianten wurden als Probleme der Postkörbe die mangelnde Nachvollziehbarkeit der Konstruktion und unzureichende Validitätsnachweise genannt.

Insbesondere bei der simulationsorientierten Variante ist unklar, was diese im Detail misst und welche Aspekte gemessen werden, die über das hinausgehen, was andere Simulationen bieten. Die attraktive optische Präsentation und die Einfachheit der Durchführung sollten nicht dazu verführen, diese Frage zu übergehen.

Lanik (2011) berichtet von einem komplexen IT-Postkorb mit variantenreichem Stimulus-Material. Auch das Antwortformat der E-Mails und Videonachrichten ist offen. Zur Auswertung gibt es hierfür ein strukturiertes Auswertungsschema. Gegenüber einer parallel durchgeführten Rollenübung „Mitarbeitergespräch" wurde eine Korrelation von $r = .49$ ermittelt. Hier zeigt sich die konzeptionelle Unklarheit, wenn üblicherweise der Postkorb Aspekte wie Organisation und Planung oder Entscheidungsfähigkeit messen soll, dann ist die Prognose eines Rollenspiels nur bedingt dienlich. In der Sichtung von angebotenen Varianten oder der eigenen Entwicklung bleibt daher die Herausforderung, ein solches Instrument, orientiert an einem Konzept/ einer Theorie, zu überprüfen und die Qualität dann zu belegen.

4.5.4 Management-Simulationen

Ein klares Defizit klassischer AC-Bausteine besteht darin, dass die Kandidaten kaum in komplexe Situationen gestellt werden, in denen sie mit den Rückwirkungen ihres eigenen Handelns konfrontiert werden. Bei einem klassischen Testverfahren, einem Postkorb oder einer Fallstudie können immer nur die Ergebnisse bewertet werden, kaum jedoch der Prozess, die Vorgehensweise. Auch wird nicht sichtbar, wie sich die Teilnehmer in Krisensituationen verhalten, wie sie ihre Verhaltensstrategien an veränderte Situationen anpassen und wie sie letztlich mit komplexen Aufgaben umgehen. PC-gestützte Management-Simulationen bieten hier eine Alternative. Für die meisten Verfahren stellt das Paradigma des komplexen Problemlösens die konzeptionelle Grundlage dar.

Die wichtigste Innovation im Bereich der computergestützten Diagnostik hat die Gruppe um Dörner in den 80er Jahren mit dem Paradigma des „komplexen Problemlösens" und der Simulation „Lohhausen" (Dörner et al. 1983) geschaffen. Der Gruppe ist es durch eine Reihe von Untersuchungen gelungen, das schwer greifbare Konstrukt des komplexen Problemlösens zu operationalisieren. Die Untersuchungen gingen von der Beobachtung aus, dass sich die wissenschaftliche und eignungsdiagnostische Auseinandersetzung mit Problemlösefähigkeiten auf einen sehr eingeschränkten Typ von Problemen bezog, wie sie beispielsweise als Items in Intelligenztests zu finden sind. Die Gruppe um Dörner sieht politische, ökologische oder wirtschaftliche Probleme jedoch durch ganz andere Parameter beschrieben: Sie charakterisieren diese durch

- Intransparenz (die Wirkgrößen von Problemen sind teilweise verborgen),
- viele Merkmale (es gibt mehr Variablen als eigentlich überschaubar sind),
- Vernetztheit (die Zusammenhänge zwischen Teilaspekten und Variablen sind nur teilweise bekannt),
- Unbestimmtheit der Ziele (die zudem untereinander konfliktär sind) und
- Dynamik (die Problemsituationen ändern sich auch ohne Eingriffe).

Diese Problemparameter wurden als Simulation in der Studie „Lohhausen" abgebildet. Die umfangreiche Monografie der Forschergruppe beruht auf einer sechsjährigen Projektarbeit, während der je Proband über 100.000 Daten anfielen. Die Simulation zog seit Anfang der 80er-Jahre zahlreiche weitere Publikationen zum komplexen Problemlösen nach sich und fand eine große Resonanz in der Presse (etwa Manager Magazin 11/86, Handelsblatt 1988 Nr. 46 Seite K2, Psychologie Heute 9/1989).

In der Simulation „Lohhausen" versetzten sich die Probanden über einen simulierten Zeitraum von zehn Jahren in die Rolle des Bürgermeisters der Stadt Lohhausen. In diesem Zeitraum wurden sie mit komplexen Problemen konfrontiert, wie etwa schnell wachsender Jugendarbeitslosigkeit oder nachlassender Produktivität der örtlichen Uhrenfabrik. Die Stadt wurde als Programm in ca. 1.000 Variablen auf einem Computer abgebildet. Im Rahmen der komplexen und breit angelegten Auswertungen ging die Gruppe um Dörner beispielsweise der Frage nach, worin sich eigentlich gute von weniger guten Problemlösern im Einzelnen unterscheiden (Dörner et al. 1983, S. 272 ff.). Ihre Ergebnisse lauten auszugsweise:

- Gute Problemlöser sind entscheidungsfreudiger.
- Gute Problemlöser beginnen weniger Aufgaben, bewältigen diese aber auch. Schlechte Problemlöser verzetteln sich und bringen weniger zu Ende.
- Komplexes Problemlösen bedeutet, einen je nach Aufgabenstellung adäquaten Mittelweg zwischen einem zu starken Eingehen auf Details einerseits und einer zu abstrakten, undifferenzierten Sicht andererseits zu finden.
- Gute Problemlöser strukturieren sich selbst mit Problemanalysen und festen Ablaufmethoden.

Ein Ergebnis der ersten Studien zum Paradigma des komplexen Problemlösens zeigte, dass die Fähigkeit zur Lösung komplexer Alltagsprobleme wenig mit klassischer Intelligenz zu tun hat, so wie diese in den Testverfahren gemessen wird (Putz-Osterloh 1981; Putz-Osterloh und Lüer 1981, spätere Differenzierung durch Funke 1983). Dörner et al. (1983) führen dies auf wesentliche Unterschiede zwischen Test-Items und komplexen Problemen zurück: In Intelligenz-Items sind Ziele und Wege in der Instruktion genau beschrieben – in komplexen Problemsituationen gibt es nur ein ungenau definiertes Globalziel und teilweise untereinander widersprüchliche Unterziele.

Als Beispiel sei die Simulation von Obermann (1991) dargestellt (Abb. 4.16). Dabei stehen die Teilnehmer vor der Aufgabe, als Geschäftsführer einen Flughafen über acht wechselvolle Geschäftsjahre zu steuern. Vorgegeben sind vier untereinander konfliktäre Zielwerte (wie Gewinn oder Mitarbeiterzufriedenheit). Im Verlauf der Geschäftsjahre kommt es zu ökonomischen Krisen und Problemen, die es zu meistern gilt.

Das Unternehmen Airport besteht aus vier Abteilungen. Innerhalb der Abteilungen (etwa Ladenpassage) können die Teilnehmer einzelne Unterpunkte (Mietzins für die Cafés der Ladenpassage) aufrufen. Zu jedem dieser Unterpunkte können nun weitere Informationen (Wie hoch? Welche Auswirkungen bei Veränderungen? etc.) eingeholt

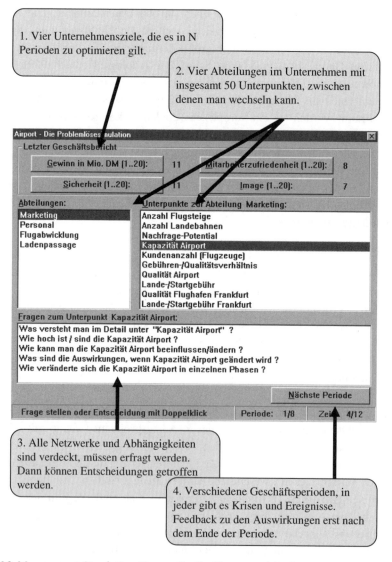

Abb. 4.16 Management-Simulation Airport. Quelle Obermann (1991)

werden. Die Fragetypen sind an Dörner et al. (1983) angelehnt. Das Charakteristikum der Simulation besteht gerade darin, dass sich die Kandidaten alles selbst erfragen müssen: Verständnisfragen, Zusammenhänge, Wirkmuster. Auf diese Weise kann der Rechner registrieren, wie die Kandidaten Prioritäten setzen, wie systematisch sie in der komplexen Umgebung vorgehen und wo ihre Stärken und Schwächen liegen. Zwischendurch können die Kandidaten Entscheidungen treffen, die unmittelbar Wirkung auf die verbundenen Variablen haben und nicht erst am Ende der Geschäftsperiode. Am Ende der jeweils zwölf Minuten langen Geschäftsperioden erhalten die Kandidaten eine weitere Rückmeldung darüber, inwieweit sie die Ziele erreicht haben, ein Feedback, dessen Umsetzung in den nachfolgenden Perioden ebenfalls bewertet wird.

Am Ende der fast zweistündigen Übung wird dann neben dem Gesamtindex für das Problemlöseverhalten die Strategie, das analytische Vorgehen, das Entscheidungsverhalten und die Systematik ausgewertet. Dabei fließen die Bewertungsparameter ein, die nach der Lohhausen-Studie effektiv zwischen guten und schlechten Problemlösern differenzieren. Validitäts-Untersuchungen der Simulation Airport weisen auf positive Zusammenhänge zu der Eigeneinschätzung sowie zum Vorgesetzten-Rating für komplexes Problemlösen hin.

In einer älteren Übersicht listen Kleinmann und Strauß (1998) 16 vergleichbare Szenarien auf, die im deutschsprachigen Bereich für die Personalauswahl eingesetzt werden. Nur für sechs dieser Szenarien lagen zu diesem Zeitpunkt allerdings Validierungsstudien vor. In der Übersicht kommen Höft und Funke (2005) zu dem Schluss, dass sich seitdem wenig an dieser Situation geändert hat. Mittlerweile hat sich die Begeisterung zu dem Thema in Deutschland wieder gelegt.

Bei den jeweiligen simulationsimmanenten Kennwerten für den Lösungserfolg ist unklar, was diese hinter der Oberfläche der Augenscheinvalidität inhaltlich bedeuten. Problematisch ist auch die Stabilität und Reliabilität der Konstrukte. Wenn berufliche Erfolgsprognosen angestrebt werden, dann müssen die abgefragten Kennwerte über eine entsprechende Stabilität verfügen – als Voraussetzung für eine erfolgreiche Validitätsmessung. Aufgrund der ersten Untersuchungen lag die Folgerung nahe, in dem Konstrukt Problemlösefähigkeit eine von der Intelligenz weitgehend unabhängige Dimension zu sehen.

Diese Einschätzung hat sich seit Ende der 90er-Jahre allerdings wieder geändert. Höft und Funke (2001) weisen darauf hin, dass die niedrigeren Reliabilitäten, der in den Simulationen erhobenen Kernwerte dazu beitragen, dass der Zusammenhang zur Testintelligenz künstlich verringert wird.

Mittlerweile ist die Annahme eher plausibel, dass vor allem die Verarbeitungskapazität als ein Intelligenzfaktor mit den Ergebnissen der Simulationen in Zusammenhang steht (Korrelationen zwischen .30 und .50, vgl. Kersting 1999). Damit ist die These der Intelligenzunabhängigkeit nur schwer aufrechtzuerhalten.

Zweifel an einem eigenständigen Konstrukt Problemlösefähigkeit ergeben sich auch daraus, dass die Ergebnisse mehrerer Szenarien untereinander wenig in Zusammenhang stehen (Kersting 1999) und ein großer Teil der Varianz in simulationsspezifischen Kompetenzen und Wissen besteht.

Ein anderer Kritikpunkt an computergestützten Simulationen ist, dass das Leben nicht Multiple-Choice ist, also die Auswahl aus vorgegebenen Antwortalternativen eine qualitativ andere Herausforderung ist, als der Umgang mit komplexen, realen Situationen. Ein Mittelding zwischen situativem Testen und Simulation in einem etwas offeneren Format stellen Lievens, van Keer und Volckart (2010) vor. In einer 88 Minuten dauernden Fact-Finding-Phase galt es für die Probanden Informationen zu sammeln, entweder indem diese über E-Mail angefordert, in einem Archiv gesucht oder in Meetings exploriert wurden. Dabei konnte maximal zwischen 3.906 Antworten ausgewählt werden. In einer anschließenden 10-minütigen Phase galt es Entscheidungen zu treffen. Hier waren 8.430 verschiedenartige Entscheidungen möglich.

4.6   Management-Audit

4.6.1   Anlässe und Zielsetzungen

Das Management-Audit als Variante des Einzel-Assessments ist Ende der 90er-Jahre in Deutschland in Mode gekommen (Personalführung 5/97, Capital 1/98, Management-Berater 9/98). Getrieben wird das Thema von Beratungsgesellschaften, hier speziell den Personalberatungsfirmen, die sich neben dem „Headhunting" neue Geschäftsfelder versprechen. So versuchen die einzelnen Beratungsgesellschaften auch jeweils eigene Begriffe zu besetzen („Management Appraisal" bei Zehnder, „Management Potenzial Ermittlung" bei Heidrick-Struggels oder „Interaktives Management Audit" bei Berger).

Seit der Diskussion zur Rolle der Aufsichtsräte hat sich in Deutschland die Einstellung in die Richtung gewandelt, auch die oberen Management-Etagen in Methoden der systematischen Bewertung und Potenzial-Einschätzung einzubeziehen. Das Management-Audit ist dabei erstmals eine Methode, die nicht als Modewelle aus den USA von den Beratern aufgegriffen wurde, sondern ihren Ursprung in Deutschland hat.

Konzerne wie E.ON, ThyssenKrupp und alle großen Player in Big Pharma haben mittlerweile in großem Stil Audits durchgeführt. Ehemalige staatliche Beteiligungen standen vor der Aufgabe, in immer wieder neuen Wellen nach veränderten Kriterien, ihr Management zu screenen, so geschehen etwa bei der Deutschen Telekom oder der Deutschen Post. Häufig traten Private Equity Firmen auf, die sich teilweise ohne Branchennähe rasch eine neue Führungsmannschaft zusammenstellen mussten (Obermann 2011).

Das Management-Audit hat durch Corporate Governance einen weiteren Schub bekommen. Hier gab es in der letzten Hälfte der 2010er-Jahre einen Wertewandel. Durch den Druck der SEC standen Konzerne wie Daimler und Siemens, aber auch MAN vor bedrohlichen Herausforderungen. Dies hat das Bedürfnis nach rationalen, strukturierten Prozessen für die Besetzung von Management-Positionen erhöht. Bis vor zwei Jahren war das Kriterium „Diversity" zwar in Kompetenz-Modellen zu lesen, fand jedoch selten den Weg vom beschriebenen Papier in unternehmerische

Entscheidungen. Dies hat sich im Jahr 2010 verändert. In vielen Top-Etagen halten tatsächlich weibliche Manager und solche mit nicht-deutscher Berufsbiografie Einzug. Auch dieser Wertewandel unterstützt das Bedürfnis, von dem alten Prinzip der Kaminkarrieren abzugehen und strukturiert und systematisch den Führungsnachwuchs zu beurteilen.

Der Druck auf die Unternehmensentscheider und die Ungeduld gegenüber Ergebnissen hat zugenommen. Vorstände sind keine Position auf Lebensdauer, sondern Schleudersitze: Die Managementberatung Booz & Company hat ermittelt, dass die mittlere Verweildauer der CEO's in den 2500 größten Unternehmen der Welt immer weiter abnimmt. So verkürzte sich die Zeit von Managern an der Konzernspitze in den vergangenen zehn Jahren von 8,1 auf 6,3 Jahre (Favaro et al. 2010). Speziell in Deutschland musste jeder fünfte Vorstandsvorsitzende (CEO) 2009 seinen Posten freiwillig oder gezwungenermaßen räumen. Mit 21,3 Prozent liegt die Wechselquote auf einem historischen Höchststand sowie 4,3 Prozent über dem Vorjahreswert.

Das Management-Audit ist keine eigenständige Beurteilungsmethode. Vielmehr wird bei einem Management-Audit zu einem bestimmten Zeitpunkt eine ganze Einheit oder Ebene von Management-Persönlichkeiten in einer Organisation bewertet. Der Unterschied zum gewöhnlichen Potenzialanalyse-AC liegt weniger in der Methode als in dem Bedarf, eine gesamte Ebene oder Einheit zu beurteilen und/oder zu fördern.

Anlässe zum Management-Audit

In der Wirtschaftspresse taucht das Audit häufig im Kontext mit harten Einschnitten zur Kostensenkung oder bei der Reduzierung von Führungsmannschaften nach Fusionen auf.

Die häufigsten Anlässe für die Beauftragung zu einem Management-Audit bestehen in Firmenfusionen, bei einer (organisationalen) Strukturveränderung und bei Vorstands- und Strategiewechseln.

Bei Mergers wird bisher das Mitarbeiterpotenzial in der Firmenbewertung nicht berücksichtigt. Gerade für die bewertungsrelevante Zukunftsbetrachtung kann jedoch nicht aus den Erträgen der Vergangenheit geschlussfolgert werden. Der ehemalige IG-Metall-Justiziar und Hochschullehrer Kittner (1998) schlägt etwa vor, einen Kriterienkatalog aufzustellen, der auch das Humankapital einer Organisation bewertet. Als Kriterien werden etwa vorgeschlagen: „Zahl, Verdienst, Karriere, Führungspraxis und Medienpräsenz der Topmanager sowie deren Beurteilung durch die Mitarbeiter".

Das Motiv vieler Auftraggeber liegt in der Erkenntnis, dass es neben Strategie und Organisation eben doch die handelnden Menschen sind, die am Ende den Hebel für den wirtschaftlichen Erfolg darstellen. Und auch auf der Top-Ebene sind es die überfachlichen Qualitäten, auf die es ankommt. Hierin liegen schließlich viele Ursachen für das Scheitern von Mergers.

Ziele eines Management-Audits

Die Zielsetzungen der Organisation sind so vielfältig wie bei Potenzial-Assessments für andere Zielgruppen auch (Abb. 4.17):

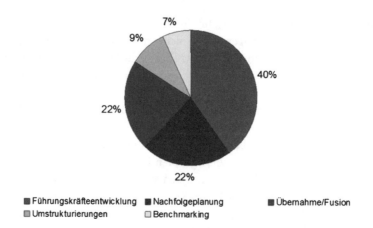

Abb. 4.17 Zielsetzungen des Management-Audits. *Quelle* Buchhorn et al. (2006)

- Standortbestimmung zur insgesamt vorhandenen Management-Qualität und deren Potenzial für Vorstand oder Aufsichtsgremium
- Entscheidungshilfe zwischen mehreren Personen für mehrfach besetzte Positionen im Rahmen von Mergers
- Kennenlernen der vorhandenen Potenziale bei übernommenen Firmen
- Entscheidungshilfe bei der Reorganisation und Neuausschreibung von neu zu gestaltenden Stellen im Management
- Angebot zur eigenen Entwicklung und unabhängigem Feedback für die Gesamtebene des Management

Hinsichtlich der Darstellung der Ergebnisse wird häufig eine Portfolio-Darstellung gewählt und dadurch die Verteilung des gesamten Managementteams visualisiert. Dabei wird meist die aktuelle Performance wie auch das Potenzial für höhere Positionen berücksichtigt (vgl. Abb. 4.18).

4.6.2 Methoden von Management-Audits

Da in Deutschland die Personalberater die Treiber in der Verbreitung des Audits waren, wird häufig ein umfangreiches Interview als Kernstück des Management-Audits verwendet (Gaier et al. 2005). In jüngerer Zeit wird jedoch der Wunsch von Unternehmen immer stärker, neben gezielten und vergleichenden Aussagen aus den Interviews auch Verhalten und andere Dimensionen direkt sichtbar zu machen: Führung wird durch Führungsrollenübungen abgebildet, in Business Case Studies wird das betriebswirtschaftliche Know-how hinterfragt und Fragebögen werden zur Ermittlung der Motivations- bzw. Persönlichkeitsstruktur eingesetzt. Daneben eröffnet die in der Regel berufserfahrene Zielgruppe im Management-Audit gegenüber den klassischen AC-Simulationen eine

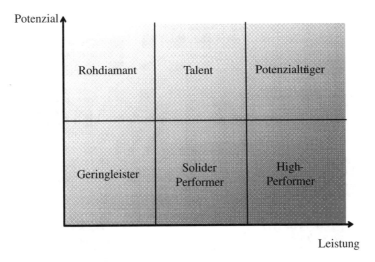

Abb. 4.18 Management-Audit: Potenzial-/Leistungsmatrix

neue Datenquelle: Die Dokumentation realer Arbeitsergebnisse bzw. die Ergebnisse aus Leistungsbeurteilungen und die Einschätzung durch Drittquellen (360-Grad-Elemente) (Abb. 4.19).

Die Anforderungen an die Qualität der Diagnose sind bei der Zielgruppe Management besonders hoch. Hier gilt genauso, dass ein Mix von verschiedenen Beurteilungsmethoden im Sinne des Prinzips der Multimodalität (vgl. Kap. 2.5.3) Fehleinschätzungen reduziert, die dann auftreten, wenn das Urteil nur auf einer Methodenquelle, z. B. Interview, beruht. Abb. 4.20 zeigt die möglichen Methoden.

Interviews

Das bevorzugte Vorgehen in der Gruppe der Personalberater ist es, biografische Interviews durchzuführen. Was kann allerdings aus typischen Interviewfragen im Audit – „Was fällt

	Einzel-AC	Management-Audit
Zielgruppen	Nachwuchskräfte bis Top-Management	Mittleres bis Top-Management
Zielsetzung	Auswahlentscheidung oder Förderung in Richtung Development Center	„Second opinion" für unterschiedliche unternehmerische Ziele
Anlass	Vakanz auf Einzelposition	Gesamthafte Sichtung aller Manager oder einer Ebene
Methoden	Verhaltenssimulationen Testverfahren Interview	Schwerpunkt Interview Zusätzlich Kollegenbefragung Sichtung Arbeitsergebnisse
Zeitdauer	1 Tag	3 Std. bis 1 Tag
Durchführende	Beobachterteam, häufig Manager, Personaler, Berater	Häufig nur externe AC-/Personalberater

Abb. 4.19 Abgrenzung Einzel-Assessment vs. Management-Audit

Abb. 4.20 Kriterien und Methoden in Management-Audits

Ihnen an Ihrem Lebenslauf auf?" oder „Wer hat Sie im Leben geprägt?" – geschlussfolgert werden? Hier können sich viele Hobby-Psychoanalytiker entfalten. Aber wie im AC ist eine Minimalanforderung im Audit ein klarer Anforderungsbezug. Das Stochern im Lebenslauf ohne ein operationalisiertes Anforderungsprofil und persönliche Statements des „erfahrenen Consultants" führen jedoch zu eingeschränkter Reliabilität und Gültigkeit. Ohne ein operationales Anforderungsprofil für bestimmte Zielgruppen besteht zudem die Gefahr, dass das Berater-Weltbild ungewollt zur Firmenkultur wird.

Kollegeneinschätzungen

Bei Potenzial-AC ist die Erhebung von Kollegenurteilen mit Begründungschwierigkeiten verbunden: Warum über die eine Person Informationen erheben, über die andere nicht? Durch die Erhebung von Beurteilungen zu einer ganzen Mitarbeitergruppe zu einem Zeitpunkt im Rahmen des Audits sind auch Kollegenurteile einfacher zu realisieren. Die Mehrheit gibt sowohl Auskunft und ist gleichzeitig Objekt der Auskunft. Kollegeneinschätzungen sind wertvolle, ergänzende Informationsquellen (vgl. Kap. 2.7.6). Problematisch wird dies allerdings, wenn diese unstrukturiert und in Form von Geschichten erhoben werden.

Analyse von Arbeitsergebnissen

Die in der Regel berufserfahrene Zielgruppe im Management-Audit eröffnet gegenüber den klassischen AC-Simulationen eine neue Datenquelle, die Dokumentation realer Arbeitsergebnisse. Dies überwindet die im Interview übliche Hürde der verbalen Darstellung. Arbeitsergebnisse sind in der Organisation dokumentierte Zahlen und Papiere zu Geschäftsergebnissen der Verantwortungseinheit, Verkaufs- und Kostenzahlen, Erfolgsgeschichten real geförderter Mitarbeiter, Kundenkontakte – letztlich all die Daten, die heute mit dem Begriff „Balanced Scorecard" zusammengefasst werden.

Verhaltenssimulationen
Hier kommt die ganze Palette an AC-Simulationen in Frage. Die typische Zielgruppe im Audit führt jedoch häufig dazu, speziell Fallstudien und Fact-Finding-Übungen einzusetzen, um die Fähigkeiten im kognitiven Bereich und in der Qualität unternehmerischer Urteile unabhängig von der verbalen Darstellungsfähigkeit im Interview einschätzen zu können.

Testverfahren
Wie im Assessment Center sind auch im Management-Audit psychologische Testverfahren geeignet, um zeitlich stabile Dispositionen oder Merkmale zu messen. Dabei werden vor allem Persönlichkeitsfragebögen (Big 5, BIP, OCM) eingesetzt, um nähere Informationen über die Motivstruktur des Kandidaten bzw. über seine Persönlichkeitseigenschaften zu erhalten (s. Kap. 2.5.15).

4.7 Interkulturelle und internationale AC

4.7.1 Übersicht

Die Globalisierung ergreift auch das Assessment Center: Ein massiv steigender Anteil von Arbeitnehmern ist im Ausland tätig. So ist schon in den 90er-Jahren der Anteil von Mitarbeitern deutscher Unternehmen, die in ausländischen Tochtergesellschaften beschäftigt waren von 13,8 % im Jahr 1977 auf 25,1 % im Jahr 1995 gestiegen (Kühlmann und Stahl 1998). Speziell in Europa sind mehr und mehr Unternehmen nicht mehr nach europäischen Regionen organisiert, sondern europaweit nach Geschäftsbereichen. So ist möglicherweise der Standort des Arbeitsplatzes in Frankfurt, der Vorgesetzte der europäischen Einheit sitzt jedoch etwa in Mailand. Die rechtliche Position des Geschäftsführers oder des Vorstands hat nur noch untergeordnete Bedeutung gegenüber der Frage, wer eine bestimmte Business Einheit leitet.

Die Internationalisierung des AC zeigt sich daran, dass erste vergleichende empirische Befragungen zur Anwendungspraxis in unterschiedlichen Regionen der Welt durchgeführt wurden (Povah 2011; Krause 2011). In allen Regionen hat sich die Methodik AC etabliert (zum Stand der internationalen AC-Anwendung vgl. Kap. 1.4.3).

Dieser Schub in Richtung Internationalisierung hat naturgemäß auch Konsequenzen auf die Eignungsdiagnostik, wie Lievens und Thornton (2005) bereits prognostizierten. Auf einem bestimmten Niveau ist es selbstverständlich geworden, dass Potenzialträger ihr Können in einem internationalen Umfeld unter Beweis stellen müssen. Immer mehr

Unternehmen werden wirtschaftlich getroffen von einem offensichtlichen Mangel in dieser Hinsicht, wodurch sich neue Aufgabenfelder in der Eignungsdiagnostik ergeben: Die ins Ausland entsandten Manager müssen zurückkehren, weil sie vor Ort keine Akzeptanz finden oder den erwünschten Einfluss nicht ausüben können. Sie stoßen mit deutschen Tugenden wie Perfektionismus oder der scharfen Trennung von Berufs- und Privatleben auf Widerstand. Oder Manager möchten von selbst zurückkehren, da die Partner in Deutschland ihren Job aufgeben mussten und nach einem Jahr isolierten Lebens in einer Ausländerkolonie mit Scheidung drohen, wenn die Familie nicht umgehend zurückkehrt.

Für diese wirtschaftlich bedeutsamen Aufgabenstellungen stellt sich die Frage nach Antworten darauf, welche Beiträge die Methode AC für eine bessere Prognose von Besetzungsentscheidungen speziell im Ausland geben kann. Hierfür ist in den letzten Jahren eine Inflation von Begriffen entstanden: z. B. interkulturelles AC, internationale Potenzialanalyse etc.

Zur Differenzierung der verschiedenen Aufgabenstellungen ist zu unterscheiden, ob die Teilnehmer aus einem oder mehreren Herkunftsländern für eine oder mehrere Zielregionen bestimmt sind. Daraus ergeben sich folgende Konstellationen:

- Lokale Herkunft, lokales Zielland (klassisches AC, z. B. Deutscher für Deutschland)
- Lokale Herkunft, andere konkrete Zielregion (AC für Expatriates/Entsandte, z. B. Deutscher soll nach China gehen; Abbildung der Zielkultur im AC)
- Weltweite Herkunft, ein Zielland (weltweite Potenzialsuche, z. B. internationaler Management-Nachwuchs für ein deutsches Unternehmen, ggf. interkulturelle Inhalte)
- Weltweite Herkunft, weltweiter Einsatz (internationales AC, z. B. Development Center mit weltweiten Kandidaten einer Business Unit)
- Herkunft unterschiedlich, Zielland unspezifisch (interkulturelles AC, Frage nach gundsätzlicher Passung für Aufgaben außerhalb des Heimatlandes neben anderen Potenzialaspekten)

Der Autor schlägt vor, folgende praxisrelevante Aufgabenstellungen begrifflich zu trennen (vgl. Abb. 4.21): Bei AC für Expatriates stellt sich die Frage, ob das AC – hier in der Regel ein EAC – einen Service leisten kann, um die Prognose zu Besetzungsentscheidungen für Einzelpersonen zu verbessern. Dabei geht es jeweils um eine konkrete Position in einem konkreten Zielland oder einer Zielregion. Die Betrachtung allgemeiner interkultureller Fähigkeiten ist hier von Relevanz. Hier geht es zunächst um die Frage nach der Passung des Mitarbeiters und der Familie zu den konkreten Rahmenbedingungen an einem spezifischen Ort.

Bei den interkulturellen AC hingegen steht bei Nachwuchskräften die Frage im Raum, ob sie im Allgemeinen über interkulturelle Kompetenzen – neben anderen Kriterien – verfügen, um in meist noch nicht näher bestimmten Regionen später als Führungskräfte tätig zu sein. Hier stellt sich meist als Aufgabenstellung, bestehende AC-Verfahren zur Potenzialanalyse auch für Aufgaben in anderen Kulturen zu ergänzen.

Die dritte Kategorie wird speziell in Europa die am schnellsten wachsende Bedeutung haben. Bei diesen internationalen AC wird der interkulturelle Aspekt gar nicht mehr explizit betrachtet. Hierbei handelt es sich um Development Center oder Potenzialanalysen mit Mitarbeitern unterschiedlicher Länder, die an einem Ort zusammentreffen und in der Regel ein AC auf Englisch durchführen. Dies bietet sich speziell für europäische Organisationen an, die keine spezielle Kultur eines Mutterhauses und damit auch keine spezielle Zielkultur haben. Diese Unternehmen arbeiten zwar schon global, dennoch stellt sich für AC die Frage, wie mit der nach wie vor vorhandenen unterschiedlichen Muttersprache und -kultur der Teilnehmer umgegangen werden soll.

4.7.2   AC für Expatriates

Gründe für das Scheitern im Ausland

In der Vergangenheit gab es die sogenannte ethnozentrische Orientierung in der Auswahl von Mitarbeitern in Tochtergesellschaften oder Beteiligungen im Ausland: Die spezifischen Gegebenheiten des Gastlandes bzw. der dort ansässigen Tochterfirma standen bei Auswahlentscheidungen im Hintergrund, es dominierte die Kultur der Zentrale. Oft wurde nach dem Motto vorgegangen, dass wer sich im Heimatland bewährt hat ebenso die Anforderungen in der Ferne meistern werde. Dabei ist die erfolgreiche Entsendung eine wirtschaftlich bedeutsame Frage. Je nach Schätzung scheitern bis zu 35 % der Auslandsentsendungen durch vorzeitiges Abbrechen (Kühlmann und Stahl 1998; Wawoe 2001; Wirth 1992). Die wirtschaftliche Gesamtbedeutung nimmt erheblich zu, da der Anteil von Entsendungen massiv steigt. Generell scheitern wohl relativ gesehen mehr Europäer und Amerikaner als Asiaten (Wawoe 2001). Damit ist immer mehr die Frage in den Vordergrund gerückt, welche weiteren Faktoren neben den fachlichen und klassischen persönlichen Kriterien die Voraussetzung für eine erfolgreiche Tätigkeit im Ausland sind. Bereits Tung (1981, 1982, S. 16) bemängelte diesen Umstand in einer

AC für Expatriates	Interkulturelles AC	Internationales AC
• Prüfung der Passung auf spezielle Zielkultur • Kulturelle Passung nur ein Aspekt neben der Familiensituation und fachlichen Eignung • Methode Einzel-Assessment	• Bestandteil von Potenzialanalysen • Auflösung „interkulturell" in Einzelaspekte notwendig • „Interkulturell" neben anderen überfachlichen Kriterien der Potenzialanalyse	• Englischsprachige AC in internationalen – meist europäischen Organisationen • Keine Beurteilung isolierter interkultureller Fähigkeiten

Abb. 4.21 Varianten von Assessments im interkulturellen Kontext

viel zitierten Studie: „It is rather surprising that an overwhelming majority of the U.S. firms included in the study failed to assess the candidate's relational abilities when they clearly recognize that relational abilities are important for overseas work, as evidenced by their responses discussed under the 'criteria for selection' section, and when research shows relational abilities to be crucial to success in overseas assignments".

Seit den 80er-Jahren ist daher die Frage nach spezifischen weiteren Erfolgskriterien für den Auslandseinsatz in den Vordergrund gerückt. Der Expatriate sollte Kenntnisse und Fertigkeiten erwerben, die ihn zur „konstruktiven Anpassung, zum sachgerechten Entscheiden und zum effektiven Handeln unter fremdkulturellen Bedingungen und in interkulturellen Überschneidungssituationen" (Thomas 1992, S.174) anleiten. Dies erfordert spezifisches interkulturelles Know-how, das sich von Region zu Region bzw. von Kultur zu Kultur unterscheiden kann.

Die Befragungen von Personalverantwortlichen und Repatriates (wieder aus dem Ausland zurückgekehrte Personen) zeigen, dass diese Erfolgsmerkmale sehr unterschiedlich sind (vgl. Abb. 4.22).

Während diese Untersuchungen davon ausgehen, dass es kulturübergreifende Erfolgsmerkmale für den Auslandseinsatz gibt, gibt es einen weiteren Trend, bei der Entsendung von Expatriates stärker die spezifische Zielkultur zu betrachten: „Zum Verständnis interkultureller Eignung muss die bislang weit gehend kulturgenerelle Eignungsdiagnostik, die nach einer allgemeinen Auslandseignung fragte, durch eine kulturspezifische Eignungsdiagnostik, die auf die spezifischen Anforderungen einer Kultur eingeht, hinterfragt werden" (Deller 1996, S. 310).

Neuere Untersuchungen zeigen nunmehr, dass Gründe für das Scheitern jedoch nicht in erster Linie in einer fehlenden kulturellen Passung liegen, sondern zunächst in ganz andern Gründen (Sassen 2001; Wawoe 2001). Nach einer Phase der möglichen Überbetonung kultureller Aspekte spielen zunächst wieder auch die im Inland entscheidenden fachlichen und überfachlichen Aspekte eine wichtige Rolle: Der Pharmamanager in Russland braucht zunächst Know-how etwa in Lizenzierungen; der Ölmanager in Südamerika benötigt Know-how in der Exploration. Wenn diese Qualifikationen nicht ausreichen, dann kommt es gar nicht so weit, dass diese Personen an interkulturellen Aspekten scheitern.

Ein weiterer Hauptgrund für das Scheitern im Ausland – noch vor interkulturellen Defiziten – liegt jedoch in der Familie und deren Problemen, mit den Rahmenbedingungen am Zielort klarzukommen (Wawoe 2001; Sassen 2002). So wurde bisher fälschlicherweise das Familienleben zu oft als Privatsache nicht berücksichtigt. Andererseits ist in vielen Kulturen die scharfe Abgrenzung von Privat- und Familienleben nicht bekannt. Auch für das Unternehmen Siemens beschreibt Großschädl (1995) die Erfahrung, dass nach den Erfahrungen mit Einzel-Assessments für den Auslandseinsatz dem familiären Umfeld in Zukunft mehr Aufmerksamkeit gegeben werden sollte. Da heute in vielen Fällen beide Ehepartner arbeiten, stellt sich die Frage, welche Hilfestellung die entsendende Firma für eine Arbeitssuche des Partners, immer noch meist die Frau, liefert. In einem Übersichtsartikel führt Thomas (2001)

Erfolgsmerkmale bei Auslandseinsätzen aus der Sicht von Personalverantwortlichen (vgl. Wirth, 1992)	Erfolgsmerkmale bei Auslandseinsätzen aus der Sicht von Repatriates (Kühlmann & Stahl, 1998)
1. Fachliche Qualifikation 2. Persönlichkeit (Selbstdisziplin, Ausgeglichenheit, Toleranz) 3. Sprachkenntnisse 4. Physische und psychische Belastbarkeit 5. Berufserfahrung 6. Vertrautheit mit der Unternehmenskultur 7. Kommunikationsfähigkeit 8. Lern- und Anpassungsfähigkeit 9. Organisations- und Improvisationstalent 10. Stabile Familienverhältnisse 11. Pädagogisches Geschick	1. Verhaltensflexibilität 2. Unvoreingenommenheit und Toleranz 3. Sprachkenntnisse 4. Leistungsbereitschaft und Zielorientierung 5. Einfühlungsvermögen 6. Kontaktfreudigkeit 7. Ambiguitätstoleranz 8. Fachliche Fähigkeiten und Kenntnisse 9. Emotionale bzw. psychische Stabilität 10. Realistische Selbsteinschätzung 11. Fähigkeit zur Kommunikationssteuerung

Abb. 4.22 Erfolgsmerkmale bei Auslandseinsätzen

über 50 Einzelkriterien im familiären Bereich auf, die letztlich zu einem Scheitern des Auslandseinsatzes führen können:

- Landesspezifische Bedingungen (z. B. hygienische Standards, Einkaufsmöglichkeiten, Fehlen von privaten Kontaktpersonen)
- Personale Bedingungen des mitreisenden Ehepartners (z. B. Introvertiertheit, Ethnozentrismus)
- Umgang mit Einheimischen (z. B. Frauenbild vor Ort, Kriminalität, sprachliche Verständigung)
- Zusammenleben mit Familie (z. B. Mehrbelastung des Expatriates, Anpassungsdefizite der Kinder)

Weniger Aufmerksamkeit wurde auch bisher der Rolle der mitreisenden Kinder geschenkt. In einer entsprechenden Befragung von Kindern (Thomas 2001) äußern diese zwar in der Regel, dass sie einem Auslandsaufenthalt freudig und gespannt gegenüberstehen, aber die erfolgreiche „Akkulturation" gelingt jedoch nach der Untersuchung in erster Linie bei Kindern bis neun Jahren. Danach hängt der Erfolg mit der Beherrschung der englischen Sprache zusammen und insbesondere mit der Möglichkeit der Kinder und Jugendlichen, in der neuen Umgebung eigene, soziale Netzwerke zu entwickeln.

Neben interkulturellen Fähigkeiten und dem familiären Umfeld spielt auch die Motivation des potenziellen Expatriates für die Auslandsentsendung eine Erfolgsrolle (Sassen 2001). So berichtet Großschädl (1995) für Siemens, dass Kandidaten, die im

Ausland nach fachlicher und persönlicher Weiterentwicklung suchen, für Entsendungen im Allgemeinen geeigneter zu sein scheinen als jene, die sich davon allein einen Karrieresprung versprechen.

Die Appelle zur Berücksichtigung von interkulturellen Aspekten bei der Auswahl von Expatriates finden jedoch häufig ihre Grenzen in der Personalpraxis. Eine entsprechende – ernüchternde – qualitative Befragung von 13 deutschen Konzernen legen Methner et al. (2004) vor. Danach setzen nur wenige Unternehmen AC ein, die speziell für die internationale Potenzialanalyse entwickelt worden sind. Die Mehrheit der Befragten räumt ein, dass die Fachkompetenz häufig den alleinigen Ausschlag gibt. Auch findet die Entscheidung über die Entsendung meist durch die jeweilige Fachabteilung und nicht – wie wohl gewünscht – in Zusammenarbeit mit dem Personalbereich statt.

Beispiele von AC für Expatriates

Für die sich im interkulturellen Kontext bewährenden Verfahren der Personalauswahl gelten die gleichen Forderungen bezüglich der Erfüllung der Gütekriterien wie für Verfahren, die im nationalen Kontext zur Personalauswahl eingesetzt werden. Die Güte der Methoden ist anhand der Hauptgütekriterien für psychometrische Testverfahren (Kriterien der Klassischen Testtheorie: Reliabilität, Validität, Objektivität) zu beurteilen.

Im Folgenden werden die Erfahrungen aus AC für eine Zielregion zusammengestellt (Stahl 1995; Großschädl 1995; Harss und Prechl 2004; Runge 2005).

Bei der Entwicklung eines Auswahlverfahrens stellt sich – wie bei anderen AC – zunächst die Frage nach den Kriterien, hinsichtlich derer im AC eine Prognose getroffen werden soll. Kühlmann (1995, S. 12) verweist auf eine Vielzahl bisher verwendeter oder vorgeschlagener Kriterien:

- Zahl der im Ausland gewonnenen Freunde,
- Häufigkeit der Kontakte mit Vertretern des Gastlandes,
- Wissen um die Gegebenheiten im Gastland,
- Arbeitszufriedenheit,
- Einstellungen zum Gastland,
- Ethnozentrismus,
- Arbeitseffektivität,
- psychische und psychosomatische Beschwerden,
- Abbruch des Auslandsaufenthaltes,
- Beachtung kulturspezifischer Verhaltensregeln,
- Sprachfertigkeit.

In den Studien zur Thematik der Mitarbeiterentsendung ist man daher dazu übergegangen, ein Kriterientripel als Maßstab für einen erfolgreichen Auslandseinsatz zu verwenden (Kühlmann und Stahl 1998): berufliche Aufgabenerfüllung, Zufriedenheit des Mitarbeiters und seiner Familie sowie Güte der sozialen Beziehungen mit Angehörigen des Gastlandes.

AC-Bausteine für die Entsendung von Expatriates sind entweder situative Interviews oder Verhaltenssimulationen. Dabei wird entweder die Sensibilität für Verhaltensweisen in der Zielkultur abgebildet oder vom Rollenspieler ein Konflikt mit den Werten der bestehenden Kultur provoziert. Volmer und Staufenbiel (2006) schildern die Untersuchung zu einem strukturierten Interview für Praktikanten im Auslandseinsatz. Dabei wurde die spätere Vorgesetztenbeurteilung erhoben. Das Interview stellte einen guten Prädiktor für den Erfolg dar, auch mit inkrementeller Validität zu anderen Informationen wie bisherigen Auslandseinsätzen oder dem bisherigen Ausbildungserfolg.

Beispiele für Critical Incidents im Rahmen eines situativen Interviews sind in den Abb. 4.23 und 4.24 dargestellt. Darüber hinaus gibt es erste englischsprachige Fragebögen, die interkulturelle Kompetenzen erheben, allerdings abstrakt und nicht bezogen auf eine spezifische Zielkultur (Overseas Assignment Inventory (OAI), ein standardisierter Fragebogen von Brown 1987, zit. nach Stahl 1995).

Stahl beschreibt ein Auswahlverfahren eines Hightech-Unternehmens für Führungsnachwuchskräfte im Alter von 35 bis 45 Jahren, die mehrjährig zu einem Joint Venture in Japan übersandt werden sollten. Hierzu wurde zunächst eine Anforderungsanalyse mit der Methode der erfolgskritischen Ereignisse bei 24 Führungskräften durchgeführt, die zum Zeitpunkt des Interviews in einem Joint Venture in Japan tätig waren. Die erfolgreichen Verhaltensweisen in den einzelnen Beispielen wurden zu Merkmalen verdichtet. Hierzu gehörte u. a. Unterstützung durch

---

Fall 1: Osteuropa „Unangenehmer Besuch"

Sie sind für den Export einer deutschen Firma verantwortlich, die Faltschachteln für die Pharmaindustrie fertigt. Eine zunehmende Anzahl Ihrer Kunden konzentriert die Pharmaproduktion an einzelnen Standorten, auch in Osteuropa. Auch erste Pharmafirmen haben Joint-Ventures oder Niederlassungen in Russland gegründet. Daher hat Ihre Firma beschlossen, ebenfalls an diesem zukünftig lukrativen Standort tätig zu werden. Allerdings soll das Geschäft zunächst auf Import-Basis laufen, d. h. die Fertigung der Faltschachteln geschieht an einem der Produktionsstandorte in Ihrer Gruppe.

Sie haben zunächst ein Vertriebsbüro in Moskau errichtet. Nach der Anmietung von Büroräumen haben Sie eine Vertriebsassistentin eingestellt. Bei einem Ihrer ersten Besuche kündigt Ihnen die Kollegin den Besuch zweier nicht bekannter Herren an. Ihre russische Kollegin deutet Ihnen an, dass die beiden wohl zu einer zwielichtigen örtlichen Gruppe gehören.

Die beiden Herren stellen sich so vor, dass sie zu einer Sicherheitsorganisation gehören. Aus dem Gespräch wird weiter deutlich, dass sie über alle Kontobewegungen Ihres Firmenkontos informiert sind. Sie fordern einen monatlichen „Schutzbetrag" von 1.500 Euro.

Wie verhalten Sie sich?

Abb. 4.23 Situative Fragen interkulturellen Denkens I: Mafia

die Familie, Interesse/Wissen an/um Japan, Polyzentrismus, Gruppenorientierung. Das Auswahlverfahren selbst beinhaltete neben biografischen Fragen dann mehrere situative Fragen. In diesen Fragen wurde ein kritisches Ereignis geschildert (Beispiel: „Nach zwei Jahren in Japan möchten Sie erstmals für vier Wochen wieder nach Deutschland in den Urlaub. Ihr japanischer Vorgesetzte eröffnet Ihnen jedoch, dass er höchstens zehn Tage auf Sie verzichten kann"). Die Interviews wurden auf Englisch in Anwesenheit von Vertretern des japanischen Joint Ventures durchgeführt.

Ein weiteres Beispiel für ein Expatriate-AC schildert Großschädl (1995) für Siemens anhand von möglichen Betriebsleitern für ein Joint Venture in China. Auch hier wurde eine Anforderungsanalyse anhand von Leitfragen erstellt:

- Welche Eigenschaften sind notwendig, um im Allgemeinen in dieser Kultur erfolgreich zu sein?
- Welche Charakteristika erwartet der Joint-Venture-Partner beim entsandten Mitarbeiter?
- Welche Merkmale muss der Kandidat besitzen, um die gestellten Aufgaben erfolgreich bewältigen zu können?
- Welche Merkmale sollte der Kandidat aufweisen, damit er sich mit den spezifischen Gegebenheiten in seiner Position bzw. in dem Gastland zurechtfindet?

Die ermittelten Anforderungskriterien auf die zweite Frage bestanden etwa in folgenden Aspekten: mittleres Lebensalter, kein Quereinsteiger, diplomatisches Verhalten. Das beschriebene Verfahren selbst umfasst einen einstündigen Film mit Beispielen interkulturellen Fehlverhaltens, wobei die Kandidaten gefragt wurden: „Was ist Ihnen in diesem Filmausschnitt aufgefallen?". Ein weiteres Element bestand in einer Präsentation mit

---

Fall 2: Arabischer Raum „Familienfeier"

Sie sind Managing Director einer Ölfirma in einem arabischen Land. In einem Joint-Venture mit einer örtlichen Firma wird Erdöl gefördert. Das Management ist paritätisch zwischen Ihrer Firma und der örtlichen Organisation besetzt. Ihre Firma ist in einer schwierigen Lage, da in einem Jahr der Vertrag ausläuft und die arabische Firma auch Kontakte zu anderen europäischen Ländern besitzt. Sie haben einen guten Kontakt zu Ihrem örtlichen Kollegen aufgebaut. Dieser lädt Sie nunmehr in drei Wochen zur Hochzeit seines zweitältesten Sohnes ein.

Allerdings gibt es dadurch eine Terminkollision mit der einmal jährlich stattfindenden Management-Konferenz in Ihrer Zentrale. Diese ist seit langem terminiert. Hier fehlt in der Regel niemand. Der Terminkonflikt ist unausweichlich.

Wie entscheiden Sie sich und mit welchen Worten erklären Sie Ihren Gesprächspartnern (vor Ort oder Zentrale) Ihre Entscheidung?

Abb. 4.24 Situative Fragen interkulturellen Denkens II: Familienfeier

einem Interview und Fragen/Aufgaben wie „Geben Sie einen Überblick, wie Sie sich die Stelle vorstellen und wie Sie diesen Anforderungen begegnen wollen!". Auch bei diesem Verfahren waren Vertreter des Gastlandes anwesend.

Harss und Prechtl (2005) beschreiben die Adaptation eines bestehenden AC für Verkaufsmanager aus Japan, Korea und China. Sie weisen darauf hin, dass die einfache Übertragung von Verhaltensankern in die dortigen Kulturen nicht angebracht ist. Die Operationalisierung des Kriteriums Kommunikation mit den Aspekten „uses small talk to set the scene", „uses the pronoun I, not one", „speaks clearly and precisely" sind nicht angemessen. Aus europäischer Sicht erscheinen die fernöstlichen Kandidaten zu zurückhaltend, wenig extravertiert und wenig führungskompetent. Auch das westliche Konzept eines offenen und kritischen Feedbacks sei wenig bekannt. Die Autorinnen empfehlen den Einsatz von Beobachtern der Zielkultur, wobei speziell für Asien ein hochkarätiger Vertreter des Mutterhauses für die Akzeptanz wichtig sei.

Zusammenfassend besteht das Expatriate-AC aus folgenden wesentlichen Elementen:

- Analyse der erfolgskritischen Situationen in der speziellen Zielkultur mittels CIT-Technik
- Beibehalten des firmenspezifischen Kompetenzmodells, aber Operationalisierung der Verhaltensanker im Hinblick auf die Zielkultur
- AC-Bausteine haben den Schwerpunkt in den inhaltlichen/fachlichen Anforderungen der Zielposition, sind jedoch von Vertretern der Zielkultur zu überprüfen
- Beteiligung eines Beobachters aus dem Zielland bzw. der Zielkultur
- Hohe Aufmerksamkeit für die spezielle Motivation des Teilnehmers für die Tätigkeit im Zielland
- Einbezug der Familie (Partner und Kinder) in das Auswahlverfahren und Würdigung der Aufenthaltsbedingungen für die Familie

4.7.3 Interkulturelle AC

Definitionen interkultureller Fähigkeiten

Bei interkulturellen AC steht nicht die Entsendung in ein spezifisches Land im Vordergrund, sondern die generelle Eignung für Tätigkeiten in anderen Kulturen im Allgemeinen. Dabei geht es meistens darum, die interkulturellen Fähigkeiten als einen Teilaspekt innerhalb der Beurteilung des Führungspotenzials zu erheben. Etwas konkreter sind Zielsetzungen in anderen Unternehmen, ein Pool von international einsetzbaren Fach- und Führungskräften aufzubauen. Noch spielen interkulturelle Fähigkeiten allerdings eine untergeordnete Rolle in deutschsprachigen AC: So haben in der deutschen AC-Umfrage (Arbeitskreis AC 2001) lediglich 1 % der 141 antwortenden Unternehmen angegeben, dass sie interkulturelle Kompetenz explizit als Anforderungskriterium im AC aufnehmen.

Die Kriteriendefinition ist anspruchsvoller als bei den AC für die Entsendung von Expatriates, bei denen es um eine spezifische Zielkultur geht und über die

Critical-Incident-Technik für das Zielland konkrete Anforderungen zusammengestellt werden können. So liegen die Kriterien, die generell für eine erfolgreiche Auslandstätigkeit zu bestimmen sind, nicht in einem einzigen Merkmal, sondern eher in einer Reihe von Eigenschaften, die am ehesten mit dem Konstrukt Interkulturelle Kompetenz umschrieben werden können (Brandenburger 1995; Kammel und Teichmann 1994; Sassen 2001; Stahl 1998).

Aufgrund des inflationären Gebrauchs des Begriffs Interkulturelle Kompetenz bietet es sich an, diesen zunächst einzugrenzen. Interkulturelle Kompetenz kann aus einer eher engen kulturspezifischen gegenüber einer breiteren, kulturübergreifenden Perspektive beschrieben werden. Kulturübergreifende Ansätze betonen, dass interkulturelle Kompetenz verstanden werden kann als „die Fähigkeit, sich Orientierungswissen über fremde Kulturstandards anzueignen, die eigene kulturelle Prägung zu reflektieren, kulturdivergente Handlungsschemata zu koordinieren und die Fähigkeit, sich in fremde Kulturen hinein zu versetzen" (Podsiadlowski und Spieß 1996, S. 49). Kulturspezifische Ansätze postulieren, dass interkulturelle Kompetenz aufgefasst werden kann als „Wissen um Gemeinsamkeiten und Unterschiede zwischen den Kulturen sowie Berücksichtigung und Nutzung dieses Wissens" (Ingelfinger 1995, S. 174).

Eine spezifischere Operationalisierung zum Verständnis des Konstrukts der interkulturellen Kompetenz liefern Kühlmann und Stahl (1998). Diese basiert auf der Befragung von 300 deutschen Fach- und Führungskräften, die zum Zeitpunkt des Interviews im Ausland tätig oder kurz vorher zurückgekehrt waren. Sie wurden nach kritischen Vorfällen während ihres Einsatzes befragt.

Nach der Critical-Incident-Methode wurden daraus die erfolgskritischen Verhaltensweisen zusammengestellt und in Kriterien zusammengefasst:

- Ambiguitätstoleranz: Die Neigung, sich in unsicheren, mehrdeutigen und komplexen Situationen wohl zu fühlen bzw. zumindest nicht beeinträchtigt zu fühlen.
- Verhaltensflexibilität: Die Fähigkeit, sich schnell auf veränderte Situationen einzustellen und darin auf ein breites Verhaltensrepertoire zurückzugreifen.
- Zielorientierung: Die Fähigkeit, auch unter erschwerten Bedingungen zielstrebig auf die Erreichung der gestellten Aufgaben hinzuarbeiten.
- Kontaktfreudigkeit: Die Neigung, soziale Kontakte aktiv zu erschließen und bestehende Beziehungen aufrechtzuerhalten.
- Einfühlungsvermögen: Die Fähigkeit, Bedürfnisse und Handlungsabsichten von Interaktionspartnern zu erkennen und situationsadäquat darauf zu reagieren.
- Polyzentrismus: Vorurteilsfreiheit gegenüber anderen Meinungen, Einstellungen und Handlungsmustern, insbesondere fremdkultureller Prägung.
- Metakommunikative Kompetenz: Die Fähigkeit, in schwierigen Gesprächssituationen steuernd einzugreifen und Kommunikationsstörungen zu beheben.

Die Schwierigkeiten der Realisierung solcher Anforderungslisten für interkulturelle AC besteht darin, dass die genannten Kriterien meist ohnehin schon in klassischen AC vorhanden sind und gleichzeitig eine Überladung des interkulturellen Aspektes gegenüber anderen Anforderungsmerkmalen zu vermeiden ist.

AC zur Messung interkultureller Fähigkeiten

Neben der AC Methode liegen von einzelnen Beratern Fragebogen-Verfahren zur Messung von interkulturellen Kompetenzen vor. Ein holländisches Beratungsunternehmen vertreibt z. B. den Intercultural Readiness Check IBI mit 60 Fragen u. a. zu interkultureller Sensibilität. Der japanisch-stämmige US-amerikanische Professor Matsumoto hat für Japan etwa den „Cultural Orientation Indicator" entwickelt.

Ähnlich wie bei AC für Expatriates kommen für AC zur Messung interkultureller Fähigkeiten grundsätzlich als Methoden Verhaltenssimulationen in Frage sowie situative Interviews auf der Basis der Critical-Incident-Methode. Der Aufwand entsteht dadurch, dass bei einer abstrakten Bewertung der allgemeinen interkulturellen Fähigkeiten im AC eine Operationalisierung in spezifische Konstrukte notwendig ist (etwa Polyzentrismus oder Kontaktfreudigkeit). Da eine Übung kaum die Beobachtung aller Konstrukte zulässt, sind unter Umständen mehrere, unabhängige Übungen notwendig. Wenn Aussagen zu interkulturellen Fähigkeiten allgemein angestrebt sind, sollten schließlich mehrere Fallbeispiele aus unterschiedlichen Kulturen gewählt werden, um keine Einseitigkeit zu provozieren.

Eine Herausforderung in der Konstruktion von AC-Übungen besteht darin, dass die interkulturellen Aspekte auch eindeutig und mehrfach messbar sind. Für das Kriterium Ambiguitätstoleranz müssen daher vieldeutige Situationen geschaffen und diese Vieldeutigkeit in Probeläufen auch sichergestellt werden.

In der Beschreibung zur Entwicklung eines interkulturellen AC schlagen Kühlmann und Stahl (1998) folgende Beispiele für Verhaltenssimulationen vor:

- Rollenspiele, z. B. Zeitverzögerung bei einem Klinikausbau in Tunesien
- Fallstudien, z. B. Attribution konflikthafter Begegnungssituationen mit ausländischen Kollegen/Vorgesetzten/Geschäftspartnern
- Gruppendiskussionen, z. B. Auswahl von zwei Mitarbeitern für den Entsendungsort New York und Tokio anhand von Bewerbungsunterlagen
- Analyse von Filmsequenzen, z. B. Verhandlung mit einem arabischen Geschäftspartner

In Abb. 4.25 findet sich ein Beispiel für ein interkulturelles Rollenspiel. Dieses misst speziell die Kriterien Einfühlungsvermögen und Verhaltensflexibilität. Dabei geht es inhaltlich darum, dass der italienische Gesprächspartner kein perfekt ausgearbeitetes Angebot wünscht, sondern den Bedarf hat im ausführlichen Dialog ein solches Angebotskonzept zusammen mit dem Verhandlungspartner zu erarbeiten (dies wird als charakteristisch für den italienischen Verhandlungsstil betrachtet). Das Rollenspiel ist so angelegt, dass der Rollenspieler mehrere Signale in die Richtung gibt, die der AC-Teilnehmer aufzugreifen hat.

Die Anforderungen an die Qualität von Simulationen sind die gleichen wie bei normalen AC-Übungen. Ein häufiger Fehler speziell bei der Entwicklung von interkulturellen Simulationen ist, dass die Übungen häufig auf ein ganz bestimmtes Zielverhalten hinauslaufen. In einem interkulturellen Rollenspiel gibt es etwa einen Gesprächspartner, der beim Vortrag des AC-Kandidaten sichtbar einschläft. Der ideale AC-Kandidat soll dies nun freundlich übersehen und dafür Verständnis zeigen. Dies wäre genauso wie in einem normalen AC eine schlechte Verhaltenssimulation, weil es hier nicht mehrere, unabhängige Beobachtungsmöglichkeiten (z. B. für das Kriterium Polyzentrismus) gibt. Die meisten AC-Teilnehmer würden schon aus Gründen der sozialen Erwünschtheit dieses Zielverhalten zeigen.

Auch das in Abb. 4.25 abgebildete Beispiel für ein Rollenspiel zeigt jedoch, dass die Grenze sehr schnell erreicht wird, bei der es in Rollenspielen nur darum geht, dass die Teilnehmer die richtigen Hypothesen über die Messintention der AC-Konstrukteure haben. Vielfach handelt es sich bei den geforderten Konstrukten auch um erlernbare Themen. Daher ist zu fragen, ob interkulturelle AC mehr dazu genutzt werden sollten, den Trainingsbedarf der Teilnehmer zu erheben und allenfalls bei deutlichen Abweichungen vom Sollprofil negative Platzierungsentscheidungen für eine Auslandstätigkeit abgeleitet werden sollten.

Eine prädiktive Validierung eines speziellen interkulturellen AC legt Prechtl vor (2008). Dabei wurden 112 Mitarbeiter verschiedener mittelständiger Firmen in einem AC bewertet (Inhalte vgl. Abb. 4.26). Sämtliche Teilnehmer wurden in eine Tätigkeit im

---

Sie sind in Italien Vertriebsleiter eines großen Unternehmens der Gebäudereinigung in Deutschland. Von München aus sprechen Sie per Telefon verschiedene potenzielle Kunden in Italien an. Hierzu gehören in erster Linie große Dienstleistungsunternehmen wie Versicherungen und Banken in Norditalien sowie in Rom. Sie haben schon erste vielversprechende Kontakte, weil Sie einige Innovationen anzubieten haben, z. B. die Reinigung von Lamellenlampen anhand eines Gerätes mit Ultraschallreinigung.

Sie haben nun den ersten konkreten Angebotskunden, eine Bankergruppe in Rom. Dabei geht es um die Reinigung von 15 Bürogebäuden. Der Auftragswert wird bei ca. 1 Mio. Euro per anno liegen. Ihr Gefühl ist, dass Sie zu dem zuständigen Entscheider einen guten persönlichen Kontakt haben. Ein Problem besteht jedoch darin, dass er zwar nun ein konkretes Preisangebot haben will, andererseits aber nicht bereit ist, die konkreten Flächenangaben zu den Gebäuden zur Verfügung zu stellen. Wahrscheinlich möchte der Kunde lediglich ein Reinigungsintervall von zweimal die Woche, allerdings hat er sich auch hier noch nicht abschließend geäußert. Grundsätzlich gibt es auch andere Alternativen (tägliche Reinigung, verschiedene Intervalle, mehr oder weniger Technik-Einsatz).

Im Folgenden treffen Sie erst einmal persönlich auf den Entscheider der Bankengruppe. Die Zielsetzung für das Gespräch besteht darin, ein Angebot für die Reinigung der Bürogebäude erfolgreich zu platzieren. In der Anlage finden Sie weitere Informationen zu Ihrem Leistungsangebot und zu den verfügbaren Informationen über Ihren potenziellen Kunden.

Abb. 4.25 Rollenspiel Italien „Kreditbank"

	Ambiguitäts-toleranz	Verhaltens-flexibilität	Respekt/Offen-heit	Empathie	Wissenserwerb	Kommunikations-bewusstheit
Gruppenübung gemischt-kulturell	●	●	●	●	●	
Videoanalyse Erstkontakt China		●	●	●	●	●
Rollenspiel Besuch in Land X	●	●	●	●	●	●
Rollenspiel Interaktion in BRD	●	●	●	●	●	
Szenario 1 Schriftliche Analyse		●	●	●	●	
Szenario 2 Schriftliche Analyse	●		●		●	

Abb. 4.26 Validierung eines interkulturellen AC. *Quelle* Prechtl (2008)

Ausland entsandt. Mehrere Monate später wurden die Teilnehmer per Telefoninterview und die Vorgesetzten oder Kollegen (aus der anderen Kultur) über einen Fragebogen befragt. Die Kriterien waren u. a. der Joberfolg, das wahrgenommene Verhältnis zum Vorgesetzten und das Commitment zur Gastlandorganisation. Im Ergebnis zeigt keine der AC-Übungen, jedoch einige der verwendeten interkulturellen AC-Kompetenzen, Zusammenhänge zu den externen Kriterien auf. Die AC-Dimensionen Verhaltensflexibilität und Wissenserwerb können die Effektivität in der Position des Ziellandes vorhersagen. Die AC-Dimension Respekt hat einen Zusammenhang zum wahrgenommenen Commitment zur Gastorganisation und zum Verhältnis zum Vorgesetzten. Allerdings gibt es zu dem selbst eingeschätzten Erfolg der Teilnehmer Zusammenhänge zu anderen AC-Dimensionen.

Simulation einer neuartigen Zielkultur

Da in den interkulturellen AC die Eignung ohne Betrachtung einer bestimmten Zielkultur überprüft werden soll, ist es schwierig, in AC-Simulationen eine konkrete Kultur zum Gegenstand zu machen. Damit würden Teilnehmer mit einer Affinität zu dieser Kultur bevorzugt.

Die Alternative in der Konstruktion von interkulturellen AC besteht darin, eine für alle Teilnehmer in gleichem Maße fremde Kultur zu kreieren und die Anpassungsleistungen der Teilnehmer zu beobachten. Harss und Prechtl (2004) beschreiben hierzu das Beispiel einer Gruppenübung, bei der die Teilnehmer einen LKW in einer gemischt kulturellen Gruppe zusammenbauen sollen. Die andere Kultur bilden Vertreter von Banlera. Diese hat bestimmte – nur teilweise explizierte – Merkmale, z. B. das Tabuthema Farbe, die Stellung des Ältesten oder die Übergaberegeln für Materialien. Auf diese Weise wird das Kriterium Ambiguitätstoleranz realisiert: Schwarze Bauteile sind nötig für Reifen, werden jedoch von Banlera nicht akzeptiert; der Älteste beteiligt sich nur nach Aufforderung zur Mitarbeit; die Beteiligung am Bau erfolgt für die Teilnehmer ohne klare Vorgaben.

4.7.4   Internationale AC

Ein internationales AC ist ein AC mit Teilnehmern und Beobachtern unterschiedlicher Sprachen und Kulturen. Die Zielsetzungen haben die gleiche Streubreite wie sonstige AC: Potenzialanalyse, Development Center, Auswahl-AC. Der interkulturelle Aspekt spielt hier als eigenständiges Bewertungskriterium keine Rolle. Anwender bzw. Nutzer von internationalen AC sind europäische oder globale Unternehmen, deren Führungskräfte sich durchlässig zwischen Nationen und Kulturen entwickeln.

Der Hintergrund für internationale AC sind insbesondere in Europa die zunehmend über Ländergrenzen hinweg nach Business Units organisierten Unternehmen. Hier besteht noch mehr als bei national organisierten Unternehmen der Bedarf, dass sich die Entscheider trotz der räumlichen Distanz einen standardisierten Eindruck über die Potenziale von Nachwuchskräften bilden können. Daher dürfte hier der Bedarf nach AC (relativ) höher liegen. Dennoch bringen die Teilnehmer einen jeweils individuellen, kulturellen Hintergrund mit. So stellt sich die Frage nach den Beurteilungskriterien. Ein Führungsrollenspiel mit einem charakteristischen französischen Vorgehen würde nach deutschen Kriterien wahrscheinlich sehr negativ bewertet werden und umgekehrt. Die zu Grunde liegenden Leistungskriterien sollten daher zunächst die Kriterien des Mutterhauses sein. Die Kultur und die Mentalität des Stammhauses dominieren hier bewusst, und im Sinne des EPRG-Modells von Perlmutter (1969) bzw. von Heenan und Perlmutter (1979) kann von einer ethnozentrischen Ausrichtung in der Definition der wesentlichen Leistungskriterien und der Ausrichtung der verschiedenen Übungen gesprochen werden.

Allerdings gibt es viele Unternehmen, die nach etlichen Mergers über Ländergrenzen hinweg kaum mehr eine klare Stammhaus-Kultur haben und allenfalls von einzelnen Persönlichkeiten mit nationalem Hintergrund geprägt werden. In diesem Fall haben die Teilnehmer tatsächlich internationale Karrierewege, und eine einseitig nationale Vorgehensweise in Fallstudien wäre auch für die spätere Arbeitspraxis mit Kollegen unterschiedlicher Kulturen von Nachteil. In diesen Unternehmen hat sich implizit eine amerikanische Business-Kultur etabliert, bei der mit dem Wechsel in die englische Sprache etwa auf „first name basis" geschaltet wird, auch wenn gar kein Amerikaner anwesend ist. Auch ist die Arbeitssprache im AC meist Englisch. Dies ist gerechtfertigt, da die Teilnehmer an internationalen AC ja auch in ihrer späteren Arbeitspraxis Englisch sprechen und mit Vertretern unterschiedlicher Kulturen zusammenarbeiten.

Das aktuell prominenteste internationale AC ist das bei der EU seit 2010 installierte Verfahren. Bis dahin fand die Auswahl von Fachkräften und insbesondere Hochschulabsolventen nach dem wissensbasierten französischen System („concour") statt. Dies wurde durch AC für verschiedene Zielgruppen abgelöst. Das AC findet in einer zu wählenden Nichtmuttersprache statt (Englisch, Deutsch, Französisch). Damit die Bewerber nicht eine falsche Sprache als ihre Muttersprache angeben, um dann das AC tatsächlich in der Muttersprache durchzuführen, wird diese auch überprüft (Vanderveken und Lehkonen 2011). Interkulturelle Aspekte spielen in dem AC keine explizite Rolle.

Ein Fallbeispiel für ein sehr internationales AC gibt Fairley (2011) für die Fluggesellschaft Emirates. Diese beschäftigt in Dubai 164 Nationalitäten, dabei sind lokale Mitarbeiter deutlich in der Minderheit. Die Arbeitssprache im AC ist Englisch. Fairley berichtet von dem Beispiel einer Gruppendiskussion mit drei Männern und einer Frau, die eine völlige Körperbedeckung (Burka) trägt und keinen Blickkontakt zu dem Rest der Gruppe hatte und auch keine Beiträge leistete. Die Frage tauchte hier auf, ob es sich um ein kulturelles, Mann-/Frau- oder individuelles Thema handelt. In dem AC wurde der Ablauf spontan geändert, indem in der folgenden Rollenübung für die Frau eine weibliche Rollenspielerin und weibliche Beobachter zusammengestellt wurden. Im Ergebnis verhielt sich die Kandidatin ähnlich wie in der Gruppendiskussion, sodass das Verhalten nicht vollständig mit kulturellen Aspekten erklärt werden konnte.

In dem erwähnten Fallbeispiel der durchweg multikulturellen AC bei der Fluggesellschaft Emirates (Fairley 2011) gehen die Veranstalter so vor, dass sie die Beobachter vorab über die kulturellen Hintergründe der Kandidaten informieren und sich darauf einstellen. So würde eine Person mit arabischem Hintergrund aufgrund der hohen Machtdistanz (vgl. Hofstede Dimensionen) in einem Rollenspiel nie seinen Chef herausfordern. Beobachter werden aufgefordert, jeweils zu prüfen, ob das Verhalten eher der Kultur oder der Person zuzuschreiben ist.

Eine laufende Herausforderung ist die Unterschiedlichkeit in der englischen Sprache. Für die Beobachter geht Emirates (Fairley 2011) so vor, dass im Beobachtertraining nach dem Bezugsrahmenmodell (vgl. Kap. 2.7.4) die Texte in den Kalibrierungsvideos aufgeschrieben und den Beobachtern zur Verfügung gestellt werden. Wichtig seien multikulturelle Beobachter und Assessoren.

Nach Fairley sei es irreführend, Verhaltensunterschiede auf kulturelle Unterschiede zurückzuführen. Aufgrund der Vielfalt der Lebensläufe gebe es nicht *die* arabische oder indische Kultur.

Ein ähnlich maximal internationales AC für eine wirklich globale Organisation ist das Verfahren bei der UNO. Die Organisation führt Potenzial-AC für die Managementpositionen der Leiter der UNO-Repräsentanzen in jedem Land auf der Erde durch. Das AC wird ebenfalls grundsätzlich auf Englisch durchgeführt, wobei die Teilnehmer teilweise Englisch als Dritt- oder Viertsprache haben. Auch hier dominiert implizit die amerikanische Business–Kultur; das AC wird von amerikanischen Beratern durchgeführt.

Allerdings ist bei den internationalen AC Vorsorge zu tragen, dass unterschiedliche Sprachfertigkeiten das AC-Ergebnis nicht deutlich beeinflussen. Dies bedeutet, dass die Vorbereitungszeiten auf Übungen entsprechend länger ausfallen und keine sprachbedingten Andeutungen und verdeckte Botschaften in Fallstudien oder dem Verhalten von Rollenspielern enthalten sind. Auch sind die Kriterien für die AC noch stärker offen zu legen, um falsche AC-Ergebnisse aufgrund von fälschlicher Hypothesenbildung der Teilnehmer auszuschließen. Schließlich muss auch die Beobachterzusammensetzung dem insbesondere in den USA sehr sensibel beachteten Prinzip der Diversität folgen, d. h. die Beobachter sollten eine ähnliche Vielfalt von Kulturen repräsentieren wie die Teilnehmer.

4.8   Kombination mit 360-Grad-Elementen

4.8.1   Übersicht

Die wissenschaftliche Auseinandersetzung mit dem AC wird um viele methodische Themen geführt, jedoch weniger um die Frage der systemischen Einbettung des AC in die Organisation/das Unternehmen. Ohnehin vorliegende Informationen über die AC-Teilnehmer werden sogar eher als Störquelle empfunden, die die Objektivität der Aussagen reduziert. Daraus folgten etwa unumstößliche Grundsätze, dass der direkte Vorgesetzte des Teilnehmers kein AC-Beobachter sein soll, obwohl ja gerade dieser die besten Informationen über den Teilnehmer mitbringt. Das Ausblenden der in der Organisation vorliegenden Informationen über die Teilnehmer hinterlässt dann häufig nach dem AC einen Scherbenhaufen, wenn etwa der Vorgesetzte den Teilnehmer nach dem AC zu dessen Ergebnissen befragt und mit einem kurzen Statement – „Ich erlebe Sie aber ganz anders" – die Mühen des AC vom Tisch wischt.

Seit Mitte der 90er-Jahre kommt nun eine Weiterentwicklung der klassischen Aufwärtsbeurteilung zum Einsatz: Das 360-Grad-Feedback (engl. Multi Source Feedback oder Multisource Performance Rating = MSPR). Denkbarerweise stellt die Kombination von AC und 360-Grad-Feedback eine ideale Möglichkeit dar, das Wissen der Organisation über eine Person mit der Verhaltensbeurteilung in Fallstudien in systematischer Form zusammenzubringen. Gleichzeitig ist das 360-Grad-Feedback in Unternehmen eine gewisse Konkurrenz zum AC. Der Hierarchielevel für beide Verfahren ist meist unterschiedlich. So wird das 360-Grad-Feedback in Deutschland meist auf der Top-Ebene oder im mittleren Management eingesetzt, das AC hat die häufigste Verbreitung beim Einstieg in Führungspositionen.

Beim 360-Grad-Feedback wird in Fragebogen-Form die Sichtweise über einen Mitarbeiter aus verschiedenen Perspektiven erhoben. Meist kommt es nicht zu den 360-Grad, sondern zu einem Teilausschnitt, nämlich der Bewertung durch Vorgesetze, Teamkollegen sowie die Eigensicht. Der angestrebte Nutzen der 360-Grad-Verfahren ist allerdings häufig diffus: Teamentwicklung, Persönlichkeitsförderung durch umfassendes Feedback, Erhöhung des Leistungsklimas. Worin besteht allerdings genau die unternehmerische Wertschöpfung, wenn die Führungskräfte besser über ihre Einschätzung durch andere Personen im Unternehmen informiert sind? Sind es wirklich die besten Führungskräfte, die sich perfekt an die Erwartungen ihrer Mitarbeiter/Kollegen/Vorgesetzten angepasst haben?

4.8.2   Empirische Untersuchungen

Seit 30 Jahren ist das 360-Grad-Feedback im Einsatz (engl. Multisource Performance Ratings (MSPR) oder Multirater Feedback). AC und 360-Grad-Feedback haben ähnliche Zielsetzungen, nämlich entlang von Kompetenzen Feedback zu geben und so Mitarbeiter und Manager weiterzuentwickeln. Einen gewichtigen Unterschied gibt es: Das

360-Grad-Feedback ist weniger für Auswahl- und Beförderungszwecke geeignet, da im Unterschied zum AC eine hohe organisatorische Nähe der Beobachter zu den Teilnehmern vorliegt und daher für eine objektive Einschätzung keine Unabhängigkeit bestünde.

Hoffmann und Baldwin (2011) weisen darauf hin, dass es trotz der ähnlichen Ziele beider Konzepte kaum einen Austausch zwischen beiden Instrumenten oder vergleichende Studien gibt. Beispielsweise spielt das im AC-Bereich intensiv behandelte Thema der (geringen) Konstruktvalidität in Studien zu 360-Grad-Feedback kaum eine Rolle, hier sind unterschiedliche Ergebnisse zu gleichen Dimensionen (z. B. von Vorgesetzten oder Kollegen) geradezu erwünscht.

Das Konzept hat insbesondere in den USA seit Mitte der 90er-Jahre eine erhebliche Verbreitung gefunden, in Deutschland speziell bei Großunternehmen und Vertriebsorganisationen. Mittlerweile hat sich die Wissenschaft des Themas angenommen, wiederum mit Schwerpunkt in den USA. Zunächst zu einigen Erkenntnissen zum 360-Grad-Feedback selbst, im weiteren Teil zum Zusammenhang zu AC-Ergebnissen.

Untersuchungen zum Nutzen von 360-Grad-Feedback
Während zum AC in einer Vielzahl von Einzelstudien und Metaanalysen die prognostische Güte nachgewiesen wurde, sieht die Datenlage für das 360-Grad-Feedback schwächer aus. In einer direkten Vergleichsstudie von AC und 360-Grad-Feedback in der Vorhersage von Vorgesetzteneinschätzungen schneidet das AC besser ab (Hagan et al. 2006).

Da das 360-Grad-Feedback nahezu ausschließlich im Kontext von Lernen und Feedback verwendet wird, machen Studien mehr Sinn, die der Lernwirkung nachgehen. Bei einer der ersten empirischen Untersuchungen mit 198 Managern (Hellervik et al. 1992) waren zwei Jahre später noch 48 Personen für eine weitere Analyse greifbar. Dabei wurden jeweils 19 Dimensionen von den Personen selbst, Vorgesetzten, Mitarbeitern und Kollegen eingeschätzt. Die Autoren kommen dabei zu einer positiven Einschätzung hinsichtlich der Entwicklung der betreffenden Personen. So gab es bei der zweiten Messung eine höhere Übereinstimmung von Selbst- und Fremdbild. Positive Auswirkungen des 360-Grad-Feedbacks auf die Entwicklung der Teilnehmer hatten dabei insbesondere:

- eine vierteljährliche Überprüfung der Entwicklungspläne
- sowie die Teilnahme an Trainingsmaßnahmen.

Auch eine weitere Untersuchung (Tracey et al. 1995) zeigt, dass gerade die Nachkontrollen in der Organisation und das Verfolgen der Entwicklungsfortschritte ein Erfolgsmerkmal dafür sind, ob die aus dem 360-Grad-Instrument abgeleiteten Entwicklungsempfehlungen auch tatsächlich umgesetzt werden.

2005 wurde eine Metaanalyse von Smither, London & Reilly mit 24 Langzeitstudien zum Einfluss von 360-Grad-Feedback auf betriebliche Leistungsparameter veröffentlicht. Hier resultierten allenfalls schwache Effekte für die 360-Grad-Methodik. Hoffman und Baldwin (2011) arbeiten einige Moderatoren heraus, die diese betrieblichen Effekte beeinflussen. Hier besteht wiederum große Übereinstimmung mit der AC-Forschung zu

Hebelfaktoren für erfolgreiches Feedback, u. a. die Akzeptanz des Feedbacks durch den Teilnehmer oder dessen Unterstützung im Unternehmen, z. B. durch einen Coach.

Aus der Metaanalyse von Conway und Huffcut (1997) zu Reliabilitäten ergibt sich nur eine geringe Übereinstimmung der Kollegenurteile in der Einschätzung der zu Beurteilenden. Die Autoren ermitteln einen durchschnittlichen Zusammenhang zwischen Kollegen- und Vorgesetztenurteilen von $r = .34$. Aus einer älteren Untersuchung ergibt sich eine höhere Übereinstimmung zwischen Kollegen- und Vorgesetzteneinschätzungen als zwischen Vorgesetzten- und Selbsteinschätzungen (Harris und Schaubrock 1988).

Zusammenfassend liegen zur prädiktiven Validität des 360-Grad-Feedbacks für Auswahlentscheidungen keine bekannten Daten vor. Für die Wirkung im Hinblick auf Veränderung und Lernen ist die Datenlage gemischt und eher schwach.

Empirische Untersuchungen zum Zusammenhang zum AC

Die vorliegenden ersten Untersuchungen speziell zum Zusammenhang von AC und 360-Grad-Instrumenten stammen alle aus der zweiten Hälfte der 90er-Jahre und wurden in den USA vorgenommen.

In einer Studie des öffentlichen Dienstes (San Diego County in Kalifornien, Lynch 1995) wurden 169 Teilnehmer gleichzeitig im AC beobachtet und auf einem standardisierten Fragebogen von Kollegen, Vorgesetzten und Mitarbeitern bewertet. Dabei ergaben sich keine statistischen Zusammenhänge zwischen dem Gesamtscore AC und den Einschätzungen aus der Arbeitspraxis. Auch auf der Ebene einzelner Dimensionen zwischen 360-Grad-Bewertung und AC gab es keine Zusammenhänge.

Eine weitere umfassende US-Untersuchung wurde zum Zusammenhang von AC und 360-Grad-Beurteilung bei 429 Teilnehmern an zweitägigen AC vorgenommen (Ackerman 1996). Das 360-Grad-Instrument wurde von Vorgesetzten, Mitarbeitern, Kollegen und den Teilnehmern selbst ausgefüllt. Dabei wurden umfangreiche Berechnungen vorgenommen, etwa zum Zusammenhang von den jeweils gleichen AC- und 360-Grad-Dimensionen oder dem Zusammenhang von einzelnen Übungen (Postkorb, Rollenspiel) zu korrespondierenden 360-Grad-Skalen. Insgesamt können wenige Zusammenhänge zwischen den Einschätzungen, die sich aus beiden Instrumenten ergeben, nachgewiesen werden. Lediglich Personen, die im AC hoch in Führungsverhalten, verbaler Kommunikation und zwischenmenschlichen Beziehungen eingeschätzt wurden, erhielten ähnliche Beurteilungen im Job nach der 360-Grad-Erhebung. Auch gab es einen leichten Zusammenhang zwischen der Performance im Rollenspiel und der Einschätzung der interpersonellen Fähigkeiten durch andere ($r = .16$). Bei der Postkorb-Übung wurden hingegen keine dieser Zusammenhänge gefunden.

In einer weiteren Studie (Shore 1998) wurden Selbst- und Kollegenbewertung zu den gleichen Verhaltensdimensionen mit den AC-Ergebnissen von 186 Mitarbeitern eines Unternehmens im Mineralöl-Bereich verglichen. Sowohl zum AC-Gesamtwert wie zu den sechs Verhaltensdimensionen gab es ebenfalls keine oder geringe Übereinstimmungen zwischen AC und Kollegenbewertung.

In Abb. 4.27 sind exemplarisch die Ergebnisse einer weiteren Untersuchung beim amerikanischen Konzern Georgia-Pacific dargestellt. Dort laufen seit 1996 AC und ein 360-Grad-Instrument mit 79 Items in 17 Kompetenzen parallel (Wilkinson 2003). Das AC besteht aus zwei Rollenübungen, einer Gruppenübung und einem Postkorb. In der Untersuchung werden speziell die zwölf Kompetenzen betrachtet, die (begrifflich) in beiden Methoden gleich sind. Ein Einzelergebnis ist zunächst, dass das 360-Grad-Item „Besitzt analytische und diagnostische Fähigkeiten" signifikant mit dem im Rahmen des AC erhobenen Raven-Test zu kognitiven Fähigkeiten korreliert.

Darüber hinaus sind die Ergebnisse ähnlich wie in den vorherigen Untersuchungen. Zu den zwölf AC-Dimensionen, die sich mit 360-Grad-Dimensionen vergleichen lassen, weist nur die Minderzahl von ein bis drei Dimensionen signifikante Übereinstimmungen zwischen beiden Methoden auf.

Im unteren Teil der Abbildung sind einzelne interessante Zusammenhänge zwischen dem 360-Grad-Feedback und dem AC aufgeführt. So stimmen Selbsteinschätzung und AC zum Problemlöseverhalten überein. Die übrigen dargestellten Zusammenhänge bestätigen die Hypothesen, sind jedoch nicht signifikant. Insgesamt bestätigt diese aufwendige Erhebung die früheren Studien dahin gehend, dass sich allenfalls einzelne Zusammenhänge zwischen identischen Dimensionen in den verschiedenen Methoden finden. Diese Ergebnisse liegen auf einer Linie mit den geringeren Validitäten des AC bei Verhaltensbeurteilungen gegenüber Aufstiegsbeurteilungen.

Eine Ausnahme bilden die Ergebnisse der Untersuchung von Mainz et al. (2005). Hier wurden positive Zusammenhänge zwischen den AC-Ergebnissen von 60 FH-Studierenden mit einer Einschätzung in ihren Praxis-Unternehmen gefunden.

* p < 0.5	Von 12 AC Dimensionen Anzahl Korrelationen zu ...
...Selbsteinschätzung	3*
...Vorgesetzter	1*
...Kollegen	2
...Direkte Mitarbeiter	2*

Einzelne Korrelationen: 360-Grad-Selbsteinschätzung und AC (*p < 0.5)		
360 Grad	Assessment Center	
Problemlösefähigkeit	Problemlösefähigkeit	.178*
Strategisches Denken	Strategisches Denken	.227
Scharfsinn	Scharfsinn	.226

Einzelne Korrelationen: 360-Grad-Kollegenurteile und AC (*p < 0.5)		
360 Grad	Assessment Center	
Aktives Lernen	Anzahl Entwicklungsfelder	-.192
Wertschätzung Diversity	Anzahl Stärken	.210
Wertschätzung Diversity	Anzahl Entwicklungsfelder	-.195
Beeinflussungsfähigkeit	Anzahl Entwicklungsfelder	-.205

Abb. 4.27 Zusammenhang AC/360-Grad-Erhebung. *Quelle* Wilkinson (2003)

Mögliche Erklärungen für die insgesamt kritischen Befunde sind:

- Beide Methoden messen Unterschiedliches (360-Grad eher die aktuelle Leistung, das AC das Potenzial).
- Im AC wird die reale Leistung unter Beobachtung erhoben, im 360-Grad-Verfahren eher die Wahrnehmung durch andere Personen (Kollegen, Vorgesetzte).
- Andersartigkeit der Datenquelle AC und damit Provokation anderer Anforderungen: Maximalleistung in den AC-Übungen vs. typische Leistung erhoben in der 360-Grad-Einschätzung.
- Geringe methodische Vergleichbarkeit von AC- und 360-Grad-Dimensionen: Die Leistung von AC wird meist in spezifischen Verhaltensankern bewertet („Small Talk-Phase im Rollenspiel Mitarbeitergespräch"), während die Leistung in 360-Grad-Fragebögen auf einer abstrakteren Ebene erfragt wird („Wie ist das Klima in seinem/ihrem Team?").
- Geringe Konstruktvalidität des AC: Im AC resultieren kaum Zusammenhänge zwischen gleichen Dimensionen in unterschiedlichen Übungen, während in 360-Grad-Fragebögen weniger situationsbezogen als nach generalisierten Verhaltensweisen gefragt wird.

Zusammenfassend verfolgen 360-Grad-Verfahren und entwicklungsorientierte AC (DC) sehr ähnliche Zielsetzungen und haben auch viele methodische Gemeinsamkeiten. Die mäßigen Übereinstimmungen sind ertragbar, weil es sich um inhaltlich andere Datenquellen handelt. Insofern liegt im Sinne der Multimodalität in der Kombination von AC und 360-Grad eine interessante Option.

4.8.3 Kombination von 360-Grad-Einschätzung und AC in der Praxis

Ergänzung des AC um Wissen der Organisation über die Kandidaten
Bis Mitte der 90er-Jahre gab es einen klinischen Umgang mit AC im Sinne einer objektiven Datenerhebung unabhängig vom Vorwissen der Organisation über die Mitarbeiter und ohne Rücksicht darauf, welche systemische Wirkung das AC auf die Vorgesetzten und die Organisation hatte. Die neueren Untersuchungen, die einen geringen Zusammenhang von AC mit der Einschätzung durch Vorgesetzte im Job aufzeigen, lassen dieses Vorgehen nicht mehr als gerechtfertigt erscheinen. Auch ohne die Erfassung durch 360-Grad-Instrumente ist die unterschiedliche Sichtweise auf die betreffenden Mitarbeiter ohnehin vorhanden und entfaltet ihre systemische – meist negative – Wirkung: Das AC-Ergebnis wird von den Vorgesetzten abgewertet oder die betreffenden Vorgesetzten, die häufig die falschen Teilnehmer zum AC anmelden, werden in ihrer Urteilsfähigkeit oder ihrem Image mit Fragezeichen versehen. Wenn diese Wirkung ohnehin vorhanden ist, kann sie auch proaktiv genutzt werden.

Beide Methoden führen offensichtlich zu anderen Einschätzungen. In gegenseitiger Ergänzung dieser beiden Datenquellen liegt die Chance für den betrieblichen Einsatz. Zunächst in der Ergänzung der Beobachtungsquelle AC um weitere Beobachtungen zu gleichen Kriterien aus anderen Perspektiven, darüber hinaus in der Erweiterung des Gesamturteils über die Teilnehmer zu Kriterien, die sich mit Verhaltenssimulationen aus dem AC kaum erheben lassen. Hoffman und Baldwin (2011) weisen darauf hin, dass 360-Grad mehr dem Konzept der typischen Leistung entsprechen – was wird in den Augen der Beurteiler konstant an Leistung gebracht? – während das AC mehr für das Konzept der maximalen Leistung steht – welche Leistung wird unter Stress und voller Anstrengung gezeigt?

Insgesamt gibt es zwei Anwendungsfelder für eine stärkere Verknüpfung von AC und 360-Grad-Informationen:

- Nutzen der zusätzlichen Datenquellen „Vorgesetzte" und „Kollegen", um zu einer valideren Einschätzung zu kommen
- Bewusstere Steuerung der systemischen Wirkung des AC durch Einbezug des Vorwissens von Vorgesetzten und die Verknüpfung von deren Wissen mit dem Wissen aus dem AC

Praktische Implikationen für den Einsatz im AC

In der AC-Praxis wird sich die 360-Grad-Erhebung auf 180-Grad reduzieren, da die Kollegen- oder Mitarbeiterurteile von zu vielen Eigeninteressen beeinflusst sein werden, wenn es etwa um Beförderungs- oder Potenzialentscheidungen der betreffenden AC-Teilnehmer geht. Es verbleibt mindestens die Kombination von AC-Ergebnissen mit Vorgesetzten- und Selbstbeurteilungen.

Als Datenerhebung kommen Fragebögen oder Interviews in Frage. Für den Fragebogen spricht der geringere Aufwand der Datenerhebung. Um methodische Artefakte in der Unterschiedlichkeit AC/360-Grad-Einschätzung zu vermeiden, ist darauf zu achten, dass beide Instrumente aufeinander abgestimmt sind. Dies bedeutet, dass im 360-Grad-Fragebogen auch Situationen bewertet werden, die mit denen des AC vergleichbar sind (Kunden- oder Mitarbeitergespräche; Eigenarbeit wie im Postkorb; Teamverhalten wie in Gruppendiskussionen). Auch die Abstraktionsebene sollte vergleichbar sein (spezifische Verhaltensanker oder generalisierte Persönlichkeitsdispositionen). Schließlich sind klassische Anforderungen für die Erstellung psychometrischer Verfahren zu beachten, um wiederum keine künstlichen, methodenbedingten Unterschiede zwischen AC und 360-Grad-Einschätzung zu erlangen (Verteilung von Schwierigkeitsgraden für die einzelnen Fragen; Durchmischung von Fragen verschiedener Skalen in dem Fragebogen). Daher ist es kaum möglich, einfach die AC-Ergebnisse denen von 360-Grad-Instrumenten gegenüberzustellen, die für andere Zielsetzungen im Unternehmen durchgeführt wurden.

Die Alternative zu einem 360-Grad-Fragebogen wäre in einer Erhebung über Interviews zu sehen. Gegenüber dem höheren Aufwand besteht hierin der Vorteil, dass die im Fragebogen zu erwartenden generalisierten Einschätzungen zu dem Mitarbeiter besser hinterfragt werden können: Wann haben Sie dieses Verhalten beobachtet? Welche Erfahrungen hat der Mitarbeiter in dem betreffenden Bereich gesammelt? Wenn das Interview etwa zu der Erkenntnis führt, dass der AC-Teilnehmer in seinem bestehenden Team über ein sehr gutes Klima verfügt und sich in der Praxis hierfür sehr engagiert, dann ist das betreffende schwache Führungsrollenspiel im AC relativ weniger zu gewichten als wenn der AC-Teilnehmer andere Rückmeldungen aus seiner Arbeitspraxis hat.

Die Bekanntgabe und Integration der 360-Grad-Informationen sollte am Ende des AC erfolgen, um die Objektivität der Beobachter nicht zu verringern. Der geeignete Ort hierfür ist die Beobachterkonferenz. Neben einer Übersicht zu den AC-Ergebnissen sollten hierfür die Entscheidungsfindung, die Selbsteinschätzungen und Fremdeinschätzungen aus der 360-Grad-Quelle bekannt gegeben werden (Abb. 4.28). Der Einbezug von weiteren Datenquellen über die AC-Teilnehmer wird zukünftig die Beobachterkonferenzen noch komplexer, jedoch auch facettenreicher ausfallen lassen. Da es sich um unterschiedliche qualitative Daten handelt, wäre eine einfache Verrechnung der Bewertungen aus AC und 360-Grad-Instrument nicht sinnvoll, um zu Potenzial- und Eignungsfeststellungen zu kommen. Ähnlich wie bei der normalen Urteilsfindung nach dem AC sind jedoch vorab festgelegte Regeln oder Standards notwendig, um ein Minimum an Objektivität sicherzustellen. Am einfachsten sind übereinstimmende Ergebnisse zwischen AC und 360-Grad-Instrument. Der Grund dafür, überhaupt beide Verfahren zu kombinieren, liegt jedoch gerade darin, dass es unterschiedliche Ergebnisse gibt. Standards oder Regeln für die Verarbeitung von anders lautenden Ergebnissen könnten etwa in folgenden Aspekten liegen:

- Untergewichtung der jeweiligen AC-Übung oder Dimension, wenn aus Sicht der Führungskräfte (360-Grad-Instrument) in der Praxis nachgewiesene, positive Resultate zum gleichen Thema vorliegen.

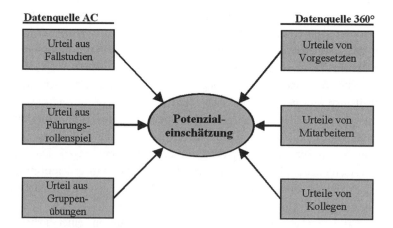

Abb. 4.28 Kombination von AC und 360°

- Übergewichtung der jeweiligen AC-Übung oder Dimension, wenn die positive Einschätzung der Vorgesetzten nicht durch Erfahrungsbeispiele belegt werden kann.
- Übergewichtung des AC-Ergebnisses zu Übungen, in denen für die AC-Teilnehmer noch keine Erfahrungen vorliegen können, weil sie noch nicht Jobbestandteil waren (z. B. Führungsgespräche).
- Untergewichtung des AC-Ergebnisses bei positiver Einschätzung aus anderen Quellen, wenn es Hinweise für starke Testeffekte gibt (z. B. besondere Nervosität).

In vielen Fällen werden sich anders lautende Ergebnisse nicht durch solche Regeln zusammenfassen lassen. In diesen Fällen sollte die Beobachterkonferenz den Organisatoren „Prüfaufträge" zur weiteren Bearbeitung in Diskussion mit dem AC-Teilnehmer und/oder dem Vorgesetzten aufgeben. Darin können Hypothesen der Beobachter zu den Beurteilungsunterschieden AC/360-Grad-Instrument überprüft werden.

Dies sind etwa:

- Resultiert die generell positive Einschätzung des Mitarbeiters vom Vorgesetzten möglicherweise mehr auf Basis der guten fachlichen Arbeit des AC-Teilnehmers?
- Kann die im Vergleich schwache AC-Leistung erklärt werden, weil sich der AC-Teilnehmer noch nie bisher aus seinem Fachgebiet hinausbewegt hat?
- Basiert die generell positive Selbsteinschätzung auf der Basis von Erfahrungen und das Feedback durch andere vielmehr auf dem Ausdruck einer generell positiven Selbstwahrnehmung?
- Gibt es Erklärungen aufgrund von Testeffekten (falsch verstandene Instruktion, falsche Hypothesenbildung des Teilnehmers zu den erwarteten Beobachtungskriterien im AC)?
- Können die Unterschiede erklärbar sein durch verschiedene Wertestandards von AC und Vorgesetzten (z. B. direktiver, autoritärer Vorgesetzter)?

Der Prozess in der Nachbereitung des AC wird damit insgesamt komplexer. Allerdings gibt es auch ohne expliziten Einbezug von 360-Grad-Instrumenten diese Vielfalt, nur wird sie meistens ignoriert. Der Einbezug von Teilnehmern und Vorgesetzten in den Prozess der Nachbereitung bietet zudem mehr Chancen, die ebenfalls ohnehin vorhandene systemische Wirkung des AC aktiver zu beeinflussen.

Anhang A: Postkorb-Aufgabe

Einleitung

Die vorliegende Postkorb-Aufgabe hat als Zielgruppe Mitarbeiter mit und ohne Führungsverantwortung.

Die Übung misst vier Anforderungsdimensionen:

- Analysevermögen (Erkennen von Zusammenhängen, richtige Interpretation von Memos)
- Handlungsorientierung (Entscheidungsfreude, Problemlösung, Aktivität)
- Unternehmerisches Denken (Erkennen von unternehmerischen Chancen und Risiken)
- Kooperationsfähigkeit (wertschätzende Reaktionen, Wahrnehmen von Bedarfssignalen)

Zu jede der Anforderungsdimensionen gibt es mehrere Beobachtungsmöglichkeiten, die bevorzugt unabhängig voneinander sind, um die Einschätzung gegen Zufall abzusichern.

Zu den einzelnen Memos der Postkorb-Aufgabe gibt es Lösungsfragen, die durch die Teilnehmer schriftlich zu beantworten sind. Damit soll vermieden werden, dass die Teilnehmer aufgrund falscher Hypothesen zur Zielsetzung der Vorgänge falsche Antworten entwickeln (Reaktivitätsproblem). Die Antworten auf die Lösungsfragen werden entweder schriftlich ausgewertet oder in einem Interview von den Teilnehmern der Beobachtergruppe vorgetragen.

Instruktion für Assessoren

Der Zeitansatz für die Bearbeitung durch die Teilnehmer beträgt 60 Minuten, gegebenenfalls zu variieren je nach Zielgruppe.

Lassen Sie den AC-Teilnehmer seine/ihre Antworten aus dem Antwortformular vortragen. Wenn die dort gestellten Fragen nicht beantwortet werden, wiederholen Sie diese noch *einmal* mündlich. Beginnen Sie hierbei mit der „Hubschraubersicht", mit der die Abstraktionsfähigkeit des Teilnehmers hinterfragt werden soll. Parallel kreuzen Sie auf der Musterlösung das entsprechende x an, wenn diese erkannt wurde. Analoge/

C. Obermann, *Assessment Center*, DOI: 10.1007/978-3-8349-3813-8,
© Springer Fachmedien Wiesbaden 2013

gleichwertige Lösungen innerhalb der Bewertungskategorien (z. B. Analysevermögen) zählen auch. Für diese mündliche Präsentation planen Sie 20 Minuten ein.

Nach der mündlichen Präsentation addieren Sie die Teilnehmer-Punktzahl je Anforderungsdimension und vergleichen diese mit der Maximal-Punktzahl bzw. mit der je Zielposition zu ermittelnden Vergleichsnorm. Voraussetzung für eine objektive, standardisierte Durchführung und Auswertung ist ein Kalibrierungstraining der beteiligten Assessoren/Beobachter nach dem Ansatz Frame-of-Reference mit entsprechenden Musterbeurteilungen/Probeläufen (vgl. Kap. 2.7.4).

Postkorb „Rheinland Gebäudereinigung GmbH" Instruktion für den Teilnehmer

Ihre Aufgabenstellung

In dieser Übung besteht Ihre Aufgabe darin, als Niederlassungsleiter der Rheinland Gebäudereinigung GmbH verschiedene Schriftstücke zu bearbeiten. Dabei sollen Sie die Vorgänge inhaltlich interpretieren, bewerten und entsprechende Maßnahmen einleiten.

Versetzen Sie sich dazu bitte in folgende Situation

Sie sind Herr/Frau J. Kübler und sind nunmehr seit fünf Jahren in der Position des Niederlassungsleiters für die Rheinland Gebäudereinigung tätig.

Die Rheinland Gebäudereinigung GmbH bietet Ihre Reinigungsdienstleistung in verschieden Branchen zu Festpreisen an. Hierbei gibt es verschiedene Niederlassungen im Rheinland, die von den jeweiligen Niederlassungsleitern geführt werden. Im Einzelnen gehören zu Ihren Aufgaben als Niederlassungsleiter:

- Gewinnung/Akquisition von Neukunden
- Führung der unterstellten Objektleiter
- Qualitätssicherung und Budgeteinhaltung

Ihnen sind vier Objektleiter unterstellt. Diese haben folgende Aufgaben:

- Organisation und Qualitätssicherung der Reinigung
- Führung der unterstellten Reinigungskräfte (mind. 50 % der Arbeitszeit)

In Ihrer Niederlassung werden momentan 305 Mitarbeiter beschäftigt. **Heute ist Mittwoch, der 25. Juli 20XX.** Sie kommen gerade von einem spontanen Kurzurlaub. Um sich eine Übersicht über die Mails und Notizen der letzten Tage zu verschaffen, sind Sie heute früher als gewöhnlich im Büro.

Ihre Aufgabenstellung

Bearbeiten Sie bitte alle nachfolgenden 16 Memos und beantworten dazu die jeweiligen Fragen, die Sie im Anhang finden. Weiterhin können Sie sich Notizen auf den jeweiligen Dokumenten machen. Diese werden von den Beobachtern nicht eingesehen.

Nach Ihrer Vorbereitungszeit von 60 Minuten tragen Sie bitte Ihre Ergebnisse zu den einzelnen Vorgängen der Beobachtergruppe vor. Dabei bleibt die Reihenfolge, in der Sie Ihre Schlussfolgerungen präsentieren, Ihnen überlassen. Zum zeitlichen Rahmen dieser Ergebnispräsentation orientierten Sie sich bitte an Ihrem Zeitplan.

Bearbeitern Sie bitte **jedes Memo**, auch wenn Sie in der Praxis einzelne Memos zunächst zeitlich zurückstellen würden.

Memo 1

Schmickler Consulting
Ingrid Baumann
Am Südkap 35

40210 Düsseldorf

Herr/Frau Kübler
Niederlassungsleiter
Rheinland Gebäudereinigung GmbH
Hohenstaufenstrasse 76

50671 Köln   21. Juli 20XX

Sehr geehrter Herr/Frau Kübler,

wir von der Firma Schmickler Consulting sind spezialisiert auf das Thema
Führungskräfteschulungen. Gerne bieten wir Trainings auf allen Führungsebenen an, sei
es für die Leiter kleiner Teams, Abteilungsleiter, Topführungskräfte oder Vorstände. So
umfassend wie unsere Zielgruppen sind dementsprechend auch unsere Trainingsangebote,
natürlich immer abgestimmt auf Ihre Bedarfslage.

Vielen Unternehmen in unterschiedlichen Branchen stehen wir schon seit Jahren als
kompetenter Berater zur Seite. Wir hoffen, dass wir Sie ebenso begeistern können.

Gerne stehe ich Ihnen für ein persönliches Beratungsgespräch zur Verfügung und gebe
Ihnen einen Einblick in unsere Arbeitsweise. Für einen Terminvorschlag Ihrerseits sind
wir jederzeit offen.

Ich wünsche Ihnen noch eine erfolgreiche Woche.
Mit den besten Grüßen

Ingrid Baumann
Dipl.-Psych.

Memo 2

Interne Mitteilung

von: Frau Misselbach/Mitarbeiterin Reinigungsteam „ABC-Bank"

an: Herr/Frau Kübler/LeiterIn Niederlassung Köln

Datum: 24.07.20XX

Sehr geehrter Herr/Frau Kübler,

vertrauensvoll wende ich mich heute in einer unangenehmen Angelegenheit an Sie. Ich möchte Herrn Offner nicht schaden, aber aufgrund der momentanen Umstände sehe ich keine andere Alternative mehr, als Sie direkt anzuschreiben.

Es gibt leider große Spannungen zwischen Herrn Offner und der Belegschaft, da er uns die Reinigungsmittel nur sehr unregelmäßig austeilt, sodass wir manchmal das Mittel mit Wasser strecken müssen, damit wir überhaupt noch putzen können. Er hat einfach zu viel zu tun. Das liegt natürlich auch daran, dass er immer wieder Springer spielen muss, weil wir mit den Kollegen sehr knapp sind.

So ein Verhalten kennen wir von Herrn Offner eigentlich nicht. Bisher lief immer alles gut. Wir haben dann auch bei ihm nachgefragt, was denn eigentlich los sei. Da hat er uns nur scharf zurückgewiesen. Zu den Reinigungsmitteln sagte er nur, dass wir da generell sparsamer sein sollten.
Das alles war für die Stimmung in der Truppe nicht förderlich und ich glaube, dass wir in dieser Sache nicht weiterkommen, ohne dass ich Sie direkt informiere.

Ich bitte Sie, meine Nachricht sehr vertraulich zu behandeln.
Mit freundlichen Grüßen

Renate Misselbach

Memo 3

Interne Mitteilung

von: Frau Fink/Sekretärin

an: Herr/Frau Kübler/LeiterIn Niederlassung Köln

Datum: 23.07.20XX

Liebe/r Herr/Frau Kübler,

wie gewünscht, schicke ich Ihnen hiermit den aktuellen Auszug der Liste noch nicht beglichener Kundenrechnungen zu:

Offene Rechnungsposten – Stand Juli 20XX

Kunde	Registrierungs-nummer	Rechnungsda-tum	Offen	Bezahlt	Buchungsein-gang
Privatbank Porz	20XX-146	05. Jan	500 €	2.400 €	29. Jan
	20XX-113	03. Feb	2.100 €		
	20XX-88	12. Mrz	400 €	200 €	15. Mrz
"Die Boutique" Einkaufsgalerie	20XX-166	01. Apr	1.200 €		20. Mai
	20XX-13	03. Mai	390 €	800 €	06. Mai
	20XX-68	02. Jul	2.000 €		
Klinikum Rodenkirchen	20XX-151	15. Apr	27.000 €	7.000 €	20. Apr
	20XX-211	15. Mai	30.000 €		
"Der Herrenausstat-ter" Einkaufsgalerie	20XX-224	01. Feb	2.700 €	4.300 €	20. Mrz
	20XX-126	04. Mai	20.000 €	5.000 €	15. Mai
	20XX-174	01. Jun	13.000 €		

Ihnen noch eine schöne Woche.
Mit besten Grüßen

A. Fink

Memo 4

von: Herr Orth/Objektleiter Krankenhäuser

an: Herr/Frau Kübler/ LeiterIn Niederlassung Köln

Datum: 24.07.20XX

Guten Tag Herr/Frau Kübler,

zunächst hoffe ich, dass Sie einen angenehmen Kurzurlaub hatten und neue Kraft schöpfen konnten. Sie hatten mich in den letzten Tagen darum gebeten, Ihnen zur Aktualisierung meiner Stellenbeschreibung eine Aufstellung meiner Tätigkeiten zuzuschicken. Dem komme ich hiermit gerne nach.

Tätigkeit	Anteil der Arbeitszeit (in %)
Kommunikation mit Niederlassungsleiter	15
Personalbeschaffung	5
Diverse Tätigkeiten	25
Ausgabe der Reinigungsmittel vor Ort	5
Allgemeine Koordination und Verwaltung	5
Neukundenakquisition	20
Jahresgespräche mit Mitarbeitern	10
Bearbeitung von Anfragen in Zusatzgeschäften	15

Ich würde mit Ihnen gerne in den nächsten Tagen ein persönliches Gespräch suchen. Thematisch würde ich mit Ihnen gerne über meinen weiteren beruflichen Werdegang sprechen.

Ich habe erfahren, dass Herr Krah leider das Unternehmen verlässt und so die Stelle eines Niederlassungsleiters frei wird. Ich möchte zukünftig verstärkt übergeordnete Themen behandeln und würde in dieser Position eine neue Herausforderung sehen. Ich freue mich, wenn Sie das ähnlich sehen.

Alles Gute
Harald Orth

Memo 5

Rheinland Gebäudereinigung GmbH
Köln – Koblenz – Aachen – Düsseldorf

Interne Mitteilung

von: Frau Fink/Sekretärin

an: Herr/Frau Kübler/LeiterIn Niederlassung Köln

Datum: 24. Juli 20XX

Lieber Herr/Frau Kübler,

Herr Springer von der Stadtverwaltung Köln hat sich gemeldet. Die Bauarbeiten an dem neuen städtischen Seniorenstift sind fertig gestellt und die letzten Installationsarbeiten sind nun endlich abgeschlossen. Herr Springer sagte mir, dass es hier leider zu Verzögerungen kam, da der Bauträger Schwierigkeiten mit seinen Zulieferern hatte. Jetzt ist er zeitlich ein wenig in der Bredouille und fragt, ob wir noch kurzfristig eine Reinigung der neuen Räumlichkeiten durchführen können. Er habe von seinen Kollegen gehört, dass wir auch so kurzfristig dazu in der Lage wären. Die ersten Senioren möchten nämlich schon am 01. August ihre Räumlichkeiten beziehen.

Sie hatten mich ja gebeten, Anbieter von Reinigungsrobotern für unsere Büroflächen zusammenzustellen. In diesem Zusammenhang hat jetzt ein Herr Scherer von der Firma Sauberzauber angerufen. Er möchte Ihnen mitteilen, dass er Ihnen sein Angebot für den Industriesauger IES 6000 nur noch weitere drei Tage anbieten kann. Wenn Sie möchten, können Sie ihn zurückrufen: 0611/234-700.

Beste Grüße

A. Fink

Memo 6

Rheinland Gebäudereinigung GmbH
Köln – Koblenz – Aachen – Düsseldorf

Interne Mitteilung

von: Herr Müller/Mitarbeiter Reinigungsteam „Krankenhaus Lindental"

an: Herr/Frau Kübler/LeiterIn Niederlassung Köln

Datum: 22.07.20XX

Sehr geehrter Herr/Frau Kübler,

jetzt ist die Spitze des Eisbergs erreicht! Wenn das so weitergeht, werden wir die Arbeit zukünftig niederlegen!

Sie sollten sich den Orth mal so richtig vornehmen… der kann mir gestohlen bleiben. Was der sich momentan hier alles leistet, das ist nicht mehr feierlich. Andauernd schreit der nur noch cholerisch rum. Die Frauen in unserem Team haben inzwischen Angst überhaupt zur Schicht anzutreten.
Am Anfang hat er ja immer betont, wie wichtig es ihm ist, mit seinen Mitarbeitern in Kontakt zu sein, aber Jahresgespräche hat er noch kein einziges geführt!
Unser Vorarbeiter Herr Knappe will inzwischen die Kündigung einreichen, weil er keine Lust mehr an dem Ganzen hat. Das wird sicherlich nicht folgenlos bleiben, schließlich hat er unser Team als Vorarbeiter geleitet und unsere Schicht koordiniert.
Wenn Sie mich fragen, wird das nicht der Letzte sein, der geht.

Hier sollten Sie schleunigst etwas verändern.

Mit freundlichen Grüßen

Thomas Müller

Memo 7

Saubermann GmbH
Uferstraße 24-32
45127 Essen

Herr/Frau Kübler
Rheinland Gebäudereinigung GmbH
Hohenstaufenstrasse 76
50671 Köln   20. Juli 20XX

Neues Produktangebot

Sehr geehrte Damen und Herren,

nach der Fusion mit einem Kollegenunternehmen ist unser Familienunternehmen nunmehr zweitgrößter europäischer Anbieter im Bereich Reinigungsmaschinen, Chemie und Bedarfsmittel für gewerbliche Reinigungsunternehmen.

Bisher konnten wir sehr viele Kunden in Südeuropa an unser Unternehmen binden und möchten nun auch in Ihrer Region Kunden von unserer Produktqualität überzeugen. Hier haben wir schon erste Kontakte zu Ihrer Niederlassung in Koblenz geknüpft und konnten Herrn Vogt schon einige Produkte zur Ansicht zukommen lassen.

Um Ihnen den Wechsel von Ihrem früheren Anbieter zu erleichtern, kommen wir Ihnen preislich gerne entgegen und gewähren Ihnen zum Start einen Rabatt von 15 % auf bis zu drei Reinigungsmaschinen.

Gerne schicke ich Ihnen auch eine Produktauswahl zur Probe zu. Weiterhin kann ich Ihnen anbieten, dass Ihnen einer unserer Mitarbeiter unterschiedliche Reinigungsmaschinen im Rahmen einer Produktpräsentation näherbringt. Wenn Sie noch Fragen haben, können Sie mich gerne telefonisch oder per Mail kontaktieren.

Mit freundlichen Grüßen

Manfred Müller

Geschäftsführer

Memo 8

Interne Mitteilung

von: Herr Westhoff/Assistent der Geschäftsführung

an: Herr/Frau Kübler/LeiterIn Niederlassung Köln

Datum: 17. Juni 20XX

Sehr geehrter Herr/Frau Kübler,

bei unserem letzten gemeinsamen Mittagessen hatten Sie mir doch gesagt, dass Sie unbedingt einmal eine Reise nach Tibet unternehmen möchten. Meine Cousine hat erst neulich den Trip nach Asien gewagt und drei Wochen in einer buddhistischen Einsiedelei gelebt. Das soll ein richtiger Geheimtipp sein. Die Adresse kann ich Ihnen gerne mitteilen, wenn Interesse bei Ihnen besteht.

Ich wollte an dieser Stelle auch noch einmal nachhaken bezüglich des Entwurfs für die neue Kundenbroschüre. Frau Fink hatte mir versprochen, dass Sie mir den aktuellen Stand bis Anfang Juni zuschicken würden. Herr Will benötigt dieses dringend für das Treffen der Niederlassungsleiter. Ist Frau Fink momentan krank oder im Urlaub?

Ihnen noch eine schöne Woche.
Mit freundlichen Grüßen

Theodor Westhoff

Memo 9

Privatbank Rüffelheimer
Am Schlosspark 34
50672 Köln

Herr/Frau Kübler
Rheinland Gebäudereinigung GmbH
Hohenstaufenstrasse 76
50671 Köln   22. Juli 20XX

Sehr geehrter Herr/Frau Kübler,

unsere gemeinsame geschäftliche Beziehung pflegen wir mittlerweile seit rund fünf
Jahren. Bisher konnten wir uns an keiner Stelle über Ihren Service beklagen und waren
immer zufrieden mit Ihrer Dienstleitung.
Leider ist mir in der letzten Zeit vermehrt zu Ohren gekommen, dass es in unseren
Filialen Beschwerden über die Gründlichkeit Ihrer Reinigungen gab. Mit diesem Punkt
bin ich leider letzte Woche auf peinlichste Art und Weise konfrontiert worden: Ich
hatte einen wichtigen Kundentermin mit einem Privatier, der sich offenkundig über den
Geruch und den beschmierten Tisch im Konferenzraum ausgelassen hat.

Darauf angesprochen hat eine Reinigungsmitarbeiterin mir mitgeteilt, dass sie den
Konferenzraum erst nächste Woche wieder reinigen werde, da jetzt erst einmal die anderen Räume gemacht werden müssten. In Punkto Kundenorientierung war ich einen
anderen Standard von Ihnen gewöhnt. Erinnern Sie doch bitte Ihr Team daran, dass
unser Bankhaus höchsten Wert auf Professionalität legt und ein solches Verhalten nicht
dulden kann.
Ich möchte Ihnen hiermit eine letzte Chance geben, Ihren Lapsus wieder gutzuma-
chen, anderenfalls sehe ich mich gezwungen, mich nach anderen Anbietern am Markt
umzusehen.

Sven Trommelen
Verwaltungsdirektor

Memo 10

von: Frau Braun/Niederlassungsleiterin Aachen

an: Herr/Frau Kübler/LeiterIn Niederlassung Köln

Datum: 23. Juni 20XX

Hallo mein/e Liebe/r,

wann haben wir uns eigentlich das letzte Mal gesehen? Ich hoffe dir und deiner Familie geht es gut. Wie war euer Urlaub? Hattet Ihr Glück mit dem Wetter?
Ich freue mich jedenfalls schon richtig auf unser Treffen. Ich finde, dass wir Niederlassungsleiter uns ruhig häufiger sehen sollten!

Läuft bei deinen Objekten alles gut oder merkst du momentan auch die schwache Wirtschaftslage? Bei den meisten wird ja direkt an der Sauberkeit gespart!
Nur ganz kurz eine Sache noch: Bei mir hat sich die Firma Westphal gemeldet. Mein Vorgänger in der Niederlassung hat diesen Kunden damals leider verloren… Der Geschäftsführer Herr Lukas hat jetzt bei mir angerufen und gefragt, ob wir Ihm auch ein Angebot für eine seiner Filialen in Köln machen können. Da habe ich direkt an dich gedacht.

Freue mich auf unser Wiedersehen. Kannst dich ja auch mal gerne am Wochenende melden.

Alles Gute aus Aachen.

Laura Braun

Memo 11

Rheinland Gebäudereinigung GmbH
Köln – Koblenz – Aachen – Düsseldorf

Rheinland Gebäudereinigung GmbH
Herr Will
Am Rheinufer 12

40210 Düsseldorf

Herr/Frau Kübler
Rheinland Gebäudereinigung GmbH
Hohenstaufenstrasse 76

50671 Köln   Düsseldorf, den 19. Juli 20XX

Sehr geehrte Niederlassungsleiterinnen und Niederlassungsleiter,

in unserem nächsten großen Meeting möchte ich mit Ihnen über mehrere Punkte sprechen, die ich Ihnen zur Vorbereitung gerne schon vorab nenne:

(1) Kundenbindung/Kundenansprache

Zu den Stärken unseres Unternehmens gehört die jahrzehntelange Kundenbindung. Hier sind wir im Vergleich zu unseren Wettbewerbern immer sehr gut aufgestellt gewesen. Leider haben wir in den letzten Monaten viele treue Kunden verloren! Hier sollten wir gemeinsam Mittel und Wege finden, um wieder den Erfolgskurs einschlagen zu können.

Wir müssen uns jedoch auch vermehrt der Herausforderung stellen, neue Kunden zu gewinnen. Hier ist es von enormer Wichtigkeit, dass wir mit entsprechenden Maßnahmen auf uns aufmerksam machen. Hier bin ich gespannt auf Ihre Vorschläge beim nächsten Treffen.

(2) Kundenbefragung

Um uns zukünftig noch besser auf die Bedarfe unserer Kunden auszurichten, schlage ich vor, dass wir uns im Zuge einer Kundenumfrage ein Stimmungsbild einholen. In unserer Sitzung möchte ich die Umsetzung dieser Umfrage zu Diskussion stellen. Dabei gilt es folgende Punkte für das praktische Vorgehen zu besprechen:

- Durchführung der Umfrage für alle Kunden oder nur für Kundensegmente?
- Eigenständige Durchführung der Umfrage oder professionelle Unterstützung?
- Festlegung von Verantwortlichkeiten für die konkrete Umsetzung

(3) Angespannte wirtschaftliche Situation

Aufgrund der momentan für uns schwierigen wirtschaftlichen Lage muss ich mich leider gezwungen sehen, Einsparmöglichkeiten zu   finden. Ich schlage daher folgende Maßnahmen vor:

- Zurückstellen von weiteren Schulungsmaßnahmen
- Effektiverer Einsatz des vorhandenen Personalstamms: keine Vergrößerung der Reinigungsteams
- Neue Ausschreibungen Reinigungschemie; dies ist der größte Posten im Sachkostenbereich. Hier erbitte ich um Vorschläge zu neuen Anbietern, mit denen Sie ggfs. schon Erfahrungen gewonnen haben.

Das Meeting findet am 01. August von 10:00 bis 14:00 Uhr statt. Wenn Sie andere oder ergänzende Meinungen/Ideen haben, bin ich natürlich offen dafür. Aufgrund der hohen strategischen Wichtigkeit dieses Treffens, bitte ich darum, dass alle Niederlassungsleiter erscheinen.

Mit freundlichen Grüßen

Helmut Will

Memo 12a

von: Frau Fink/Sekretärin

an: Herr/Frau Kübler/LeiterIn Niederlassung Köln

Datum: 24. Juli 20XX

Lieber Herr/Frau Kübler,

wie gewünscht, finden Sie im Anhang eine Darstellung der Umsatzzahlen, aufgegliedert nach den vier Objektleitern in Köln.

Tut mir leid, dass Sie jetzt solange auf diese Tabelle warten mussten, aber Herr Maus war in letzter Zeit ziemlich unnahbar. Um hier an die Informationen zu kommen, musste ich recht ausdauernd sein. Ich bin auch ziemlich dicht, aber ich gelobe Besserung!

Ich wünsche Ihnen eine gute Zeit.
Gruß

A. Fink

Memo 12b

Umsatz (in Tausend)	März				April				Mai				Juni				Summe März bis Juni	Deckungsbeiträge März bis Juni (%)	Summe Vorjahr März bis Juni	Deckungsbeiträge Vorjahr März bis Juni (%)
KW	9	10	11	12	13	14	15	16	17	18	19	20	21	22	23	24				
Einkaufsgalerie																				
Umsatz	40	38	39	39	39	39	37	35	35	38	38	38	38	39	38	39	608,3	20,1	449,9	17,5
Krankenhäuser																				
Umsatz	31	31	30	29	29	28	28	27	27	27	26	26	26	26	26	26	442,8	16,7	440,1	16,2
Städt. Verwaltung																				
Umsatz	32	34	35	35	36	36	36	35	38	39	40	40	40	40	40	40	594,2	19,2	389,4	15,9
Banken																				
Umsatz	36	35	37	37	40	39	38	37	36	34	33	32	32	32	32	40	567,8	18,7	444,6	16,9
Gesamt																	2213,1		1724	

Memo 13

Haftnotiz:

Liebe/r Herr/Frau Kübler,

wie gewünscht, erhalten Sie hiermit das Einladungsschreiben zum Sommerfest. Momentan komme ich mit Rechnungen und Mahnungen nicht mehr hinterher. Daher habe ich unsern Praktikanten mit der Sache beauftragt.

Sie müssen nur noch unterschreiben,dann schicke ich das an alle raus.

A. Fink

Rheinland Gebäudereinigung GmbH
Köln – Koblenz – Aachen – Düsseldorf

Rheinland Gebäudereinigung GmbH
Hohenstaufenstrasse 76
50671 Köln

Einladung zum Sommerfest

Sehr geehrte Mitarbeiterinnen, sehr geehrte Mitarbeiter der Rheinland Gebäudereinigung,

es freut uns ganz besonders, dass wir als Niderlassung in Köln zum diesjährigen Sommerfest einladen dürfen.

Wie es in unserem Hause Tradition ist, laden wir Sie zu einem gemütlichen Zusamensein im Rahmen eines Grillfests ein. Für Ihr leibliches Wohl ist also wie immer gesorgt!

Gerne können Sie auch Ihre Familienangehörigen und Partner mitbringen. Für die Kleinen haben wir eine Kinderbetreuung organisiert, so dass einem entspannten Abend nichts mehr im Wege steht.

Im Rahmen dieses Zusammentreffens wollen wir auch das lange Bestehen unserer Firma feiern. In den 50iger Jahren gegründet, stehen wir inzwischen seit über 80 Jahren für eine hervorragende Dienstleistung in Sachen Sauberkeit.

Ich freue mich, wenn ich Sie alle am 05. Juli um 16.30 Uhr an unserem Treffpunkt am Rheinufer begrüßen darf.

Köln, den 01.01.XX

Kübler, Niederlassungsleiter Köln

Memo 14

von: Herr Martin/Objektleitung städt. Verwaltung

an: Herr/Frau Kübler/LeiterIn Niederlassung Köln

Datum: 17. Juni 20XX

Sehr geehrter Herr/Frau Kübler,

erfreulicherweise kann ich Ihnen heute mitteilen, dass ich von der Wirtschafts-hochschule Rheinland angesprochen wurde, die ihren Anbieter für Büroreinigung wechseln wollen. Nach meiner überschlägigen Rechnung geht es hier um einen Monatsumsatz von 50 Tsd. €. Hiermit bauen wir nach und nach, neben Kunden aus dem Bereich der städtischen Verwaltung, einen neuen Kundenstamm auf.

Dieser Erfolg ist erstes Ergebnis meiner mit Ihnen abgesprochenen Aktion „Kunden werben Kunden". Die Empfehlung kommt von unserem Kunden Herrn Bodtländer/ Stadt Köln. Schade, dass er das eigentlich vorgesehene Präsent aus naheliegenden Gründen nicht annehmen darf. Er hat sich dennoch gefreut, uns zu unterstützen.

Ich wünsche Ihnen alles Gute.
Hochachtungsvoll

Hannes Martin
Objektleiter

Memo 15a

Rheinland Gebäudereinigung GmbH
Köln – Koblenz – Aachen – Düsseldorf

Interne Mitteilung

von: Herr Maus/Leiter Controlling

an: Herr /Frau Kübler/LeiterIn Niederlassung Köln

Datum: 21.07.20XX

Sehr geehrter Herr/Frau Kübler,

wie von Ihnen gewünscht, schicke ich Ihnen hiermit die Auswertung der Krankenstatistik für die Objekte Ihrer Niederlassung zu. Die entsprechenden Tabellen finden Sie im Anhang.

Wenn Sie weitere Auswertungen wünschen, dann können Sie sich gerne an mich wenden.

Hochachtungsvoll

Dieter Maus
Leiter Zentrales Controlling

Anhang: Auswertung Krankenstatistik Niederlassung Köln

Memo 15b

1. Durchschnittlicher Krankenstand nach einzelnen Arbeitstagen

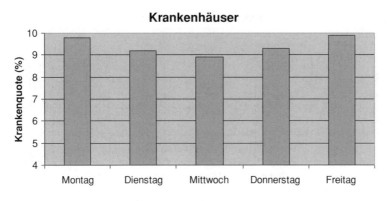

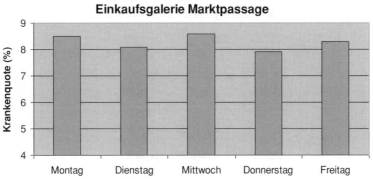

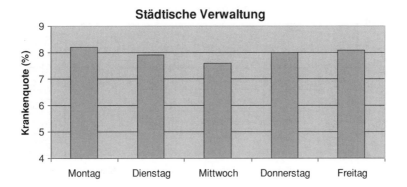

Memo 15c

2. Durchschnittlicher Krankenstand nach Monaten

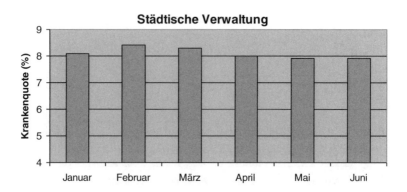

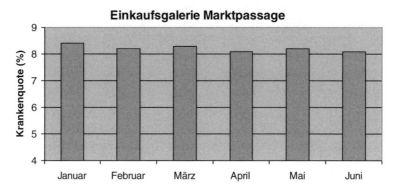

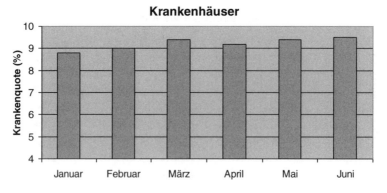

Memo 16

Interne Mitteilung

von: Herr Offner/Objektleiter Banken

an Herr/Frau Kübler/LeiterIn Niederlassung Köln

Datum: 23.07.20XX

Hallo Herr/Frau Kübler,

ich melde mich bei Ihnen, da bei mir momentan Land unter ist. Mein Reinigungsteam für den Bankenbereich ist viel zu schwach aufgestellt. Wir hatten ja erfreulicherweise einiges an Wachstum. Es fehlen jedoch die Mitarbeiter. Mit Überstunden komme ich gerade so über die Runden. Ein Krankheitsfall oder eine Kündigung und wir haben ein großes Problem. Aus den Stellenanzeigen ist nichts mehr herauszuholen.

Daher meine Bitte, das Thema Neukundengewinnung erst einmal etwas zurückhaltender anzugehen, bis wir hier Land sehen.

Ich danke Ihnen schon im Voraus.

Marcus Offner

Antwortformular Fallstudie Teilnehmer

Teilnehmer:_____   **Datum:**_____

Bitte beantworten Sie in aller Kürze die Fragen zu den einzelnen Memos auf einem Beiblatt oder dem jeweiligen Memo! Wenn Sie Zusammenhänge zwischen den Memos erkennen, verweisen Sie bitte darauf. Bearbeiten Sie bitte in der Folge alle Memos!

„Hubschrauberperspektive": Was sind aus Ihrer Sicht die vier wichtigsten übergeordneten unternehmerischen Probleme/Herausforderungen Ihres Verantwortungsbereichs, auf die mehrfach Hinweise in den Memos zu finden sind?

Memo 1: Welche Verwendungsmöglichkeiten sehen Sie für das Angebot? Wie reagieren Sie? Sehen Sie hier Zusammenhänge zu anderen Memos?

Memo 2: Was entnehmen Sie diesem Memo und welche Aktionen leiten Sie ein? Wo sehen Sie Risiken?

Memo 3: Welche Erkenntnisse gewinnen Sie aus dem Memo? Welche Zusammenhänge erkennen Sie zu anderen Memos? Wie sehen Ihre nächsten Schritte aus?

Memo 4: Was fällt Ihnen hier auf? Welche Zusammenhänge erkennen Sie hier? Welche Maßnahmen leiten Sie ein?

Memo 5: Wie gehen Sie hier vor? Welche Möglichkeiten identifizieren Sie?

Memo 6: Welche Rückmeldung geben Sie Herrn Müller? Wo sehen Sie Zusammenhänge zu anderen Memos? Welche Schritte leiten Sie noch ein?

Memo 7: Welche Zusammenhänge identifizieren Sie hier zu anderen Memos? Welche Maßnahmen leiten Sie hier ein?

Memo 8: In welchem Kontext sehen Sie dieses Memo? Wie verhalten Sie sich und welche Folgeschritte leiten Sie ein?

Memo 9: Wie reagieren Sie dem Kunden gegenüber? Welche weiteren Schritte leiten Sie hinsichtlich der betroffenen Objektleitung ein?

Memo 10: Welche Chancen identifizieren Sie? Wie sieht Ihr weiteres Vorgehen aus?

Memo 11: Wie ist Ihre Einschätzung zu den Punkten auf der Agenda? Welche Aspekte möchten Sie ansprechen? Wo sehen Sie Zusammenhänge zu anderen Memos?

Memo 12: Wo sehen Sie hier Chancen und Risiken? Wo sehen Sie Zusammenhänge zu anderen Memos? Was fällt Ihnen auf und welche Aktionen leiten Sie hierauf ein?

Memo 13: Was fällt Ihnen bei dem Memo auf? Sehen Sie hier weiteren Handlungsbedarf?

Memo 14: Wie bewerten Sie das Memo? Wie gehen Sie weiter vor? Wie ist dieser Vertriebserfolg einzuschätzen?

Memo 15: Wie interpretieren Sie die Zahlen und welche Aktionen leiten Sie ein? Was fällt Ihnen auf?

Memo 16: Welche Rückmeldung geben Sie Herrn Offner? Wie sehen Ihre Maßnahmen in der Sache aus? Welche Zusammenhänge zu anderen Memos sehen Sie hier?

Musterlösung

	Analysevermögen	Handlungsorientierung	Unternehmerisches Denken	Kooperationsverhalten
„Hubschraubersicht"				
• Objektleitung Banken: Qualitätsprobleme/fehlende Mitarbeiter/Umsatzwachstum/Kundenbeschwerden (Memo 2, 9, 12, 16)			x	
• Objektleitung Krankenhäuser: Führungsdefizite bei Herrn Orth (Memo 4, 6, 12, 15)			x	
• Zu hohe Arbeitsbelastung/Unzuverlässigkeit von Sekretärin Frau Fink (Memo 3, 8, 12, 13)			x	
• Herausforderungen Neukundengeschäft (Memo 10, 11, 12, 14)			x	
Memo 1 Führungskräftetrainings				
• Erkennt Zusammenhang zu Treffen Niederlassungsleiter (Memo 6), Punkte dort	x			
• Sieht Chancen darin, durch Verbesserung des Teamklimas die Performance zu steigern			x	
• Holt sich konkretes Angebot über Trainings ein		x		
Memo 2 Beschwerden über Herrn Offner				
• Nimmt Kundenbeschwerde ernst und spricht Kunden in dieser Sache an, versucht wirtschaftlichen Schaden zu minimieren			x	
• Geht proaktiv auf Herrn Offner zu und will Ursachen für Veränderungen seiner Sorgfalt/Mitarbeiterführung hinterfragen				x
• Wertschätzende Reaktion Frau Misselbach gegenüber für Vertrauen und Offenheit, Bestätigung der Vertraulichkeit				x
• Initiiert Maßnahme, um Teamgeist wieder zu etablieren		x		

	Analysevermögen	Handlungsorientierung	Unternehmerisches Denken	Kooperationsverhalten
Memo 3 / Liste offener Posten				
• Erkennt viele nicht bezahlte Rechnungen, entsprechende Aktionen hierzu		x		
• Geht Thema Mahnungsprozess grundsätzlich an, z. B. Mahnung nach bestimmter Frist		x		
• Erkennt Zusammenhang zu Memo 13 (Hinweis auf hohe Arbeitsbelastung)	x			
• Sucht mit Frau Fink das Gespräch und gibt Feedback zu Arbeitsweise				x
Memo 4 / Interne Mitteilung Objektleiter Orth				
• Falsche Gewichtung der Zeiteinteilung (vgl. Instruktion); Zeit für Mitarbeiterführung ist zu niedrig gewichtet	x			
• Stellt Zusammenhang zu Mitarbeiterbeschwerde über Herrn Orth her (Memo 6)	x			
• Aktivität zur Verbesserung von Arbeitsklima/Führungsverhalten Herr Orth		x		
Memo 5 / Interne Mitteilung Frau Fink				
• Stellt persönlich den Kontakt zu Herrn Springer her, um potenziellen Kunden zu werben		x		
• Erkennt über aktuelle Anfrage hinaus mögliche weitere Geschäftschance in langfristiger Gebäudereinigung			x	
Memo 6 / Beschwerde über Herrn Orth				
• Engagement bzgl. Herrn Knappe, um ihn als guten Vorarbeiter halten zu können		x		
• Reaktion auf Tonart der Mitteilung und Tatsache, dass Führungsebenen übergangen werden				x
• Stellt Schreiben in den Kontext der Krankenstatistiken (Memo 15), bei Objektleitung Krankenhäuser auffällige Werte	x			

	Analysevermögen	Handlungsorientierung	Unternehmerisches Denken	Kooperationsverhalten
Memo 7 **Brief Anbieter Saubermann GmbH**				
• Stellt Zusammenhang zu weiterem Angebot in Memo 5 her, offenbar sollen Reinigungsmaschinen angeschafft werden	x			
• Sieht Zusammenhang zu Memo 11 (Bedarf an neuem Anbieter für Reinigungschemie)	x			
• Kontaktaufnahme mit Anbieter		x		
Memo 8 **Werbeprospekt fehlt**				
• Bringt das unzuverlässige Verhalten von Frau Fink in den Kontext der anderen Beobachtungen (Memo 3, 13)	x			
• Fordert Frau Fink auf, die Unterlagen sofort zuzusenden		x		
• Dank für den privaten Hinweis/Reise-Tipp, freundliche Reaktion				x
Memo 9 **Brief Kundenbeschwerde Bank**				
• Persönliche Reaktion gegenüber Kunden		x		
• Kontaktiert zuständigen Objektleiter Banken/Herrn Offner und gibt Rückmeldung zu Vorfällen				x
• Initiiert mit Herrn Offner Maßnahmen, um die Prozesssicherheit/Arbeitsqualität zu steigern (Checklisten, Verantwortliche …)			x	
Memo 10 **Brief Kollegin Frau Braun**				
• Kontaktiert Frau Braun, um weitere Hintergrundinformationen zu erhalten		x		
• Persönliche Aktivität, auf potenziellen Kunden zuzugehen (gehört zu den Hauptaufgaben, vgl. Instruktion)			x	

	Analysevermögen	Handlungsorientierung	Unternehmerisches Denken	Kooperationsverhalten
Memo 11 **Einladung Treffen Niederlassungsleiter**				
• Eigene Beiträge und Vorbereitung zur Agenda, mehr als Abwarten		x		
• Thema 1/2: eigene inhaltliche Vorschläge			x	
• Thema 3 (Budget): „Angespannte wirtschaftliche Situation" steht im Widerspruch zu Zahlen in Memo 12b	x			
• Thema 3 (Budget): aufgrund von Führungsproblem Objektleiter Schulungen durchaus sinnvoll (Memo 2, 6), hierzu abweichende Meinung			x	
• Thema 3 (keine Vergrößerung des Reinigungsteams): Bewertung ist im Gesamtkontext nicht sinnvoll (Umsatzanstieg Banken Memo 12 und Hinweis Memo 16), hierzu abweichende Meinung			x	
Memo 12 **Aufstellung Umsatzentwicklung**				
• Greift Kommunikationsproblem („unnahbar") mit Controlling auf, hakt bei Herr Maus nach				x
• Reagiert auf Signal der Belastung				x
• Bewertung der Zahlen: Umsatz- und Deckungsbeitrags-Anstiege mit Ausnahme Krankenhäuser	x			
• Reagiert auf Umsatzrückgang bei Krankenhäusern im aktuellen Jahresverlauf			x	
• Möglicher Zusammenhang Umsatzrückgang Krankenhäuser und schlechte Stimmung dort (Memo 4, 6)	x			
Memo 13 **Fehlerhafte Einladung Sommerfest**				
• Erkennt Rechtschreibfehler/inhaltliche Unstimmigkeiten	x			
• Reagiert auf Signal der Arbeitsbelastung				
• Stellt sicher, dass nur eine überarbeitete Version an alle Mitarbeiter geschickt wird		x		x

	Analysevermögen	Handlungsorientierung	Unternehmerisches Denken	Kooperationsverhalten
Memo 14 Akquisitionserfolg				
• Erkennt hohe Bedeutung des Kunden (stellt Relation zu den sonstigen Monatsumsätzen her, vgl. Memo 12)	x			
• Persönliche Aktivität in Richtung neuem Kunden		x		
• Positives Feedback an Mitarbeiter zu Erfolg				x
• Grundsätzliches Aufgreifen der erfolgreichen Idee „Kunden werben Kunden"			x	
Memo 15 Krankenstand				
• Erkennt signifikanten Anstieg des Krankenstandes am Montag und Freitag in den Krankenhäusern/steigende Fehlquotentendenz im Jahresverlauf	x			
• Initiative, den möglicherweise allgemein zu hohen Krankenstand zu bewerten und Maßnahmen dazu zu ergreifen			x	
• Erkennt, dass wichtige Kennzahlen für den Bereich Banken fehlen und fordert diese ein	x			
Memo 16 Hilferuf von Herrn Offner				
• Eigene inhaltliche Ideen zur Personalgewinnung (z. B. Empfehlungen, Social Media …)			x	
• Feedback an Mitarbeiter, Unterstützung/Hilfestellung				x
• Erkennt möglichen Zusammenhang zu Kundenbeschwerde (Memo 9) in gleicher Richtung	x			
Maximale Punktzahl	16	14	16	11
Teilnehmer Punktzahl				

Anhang B: Rollenübung Mitarbeitergespräch „Empfangschef"

Die vorliegende Rollenübung stellt ein (einfaches) Mitarbeitergespräch zur Beobachtung von Führungsfähigkeiten im Servicebereich dar. Es besteht aus zwei Teilen: Kritikansprache und Überzeugung des Mitarbeiters für eine Zusatzaufgabe. In dem ersten Gesprächsteil erhält der Teilnehmer mehrere Verhaltensbeispiele als Hintergrundinformation.

In der Rollenspielerinstruktion bekommt der Rollenspieler zu den einzelnen Themen die jeweilige diagnostische Zielsetzung (Was soll mit dem jeweiligen Thema erkannt werden?), um die Richtung seines Agierens steuern zu können.

C. Obermann, *Assessment Center*, DOI: 10.1007/978-3-8349-3813-8,
© Springer Fachmedien Wiesbaden 2013

Mitarbeitergespräch Empfangschef

Instruktion für den Teilnehmer

Aufgabenstellung

Sie sind Direktor/in des Vier-Sterne-InterService-Hotels in Frankfurt. In der folgenden Übung besteht Ihre Aufgabe darin, in dieser Rolle ein Mitarbeitergespräch mit dem/der Empfangschef/in Ihres Hotels zu führen. Das Gespräch beinhaltet zwei Themen. Zum einen geht es um eine persönliche Standortbestimmung des Mitarbeiters mit Stärken und Kritikpunkten an seinem/ihrem Verhalten. Zum anderen geht es um die erfolgreiche Motivation des Mitarbeiters für ein Zusatzprojekt. Gestalten Sie das Gespräch so, wie Sie es in einer vergleichbaren Praxissituation ähnlich führen würden. Am Ende der Rollensituation erhalten Sie die Möglichkeit, Ihr Vorgehen und Ihre Absichten zu erläutern.

Bewertung aus dieser Übung

Bewertet wird in dieser Übung, wie es Ihnen gelingt, Kritikpunkte offen zu benennen, Ziele mit dem Mitarbeiter zu vereinbaren, Ihre Argumente überzeugend zu gestalten, dem Mitarbeiter Motivation und Antrieb für seine Aufgaben zu vermitteln und das Gespräch in einem angenehmen Klima zu führen.

Informationen zu dem/der Mitarbeiter/in

Der Empfangschef Herr/Frau Leitner hat in Ihrem Hotel seine/ihre dreijährige Ausbildung als Hotelkaufmann/frau mit Auszeichnung bestanden und war danach in verschiedenen Teilbereichen der Empfangsabteilung tätig: 1,8 Jahre Reservierung, 1 Jahr Journalführer/in, 2 Jahre stellvertretende/r Empfangschef/in.

Seit acht Monaten hat er/sie die Position des Empfangschefs für den ausscheidenden Empfangschef Herrn Hübner übernommen. Seine/Ihre Aufgaben liegen in der Umsetzung neuer Verkaufsstrategien, der Kontrolle und Weiterbildung des Empfangspersonals (Concierge, Hotelpagen, Gästeempfang Reservierung, Abrechnung, Journal) und der Organisation des Tagesgeschäftes. Neben seiner/ihrer Tätigkeit als Empfangschef/in besucht er/sie weiterführende Seminare zum Thema Verkauf und Kundenorientierung.

Zur Gruppe seiner/ihrer Mitarbeiter gehören zwei Empfangssekretäre, ein Journalführer, zwei Reservierungsmitarbeiter, zwei Nachtportiers, ein Conciergeleiter und zwei Hotelpagen. Herr/Frau Leitner ist eine zielstrebige und sehr gewissenhafte Person. Er/Sie schreibt der Kundenorientierung einen hohen Stellenwert zu und achtet besonders bei seinen/ihren Mitarbeitern auf einen guten Kundenkontakt. Er/Sie ist besonders ehrgeizig und geschickt in der Neugewinnung von Gästen und hat sich vor allem durch einen Anstieg des Zimmerverkaufs und dem Verkauf von Tagungen profiliert. Die Verantwortung für den Verkauf übernimmt er/sie größtenteils selbst, da es ihm/ihr wichtig ist, einen verbindlichen Abschluss zu erzielen.

Mitarbeitergespräch Empfangschef

Instruktion für den Teilnehmer

Thema 1 – Zwischenmenschliche/Führungsdefizite

Von Seiten seiner/ihrer Mitarbeiter wird seine/ihre fachliche Kompetenz anerkannt. Allerdings sind Ihnen durch Frau Burghoff, Mitarbeiterin der Reservierungsabteilung, einige Situationen geschildert worden, in denen ein Führungsdefizit von Herrn/Frau Leitner zu erkennen ist. Aufgrund der Beliebtheit seines/ihres Vorgängers wird sein/ihr Wirken gründlich mit diesem verglichen. So fällt es den Mitarbeitern manchmal schwer, Herrn/Frau Leitner als Chef/in zu akzeptieren und Order von ihm/ihr anzunehmen, da er/sie noch als Auszubildender bekannt ist.

Gegenüber dem Personal zeigt er/sie durchaus Anerkennung, gilt aber als belehrend. So schilderte Frau Burghoff, dass ihr Herr/Frau Leitner während eines Reservierungsgesprächs den Telefonhörer aus der Hand nahm, um das Gespräch zu einem erfolgreichen Abschluss zu bringen. Anschließend bemerkte Herr/Frau Leitner noch, dass man schon etwas mehr Motivation bei der Gästegewinnung zeigen muss, Sie sollte sich an ihm/ihr ein Beispiel nehmen.

Trotz seiner/ihrer Stärke im Verkauf sehen Sie ein Defizit in der Mitarbeiterbetreuung. So verbringt Herr/Frau Leitner viel Zeit in der Reservierungsabteilung und vernachlässigt den Kontakt zum Empfangspersonal und dem Conciergebereich. So wusste Herr/Frau Leitner bei Ihrem letzten Gespräch nicht, dass die Empfangssekretärin Frau Wunderlich einen Englischkurs in ihrer Freizeit macht, um ihre Sprachkenntnisse für den Empfang aufzufrischen. Sie möchten, dass Herr/Frau Leitner die Verantwortung im Reservierungsbereich mehr auf seine/ihre Mitarbeiter überträgt und sich um den gesamten Mitarbeiterstab gleichwertig kümmert.

Mitarbeitergespräch Empfangschef

Instruktion für den Teilnehmer

Thema 2 – Projekt „Kundenansprache"

Zusammen mit den drei Geschäftsführern Ihrer Schwesternhotels in Hamburg, Berlin und Hannover wird ein gemeinsames Programm zur besseren Kundenansprache geplant. Dafür sind Analysen zur Gästestruktur und zu Gästewünschen notwendig sowie anschließend die abgestimmte interne Schulung des Hotelpersonals. Die jeweiligen Abteilungsleiter der Hotels sollen sich zusammen mit Ihren Mitarbeitern in Arbeitsgruppen zusammenfinden, um die jeweiligen Analysen und Schulungen zu diskutieren. Durch die verschiedenen Erfahrungen der Hotels erhofft man sich eine fruchtbare Zusammenarbeit und ein besseres Marktauftreten als kleine Hotelkette. Für den Empfangsbereich werden vor allem Verkaufsseminare gefragt sein, die auf bestimmte Gästetypen abgestimmt sind. Durch den großen Verkaufserfolg von Herrn/Frau Leitner soll er/sie als Leiter/in der Arbeitsgruppe Empfang Hamburg, Berlin, Hannover und Frankfurt gewonnen werden. Inhalte des Arbeitskreises, die besprochen werden sollen, sind vor allem folgende:

- Analyse der Gästestruktur, Gästewünsche
- Analyse Gästekontakt Empfangspersonal
- Vergleich Ist- und Soll-Angebote des Hotels
- Akquisition neuer Gäste
- Schulungsbedarf Personal

Das Projekt startet in vier Wochen. Herr/Frau Leitner würde sich um die Organisation der Treffen und der inhaltlichen Kriterien kümmern. Es soll herausgearbeitet werden, welche Schulungen intern zu bewerkstelligen sind und welche an externe Beratungsagenturen weitergegeben werden sollen. Als Unterstützung für die Vorbereitung werden Sie als Ansprechpartner zur Verfügung stehen. Sie erwarten von Herrn/Frau Leitner aber eine selbstständige und kreative Arbeit. Die ersten Schritte, die getan werden müssen, sind:

- die Ausarbeitung eines Fragebogens zur Gästestruktur und
- die Ausarbeitung eines Fragebogens zur Defizitanalyse des Empfangspersonals.

In Abstimmung mit den Geschäftsführern wird dieser Fragebogen in allen Hotels eingesetzt und ausgewertet, bevor ein erstes Arbeitstreffen stattfindet. Besonders wichtig erscheint Ihnen die Motivation des Personals. Es ist notwendig, dass alle Mitarbeiter eingebunden werden, ohne dass sie sich kontrolliert fühlen. Dies betrifft vor allem die Defizitanalyse. Diese soll anonym behandelt werden, um keinen Mitarbeiter bloßzustellen. Sie wollen Herrn/Frau Leitner nun für dieses Projekt gewinnen. Inhaltlich wird ihm/ihr die Aufgabe von der Thematik sicherlich zusagen, aber es bedeutet für ihn/sie vor allem hohes zeitliches Engagement. Er/Sie erwartet wahrscheinlich eine ansprechende Anerkennung der zusätzlichen Arbeit.

Mitarbeitergespräch Empfangschef

Instruktion für den Rollenspieler

Ihre Situation

Sie sind selbstbewusst und stolz auf Ihre Verkaufserfolge. Sie versprechen sich von dem Gespräch eine positive Entwicklung für Ihre weitere Karriere und eine finanzielle Anerkennung Ihrer Erfolge.

Thema – Führung

(a) Reservierung
Rollenziel: Konfliktfähigkeit, Ergebnisorientierung und Überzeugungskraft testen.
Generelle Linie: Sie trauen dem Reservierungspersonal nicht den Erfolg zu, den Sie selbst bei Verkaufsgesprächen haben. Sie geben ungern die Fäden aus der Hand und können schwer mit Fehlern der Mitarbeiter leben.

Einzelne Argumente:

- „Wenn ich das nicht selbst machen würde, hätten wir auch nicht diesen großen Erfolg erzielt."
- „Ein Gast wäre letztens fast abgesprungen, wenn ich nicht noch einmal angerufen und ihm ein spezielles Angebot gemacht hätte."
- „Werde ja schließlich auch an den Reservierungen gemessen."

(b) Mitarbeiterbetreuung
Rollenziel: Einfühlungsvermögen, Ergebnisorientierung und Überzeugungskraft testen.
Generelle Linie: Sie sind der Meinung, dass die Abteilungen sehr gut funktionieren und Sie deshalb dort weniger kontrollieren und anwesend sein müssen. Bei Problemen kann jeder Mitarbeiter Sie jederzeit ansprechen.

Einzelne Argumente:

- „Durch meine ständige Anwesenheit fühlen sich die Mitarbeiter doch zu sehr kontrolliert."
- „Wenn ein Mitarbeiter ein Anliegen hat, kann er jederzeit zu mir kommen."

Mitarbeitergespräch Empfangschef

Instruktion für den Rollenspieler

Thema – Projekt „Kundenansprache"

Rollenziel: Überzeugungskraft, Ausdauer/Hartnäckigkeit und Mitarbeitermotivation testen.

Generelle Linie: Sie sind sehr interessiert, und sehen es als Chance, Ihr Wissen einzubringen. Sie haben allerdings eine andere Vorstellung über die Vorgehensweise des Projektes. Sie sehen Schwierigkeiten darin, die anderen Hotels genügend einbinden zu können. Außerdem sehen Sie den zeitlichen Aufwand für sich als sehr hoch an und erwarten eine Entlastung in Ihren täglichen Pflichten als Empfangschef/in.

Einzelne Argumente:

- „Die Arbeit in den anderen Hotels ist nicht mit unserer Arbeit zu vergleichen, wir müssen schnell und individuell reagieren. Man kann dies nicht in ein Korsett einer allgemeinen Strategie der Kundenansprache zwängen."
- „Wir hätten mehr Erfolg, wenn wir das Projekt nur für unser Hotel durchführen, die anderen Hotels können das auch für sich machen."
- „Ich bin mit meiner Fortbildung und dem Tagesgeschäft zu stark eingebunden und kann mich nicht noch um dieses Projekt kümmern. Wenn ich etwas tue, will ich es auch vernünftig machen."

Anhang C: Standards der Assessment Center Technik – Arbeitskreis Assessment Center e.V.

Einführung

Die vorliegenden, in Auszügen dokumentierten, Qualitätsstandards sind in zweiter Fassung vom Arbeitskreis AC e.V. (2004) herausgegeben. Der komplette Text findet sich auf den Webseiten des Vereins (vgl. Anhang D).

1. Auftragsklärung und Vernetzung

Grundsatz

Vor der Entwicklung und Durchführung eines AC sind die Ziele und die Rahmenbedingungen des Auftrages sowie die Konsequenzen für die Teilnehmer verbindlich zu klären und zu kommunizieren.

Umsetzung

- Klärung des unternehmerischen Auftrages – welche unternehmerische Nutzenstiftung wird angestrebt, z. B. stärkere Bindung von wichtigen Mitarbeitern, Abbau von Bereichsegoismen oder zentrales Screening von Potenzialkandidaten.
- Wer ist der interne Kunde des Auftrags? Wie kann sichergestellt werden, dass die Machtpromotoren der Organisation hinter diesem Auftrag stehen?
- Welchen Einfluss soll die AC-Einführung auf die Kultur der Organisation haben – was ist die Botschaft an die Organisation?
- Festlegung von notwendigen Rahmendaten: Ziele, Ressourcen, Budget, Zeithorizont der Einführung.
- Wie sieht der gesamte Prozess aus, in den das AC eingebunden ist, z. B. welche Gewichte haben einerseits AC und andererseits Meinung des Fachvorgesetzten, z. B. welche Konsequenzen gibt es für die Teilnehmer?
- Bei internen Auswahl-AC gibt es immer Verlierer; wie soll mit dieser Problematik umgegangen werden?

C. Obermann, *Assessment Center*, DOI: 10.1007/978-3-8349-3813-8,
© Springer Fachmedien Wiesbaden 2013

- Welche Maßnahmen sollen sich an das AC anschließen? Was geschieht mit den Daten? Welche Gültigkeit soll ein AC-Ergebnis haben? Welche Maßnahmen sind geplant im Hinblick auf Besetzungsentscheidungen oder Förderung der Mitarbeiter?

2. Arbeits- und Anforderungsanalyse

Grundsatz

Eignungsbeurteilung lässt sich nur mit einer exakten Analyse der konkreten Anforderungen sinnvoll gestalten.

Umsetzung

Die Arbeits- und Anforderungsanalyse dient:

- zur Erfassung eignungsrelevanter Arbeitssituationen und die in diesen Situationen beobachtbaren, unterschiedlich erfolgreichen Verhaltensweisen,
- zur Erhebung der für eine erfolgreiche Tätigkeit erforderlichen Wissensbereiche, Fertigkeiten, Fähigkeiten und sonstigen relevanten Personenmerkmalen,
- zur Festlegung von Mindeststandards zur erfolgreichen Bewältigung erfolgskritischer Situationen.

Um möglichst alle relevanten Aspekte zu erfassen, stützt sich die Analyse auf eine durchdachte Auswahl von Analysemethoden mit unterschiedlichen konzeptionellen Zugängen, Perspektiven und Menschenbildern.

Folgende Rahmenbedingungen sind zu berücksichtigen:

- Bezugspunkt für die Analyse ist die konkrete Tätigkeit im spezifischen Unternehmen.
- Beteiligt werden die Personengruppen, die die tatsächliche Zielebene wesentlich mit- gestalten (Entscheider, Stelleninhaber).
- Es werden definierte Unternehmensziele sowie bestehende organisationsspezifische Personal- und Personalentwicklungskonzepte integriert.
- Neben aktuellen werden auch zukünftige Anforderungen konkretisiert und gegebe- nenfalls berücksichtigt.
- Die im Profil zusammengestellten erfolgskritischen Anforderungen werden mit spezi- fischen Operationalisierungen und passenden Verhaltensbeispielen beschrieben.

3. Übungskonstruktion

Grundsatz

Ein Assessment Center besteht aus Arbeitssimulationen.

Umsetzung

- Alle eingesetzten Verfahren müssen auf den Ergebnissen der Arbeits- und Anforderungsanalyse aufbauen. Sie müssen eine große Spannbreite des erfolgskritischen Verhaltens beobachtbar machen und pro Anforderung mehrfache Beobachtungschancen bieten.
- In einem AC müssen mindestens drei verschiedenartige Arbeitssituationen simuliert werden.
- Übungsmaterialien und Teilnehmerinstruktionen müssen vollständig ausgearbeitet sein, um die Ziele und erwarteten Ergebnisse der Übung klarzustellen und den Teilnehmern klare Handlungsorientierungen zu bieten.
- Jede Anforderung muss in mindestens zwei Übungen erfasst werden (Redundanzprinzip).
- Werden Rollenspieler eingesetzt, sind klare Rollenspieleranweisungen zu formulieren, die einerseits ein standardisiertes Schwierigkeitsniveau sicherstellen, andererseits ein situationsangemessenes Eingehen auf den Kandidaten ermöglichen. Darüber hinaus werden die Rollenspieler in einer Schulung auf ihren Einsatz vorbereitet.
- In ein AC werden Nicht-Simulationen (Tests, Interviews) nur dann eingebunden, wenn Anforderungen durch Simulationen nur unzureichend erfasst werden können.
- Alle neu entwickelten Übungen werden vor ihrem tatsächlichen Einsatz in einem AC hinsichtlich ihrer Tauglichkeit in Probeläufen mit dafür geeigneten Personen praktisch überprüft.

4. Beobachtung und Bewertung

Grundsatz

Grundlage für die Eignungsdiagnose ist eine systematische Verhaltensbeobachtung.

Umsetzung

- Die Beobachtung muss anforderungsbezogen erfolgen. Die Anforderungen werden pro Übung spezifisch durch Operationalisierungen konkretisiert.
- Das Beobachtungssystem muss die Verbindung zwischen der Beobachtungs- und Bewertungsphase schlüssig regeln. Die regelgerechte Dokumentation der Beobachtung und der Bewertung muss sichergestellt sein.
- Zuordnungspläne regeln eindeutig, welche Anforderung in welcher Übung (Anforderungs-Übungs-Matrix) und welche Teilnehmer durch welche Beobachter (Beobachterrotationsplan) erfasst werden.
- Jedes Verhalten jedes Teilnehmers wird in jeder Übung von mindestens zwei Beobachtern unabhängig erfasst. Jede Anforderung muss in mindestens zwei Übungen beobachtet werden (Redundanzprinzip).

- Um Urteilsfehler durch Überlastung und Komplexität zu vermeiden, werden in jeder Übung maximal fünf (besser drei) Anforderungen erfasst.
- Jeder Beobachter fällt gestützt auf seinen Beobachtungen unmittelbar nach jeder Übung eine unabhängige Bewertung.
- Die Integration der Daten zum Gesamtergebnis erfolgt zeitnah nach dem AC, um Unstimmigkeiten schlüssig regeln zu können.
- Die Zusammenführung der Daten erfolgt nach einem vor dem AC eindeutig definierten Vorgehen, das für alle Teilnehmer gleich angewandt wird.

5. Beobachterauswahl und -vorbereitung

Grundsatz

Gut vorbereitete Beobachter, die das Unternehmen angemessen repräsentieren, sind am besten geeignet, fundierte und treffsichere Entscheidungen zu treffen.

Umsetzung

- Die Beobachter aus den Fachbereichen kommen aus mindestens einer Ebene über der Zielfunktion.
- Bei der Zusammensetzung der Beobachtergruppe ist darauf zu achten, dass die Personen das Unternehmen angemessen repräsentieren, bezogen auf Unternehmenserfahrung und fachlichen Hintergrund mit Perspektive auf die Zielfunktion.
- Externe Berater können, je nach Unternehmenspolitik und -bedarf, die Beobachterteams ergänzen.
- Eine ausgewogene Mischung aus erfahrenen und neuen Beobachtern ist empfehlenswert.
- Jeder Beobachter, der zum ersten Mal an einem AC teilnimmt, besucht zuvor ein Training mit folgenden Inhalten:
  - Informationen zum eignungsdiagnostischen Konzept
  - Beschreibung der eingesetzten Verfahren
  - Darstellung der Anforderungskriterien und Zielfunktion
  - Darstellung und Training des Beobachtungs- und Bewertungsprozesses
  - Themenkomplex: Trennung von Beobachtung und Bewertung
  - Fehlerquellen bei der Beobachtung und Bewertung
  - Darstellung der Inhalte / Ziele / des Ablaufs der Beobachterkonferenz
  - Training des Feedback-Gesprächs
  - Reflexion über Verantwortung und Konsequenzen der Beobachterrolle
- Nachschulungen sind erforderlich bei inhaltlichen Veränderungen des AC, neuen Zielgruppen oder längeren Teilnahmepausen der Beobachter.

6. Vorauswahl und Vorbereitung

Grundsatz

Systematische Vorauswahl und offene Vorinformation sind die Grundlage für den wirtschaftlichen und persönlichen Erfolg im AC.

Umsetzung

- Die Teilnahme kann an formale, in Sinne der Eignungsdiagnostik möglichst sinnvolle Kriterien gebunden werden (z. B. vorher zu durchlaufende Arbeitspositionen, vorher zu absolvierende Vorbereitungsseminare usw.).
- Als Vorauswahlverfahren bieten sich prinzipiell alle fundierten eignungsdiagnostischen Ansätze (Testverfahren, Vorinterviews usw.) an, jedoch nur, wenn sie einen Bezug zu den ermittelten Anforderungen der Zielfunktion aufweisen.
- An einem AC nehmen nur Kandidaten mit realistischen Erfolgsaussichten teil.
- Die Vorinformation der Teilnehmer erfolgt am besten standardisiert, z. B. mithilfe schriftlicher Unterlagen, um den gleichen Informationsstand für alle Teilnehmer zu gewährleisten.
- Die Vorbereitung auf das AC wird möglichst durch den jeweiligen Vorgesetzten unterstützt. Sie beinhaltet kompetenzorientiertes Coaching (Fertigkeitsschulung) und grenzt sich deutlich von Täuschungsstrategien (Einstudieren von Verhaltensschablonen) ab.

7. Vorbereitung und Durchführung

Grundsatz

Eine gute Planung und Moderation des AC gewährleisten einen transparenten und zielführenden Ablauf des Verfahrens.

Umsetzung

- Notwendig ist die rechtzeitige Planung der Termine, Räume und der zu beteiligenden Personengruppen.
- Die Veranstaltung findet in Räumlichkeiten statt, die einen ungestörten und vertraulichen Ablauf gewährleisten.
- Ein differenzierter und übersichtlicher Ablaufplan ermöglicht es allen Beteiligten zu erkennen, welche Übungen wann, in welcher Besetzung (Teilnehmer und Beobachter) und wo stattfinden werden. Bei der Planung ist zu berücksichtigen, dass die Übungen für alle Teilnehmer in vergleichbarer Reihenfolge stattfinden, um Wahrnehmungsverzerrungen durch Reihenfolgeeffekte zu vermeiden.
- Als Rollenspieler werden nur geeignete und geschulte Personen eingesetzt.

- Der Moderator sorgt dafür, dass der Zeitablauf und die Standards insbesondere bei Beurteilungsprozessen und bei der Beobachterkonferenz eingehalten werden. Der Moderator ist für seine Aufgaben qualifiziert und in der Lage, die Einhaltung der Standards bei den Beobachtern durchzusetzen.
- Wartezeiten für die Teilnehmer werden möglichst kurz geplant.
- Das Verfahren wird vor unerwünschter Informationsweitergabe geschützt, z. B. durch das Einsammeln der Übungsmaterialien am Ende jeder Übung und die Klärung der Verschwiegenheit bzgl. der Übungsinhalte.
- Zu Beginn des AC wird über Ablauf und geltende Regeln informiert.
- Die Teilnehmer werden (bei Verfahren mit Entwicklungscharakter) vor jeder Übung über die darin beobachteten und beurteilten Kriterien informiert.

8. Feedback und Folgemaßnahmen

Grundsatz

Jeder AC-Teilnehmer hat das Recht auf individuelles Feedback, um so das Ergebnis nachvollziehen und daraus lernen zu können. Nach dem AC sind konkrete Folgemaßnahmen abzuleiten und umzusetzen.

Umsetzung

- Nach einem AC-Verfahren wird den Kandidaten ohne Ausnahme und unmittelbar Feedback gegeben. Es erfolgt auf Seiten des Teilnehmers auf freiwilliger Basis.
- Das Feedback wird in einem persönlichen Gespräch in einem vertraulichen Rahmen zwischen dem Teilnehmer und einem bis zwei Beobachtern gegeben.
- Der Ablauf wird durch geeignete Materialien unterstützt. Er orientiert sich aber am konkreten Einzelfall (Teilnehmer und Ergebnis).
- Die Rückmeldung des konkreten Verhaltens stützt sich ausschließlich auf Beobachtungen aus den AC-Übungen und das Ergebnis der Beobachterkonferenz. Wesentliche Inhalte des Feedbacks sind persönliche Stärken und Schwächen im Sinne der Anforderungskriterien und, sofern das AC einer konkreten Entscheidungsfindung dient, auch die Gesamtentscheidung sowie konkrete Entwicklungsempfehlungen.
- Aus den AC-Ergebnissen abgeleitete Entscheidungen sind so schnell wie möglich abzustimmen, zu dokumentierten und zu kommunizieren.
- Es ist hilfreich, den Kandidaten zu einem späteren Zeitpunkt eine schriftliche Zusammenfassung der wesentlichen Punkte zu geben.
- Vertraulichkeit und Datenschutz sind von allen Beteiligten einzuhalten.
- Nach internen AC-Verfahren wird für jeden Teilnehmer individuell ein konkreter Maßnahmenplan erarbeitet und vereinbart, der sich an den Anforderungen der derzeitigen oder zukünftigen Funktion orientiert. Seine Umsetzung wird regelmäßig kontrolliert.

9. Evaluation

Grundsatz

Regelmäßige Güteprüfungen und Qualitätskontrollen stellen sicher, dass die mit dem AC angestrebten Ziele auch nachhaltig erreicht werden.

Umsetzung

- Zwingende Anlässe für eine empirische Güteprüfung sind:
  - Erstmalige Einführung eines AC
  - Anpassung eines bestehenden AC an eine neue Zielgruppe
  - Anpassung an nachhaltige Veränderungen in der Organisation
  - Substanzielle Veränderungen im AC-Ablauf und/oder AC-Materialien
- Auch bei unveränderter Durchführung eines Verfahrens sind Güteprüfungen spätestens alle 2 bis 5 Jahre zu wiederholen. Für die Evaluation sind dabei folgende Perspektiven relevant:
  - Interne Struktur des Verfahrens: Verfahrensrelevante Fehler und Hemmnisse im bestehenden AC-Ablauf müssen frühzeitig erkannt und behoben werden:
    - Angemessener Schwierigkeitsgrad der einzelnen Übungen und Dimensionen.
    - Ausreichender Beitrag der einzelnen Übungen und Dimensionen für das Gesamturteil
    - Angemessene Differenzierungsfähigkeit der Übungen und Dimensionen zwischen den Teilnehmern
  - Prognosegüte: Die Prüfung der Vorhersagequalität beantwortet die Frage, ob die richtigen Kandidaten ausgesucht wurden. Dabei müssen die richtigen Kriterien gewählt werden:
    - Gute Vorhersagequalität der Potenzial-/Eignungsaussagen bezogen auf Kriterien der praktischen Bewährung
    - Nachverfolgung der Förderempfehlungen aus dem AC
  - Akzeptanz und Fairness: Die Akzeptanz bildet die Grundvoraussetzung für den langfristigen Einsatz des Verfahrens und trägt zu einer positiven Außenwirkung des Unternehmens bei externen Bewerbern bei:
    - Fairness des Verfahrens für spezifische Gruppen, z. B. bei wiederholter Teilnahme oder bei Teilnehmern aus unterschiedlichen Fachbereichen und -disziplinen
    - Akzeptanz des Verfahrens bei Teilnehmern, Beobachtern und anderen berechtigt Interessierten

Anhang D: Webseiten zum Assessment Center

www.arbeitskreis-ac.de
Webseiten des deutschen Arbeitskreises AC, gegründet 1977, Veranstalter der deutschen AC-Kongresse (8. Kongress im November 2012 in Potsdam)

www.assessmentcenters.org
Webseiten des jährlichen, internationalen AC-Kongresses (mittlerweile im 37. Jahr)

www.obermann-consulting.de
Online-Shop mit über 60 lieferbaren AC-Übungen (Postkörbe, Rollenspiele, Fact-Finding-Fälle)

www.hbsp.harvard.edu/products/cases
Fallstudien-Material der Harvard Business School. Übersicht mit 7.500 Cases, Abfragemöglichkeit nach Themengebieten. Bestellung von Hard Copies, teilweise auch Online-Abruf möglich.

www.planspielzentrale.de
Hier kann eine Übersicht zu Planspielen bezogen werden.

www.hogrefe.de
Übersicht der im deutschsprachigen Bereich lieferbaren Persönlichkeits-, Intelligenz- und Leistungstests.

www.ingentis.de, www.profacts.de
Anbieter von Software für die AC-Organisation

Stand zum 01.10.2012

C. Obermann, *Assessment Center*, DOI: 10.1007/978-3-8349-3813-8,
© Springer Fachmedien Wiesbaden 2013

Literaturverzeichnis

Abele-Brehm A, Dette D (2005) Psychologische Determinanten von Berufserfolg bei hochqualifzierten Akademiker/innen: Befunde einer 8-jährigen Längsschnittstudie. Vortrag bei der 4. Tagung der Fachgruppe Arbeits- und Organisationspsychologie in der Deutschen Gesellschaft für Psychologie, Bonn, 19–21. Sept 2005

Acevedo C, Ebinger A, Gaumann R (2004) Geiz ist in. Konzepterstellung und Durchführung von ACs in Zeiten knapper Ressourcen. Arbeitskreis Assessment Center, Dokumentation 6. Deutscher Assessment-Center-Kongress 2004. Beitrag 1 S 2

Ackerman L (1996) Investigation of the external construct validity of the Assessment-Center method. Dissertation Abstracts International: Section B: The Sciences & Engineering, vol 57 (3-B) 2194

Aldering C (1999) Teildynamisches Einzel-Assessment – Ein Praxisbeispiel In: Jochmann W (Hrsg) Innovationen im Assessment-Center, Schäffer Poeschel

Amaral GP, Schuler H (2007) Reliabiltät und Trainingseffekt. In: Schuler H (Hrsg) Assessment Center zur Potenzialanalyse. Hogrefe, Göttingen

Amaral GP (2003) Übungs- und Trainingseffekte in Assessment-Centern. Dissertation: Universität Hohenheim. dissertation.de – Verlag im Internet GmbH

Amelang M, Bartussek D, Stemmler G (2006) Differenzielle Psychologie und Persönlichkeitsforschung. Kohlhammer, Stuttgart

American Airlines (1976) A preliminary report on the validity of the key manager human resources center. Personnel Resources Department, New York

Amthauer R, Brocke B, Liepmann D, Beauducel A (2001) Intelligenz-Struktur-Test 2000 R. Hogrefe, Göttingen

Andersch B (1990) Karriereplanung als Auswahlinstrument für den Fach- und Führungskräftenachwuchs. Personalführung 4:260–265

Anderson N (1987) Personal construct psychology and repertory grid technique in employee selection (Vortrag, Third West European Congress on the Psychology of Work and Organization – Antwerpen)

Anderson N, Lievens F, Van Dam K, Damborn M (2006) A construct-driven investigation of gender differences in a leadership-role Assessment Center. J Appl Psychol 91(3):555–566

Andres J, Kleinmann M (1991) Die Organisation der Beobachtungssituation im Assessment-Center – Möglichkeiten und Grenzen. In: Schuler H, Funke U (Hrsg) Eignungsdiagnostik in Forschung und Praxis. Verlag für Angewandte Psychologie, Stuttgart, S 151–153

C. Obermann, *Assessment Center*, DOI: 10.1007/978-3-8349-3813-8,
© Springer Fachmedien Wiesbaden 2013

Andres J, Kleinmann M (1993) Die Entwicklung eines Rotationssystems für die Beobachtungs-situation im Assessment-Center. Z Arbeits Organisationspsychol 37:19–25

Ansbacher HL (1941) Murray's and Simoneit's (German military) methods of personality study. J Abnorm Soc Psychol 36(4):589–592

Antons K (2000) Praxis der Gruppendynamik. Hogrefe, Göttingen

Arbeitskreis Assessment Center E.V. (2001) Assessment-Center Studie 2001. Internetrecherche vom 1.12.2012. Quelle: http://www.arbeitskreis-ac.de/projekte/acstudie/acindex.htm

Arbeitskreis Assessment Center e.V. (Hrsg) (2004) Standards der Assessment Center Technik 2004. Internetrecherche vom 1.12.2012. Quelle: http://www.arbeitskreis-ac.de/projekte/standards/ac-standards_2004

Armbruster D, Kieser A (2003) Jeder Mitarbeiter ein Unternehmer? Z Personalforsch 17:151–175

Arthur JRW, Day EA, McNelly TL, Edens PS (2003) A meta-analysis of the criterion-related vali-dity of Assessment Center dimensions. Personnel Psychol 56:125–154

Arthur W, Woehr D, Maldegen R (2000) Convergent and discriminant validity of Assessment-Center dimensions: a conceptual and empirical reexamination of the Assessment-Center const-ruct-related validity paradox. J Manag 26(4):813–835

Arumbaru-Zabala HL (2001) Adverse impact in personnel selection: the legal framework and test bias. Eur Psychol 6(2):103–111

Arvey RD, Campion JE (1982) The employment interview. A summary and review of recent research. Personell Psychol 35:281–322

Asch S (1946) Forming impressions of personality. J Abnorm Soc Psychol 41:258–290

Asch S (1956) Studies of independence and conformity: a minority of one against an unanimous majority. Psychol Monogr 70(9)

Assessment Centre Study Group (2007) Guidelines for assessment and development centres in South Africa

Atchley E (2000) The role of professional and managerial experience in interpreting and using managerial Assessment-Center data. Dissertation Abstracts International: Section B: The Sciences & Engineering, vol 61, (2-B) 1118

Atchley EA, Smith EM, Hoffmann BJ (2003) Examining the relationship between performance, individual differences and developmental activities: getting more bang for the buck from DPACs. Presentation at the 31st international congress on Assessment Center methods

Bales RF (1950) Interaction process analysis: a method for the study of small groups. Addison-Wesley Publishing Company, Reading Mass

Ballewski-Pawlak V (1988) Die Akzeptanz des Einstellungsgesprächs bei der Bundeswehr. Universität Köln, Unveröffentlichte Diplomarbeit

Barrick MR, Mount MK (1991) The big five personality dimensions of the relationship between the big five personality dimensions and job performance. J Appl Psychol 78(1):111–118

Bartels LK, Doverspike D (1997) Effects of disaggregation on managerial Assessment-Center vali-dity. J Bus Psychol 12(1):45–53

Bartram D (2004) Assessment in Organisations. Int Assoc Appl Psychol 53(82):237–259

Bents R, Blank R (1995) Meyers-Briggs-Typenindikator (MBTI). Beltz Test, Weinheim

Bentz VJ (1971) Validity studies at Sears. In: Byham WC (Hrsg) Validities of Assessment-Centers (Symposium presented at the Executive Study Conference – New York 1969)

Bernardin HJ, Beatty RW (1984) Performance appraisal: assessing human behavior at work. Kent, Boston

Berntahl P, Cook K, Smith A (2001) Needs and outcomes in an executive development program. J Appl Behav Sci 37:488–512

Berthel J, Diesner RA, De Grave AJ, Langosch I, Watzka K (1988) „Swing-Tours". Ein Verhaltensplanspiel zur Diagnose und zum Training von Managementqualifikationen. zfo, 2

Betti S, Monobe S (2011) Integrating a developmental assessment centre with other human resource interventions. In: Povah N, Thornton III GC (Hrsg) Assessment Centers and Global Talent Management, S 269–284

Birk MM, Kersting M (2005) Zur zweifelhaften Nützlichkeit und Validität von Anforderungsanalysen. Vortrag 4. Tagung der Fachgruppe Arbeits- und Organisationspsychologie, Deutsche Gesellschaft für Psychologie

Birri R (2004) Wirkung und Nutzen des AC-Feedbacks im Entwicklungsverlauf von Nachwuchs-Führungskräften. Eine retrospektive Langzeitanalyse. In: Arbeitskreis Assessment Center, Dokumentation 6. Deutscher Assessment-Center-Kongress 2004. Beitrag 8 B 2

Böhme J (2005a) Die Anforderungserhebung mit Hilfe der Szenariotechnik. In: Sünderhauf K, Stumpf S, Höft S (Hrsg) Assessment Center. Von der Auftragsklärung bis zur Qualitätssicherung, Papst, Lengerich, S 63–71

Böhme J (2005b) Vorgehen bei der Vorauswahl und Nominierung zum Assessment Center – Ein Beispiel aus der Württembergischen Versicherung. In: Sünderhauf K, Stumpf S, Höft S (Hrsg) Assessment Center. Von der Auftragsklärung bis zur Qualitätssicherung, Pabst Science Publishers, Lengerich, S 108–116

Bolte EA, Sünderhauf K (2005) Konstruktion von Assessment Center Übungen. In: Sünderhauf K, Stumpf S, Höft, S (Hrsg) Assessment Center. Von der Auftragsklärung bis zur Qualitätssicherung, Pabst Science Publishers, Lengerich, S 138–154

Bolte EA, Strobel A, Tödtmann F (2005) Interview schlägt Übung? – Das Interview als Bestandteil von Assessment Centern und seine Auswirkung auf das Ergebnis. In: Sünderhauf K, Stumpf S, Höft, S (Hrsg) Assessment Center. Von der Auftragsklärung bis zur Qualitätssicherung, Pabst Science Publishers, Lengerich, S 232–242

Bonnist H, Höft S, Marggraf-Micheel C (2004) AC und Interview: Eine gewinnbringende Verzahnung? In: Arbeitskreis Assessment Center, Dokumentation 6. Deutscher Assessment-Center-Kongress 2004. Beitrag 9 B 1

Borman WC (1982) Validity of behavioral assessment for predicting military recruiter performance. J Appl Psychol 67:3–9

Borman WC, Kantrowicz T (2011) Computerized adaptive personality scales: a military and corporate version. Presentation at the 36th international congress on Assessment Center methods

Borman WC, Eaton NK, Bryan JD, Rosse RL (1983) Validity of army recruiter behavioral assessment: does the assessor make a difference? J Appl Psychol 68(3):415–419

Bortz J, Döring N (2006) Forschungsmethoden und Evaluation. Für Human- und Sozialwissenschaftler, 3. Aufl. Springer, Berlin

Bowler M, Woehr DJ (2006) A meta-analytic evaluation of the impact of dimension and exercise factors on Assessment Center ratings. J Appl Psychol 91(5):1114–1124

Brambring M (1983) Spezielle Eignungsdiagnostik. In: Groffmann K.J, Michel L (Hrsg) Intelligenz- und Leistungsdiagnostik Hogrefe, Göttingen, S 414–481

Brandenburger M (1995) Interkulturelles Management: ein Konzept zur Entsendung von Führungskräften unter besonderer Berücksichtigung von Auswahl und Vorbereitung, Köln, Botermann

Brannick MT, Michaels CE, Baker DP (1989) Construct validity in job performance ratings. J Appl Psychol 63:135–144

Brass DJ, Oldham GR (1976) Validating an in-basket-test using an alternative set of leadership scoring dimensions. J Appl Psychol 61:652–657

Bray DW (1982) The Assessment-center and the study of lives. Am Psychol 37(2):180–189

Bray DW, Grant DL (1966) The Assessment-Center in the measurement of potential for business management. Psychol Monogr 80(17, Whole No.625):1–27

Bray DW, Campbell RJ, Grant DL (1974) Formative years in business: a long-term AT&T study of managerial lives. Wiley, New York

Breisig T, Schulze H (1998) Das mitbestimmte Assessment-Center. Nomos, Baden-Baden

Brickenkamp R, Brähler E, Holling H (2002) Handbuch psychologischer und pädagogischer Tests, 3. Aufl. Hogrefe, Göttingen

British Psychological Society: Psychological Testing Centre. (2003) Design, implementation and evaluation of assessment and development centres. Best pratice guidelines. Internetrecherche vom 24. Januar 2012. Quelle: http://www.psychtesting.org.uk/the-ptc/guidelinesandinformation.cfm

Brits N (2011) Evolution of the construct-validity debate. Presentation at the 31st assessment centre study group conference

Brown AL, Campione JC (1986) Cognitive science principles and work force education. In: Advances in reading/language research, Bd 4. S 217–229

Buchhorn E, Dörner A, Werle K (2006) Die Reifeprüfung: In: Manager-Magazin 11/2006

Buckett A (2010) Ethical issues and challenges – over the years and into the future. Presentation at the 30th assessment centre study group conference

Bungard W (1984) Sozialpsychologische Forschung im Labor. Hogrefe, Göttingen

Burgstaller S (2011) New ways of rating performance and behavior in the Assessment Center. Presentation at the 36th international congress on Assessment Center methods

Bürstner H, Fröhlich W (1984) Assessment-Center in der Praxis – wirksames Instrument der Personalarbeit? Personalwirtschaft, 1, 13–18

Burt C (1949) The structure of the mind: a review of the results of factor analysis. Br J Educ Psychol 19:100–111 und 176–199

Burt C (1958) The inheritance of mental ability. Am Psychol 13:1–15

Butler N (2010) Calculating the final integrated score in assessment centres for selection: a qualitative or quantitative approach?. Presentation at the 30th Assessment Centre study group conference

Callahan, C. (1995). The influence of Assessment-Center rating method on Assessment-Center dimension ratings. Dissertation Abstracts International: Section B: The Sciences & Engineering, vol 56 (1-B), 0552

Calpham MM (1998) A comparison of assessor and self dimension ratings in an advanced management Assessment-Center. J Occup Organ Psychol 71(3):193–203

Campbell DT, Fiske DW (1959) Convergent and discriminant validity by the multitrait-multimethod matrix. Psychol Bull 56:81–105

Campbell JT (1962) Assessment of higher-level personnel: I Background and scope of research. Pers Psychol 15:57–62

Carlson JS, Wiedl KH (1980) Applications of a dynamic testing approach in intelligence assessment: Empirical results and theoretical formulations. Z Differenzielle Diagnostische Psychol 1:303–318

Cascio WF, Ramos RA (1986) Development and application of a new method for assessing job performance in behavioural/economic terms. J Appl Psychol 71(1):20–28

Cascio WF, Silbey V (1979) Utility of the Assessment-Center as a selection device. J Appl Psychol 64:107–118

Cattell RB (1963) Theory of fluid and crystallized intelligence. J Educ Psychol 54:1–22

Cervenka CM (1997) Construct validity of a behavior checklist-based assessment process for selecting telemarketing salespeople. Dissertation Abstracts International: Section B: The Sciences & Engineering, vol 57(10-B) 6626

Choran I (1969) The managers of a small company (unpublished M.B.A. thesis – Montreal, Mc Gill University)

Chorvat V (1995) Toward the construct validity of Assessment-Center leadership dimensions: A multitrait-multimethod investigation using confirmatory factor analysis. Dissertation Abstracts International Section A: Humanit Soc Sci, vol 55(7-A):2041

Christian MS, Edwards BD, Bradley JC (2010) Situational judgment tests: constructs assessed and a meta-analysis of their criterion-related validities. Pers Psychol 63:83–117

Clapham M, Fulford M (1997) Age bias in Assessment-Center ratings. J Manag Issues Fal 9(3):373–387

Clingenpeel R (1979) Validity and dynamics of a foremen selection process (Vortrag beim 7. Internationalen Kongress zur AC-Methode, New Orleans, Juni 1979)

Cohen SL (1980a) The bottom line on Assessment-Center technology. Personnel Administrator, February

Cohen SL (1980b) Validity and Assessment-Center technology: one and the same? Hum Resour Manag 19(4):2–11

Conelly BS, Ones DS, Ramesh A, Goff M (2008) A pragmatic view of Assessment Center exercises and dimensions. Ind Organ Psychol Perspect Sci Pract 1:87–100

Conrad W, Schönberger W, Wagener D (Hrsg) Multivariate research strategies. Festschrift in honor of Werner W. Wittmann, Aachen, Shaker, S 303–327

Conway J, Huffcut AI (1997) Psychometric properties of multisource performance ratings: a meta-analysis of subordinate, supervisor, peer, and self ratings. Hum Perform 10:331–360

Cook K (2011) Going global? using assessments to support global talent growth. Presentation at the 36th international congress on Assessment Center methods

Cooper WH (1981) Ubiquitous halo. Psychol Bull 90:218–244

Cronbach LJ (1961) Essentials of psychological testing. 2. Aufl. Harper Collins, New York

Cronbach LJ, Gleser GC (1965) Psychological tests and personnel decisions. University of Illinois Press, Urbana

Cronbach LJ (1955) Processes affecting scores on „understanding of others" and „assumed similarity". Psychol Bull 52:177–193

Crutchfield RS (1955) Conformity and character. Am Psychol 10:191–198

Daery I, Whitmann M, Starr JM (2004) The Impact of childhood intelligence on later life: following up the Scottish mental surveys of 1932 and 1947. J Pers Soc Psychol 86:130–147

Damitz M, Mantey D, Kleinmann M, Severin K (2003) Assessment Center for pilot selection: construct and criterion validity and the impact of assessor type. Appl Psychol: Int Rev 52(2):193–212

DAS LEBEN DES DR. PHIL. HABIL. MAX SIMONEIT. Internetrecherche vom 24.Januar 2012. Quelle: journals.zpid.de/index.php/GdP/article/download/395/430

Day EA, Woehr DJ (2008) A closer look at AC construct-related validity evidence. Presentation at the 34th international congress on Assessment Center methods. Washington, Sept. 22–24

De Kock F, Born M, Lievens F (2009) A brief review of accuracy research on assessor judgement in Assessment Centers. Presentation at the 29th assessment centre study group conference

De Meijer LAL, Born MP, Van Zielst J, Van Der Molen HT (2010) Construct-driven development of a video-based situational judgment test for integrity a study in a multi-ethnic police setting. Eur Psychol 15(3):229–236

Dean MA, Roth PL, Bobko P (2008) Ethnic and gender subgroup differences in Assessment Center ratings: a meta-analysis. J Appl Psychol 93(3):685–691

Deller J (1996) Interkulturelle Eignungsdiagnostik. In: Thomas A (Hrsg) Psychologie interkulturellen Handelns. Hogrefe, Göttingen

Dewberry C (2011) Integrating candidate data: consensus or arithmetic? In: Povah N, Thornton III, GC (Hrsg) Assessment Centers and global talent management, S 143–162

Din 33439 (2002) Anforderungen an Verfahren und deren Einsatz bei berufsdiagnostischen Eignungsbeurteilungen, Beuth, Berlin

Dingerkus R (1990) Rechtsprobleme psychologischer Eignungsdiagnostik. Report Psychologie, S 18–24

Dion K, Berscheid E, Walster E (1972) What is beautiful is good. J Pers Soc Psychol 24:285–290

Domsch M, Jochum I (1981) Ursprung und Werdegang des Assessment-Center Gedankens. Management Forum, 2, 4–9

Domsch M, Jochum I (1989) Zur Geschichte des Assessment-Centers – Ursprünge und Werdegänge. In: Lattmann C (Hrsg) Das Assessment-Center-Verfahren der Eignungsbeurteilung. Sein Aufbau, seine Anwendung und sein Aussagegehalt, Physica-Verlag, Heidelberg, S 1–18

Donahue LM, Truxillo DM, Cornwell JM, Gerrity MJ (1997) Assessment-Center construct validity and behavioral checklists: some additional findings. J Soc Behav Pers 12(5):85–108

Dörner D, Kreuzig HW, Reither F, Stäudel T (1983) Lohhausen: Vom Umgang mit Unbestimmtheit und Komplexität. Verlag Hans Huber, Bern

Dowdeswell K, Oosthuizen D (2011) Ability tests an in-trays: can they measure similar constructs? Presentation at the 36th international congress on Assessment Center methods

Dudley NM, Orvis KA, Lebiecki JE, Cortina JM (2006) Meta-analytic investigation of conscientiousness in the prediction of job performance: examining the intercorrelations and the incremental validity of narrow traits. J Appl Psychol 91(1):40–57

Düker H, Lienert GA (2002) Konzentrations-Leistungs-Test (KLT). Hogrefe, Göttingen

Durham C (1981) Assessment Center feedback and personnel development. Unpublished Dissertation. University Microfilms International

Eckes T (1986) Eine Prototypenstudie zur natürlichen Kategorisierung sozialer Situationen. Z Differenzielle Diagnostische Psychol 7(3):145–161

Eggers R, Oetting M (1990) Vorträge und Präsentationen. In: Sarges W (Hrsg) Management-Diagnostik. Hogrefe, Göttingen, S 470–475

Eichstaedt J (2005) Online-Assessment-Center: ein neues paradigma. In: Renner K-H, Schütz A, Machilek F (Hrsg) Internet und Persönlichkeit. Differentiell-psychologische und diagnostische Aspekte der Internetnutzung, Hogrefe, Göttingen, S 315–326

Engelbrecht AS, Fischer AH (1995) The managerial performance implications of a developmental Assessment-Center process. Hum Relat 48(4):387–404

Etzel S, Küppers A (2002) Innovative Managementdiagnostik, Hogrefe, Göttingen

Eurich TL, Krause DE, Cigularow K, Thornton GC III (2009) Assessment Centers: current practices in the united states. J Bus Psychol 24:387–407

Fahrenberg J, Hampel R, Selg H (1994) Das Freiburger Persönlichkeitsinventar FPI, (6. Aufl.), Hogrefe, Göttingen

Fairley N (2011) Assessor development – are you doing the best you can? emphasising multicultural assessor teams. Presentation at the 36th international congress on Assessment Center methods

Favaro K, Karlsson P, Neilson GL (2010) CEO succession 2000–2009: a decade of convergence and compression. Booz & Company

Feltham R (1988a) Assessment centre decision making: Judgmental vs. mechanical. J Occup Psychol 61(3):237–241

Feltham R (1988b) Validity of a police assessment centre: A 1–19-year follow up. J Occup Psychol 61:129–144

Fennekels G (1990) Neuere Analyse-Verfahren. In: Sarges W (Hrsg) Management-Diagnostik. Hogrefe, Göttingen, S 676–682

Feuerstein R (1979) The dynamic assessment of retarded performers: the learning potenzial assessment device, theory, instruments and techniques, University Park Press, Baltimore

Fiege R, Muck PM, Schuler H (2001) Mitarbeitergespräche. In: Schuler H (Hrsg) Lehrbuch der Personalpsychologie. Hogrefe, Göttingen, S 433–482

Fischer HP (1989) Die Beobachter im Assessment-Center, Wirkungen und wandelnde Bedeutung – Eindrücke einer zehnjährigen AC-Arbeit in einem Produktionswerk der Automobilindustrie.

In: Lattmann C (Hrsg) Das Assessment-Center-Verfahren der Eignungsbeurteilung. Sein Aufbau, seine Anwendung und sein Aussagegehalt, Physica-Verlag, Heidelberg, S 129–146

Fishback PD (1992) The relationship between selected demographic factors and personal characteristics and skill dimension scores of participants in an Assessment-Center. Dissertation Abstracts International, vol 53(4-A) 1001

Flanagan JC (1954) The critical incident technique. Psychol Bull 51(4):327–358

Fleenor JW (1996) Constructs and developmental Assessment-Centers: further troubling empirical findings. J Bus Psychol 10(3):319–335

Fletcher C, Kerslake C (1992) The impact of Assessment-Centers and their outcomes on participants self-assessments. Hum Relat 5(3):281–289

Fletcher C (1991) Assessment feedback counselling and individual differences: an exploratory study. Couns Psychol Q 4(2–3):103–107

Flik G (1988) Zur Geschichte der Wehrmachtspsychologie 1934–1943. Aufbau der Bundeswehrpsychologie 1951–1966. Untersuchungen des Psychologischen Dienstes der Bundeswehr. 23. Jahrgang. Sonderreihe: Zur Geschichte der Wehrpsychologie. Psychologie und Geschichte 3(l/2):112–113

Fonda N (1981) Using the grid to evaluate training. In: Stewart V, Stewart A (Hrsg) Business applications of repertory grid. McGraw-Hill, London

Forti JC (1991) The construct validity of Assessment-Center ratings using generalizability analysis. Dissertation, Abstracts International, vol 52(4-B):2335

Frank FD, Struth MR (1984) The self-Assessment-Center. Training, March

Frederiksen N (1962) Factors in in-basket-performance. Psychol Monog: Gen Appl 76(22):1–25

Frederiksen N, Saunders DR, Wand B (1957) The in-basket test. Psychological Monographs: General & Applied, 71 (Whole No. 438)

Frey D, Dauenheimer D, Parge O, Haisch J (1993) Die Theorie sozialer Vergleichsprozesse. In: Frey D, Irle M (Hrsg) Theorien der Sozialpsychologie, Bd 1: Kognitive Theorien Bern, Huber, S 81–122

Friedrich A, Schwarz M (1989) Assessment-Center und Führungsplanspiel. Pers 41(1):12–17

Frieling E (1980) Analyse von Managementpositionen in einem Großkonzern. In: Neubauer R, Rosenstiel L, von (Hrsg) Handbuch der Angewandten Psychologie, München, S 175–188

Frieling E, Hoyos C (1978) Fragebogen zur Arbeitsanalyse. Huber, Bern

Frieling E, Sonntag K (1999) Lehrbuch der Arbeitspsychologie. Verlag Hans Huber, Bern

Fruhner R, Schuler H (1991) Gibt es Unterschiede in der Bewertung von Assessment-Center-Aufgaben in Abhängigkeit vom eigenen Abschneiden? In: Schuler H, Funke U (Hrsg) Eignungsdiagnostik in Forschung und Praxis. Verlag für Angewandte Psychologie, Stuttgart, S 313–319

Fruhner R, Glass S, Strobel A (2004) Wie weiß ich, was ich messen soll? – Anforderungsanalyse in Forschung und Praxis. In: Arbeitskreis Assessment Center, Dokumentation 6. Deutscher Assessment-Center-Kongress 2004. Beitrag 2 B 1

Fruhner R, Schuler H, Funke U, Moser K (1989) Zum Erleben von psychologischen Tests und Vorstellungsgesprächen – eine empirische Studie (Universität Hohenheim)

Funke J (1983) Einige Anmerkungen zu Problemen der Problemlöseforschung oder: Ist Intelligenz doch ein Prädiktor? Diagnostica 29(4):283ff

Funke U, Barthel E (1990) Nutzen und Kosten von Personalentscheidungen. In: Sarges W (Hrsg) Management-Diagnostik. Hogrefe, Göttingen, S 647–658

Gainor KA (2001) Vocational assessment with culturally diverse populations. In: Suzuki, Lisa A, Ponterotto Joseph G et al (Hrsg) Handbook of multicultural assessment: clinical, psychological, and educational applications, 2. Aufl. Jossey-Bass Inc, Publishers, San Francisco, S 169–189

Gaugler B, Thornton GC (1989) Number of Assessment-Center dimensions as a determinant of assessor accuracy. J Appl Psychol 74(4):611–618

Gaugler BB, Rudolph AS (1992) The influence of assessee performance variation on assessors' judgments. Pers Psychol 45(1):77–98

Gaugler BB, Rosenthal DB, Thornton GC III, Bentson C (1987) Meta-analysis of Assessment Center validity. J Appl Psychol 72:493–511

Gaul D (1990) Rechtsprobleme psychologischer Eignungsdiagnostik. Bonn, Deutscher Psychologen Verlag

Geilhardt T (1991) NADIROS, ein gruppenorientiertes computerunterstütztes Planspiel. In: Schuler H, Funke U (Hrsg) Eignungsdiagnostik in Forschung und Praxis, Stuttgart, Verlag für Angewandte Psychologie, S 162–172

Gerpott TJ (1990) Erfolgswirkungen von Personalauswahlverfahren. Zur Bestimmung des ökonomischen Nutzens von Auswahlverfahren als Instrument des Personalcontrolling. ZfO 1:37–44

Gierschmann F (2005) Evaluation von Auswahl- und Potenzial Assessment Centern – Beispiele der Deutschen Post AG. In: Sünderhauf K, Stumpf S, Höft S (Hrsg) Assessment Center. Von der Auftragsklärung bis zur Qualitätssicherung, Pabst Science Publishers, Lengerich, S 375–388

Gillard, PC (1999) An heuristic-based approach to the assignment of Assessment-Center ratings. Dissertation Abstracts International Section A: Humanities & Social Sciences, vol 59(8-A) 3075

Göbel S, Frese M, (1999) Persönlichkeit, Strategien und Erfolg bei Kleinunternehmern. In: Moser K, Batinic, Zempel J (Hrsg) Unternehmerisch erfolgreiches Handeln. Verlag für angewandte Psychologie, Göttingen, S 93–113

Goffin RD, Rothstein MG, Johnston NG (1996) Personality testing and the Assessment-Center: incremental validity for managerial selection. J Appl Psychol 81(6):746–756

Goldstein HW, Yusko KP, Braverman EP, Smith DB, Chung B (1998) The role of cognitive ability in the subgroup differences and incremental validity of Assessment-Center exercises. Pers Psychol 51(2):357–374

Goodstone MS, Lopez FE (2001) The frame of reference approach as a solution to an Assessment Center dilemma. Consult Psychol J: Pract Res 53(2):96–107

Gottschall A, Weber H, Diesner RA (1988) Dynamisierung von Assessment-Centern. In Arbeitskreis Assessment Center (Hrsg) Informationen zum dritten deutschen Assessment-Center-Kongress 13. und 14.10.1988

Gowing M (1999) Defining Assessment Center dimensions: a national framework for global use. Paper presented at the 27th international congress on Assessment Center methods, Orlando, Florida

Greenwood JM, McNamara WJ (1967) Interrater reliability in situational tests. J Appl Psychol 51:101–106

Greenwood JM, McNamara WJ (1969) Leadership styles of structure and consideration and managerial effectiveness. Pers Psychol 22:141–152

Greiner L, Töpper V (2012) Bewerbung per Online-Game. Die wollen nur spielen. Internet,http://www.spiegel.de/karriere/berufsstart/recruitainment-firmen-suchen-mit-online-spielen-bewerber-a-846599.htmlZugriff am 26.Oktober 2012

Groepler C (1988) Der Informationsbedarf zur Stellensuche bei Wirtschaftswissenschaftlern: Vorstellungen und Erfahrungen (Unveröffentlichte Diplomarbeit, Universität Bielefeld)

Grossner C (1974) The assessment of the Assessment-Center (Unveröffentlichte Dissertation, Sir George Williams University)

Großschädl A (1995) Die Auswahl von Mitarbeitern für den Auslandseinsatz: Aus der Praxis des Bereichs „Öffentliche Kommunikationsnetze" der Siemens AG. In: Kühlmann TM (Hrsg) Mitarbeiterentsendung ins Ausland. Hogrefe, Göttingen

Grunwald W (1990) Aufgaben und Schlüsselqualifikationen von Managern. In: Sarges W (Hrsg) Management-Diagnostik. Hogrefe, Göttingen, S 161–173

Guastello SJ, Rieke ML, Guastello DD, Billings SW (1992) Assessing the validity of computer-based test interpretations: rating reliability and individual differences among raters. J Pers Assess 58(1):79–89

Guenole N, Chernyshenko O, Stark S, Cockerill T, Drasgow F (2011) We're doing better than you might think: a large-scale demonstration of assessment centre convergent and discriminant validity. In: Povah N, Thornton III, GC (Hrsg) Assessment Centers and global talent management, S 15–32

Guilford JP (1967) The nature of human intelligence. McGraw-Hill, New York

Guinee JP, Ness ME (2000) Counseling centers of the 1990s: challenges and changes. Couns Psychol 28(2):267–280

Gulba A, Moldzio T, Daniels A (2005) Telefoninterview zur Vorselektion: Effizientes Bewerbermanagement und dessen Qualitätssicherung. Wirtschaftspsychologie aktuell 12(2):14–17

Guldin A (1991a) Vorschlag eines Ordnungskonzeptes zur Testfairness. In: Schuler H, Funke U (Hrsg) Eignungsdiagnostik in Forschung und Praxis. Verlag für Angewandte Psychologie, Stuttgart, S 216–220

Guldin A (1991b) Wirkung der Hypothesen von Assessment-Center-Teilnehmern über die erfolgreiche Person im Assessment-Center. In: Schuler H, Funke U (Hrsg) Eignungsdiagnostik in Forschung und Praxis. Verlag für Angewandte Psychologie, Stuttgart, S 153–159

Guldin A, Schuler H (1997) Konsistenz und Spezifitaet von AC-Beurteilungskriterien: Ein neuer Ansatz zur Konstruktvalidierung des Assessment-Center-Verfahrens. Diagnostica 43(3):230–254

Gupta S (2011) Competency assessment and handling post-assessment data. Presentation at the 36th international congress on Assessment Center methods

Guth R, Höft S (2005) Die Fairness von Assessment Centern – Eine Studie zur Verbindung von Modellen der sozialen Akzeptanz und attributionstheoretischen Ansätzen. Vortrag 4. Tagung der Fachgruppe Arbeits- und Organisationspsychologie. Deutsche Gesellschaft für Psychologie

Guthke J, Sprung L (1990) Probleme und Methoden der Veränderungsmessung mit Tests. In: Guthke, J., Böttcher HR, Sprung L (Hrsg) Psychodiagnostik. Ein Lehr- und Arbeitsbuch für Psychologen sowie empirisch arbeitende Humanwissenschaftler (Band 1), Deutscher Verlag der Wissenschaften, Berlin

Guthke J, Sprung L (1990) Probleme und Methoden der Veränderungsmessung mit Tests. In: Guthke J, Böttcher HR, Sprung L (Hrsg) Psychodiagnostik. Ein Lehr- und Arbeitsbuch für Psychologen sowie empirisch arbeitende Humanwissenschaftler (Band 1), Deutscher Verlag der Wissenschaften, Berlin

Guthke J (1974) Zur Diagnostik der individuellen Lernfähigkeit. Deutscher Verlag der Wissenschaften, Berlin

Guthke J (1991) Das Lerntestkonzept in der Eignungsdiagnostik. In: Schuler H, Funke U (Hrsg) Eignungsdiagnostik in Forschung und Praxis. Verlag für Angewandte Psychologie, Stuttgart, S 33–36

Guthke J (1988) Zur Diagnostik der intellektuellen Lernfähigkeit. Klett, Stuttgart

Gutknecht SP, Semmer NK, Annen H (2005) Prognostische Validität eines Assessment Centers für den Studien- und Berufserfolg von Berufsoffizieren der Schweizer Armee. Z Personalpsychol 4(4):170–180

Hagan CM, Konopaske R, Bernardin HJ, Tyler CL (2006) Predicting asessment center performance with 360-degree, top-down, and customer-based competency assessments. Hum Resour Manag 45:357–390

Hakstian AR, Woolsey LK, Schröder ML (1986) Development and application of a quickly-scored in-basket exercise in an organizational setting. Educ Psychol Meas 46:385–396

Hale B, Jaffee C, Chapman J (1999) How technology has changed Assessment Centers. Paper presented at the 27th international congress on Assessment Center methods, Orlando, Florida

Halman F, Fletcher C (2000a) The impact of development centre participation an the role of individual differences in changing self-assessments. J Occup Organ Psychol 73:423–442

Halman F, Fletcher C (2000b) The impact of development centre participation and the role of individual differences in changing self-assessments. J Occup Organ Psychol 73:423–442

Halvari H, Lima GA, Aastorp O (1999) Moderator effects of managerial activity inhibition on the relation between power versus affiliation motive dominance and economic efficiency. North Am J Psychol 1(1):115–134

Hanel E (1987) Arbeits- und betriebsverfassungsrechtliche Fragen zum Thema Mitarbeiterbeurteilung. Personal 5:221–223

Harackiewicz JM, Sansone C, Manderlink G (1985) Competence, achievement orientation and intrinsic motivation: a process analysis. J Pers Soc Psychol 48:493–508

Hardison CM, Sackett PR (2007) Kriterienbezogene Validität des Assessment Centers: lebendig und wohlauf? In: Schuler H (Hrsg) Assessment Center zur Potenzialanalyse. Hogrefe, Göttingen

Harks C, Holtmeier S (2005) Beeinflusst die Verwendung eines Tablet PCs die Gütekriterien eines Assessment Centers. Vortrag 4. Tagung der Fachgruppe Arbeits- und Organisationspsychologie in der deutschen Gesellschaft für Psychologie, 19–21. Sept, Bonn

Harris MM, Schaubroeck J (1988) A meta-analysis of self-supervisor, self-peer and peer-suvpervisor ratings. Pers Psychol 41:43–62

Harss C, Prechtl E (2004) Aufbau und Ablauf internationaler/interkultureller Assessment-Center. In: Arbeitskreis Assessment Center, Dokumentation 6. Deutscher Assessment-Center-Kongress 2004. Beitrag 4 S 5

Hartstein T (2003) Das Mosaik der Konstruktvalidität. Untersuchungen zum Erkennen relevanter Anforderungsdimensionen im Assessment Center. Marburg: Universität, Fachbereich Psychologie

Hatzelmann E, Wakenhut R (1990) Probleme der Situationsdiagnostik. In: Sarges W (Hrsg) Management-Diagnostik, Hogrefe, Göttingen, S 107–112

Hausknecht JP, Day DV, Thomas SC (2004) Applicant reactions to selection procedures: an updated model and meta-analysis. Pers Psychol 57:694–734

Hayes TL (1991) Is there judgment bias in the Assessment-Center method. Dissertation Abstracts International, vol 51(11-B):5621

Heenan DA, Perlmutter HV (1979) Multinational organization development. A social architectural perspective. Addison-Wesley, Reading

Heitmeyer K, Thom N (1985) Assessment-Center. Gestaltungs- und Anwendungsmöglichkeiten. In: Staufenbiel JE (Hrsg) Materialien zum Personal- und Ausbildungswesen (vol 3) (2. Aufl). Köln: Institut für Berufs- und Ausbildungsplanung Köln GmbH

Hellervik LW, Hazucha JF, Schneider RJ (1992) Behaviour change: models, methods and a review of evidence. In: Dunette MD, Hough L (Hrsg) Handbook of industrial and organizational psychology. Consulting Psycholgists Press, Palo Alto, S 823–895

Hemerlin E, Lievens F, Robertson IT (2008) The validity of assessment centres for the prediction of supervisory performance ratings: a meta-analysis. Int J Sel Assess 15(4):405–411

Hennessy J, Mabey B, Warr P (1998) Assessment centre observation procedures: an experimental comparison of traditional, checklist and coding methods. Int J Sel Assess 6(4):222–231

Hermelin E, Lievens F, Robertson IT (2007) The validity of assessment centres for the prediction of supervisory performance ratings: a meta-analysis. Int J Sel Assess 15:405–411

Herriot P, Chalmers C, Wingrove J (1985) Group decision making in an assessment centre. J Occup Psychol 58:309–312

Hertel G, Konradt U, Orlikowski B (2003) Ziele und Strategien von E-Assessment aus Sicht der psychologischen Personalauswahl. In: Konradt U, Sarges W (Hrsg) E-Recruitment und E-Assessment. Rekrutierung, Auswahl und Beratung von Personal im Inter- und Intranet, Hogrefe, Göttingen, S 37–53

Highhouse S (2002) Assessing the candidate as a whole: a historical and critical analysis of individual psychological assessment for personnel decision making. Pers Psychol 55(2):363–396

Highhouse S, Green B (2011) Looking backward to move forward: early origins of exercises dimensions, and assessment practices. Presentation at the 36th international congress on Assessment Center methods

Hinrichs JR, Haanperä S (1974) A technical research report on management assessment in IBM World Trade Corporation (Personnel Research Study No. 18 – IBM Europe March 1974)

Hinrichs JR, Haanperä S (1976) Reliability of measurement in situational exercises. Pers Psychol 29:31–40

Hirose S (2011) Assessment Center practices in Japan: a brief history and challanges. In: Povah N, Thornton III GC (Hrsg) Assessment Centers and global talent management, S 429–441

Hoefert HW (1982) Person und Situation – Interaktionspsychologische Untersuchungen. Hogrefe, Göttingen

Hoffman BJ, Baldwin SP (2011) The assessment of managers: a review and integration of Assessment Center and multisource performance rating research and practice. In: Povah N, Thornton III GC (Hrsg) Assessment Centers and global talent management, S 143–162

Hoffman BJ, Melchers KG, Blair CA, Kleinmann M, Ladd RT (2011) Exercises and dimensions are the currency of Assessment Centers. Pers Psychol 64(2011):351–395

Hoffmeister S, Thönnessen J (1998) Assessment-Center und Selbstverantwortung. In: Personalführung 1/1998, S 64–66

Höft S (2005a) Assessment Center-Forschung und -Praxis: Zwei getrennte Welten? Z Personalpsychol 4(4):147–150

Höft S (2005b) Persönlichkeitsfragebogen und/oder Assessment Center? – Ein Beispiel aus der Personalauswahl für Luftfahrtberufe zur kombinierten Verwendung unterschiedlicher Diagnoseansätze. In: Sünderhauf K, Stumpf S, Höft S (Hrsg) Assessment Center. Von der Auftragsklärung bis zur Qualitätssicherung, Pabst Science Publishers, Lengerich, S 243–259

Höft S (2007) Die Assessment Center-Bewertung als Ergebnis vieler Faktoren: Differenzierung von Einflussquellen auf Assessment-Center-Beurteilungen mithilfe der Generalisierbarkeitstheorie. In: Schuler H (Hrsg) Assessment Center zur Potenzialanalyse. Hogrefe, Göttingen

Höft S, Funke U (2001) Simulationsorientierte Verfahren der Personalauswahl. In: Schuler H (Hrsg) Lehrbuch der Personalpsychologie. Hogrefe, Göttingen, S 135–173

Höft S, Bolz C (2004) Zwei Seiten derselben Medaille? Empirische Überlappungen zwischen Persönlichkeitseigenschaften und Assessment Center-Anforderungsdimensionen. Z Personalpsychol 3(1):6–23

Höft S, Lüth N (2005) Beobachtung und Bewertung im Assessment Center: Gestaltungsmerkmale eines AC-Beobachtungssystems. In: Sünderhauf K, Stumpf S, Höft S (Hrsg) Assessment Center. Von der Auftragsklärung bis zur Qualitätssicherung, Pabst Science Publishers, Lengerich, S 164–180

Höft S, Schuler H (2005) Empirische Anforderungsanalysen: Ein Anwendungsbeispiel mit einem kombinierten aufgaben-, verhaltens- und eigenschaftsorientierten Analyseansatz. In Sünderhauf K, Stumpf S, Höft S (Hrsg) Assessment Center. Von der Auftragsklärung bis zur Qualitätssicherung, Papst, Lengerich, S 72–88

Höft S, Melchers KG (2010) Training von AC-Beobachtern: Worauf kommt es an? Wirtschaftspsychologie 2010(2):32–40

Höft S, Lüth N, Steinbrecher U (2005) Beobachtung trainieren oder Bewertung coachen? Eine empirische Studie zur Effektivität unterschiedlicher Trainingskonzepte für Assessment-Center-Beobachter. Vortrag 4. Tagung der Fachgruppe Arbeits- und Organisationspsychologie. Deutsche Gesellschaft für Psychologie

Höft S, Schümann-Sen M, Maschke P (2005) Peer-Urteile in einem Assessment Center zur Personalauswahl. Enthalten sie Informationen zum Beurteilten oder zum Beurteiler? Z Personalpsychol 4(4):160–169

Hogan R, Murphy K (2004) Presentation at the 32nd international congress on Assessment Center methods

Holling H, Leippold W (1991) Zur sozialen Validität von Assessment-Centern. In: Schuler H, Funke U (Hrsg) Eignungsdiagnostik in Forschung und Praxis. Verlag für Angewandte Psychologie, Stuttgart, S 305–312

Hollmann H (1991) Validität in der Eignungsdiagnostik. Hogrefe, Göttingen

Holzenkamp M, Spinath F, Höft S (2008) Wie valide sind AC im deutschsprachigen Raum? In Arbeitskreis Assessment Center e.V. (Hrsg) Diagnostische Kompetenz: Entwickeln und Anwenden. Dokumentation zum 7. Deutschen Assessment-Center-Kongress, Pabst Science Publishers, Lengerich

Hossiep R, Paschen M (1998) Bochumer Inventar zur berufsbezogenen Potenzialbeschreibung (BIP). Hogrefe, Göttingen

Hossiep R, Paschen M, Mühlhaus O (2000) Persönlichkeitstests im Personalmanagement. Verlag für Angewandte Psychologie, Göttingen

Hossiep R, Turck D, Hasella M (2001) BOMAT. Hogrefe, Göttingen

Howard A (1974) An assessment of Assessment-Centers. Acad Manage J 17:115–134

Howard A (1997) A reassessment of Assessment-Centers: Challenges for the 21-super(st) century. J Soc Behav Pers 12(5):13–52

Howard A (2008a) Contempory perpectitves on Assessment Center validity. Presentation at the 34th international congress on Assessment Center methods, Washington, 22–24 Sept 2008

Howard A (2008b) Making Assessment Centers work the way they are supported to. Ind Organ Psychol Perspect Sci Pract 1:98–104

Hübbe E (1999) Training braucht Assessment. In: Jochmann W (Hrsg) Innovationen im Assessment-Center, Schäffer Poeschel

Huck JR (1973) Assessment-Centers: a review of the external and internal validities. Pers Psychol 26:191–212

Huck JR (1974) Determinants of Assessment-Center ratings for white and black females and the relationship of these dimensions to subsequent performance effectiveness. Unveröffentlichte Dissertation, Wayne State University, Detroit, Michigan

Huck JR, Bray DW (1976) Management Assessment-Center and subsequent job performance of white and black females. Pers Psychol 29:13–30

Huffcutt AI, Arthur W (1994) Hunter and Hunter (1984) revisited: Interview validity for entry-level jobs. J Appl Psychol 79:184–190

Hülsheger U, Maier GW, Stumpp T (2007) Validity of general mental ability for the prediction of job performance and training success in Germany: a meta-analysis. Int J Sel Assess 15:3–18

Hülsheger U, Specht E, Spinath FM (2006) Validität des BIP und des NEO-PI-R.Wie geeignet sind ein berufsbezogener und ein nicht explizit berufsbezogener Persönlichkeitstest zur Erklärung von Berufserfolg? Z Arbeits Organisationspsychol 50(1)

Hunter JE, Hunter RF (1984) Validity and utility of alternative predictors of job performance. Psychol Bull 96:72–98

Hunter JE, Rothstein Hirsh H (1987) Applications of meta-analysis. In: Cooper CL, Robertson IT (Hrsg) International review of industrial and organizational psychology, Wiley, S 321–353

Hunter JE, Schmidt FL (1990) Methods of meta-analysis: Correcting error and bias in research findings. Sage, Beverly Hills

Hunter JE, Schmidt FL, Jackson GB (1982) Meta-analysis. Cumulating research findings across studies. Sage, Beverly Hills

Hwggastad ED, Morrison M, Reeve CL, Mccloy RA (2006) Forced-choice assessments of personality for selection: evaluating issues of normative assessment and faking. J Appl Psychol 91(1): 9–24

Ibrahamovic N, Bulheller S, Häcker HO (2006) Mathematiktest. Hogrefe, Götteingen

Ilgen DR, Fisher CD, Taylor MS (1979) Consequences of individual feedback on behavior in organisations. J Appl Psychol 64:349–371

International Task Force On Assessment Center Guidelines (2009) Guidelines and ethical considerations for Assessment Center opterations. Int J Sel Assess 17:243–254

Jackson DJR, Stillman JA, Burke S, Englert P (2007) Self versus Assessor Ratings and their Classification in Assessment Centres: Profiling the Self-Rater. N Z J Psychol 36(2):93–99

Jaffee CL, Cohen SL (1980) Improving human resource effectiveness through Assessment-Center technology. In: Miller EL, Burack EH, Albrecht MH (Hrsg) Management of Human Resources. Prentice-Hall, Englewood Cliffs, S 350–378

Jäger AO (1967) Dimensionen der Intelligenz. Hogrefe, Göttingen

Jäger RS (1990) Computerdiagnostik – ein Überblick. Diagnostica 36(2):96–114

Jansen A, Lievens F, Kleinmann M (2011) Do individual differences in perceiving situational demands moderate the relationship between personality and Assessment Center dimension ratings? Human Perform 24:231–250

Jansen A, Melchers KG, Kleinmann M (2011) Der Beitrag sozialer Kompetenz zur Vorhersage beruflicher Leistung: Inkrementelle Validität sozialer Kompetenz gegenüber der Leistung im Assessment Center und im Interview. Z Arbeits Organisationspsychol (Im Druck)

Jansen P, Paul GW, Stoop BAM (2001) The dynamics of Assessment Center validity: Results of a 7-year study. J Appl Psychol 86(4):741–753

Janz T (1982) Initial comparisons of patterned behavior description interviews versus unstructured interviews. J Appl Psychol 67:577–580

Jensen AR (1973) Educability and group differences. Harper & Row, New York

Jeserich W (1981) Mitarbeiter auswählen und fördern: Assessment-Center-Verfahren. vol 1, Hanser, München Wien

Jeserich W (1990) Kollegenurteile. In: Sarges W (Hrsg) Management-Diagnostik. Hogrefe, Göttingen, S 542–546

Joiner D (2000) Guidelines and ethical considerations for Assessment-Center operations: international task force on Assessment-Center guidelines. Public Pers Manage 2000 Fal 29(3):315–331

Jones A (1981) Inter-rater reliability in the assessment of group exercises at a UK assessment centre. J Occup Psychol 54(2):79–86

Jones EE, Rock L, Shaver KG, Goethals GR, Ward LM (1968) Pattern performance and ability attribution: An unexpected primacy effect. J Pers Soc Psychol 10:317–341

Jones RG, Whitmore MD (1995) Evaluating developmental Assessment-Centers as interventions. Pers Psychol 48(2):377–388

Joyce JW, Thayer PW, Pond SB (1994) Managerial functions: an alternative to traditional Assessment-Center dimensions? Pers Psychol 47(1):109–121

Joyce LW (1991) Managerial functions as measures of performance in developmental Assessment-Centers. Dissertation Abstracts International, vol 52(3-B):1762

Judge TA (2005) Leadership research: a Perspective on Where We Are and Where We Should Go. Vortrag bei der 4. Tagung der Fachgruppe Arbeits- und Organisationspsychologie in der Deutschen Gesellschaft für Psychologie, Bonn, 19–21. Sept 2005

Judge TA, Higgins CA, Thoresen CJ, Barrick MR (1999) The big five personality traits, general mental ability, and career success across the life span. Pers Psychol 52:621–652

Kahney, LE (1992) Assessment-Center prediction for different levels of management. Dissertation Abstracts International, vol 52(7-B) 3935

Kammel A, Teichmann D (1994) Internationaler Personaleinsatz: konzeptionelle und instrumentelle Grundlagen. Oldenbourg, München

Kanning UP (2011) Akzeptanz von Assessment Centerübungen bei AC-Teilnehmern. Wirtschaftspsychologie 2011(2):89–101

Kanning UP, Klinge K (2005) Wenn zu viel Wissen in der Personalauswahl zum Problem wird. Wie Vorinformationen über Bewerber die Bewertung im Assessment Center verzerren können. Personalführung 38 (3):64–67

Kanning UP, Grewe K, Hollenberg S, Hadouche M (2006) From the subjects' point of view: reactions to different types of situational judgement items. Eur J Psychol Assess 22:168–176

Kanning UP, Pöttker J, Gelléri P (2007) Assessment Center-Praxis in deutschen Großunternehmen. Ein Vergleich zwischen wissenschaftlichem Anspruch und Realität. Z Arbeits Organisationspsychol 51(4):155–167

Kastner M (1990) Klinische Urteilsbildung. In: Sarges W (Hrsg) Management-Diagnostik. Hogrefe, Göttingen, S 607–615

Kauffman J (1995) Rater experience and its impact on statistical evidence for construct validity in an operational Assessment-Center. Dissertation Abstracts International: Section B: The Sciences & Engineering, vol 56(1-B) 0554

Kelbetz G, Schuler H (2002) Verbessert Vorerfahrung die Leistung im Assessment Center? Z Personalpsychol 1(1):4–18

Kersting M (1998) Differentielle Aspekte der sozialen Akzeptanz von Intelligenztests und Problemlöseszenarien als Personalauswahlverfahren. Z Arbeits Organisationpsychol 42(2):61–75

Kersting M (1999) Diagnostik und Personalauswahl mit computergestützten Problemlösesszenarien? Zur Kriteriumsvalidität von Problemlöseszenarien und Intelligenztests. Hogrefe, Göttingen

Kersting M, Althoff K (2006) Rechtschreibungstest. In: Deutsche Gesellschaft für Personalwesen (Hrsg)

Kersting M, Hossiep R (2008) Intelligenztests: Treffsicher, aber tabuisiert. – Ein Plädoyer für methodische Vielfalt im AC. Dokumentation zum 7. Deutschen Assessment-Center-Kongress, Pabst Science Publishers, Lengerich

Kersting M (2010) Akzeptanz von Assessment Centern: Was kommt an und worauf kommt es an? Wirtschaftspsychologie 12(2):58–65

Kesselman GA, Lopez FM, Lopez FE (1982) The development and validation of a self-report scored in-basket test in an Assessment-Center setting. Public Pers Manage 11(3):228–238

Kim M (2011) Variations in Assessment Centers in South Korea's public service. In: Povah N, Thornton III GC (Hrsg) Assessment Centers And global talent management, S 375–390

Klebl U (2008) Kompetenzentwicklung durch Development-Center. Dokumentation zum 7. Deutschen Assessment-Center-Kongress. Pabst Science Publishers, Lengerich

Klebl U (2010) Die Verarbeitung von Feedback im Rahmen eines Development Centers. Welche Faktoren begünstigen Entwicklungsaktivitäten und Kompetenzentwicklungen? Wirtschaftspsychologie 12:76–84

Klehe U-C, Melchers KG, Richter GM, Kleinmann M, König CJ, Hartstein T (2005) Die Fähigkeit, relevante Anforderungsdimensionen zu erkennen und ihr Bezug zu kognitiven Fähigkeiten: Befunde aus dem Assessment Center und Strukturierten Interviews, Vortrag 4. Tagung der Fachgruppe Arbeits- und Organisationspsychologie, Deutsche Gesellschaft für Psychologie

Klein FJ (1982) Die Rechtmäßigkeit psychologischer Tests im Personalbereich. Mannhold, Gelsenkirchen

Klein KD, Scheffler-Lipp A (1989) Die „Erweiterte Potenzialanalyse" (EPA) – ein Ansatz zur Optimierung des Assessment-Center. Z Arbeits Organisationspsychol 33(3):145–152

Klein M (1994) Tests für Hochschulabsolventen und Führungskräfte. CC-Verlag, Hamburg

Kleinmann M (1991) Reaktivität von Assessment-Centern. In: Schuler H, Funke U (Hrsg) Eignungsdiagnostik in Forschung und Praxis. Verlag für Angewandte Psychologie, Stuttgart, S 159–162

Kleinmann M (1993) Are assessement center rating dimensions transparent for participants? Consequences for criterion and construct validity. J Appl Psychol 78:988–993

Kleinmann M (1997) Assessment-Center. Stand der Forschung – Konsequenzen für die Praxis. Hogrefe, Göttingen

Kleinmann M (2011) A different look at why selection procedures work: the role of candidates' ability to identify criteria. Presentation at the 36th international congress on Assessment Center methods

Kleinmann K, Koeller O (1997) Construct validity of Assessment-Centers: Appropriate use of confirmatory factor analysis and suitable construction principles. J Soc Behav Pers 12(5):65–84

Kleinmann M, Strauss B (1998) Validity and application of computer-simulated scenarios in personnel assessment. Int J Sel Assess 6:97–106

Kleinmann M, Kuptsch C, Koeller O (1996) Transparency: a necessary requirement for the construct validity of assessment centres. Appl Psychol Int Rev 45(1):67–84

Kleinmann M, Exler C, Kuptsch C, Koeller O (1995) Unabhängigkeit und Beobachtbarkeit von Anforderungsdimensionen im Assessment-Center als Moderatoren der Konstruktvalidität. Independence and observability of dimensions as moderators of construct validity in the Assessment-Center. Z Arbeits Organisationspsychol 39(1):22–28

Kleinmann M, Ingold PV, Lievens F, Jansen A, Melchers KG, König CJ (2011) A different look at why selection procedures work: the role of candidates' ability to identify criteria. Organ Psychol Rev 2011(2):128–146

Klieme E, Stumpf H (1991) Computer-Einsatz in der pädagogisch-psychologischen Diagnostik. In: Ingenkamp K, Jäger RS (Hrsg) Tests und Trends. 8. Jahrbuch der Pädagogischen Diagnostik. Beltz, Weinheim

Klimoski RJ, Brickner M (1987) Why do Assessment-Centers work? The puzzle of Assessment-Center validity. Pers Psychol 40(2):243–260

Klimoski RJ, Strickland WJ (1977) Assessment-Centers – Valid or merely prescient? Pers Psychol 30:353–361

Kluger AN, Denisi A (1996) The effects of feedback interventions on performance: a historical review, a meta-analysis, and a preliminary feedback intervention theory. Psychol Bull 119(2):254–284

Koch A, Strobel A, Westhoff K (2004) Objektivität und Validität der Critical Incident Technique – Ist die CIT so gut wie ihr Ruf?

Koch A, Strobel A, Westhoff K (2005) Top-down Vorgehen bei Anforderungsanalysen als notwendige Ergänzung zum Bottom-up Vorgehen: Empirische Befunde und Praxiserfahrungen. Vortrag 4. Tagung der Fachgruppe Arbeits- und Organisationspsychologie, Deutsche Gesellschaft für Psychologie

Kolk N, Born M, Van der flier H, Olman J (2002) Assessment Center procedures: cognitive load during the observation phase. Int J Sel Assess 10:4

Kolleker A (1999) Konzeption und Erprobung eines Feedbackinstruments zur Beurteilung der Führungskompetenz im Assessment Center. Unveröffentliche Diplomarbeit, Bergische Universitäts-Gesamthochschule Wuppertal, Fachbereich Psychologie

Kompa A (2004) Assessment-Center. Bestandsaufnahme und Kritik. Rainer Hampp Verlag, München

Konradt U, Sarges W (Hrsg) E-Recruitment und E-Assessment. Rekrutierung, Auswahl und Beratung von Personal im Inter- und Intranet. Hogrefe, Göttingen

Korsgaard MA, Diddams M (1996) The effect of process feedback. J Appl Soc Psychol 26:1889–1911

Körting M (1989) Einige Kritikpunkte am Assessment-Center. Personalführung 6:604ff

Kouzes JM, Posner, BZ (2007) The Leadership Challenge

Krajewski HT, Goffin RD, Mccarthy JM, Rothstein M, Johnston N (2006) Comparing the validity of structured interviews for managerial-level employees: Should we look to the past, or focus on the future? J Organ Occup Psychol 79:411–472

Kramer J, Blickle G (2005) Zusammenhang zwischen allgemeiner Intelligenz und Berufs- bzw. Ausbildungsleistung in Deutschland – eine Metaanalyse. Vortrag 4. Tagung der Fachgruppe Arbeits- und Organisationspsychologie, Deutsche Gesellschaft für Psychologie

Krampen G (1987) Handlungstheoretische Persönlichkeitspsychologie. Hogrefe, Göttingen

Krause D, Gebert D (2005) Die Entwicklung, Durchführung und Evaluation des Assessement Centers in der deutschsprachigen und U.S.-amerikanischen Wirtschaft. In: Sünderhauf K, Stumpf S, Höft S (Hrsg) Assessment Center: Von der Auftragsklärung bis zur Qualitätssicherung. Pabst Science Publishers, Lengerich, S 410–436

Krause DE (2011) Assessment Center practices in South Africa, Western Europe, and North America. In: Povah N, Thornton III GC (Hrsg) Assessment Centers and global talent management, S 351–361

Krause D, Meyer Zu Kniedorf C, Gebert D (2001) Aktuelle Trends in der Assessment-Center Anwendung. Wirtschaftspsychologie, 3. Aufl

Krauß D (1985) Bewerberzentriertes Informationsverhalten von Organisationen. Ein Aspekt sozial akzeptabler Eignungsdiagnostik. Unveröffentlichte Diplomarbeit, Universität Erlangen-Nürnberg

Krauß D, Kurtz HJ (1986) Informationswünsche von Bewerbern – Informationsverhalten von Unternehmen. Eine empirische Studie. Personal 38(9):380–384

Kriek H (2011) New global trends in people assessment: implications for the assessment centre method. Presentation at the 31 st assessment centre study group conference

Kudisch D, Lundquist C, Smith A (2001) Vortrag international congress on Assessment-Center methods

Kudisch J (1997) Factors related to participants acceptance of developmental Assessment-Center feedback. Dissertation Abstracts International: Section B: The Sciences & Engineering, vol 58(6-B) 3349

Kudisch J (2011) Using Assessment Center methodology to accelerate executive MBA leadership development. Presentation at the 36th international congress on Assessment Center methods

Kudisch JD, Ladd RT (1997) Factors related to participants acceptance of developmental Assessment Center feedback. Paper presented in the 12th annual conference of the society for industrial and organizational psychology, St. Louis Missouri, April 1997

Kudisch JD, Lundquist C, Al-Bedah EA (2004) Accepting and applying Assessment Center feedback: a view from the Middle East. Presentation at the 32nd international congress on Assessment Center methods

Kudisch JD, Lundquist C, Smith AFR (2001) Reactions to dual purpose Assessment Center feedback: What does it take to get participants to buy into and actually do something with their feedback? Paper presented at the international congress on Assessment Center methods, Pittsburgh, Pennsylvania. Also presented at the 29th annual meeting of the international congress on Assessment Center methods, Frankfurt, Germany

Kühl V (1990) Dynamisches Auswahlseminar in der Bayerischen Vereinsbank. Personalführung 1:46–48

Kühlmann T, Stahl G (1998). Diagnose interkultureller Kompetenz: Entwicklung und Evaluierung eines Assessment-Centers. In: Barmeyer C, Bolten J (Hrsg) Interkulturelle Personalorganisation

Kühlmann TM (1995) Mitarbeiterentsendung ins Ausland. Hogrefe, Göttingen

Kupka R (2005) Klärung von Rahmenbedingungen für Assessment Center. In: Sünderhauf K, Stumpf S, Höft S (Hrsg) Assessment Center. Von der Auftragsklärung bis zur Qualitätssicherung, Pabst Science Publishers, Lengerich, S 17–34

Kwaske IH (2004) Individual assessments for personnel selection: an update on a rarely researched but avidly practiced practice. Consult Psychol J Pract Res 56(3):186–195

Lammers F, Holling H (2000) Beobachterrotation und die Konstruktvalidität des Assessment Centers. Z Differentielle Diagnostische Psychol 21(4):270–278

Lance CE (2007) Weshalb Assessment Center nicht in der erwarteten Weise funktionieren. In: Schuler H (Hrsg) Assessment Center zur Potenzialanalyse. Hogrefe, Göttingen

Lance CE, Foster MR, Gentry WA, Thoresen JD (2004a) Assessor cognitive processes in an operational Assessment Center. J Appl Psychol 89(1):22–35

Lance CE, Lambert TA, Gewin AG, Lievens F, Conway JM (2004b) Revised estimates of dimension and exercise variance components in Assessment Center post-exercise dimension ratings. J Appl Psychol 89(2):377–385

Lanik M (2011) Breaking the tradition: AC 2.0. Presentation at the 31st assessment centre study group conference

Latham GP, Saari LM, Purcell ED, Campion MA (1980) The situational interview. J Appl Psychol 65:422–427

Lattmann C (1989a) Das Assessment-Center-Verfahren als Mittel zur Beurteilung der Führungseignung. In: Lattmann C (Hrsg) Das Assessment-Center-Verfahren der Eignungsbeurteilung, Sein Aufbau, seine Anwendung und sein Aussagegehalt, Physica, Heidelberg, S 19–58

Lattmann C (1989b) Vorwort. In: Lattmann C (Hrsg) Das Assessment-Center-Verfahren der Eignungsbeurteilung, Sein Aufbau, seine Anwendung und sein Aussagegehalt, Physica, Heidelberg, S V–IX

Laubsch K (2001) Assessment-Center und Situatives Interview in der Personalauswahl von Operateuren komplexer technischer Systeme – ein Verfahrensvergleich unter den Aspekten Konstruktvalidität und Prädiktive Validität. Universität, Fachbereich Psychologie, Hamburg

Lehmann MB, Lohff A (2011) An internet platform to enhance quality and efficiency in complex assessment environments. Presentation at the 36th international congress on Assessment Center methods

Lehrenkrauss E, Rohn W (1987) Planspiele und Assessment-Center. Personalführung 10:737–741

Liang K-G, Liu Y (2011) The application of the Assessment Center method in China. In: Povah N, Thornton III GC (Hrsg) Assessment Centers and global talent management, S 415–428

Libby R, Blashfield RK (1978) Performance of a composite as a function of the number of judges. Organ Behav Hum Perform 21:121–129

Liener G, Raatz U (1998) Testaufbau und Testanalyse. Psychologie Verlags Union, Weinheim

Lienert GA, Raatz U (1998) Testaufbau und Testanalyse, 6. Aufl. Psychologie Verlags-Union

Lievens F (2001) Assessor training strategies and their effects on accuracy, interrater reliability, and discriminant validity. J Appl Psychol 86(2):255–264

Lievens F (2002) Trying to understand the different pieces of the construct validity puzzle of Assessment Centers: an examination of assessor and assessee effects. J Appl Psychol 87(4):675–686

Lievens F (2007) Assessment Center als Auswahlverfahren zur Entsendung von Mitarbeitersn ins Ausland. In: Schuler H (Hrsg) Assessment Center zur Potenzialanalyse. Hogrefe, Göttingen

Lievens F, Conway JM (2001) Dimensions and exercise variance in Assessment Center scores: a large-scale evaluation of multitrait-multimethod studies. J Appl Psychol 86(4):1202–1222

Lievens F, Thornton GC (2005) Assessment Centers: recent developments in practice and research. In: Evers A, Smit-Voskuijl O, Anderson N (Hrsg) Handbook of selection, S 243–264

Lievens F, Anseel F (2007) Creating Alternate In-Basket Forms Through Cloning: Some preliminary results. Int J Sel Assess 15(4):428–433

Lievens F, Patterson F (2011) The validity and incremental validity of knowledge tests, low-fidelity simulations, and high-fidelity simulations for predicting job performance in advanced-level high-stakes selection. J Appl Psychol 96(5):927–940

Lievens F, Sackett PR (2011) The validity of interpersonal skills assessment via situational judgment tests for predicting academic success and job performance. Manuscript submitted for publication

Lievens F, Schollaert E (2011) Adjusting exercises design in Assessment Centers: theory, practice, and research. In: Povah N, Thornton III GC (Hrsg) Assessment Centers and global talent management, S 47–60

Lievens F, Sackett PR, Buyse T (2009) The effects of response instructions on situational judgment test

Lievens F, Buyse T, Sackett PR (2009) Performance and validity in a high-stakes context. J Appl Psychol 94(4):1095–1101

Lievens F, Keen G, Schollaert E (2010) A novel look at behaviour elicitation in Assessment Center exercises. Poster session presented at the 25th annual conference of the society for industrial and organizational psychology, Atlanta

Lievens F, Van Keer E, Volckaert E (2010) Gathering behavioral samples through a computerized and standardized Assessment Center exercise. J Pers Psychol 9(2):94–98

Lievens F, Chasteen CS, Day EA, Christiansen ND (2006) Large-scale investigation of the role of trait activation theory for understanding Assessment Center convergent and discriminant validity. J Appl Psychol 91(2):247–258

Linnig G, Winkler R (1988) Neue Wege in der Auswahl von Ausbildungsplatzbewerbern. Personal 40(8):322–326

Livings N, Mitchell W (2011) In pursuit of a diversification strategy: using an assessment centre to identify global talent. In: Povah N, Thornton III GC (Hrsg) Assessment Centers and global talent management, S 253–268

Locke EA, Latham GP (1990) A theory of goal-setting and task-performance. Prentice Hall, Englewood Cliffs

Lohff A, Preuss A (2005) Web-gestützte Vorauswahl. In: Sünderhauf K, Stumpf S, Höft S (Hrsg) Assessment Center. Von der Auftragsklärung bis zur Qualitätssicherung, Pabst Science Publishers, Lengerich, S 117–134

Löhs M, Zenglein C (2008) Praktische Anwendung relevanter Einflussgrößen zur Qualitätssicherung von Feedbackprozessen. In: Arbeitskreis Assessment Center e.V. (Hrsg) Diagnostische Kompetenz: Entwickeln und Anwenden, Dokumentation zum 7. Deutschen Assessment-Center-Kongress, Pabst Science Publishers, Lengerich

Lorenzo RV (1984) Effects of assessorship on managers' proficiency in acquiring, evaluating, and communicating information about people. Pers Psychol 37(4):617–634

Löwisch M (1985) Taschenkommentar zum Betriebsverfassungsgesetz. Heidelberg

Lowry PE (1991) The Assessment-Center: reducing interassessor influence. Public Pers Manage 20(1):19–26

Lowry PE (1993) The Assessment-Center: an examination of the effects of assessor characteristics on assessor scores. Public Pers Manage 22(3):487–501

Luchins AS, Luchins EH (1955) On conforming with true and false com-munications. J Soc Psychol 42:283–303

Luchins AS (1957) Primacy-recency in impression formation. In: Hovland CI (Hrsg) The order or presentation in persuasion. Yale University Press, New Haven

Lüth N, Höft S (2004) Computerunterstützte Trainingstools für AC-Beobachter. In: Arbeitskreis Assessment Center, Dokumentation 6. Deutscher Assessment-Center-Kongress 2004, Beitrag 6 S 2

Lynch F (1995) Construct validity of Assessment-Center dimension ratings: comparing assessor ratings and coworker ratings. Dissertation Abstracts International: Section B: The Sciences & Engineering, vol 56(3-B) 1730, Sept 1995

Macdonald DR (1988) Greater results from your Assessment-Center. How to encourage more employees to heed the self-development advice your Assessment-Center offers. Train Dev J 50–51

Mackinnon DW (1977) From selecting spies to selecting managers – the OSS assessment program. In: Moses JL, Byham WC (Hrsg) Applying the Assessment-Center method. Pergamon Press, New York

Mainz D, Rosenkranz-Gluchowski K, Scheffer D, Scherm M, Weinert AB (2005) Validierung eines 360-Grad-Feedbacks – Handlungsorientierung als erfolgskritischer Faktor für Führungsnachwuchskräfte. In: Scherm M (Hrsg) 360-Grad-Beurteilungen, Diagnose und Entwicklung von Führungskompetenzen, Hogrefe, Göttingen, S 173–183

Manjii Z, Dunford M (2011) Eating the elephant: tackling the challenges of introduction assessment and development centres in East Africa. In: Povah N, Thornton III GC (Hrsg) Assessment Centers and global talent management, S 403–414

Marggraf-Micheel C, Höft S, Bonnist H (2004) Coaching statt Faking: Wie bereite ich Teilnehmer auf Ihr Assessment Center vor? In: Arbeitskreis Assessment Center, Dokumentation 6. Deutscher Assessment-Center-Kongress 2004, Beitrag 3 S 5

Maukisch H (1986) Erfolgskontrollen von Assessment-Center-Systemen: Der Stand der Forschung. Psychol Prax 30(2):86–91

Maukisch H (1989) Informationswert und Ökonomie der diagnostischen Prinzipien von Assessment-Center-Systemen zur Erfassung von Management Potenzial. In: Lattmann C (Hrsg) Das Assessment-Center-Verfahren der Eignungsbeurteilung, Sein Aufbau, seine Anwendung und sein Aussagegehalt, Physica, Heidelberg, S 251–290

Mayerhofer W, Meyer M, Steyrer J (Hrsg) (2005) Macht? Erfolg? Reich? Glücklich? Einflussfaktoren auf Karrieren. Linde, Wien

Mccaulley MH (1990) The Myers-Briggs type indicator and leadership. In: Clark KE, Clark MB (Hrsg) Measures of leadership. Leadership Library of America, West Orange, S 381–418

McDaniel MA, Nguyen NT (2001) Situational judgment tests: a review of practice and constructs assessed. Int J Sel Assess 9(1/2):103–113

McDaniel MA, Hartman NS, Whetzel DL, Grubb WL III (2007) Situational judgment tests, response instructions, and validity: A meta-analysis. Pers Psychol 60(1):63–91

McDaniel MA, Whetzel DL, Schmidt FL, Maurer SD (1994) The validity of employment interviews: A comprehensive review and metaanalysis. J Appl Psychol 79:599–616

McEvoy GM, Beatty RW (1989) Assessment-Centers and subordinate appraisals of managers: A seven-year examination of predictive validity. Pers Psychol 42:37–52

McEvoy GM, Beatty RW, Bernardin HJ (1987) Unanswered questions in Assessment-Center research. J Bus Psychol 2(2):97–111

Meiring D, Van Der Westhuizen JH (2011) Using computer-based simulation technology within an ADC: a South African case study. In: Povah N, Thornton III GC (Hrsg) Assessment Centers and global talent management, S 77–96

Meisel PG (1984) Die Mitwirkung und Mitbestimmung des Betriebsrats in personellen Angelegenheiten, 3. Aufl. Heidelberg

Melchers KG, Lienhardt N, von Aarburg M, Kleinmann M (2011) Is more structure really better? A comparison of frame-of-reference training and descriptively anchored rating scales to improve interviewers' rating quality. Pers Psychol 64(1):53–87

Melchers KG, Richter GM, König CJ, Hartstein T, Kleinmann M, Klehe U-C (2005) Der Einfluss der Beurteiler auf Beurteilungen in strukturierten Interviews und in Assessment Centern. Vortrag 4. Tagung der Fachgruppe Arbeits- und Organisationspsychologie, Deutsche Gesellschaft für Psychologie

Meriac JP, Hoffman B, Woehr D, Fleisher M (2008) Further evidence for the validity of Assessment Center dimensions: a meta-analysis of the incremental criterion-related validity of dimension ratings. J Appl Psychol 93(5):1042–1052

Methner H, Kammhuber S, Bögl M, Conrads S, Schmidt R (2004) Internationale Potenzialeinschätzung. In: Arbeitskreis Assessment Center, Dokumentation 6. Deutscher Assessment-Center-Kongress 2004, Beitrag 11 ET 9

Meyer HH (1970) The validity of the in-basket-test as a measure of managerial performance. Pers Psychol 23:297–307

Mintzberg H (1981) Der Managerberuf: Dichtung und Wahrheit. Harvard Manag 2:66–78

Mitchell D. (1997) The effects of Assessment-Center feedback on employee development. Dissertation Abstracts International: Section B: The Sciences & Engineering, vol 58(3-B) 1579, Sept 1997

Moldzio T, Weber M (2005) Einflussfaktoren der Akzeptanzeinschätzung von Auswahlverfahren aus Sicht der Bewerber. Vortrag 4. Tagung der Fachgruppe Arbeits- und Organisationspsychologie, Deutsche Gesellschaft für Psychologie

Möller P, Dowdeswell K (2011) Psychometrics and assessment centres: working together. Presentation at the 31st assessment centre study group conference

Morris BS (1949) Officer selection in the British Army 1942–1945. Occup Psychol 23(24):219–234

Moses JL (1973) The development of an Assessment-Center for the early identification of supervisory Potenzial. Pers Psychol 26:569–580

Moses JL, Boehm VR (1975) Relationship of Assessment-Center performance to management progress of women. J Appl Psychol 60:527–529

Motowidlo SJ, Beier ME (2010) Differentiating specific job knowledge from implicit trait policies in procedural knowledge measured by a situational judgment test. J Appl Psychol 95(2):321–333

Motowidlo SJ, Dunnette MD, Carter GW (1990) An alternative selection procedure: the low-fidelity simulation. J Appl Psychol 75:640–647

Müller GF (2004) Eignungsvoraussetzungen von Spitzenführungskräften. Z Wirtschaftspsychol 3:5–12

Murphy KR (2008) Assessment Centers: not as (in) valid as you think. Presentation at the 34th international congress on Assessment Center methods, Washington, 22–24 Sept 2008

Musch M, Lieberei W (1997) Eine auswertungsobjektive Postkorbübung für Assessment-Center. Berichte aus dem psychologischen Institut der Universität Bonn, Bd 23, H 1

Neidig RD, Neidig PJ (1984) Multiple Assessment-Center exercises and job relatedness. J Appl Psychol 69(1):182–186

Neidig RD, Martin JC, Yates RE (1978) The FBI's management aptitude program Assessment-Center: Research report no.1 (TM 78-3). Washington, D. C.: Applied Psychology Section, Personnel Research and Development Center, U. S. Civil Service Commission

Neidig RD, Martin JC, Yates RE (1979) The contribution of exercise skill ratings to final Assessment-Center evaluations. J Assess Center Technol 2:21–23

Neubauer R (1984) Stand der Anwenderforschung. In: Arbeitskreis Assessment-Center (Hrsg) Dokumentation zum zweiten Kongress Assessment-Center, Windmühle GmbH, Hamburg, S 31–98

Neuberger O (2002) Führen und führen lassen. Ansätze, Ergebnisse und Kritik der Führungsforschung. UTB, Stuttgart

Ng E-L, Yeo WJ (2011) Assessment Centers for selecting president's scholars. Presentation at the 36th international congress on Assessment Center methods

Nigel P, Thornton GC III (Hrsg) (2011) Assessment Centers and global talent management. Gower Publishing Limited, England

Norton SD (1977) The empirical and content validity of Assessment-Centers vs. traditional methods for predicting managerial success. Acad Manage Rev 2:442–452

Nosworthy GJ, Ng E-L (2011) The contribution of assessment centres to the selection an development of future leaders in the Singapore public service. In: Povah N, Thornton III GC (Hrsg) Assessment Centers and global talent management, S 391–402

Nowack KM (1997) Congruence between self-other ratings and Assessment-Center performance. J Soc Behav Pers 12(5):145–166

Obermann C (1991) Problemlösesimulation „Airport". Hogrefe, Göttingen

Obermann C (1992) Assessment-Center. Entwicklung – Durchführung – Trends, Gabler, Wiesbaden

Obermann C (1994) Wer profitiert von Führungstrainings? Interindividuelle Determinanten des Führungserfolgs bei Führungstrainings. Dissertation Ruhr Universität Bochum

Obermann C (2001) Assessment-Center als Prozessdiagnostik. In: Sarges W (Hrsg) Weiterentwicklungen der Assessment-Center-Methode, 2. Aufl. Hogrefe, Göttingen

Obermann C (2002) Trainingspraxis-2. Schaeffer-Pöschl, Stuttgart

Obermann C (2004) Kölner Test zur kognitiven Kompetenz. Obermann Consulting GmbH, Köln

Obermann C (2005) Einzel Assessment Center. In: Sünderhauf K, Stumpf S, Höft S (Hrsg) Assessment Center. Von der Auftragsklärung bis zur Qualitätssicherung, Pabst Science Publishers, Lengerich, S 225–230

Obermann C (2006) Evaluation eines ACs – wie geht das, wenn nur wenige Außenkriterien vorliegen? Z Wirtschaftspsychol 4

Obermann C (2009a) Assessment-Center, 4. Aufl. Gabler, Wiesbaden

Obermann C (2009b) Trainingspraxis-3. Schaeffer-Pöschl, Stuttgart

Obermann C (2011) Management Audit in der Praxis – Ein wirksames Instrument, das richtig eingesetzt werden muss. In: Füchtner S, Wegerich T (Hrsg) Das Handbuch der Personalberatung. Frankfurter Allgemeine Buch, Frankfurt am Main

Obermann C (2012) OCM Motivationsfragebogen, Handbuch, Version 2.1. Obermann Consulting GmbH, Köln

Obermann C, Schiel F (1999) Trainingspraxis, 2. Aufl. Bachem, Köln

Ochmann H, Röhr G (2001) Das Lernpotenzial-AC im Rahmen der Cultural Due Dilligence bei Fusionen. Wirtschaftspsychologie 3

Obermann C, Höft S (2008) Assessment Center: Entwicklung statt Auswahl. Wirtschaftspsychologie aktuell 2008(3):18–20

Obermann C, Höft S (2010) Der Praxiseinsatz von Assessment Centern im deutschsprachigen Raum: Eine zeitliche Verlaufsanalyse basierend auf Anwenderbefragungen des Arbeitskreises Assessment Center e.V. von 2001 und 2008. Personaldiagnostik, Themenheft der Zeitschrift Wirtschaftspsychologie 2

Obermann C, Jakubowski G (2004) Praxisbeispiel – Verbesserte Vorauswahl von AC-Kandidaten durch Check der Führungsmotivation. In: Arbeitskreis Assessment Center, Dokumentation 6. Deutscher Assessment-Center-Kongress 2004, Beitrag 3 S 3

Obermann C, Sassen, A (2004) Evaluation eines AC`s – Wie geht das ohne Außenkriterien? In: Arbeitskreis Assessment Center, Dokumentation 6. Deutscher Assessment-Center-Kongress 2004, Beitrag 10 S 3

Obermann C, Höft S, Janke O (2008) Deutschland-Studie 2008. In: Arbeitskreis Assessment Center e.V. (Hrsg) Diagnostische Kompetenz: Entwickeln und Anwenden, Dokumentation zum 7. Deutschen Assessment-Center-Kongress, Pabst Science Publishers, Lengerich

Obermann C, Höft S, Becker N (2012) Deutschland-Studie 2012. In: Arbeitskreis Assessment Center e.V. (Hrsg) Dokumentation zum 8. Deutschen Assessment-Center-Kongress, Pabst Science Publishers, Lengerich

Odermatt A (2006) Vom Feedback zur Entwicklung, Untersuchung der Faktoren in diesem Prozess. Litentiatsarbeit, Philosophische Fakultät der Uni Fribourg (CH), Prof. Dr. P. Klumb, Arbeits- und Organisationspsychologie

Office of Strategic Services (1948) Assessment of men. Holt, Rinehart & Winston, New York

Paczensky von S (2003) Der Testknacker. Rowohlt

Papon A, von Rüden R (2005) Assessment Center als Chance, nicht als Schicksal – Ein Beispiel eines Orientation Centers (OC) bei der Lilly Pharma Holding GmbH. In: Sünderhauf

K, Stumpf S, Höft S (Hrsg) Assessment Center: Von der Auftragsklärung bis zur Qualitätssicherung. Pabst Science Publishers, Lengerich, S 324–333

Pendit VG (2011) Assessment Center adaption and implementation in Indonesia. In: Povah N, Thornton III GC (Hrsg) Assessment Centers and global talent management, S 363–374

Penfield RV (1974) Time allocation patterns and effectiveness of managers. Pers Psychol 27:245–255

Pettersen N, Tziner A (1995) The cognitive ability test as a predictor of job performance: Is its validity affected by complexity and tenure within the organzisation? Int J Sel Assess 3:237–241

Pitchard S, Riley P (2011) Fit for purpose? Considerations when using 'Off-the-shelf' versus 'Customized' simulations exercises. In: Povah N, Thornton III GC (Hrsg) Assessment Centers and global talent management, S 429–441

Pittman S (1998) An examination of construct validity within an Assessment-Center. Dissertation Abstracts International: Section B: The Sciences & Engineering, vol 59 (6-B) 3105

Porter LW, Steers RM (1973) Organizational work and personal factors in employee turnover and absenteeism. Psychol Bull 80:151–176

Poteet M, Kudisch J (2003) Straight from the horse's mouth: strategies for increasing feedback acceptance. Paper presented at the 31st international congress on Assessment Center methods

Povah N (2011) A review of recent international surveys into assessment centre practices. In: Povah N, Thornton III GC (Hrsg) Assessment Centers and global talent management, S 329–350

Prechtl E (2008) Die Vorhersagekraft eines interkulturellen Assessment Centers für den internationalen Erfolg. In: Arbeitskreis Assessment Center e.V. (Hrsg) Diagnostische Kompetenz: Entwickeln und Anwenden, Dokumentation zum 7. Deutschen Assessment-Center-Kongress, Pabst Science Publishers, Lengerich

Preckel D, Schüpbach H (2005) Zusammenhänge zwischen rezeptiver Selbstdarstellungskompetenz und Leistung im Assessment Center. Z Personalpsychol 4(4):152–158

Premack SL, Wanous JP (1985) A meta-analysis of realistic job preview experiment. J Appl Psychol 70:706–719

Prien EP (1963) Development of a supervisor position description questionnaire. J Appl Psychol 47:10–14

Prien EP, Schippmann JS, Prien KO (2003) Individual assessment as praticed in industry and consulting. Erlbaum, Mahwah

Purdy D (2011) The evolution of an Assessment Center program in a pharmaceutical sales organization over a 15-year period. In: Povah N, Thornton III GC (Hrsg) Assessment Centers and global talent management, S 285–297

Püschel A (2005) Absicherung von Entscheidungen im Assessment Center durch Einführung von Begriff und Quantifizierung der Messunsicherheit. Z Personalpsychol 4(4):181–186

Putz-Osterloh W (1981) Problemlöseprozesse und Intelligenztestleistung. Verlag Hans Huber, Bern

Putz-Osterloh W, Lüer G (1981) Über die Vorhersagbarkeit komplexer Problemlöseleistungen durch Ergebnisse in einem Intelligenztest. Z Experimentelle Angew Psychol 28:309–334

Pynes J, Bernardin HJ (1992) Mechanical vs consensus-derived Assessment-Center ratings: A comparison of job performance validities. Public Pers Manage 21(1):17–28

Rahn B, Moser K (2000) Beiträge verschiedener Prädiktoren zur Kriteriumsvalidität eines Assessment Centers. Z Personalforschung 14(2):177–190

Randall R, Ferguson E, Patterson F (2000) Self-assessment accuracy and assessment centre decisions. J Occup Organ Psychol 73(4):443–459

Randhofer T (2005) Die Rolle von Beobachtererfahrung bei Beurteilungsprozessen im Assessment Center. Universität, Fachbereich Psychologie und Sportwissenschaften, Frankfurt a. M.

Regnet E (2003) Der Weg in die Zukunft – Anforderungen an die Führungskraft. In: Rosenstiel Lv, Regnet M, Domsch E (Hrsg) Führung von Mitarbeitern. Handbuch für erfolgreiches Personalmanagement, Schäffer-Poeschel, Stuttgart, S 51–66

Rehn ML (1991) Die Auswirkung von Informationsdefiziten bei neuen Mitarbeitern. In: Schuler H, Funke U (Hrsg) Eignungsdiagnostik in Forschung und Praxis. Verlag für Angewandte Psychologie, Stuttgart, S 345–350

Reilly RD, Brown B, Blood MR, Malatesta CZ (1981) The effects of realistic previews: A study and discussion of the literature. Pers Psychol 34:822–834

Reilly RR, Chao GG (1982) Validity and fairness of some alternative employee selection procedures. Pers Psychol 35:1–62

Reilly RR, Smither JW (1985) An examination of two alternative techniques to estimate the standard deviation of job performance in dollars. J Appl Psychol 70(4):651–661

Reilly RR, Henry S, Smither JW (1990) An examination of the effects of using behavior checklists on the construct validity of Assessment-Center dimensions. Pers Psychol 43(1):71–84

Rettig K, Hornke LF (2000) Adaptives testen. In: Sarges W (Hrsg) Management-Diagnostik. Hogrefe, Göttingen

Reynolds D, Teeter L (2006) Evaluation CEO performance: insights across cultures. In: The 33rd international congress on assessment centre methods, London

Richards SA, Jaffee CL (1972) Blacks supervising whites: a study of interracial difficulties in working together in a simulated organization. J Appl Psychol 56:234–240

Richter G (2003) Was misst das strukturierte Einstellungsinterview?. Universität, Fachbereich Psychologie, Marburg

Ridder H-G (1999) Personalwirtschaftslehre. Kohlhammer, Stuttgart

Riediger M, Rohlfs H (1998) Computergestützte Postkorbverfahren: Mailbox 90, PC-Office und PC-Postkorb „Seeblick". Z Arbeits Organisationspsychol 42:43–50

Robertson IT, Downs L (1989) Work-Sample tests of trainability: a meta-analysis. J Appl Psychol 74(3):402–410

Robertson IT, Kinder A (1993) Personality and job competences: the criterion-related validity of some personality variables. J Occup Organ Psychol 66:225–244

Robertson IT, Baron H, Gibbons P, Maciver R, Nyfield G (2000) Conscientousness and managerial performance. J Occup Organ Psychol 73:171–180

Robertson R, Gratton L, Sharpley D (1987) The psychometric properties and design of managerial assessment centres: Dimensions into exercises won't go. J Occup Psychol 60(3):187–195

Robie C, Osburn H, Morris M, Etchegaray J, Adams K (2000) Effects of the rating process on the construct validity of Assessment-Center dimension evaluations. Hum Perform 13(4):355–370

Roest F, Horn R (1990) Mailbox-90: Computerunterstützte Diagnostik im Assessment-Center. Diagnostica 36(2):213–219

Rohn W (1989) Pepp mit PEPS: Planspiele bei der Bewerberauswahl. In: Bewerber-Check (Hrsg) Werben, prüfen, wählen – mit Erfolg! Verlag beste Unternehmensführung GmbH, S 99–107

Rolland JP (1999) Construct validity of in-basket dimensions. Eur Rev Appl Psychol/Rev Europeenne de Psychol Appliquee 49(3):251–259

Roodt G, Schlebusch S (2011) Rater differences: when do differences really become biased? Presentation at the 36th international congress on Assessment Center methods

Rosch E (1973) Natural categories. Cogn Psychol 4:328–350

Röschmann D, Weber H (2006) Arbeitskatalog der Übungen und Spiele. Ein Verzeichnis von über 800 Gruppenübungen und Rollenspielen. Windmühle GmbH, Hamburg

Runge T (2005) Assessment Center im internationalen Kontext. In: Sünderhauf K, Stumpf S, Höft S (Hrsg) Assessment Center, Von der Auftragsklärung bis zur Qualitätssicherung, Pabst Science Publishers, Lengerich, S 51–60

Runge T, Scheid C (2005) Assessment Center in Kombination mit Interview, 360° Verfahren und Tests. In: Sünderhauf K, Stumpf S, Höft S (Hrsg) Assessment Center, Von der Auftragsklärung bis zur Qualitätssicherung, Pabst Science Publishers, Lengerich, S 260–271

Rupp D (2004) Development center. Presentation at the 32nd international congress on Assessment Center methods

Rupp DE, Kim M (2007) The future is here: recent advances in Assessment Center technology. Presentation at the 27th assessment centre study group conference

Rupp DE, Gibbons AM, Snyder LA (2008) Transforming our models of learning and development: web-based instruction as enabler of third-generation instruction. Ind Organ Psychol Perspect Sci Pract 1:454–467

Russell CJ, Domm DR (1995) Two field tests of an explanation of assessment centre validity. J Occup Organ Psychol 68(1):25–47

Ryan AM, Sackett PR (1987) A survey of individual assessment practices by I/O psychologists. Pers Psychol 40:455–488

Ryan AM, Daum D, Bauman T, Grisez M (1995) Direct, indirect, and controlled observation and rating accuracy. J Appl Psychol 80(6):664–670

Ryan AM, McFarland L, Baron H, Page R (1999) An international look at selection practices: nations and cultures as explanations for variability in practice. Pers Psychol 52:359–391

Sackett PR (1987) Assessment-Centers and content validity: Some neglected issues. Pers Psychol 40(1):13–25

Sackett PR, Hakel MD (1979) Temporal stability and individual differences in using assessment information to form overall ratings. Organ Behav Hum Perform 22:120–137

Sackett PR, Dreher GF (1982) Constructs and Assessment-Center dimensions: some troubling empirical findings. J Appl Psychol 67(4):401–410

Sackett PR, Wilson MA (1982) Factors affecting the consensus judgment process in managerial Assessment-Centers. J Appl Psychol 67(1):10–17

Sackett PR, Dreher GF (1984) Situation specificity of behavior and Assessment-Center validation strategies: a rejoinder to Neidig and Neidig. J Appl Psychol 69(1):187–190

Sackett PR, Harris MM (1988) A further examination of the constructs underlying Assessment-Center ratings. Special issue: Recent developments in non-traditional employment testing. J Bus Psychol 3(2):214–229

Sackett P, Tuzinski K (2001) The role of dimensions and exercises in Assessment-Center judgments. In: London M (Hrsg) How people evaluate others in organizations, S 111–129

Sackett PR, Lievens F, Berry CM, Landers RN (2006) A cautionary note on the effects of range restriction on predictor intercorrelations. J Appl Psychol (in press)

Sagie A, Magnezy R (1997) Assessor type, number of distinguishable dimension categories, and assessment centre construct validity. J Occup Organ Psychol 70(1):103–108

Salgado JF (1997) The five factor model of personality and job performance in the European community. J Appl Psychol 82(1):30–43

Salgado JF, Anderson N, Mosoco S, Bertua C, De Fruyt F (2003) International validity generalization of GMA & cognitive abilities: a European community meta-analysis. Pers Psychol 56:573–605

Sarges W (2000a) Interviews. In: Sarges W (Hrsg) Management-Diagnostik. Hogrefe, Göttingen

Sarges W (2000b) Management-Diagnostik. Hogrefe, Göttingen

Sarges W (2010) Trendwende der Personaldiagnostik: Gestern – Heute – Morgen. Rep Psychol 2010(4):172–186

Sarges W, Wottawa H (Hrsg) (2001) Handbuch wirtschaftspsychologischer Testverfahren. Pabst, Legerich

Sassen A (2001) Mitarbeiterentsendung ins Ausland – Motive der Entsendung. Universität Trier, Trier

Sattelberger T (1990) Coaching: Alter Wein in neuen Schläuchen. Personalführung 6(1990):364–374

Schippmann JS, Hughes MA, Prien EP (1987) The use of structured multi-domain job analysis for the construction of Assessment Center methods and procedures. J Bus Psychol 1:353–366

Schippmann JS, Prien EP, KATZ (1998) A cognitive evaluation of frame-of-reference rater training: Content and process issues. Organ Behav Hum Decis Processes 73:76–101

Schlebusch S, Roodt G (2011) Accelerated development: introducing collaborative centers. Presentation at the 36th international congress on Assessment Center methods

Schleicher DJ, Mayes BT, Day DV, Riggio RE (2002) A new frame for frame-of-reference training: Enhancing the construct validity of Assessment Centers. J Appl Psychol 87:735–746

Schmid-Roedermund D, Silbereisen RK (1999) Erfolg von Unternehmern: Die Rolle von Persönlichkeit und familiärer Sozialisisation. In: Moser K, Batinic B, Zempel J (Hrsg) Unternehmerisch erfolgreiches Handeln. Verlag für angewandte Psychologie, Göttingen, S 93–113

Schmidt FL, Hunter JE (1977) Development of a general solution to the problem of validity generalization. J Appl Psychol 62:529–540

Schmidt FL, Hunter JE (1998) Messbare Personmerkmale: Stabilität, Variabilität und Validität zur Vorhersage zukünftiger Berufsleistung und berufsbezogenen Lernens. In: Kleinmann M, Strauß B (Hrsg) Potenzialfeststellung und Personalentwicklung. Hogrefe, Göttingen, S 15–43

Schmidt FL, Hunter JE, McKenzie R, Muldrow T (1979) The impact of valid selection procedures on workforce productivity. J Appl Psychol 64:609–626

Schmidt R (1988) Das Vorstellungsgespräch aus der Sicht des Stellenbewerbers. Eine Feld-Studie, Unveröffentlichte Diplomarbeit, Universität Bielefeld

Schmitt M, Ford JK, Stults DM (1986) Changes in self-perceived ability as a function of performance in an assessment centre. J Occup Psychol 59(4):327–335

Schmitt N, Ostroff S (1986) Operationalizing the „behavioral consistency" approach: selection test development based on a content-oriented strategy. Pers Psychol 39:91–108

Schmitt N (1977) Interrater agreement in dimensionality and combination of Assessment-Center judgments. J Appl Psychol 63:171–176

Schmitt N, Noe RA, Gooding RZ, Kirsch M (1984) Meta-analysis of validity studies published between 1964 and 1982 and the investigation of study characteristics. Pers Psychol 37:407–422

Schmitt N, Noe RA, Meritt R, Fitzgerald MP (1984) Validity of Assessment-Center ratings for the prediction of performance ratings and school climate of school administrators. J Appl Psychol 69:207–213

Schneewind KA, Graf J (1998) Der 16- Persönlichkeits-Faktoren-Test revidierte Fassung (16 PF-R)

Schneider B, Konz AM (1989) Strategic job analysis. Hum Resour Manage 28:51–63

Schneider JR, Schmitt N (1992) An exercise design approach to understanding Assessment-Center dimension and exercise constructs. J Appl Psychol 77(1):32–41

Schneider W, Wohlgemuth HH (1987) Betriebs- und Personalräte haben bei psychologischen Tests ein Wort mitzureden. Die Quelle, 9/87

Schnelle J (2004) Einfluss von Lernziel-Vorsätzen auf das künftige Leistungsverhalten im modifizierten Lernpotenzial-Assessment Center. Unveröffentlichte Diplomarbeit, Universität Konstanz

Scholz G, Schuler H (1993) Das nomologische Netzwerk des Assessment-Centers: eine Metaanalyse / The nomological network of the Assessment-Center: A metaanalysis. Z Arbeits Organisationspsychol 37(2):73–85

Scholz G (1994) Das Assessment-Center: Konstruktvalidität und Dynamisierung. Verlag für Angewandte Psychologie, Göttingen-Stuttgart

Schönfeld T, Gennen K (1989) Mitbestimmung bei Assessment-Centern – Beteiligungsrechte des Betriebsrates und des Sprecherausschusses. NZA 14:543–546

Schorr A (1991) Diagnostische Praxis in der Arbeits- und Organisationspsychologie. Teilergebnisse aus einer repräsentativen Umfrage zur diagnostischen Praxis. In: Schuler H, Funke U (Hrsg) Eignungsdiagnostik in Forschung und Praxis. Verlag für Angewandte Psychologie, Stuttgart, S 6–14

Schuler H (1989a) Die Validität des Assessment-Centers. In: Lattmann C (Hrsg) Das Assessment-Center-Verfahren der Eignungsbeurteilung, Sein Aufbau, seine Anwendung und sein Aussagegehalt. Physica, Heidelberg, S 223–250

Schuler H (1989b) Leistungsbeurteilung. In: Roth E (Hrsg) Enzyklopädie der Psychologie Themenbereich D, Serie III, Bd 3. Hogrefe, Göttingen, S 405ff

Schuler H (1990) Vorgesetztenurteile. In: Sarges W (Hrsg) Management-Diagnostik. Hogrefe, Göttingen, S 546–554

Schuler H (2001) Lehrbuch der Personalpsychologie. Hogrefe, Göttingen

Schuler H (2002) Das Einstellungsinterview. Hogrefe, Göttingen

Schuler H, Funke U (1989) Berufseignungsdiagnostik. In: Roth E (Hrsg) Enzyklopädie der Psychologie. Themenbereich D, Serie III, Bd 3, Organisationspsychologie, Hogrefe, Göttingen, S 281–320

Schuler H, Höft S (2001) Konstruktorientierte Verfahren der Personalauswahl. In: Schuler H (Hrsg) Lehrbuch der Personalpsychologie, Hogrefe, Göttingen, S 93–133

Schuler H, Klinger Y (2006) Azubi-BK.Arbeitsprobe zur berufsbezogenen Intelligenz. Hogrefe, Göttingen

Schuler H, Schmitt N (1987) Multimodale Messung in der Personalpsychologie. Diagnostica 32:259–271

Schuler H, Stehle U (1983) Neuere Entwicklungen des Assessment-Center-Ansatzes – beurteilt unter dem Aspekt der sozialen Validität. Psychol Prax Z Arbeits Organisationspsychol 27:33–44

Schuler H, Stehle W (1987) Assessment-Center als Methode der Personalentwicklung. Verlag für Angewandte Psychologie, Stuttgart

Schuler H, Barthel E, Fünfgelt V (1984) Erfolg von Mädchen in gewerblichen Ausbildungsberufen: Ein Modellversuch. Psychol Prax Z Arbeits Organisationspsychol 28:67–78

Schuler H, Frier D, Kauffmann M (1993) Personalauswahl im europäischen Vergleich. Verlag für Angewandte Psychologie, Göttingen

Schuler H, Funke U, Moser K, Donat M (1995) Personalauswahl in Forschung und Entwicklung. Eignung und Leistung von Wissenschaftlern und Ingenieuren. Hogrefe, Göttingen

Schulze Versmar K, Thomas E, Kersting M (2007) Wissen, was gefordert wird. Personalmarketing. Die soziale Akzeptanz von Assessment Centern. PersonalMagazin 2007(08):20–22

Schulze R, Holling H (2005) Assessing the monetary benefits of selection procedures with utility analysis. In: Beauducel, André; Biehl, Bernhard; Bosnjak, Michael; Shore TH, SHORE L, Thornton GC (1992). Construct validity of self- and peer evaluations of performance dimension in an Assessment Center. J Appl Psychol 77:42–54

Searle R, Patent V, Rupp DE (2011) Using Assessment Centers to facilitate collaborative, quasi-standardized industry-wide selection: lessons from medical speciality placement in the UK. Presentation at the 36th international congress on Assessment Center methods

Sears GJ, Rowe PM (2003) A personality-based similar-to-me effect in the employment interview: conscientiousness, affect-versus competence-mediated interpretations, and the role of job relevance. Can J Behav Sci 35(1):13–24

Seibt H, Kleinmann M (1991) Personalvorauswahl von Bewerbern: Derzeitiger Stand und Perspektiven. In: Schuler H, Funke U (Hrsg) Eignungsdiagnostik in Forschung und Praxis Verlag für Angewandte Psychologie, Stuttgart, S 174–177

Shackleton V, Newell S (1991) Management selection: a comparative survey of methods used in top British and French companies. J Occup Psychol 64(1):23–36

Sharf J (2002) Overview and update of employment law. Vortrag 30th international congress on Assessment-Center methods

Shechtman Z (1992) Interrater reliability of a single group assessment procedure administered in several educational settings. J Pers Eval Educ 6(1):31–39

Sherif M (1935) A study of some social factors in perception. Archiv Psychol 27(187)

Shore LM, Tetrick, LE, Shore TH (1998) A comparison of self-, peer, and assessor evaluations of managerial potenzial. J Soc Behav Pers 13(1):85–101

Shore TH (1992) Subtle gender bias in the assessment of managerial potenzial. Sex Roles 27(9–10):499–515

Shore TH, Shore LM, Thornton GC (1992) Construct validity of self- and peer evaluations of performance dimensions in an Assessment-Center. J Appl Psychol 77(1):42–54

Shore TH, Tashchian A., Adams JS (1997) The role of gender in a developmental Assessment-Center. J Soc Behav Pers 12(5):191–203

Shore TH, Thornton GC, Shore LM (1990) Construct validity of two categories of Assessment-Center dimension ratings. Pers Psychol 43(1):101–116

Silverman WH, Dalessio A, Woods SB, Johnson RL (1986) Influence of Assessment-Center methods on assessors' ratings. Pers Psychol 39(3):565–578

Simoneit M (1933) Wehrpsychologie. Berlin

Simonenko S (2011) The use of assessment and development centres in Russia. In: Povah N, Thornton III GC (Hrsg) Assessment Centers and global talent management S 429–441

Slivinski LW (2008) A test of the relative and incremental predictive validity associated with a set of paper-and-pencil test measures and a set of situational test measures within an assessment centre. Dissertation Abstracts International: Section B: The Sciences and Engineering, vol 68(7-B) 4878

Slivinski RW, Mc Closkey, JL, Bourgeois RP (1979) Comparison of different methods of assessment. Paper presented at the 7th international congress on the Assessment-Center method. New Orleans

Slovic P, Lichtenstein S (1971) Comparison of Bayesian and regression approaches to the study of information processing in judgment. Organ Behav Hum Perform 6:649–744

Spearman C (1927) The abilities of man. McMillan, London

Spector PE, Schneider JR, Vance CA, Hezlett SA (2000) The relation of cognitive ability and personality traits to Assessment-Center performance. J Appl Soc Psychol 30(7):1474–1491

Spitzer M (2006) LERNEN: Gehirnforschung und die Schule des Lebens. Spektrum Akademischer Verlag

Spychalski AC, Quinones MA, Gaugler BB, Pohley K (1997) A survey of Assessment-Center practices in organizations in the united states. Pers Psychol 50(1):71–90

Squires P, Torkel SJ, Smither JW, Ingate MR (1991) Validity and generalizabilty of a role play test to select telemarketing representatives. J Occup Organ Psychol 64:37–47

Stahl GK (1995) Ein strukturiertes Auswahlinterview für den Auslandseinsatz. Z Arbeits Organisationspsychol 39(2):84–90

Stahl GK (1998) Internationaler Einsatz von Führungskräften. R. Oldenbourg, München

Sawardekar N, Khandekar P (2011) Standardization of assessors: the key to reliable assessment. Presentation at the 36th international congress on Assessment Center methods

Stangel-Meseke M, Akli H, Schnelle J (2005) Lernförderliches Feedback im modifizierten Lernpotenzial-Assessment Center. Umsetzung der Forschungsergebnisse in einer betrieblichen Studie. Z Personalpsychol 4 (4):187–194

Staufenbiehl T, Volmer J (2006) Entwicklung und Erprobung eines Interviews zur internationalen Personalauswahl. Z Arbeits Organisationspsychol 50(1)

Stegmaier R, Kersting J-M (2006) Rezension des "Tätigkeitsbewertungssystem – Geistige Arbeit für Arbeitsplatzinhaber" von Richter und Hacker (2003). Z Arbeits Organisationspsychol 50(1)

Stehle W (1986) Personalauswahl mittels biografischer Fragebogen. In: Schuler H, Stehle W (Hrsg) Biografische Fragebogen als Methode der Personalauswahl Verlag für Angewandte Psychologie, Stuttgart, S 17–57

Stempfle J, Hagmayer Y, Hübner O, Iwanoff C, Kaufmann S (2004) Weiterentwicklung und Dynamisierung des Assessment Centers auf der Basis eines komplexen computersimulierten Problemlöseszenarios: Das Challenge-AC der Thomas Cook AG. Wirtschaftspsychol 6(2):23–36

Sternad JA (1992) Use of the sixteen personality factor questionnaire to predict preservice principals' Assessment-Center scores. Dissertation Abstracts International, vol 52 (9-A) 3150

Stewart A, Stewart V (1981) Tomorrow's Managers Today (2nd ed). London

Stone DL, Gueutal HG, McIntosh B (1984) The effects of feedback sequence and expertise of the rater on perceived feedback accuracy. Pers Psychol 37:487–506

Strobel A, Bolte E-A (2004) Blinde-Kuh-Spiel oder Transparenz der Anforderungen? Was ist wirklich hilfreich für Teilnehmer und Beobachter? In: Arbeitskreis Assessment Center, Dokumentation 6. Deutscher Assessment-Center-Kongress 2004. Beitrag 3 S 4

Strobel A, Lammerskitten E, Glodek R (2010) Die Interview-Standards des Arbeitskreises Assessment Center e.V. – Entwicklung, Inhalte, Nutzen. Personaldiagnostik, Themenheft Z Wirtschaftspsychol 2010(2)

Strunz CM (1987) Modell zur Verbesserung der Traineeauswahl: Konzeption eines Assessment-Centers mit integrierter realistischer Tätigkeits-Information. In: Schuler H, Stehle W (Hrsg) Assessment-Center als Methode der Personalentwicklung. Verlag für Angewandte Psychologie, Stuttgart, S 159–183

Strunz CM (1991) Interindividuelle Übereinstimmung der Beurteiler durch Assessoren und Mitkandidaten im Assessment-Center: Einige beunruhigende empirische Befunde zur Urteilskonkordanz. In: Schuler H, Funke U (Hrsg) Eignungsdiagnostik in Forschung und Praxis Verlag für Angewandte Psychologie, Stutttgart, S 144–150

Struth MR, Frank FD, Amato A (1980) Effects of assessor training on subsequent performance as an assessee. J Assess Cent Technol 3:17–22

Struwig J (2011) Ability tests and in-trays: can they measure similar constructs? Presentation at the 31st assessment centre study group conference

Stubbe C, (2006) Assesssment Center: Rechtliche Grenzen der Verfahren zur Bewerberauswahl. (Broschiert). Duncker & Humblot

Syam F (2011) The TELKOM Assessment Center: twenty years of identifying, developing, and promoting talent. Presentation at the 36th international congress on Assessment Center methods

Tapernoux F (1986) Auswahl und Bewertung von Führungskräften. Anwendungen in Nordamerika, Europa und Japan im Vergleich. IO Manag Z 55(6):298–300

Taylor C, Frank F (1988) Assessment-centers in Japan. cultural adaptation helps a western-style assessment process succeed in a Japanese setting. Train Dev J 54–57

Taylor HC, Russell JT (1939) The relationship of validity coefficients to the practical effectiveness of tests in selection: discussion and tables. J Appl Psychol 565–578

Teel KS, Dubois H (1983) Is success a self-fulfilling prophecy? Participants reactions to Assessment-Centers. Pers Adm 85–91

Templer K (1995) Zusammenhänge zwischen Aufgabentypen beim Assessment-Center. / Interrelations between types of Assessment-Center exercises. Z Arbeits Organisationspsychol 39(4):179–181

Tett RP, Jackson DN, Rothstein M, Reddon JR (1994) Meta-analysis of personality-job performance relations: a reply to ones, mount, barrick and hunter. Pers Psychol 47:157–172

Thomas A (1993) Psychologie interkulturellen Lernens und Handelns. In: Thomas A (Hrsg) Kulturvergleichende Psychologie: Eine Einführung. Hogrefe, Göttingen, S 377–424

Thomas A (2001) Going global!... aber verheizen Sie nicht fahrlässig Ihre besten Mitarbeiter. Wirtschaftspsychol 2001(3):68–75

Thorndike EL (1920) A constant error in psychological rating. J Appl Psychol 4:25–29

Thornton et al (1999) In: Lievens W, Klimonski R (Hrsg) Understanding the Assessment Center process, 2001, S 31ff.

Thornton G (2008) Comments to compliment and complement kevin murphy on Assessment Centers: not as (in)valid as you think. Presentation at the 34th international congress on Assessment Center methods, 22–24 Sept, Washington

Thornton III GC, Birri R (2011) Failure and success factors in Assessment Centers: attaining sustainability. In: Povah N, Thornton III GC (Hrsg) Assessment Centers and global talent management S 315–328

Thornton GC, Rogers DA (2001) Development Assessment-Centers: can we deliver the essential elements. Vortrag 29th international congress on Assessment-Center methods

Thornton GC, Tziner A, Dahan M, Clevenger JP, Meir E (1997) Construct validity of Assessment-Center judgments: analyses of the behavioral reporting method. J Soc Behav Pers 12(5):109–128

Thornton G III (2004) Assessment Center do have validity to measure: intended constructs: varieties of validity evidence. Presentation at the 32nd international congress on Assessment Center methods

Thurstone LL (1938) Primary mental abilities. Psychometric Monographs, 1

Tippins N (2003) transporting the validity of assessments. Presentation at the 31st international congress on Assessment Center methods

Toh SM (2011) Assessment Centers for leadership assessment and development in the uniformed context. Presentation at the 36th international congress on Assessment Center methods

Tracey JB, Tannenbaum SI, Kavanagh MJ (1995) Applying trained skills on the job: the importance of work environment. J Appl Psychol 80(2):239–252

Trost A, Bungard W (2004) Die Interraterreliabilität von Ergebnissen aus Mitarbeiterbefragungen. Z Arbeits Organisationspsychol 48(3)

Trost G (2002) Assessment-Center-Verfahren für Führungskräfte auf drei Kontinenten: Was ist gleich? Was ist anders? In: Fay E (Hrsg) Das Assessment-Center in der Praxis. Konzepte, Erfahrungen, Innovationen, Vandenhoeck & Ruprecht, Göttingen, S 33–52

Trost G, Fay E (1990) Spezielle Leistungstests. In: Sarges W (Hrsg) Management-Diagnostik Hogrefe, Göttingen, S 435–444

Turnage JJ, Muchinsky PM (1982) Transsituational variability in human performance within Assessment-Centers. Organ Behav Hum Perform 30(2):174–200

Tziner A, Dolan S (1982) Validity of an Assessment-Center for identifying future female officers in the military. J Appl Psychol 67:728–736

Tziner A, Ronen Simcha HD (1993) A four-year validation study of an Assessment-Center in a financial corporation. J Organ Behav 14(3):225–237

Tziner A, Meir E, Dahan M, Birati A (1994) An investigation of the predictive validity and economic utility of the Assessment-Center for the high-management level. Can J Behav Sci 26(2):228–245

Uhlenbrock HG, Vornberger E (1990) Beobachterurteile. In: Sarges W (Hrsg) Management-Diagnostik. Hogrefe, Göttingen, S 554–565

Usala PD (1992) Self-report trait personality and Assessment-Center performance. Dissertation Abstracts International, vol 53(3–B) 1638

Van Der Zee KI, Bakker AB, Bakker P (2002) Why are structured interviews so rarely used in personnel selection? J Appl Psychol 87:176–184

Van Vianen AEM, Taris R, Scholten E, Schinkel S (2004) Perceived fairness in personnel selection: determinants and outcomes in different stages of the assessment procedure. Int J Sel Assess 12(1–2):149

Vanderveken S, Lehkonen S (2011) Introducing Assessment Centers for staff selection in the public sector: a case study on the changes to the selection procedures for the european union institutions. Presentation at the 36th international congress on Assessment Center methods

Vernon PE (1950) The structure of human abilities. Wiley, New York

Visser W, Van Der Bank F (2009) The development and validation of situational judgement tests and biodata questionnaires for the selection of call centre agents and first-line managers. Presentation at the 29st assessment centre study group conference

Viswesvaran C, Schmidt FL, Ones DS (2005) Is there a general factor in ratings of job performance? A meta-analytic framework for disentangling substantive and error influences. J Appl Psychol 90(1):108–131

Wanous JP (1977) Organizational entry: newcomers moving from outside to inside. Psychol Bull 84:601–618

Wawoe K (2001) Intercultural competency. How to select an expatriate. Vortrag 29th international congress on Assessment-Center methods

Weber M, Moldzio T, Mohr G (2005) Entwicklung und Evaluierung eines Fragebogens zur differenzierten Erfassung des Erlebens von Auswahlsituationen. Vortrag 4. Tagung der Fachgruppe Arbeits- und Organisationspsychologie. Deutsche Gesellschaft für Psychologie

Weiss RH (2006) Grundintelligenztest Skala 2. Hogrefe, Göttingen

Wernimont PF, Campbell JP (1968) Signs, samples, and criteria. J Appl Psychol 52:372–376

Westerman J, Cyr LA (2004) An integrative analysis of person–organization fit theories. Int J Sel Assess 12(3):252

Westhoff K, Kluck M-L (2003) Psychologische Gutachten. Springer, Berlin

Wever UA (1989) Aspekte Unternehmskultur. Personalführung 11:1019–1028

Wiedl KH (1984) Lerntests: Nur Forschungsmittel und Forschungsgegenstand. Z Entwicklungspsychol Pädagogische Psychol XV1(3):245–281

Wiedl KH, Guthke J (2003) Dynamische Untersuchungsverfahren in der Personalauswahl. In: Hamborg K-C, Holling H (Hrsg) Innovative Personal- und Organisationsentwicklung. Hogrefe, Göttingen, S 88–109

Wiesner WH, Cronshaw SF (1988) A meta-analytic investigation of the impact of interview format and degree of structure on the validity of the employment interview. J Occup Psychol 61:275–290

Wilkinson B (2003) Is too much of a good thing really wonderful? Exploring connections between assessments and 360-degree ratings and instruments results. Presentation at the 31st international congress on Assessment Center methods

Wingrove J, Jones A, Herriot P (1985) The predictive validity of pre- and post-discussion assessment centre ratings. J Occup Psychol 58(3):189–192

Wirth E (1992) Mitarbeiter im Auslandseinsatz – Planung und Gestaltung. Gabler, Wiesbaden

Wishner J (1960) Reanalysis of „impression of personality". Psychol Rev 67:96–112

Withelm P Gröben S (2005) Beobachtertraining – Ein Beispiel aus der DB GesundheitsService GmbH. In: Sünderhauf K, Stumpf S, Höft S (Hrsg) Assessment Center. Von der Auftragsklärung bis zur Qualitätssicherung, Pabst Science Publishers, Lengerich, S 181–195

Witt FJ (1987) Das Beurteilerverhalten bei der Assessment-Center-Methode. Personal 39(7):298ff

Woehr DJ, Huffcutt AI (1994) Rater training for performance appraisal: a quantitative review. J Occup Psychol 67:189–205

Woehr D, Arthur W, Meriac J (2007) Methodenfaktoren statt Fehlervarianz: eine Metaanalyse der Assessment-Center-Konstruktvalidität. In: Schuler H (Hrsg) Assessment Center zur Potenzialanalyse. Hogrefe, Göttingen

Wollowick HB, McNamara WJ (1969) Relationship of the components of an Assessment-Center to management success. J Appl Psychol 53:348–353

Woo ES, Sims CS, Rupp DE, Gibbons AM (2008) (2008), Development engagement within and following developmental Assessment Centers: considering feedback favorability and self-assessor agreement. Pers Psychol 61:727–759

Woo-Je Y (2011) Constructing simulation exercises with validity and fidelity under diplomatic situation. Presentation at the 36th international congress on Assessment Center methods

Wottawa H (1985) Hypag-Structure als Mittel zur Erfassung impliziter Entscheidungsstrukturen. In: Albert D (Hrsg) Bericht über den 34. Kongress der DGFP in Wien 1984 (Band 1) Hogrefe, Göttingen, S 176–178

Wottawa H (1990a) Formalisierung der Urteilsbildung. In: Sarges W (Hrsg) Management-Diagnostik. Hogrefe, Göttingen, S 615–620

Wottawa H (1990b) Sachgerechter Schutz psychologischer Testverfahren für Eignungsuntersuchungen – ein Diskussionsbeitrag. Z Arbeits Organisationspsychol 3:159–164

Wottawa H (1990c) Umsetzung von situationsdiagnostischen Erkenntnissen in personendiagnostische Überlegungen. In: Sarges W (Hrsg) Management-Diagnostik. Hogrefe, Göttingen, S 143–161

Wottawa H, Thierau H (1990) Evaluation. Hogrefe, Göttingen

Wygotski LS (1977) Denken und Sprechen (russ. 1934). Frankfurt, Fischer

Zaccaro SJ, Foti RJ, Kenny DA (1991) Self-monitoring and traft-based variance in leadership: an investigation of leader flexibility across multiple group situations. J Appl Psychol 61

Zehelein A (1985) Students' judgments of interviewers: the influence of gender and communication style. Universität Erlangen-Nürnberg, Unveröffentlichte Diplomarbeit

Zempel J (1999) Selbständigkeit in den neuen Bundesländern: Prädiktoren, Erfolgsfaktoren und Folgen. In: Moser K, Batinic B u Zempel J (Hrsg) Unternehmerisch erfolgreiches Handeln, Verlag für angewandte Psychologie, Göttingen, S 69–9

Zenglein C (2010) Evaluation und Überprüfung des praktischen Nutzens eines Development Centers für Führungskräfte und Experten. Shaker Verlag, Aachen

Zhao H, Seibert SE (2006) The big five personality dimensions and entrepreneurial status: a meta-analytical review. J Appl Psychol 91(2):259–271

Zimmermann H, Schuler H (1991) Persönlichkeitskonstrukte als Urteilseinheiten im Assessment-Center. In: Schuler H, Funke U (Hrsg) Eignungsdiagnostik in Forschung und Praxis, Verlag für Angewandte Psychologie, Stuttgart, S 139–143

Zysberg L (2011) Using Assessment Centers as a human resource tool in an economically stressful environment. Presentation at the 36th international congress on Assessment Center methods

Stichwortverzeichnis

C. Obermann, *Assessment Center*, DOI: 10.1007/978-3-8349-3813-8,
© Springer Fachmedien Wiesbaden 2013